**조융희** 趙隆熙
한국학중앙연구원 교수. 태동고전연구소에서 한학을 수학하였으며, 서강대학교에서 조선 중기 시화詩話 연구로 박사학위를 취득하였다. 저서에 『조선 중기 한시비평론』과 『광한루기 역주 연구』(공저)가 있으며, 「Poetic Criticism in the Mid-Joseon Period」, 「A Semiotic Approach to Narratives about the Mid-Silla Period in Samguk yusa」, 「Mt. Geumgangsan and Its Literary Figuration」, 「조선 중기 '흥興'의 시론과 그 적용 양상」 등의 논문이 있다.

**노영미** 盧英美
서울여자대학교 강사. 서울여자대학교 국어국문학과와 동 대학원을 졸업하였다. 논문에 「금오신화에 나타난 작가 의식」, 「삼국유사를 통해 본 삼국시대의 남녀결연과 사회적 양상」, 「어우야담 연구」, 「어우야담의 골계미 구현방식에 관한 연구」 등의 논문이 있다.

# 어우야담 於于野譚

유몽인 지음
신익철, 이형대, 조융희, 노영미 옮김

돌베개

어우야담 1

유몽인 지음 | 신익철, 이형대, 조융희, 노영미 옮김

2006년 11월 30일 초판 1쇄 발행
2023년  3월  6일 초판 9쇄 발행

펴낸이 한철희 | 펴낸곳 돌베개 | 등록 1979년 8월 25일 제406-2003-000018호
주소 (10881) 경기도 파주시 회동길 77-20 (문발동)
전화 (031) 955-5020 | 팩스 (031) 955-5050
홈페이지 www.dolbegae.co.kr | 전자우편 book@dolbegae.co.kr
블로그 blog.naver.com/imdol79 | 트위터 @Dolbegae79 | 페이스북 /dolbegae

책임편집 이경아·노희순 | 편집 김희동·윤미향·김희진·서민경
표지디자인 박정은 | 본문디자인 이은정·박정영·이애란 | 인쇄·제본 상지사 P&B

ⓒ 한국학중앙연구원, 2006

ISBN 89-7199-258-1 94810
ISBN 89-7199-257-3 (세트)

이 도서의 국립중앙도서관 출판시도서목록(CIP)은 e-CIP 홈페이지
(http://www.nl.go.kr/cip.php)에서 이용하실 수 있습니다.(CIP제어번호: CIP2006002600)

## 책머리에

유몽인은 세상과 불화했던 방달한 기질의 문인이다. 사대부 사회에서 받아들여지기 힘든 분방함과 세상과의 불화를 그는 민중의 세계에 투사함으로써 해소하였다. 그의 문학적 성과 중 최고봉이라 할 『어우야담』은 이러한 의식의 소산이다. 곧 민간의 구비문학이 지닌 진실성과 발랄한 미의식을 수용하여 당대의 시대상을 폭넓게 구현하였는바, 그 저변에는 민중의식과의 깊은 교감이 관류하고 있는 것이다.

종래의 사대부 문학이 자신의 생활 주변에서 보고들은 바를 자유롭게 서술하는 데에 그친 데 비해, 유몽인은 민간에 유전되던 민중적 생활과 미의식을 반영한 이야기를 적극적으로 수용하여 『어우야담』을 창작하였다. 이로 인해 유몽인은 우리 서사문학사상 빛나는 지위를 점하는 야담 문학의 시원을 개척할 수 있었다.

필자가 유몽인의 문학에 관심을 가지고 박사논문을 제출한 것이 벌써 10년 전의 일이다. 『어우야담』이야말로 그의 문학 세계의 최고봉이라는 사실은 알았지만, 당시 사정상 한시와 일반 산문만 다루고 만 것이 못내 아쉬움으로 남았다. 유몽인 문학의 정수인 만큼 쉽게 접근할 수 없다는 것을 절감했고, 이후에 차분히 다루어 보겠다는 것으로 위안을 삼았다. 박사논문을 끝낸 이후에 『어우야담』의 작품을 찬찬히 들여다보다가, 인쇄본에 오탈자가 많은 게 눈에 거슬려 필사본을 하나둘 찾아보았다. 그 과정에서 학계의 텍스트로 널리 통행되고 있는 〈만종재본〉의 오류가 오탈자에 국한된 것이 아니라는 사실을 발견하게 되었고, 이본을 꼼꼼하게 대비하여 정본을 만들어야겠다는 생각을 갖게 되었다.

여러 이본을 수집하다 보니 30종 가까이 되었다. 이렇게 많으리라고는 생각지 못했으며, 혼자서 하려니 엄두가 나지 않았다. 야담집으로서는 타의 추종을 불허하는 이본의 수 자체가 『어우야담』의 광범위한 독자층이 존재했음을 말해 준다 할 것이다. 어찌해야 하나 고민하던 차에 2000년 학술진흥재단 인문학육성지원사업에 정본화 연구가 포함되어 있어 눈길을 끌었다. 고려대학교의 이형대 선생과 함께 과제에 응모하여 선정된 것을 계기로 이본 대비 작업을 본격적으로 수행할 수 있게 되었다.

학술진흥재단에 결과 보고를 하고 나니, 그동안의 작업이 논문 한편으로 끝나고 마는 것이 허무하게 느껴졌다. 이본 대비를 바탕으로 정본을 만들어 가면서 번역까지 진행하고 있었기에 안타까움은 더했다. 그러다가 필자가 한국학중앙연구원에 자리를 잡으면서 2004년 연구원 원내 과제로 못다 한 작업을 끝마치게 되었다. 이 과정에서 조융희, 노영미 선생이 이 지루한 작업에 동참하게 되었다. 대략 이러한 우여곡절을 거쳐 『어우야담』의 정본을 만들고 이에 근거한 번역서를 출간하자는 당초의 계획을 겨우 끝마칠 수 있게 되었다.

그동안의 일을 회상해 보면 이본 대비는 더없이 지루했지만, 이야기의 재미로 인해 끝까지 마칠 수 있었던 것 같다. 우리는 『어우야담』을 읽으면서 현실 세태에 대한 비판과 풍자를 절묘하게 배합하면서 흥미롭게 서술해 나가는 이야기 작가 유몽인의 탁월한 능력에 감탄을 금할 수 없었다. 수많은 인간 군상들의 희로애락과 시정 세태를 생생하게 접할 수 있었고, 그 시대와 사람살이의 의미에 대해서 진지하게 되돌아보게 되었다.

『어우야담』의 이본들을 입수함에 있어 많은 분들의 도움을 받았다. 대구시립도서관에 소장되어 있는 〈동야패설본〉은 필자의 은사이신 벽사 이우성 선생님께서 복사해 가지고 계시던 것을 얻어 볼 수 있었다. 이경우 선생을 통해서 〈이수봉본〉을 입수할 수 있었고, 천리대와 동양문고에 소장되어 있는 이본들은 정명기 선생이 보내주셨다. 강전섭 선생과 강경훈 선생은 우리의 작업 소식을 듣고 먼저 연락을 주시며 귀중한 고서를 복사해 볼 수 있도록 배려해 주셨다. 그리고 〈연세대본〉은 김영진 선생이 제공해 주셨다. 이 여러 분들의 후의가 없었다면 오늘의 결과가 결코 있을 수 없었던바, 이 자리를 빌려 감사의 말씀을 표한다.

〈장서각본〉을 대상으로 번역한 것과 〈만종재본〉을 완역한 것이 최근에 출간되었기에, 우리의 번역에 많은 참조가 되었다. 교감을 통해 바로잡거나 추가된 내용이 적지 않으며, 〈만종재본〉에 수록되지 않은 38편의 이야기가 이번에 새롭게 발굴, 소개된다는 점을 말씀드리고 싶다. 우리는 이야기 한 편 한 편을 함께 모여 강독하며 오역이 없고자 최선을 다했다고 자부한다. 그렇지만 완벽한 번역이 없다는 사실 또한 잘 알고 있다. 독자 제현께서 바로잡아 주기를 기대한다.

끝으로 이 책의 출간을 흔쾌히 허락해 준 돌베개 출판사의 한철희 선생께 감사드린다. 그리고 자신의 저작인양 세심하게 문장을 가다듬어 주고, 책을 예쁘게 꾸며 준 편집부의 이경아 선생께도 고마움을 전한다.

청계산 자락 연구실에서<br>
신익철

## 차례

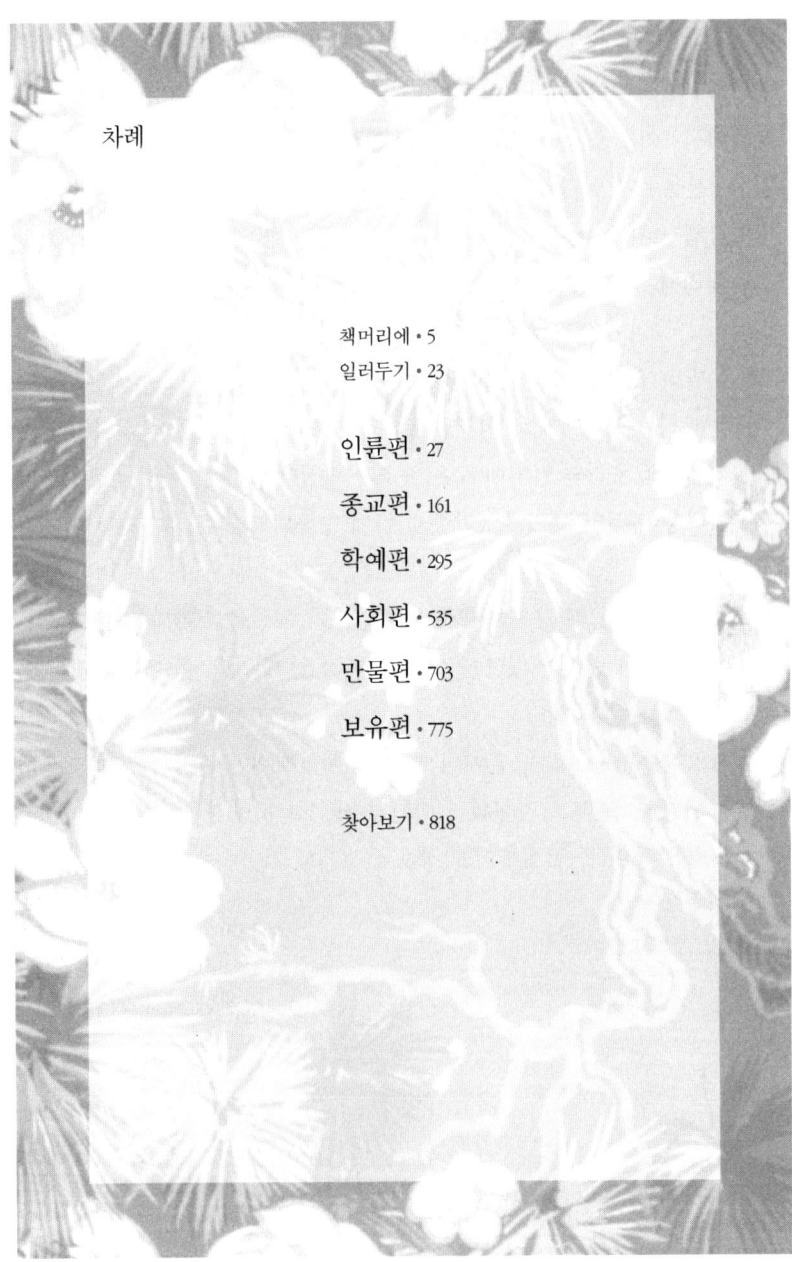

책머리에 • 5
일러두기 • 23

**인류편** • 27
**종교편** • 161
**학예편** • 295
**사회편** • 535
**만물편** • 703
**보유편** • 775

찾아보기 • 818

【 인륜편 】

목숨을 바쳐 어머니를 구한 나의 형 유몽웅 • 27
선왕의 음우를 받은 차식 • 28
이충작의 효성 • 30
호랑이를 잡은 옥야 현감 • 31
성씨 형제의 훌륭한 행실 • 32
말의 머리를 벤 황수신 • 33
삼년상의 어려움 • 34
왜구에게 몰살당한 한씨 일가 • 36
논개의 충절 • 36
홍도 가족의 인생유전 • 37
강남덕의 어머니 • 42
유충홍 부인 허씨의 치가 법도 • 44
정몽주의 충절에 대한 의문 • 46
문천상의 죽음과 진정한 충신의 도리 • 47
김시습의 기행 • 48
김응하의 의기 • 51
김여물의 용맹 • 54
조헌의 의기와 선견지명 • 55
곽재우의 용맹과 신선술 • 58
곽준 일가의 절의 • 60
호걸 승 유정 • 61
신대연과 유운봉의 용맹 • 64
한량 신여독의 용맹 • 66
왜적을 몰살한 승려 지정 • 68
노인의 장쾌한 유람 • 69
왜진에서 탈출한 권두문과 이지 • 71
경리 양호의 담력과 승전 • 72
도산 전투와 왜병의 귀환 • 76

명나라 관원 유해의 가족 상봉 • 79
김인후의 인품과 학문 • 82
이이의 십만양병설 • 83
윤필상의 관력과 죽음 • 84
상진의 관대한 인품 • 86
한고조의 지혜와 술수 • 88
홍유손의 기행 • 90
이지번의 신선놀이 • 91
김정과 남곤 • 93
조식의 고귀한 풍모 • 95
두더지의 혼인 • 96
유진동의 사람됨을 알아본 이자견 • 98
정승 최관과 결혼한 젊은 처자 • 100
나이 구십에 아들을 얻은 홍유손 • 100
꾀를 써서 미인 아내를 얻은 곽풍운의 사위 • 101
시정인 박계금의 패가망신 • 104
부인을 두려워하지 않는 남편 • 106
제라립과 평정관 • 107
문자를 아는 아내 • 108
부인이 냉수만 마신 이유 • 109
명기 관홍장의 절의 • 110
조상과 자손의 혈기의 비슷함 • 112
떡보와 사신 • 113
유충관과 유진동의 만남 • 117
조식의 사람됨 • 118
이옥견의 손재주와 사람됨 • 118
정려문의 허실 • 119
주인의 원수를 갚은 유인숙의 계집종 • 121

노비 박인수의 학행 • 123
권가술의 노비 수석 • 124
주인을 살린 노비 윤량 • 125
노비 반석평의 총명과 충성 • 125
서로 여종을 사양한 홍인서와 윤홍충 • 127
녹림당 김의동의 세공 • 128
창우 놀음의 풍자 • 130
한강 가의 광대 • 132
명기 황진이 • 132
성산월을 거절한 서생 • 136
민제인의 「백마강부」와 기녀 성산월 • 138
심 부원군과 일타홍의 정인 • 139
대머리 화가 김시 • 140
포쇄별감 채세영의 눈물 • 141
어린 기생의 억지 눈물 • 144
남곤과 기녀 • 145
같은 기생을 사랑한 양생과 장사치 • 147
기생 무정개의 언변 • 148
유진동과 평양 기생 무정가 • 149
기생 가지의 가벼운 몸가짐 • 150
화사 황순의 언변 • 151
밴댕이 비늘을 벗긴 노직 • 152
가난한 유생의 잠자리 • 153
장안의 왈자 안세헌 • 154
장안의 화류계를 좌우한 김칭 • 155
창부의 삼공일여 • 157

【 종교편 】

지리산의 신선 • 161
성현이 만난 신선 • 163
선계仙界를 접한 이원익 • 164
공자孔子의 꿈과 윤결의 죽음 • 165
장수의 비결 • 167
최연이 본 김시습과 신선의 만남 • 168
운수학에 정통한 정희량 • 169
선도에 통달한 정렴과 정작 • 174
남사고의 예언 • 178
이지함의 기행과 애민 의식 • 179
전우치의 환술 • 182
밥알을 나비로 화하게 한 전우치 • 185
술사 황철 • 186
선도에 정통한 한무외 • 187
망기법에 능통한 박상의 • 189
선도에 정통한 남궁두 • 191
천문의 대가 이번신과 남사고 • 192
박엽의 비범한 능력 • 195
환술에 능한 중 • 196
곽치허에게 환술을 배운 김새 • 197
산 귀신을 죽인 나옹 선사 • 198
의기가 높은 천연 선사 • 201
남방의 사호四皓 스님 • 202
승려 조순이 만난 이인 • 203
회암사 중을 도와준 신승 • 204
요승 보우와 고승 일선 • 205
불교에 몸을 바친 이예순 • 206
이목의 출가 • 211

도적과 호랑이를 만난 중 • 212
곽태허와 충견 • 213
구라파의 천주교와 이마두의 『천주실의』 • 214
신 내린 무당의 영험함 • 216
무당을 미워한 정문부 • 218
재주 많은 중 동윤 • 220
장원백壯元栢의 유래 • 222
정언각의 신묘한 해몽 • 222
유동립의 영험한 꿈 • 224
정식 가족의 파멸 • 225
손자를 구한 유강의 신령 • 226
기이한 꿈 • 227
이씨의 꿈에 나타난 유사종 • 228
저승의 복식 • 229
저승에 다녀온 고경명 • 230
되살아난 명원군의 당부 • 231
용천역의 귀신 • 232
황대임 집안에 나타난 조상의 혼령 • 233
형 이경준을 찾아간 이경류의 혼령 • 235
죽은 아들의 복수를 한 이순신 • 236
진기경과 원혼의 복수 • 238
죽은 뒤에 쓴 김용의 시 • 239
민기문에게 나타난 친구의 혼령 • 240
반함 구슬을 되돌려준 혼령 • 241
묘갈명을 짓는 뜻 • 242
김우서를 도운 부친의 혼령 • 243
영혼이 깃드는 무덤 • 245
성수침이 만난 귀신 • 246

산사에서 귀신을 만난 정백창 • 246
신숙주와 청의동자 • 247
신녀에게서 먹을 받은 전영달 • 248
권람의 의로운 행동 • 250
재상을 보호하는 귀신 • 252
귀신과 정을 나눈 박엽 • 253
귀신이 많은 승정원 • 254
종랑의 시신을 묻어 준 무사 • 255
한산도 나무 귀신 • 257
아내감을 구하는 귀신 • 258
귀신을 물리치는 경귀석警鬼石 • 259
신막정 집 귀신 • 261
여귀가 된 궁녀와 황건중 • 263
성균관의 귀신 • 265
이경희 집의 도깨비 • 268
조카 집을 탕진한 안씨 귀신 • 270
북교北郊의 제사 • 271
기녀 귀신의 빌미 • 273
저승 손님의 유혹 • 275
유괴당했던 김위의 아들 • 276
종묘 제사 때의 실수 • 276
역병 앓는 아이의 영험함 • 277
5월 5일생에 대한 속기俗忌 • 279
세속의 금기 • 280
길조와 흉조의 징험 • 282
수진방의 의미 • 284
애꾸눈 이람 • 284
소세양 삼형제의 장지 잡기 • 286

추측하기 어려운 풍수 • 287
영락榮落의 소재처 • 288
윤섬의 죽음 • 289
인생의 정해진 운명 • 290
죽고 사는 것은 천명 • 291

## 【학예편】

중국에 알려진 유몽인의 시문 • 295
중국에 알려진 우리나라의 시문 • 300
중국 미녀에게 준 서장관의 시 • 302
이색의 절묘한 대구 • 304
사백 년을 이어 온 시조의 신주神主 • 305
『황화집』의 수창시 • 306
한유의 교묘한 글 솜씨 • 308
학질을 물리친 유몽인의 시 • 308
노동의 월식 시 • 309
왕세정의 박람강기 • 310
이성석의 『자유편』과 목우유마 • 312
문장 짓는 여러 법식 • 313
이사균의 민첩한 시재詩才 • 315
두보가 손수 쓴 원고 • 316
황여헌과 정사룡의 문장 • 317
김시습의 위천조어도渭川釣魚圖 시 • 318
이인異人 장응두 • 319
시참詩讖의 사례 • 320
휴정의 시 • 322
학관 박지화의 행적 • 324
유몽인의 두 형이 남긴 시 • 327
유극신의 문장과 언변 • 328
이사호의 시에 담긴 반역의 뜻 • 330
우홍적의 시재와 시참詩讖 • 332
심수경과 선연동 기녀 • 333
신식의 이별시 • 335
정지승의 시재 • 335
허봉의 염체시 • 337

유몽인의 문장에 대한 여러 평 • 339
채정선의 뛰어난 문장 식견 • 343
중국 중의 문장 감식안 • 345
김종직의 시재와 김수온의 감식안 • 346
이희보의 독서벽 • 347
정지승의 금강산 시 평 • 348
정렴과 정작의 중양절 시 • 350
유혁의 소경 대왕 만사 • 351
정현의 부용당 시 • 352
홍난상의 시재 • 353
윤결이 꿈에 얻은 시 • 353
음률에 정통했던 윤춘년 • 354
이충원의 탁견 • 355
「항우부도오강부」項羽不渡烏江賦 • 356
최인범의 뛰어난 시재 • 357
정사룡의 「도화마부」桃花馬賦 • 359
시인의 궁천窮賤 • 359
정유길의 춘첩 시 • 362
시상이 같은 시 • 363
이준민과 이생의 시 • 365
최경창의 절구 • 365
하응림의 요절 시 • 366
강양군과 한순의 시 • 367
삼당과 시인 • 368
홍경신의 삼각산 시 • 371
문장과 예학에 뛰어난 천민 유희경 • 372
어린 정작의 강각江閣 시 • 373
채수와 손자 무일의 연시聯詩 • 374

현실을 풍자하는 시 • 375
삼구 서당三句書堂과 사구 한림四句翰林 • 377
이후백의 시재와 강직한 성품 • 379
광주光州의 성연盛宴 • 381
정호음과 어숙권의 박식함 • 382
고경명과 서익의 시 짓기 경쟁 • 385
공북루의 주연과 홍난상의 시 • 386
정자당의 기행과 시재 • 387
이홍남의 시재 • 390
송강松岡의 시회詩會 • 392
성호선과 유국신의 문장 비유 • 394
민효열의 「신루북헌기」新樓北軒記 • 394
임형수의 오산가鰲山歌 • 397
중국의 반자체半字體 • 408
지명과 대구對句 • 410
올바른 구두법句讀法 • 410
김계휘의 총명강기 • 412
이덕형의 총명강기 • 412
강종경의 놀라운 기억력 • 413
노수신의 독서벽과 귀양살이 • 413
노수신과 유성룡의 독서법 • 414
문장의 재주와 노력 • 416
『종리호로』鍾離葫蘆의 세교담世教談 • 417
조맹부의 서체가 유행하게 된 까닭 • 418
우리 한자음과 중국 강남 지방음의 유사함 • 419
김일손의 뛰어난 문재 • 421
우리말의 관습적 쓰임 • 423
유몽인 고조의 용력 • 425

제안 대군의 처세법 • 426
손순효의 간언 • 427
박원종의 충직한 처신 • 427
민반 집안의 예법 • 428
연산조의 허종과 이장곤 • 429
거짓으로 어리석은 체한 심의 • 431
유몽인의 누이 홍천민 부인의 박학다식 • 434
홍천민 부인의 지인지감 • 436
허균에 대한 신흠의 평가 • 437
아동포살수와 조총 사용법 • 438
왜적에 대한 홍연의 판단 • 439
왜장 가등청정의 호협함 • 440
호랑이를 피한 백성 • 441
우리나라의 복제에 대한 중국인들의 생각 • 442
우리나라의 진귀한 음식 • 443
풍속에 따른 음식의 차이 • 445
긴맛과 토화 • 447
수단과 각서角黍 • 449
농어와 순채 • 449
예빈시의 선반과 정유길 • 451
김종서의 용맹 • 452
닭죽과 자라탕 • 452
생선회의 비밀 • 454
김계우의 품성과 식성 • 455
대식가 정응두와 김웅사 • 457
대식가인 송생의 종 • 458
가래침을 먹은 탐식가 • 459
행장이 단출한 서생 • 459

말은 지방에서, 자식은 서울에서 길러야 • 460
임구가 일자무식인 연유 • 461
유탁의 장생포곡과 유극신의 동동곡 • 463
명나라 장수 양호가 들은 우리 민요 • 464
금수촌의 사슴 사냥 노래 • 465
오백 년 도읍지를 필마로 돌아오니 • 466
음률에 정통한 정렴 • 467
피리를 잘 분 하윤침과 단산수 • 468
귀신을 감동시킨 김운란의 아쟁 솜씨 • 471
만월대에서 통곡한 임제 • 472
조고 사간공의 뛰어난 활 솜씨 • 473
활쏘기의 명수 이몽린 • 474
준마를 길들인 천연 • 475
고전의 다양한 서체 • 476
김구의 서법 • 477
황기로가 초서 쓰는 법 • 478
황기로의 「후적벽부」 글씨 • 480
황기로의 초서 • 480
서예가 최흥효와 안평 대군 • 481
그림과 문장의 본뜻 • 483
중국 사신 김식의 감식안 • 484
이항복과 화가 김시 • 485
태의太醫 양예수의 신술 • 486
선조 때의 명의名醫 안덕수 • 488
경락과 도덕 문장 • 489
무당과 의원의 믿을 수 없음 • 490
장수의 비결 • 491
유조생의 양생법과 선전관청의 면신례 • 494

신희남이 만난 장수한 유생 • 495
철분이 함유된 물의 이득과 해 • 495
기예가 전해지지 않는 연유 • 497
명창 석개 • 499
한 상국의 농사 • 501
대송大松 옮겨 심는 법 • 501
나무 심는 법 • 503
사지에서의 잠의 유혹 • 504
일기의 관찰과 예후 • 505
대보름날의 풍년 점 • 512
때를 점치고 조수를 살피는 법 • 513
점占 • 515
땅 속에서 나온 와전瓦塼의 예언 • 518
김형의 신통한 점술 • 519
구의강의 점술 • 521
조위의 죽음과 점술 • 522
죽음을 예견한 박순 • 523
득실이 다른 점 • 524
두타비의 요행 • 525
바둑의 고수 김철손·서천령·신구지 • 527

## 【 사회편 】

과거 응시법과 정유길의 서압署押 • 535
과거 조목과 과문 학습 • 536
장원 급제와 낙방 • 537
과장에서 이목의 구절을 취한 김천령 • 538
알성시에서 이홍남의 구절을 취한 정유길 • 539
과거 글제를 바꾸자는 이유 • 540
제목과 무관한 시권 • 540
꿈에 보인 한 글자의 착오 • 541
시관의 등급 매기기 • 542
김홍도의 호기와 강극성의 글 솜씨 • 543
승부욕이 강한 이영 • 544
불선不善의 응보 • 546
재앙은 하늘이 되돌려 주는 법 • 547
신래와 관련된 풍습 • 547
박응남의 사람됨 • 549
과장의 염치 • 550
문무를 겸비한 남응운 • 551
무과의 문란상 • 552
김온의 과거 급제 • 553
강석講席에서의 소심증 • 554
홍섬과 임형수 • 556
병조 낭관의 배행 서리 • 557
이준경의 기지 • 558
윤원형의 탐욕과 매관賣官 • 559
정사룡의 호사豪奢 • 561
박원종의 호사를 흠모한 정사룡 • 564
동방의 부자 • 566
박계현의 호협한 기개 • 567

황여헌의 부유한 귀양살이 • 568
윤현의 이재술 • 569
자린고비의 치부법 • 570
올공금 팔자 • 572
역관 이화종의 치부 내력 • 573
천인 신석산의 치부 내력 • 575
화포장의 횡재 • 576
서얼 민산의 치부 내력 • 579
무사와 환혼석 • 579
19년의 기한 • 581
황린의 나무 심기 • 582
이름을 밝히지 않은 선행 • 583
역관 곽지원과 홍순언의 의로운 행동 • 584
서울의 물난리 • 585
곤경에서 보여 준 절의 • 586
최운우 가족을 구해 준 선비 • 587
살생을 금한 유조인 • 589
남사고와 정신의 당파에 대한 예언 • 590
삼척 성황신을 복위시킨 김효원 • 592
사서史書를 믿을 수 없는 경우 • 594
형벌을 피해 은둔한 사람들 • 596
고변이 성행하게 된 연유 • 597
사인사舍人司의 풍습 • 598
독서당의 아전과 노수신 • 599
김홍도의 기개 • 600
승정원의 옛 관습 • 601
홍문관 숙직 교대의 어려움 • 602
객지 벼슬살이의 고달픔 • 605

경차관을 풍자한 향교 시강생 • 606
만호萬戶의 무식함 • 608
춘추 의리를 안 김성일의 처사 • 609
시관 이경운을 속인 박엽 • 610
유구국에 왕칭이 없는 이유 • 611
신말주와 신응담의 뛰어난 용력 • 612
무용武勇이 뛰어난 조막종·한적·안경무 • 614
권절의 완력 • 616
신현의 완력 • 618
살인을 숭상하는 일본 풍속 • 619
얼굴에 박힌 화살을 뽑는 법 • 621
지모가 비상한 유자광 • 622
기지로 공훈을 얻은 선비 • 625
상국 장순손의 위엄 • 627
역관 표헌의 염불담 • 628
김인복의 빼어난 입담 • 629
김행의 재치 있는 입담 • 633
어득강의 민첩한 말솜씨 • 634
문장가와 도학 대가들의 당파성 • 635
문장에 대한 최립의 자부 • 636
문장가들이 결점을 수용하는 자세 • 638
눈동자를 뽑힌 무인 • 640
오만한 목사 아들의 말로 • 641
완력을 믿다 낭패 당한 중 • 642
만용을 부리다 횡사한 중 • 643
임해군과 순화군 • 645
한명회와 전림의 잔혹한 성품 • 647
이숙남의 강퍅한 성품 • 649
바닷가 땅을 개간하려다 실패한 호남 선비 • 650
보성 사람의 사기술 • 651
해녀의 위험 • 652
개똥이 된 생금 • 654
재상가 서녀 진복의 일생 • 655
남녀 간의 정욕 • 658
나쁜 꾀로 처녀를 능욕한 김생 • 662
꾀를 내어 사통한 박엽 • 662
부인을 유혹하려다 실패한 이생 • 663
용력으로 부인을 구한 전덕여 • 664
승지 부인의 원수를 갚은 강자신 • 665
퇴계와 남명의 여색에 대한 대화 • 667
처녀의 연정을 거절한 정인지 • 668
심수경의 거문고 곡조에 반한 궁녀 • 669
재물과 운수 • 670
권세가 김안로의 최후 • 670
불효로 천벌을 받은 신응주 일가 • 671
임식과 서익의 지나친 사의私誼 • 673
의금부 종의 죽음 • 674
금강산의 대설大雪과 산신령 • 675
수해를 방비한 이명준과 수해로 죽은 강중룡 • 675
굶주림으로 기가 막혀 죽은 사연 • 677
굶주린 도적 • 678
여종 덕분에 도적을 잡은 나주 목사 • 679
개구멍, 쥐구멍을 통한 도둑질 • 681
박대립의 매서운 성품 • 682
차운만 할 줄 아는 김영남의 시법 • 683
이항복의 해학 • 684

임제의 협기 • 685
겁이 없는 임제 • 686
정원의 사치 • 687
눈 오는 날의 즐거움 • 689
이호민 · 한준겸 · 이항복의 장수 자랑 • 690
말을 잘해 상을 탄 목수 • 691
시삼절時三絶 • 692
집염執鹽 • 693
냉차를 잘못 안 촌백성 • 694
파주의 귀머거리 안씨 • 695
네 가지 속담의 유래 • 696
심희수와 중국 소녀의 재치 있는 문답 • 698
창녀의 나이 • 699
삼반상三反常 • 700

## 【 만물편 】

치우기와 별똥별 • 703
일식의 재앙과 문장가의 죽음 • 704
임진왜란과 재앙의 징후 • 705
백두산의 비경 • 706
별유천지 묘향산 • 707
공주 관아의 목란수 • 710
후목설朽木說 • 711
백색 인간과 전란의 징후 • 711
바다에서 만난 거인 • 712
열세 살 이여송의 의주 유람 • 714
중국 창기에게 쫓겨난 안정란 • 714
절부가 없는 호광湖廣 지방 • 716
호전적인 일본인의 풍속 • 716
전령 비둘기 • 717
갈매기에 대한 감흥과 시 • 718
매 새끼 잡는 법 • 719
미끼로 수리 잡는 법 • 720
끈으로 수리 잡는 법 • 721
소쩍새와 두견 • 721
수리를 물리친 두루미 무리 • 722
귀신처럼 말을 잘 본 성자항 • 723
살인죄로 처벌받을 뻔한 선비 • 724
주인을 죽인 소 • 725
누르하치의 호탕함 • 727
항아리를 뒤집어쓴 개 • 728
사람을 잡아먹는 개 • 729
호랑이를 잡아먹는 맹수 • 729
나무 위에 푸른 털이 걸려 있는 이유 • 731

호인이 만난 백두산의 괴이한 짐승 • 732
문화 유씨와 호랑이의 인연 • 732
노승과 얼룩 호랑이 • 734
호랑이와 멧돼지의 싸움 • 735
암곰과 함께 산 인제현 백성 • 735
호랑이를 떠메고 간 보은 좌수 • 738
여우 고개 • 740
물성物性의 신이함 • 742
호인들의 금수 사냥법 • 743
악창을 치유하는 장함초獐啗草 • 744
짐승의 독기 • 745
용이 되어 하늘에 오른 잉어 • 746
흥양읍의 아기 장수 • 747
보령 바닷가에 출몰하는 용마 • 748
황룡과 백룡의 싸움 • 749
악룡을 물리치는 법 • 750
바다에 출현한 용 • 751
어린 홍섬의 지혜 • 752
호랑이를 삼킨 뱀 • 753
보성군 나군지의 뱀을 죽인 중 • 754
구렁이를 이기는 해동청과 멧돼지 • 755
뱀 고기를 먹은 산골 백성 • 756
뱀술의 효능 • 756
복수를 할 줄 아는 뱀 • 758
살생을 즐긴 김외천의 응보 • 759
정지승과 회계곡의 거북 • 760
거북을 죽인 응보 • 761
잉어의 보은 • 762

홍어의 후손인 유극신 • 763
인어人魚 • 764
뱅어와 초식草食 • 766
두려움의 다양한 대상 • 767
쥐 떼에게 물려 죽은 고양이 • 768
바위 속의 구리 잔 화석 • 768
흉가를 사서 거부가 된 유극량 • 769
흉가를 사 갑부가 된 김뉴 • 770

【 보유편 】

백광훈과 조룡대 • 775
서얼 구현휘와 중종반정 • 776
권람의 족자에 쓴 '위천조어도' 시 • 777
표류하다 죽은 이서룡 • 778
체구가 작아 살아난 이근 • 779
불상을 훼손한 하경청의 죽음 • 781
혜성의 출현과 선조의 죽음 • 783
전림의 용맹 • 783
한 노인의 문자 가르치는 법 • 785
선비 보쌈 • 785
이항복을 구한 익재의 혼령 • 787
백발노인과 삼척 부사의 죽음 • 787
박형 아들의 혼령 • 789
부안 백성의 충견忠犬 • 789
의금부 여종과 절교한 구영준 • 789
김종택 처 조씨의 절행 • 791
선산 선비 김욱의 효행 • 792
사윗감을 잘못 고른 판서 신공제의 부인 • 793
뱀을 쪼아 먹은 학 • 795
화복에 관한 낭설 • 796
총명한 화류계의 왈짜 최생 • 796
심봉원의 양생법 • 798
이백 시의 호탕한 기상 • 798
만향당 기문에 부친 뜻 • 799
곡소리가 닮은 부자 • 802
갑자계와 유숙의 선견지명 • 803
전란의 굶주림과 식인 • 803
박예수와 이이첨의 교우 • 804

중국에서 구해 온 대책문 • 806
개주 수암사의 석비 • 806
중국과 우리나라 역수의 유사함 • 808
윤춘년의 박학다식함과 기이한 행동 • 808
어리석은 아이와 지혜로운 아이 • 810
웅덩이의 괴물 • 811
학관 홍춘수의 망기술望氣術 • 812
귀신의 곡소리가 부르는 죽음 • 813
이백의 죽음에 대한 의문 • 814
차팔제의 사기술 • 814

# 일러두기

1. 이 책은 『어우야담』의 텍스트로 널리 통용되고 있는 〈만종재본〉(柳濟漢 편, 고흥 만종재 간행, 1964년)을 여러 필사본과 대비하여 『어우야담』의 정본화定本化 작업을 수행하고, 이 정본 텍스트에 의거해 번역한 것이다.

2. 〈만종재본〉은 『어우야담』의 이야기 521화를 인륜편人倫篇(11부문)·종교편宗敎篇(10부문)·학예편學藝篇(12부문)·사회편社會篇(20부문)·만물편萬物篇(6부문)의 총 59부문의 주제로 나누어 5권으로 편찬한 것이다. 이는 『어우야담』 원본에는 없는 체재로, 〈만종재본〉의 편자 유제한 선생이 여러 이본의 권수가 제각각이고 이야기의 서차序次 또한 착잡錯雜하게 되어 있는 것을 독자의 편의를 위해 부득이하게 재편집한 것이다. 이야기의 주제별 분류에서 일부 의아하게 생각되는 점이 없는 것은 아니지만, 여기에서는 유제한 선생의 편집 의도를 존중하여 〈만종재본〉의 순서를 따라 수록하였다.

3. 원문 대비에 있어서 각종 이체자나 통용자, 또는 의미 없는 단순한 글자 차이의 경우에는 반영하지 않았다. 〈만종재본〉과 여러 필사본의 기록이 의미 있는 차이를 보이고 있다고 생각되는 경우에는 번역문에 주석을 달아 설명하였다. 다만 단순한 오자나 그다지 큰 의미 차이를 보이지 않는 경우에는 번잡함을 피하기 위해 번역문에 따로 설명을 붙이지 않았다.

4. '보유편'에 수록한 38화(521화~558화)는 〈만종재본〉에 없는 이야기들로 여러 필사본에서 새로 발굴해서 소개하는 것이다. 이들 이야기는 이미 「새롭게 발굴된 『어우야담』於于野譚 40화」(민족문학사연구 28호, 소명출판사, 2005년)에 소개한바 있다. 다만 이중 27화 '萬曆丙申間大龜出宣川…' 과 33화 '根好讀東文…' 은 334화 '과거 조목과 과문 학습'과 513화 '거북을 죽인 응보'의 일부분으로 각각 수록되어 있는 것임을 이번에 확인할 수 있었다. 〈만종재본〉의 이야기 속의 한 에피소드로 편입되어 있던 것인데, 분량이 워낙 방대하다 보니 미처 발견하지 못한 것이다. 면밀하게 검토하지 못해서 빚어진 실수임을 이번 기회에 밝히며, 양해를 구한다.

5. 인명에 대한 해설은 부록으로 따로 제시하였다. 단, 이야기의 내용과 밀접한 관련을 지녀 따로 수록하면 그 의미를 파악하기 힘든 경우에는 각주로 처리하였다.

[인륜편]

〈형제급난도〉 兄弟急難圖 (1652년, 고판화박물관 소장)
임진왜란 때 이징 형제가 헤어지는 장면을 새긴 판화.
『어우야담』에는 임진왜란으로 비롯된 일가족의 이산을 다룬 이야기가 많이 실려 있다.

## 목숨을 바쳐 어머니를 구한 나의 형 유몽웅 ❖1

생원生員 유몽웅柳夢熊은 나의 친형으로 평소에 성품이 진실하며 믿음이 있고 엄중했다. 나는 늘 형이 위급한 상황에서도 절개를 잃지 않아서 육척六尺의 이 몸을 의탁할 수 있으리라 기대했다.

임진년에 나는 명나라에 사행을 가서 돌아오지 아니하였는데, 왜구가 도성에 침입했다. 형은 칠십 세의 노모老母를 모시고 양주楊州의 선산에 피해 있던 중에 왜구를 만났다. 왜구가 칼을 빼어 노모를 겨누자 형은 몸으로 어머니를 감쌌다. 잇따라 네 번이나 창에 찔렸는데도 오히려 어머니를 껴안은 채 죽어서, 끝내 적의 칼날에서 어머니를 구해 냈다. 조정에서 그 효성을 아름답게 여겨 정문旌門을 세워 주었다.

아! 착한 사람에게는 복을 주고 악한 사람에게는 재앙을 주는 것이 하늘의 이치다. 임진왜란을 당하여 산골짜기에서 왜구를 피한 사람들 중에 불효하고 불공不恭하고 불의한 짓을 제멋대로 행한 사람들이 얼마나 많으랴! 형의 효성과 착함으로 유독 화를 입었으니, 이는 '천명天命은 믿기 어려우니 일정함이 없도다' 하는 것이 아니겠는가?

전에 황천뢰黃天賚가 '대자미수'大紫微數*로 형의 운명을 논하여 말하기를 "목숨이 크게 짧아질 것이다"라고 하였고, 요동遼東의 고당古塘 대학경戴鶴經이 나를 위하여 형의 운수를 점쳐 주면서 말하기를 "임진년 4월에 거처를 옮기고 환란을 만날 것이다"라고 했으니, 천명인 것이다. 아! 비통하도다.

---

대자미수大紫微數　　별점을 치는 방법 중의 하나로 여겨진다. 도교의 성명서星命書로 『자미두수』紫微斗數란 책이 있어 사람의 사주를 별자리에 배당하여 운명이나 길흉을 점치는데, 아마도 이를 지칭하는 듯하다.

## 선왕의 음우를 받은 차식 ❖ 2

차식車軾은 송도松都 사람으로, 학식이 넓고 문장에 능하여 당대 사람들의 추앙을 받았다. 그의 어머니가 송도에 있으면서 대하증帶下症을 앓았는데 여러 해가 지나도록 약을 써도 효과가 없었다. 그 당시 차식은 직강直講*의 지위에 있으면서 공정 대왕恭靖大王(정종) 능묘*의 전사관典祀官으로 차출되기를 원했는데, 능묘가 송도에서 멀지 않은 곳에 있어서 장차 일을 마치고 어머니를 뵈려는 것이었다. 공정 대왕恭靖大王은 곧 강헌 대왕康獻大王(태조)의 세자로 재위에 있은 지 몇 년 안 되어서 세제世弟인 공정 대왕恭定大王(태종)에게 왕위를 물려주었다. 이때에 이르러서는 세대가 이미 멀어진지라 다만 한식에 제사를 지낼 뿐이었고, 제수 또한 변변치 않았고 청결하지도 못했다. 제사를 주관하는 사람 또한 오랜 습속에 젖어 늘 정성을 다하지 않았다.

차식이 전사관이 되어서는 남달리 성의를 다해 깨끗이 목욕을 하고, 제수를 장만하는 자와 제사를 돕는 노복들에게도 모두 물을 데워 자기와 같이 목욕하도록 하였다. 무릇 자성粢盛* 등 찬품을 마련할 때는 몸소 지켜보며 감독하지 않음이 없었다. 제례를 이미 마쳤으나 날이 아직 밝지 않아 재실로 돌아와 잠시 눈을 붙였는데, 한 관인이 그를 부르며 말했다.

"전하께서 장차 인견하려고 하시니 의관을 정제하고 오르시오."

곤룡포를 입은 어떤 임금이 환관들에게 둘러싸인 채 전각에 임해 있는데, 차식을 오라 하여 절을 하도록 했다. 절을 마치고 탑전에 올라 엎드리니, 왕이 말하였다.

---

직강直講　성균관에 속한 정5품 벼슬.
공정 대왕恭靖大王(정종) 능묘　〈만종재본〉에는 태종의 시호인 '공정 대왕' 恭定大王으로 되어 있는데, 여러 필사본에는 정종의 시호인 '공정 대왕' 恭靖大王으로 되어 있어 이를 따른다. 정종의 능호는 후릉厚陵으로, 경기도 개풍군 흥교면 흥교리에 있다.
자성粢盛　나라의 대제大祭에 쓰이는 기장과 피.

"이전의 제사는 대부분 정성이 없고 또 청결하지도 못해 내가 이를 흠향하지 않았다. 지금 네가 예禮와 정성을 다해 제수를 차려 모두 먹을 만하였으니, 내 이를 가상히 여기노라. 들건대 너희 집에 병자가 있다 하니 내 장차 너에게 좋은 약을 내려주어 쓰도록 하겠노라."

차식이 절을 하고 물러나오는 순간, 홀연히 깨어나 보니 곧 꿈인지라 마음 속으로 기이하게 여겼다.

돌아오면서 송도의 집으로 향하는데 중도에 커다란 수리 한 마리가 큰 물고기를 잡아채서 하늘 한가운데에서 빙빙 돌고 있는 것이 보였다. 그런데 큰 수리 한 마리가 또 나타나 물고기를 빼앗아 잡아채서 말 앞에 떨어뜨리는 것이었다. 차식이 마졸馬卒을 시켜 그것을 줍도록 하니 곧 뱀장어로, 그 길이가 한 자도 넘었다. 이때는 날씨가 아직 추워서 물고기를 얻기 쉽지 않은 철이었으며, 뱀장어는 또한 대하증에 가장 좋은 약이었다. 차식이 매우 기뻐하고 집으로 돌아와 어머니께 올리니, 이로부터 병이 즉시 나았다.

아! 차식은 문학에 뛰어난 선비인데 국가의 대사가 사전祀典에 있음을 알고 정성껏 예를 다하여 선영께 향사하여 끝내 선왕의 음우陰佑를 입었나니, 충忠이 효孝로 옮겨진 것이다. 『서경』書經에 말하길 "지극한 정성은 신을 감동시킨다"*라고 하였으며, 『시경』詩經에서는 "너에게 큰 복을 내린다"*라고 하였는바, 이를 두고 이른 말인가 보다. 차식은 두 아들을 두었는데 천로天輅와 운로雲輅다. 이들은 모두 문장의 대가로 한 시대에 이름을 떨쳤다.

---

지극한 정성은 신을 감동시킨다(至誠感神).　　『서경』「대우모」大禹謨에 나오는 구절.
너에게 큰 복을 내린다(介爾景福).　　『시경』대아大雅「기취」旣醉 편에 나오는 구절로, 해당 어구의 원문은 "旣醉以酒, 旣飽以德. 君子萬年, 介爾景福."이다.

# 이충작의 효성 ❖ 3

이충작李忠綽은 효자다. 집이 가난했지만 어버이를 섬김에 정성을 다하였다. 사마시司馬試에 합격하여 날마다 반궁泮宮(성균관)에 나가서 원점圓點*이 삼백 점에 이르렀다. 한번은 비가 오는 날 나막신에 왕골 끈을 묶고 가다가 병조 좌랑인 친구를 길에서 만났다. 친구가 말에서 내려 주막집에 들어가 이야기를 나누다가, 저녁 원점에 맞추어 가고자 했으나 진창길에 나막신의 끈이 끊어졌다. 친구에게 안장 없는 말을 빌려달라고 부탁하자, 그 친구가 이를 허락하고는 앞에서 말을 끌고 가는 하인에게 길에서 소리쳐 벽제辟除*하도록 몰래 명을 내렸다. 맨발로 말을 타고 가는데 하인이 길에서 곧바로 뛰어나와 길가에서 소리쳐 벽제를 했는데, 이충작은 이를 금하지 않았다. 곧장 반궁으로 들어가자 반궁의 벗들이 바라보고 크게 웃었으나 이충작은 곁에 아무도 없는 것처럼 태연자약하였다.

훗날 과거에 급제한 지 얼마 되지 않아 어머니가 세상을 떠나자 이충작은 밤낮으로 슬피 울다가 끝내는 한쪽 눈을 실명하기에 이르렀다. 이미 부귀하게 된 뒤에도 매양 빈천했을 때의 일을 이야기하며 어버이 생각에 눈물을 흘리지 않는 적이 없었다. 이를 보는 사람들은 모두 감동하여 얼굴빛이 변했다. 승지承旨는 임금을 가까이에서 모시는 관직이므로 고례古例로 애꾸눈인 사람에게 제수된 적이 없었는데, 이충작은 효성 때문에 실명했다 하여 유독 승지에 제수되었다.

---

원점圓點   '거관원점'居館圓點을 말한다. 성균관成均館 유생儒生의 출·결석을 점검하기 위하여 식당에 들어갈 때 찍던 점으로, 아침과 저녁 두 때를 1점으로 했다.
벽제辟除   지위가 높은 사람이 행차할 때, 모시고 가는 하인이 '물렀거라' 따위로 외치며 잡인의 통행을 금하던 일.

## 호랑이를 잡은 옥야 현감 ✤ 4

옥야 현감沃野縣監은 종실宗室 사람이다. 옥계수玉溪守 및 운천령雲川令과 함께 도성 동쪽 흥인문 밖에 살면서 활쏘기와 사냥을 일삼았다. 하루는 옥야 현감이 종실들과 함께 누런 사냥개를 끌고 사냥을 나섰다. 팔에 새매를 얹은 채 그물을 싣고서는 먼 산으로 떠났는데, 그의 아버지도 따라나섰다. 산골짜기에 그물을 치고 숲에는 개를 풀어놓았다. 옥야 현감은 봉우리 위에 있고 그의 부친은 골짜기 아래에 있었는데, 커다란 호랑이가 갑자기 골짜기 가운데서 크게 포효하며 바로 그의 부친 앞으로 달려들며 잡아채려 하였다. 그의 부친은 혼비백산하여 땅바닥에 엎어져 버렸는데, 마침 호랑이는 뒷발이 그물에 걸려 뛰어올라 잡아채려 해도 발톱과 이빨이 간신히 몇 자 못 미치는 거리에서 연거푸 앞뒤로 왔다갔다만 하였다.

옥야 현감은 봉우리에서 아버지의 위급함을 내려다보고, 활과 화살을 잡은 채 크게 소리지르며 내려가 바로 호랑이 앞에 다가갔다. 황급하게 화살통을 더듬어 화살을 뽑다 보니 실수로 화살촉도 없는 커다란 쇠붙이가 매달린 화살을 잡고 시위를 당겼다. 그 화살은 호랑이 머리에 명중하여 '탁' 하는 소리와 함께 화살대가 땅에 떨어졌으며, 호랑이 또한 계곡물 속으로 거꾸러졌다. 마침내 황급하게 아버지를 업고 몸을 피했으며, 함께 사냥 나온 사람들을 만나 죽음을 면할 수 있었다. 호랑이의 이마를 보니 쇠붙이가 몇 자 깊이로 움푹 들어가 있었다. 아마도 호랑이 이마가 매우 단단하여 쇠붙이는 박히고 화살은 절로 부러진 것 같다.

이 일이 조정에까지 알려져 옥야는 도정都正*으로 승진하였으며, 그의 효성도 칭송되었다.

---

도정都正   조선조의 종친부宗親府·돈녕부敦寧府·훈련원訓鍊院에 속한 정3품의 당상관.

## 성씨 형제의 훌륭한 행실

성박成博\*과 성이成怡는 성자한成子漢의 아들이다. 성자한은 사람됨이 어리석어 옳고 그름을 구분하지 못했으며, 형 성자항成子沆과 송사까지 일으켰다. 성박과 성이에게는 여동생이 있었으니, 도사都事 윤기삼尹起三의 아내다. 세 사람은 모두 효성과 우애가 있어 아버지의 행위에서 경계를 삼았으며, 성박과 성이는 여동생에게 『삼강행실』三綱行實을 가르쳤다. 여동생은 당시 나이가 어렸는데,

"『삼강행실』은 배우기 어려우며, 다만 형제간에 우애롭지 못할까 걱정되오니, 먼저 『이륜행실』二倫行實\*을 배웠으면 합니다."
라고 말하여, 성박과 성이가 그 뜻을 기특하게 여겨 마침내 가르치자 집에 있으면서 부녀자의 행실이 뛰어났다.

임진란을 당하여 왜적과 맞닥뜨렸을 때, 왜적이 성자한의 첩을 끌고 가려 하자 성자한이 첩의 손을 잡고 놓아주려 하지 않았다. 성박과 성이 등은 무릎을 꿇고 아버지에게 손을 놓으라고 청했으나, 끝내 따르지 않았다. 왜적이 마침내 칼을 뽑아 성자한을 찌르니, 성박과 성이는 앞을 다투어 자기 몸으로 아버지를 가리려 하다가 모두 찔려 죽었다. 성자한의 생질인 윤해尹瀣는 목덜미만 붙어 머리가 가슴 앞쪽으로 떨어지자, 자기 손으로 머리를 받쳤는데, 반 년 뒤에 회복되었다. 윤기삼의 아내는 시댁을 따라 다른 곳으로 피신했다가 왜적에게 핍박당하자 마침내 절개를 지켜 치욕을 당하지 않으려 하다가 죽었으니, 세 남매가 두 마음을 두지 않아 함께 정표旌表\* 되었다.

---

**성박成博**  〈만종재본〉에는 '成博'으로 되어 있고, 여러 필사본에는 '成愽'으로 되어 있는데, 『사마방목』에서 성이成怡의 형이 성박成博이라 표기하고 있기에 필사본의 기록을 따랐다.

**『이륜행실』二倫行實**  조선조 중종 때 조신曺伸이 장유長幼와 붕우朋友의 도리에 관하여 그림을 그리고, 한글 및 한문으로 그 내용을 기록한 책.

**정표旌表**  효자, 충신, 열녀나 국가에 공이 있는 사람에게 정문旌門을 지어 주어 포상襃賞하는 일. 정포旌襃.

# 말의 머리를 벤 황수신 ❖6

정승 황수신黃守身은 정승 황희黃喜의 아들이다. 그는 사랑하는 기생이 있어 매우 정이 깊었다. 황희가 늘 심하게 책망했으나, 수신은 "예, 예" 하며 대답하고 물러나서는 여전히 고치지를 않았다.

하루는 황수신이 밖에서 돌아오니 황희가 관복冠服을 정제하고 문에 나와 맞이했는데, 마치 큰 손님을 대하는 것 같이 하였다. 황수신이 놀라 땅에 엎드려 그 까닭을 물으니 황희가 말하였다.

"내가 너를 아들로 대접했는데 네가 듣지 않으니, 이는 나를 아비로 여기지 않는 것이다. 그래서 나는 손님 맞는 예로 너를 접대할 뿐이다."

황수신은 머리를 땅에 찧으면서 죽을죄를 청했고, 이후로 다시는 기생과 서로 왕래하는 일이 없었다.

일찍이 부축을 받을 만큼 술에 취해서 말에 널부러져 실린 채 기생집을 지나다 그곳에 묵게 되었다. 밤이 깊자 술이 조금 깨었고, 눈을 뜨고 보니 등잔불 그림자 아래에 여인이 있었다. 살펴본 즉 지난날 사랑했던 기생이었다. 이에 놀라 물었다.

"네가 어찌하여 이곳에 와 있느냐?"

기생이 대답하였다.

"저희 집에 머무시는 것이니 편안히 쉬십시오."

황수신이 그 말을 듣고 주위를 자세히 살펴보니 바로 기생의 집이었다. 이에 크게 놀라 자기 종을 힐책하며 죽이려 하자 종이 말했다.

"오실 때 말 머리가 이 집을 향하고 있었으므로 대인께서 이 집으로 고삐를 돌리신 것으로 생각했습니다."

말이 기생집으로 향했던 것은 지난날 황수신이 기생집에 왕래할 때 기생집에서 아주 착실하게 말을 먹였기 때문이었으니, 말 머리를 기생집으로 돌린 것은 말이지 사람이 아니었던 것이다. 황수신이 비로소 그 사실을 깨닫고 종에게 명하여 칼로 말의 머리를 베어 버렸다. 후에 황수신은 음관으로 재상의 지위에 올랐다.

## 삼년상의 어려움 ✤ 7

삼년상을 지내면서 나물밥에 물만 먹는 것은 『예경』禮經에 실려 있는데, 우리나라의 상례는 한결같이 이를 따랐다. 예로부터 삼년상을 치르면서 죽만 먹고도 몸을 상하지 않아 죽지 않은 사람들에 대한 이야기가 『삼강행실도』三綱行實圖 「효자전」에 많이 기록되어 있다. 대개 효자가 애통해 하는 정은 참된 마음에서 나와서 뜨겁게 타오르는 불길이 되어 오장을 불사른다. 이는 마치 큰 병을 앓는 사람이 식음을 전폐한 지 여러 달이 지나도 죽지 않고 열기에 의지해 목숨을 유지하는 것과 같다.

 그런데 우리나라는 지세가 바다와 육지가 교차되는 곳이어서 백성들의 습속이 귀천을 막론하고 모두 생선과 고기로 배를 채운다. 게다가 서울은 팔방의 물산이 모두 모이는 곳으로 맛있는 음식이 더욱 많은지라, 백성들이 사사로이 보양保養하는 것은 중국 사람들조차 미치지 못할 정도다. 평상시 호사스럽게 보양하다가 하루아침에 상을 당하여 예를 따르느라 한 움큼의 쌀로 입에 풀칠을 하니, 3년을 채우지 못하고 갑작스레 죽는 이가 많은 것이다. 『삼강행실』을 낱낱이 살펴보면 우리나라 사람 가운데 죽만 마시고 상을 마치는 사람은 대부분 산야에서 곤궁하게 사는 선비이지 서울 사람은 드물다.

 상국相國 홍섬洪暹은 노모의 나이가 아흔 살이 넘었는데, 매양 식사 때마다 맛있는 음식을 거의 먹지 않으며 말했다.

 "어버이가 돌아가실 연세가 되면 자식된 자는 의당 담박하게 먹는 것으로 습관을 삼아야 한다."

그러나 그는 어머니가 돌아가시자 삼년상을 마친 뒤 얼마 지나지 않아 죽었다.

유극신柳克新은 유몽학柳夢鶴의 아들로 상을 당해 3년 간 죽만 마시면서 말했다.

"나는 기력이 강건하기가 다른 사람의 갑절은 되고, 주색으로 몸을 상하지도 않았다. 나처럼 건강한 사람이 예禮에 따라 삼년상을 마치지 못한다면 천하에 예로써 상을 치를 수 있는 자가 없을 것이다."

그러나 그 또한 삼년상을 마칠 즈음 병으로 수척해져 죽었다.

이이첨李爾瞻은 3년 간 소금과 장이 들어간 음식을 먹지 않고 묽은 죽만 마셨다. 삼년상이 끝난 후 비로소 소금과 장이 들어간 음식을 먹었는데 날마다 물을 십 여 주발씩 마신지라 온 몸이 부어 거의 죽을 지경에 이르렀다가 소생하였다.* 나의 선친께서는 소상小祥 전에는 채소나 과일도 들지 않다가 소상이 지난 후에야 수척해져서 채소를 드시기 시작했다. 내 사위 최아崔荷는 기력이 약한 사람인데, 모친상을 당해 묽은 죽 몇 홉만으로 배를 채우다가 불과 몇 개월 만에 병으로 몸을 훼손하여 구제할 수가 없었다. 이로써 보건대 누군들 효자가 아니겠는가만 단지 기체氣體의 강약으로 인하여 생사가 나누어지는 것이다.

상국 정광필鄭光弼이 말하기를, "우리 집안에서는 효자를 원치 않는다"라고 했는데, 당시 많은 사람들은 정광필의 말이 비속하여 성현에게 죄를 지었다고 여겼다. 이는 자식된 사람으로서는 차마 듣지 못할 말이지만 부모된 사람은 이 말을 안 할 수가 없는 것이다. 나는 사위 최아의 죽음을 직접 목도하고 자제들을 위해 이 기록을 남겨 둔다.

---

이이첨李爾瞻은 ~ 소생하였다.    이 대목은 〈야승본〉에만 들어 있는 내용이다.

## 왜구에게 몰살당한 한씨 일가 ❖ 8

한씨韓氏는 나의 조카 유광柳洸의 아내로, 한극겸韓克謙의 딸이다.

한씨는 양주楊州의 홍복산洪福山에서 왜구를 피했는데, 왜구가 앞산으로 들어가서 빗질하듯 샅샅이 뒤지는 것을 보고 자식의 재물보화를 찾으려고 하다가 숲의 나무에 목이 매달린 채 죽었다. 이날 왜구는 홍복산에 이르지 않았으며*왜구가 물러가자 일가족이 모두 무사히 모였는데, 한씨의 시신을 숲의 나무에서 찾았다.

한씨에게는 동생이 있었으니 김생金生의 아내다. 그녀는 시댁 사람들을 따라 다른 곳에 숨어 있었는데 왜구가 겁탈하려 하자 낭떠러지에서 떨어져 죽었다. 그 아버지 한극겸 또한 양주에서 왜구를 피했는데, 두 한씨와는 모두 헤어져 있었다. 길에서 마주친 왜구가 그의 목을 베어 장수에게 바쳤다. 신응하申應河·신응수申應洙·신응렴申應濂·신술호申滿浩 및 신응담申應澹의 아들과 신응락申應洛의 처 등 일가족 7, 8인이 모두 연일 왜구의 흉악한 칼날 아래 죽었다.

사람의 죽음은 가문의 액운과 관계되니, 일가족이 서로 다른 지역에서 죽음을 같이한 것으로 이러한 경우가 많았다.

## 논개의 충절 ❖ 9

논개論介는 진주晉州의 관기다. 만력萬曆 계사년(1593)에 김천일金千鎰이 거느

---

이날 ~ 않았으며  〈만종재본〉에는 이 구절이 없는데 여러 필사본에 들어 있으며, 문맥상 있는 것이 자연스럽게 여겨져 보충해 넣었다.

리는 의병이 진주성에서 왜구와 싸웠는데, 성이 함락되고 군사가 패하자 백성들도 함께 죽음을 당했다. 논개는 진하게 화장하고 의복을 곱게 차려입은 채 촉석루矗石樓 아래 가파른 바위 꼭대기에 서 있었다. 그 아래는 만 길 낭떠러지로 곧바로 강물 한가운데로 떨어질 듯했다. 뭇 왜구들이 논개를 보고 그 미모에 반했으나 누구도 감히 가까이 다가가지 못했는데, 한 장수가 홀로 몸을 똑바로 세우고 곧장 다가갔다. 논개가 웃으면서 왜장倭將을 맞이하며 유혹해서 가까이 오게 하더니, 드디어 왜장을 끌어안은 채 곧장 강물로 몸을 던져 함께 죽었다.

임진왜란 당시 관기로서 왜구를 만나 욕을 당하지 않으려고 죽은 사람은 이루 다 기록할 수 없다. 논개 한 사람에 그치지 않는데 대부분 그 이름을 알 수가 없다. 대저 관기는 음란한 창녀의 몸이라 정렬貞烈로 기려질 수가 없는 이들이다. 그런데도 죽음을 고향으로 돌아가는 것처럼 여기고 왜적에게 몸을 더럽히지 않았다. 저들 또한 성군의 교화를 입은 존재로서 차마 나라를 배반하고 왜적을 따를 수 없었던 것이니, 다름이 아니라 충의심에서 그리했던 것이다. 아! 슬픈 일이로다.

## 홍도 가족의 인생유전 ❖ 10

남원南原에 정생鄭生이라는 사람이 있었는데, 이름은 알지 못한다. 젊은 시절 통소를 잘 불고 노래도 잘했으며, 의기가 호탕하여 얽매임이 없었으나 학문을 게을리 하였다. 같은 마을의 양가良家에 구혼했는데, 그 집 딸의 이름이 홍도紅桃라 하였다. 두 집안에서 결혼을 논의했다가, 길일이 이미 다가오자 홍도의 아버지는 정생이 배움이 없다고 하여 사절하고자 했다. 홍도가 이를 듣고 부모에게 말했다.

"혼인은 하늘이 정하는 것입니다. 이미 결혼을 허락하셨으니, 마땅히 처음 정한 사람에게 가야지 중도에 배신해서야 되겠습니까?"

아버지가 그 말에 느낀 바 있어 홍도는 드디어 정생과 결혼했으며, 이듬해에 아들 몽석夢錫을 낳았다.

정생은 만력萬曆 임진년壬辰年(1592)의 난리에 활 쏘는 군인이 되어 왜적을 막았다. 정유년丁酉年(1597)에는 총병總兵* 양원楊元이 남원을 지켰는데, 정생도 성 안에 있었다. 홍도는 남자 복장을 하고 남편을 따랐는데, 군영에서는 아무도 알지 못했다. 몽석은 할아버지를 따라 지리산으로 들어가 화를 피했다. 성이 함락되자 정생은 총병을 따라 탈출할 수 있었으며, 홍도와 서로 헤어지게 되었다. 아내가 명나라 군대를 따라갔다고 생각한 정생은 중국 군대를 따라 중국으로 들어가 걸식을 하며 절강浙江까지 가면서 두루 아내를 찾았다. 하루는 천관天官*의 도주道主(도사道士)와 함께 절강 가는 배를 탔다. 달밤에 퉁소를 부는 소리가 들리자, 옆에 있던 사람이 말하였다.

"이 퉁소 소리는 전에 조선에서 들었던 곡조와 같다."

정생이 의아해하며 말했다.

"내 아내가 아닌가? 내 아내가 아니라면 어떻게 이 곡조를 알 수 있겠는가?"

이에 전에 아내와 함께 서로 화답하던 노래를 읊으니, 그 사람이 손바닥을 치면서 큰 소리로, "저 사람은 내 남편이오"라고 하였다. 정생이 크게 놀라 곧바로 작은 배를 타고 따라가보려 했으나 도주가 굳이 말리며 말했다.

"저 배는 남만南蠻의 장삿배이니, 왜인과 서로 섞여 있을 것이오. 당신이 가 봤자 아무런 도움이 안 되고 도리어 해만 입을 것이오. 날이 밝은 뒤에

---

**총병總兵**　　명나라의 관직으로 군대의 통솔을 담당했다. 〈만종재본〉의 '摠'은 필사본에 따라 '總'으로 바뀌어야 한다.

**천관天官**　　도가道家의 삼관신三官神(天官·地官·水官) 가운데 하나. 〈만종재본〉의 '宮'은 '官'으로 바로잡아야 한다.

내가 조처해 주겠소."

날이 밝자 도주가 은전 수십 냥과 집안의 장정 여러 명을 내어 주며 잘 타이르며 찾았더니 과연 그의 아내였다. 두 사람은 손을 맞잡고 소리 놓아 서로 부르며 통곡했다. 배 안에 있던 사람들 가운데 놀라며 슬퍼하지 않는 이가 없었다.

남원이 함락되었을 때 홍도는 왜적에게 포로로 잡혀 일본으로 들어갔으며, 일본인들은 남자 복색인 그가 남녀자라는 것을 알아채지 못하고 남자 장정 틈에 넣어 다시 팔아 장삿배를 따르게 되었다. 남자가 할 일을 하면서, 잘하는 것도 있고 잘 못하는 것도 있었는데, 그 중 잘하는 것이 노 젓기를 돕는 일이었다. 남만에서 절강으로 온 것은 이를 기회로 삼아 조선으로 돌아가고자 생각했기 때문이다. 정생은 홍도와 함께 그대로 절강 땅에 눌러 살았는데, 절강 사람들이 모두 가엽게 여겨 저마다 은전과 곡식을 주었으므로 입에 풀칠을 할 수 있었다.

아들 몽현夢賢*을 낳아 열일곱 살이 되어 혼인을 시키고자 했으나, 조선 사람이라는 이유로 중국인들이 허락하지 않았다. 한 처자가 몽현과 혼인하기를 원하며 말하였다.

"내 아버지는 동쪽으로 원정을 떠나 조선에 가셔서는 돌아오시질 않습니다. 원컨대 이 사람에게 시집가서 조선에 들어가 아버지가 돌아가신 곳을 찾아가 아버지의 넋을 모시고 제사를 올리려 합니다. 아버지께서 만약 돌아가시지 않았다면 만의 하나 혹 다시 뵐 수도 있겠지요."

마침내 몽현에게 시집와서 함께 살게 되었다.

무오년戊午年(1618)에 북방을 정벌할 때 정생은 유정劉綎의 군대에 선발되어 노적奴賊*을 정벌하였다. 유정은 전쟁에 져서 죽고 오랑캐 군사들이 중

---

**몽현夢賢** 〈만종재본〉에는 몽진夢眞으로 되어 있으나, 여러 필사본의 기록을 따라 몽현夢賢이라 하였다. 〈만종재본〉의 '眞'은 필사본에 기록된 '賢'의 초서체를 활자로 옮기는 과정에서 일어난 착오로 보인다.

**노적奴賊** 중국 청淸나라의 태조 누르하치奴兒哈赤(1536~1626)를 일컫는다.

국 군사들을 거의 다 섬멸했는데, 정생이 큰 소리로 외쳤다.

"나는 중국인이 아니라 조선인이오!"

이 말에 오랑캐가 그를 죽이지 않고 풀어 주었다. 이에 조선 땅으로 도망해 와 남원으로 내려가다가 공홍도公洪道*. 이산현尼山縣에 이르러 다리에 종기가 생겨 침놓는 의원을 찾아갔다. 의원은 중국인 병사로서 예전에 명나라 군대가 철수할 때 낙오하여 뒤에 남게 된 사람이었다. 그의 성과 이름, 살던 곳을 물어 보니 바로 몽현의 장인이었다. 그들은 연유를 묻고는 서로 얼싸 안고 통곡을 하였다. 둘이 함께 남원으로 돌아가 예전에 살던 집을 찾아가니, 아들 몽석이 장가들어 아들을 낳고 옛집에 살고 있었다. 정생은 아들과 아들의 장인을 만나서 조금이나마 외로움과 적적함을 위로받을 수 있었으나, 다만 홍도와 이미 만났다가 다시 헤어져서 여전히 울적한 마음에 즐겁지가 않았다.

1년이 지나자 홍도는 가산을 되팔아 작은 배를 세 내어 아들 몽현과 그의 아내를 데리고 중국, 왜, 조선의 세 가지 복식으로 옷을 지어 절강을 떠났다. 중국인을 만나면 중국인이라 하고, 왜인을 만나면 왜인이라 하면서, 한 달 25일쯤 지나서 제주의 추자도 밖 먼바다의 가가도可佳島에 정박했다. 양식이 겨우 여섯 홉만 남은 것을 보고 홍도가 몽현에게 말했다.

"우리가 배에서 굶어 죽게 되었으니, 필경 물고기 밥이 되고 말 것이다. 섬에 올라가 스스로 목매어 죽느니만 못하다."

며느리가 한사코 말리며 말했다.

"우리가 한 홉의 쌀로 죽을 끓여 마시면 하루의 허기는 채울 수 있으니, 엿새는 족히 버틸 수 있을 것입니다. 또한 동쪽을 보면 아련히 육지가 있는 듯하니 참아 내어 살기를 구하는 것이 낫습니다. 다행히 지나가는 배를 만나 육지에 다다르면 십중팔구 살아남을 수 있을 것입니다."

---

공홍도公洪道　　지금의 충청도로 공주公州와 홍주洪州를 합하여 일컫는 명칭.

몽현의 어머니는 그 말대로 하였다. 5, 6일이 지나 통제사의 사수선斜水船*이 와서 배를 대 주었다. 홍도는 남원에서 남편과 헤어지게 된 까닭, 절강에서 재회하게 된 사연, 남편이 북쪽으로 정벌 나갔다가 죽은 연유를 모두 갖추어 말하였다. 그 배에 있던 사람들이 듣고는 비통해하며 홍도의 작은 배를 그들의 배 끝에 매달고 순천 땅에 내려 주었다. 홍도가 아들과 며느리를 데리고 남원의 옛 터를 찾아가니 남편과 아들 몽석, 몽현의 장인인 중국 사람이 함께 살고 있었다. 온 집안 식구가 다 온전할 뿐만 아니라 사돈까지도 아무 탈이 없었으니, 그 즐거움이 흐뭇하게 무르녹았다.

태사공은 말한다.

"정생은 우리나라 사람이다. 난리에 아내와 헤어져 멀리 중국에 가서 찾았으며, 홍도는 전쟁 중에 남편을 잃고 세 나라에 들어가 남자 복색으로 변장하고 몸을 보전하였다. 몽현의 아내는 스스로 다른 나라 사람과 결혼하면서까지, 사지에서라도 아버지 만나기를 원했다. 마침내 모두 다 한 곳에서 만났는데, 온 가족 여섯 명이 기약하지 않고서도 만난 것이 모두 만 리의 바람과 파도 넘어 국경 밖에서 이루어졌다. 비록 이치로 헤아릴 수 없는 만의 하나의 행운에서 나온 것이지만, 어찌 이른바 '지성이면 감천'이라는 것이 아니겠는가? 기이하고도 특이하구나!"

사수선斜水船    해상의 경계 구역을 순찰하는 배.

# 강남덕의 어머니 ❖ 11

강남덕江南德의 어머니는 서울 서강西江*의 뱃사공 황봉黃鳳의 아내다. 황봉은 집이 잠두蠶頭*에 있어 해물 장사를 생업으로 삼았는데, 만력萬曆(1573~1619) 초에 바다에 나갔다가 태풍을 만나 돌아오지 않았다. 그의 아내는 상복을 입고 장사를 치른 후 삼년상까지 마쳤다. 과부로 산 지가 여러 해 지났는데, 하루는 중국에서 돌아온 어떤 사람이 황봉의 편지를 전했다. 거기에는 다음과 같이 적혀 있었다.

"바다에서 표류하다가 중국 아무 땅 아무 곳에 닿아, 그곳 민가의 품팔이꾼이 되었소."

그 아내는 편지를 읽고 탄식하며 울면서 말했다.

"애당초 남편을 물고기 뱃속에 장사지낸 줄 여겼더니, 이제 듣건대 아직 목숨을 보전하여 중국에 계시는구나. 내 장차 표주박을 들고 구걸을 하다가 길가에 쓰러져 죽더라도 반드시 찾아갈 것이다."

마을 사람들이 만류하며 말했다.

"우리나라와 중국 사이에는 국경을 넘는 것을 막는 관문이 설치되어 있어, 말이나 복색이 다른 자는 감히 들어가지 못하오. 그리고 이를 범한 자에게는 정해진 형벌이 있소. 지금 부인이 혼자 만릿길을 간다면 반드시 이르지도 못하고 길가의 해골이 될 것이 분명하오."

그러나 그 아내는 듣지 않고 소매를 떨치고 길을 떠나 몰래 압록강을 건너서 곧장 중국 땅으로 들어갔다. 옷은 너덜너덜 누더기에 머리는 봉두난발을 하고, 땟자국에 찌든 얼굴에 맨발을 한 채 저잣거리에서 걸식을 하였다.

---

서강西江  한강의 서쪽에 해당하는 마포麻浦 일대를 이르는 말.
잠두蠶頭  잠두봉蠶豆峰. 마포구 합정동合井洞 양화진楊花津 동쪽 언덕에 있는 지금의 절두봉截頭峰의 원래 명칭이다. 한강에서 배를 타고 오면서 보면 그 모습이 마치 누에가 머리를 내미는 듯하여 붙여졌다. 대원군 시절 천주교도를 처형했던 일 때문에 이름이 절두봉으로 바뀌었다.

1년 남짓 걸려 편지에서 말한 대로 강남 땅에 이르러 마침내 바닷가 변방의 성에서 황봉과 재회하였다. 이윽고 함께 고국으로 돌아오다가 도중에 임신을 하여 옛집에 돌아와 딸을 낳았다. 딸 이름을 '강남덕'江南德이라 지었는데, 마을 사람들이 그 택호宅號를 부르지 않고 강남덕의 어머니라 칭하면서 책에나 나올 법한 기이한 인물로 여겼다.

내가 보건대 중국과 우리나라는 국경의 구분이 안팎으로 명확하여 난리가 극성하기 전*에는 피차간에 왕래를 엄격히 금지하였다. 한낱 부녀자가 감히 홀로 중국에 들어갔다가 돌아오기를 마치 이웃 마을을 왕래하듯 하여 끝내는 아득히 넓고 막막한 땅에서 남편을 만났으니, 이는 천하에 없던 일이다. 그 굳세고 용감한 지조는 삼강三綱의 의리를 확고히 세웠는바, 고금을 꿰뚫는다고 하겠다.

근래 임진년에 전쟁이 일어난 이후 우리나라 사람으로 중국 군대에 휩쓸려 간 사람의 이름이 전사자의 명단에 올랐는데, 혹은 자루에 실린 채 관문關門을 통과하여 중국에 가게 된 사람이 이루 헤아릴 수 없다. 그렇지만 한 사람도 사사로이 국경을 넘어 들어갔다가 도망쳐 돌아온 이가 있다는 말을 들어보지 못했다. 이들 또한 어찌 부모나 배우자가 없겠는가? 대개 사람들이 각기 제 몸을 아끼어서, 구사일생의 험지를 벗어나 보겠다는 사람이 세상에 없기 때문이다. 강남덕의 어머니 같은 이는 기이한 중에도 기이한 경우라 할 것이다. 금년 봄에 강남덕의 어머니가 죽었는데, 나이가 팔십이었다.

천계天啓 원년(1621) 여름에 기록한다.

---

난리가 극성하기 전     우리나라와 중국에서 임진왜란을 함께 겪은 것과 중국에서 청나라가 일어나 잦은 전란이 벌어진 시기 이전을 말하는 것으로 보인다.

## 유충홍 부인 허씨의 치가 법도 ❖ 12

첨지 유충홍柳忠弘의 부인 허씨許氏는 승지 허관許寬의 딸이다. 나주羅州에 살았는데 평생토록 규방의 범절을 매우 엄숙히 지켰으며, 유충홍을 예로써 섬기어 손님처럼 공경하였다. 의복은 극히 화려하게 입혔으며, 음식도 극히 풍성하게 갖추었고, 유충홍을 향해 한 번도 눈썹을 찡그린 적이 없었다.

유충홍은 아들이 적음을 걱정하여 은밀히 밖에 첩을 정해 두었다. 부인은 그 길일吉日을 탐지하여 성대하게 초례醮禮 준비를 하면서 남편이 알지 못하도록 하였다. 그날이 되자 유충홍이 가마를 대령시키고 출타하려고 하였다. 부인은 시중드는 여종들에게 시켜 옷장에서 새 옷을 꺼내 남편에게 입히도록 하였다. 잠시 후 큰 탁자에 음식을 차려 내놓고 부인도 성장을 하고 마주 앉았는데, 한결같이 초례를 치르는 것처럼 하였다. 유충홍이 괴이하게 여겨 연유를 묻자, 부인이 웃으면서 대답하였다.

"처음 대인大人과 혼인할 때 이와 같은 예를 치렀습니다. 지금 어르신께서 장차 소첩과 헤어져 가시려고 하는데 어찌 이러한 예가 없겠습니까? 이런 까닭으로 처음 혼인할 때의 예를 행하는 것입니다."

유충홍이 마침내 행차를 그만두었다.

유충홍이 죽자 부인은 장례를 치르기 전 석 달 동안은 수장水漿도 마시지 않았으며, 삼년상을 치르는 동안 한 움큼의 쌀죽만 마셨다. 삼년상 후에는 소복 차림에 채식만 하였으며, 아침저녁으로 상식上食하기를 평생 그만두지 않았다. 날마다 갖추는 제수가 지극히 풍성하여 마치 명절날 큰 잔칫상 같았다. 과실이 대여섯 그릇에 탕湯이 일고여덟 그릇이 되었고, 다른 제물도 이와 같았다.

매일 저녁 시중드는 여종은 안채에서 부인을 모시고 잤으며, 모든 문의 열쇠를 받아 놓고 남자 종들은 감히 중문 안에 들어오지 못하도록 하였다. 날이 밝으면 바깥채의 여종과 남종들은 각기 도구를 가지고 일제히 문 밖에 집합하도록 하고, 열쇠를 내어 문을 여는 것을 마치 도성의 성문 여는 것처럼 엄격히 하였다. 조석으로 제물과 사사로운 음식을 마련함에 있어 각기 다른 칼을 사용했으며, 제물에 사용되는 그릇들은 모두 넣어 두는 함이 따로 있었다. 생선과 고기를 다루는 것과 채소 반찬을 마련하는 그릇이 서로 섞이지 않도록 하였다. 그릇을 다 쓰고 나면 칼은 집에 넣어 두고 그릇들은 함에 넣어 보관하였다.

하루는 밤중에 집에 불이 났다. 모시는 여종이 가서 불을 끄려 하자 부인은 이를 제지하고, 자신이 직접 많은 여종들을 거느리고 뜰 가운데로 나갔다. 여종은 안쪽을 에워싸고 남종은 바깥쪽을 둘러싸도록 한 뒤에, 시중 드는 여종을 제외하고 다른 노비에게 명하여 불을 끄도록 하였다. 또 남종에게 명하여 불을 끄기 전에 잘못 불을 낸 종을 먼저 결박짓도록 하고, 불을 다 끄고 난 뒤 측실 소생 아들을 시켜 벌을 주도록 했다.

다음 날 아침 허씨의 조카인 유주柳澍와 유은柳溵이 와서 부인을 위로하며 불을 낸 자에게 죄주기를 청하였다. 먼저 그 종을 결박하고 난 후에 불을 껐다는 소리를 듣고 괴이하게 여겨 물으니 부인이 말하였다.

"집안을 다스리는 것은 나라를 다스리는 것과 같다. 나라에 기강이 없으면 나라가 제대로 될 수 없으니, 집안에 기강이 없다면 또한 어찌 집안을 다스리겠는가? 집이 불타면 오히려 고쳐 지을 수 있으나 죄를 지은 자에게 형벌을 그르치면 집안의 법도가 사라지는 것이다."

이 말을 듣고는 사람들이 모두들 탄복하였다.

과부로 산 지 4, 50년인데 사나운 남종과 드센 여종들도 모두 부인의 제재를 받고 명령을 받들었다. 여종의 남편 중에 성질이 강퍅하여 다루기 어려운 자가 있었는데, 관가의 위엄이나 세력가의 위세로도 다스리질 못하였다. 부인이 사람을 시켜 마을 문 밖에서 매질하게 하자 그는 고개를 떨군 채 감히 대항하지 못하였다. 그 친족들도 감히 그르다 하지 못하고 말하였다.

"모부인母夫人의 가르침을 받아야 하지 않겠는가?"

부인은 아들 하나만 두어 이름을 '준'俊이라 하였는데, 부인보다 먼저 죽었다. 다만 얼자孼子 하나가 있었으며 그 또한 북쪽에 수자리 살러 갔는데, 때마침 임진왜란이 일어났다. 이때 부인의 나이가 팔십여 세였는데, 집안일을 모두 처리하고 온 집안 사람에게 배를 타고 바다로 나가 왜구를 피하라고 하면서 말하였다.

"내 비록 이미 늙었지만 그래도 부인네의 몸이다. 남자도 없이 혼자서 종들과 더불어 집 밖에서 난리를 피한다면 이는 구차하게 사는 것이다."

다음 날 날이 저물도록 부인이 이부자리에서 일어나지 않아 모시는 여종이 들어가 보니 이미 죽어 있었다. 상자 속에 편지 한 장이 있었는데, 장사 지내는 제반 사항을 모두 적어 놓았다. 장사를 치른 다음 날 왜구가 이르렀으나, 온 집안 식구가 배를 타고 바다로 나가 온전할 수 있었다.

유충홍은 볼깃살이 썩어 가는 병을 앓은 적이 있었는데, 그 크기가 술잔만 하였다. 의원이 그의 몸을 묶고서 이를 도려내는데, 유충홍은 손님과 마주하여 태연자약하게 먹고 마시면서 의원이 살을 찢는 대로 내버려 두었다. 피가 자리에 가득했으나 얼굴빛 하나 변하지 않고 직접 소금을 가져다 상처에 문지르자 금방 나았다.

## 정몽주의 충절에 대한 의문* ❖ 13

우리나라의 명신 가운데는 정몽주鄭夢周보다 더 숭앙받는 사람이 없다. 정

---

**정몽주의 충절에 대한 의문**　이 이야기는 뒤의 문천상 이야기와 뒤바꾸어 보아야 문맥이 잘 통한다. 여러 필사본에는 이 이야기가 문천상 이야기 뒤에 수록되어 있고 〈도남본〉에만 앞에 수록되어 있는데, 〈만종재본〉은 〈도남본〉의 순서를 따르고 있다. 여기에서는 일단 〈만종재본〉의 체재를 존중하여 그대로 번역해 둔다.

몽주가 왕씨王氏를 위하여 나라에 순국한 것은 곧 그가 평소에 쌓은 학덕의 소치다. 가령 신우辛禑가 정말로 신돈辛旽의 아들이라고 한다면 정몽주의 충성으로 어찌 차마 하루라도 머리를 굽혀 그의 신하가 되었겠는가! 애당초 공민왕恭愍王의 아들이라 생각해서 그를 섬겼다면, 신돈의 아들이라고 칭하며 죽임에 이르러서는 어찌하여 신우를 위해 죽음을 바치지 못했는가?

부자지간인지는 다른 사람들이 알 수 없는 것이니, 저 신우가 신씨가 되는지 왕씨가 되는지는 정몽주 또한 자세히 알지 못한 것인가? 혹자는 신우를 신씨라고 하는 것 또한 한때의 잘못된 말에서 나온 것이라고 하는데, 그렇다면 사가史家가 그 오류를 답습한 것인가? 정몽주가 머뭇거리면서 구차하게 산 것 또한 문천상文天祥이 차분하게 죽음을 따른 태도에서 나온 것인가?

맹자孟子는 말했다.

"『서경』을 다 믿는다면, 『서경』이 없느니만 못 하다."

## 문천상의 죽음과 진정한 충신의 도리 ✢ 14

문천상은 충성과 의열은 남음이 있으나 지략이 주밀하지 못했다. 군사를 운용함에 치밀하지 못하고 실상에 어두워 도처에서 패배를 당한 것을 보면 이를 알 수 있다. 설령 송나라 조정이 천하의 3분의 1이나 2를 차지하고 있었다 해도 이를 회복할 수 있는 재주가 못 되었거늘, 하물며 천만 뜻밖으로 애산崖山의 위급함*을 구해야 했음에랴! 송나라가 망한 후 연옥燕獄에 갇혀 6년의 오랜 세월이 지나도록 죽지 않았던 것은 무엇 때문인가? 옛 사람이 말

---

애산崖山의 위급함   애산은 광동성廣東省 신회현新會縣 남쪽 바다 안에 있는 산의 이름. 송나라와 원나라의 최후 결전지로, 송나라는 이 전쟁에서 패하여 황제가 물에 빠져 죽어 망하였고, 문천상은 포로로 잡혀갔다.

하기를,

"강개한 마음으로 목숨을 바치기는 쉬운 일이고, 차분히 죽음을 맞이하기는 어려운 일이다."

라고 하였다. 내가 보기에 문천상의 죽음은 차분히 죽음을 맞이하였다고 하기보다는 도리어 구차히 살고자 한 것에 가까우니, 결코 충신이 나라를 위해 죽는 올바른 도리는 아니다.

## 김시습의 기행 ❖ 15

김시습金時習은 다섯 살에 능히 문장을 지었다. 장헌 대왕莊憲大王(세종)*이 그를 대궐 안으로 불러 친견하고 사람들의 이목을 놀라게 해 주고자 하였다. 삼각산三角山을 제목으로 시 짓기를 명하니, 김시습이 절구 한 수를 지었다.

| | |
|---|---|
| 삼각산 높은 봉우리 하늘을 꿰뚫으니, | 三角高峯貫太淸 |
| 올라서면 북두성도 딸 수 있겠네. | 登臨可摘斗牛星 |
| 산의 암혈 비구름 일으킬 뿐 아니러니, | 非徒嶽岫興雲雨 |
| 왕가王家로 하여금 만세토록 편안케 하리. | 能使王家萬世寧 |

임금이 기특하게 여기면서도 기뻐하지 않는 기색이었는데, 이는 김시습이 신하가 되지 않으려는 뜻이 담겨 있기 때문이었다. 이에 비단 백 필을 상으로 내리면서 그로 하여금 직접 집에 가져가라고 하였다. 김시습은 비단

---

장헌 대왕莊憲大王(세종)   〈만종재본〉에는 정종을 가리키는 '공정 대왕'恭定大王으로 되어 있다. 문맥상 〈이수봉본〉에서와 같이 '장헌 대왕'이라고 한 것이 옳은 표현이다.

백 필을 풀어 머리와 꼬리를 서로 잇고서 한 쪽 끝을 허리에 두른 뒤 하직 인사를 올리고 나가니, 백 필의 비단이 모두 그의 몸에 딸려 갔다. 임금은 이를 보고 더욱 기특하게 여겼다.

후에 혜장 대왕惠莊大王(세조)이 왕위에 오르자 드디어 항거하는 뜻으로 벼슬하지 않으려는 뜻을 지녔다. 삭발을 했는데 수염은 남겨 두면서 시를 지었다.

　　　머리털 깎음은 티끌세상을 떠남이요,　　　削髮逃塵世
　　　수염 남겨 둠은 장부임을 나타냄이라.　　　存髥表丈夫

대개 옛날 고승들 또한 삭발하면서도 수염은 남겨 둔 자가 한둘이 아니었던 것이다.

5세 때부터 능히 글을 지었기에 오세五歲라고 자호했는데, 방언으로 '오세'傲世(세상을 오만하게 내려본다는 뜻)와 음이 같았다.

김시습은 성품이 가볍고 예민하여 남을 받아들이는 아량이 없었던지라 당시 세상에 받아들여지기가 어려웠다. 그러므로 불가佛家에 몸을 의탁하고 세상을 안중에 두지 않았다. 중들이 매우 존경하여 그에게 귀의하려는 자들로 저자를 이루었으나, 김시습은 이를 몹시 싫어하였다.

일찍이 춘천春川 사탄동史呑洞*의 초막에 있을 때 중 하나가 김시습을 흠모하여 백 리 밖에서 찾아왔다. 김시습이 매우 정성스럽게 대우하며 밥을 지어 먹이는데, 그를 창 밖 섬돌 위에 앉게 하고 자신은 창 위에 두 다리를 쭉 뻗고 앉았다. 그러고는 발로 흙을 차서 밥에 뿌리니, 그가

　　"사부님! 무슨 장난이십니까?"

하고는 흙을 덜어내고 먹었다. 두 번, 세 번, 네 번에 이르도록 거듭하며 그

---

사탄동史呑洞　　조선조 때 춘천도호부春川都護府 서북 방면에 있던 고을 이름.

만두지 않자 그는 성을 내며 다 먹지 않고 가 버렸다.

또 한번은 김시습이 달 밝은 밤에 삼각산三角山 승가사僧伽寺의 북쪽 바위에 앉아 절의 중을 불렀다. 중이

"이는 오세五歲의 음성이다."

라고 하며 신을 거꾸로 신은 채 달려 나가 본 즉 김시습이었다. 서로 안부를 나누고 얼마 뒤에 김시습이 소매 속에서 마른 생선 한 마리를 꺼냈다. 이를 중에게 권하자 그가 이를 거절했는데, 김시습이 먹으라고 강요하자 마침내 노하여 가 버렸다.

또 서울 원각사圓覺寺에서 무차대회無遮大會*가 열려 팔도의 중들이 풍문을 듣고 모였는데, 그 수가 헤아릴 수 없이 많았다. 김시습 또한 참여하여 가사를 입고 도량에 들어갔다. 그런데 잠시 후 김시습이 뒷간에 빠졌다 나온 몸으로 손에 삶은 닭다리를 쥐고 먹으니 중들이 대경실색하며 쫓아 냈다.

김시습의 행적은 뒤틀리고 어긋남이 이와 같았다. 대개 그 뜻은 세상 사람들이 자기와 가까이 지냄을 싫어함으로써 해害를 멀리하려는 것이었으며, 불교의 잘못된 이치를 모멸함으로써 자신의 뜻을 분명히 밝히고자 한 것이었다. 비록 김시습이 세상을 버리고 홀로 자처하였지만 인간사에 전혀 뜻이 없었을까? 그가 지은 『매월당집』梅月堂集은 모두 손수 쓴 것인데, 지금 상국相國 기자헌奇自獻의 집에 있다. 그 필적이 몹시 고아하여, 소재蘇齋 노수신盧守愼이 흠모하여 임모臨摹하기도 하였다. 이로써 보건대 김시습 또한 자기가 죽은 후의 명성에 관심이 없었던 자는 아니었다.

---

무차대회無遮大會  보시를 목적으로 거행하는 법회. '무차'無遮란 모든 것을 관대하게 받아들인다는 말로, 귀천貴賤·승속僧俗·지우智愚·선악善惡의 구분을 두지 않고 일체를 평등하게 대한다는 의미다.

## 김응하의 의기義氣 ❖ 16

장군 김응하金應河는 자가 경희景義이고, 철원鐵原 사람이다. 만력 을사년乙巳年(1605)에 무과에 합격한 그는 선전관을 거쳐 경원慶源 판관을 특별히 제수 받았으나, 육진六鎭*에 식구들을 모두 데리고 갈 수 없었다. 그가 떠나려 하는데 어떤 이가 와서 말하기를,

"귀한 집 딸이 있는데, 나이가 어리고 예쁘니 생각해 보고 첩으로 삼을 만합니다."

라고 했다. 장군이 무안해하며 사양하여 말했다.

"내 집이 가난하니, 귀한 집 딸을 부양하기가 쉽지 않소. 처로 대우하면 명분이 어지러워질 것이고, 첩으로 천대하면 반드시 섭섭해할 것이오. 무릇 사람의 복은 베와 비단의 폭과 같이 한도가 정해져 있는 법이오. 첩으로 인하여 귀하게 됨은 장부에게 옳은 일이 아니오."

정사년丁巳年(1617)에 열병에 걸려 거의 죽게 되자 그의 벗이 열 식히는 약을 가져와서 큰 소리로 말하였다.

"그대가 일찍이 나랏일로 죽겠다고 스스로 장담해 놓고 지금 병에 걸려 쓸쓸히 죽으면 누가 알아주겠는가?"

그러자 장군은 바로 눈을 부릅뜨고 약 세 사발을 다 들이키고는 곧 되살아났다.

무오년戊午年(1618)에 그와 인척간인 병조 판서 박승종朴承宗이 부모의 상을 당했다. 고양高陽에 모여 장례를 지내는데, 대궐에서는 중사中使*를 보내 장사지내는 것을 보살피게 했다.

어떤 이가 장군에게 중사를 접대해 만나 보라고 권하면서 말했다.

---

육진六鎭 　조선조 세종 때 김종서를 시켜 지금의 함경도 북쪽 국경 지역의 경원慶源·온성穩城·종성鐘城·회녕會寧·경흥慶興·부령富寧 등에 여진족을 막기 위하여 설치한 진鎭.
중사中使 　궁중宮中에서 왕의 명령을 전하는 내시內侍.

"중관中官이 그대의 좋은 풍채를 보면 반드시 대궐에 가서 그대를 칭찬할 것이네."

장군은 무연히 탄식하면서 말했다.

"바라는 바가 있어 내시와 다정하게 접촉하는 것은 사대부의 일이 아니네. 오직 마음에 부끄럽지 않겠는가?"

자리에 있던 사람들이 모두 그를 기특하게 여겼다.

가을에 건주建州의 오랑캐 누르하치가 무순성撫順城을 침범하자, 명나라 조정에서는 조선 군사를 징발했다. 장군은 조방장助防將으로 바로 선천宣川 군수에 임명되었다. 그가 행군을 시작하면서 군관 오헌吳憲에게 말했다.

"간밤 꿈에 내 머리가 적에게 잘렸다. 나는 나의 죽음을 헛되지 않게 하기 위해 많은 적을 죽일 것이니, 그리 알아 두거라."

그러고는 두 개의 활과 백 개의 화살을 차고 가니 여러 장수들이 그를 특이하게 생각했다.

기미년己未年(1619) 3월 3일에 명나라 군사 3만이 오랑캐 땅 심하 부락深河部落에 이르러 군대 전체가 패했다. 이어서 우리 군사 좌우영도 패배했다. 유격장군 교일기喬一琦가 절벽 위에서, 장군이 싸우는 것을 보고는 손가락을 튕기며 감탄하여 말했다.

"평지에서 보병이 이처럼 우리의 철기병을 지탱해 주니, 이 나라 군사는 매우 용맹하다고 이를 만하다."

칭찬이 입으로 이루 다 담아 내지 못할 정도였다.

얼마 지나지 않아 큰바람이 갑자기 일었다. 총의 탄약이 나부껴 흩어져 탄환을 쏠 수 없게 되자, 적병이 이를 틈타 우리 군을 크게 쳐부수었다. 장군이 말에서 내려 혼자 버드나무를 의지한 채 적에게 활을 쏘아 명중시켰다. 활을 쏠 때마다 적이 모두 거꾸러졌다. 장군은 몸에 이중 갑옷을 입고 있었으므로 화살이 박혀 고슴도치와 같았으나 동요하지 않았다. 화살이 다 떨어지자 장검을 써서 쳐 죽인 적이 또한 헤아릴 수 없었다. 칼자루가 부러지자 칼을 세 번이나 바꾸어가며 쳐부수었다. 갑자기 적병 한 명이 뒤에서 나타나 창으로 장군을 찔러 땅에 쓰러뜨렸으나 칼은 여전히 장군의 손에 쥐어져 있었다. 그 후 포로로 잡혀 있다가 도망쳐 돌아오는 사람들이 줄이어 와서는 모두 말하였다.

"오랑캐들이 서로 말하기를, '버드나무 아래에서 싸우던 한 장군은 매우 용맹스러웠다. 조선에 만약 이 같은 자가 몇 사람만 더 있었다면 대적할 수 없었을 것이다' 라고 했습니다."

또 말하였다.

"오랑캐 추장이 싸움에서 죽은 명나라와 조선의 군사들 시신을 거두었는데, 이미 날이 오래되어 시체가 모두 문드러져 있었습니다. 오직 버드나무 아래에 있던 시체 한 구만은 얼굴색이 살아 있는 듯하고 오른손에 쥐고 있는 칼을 풀 수가 없었는데, 바로 장군님이었습니다. 오랑캐들이 활로 그 시체의 눈동자를 쏘았는데, 장군에게 많은 오랑캐 병사들이 죽음을 당한 것이 원통했기 때문입니다."

싸움에 앞서 먼저 강홍립姜弘立이 만주어 역관인 하세국河世國을 오랑캐 진중으로 보낸 바 있었다. 이때 오랑캐 병사가 먼저 통역관을 불러 전쟁을 그치고 강홍립과 함께 항복하라고 하였다. 장군이 그 사실을 듣고 더욱 분노하여 오랑캐 병사를 그처럼 죽인 것이다. 조정에서는 그 절개를 가상히 여겨 병조 판서를 추증追贈하고, 중국인들이 왕래하는 거리에 그의 사당을 세웠으니, 기특하고도 아름다운 일이다.

장군의 충의忠義는 많은 적이 진영을 압박하고 군사의 수도 현격히 차이가 나는데도 침착하게 정렬하고 깃발을 휘날리며 싸움을 독려하였으니, 첫째 번 기이함이다. 오랑캐 군사가 와서 통역을 불러 화해의 뜻을 전했는데도 듣고도 못 들은 척하며 끝까지 힘을 다해 싸웠으니, 둘째 번 기이함이다. 말에서 내려 나무를 의지하고서 필사의 모습을 보여 수천 명과 더불어 피 흘려 싸우며 항복하지 않았으니, 셋째 번 기이함이다. 손에 쥔 긴 칼을 죽어서도 놓지 않고 마치 다시 일어나 적을 죽일 듯했으니, 넷째 번 기이함이다. 봄이 되어 더운 절기인데도 시체가 썩지 않고 노기가 가득하여 살아 있는 듯했으니, 다섯째 번 기이함이다.

영의정 박승종朴承宗이 전傳을 지어 그를 기렸다.

## 김여물의 용맹 ❖ 17

김여물金汝岉은 대단히 용맹스럽고 힘이 좋았다. 개암과 잣을 먹을 때면 이가 아니라 손바닥으로 껍질을 벗겼다. 문과 알성시謁聖試*에 장원으로 급제했는데, 매일 아침 관아에 나갈 때면 도포와 가죽신을 차려입고 난 뒤, 반드시 세 번 뛰어올라 발바닥을 맞대고 나서 두 손을 깍지껴 발로 뛰어 넘은 후에야 말을 타고 갔다. 병조 승여사乘輿司*의 좌랑佐郞이 되어서는 최상품의 준마를 타고 많은 하인들을 거느리고 다녔는데, 하인들에게 경계하여 말하길,

"갑일에는 학익진鶴翼陣*으로 행진하고, 을일에는 장사진長蛇陣*으로 행진하라."

하고는, 매일 채찍을 휘두르며 거리를 달리니 뒤에서 먼지가 흩날렸다. 한 어린 군졸이 뒤쫓아 달리다가 따라잡지 못하고 땀을 물처럼 줄줄 흘리면서 숨이 차서 헐떡거리며 담장에 기대어 섰다. 잠깐 사이에 말발굽이 아득히

---

**알성시謁聖試**　알성과謁聖科라고도 한다. 국왕이 문묘에 가서 제례를 올릴 때, 성균관 유생에게 시험을 치르게 해서 성적이 우수한 몇 사람을 선발하던 것으로, 1414년(태종 14)에 처음 실시되었다.
**승여사乘輿司**　왕의 행차와 관련된 의장 및 위종衛從 계통의 업무와 교통·통신을 담당하던 부서로, 병조에 소속되었다.
**학익진鶴翼陣**　학이 날개를 펼치듯이 치는 진법으로, 중앙을 비우고 좌우를 길게 배치한다.
**장사진長蛇陣**　길게 뻗은 뱀의 모습처럼 한 줄로 길게 벌여 수미首尾가 상응하는 진법.

멀어져 보이지 않자, 군졸은 드디어 천천히 몸을 일으키며 땀을 닦고는 손으로 김여물을 가리키며 말했다.

"어리석구나, 저 관원이여! 어리석구나, 저 관원이여!"

길 가던 사람들이 이 말을 듣고는 손뼉을 치며 웃었다.

의주 목사義州牧使가 되어서는 항상 백우선白羽扇을 쥐고서, 한 번 휘두르면 기병과 보병이 진을 이루도록 군사軍事를 훈련시켰다. 그때 마침 진강鎭江 유격遊擊이 와서 함께 압록강에 배를 띄우고 술을 마셨다. 김여물이 백우선을 한 번 휘둘러 백여 병마가 강을 따라 진을 이루는 것을 유격에게 자랑해 보였다. 유격은 마음 속으로 몹시 놀라서 술잔을 잡은 손이 떨렸는데, 옥잔이 쟁반에 부딪쳐 소리를 냈다. 돌아가서 유언비어를 지어 내 요동장군遼東將軍에게 문책하도록 하니, 조정에서 이 소식을 듣고 김여물을 잡아들여 심문하였다.

임진란이 일어나자 백의종군하여 신립申砬과 더불어 죽기로 맹세하고, 달천達川(충주 달래강)에 배수진을 쳤으나 적병에게 밀렸다. 신립은 말을 달려 물가에 이르러 김여물을 돌아보며 말했다.

"영공令公은 남아로서 어찌 구차하게 살려 하시오?"

김여물이 웃으며 말했다.

"영공은 내가 죽음을 두려워한다고 생각하시오?"

마침내 등자를 박차고 말을 채찍질하여 물에 뛰어들어 죽었다. 이 일은 『삼강행실』「충신전」忠臣傳에 실려 있다.

## 조헌의 의기와 선견지명 ❖ 18

예조 판서에 추증된 조헌趙憲은 경기도 김포金浦 사람으로 가세가 한미했으나 글 읽기를 좋아하여 문과에 급제하였다. 교서관校書館 정자正字*가 되어 향실香室*을 지키면서 뭇 제사의 분향分香을 담당하였다. 이에 앞서 나라에서는 고려 왕조의 조모祖母가 현왕賢王을 낳아 삼한을 통합했다고 하여 특별히 제사를 지내고, 그 제사에는 백단향白檀香을 사용하였다. 조헌은 이는 음사淫祀*라서 향을 나누어 주는 것이 옳지 않다고 여겨, 임금의 뜻을 받들지 않고 항의하는 글을 올려 이에 대해 논하였다. 조정에서는 그의 뜻을 가상히 여기고 이로부터 그 제사의 향과 축판祝板을 없애 버리니, 사림의 논의가 이를 훌륭하게 여겼다.

조헌은 여러 차례 상소하여 조정의 득실에 대해 논했는데, 당시 기피하던 사안을 건드리거나 조정의 의론에 거스르는 것이었다. 매번 답변을 받지 못하자 조헌은 대궐문 밖에 석고대죄하여 작두를 곁에 둔 채 땅바닥에 엎드려 있었다. 그때 마침 조하朝賀*가 있어 모든 관리들이 입궐했는데, 대궐문 밖에서 조헌과 동년同年인 한 재상이 말했다.

"이리 오게나, 조헌. 조정에서 만약 자네를 죽이고자 한다면 도끼가 없어 못 죽이겠는가? 무엇 하려고 작두는 손수 가져왔는가?"

조정에서 한바탕 큰 웃음이 터졌다.

만력 18년(1590)에서 19년(1591) 사이에, 일본의 관백關伯 평수길平秀吉(풍신수길豊臣秀吉)이 사천射天*할 뜻을 가지고 우리나라에 사신을 보내어 통신사를 요구하면서 험악하게 공갈을 하였다. 조정의 의론은 사신을 보내는 것이 옳지 않다는 것이었는데, 당시 영의정 유성룡柳成龍의 건의로 통신사를 일본에

---

교서관校書館 정자正字　　교서관은 경적經籍의 인쇄와 반포 및 향축香祝·인전印篆의 일을 맡은 관사이고, 정자는 홍문관·승문원承文院·교서관 등에 속한 정9품 벼슬이다.
향실香室　　교서관 소속 부서로 국가의 제사에 사용하는 향香과 축祝을 담당하던 곳.
음사淫祀　　정당하지 않은 신에게 지내는 제사.
조하朝賀　　백관이 모여 임금에게 하례함.
사천射天　　가죽 주머니에 피를 담아 매달아 놓고 우러러보며 화살을 쏘는 것으로, 위엄으로 귀신을 굴복시키려는 의미의 행동이다. 여기에서는 중국을 굴복시키려는 음모를 의미한다.

보내어 그 실정을 살펴보게 되었다. 평수길은 우리나라 사신을 머물게 한 지 50일이 지나서야 비로소 만나 주었으며, 사신을 대하여 질그릇 잔으로 술을 마시고, 마시고 나서는 술잔을 깨뜨려 버리고 새 것으로 바꾸었다. 또 어린아이를 무릎에 앉히고 장난을 하기도 하였다. 이듬해 평수길이 현소玄蘇를 보내 사례하자 조헌이 상소를 올려 말했다.

"질그릇 잔으로 술을 마시고, 마시고 나서 깨뜨린 것은 맹약을 깨겠다는 뜻을 보인 것이고, 어린아이를 안고 장난친 것은 우리나라를 어린아이처럼 본 것입니다. 청컨대 왜놈 사신의 머리를 베고 이를 중국 조정에 알리십시오."

식견 있는 사람들은 이를 의로운 행동으로 여겼지만, 조정의 의론은 미친 것으로 여겼다.

조헌은 고서를 널리 읽어 천문을 잘 보았다. 그는 임진년에 난리가 있으리란 것을 미리 알았다. 문하의 제자들을 미리 힘들게 훈련시킬 목적으로 매일 밤 남녀들에게 이고 지고 산을 오르내리게 하기를 마치 도간陶侃이 벽돌을 옮긴 것 같이 하도록 하였다.

임진년 정월 초하루 아침이 되자, 조상의 묘에 제사 지내고 난 뒤 마을 어른들을 모아 술과 음식을 대접하고는 작별 인사를 하며 눈물을 훔치면서 떠났다. 그해 3월 어느 날 밤, 여러 제자들과 함께 앉아 있는데 유성流星이 휙 하고 소리를 내며 떨어지자 조헌이 크게 놀라며 말했다.

"오늘 적이 바다를 건넜구나. 이는 천고성天鼓星* 소리다."

동쪽에서 보고가 와서 보니, 과연 그날 적이* 육지에 내렸다.

천고성天鼓星 　 천고天鼓는 하늘의 북소리란 뜻으로 우레나 천둥을 말한다. 천고성은 혜성彗星이나 운석을 의미하는 것으로 보인다. 『천원보력』天元寶曆이라는 책에 영두성彗頭星은 그 꼬리 부분이 빗자루와 같다고 되어 있으며, "이 별이 밤에 떨어지면 천고성이 되어 소리가 나고, 낮에 보이면 영두성이 되어 병란을 상징한다"라고 기록되어 있다.
바다를 건넜구나 ~ 그날 적이 　 이 대목은 〈만종재본〉에는 누락된 내용인데, 필사본에 의거해 보충해 넣었다.

이에 조헌은 의병 수백 명을 모아 왜적과 싸웠다. 이때 우리나라 관병官
兵들은 곳곳에서 왜적이 온다는 소문만 듣고도 무너져, 왜병과 교전하는 곳
이 하나도 없었다. 오직 조헌의 병사들만이 왜병과 함께 머리를 나란히 하
고 싸우다가 죽었으며, 단 한 사람도 달아나 흩어진 이가 없었다. 당시 사람
들이 이를 전횡田橫의 의로운 병사들에 견주었다.

## 곽재우의 용맹과 신선술 ❖ 19

곽재우郭再祐는 영남 현풍玄風 사람으로, 감사 곽월郭越의 아들이다. 젊은 시
절 문장에 재능이 있었으나 이를 버리고 무예에 힘을 쏟아 병서를 읽고, 활
쏘고 말 달리기를 익혔다. 어버이가 세상을 떠나자 문무文武를 다 버리고 신
선술을 추구하여 산에 들어가 벽곡辟穀*하면서 솔잎을 따 먹으며 살았다.

만력 임진년에 왜병이 대거 침입하자 곽재우가 의병을 모아 낙동강에 임
해 진을 치니, 왜병이 감히 강을 건너 서쪽으로 향하지 못했다. 관찰사 김수
金睟가 군사를 거느리고 물러나와 자신만 보전한다는 소문을 듣자, 곽재우
는 드디어 격문을 지어 그를 크게 꾸짖었다. 행재소行在所*에 글을 올려 그
를 죽이라고 청하자, 김수는 두려운 나머지 군사를 퇴각시켜 그를 피했다.
영남 우도右道*가 굳게 지켜지고, 왜병이 전라도를 침범하지 못한 것은 모
두 곽재우의 공이었다. 조정에서는 특별히 그를 경상 병사慶尙兵使로 임명하
였다.

**벽곡辟穀**　　곡식 먹기를 폐하고 신선이 되기를 바라는 일.
**행재소行在所**　　임금이 왕궁을 떠나 멀리 행차할 때 임시로 머무는 곳.
**영남 우도右道**　　도성인 서울에서 바라보아 영남의 오른편을 말하는 것으로, 곧 경상도 서쪽을 가리킨다.

난리가 평정되자 조정의 의론이 그를 중히 여겨 병사兵使에 제수했지만 그는 나아가지 않았고, 감사로 불러도 여전히 벼슬자리에 나오지 않았다. 그리고 다시 벽곡하여 솔잎과 송지松脂(송진)·송화松花만을 먹었고, 훈채葷菜*와 고기는 먹지 않았다. 몇 개월 동안 먹은 곡식이 쌀 두어 줌도 못 되는 것이었다. 그는 성품이 술을 좋아하여 한 번에 서너 말을 능히 마셨는데, 오장육부에는 남겨 두지 않고 마신 후에는 모두 땅에 쏟아 냈다. 칠규七竅*에서 물이 흐르듯 저절로 쏟아져 내렸는데, 본인 스스로 고통스러워하지 않았으며 서너 말을 모두 쏟아 낸 뒤에야 그만두었다. 산중에 집을 짓거나, 혹은 강가에 정자를 지어 거처했는데, 인사人事에 접촉하지 않았고 부녀자를 가까이하지도 않았다.

동기간의 상을 당해 일을 치르느라 벽곡할 수가 없자 억지로 며칠간 밥을 먹었다. 홀연 비바람이 불고 뇌성벽력이 치며 자색 기운이 하늘까지 뻗치더니 갑자기 죽었으니, 나이가 66세였다. 당시 사람들이 이를 두고 말했다.

"신선은 배울 수 있는 것이 아니니, 곽공도 죽음을 면하지 못했다."

혹자는 말하였다.

"시해尸解*한 것이다."

혹자는 또 말하였다.

"그가 죽을 때 순수한 양기陽氣가 흩어졌던 까닭에 자색 기운이 있었던 것이다."

훈채葷菜 마늘이나 파 등과 같이 냄새가 나는 채소로, 불가佛家에서는 먹지 않는다.
칠규七竅 사람의 얼굴에 있는 눈·귀·코·입의 일곱 구멍.
시해尸解 육신만 남기고 혼백이 빠져나가 신선으로 변화되는 것.

## 곽준 일가의 절의 ❖ 20

현풍玄風 사람 곽준郭䞭은 자字가 양정養靜이다. 학문에 독실하고 행실에 힘썼으며 효성과 우애가 아울러 극진했기에 아끼고 공경하지 않는 사람이 없었다. 임진년의 난리에 동지들과 더불어 창의倡義하여 적을 토벌하니, 조정에서 특별히 안음 현감安陰縣監을 제수하였다. 안음현에는 황석산성黃石山城이 있어 그 험준함에 기댈 만했기에 그는 성을 잘 수선하여 굳게 지킬 계획이었다. 체찰사體察使* 이원익李元翼은 곽준이 유생임을 고려하여 김해 부사金海府使 백사림白士霖을 전투의 장수로 삼았다. 곽준은 백사림을 후하게 대접하며 사력死力을 다할 것을 기약하고, 또 함양 군수咸陽郡守 조종도趙宗道도 함께 굳게 지키기로 결의하였다. 조종도는 다음과 같은 시로 권면하였다.

공동산* 밖의 삶 비록 즐겁지만 　　　　　　　崆峒山外生雖樂
장순張巡, 허원許遠이 성중에서 죽음 또한 영광스럽네.　巡遠城中死亦榮

적에게 포위당하기에 이르자 백사림 휘하의 백성들은 일찍이 적을 도왔던 자들이라 모두 은밀히 적과 내통하여 밤을 틈타 몰래 도망쳤다. 왜적이 마음대로 성 안으로 난입하자 군사와 백성들이 놀라며 무너졌다. 곽준과 조종도는 단정히 앉은 채 움직이지 않았고, 곽준의 두 아들 이상履常과 이후履厚 또한 달아나지 않고 함께 해를 입었다.

곽준의 딸은 남편을 따라 성 밖으로 나갔으나 서로 떨어지게 되었다. 그녀는 남편이 이미 죽은 것으로 생각하고 문득 다리(머리 숱이 많아 보이라고 덧

---

**체찰사體察使**　조선 시대 지방에 군란軍亂이 있을 때 임금을 대신하여 그 지방에 나아가 일반 군무를 총찰하던 임시 벼슬로, 재상이 겸임했다.
**공동산崆峒山**　중국 계주薊州에 있는 산으로, 황제黃帝가 그 산 석실石室에 은거하던 신선 광성자廣成子를 만나 도의 요체에 대해 물었다고 한다. 이로부터 신선이 사는 곳이라고 일컬었다.

넣은 딴 머리)를 풀어 계집종에게 주면서 말하였다.

"내가 여기까지 이른 것은 모두 하늘과 같은 남편을 위해서였다. 지금 문득 남편과 서로 헤어졌으니 차마 난병亂兵 가운데 몸을 던져 구차히 살 수가 없다. 너는 살아 돌아가 시부모님께 이를 고하도록 하거라."

그러고는 곧바로 목을 매달아 죽었다.

곽이상의 아내는 단성丹城에 있다가 남편 집안 사람들이 모두 죽었다는 소식을 듣고, 역시 목매달아 죽었다.

아버지는 충에 죽고 아들은 효에 죽고, 딸과 며느리는 절개에 죽었다. 한 집안의 다섯 사람이 모두 절의를 지켜 죽었으니, 고금을 통틀어도 찾아보기 드문 일이다. 곽준은 예조 참의에 증직되었고, 곽이상과 곽이후는 예조 정랑禮曹正郎에 증직되었다.

## 호걸 승 유정 ❖ 21

유정惟政은 우리나라의 호걸스러운 중이다. 송운松雲이라 자호自號하였고 휴정休靜의 제자로, 평소에는 오대산五臺山 월정사月精寺에 거처하였다. 만력 임진년(1592)에는 금강산金剛山 유점사楡岾寺에 있었는데, 왜병이 대거 이르자 같이 기거하던 중들과 함께 왜구를 피하여 깊은 산골짜기로 숨었다.

한 중이 가서 엿보니, 왜병이 유점사에 들어가 그곳에 거처하던 중 수십 명을 결박하고 금은보화를 찾는데, 내놓지 않자 장차 죽이려고 하였다. 유정이 이 말을 듣고 유점사에 가서 그들을 구하려 하자 중들이 모두 만류하며 말했다.

"스님께서 같이 기거하던 스님들을 죽음에서 구하고자 하시니, 그 자비로움이 더할 수 없습니다. 그러나 호랑이 입을 더듬어 그 수염을 잡아당기는 격이니 무익한 일로 다만 화를 부를 뿐입니다."

유정은 이 말을 듣지 않고 난병亂兵들 가운데로 들어갔는데, 그 행동이 아무런 거리낌이 없는지라 왜병들이 괴이하게 여겼다. 절 문에 이르니 왜병들 여러 명이 앉아 있기도 하고 누워 있기도 하며, 칼과 창을 손질하는 이들도 있었다. 유정은 절하거나 읍하지도 않고, 돌아보지도 않으며 걸음을 멈추지도 않은 채 지팡이를 끌고 손을 휘저으며 들어갔다. 왜병은 빤히 쳐다만 볼 뿐 들어가는 것을 막지 않았다.

산영루山影樓를 지나 법당 아래 이르니, 중들이 모두 결박당한 채 양편 행랑 아래 있었다. 유정은 자신을 보고 우는 중들을 돌아보지 않았다. 한 왜병이 선당禪堂 밖에서 문서를 다루고 있는데, 군목軍目 같았다. 유정이 곁에 가서 보았으나 그 왜병은 그를 막거나 꾸짖지 않았다. 그 문서는 보아도 글자를 알아볼 수가 없었는데, 예서隷書가 간간이 섞여 있었다. 곧장 법당에 오르니, 여러 왜장倭將들이 의자에 나란히 앉아 있었다. 유정이 손을 늘어뜨린 채 예를 차리지 않고 이리저리 돌아다니며 멋대로 살펴보니 마치 정신이 모자란 사람처럼 보였다. 한 장수가 글을 써서 물었다.

"너는 문자를 아느냐?"

유정이 글을 써서 보여 주었다.

"문자를 대략은 안다."

"너희 나라에서 칠조七祖를 존귀하게 여기느냐?"

"육조六祖\*가 있지 어찌 칠조가 있겠느냐?"

"들어 보자."

유정이 육조를 쭉 써서 보여 주자 왜장이 크게 기이하게 여기며 말하였다.

"이 절에 있는 금은보화를 모두 내어놓아라. 그렇지 않으면 마땅히 너를

---

육조六祖　　선종禪宗의 시조 달마 대사에서부터 6대까지 법통을 이어 온 여섯 명의 조사祖師. 곧 달마達磨·혜가慧可·승찬僧璨·도신道信·홍인弘忍·혜능慧能을 말한다.

죽이리라."

유정이 대답하였다.

"우리나라는 금과 은을 보배로 여기지 않고 단지 쌀과 베만을 사용하기 때문에 금은보화는 온 나라를 통틀어도 드물다. 하물며 산에 사는 중은 단지 부처님께 공양이나 드리고 채식을 하며 초의草衣를 입을 뿐이다. 혹은 곡기를 끊고 솔잎을 먹으며, 혹은 민가에 걸식하여 삶을 영위하는데, 어찌 금은을 쌓아 둘 리가 있겠는가? 또 장군을 보니, 불가佛家에 육조가 있음을 알고 있는데, 불법佛法은 자비를 베풀고 살생하지 않는 것을 으뜸으로 삼는다. 지금 보니 죄 없는 어리석은 중들을 행랑 아래 결박하여 놓고 진기한 보화를 내어놓으라 하고 있는데, 저들은 지팡이 하나로 온 산을 다니면서 민가에서 밥을 구걸하여 조석으로 공양받는 사람들이다. 비록 몸을 가르고 뼈를 가루를 낸다 한들 어찌 보물 하나 나올 수 있겠느냐? 원컨대 장군은 그들을 살려 주거라."

왜장들이 유정의 글을 돌려보고는 얼굴빛이 변하여 하졸에게 무어라고 말하자, 하졸들이 당 아래로 내려가 양편 행랑에 묶여 있는 20여 명의 중들을 풀어주었다. 유정은 다시 손을 휘저으며 지팡이를 끌고 나갔다. 왜장이 커다란 판자에 글씨를 크게 써서 절 문에 걸었다.

"이 절에는 도를 깨우친 고승이 있으니 군사들은 다시는 들어오지 말라."

그리고 즉시 병사를 해산하여 물러갔으며, 이로부터 왜병이 다시는 유점사에 들어오지 않았다.

조정에서 유정을 승장僧將으로 임명하여 팔도의 승군을 통솔하도록 하였다. 유정이 왜군의 진중陣中에 출입하며 유세하는 것을 자신의 임무로 삼았는데, 일찍이 적진에 들어가 왜장 청정清正(가등청정加藤清正)을 만났다. 청정이 물었다.

"너희 나라에서는 어떤 보물을 가장 귀히 여기는가?"

유정이 대답하였다.

"보물이라 할 만한 것은 없고, 오직 보물로 여기는 것은 바로 장군의 머리다."

청정이 억지로 웃음을 지어 보였으나 마음 속으로는 그를 두려워하였다. 난이 평정된 후 일본에 들어가니 가강家康(덕천가강德川家康)이 설면자雪綿子(풀솜) 2만 근을 그에게 주었다. 유정은 사양했으나 받아들여지지 않자 그것을 대마도주對馬島主 귤지정橘智正에게 모두 주고 귀국했다. 조정에서 종묘와 궁궐을 중수할 때 유정이 온 나라 안의 승군을 모아 역사役事를 도왔다.

내가 향산香山(묘향산) 보현사普賢寺에서 유정을 상견했는데, 머리는 깎고 수염은 남겨 두어 흰 수염이 허리까지 닿았다. 그 당시에 가선 대부嘉善大夫*였으며, 후에 치악산雉岳山에서 죽었는데 나이가 아직 70이 안 되었다. 문집이 있다.

## 신대연과 유운봉의 용맹 ❖ 22

옛 사람에게 들었는데, 전쟁에 나아가 용기가 없는 것은 불효의 하나라고 하였다. 상대방의 강함을 꺾고 견고한 성을 함락하며 승리를 이끌어 난을 평정함이 가장 용기 있는 일이다. 성이 함락되고 진영이 무너져 수많은 병사가 모두 죽었는데, 홀로 창검 속으로 걸어 들어가는 것은 용맹이 아니고서는 불가능하니, 거의 불효를 면할 만하다.

출신出身* 신대연愼大淵은 군수 신학명愼鶴鳴의 아들이며, 내 첩의 오빠다. 만력 정유년(1597)에 남원성이 함락되었는데, 왜군이 칼을 빼 들고 성에

---

가선 대부嘉善大夫   조선 시대 종2품 품계로 가의 대부嘉義大夫 다음의 자리다. 조선 초기에는 문반과 무반에 한하여 주었으나 후기에는 종친宗親이나 의빈儀賓도 이 칭호를 받았다.
출신出身   문과와 무과, 또는 잡과에 급제하고 아직 출사出仕하지 못한 사람.

오르니, 명나라 장수 양원楊元은 겨우 백 여 명의 기병과 함께 도망하였다. 성에 가득 남은 명나라 군사들이 단지 머리를 들어 "하늘이여, 하늘이여!" 하고 외치는 소리만이 천지를 진동시켰다. 신대연은 용감히 성을 뛰어넘어 칼을 휘두르며 해자를 넘어 도망했는데, 날카로운 병기가 몸에 꽂힌 것이 삼대 같아서 더 이상 꽂힐 곳이 없었다.

이때 강복성康復誠이 장수 현감長水縣監이었는데, 명나라 기병 한 명이 남원에서 포위를 뚫고 도망왔다. 차고 있던 칼을 보니, 칼날이 톱니 같았다. 한 자루의 칼로 좌우의 왜적을 막았는데도, 몸에는 한 치의 상처도 없었으며, 꿰맨 신, 송곳, 밧줄도 잃지 않았다. 강복성은 그를 잘 먹여 주며 위로했다.

출신 유운봉柳雲鳳은 홍양현興陽縣에 사는 우리 동족이다. 만력 무술년(1598)에 왜적이 군대를 해산하고 돌아가던 때에 명나라 수군 도독 진린陳璘과 통제사統制使 이순신李舜臣이 그들의 퇴로를 막았다. 유운봉은 수군으로서 전함에 있다가 왜선을 만나 백 여 번이나 싸웠다. 왜군은 칼을 빼들고 배에 기어올라 우리 군사를 마구 베었는데, 유운봉은 배의 망루 아래에 들어가 배를 저었다. 낙안 군수樂安郡守 방덕룡方德龍과 홍양興陽의 장군 및 병졸이 모두 죽었다. 망루 위에서 피가 비 오듯 흘러내려, 누 아래에서 노를 젓던 군사들이 그 피로 목욕을 하여, 수염과 머리카락이 모두 엉겨붙고 눈도 뜰 수가 없었다.

얼마 후에 여러 왜선이 돛을 올리고 도망쳤는데, 유독 나머지 왜적 80여 명이 돌아가는 배를 놓쳤다. 그들은 연달아 바다에 뛰어들었는데, 더러는 수영하여 육지에 기어오르다가 죽기도 했다. 우리 군사도 더러 물에 빠져 죽었는데, 마치 절구를 던지는 것 같았다. 유운봉은 노를 놓고 누에 올라갔다. 나머지 왜적들이 뱃전을 타고 내려가는 것이 마치 원숭이가 매달린 듯한 것을 보고 그 머리를 다 찍어서 죽였다. 배 위에서 죽은 왜적의 머리가 수십이나 되었는데, 이를 통제사 군영에 바쳤다.

## 한량 신여독의 용맹 ❖ 23

한량閑良* 신여독申汝櫝은 홍양興陽 출신의 서얼*이다. 만력 기미년(1617)에 중국 조정에서 누르하치를 토벌하고자 우리나라 군사를 징집하였는데, 신여독은 적형嫡兄을 대신하여 출정하였다. 보성寶城 사람 임흥국林興國과 함께 천자궁天字弓*을 쏘아 일당백의 선발대에 뽑혔다. 오랑캐 땅에 들어가 예닐곱 부락을 무찔렀으나 복병을 만났다. 명나라 장수인 제독提督 유정劉綎과 유격遊擊 교일기喬一琦 및 우리나라의 편비偏裨*인 선천 군수宣川郡守 김응하金應河 등은 모두 힘을 다해 싸우다 죽었고, 도원수都元帥 강홍립姜弘立과 부원수 김경서金景瑞는 8천의 군사를 거느리고 오랑캐에게 항복하였다.

오랑캐 풍속에서는, 적에게 항복을 받을 때 모든 군사의 침을 합해서 한 항아리에 담아 놓고, 그것을 항복한 군졸들에게 나누어 먹임으로써 항복을 받아들이는 관례가 있었다. 신여독은 강홍립의 군대에 속해 있었다. 오랑캐는 항복한 군졸들을 점검하여 한 치 되는 칼까지 모두 빼앗아 버린 뒤, 마치 양떼 몰듯 몰아 흑룡강黑龍江에 이르렀다. 강은 깊고 또 넓어서 얕은 여울이라도 물이 어깨까지 찼다. 신여독은 이 강을 건너면 돌아갈 길이 완전히 끊어질 것이라고 생각하여 동행자들과 더불어 모의한 뒤 큰 소리로 외쳤다.

"남아가 능히 죽지도 못하고 이 강을 한번 건너면 종신토록 오랑캐가 될 것이다. 나를 따라 돌아갈 자가 누구인가?"

마침내 말에 뛰어올라 포위를 무너뜨리고 곧장 나아가니, 뒤따르는 사람이 열다섯 명이었다. 그러나 뒤쫓는 기마병에게 모두 죽임을 당하고 신여독

---

한량閑良  호반虎班 출신으로, 아직 무과에 급제하지 못한 사람을 일컫는 말.
흥양興陽 출신의 서얼  〈만종재본〉에서는 이름이 '신여가'申汝檟이며, '홍양인'興陽人이라고 하였으나, 여러 필사본에는 이름이 '신여독'申汝櫝이며, '홍양서얼'興陽庶孼이라고 되어 있다. 본문에서 "적형을 대신하여 출정하였다"고 한 기록으로 미루어 볼 때 서얼 출신으로 보아야 할 것이다.
천자궁天字弓  '천'天 자를 새긴 강궁强弓.
편비偏裨  각 군영의 대장을 보좌하며 소속 부대를 지휘하는 무관직으로, 편장偏將이라고도 한다.

과 임흥국만 목숨을 보전하였다. 낭떠러지 계곡을 타고 우거진 숲을 뚫고 달리다가 한 곳에 이르자, 큰 골짜기 사이로 양 언덕이 끊겨 있었는데 거리가 몇 길이나 되었다. 신여독은 말에 채찍질을 하여 단숨에 그곳을 뛰어넘었지만, 임흥국은 말의 뒷발이 건너편 언덕을 딛지 못하고 절벽 아래로 떨어졌다. 그 순간 몸을 솟구쳐 올라 산벼랑에 달라붙어 갑옷을 벗고는 기어 올라왔다. 추격하는 기마병들이 성이 나서 공격했지만 몇 자 거리로 미치지 못했기에, 간신히 목숨을 건질 수 있었다. 두 사람이, 한 사람이 말을 타면 한 사람은 걸어서 서남쪽으로 여러 날을 갔다. 숲에서 잠을 자는데 밤중에 개 짖는 소리가 10리 밖에서 들려오자 신여독이 말했다.

"내가 들으니 오랑캐 개는 사람을 보면 달려들면서 짖고, 중국 개는 짖기만 할 뿐 문 밖으로 나오지 않는다고 하였소. 내 가서 살펴보고 양식을 구해 오리다."

마을 밖에 이르러 개가 문 안에서 짖자 중국말로 "아가, 아가" 하고 불렀다. 마을에는 남자는 없고 부녀자들만 있었는데 서로 불러 모아 나와 보더니 다투어 물과 양식을 주며 영접하고 배웅하였다. 돌아오는 길에 우리나라 창성昌城 땅에 이르자, 진장陣將 이정남李挺男이 날랜 기병 열한 명을 뽑아 주며 흑룡강에 다시 가서 정탐하라고 명하였다. 우리나라 병사들은 발견하지 못하고, 돌아오는 길에 오랑캐 적군을 만나 죽은 자가 일곱이고, 오직 네 명의 기병과 함께 돌아왔다.

명나라 군사들은 오랑캐 부락을 공격하면서 남녀노소를 가리지 않고 마구 죽였다. 어린아이들도 모두 팔을 뒤로 묶인 채 눈을 감고 쪼그리고 앉아 칼을 받았다. 매우 아름다운 한 부인이 화려하게 치장하고 호상胡床에 걸터앉아 있었다. 신여독이 칼을 쥐고 세 번을 나아갔다가 세 번 다 차마 죽이지 못하고 손으로 그녀를 어루만졌다. 부인은 비단옷으로 그의 손을 감싸 쥐고 그가 이끄는 대로 따랐는데, 중국 병사가 칼을 뽑아 그녀를 쳐서 죽였다.

## 왜적을 몰살한 승려 지정 ❖ 24

승려 지정智正은 금강산 유점사에 거처하였다. 만력 임진왜란 때 왜구가 유점사에 들어와 위협하며 지정에게 길을 안내하게 하여 촌락을 약탈하려고 하였다. 유점사 계곡 어귀에서 시냇물을 따라 고성高城에 이르는 길은 갔다가 돌아오는 데 270리인데, 예로부터 인적이 드물어 매우 험준하고 길도 없었다.

지정은 앞장서서 길을 가면서 구점狗岾*으로 통하는 지름길을 가르쳐 주지 않았다. 도중에 큰비를 만났는데, 앞뒤로 모두 길이 끊어지고 냇물이 불어 골짜기에 넘쳐났다. 50여 명의 왜적들은 모두 지치고 배가 고파 일어설 수가 없었다. 지정은 어릴 적부터 헤엄을 잘 쳤는데 드디어 맨몸으로 깊은 못에 몸을 던졌다. 왜병들은 모두 깜짝 놀라며 그가 이미 죽었다고 여기고 어찌할 바를 몰랐다. 지정은 물 속으로 잠수하여 몸을 숨긴 채 갈대가 무성한 곳에 이르렀다. 그곳에서 허리춤에 감추어 두었던 밥을 꺼내 배불리 먹고, 몸을 숨겨 몰래 달아났다.

40여 명의 왜적은 모두 죽고 나머지 일곱 명만이 험준한 산을 넘어 간성杆城 건봉사乾鳳寺에 이르러 살아날 수 있었다. 지정은 지금 안변安邊 석사石寺*에 거처하고 있다.

---

구점狗岾    금강산 유점사 부근의 지명.
석사石寺    안변 백운산白雲山에 있는 석보사石寶寺를 가리킨다. (『신증동국여지승람』 권49 「안변安邊 불우佛宇」 참조)

## 노인魯認의 장쾌한 유람 ❖ 25

노인魯認과 유여굉柳汝宏은 모두 호남의 선비다.

임진왜란 때 함께 왜구에게 사로잡혀 부산에서 배를 타고 일본으로 향했는데, 동행한 우리나라 사람이 일곱 명이었다. 고향과 나라를 떠나 이역의 포로가 되었는지라, 모두 비통해하며 살고 싶은 생각이 없었다. 이에 돌을 짊어지고 바다에 몸을 던질 생각도 했지만, 이 또한 여의치 않았다.

밤중에 배 안에서 서로를 베개삼아 잠을 자다가 유여굉이 꿈을 꾸었는데, 가락지 하나를 얻어 일곱 사람이 서로 다투는 꿈이었다. 깨어나 스스로 풀이하기를,

"가락지는 둥글게 돌아가는 물건이니, 혹 고향으로 돌아갈 조짐인가?"

라고 하였으니, 고서에서 순환循環이나 사환賜環*에 고향으로 돌아간다는 뜻이 있음을 몰랐던 것이었다. 그렇지만 마음 속으로는 늘 돌아갈 생각을 잊지 않고 항상 일곱 사람이 서로 따르고 친하게 지내며, 살아서 고국에 돌아갈 것을 은밀히 도모하였다.

일본에 들어간 뒤 날마다 부지런히 품을 팔아 사사로이 은전을 모으며 기회를 틈타고자 한 지가 6, 7년이 되었다. 일곱 사람이 함께 모의하기를, 왜의 작은 배를 훔쳐 타고 대마도를 거쳐서 부산으로 건너가자고 하였다. 그러자 노인이 말했다.

"이는 불가하오. 대마도는 일본에 속해 있어 일본의 명령이라면 크고 작고 할 것 없이 모두 받든다오. 우리들이 설사 만 번 죽을 고비를 넘기고 대마도에 도착한다 해도, 도주島主가 우리를 묶어서 일본으로 돌려보낼 텐데, 그러면 일은 더욱 위태롭게 될 것이오. 남번국南蕃國은 왜와 더불어 물화를

---

**사환賜環**　가락지를 하사한다는 뜻으로, 옛날에는 방축放逐된 신하의 죄를 사면하고 다시 불러들일 때 가락지를 내렸다.

교역하기 때문에 그 선박들이 왜의 국경에 줄줄이 늘어서 있소. 장사일로 나와 친하게 지내는 남번 사람이 있으니, 내 생각으로는 남번으로 들어갔다가 중국 복건福建에 도달하는 것이 만전을 기하는 계책일 것 같소."

유여굉 등 여섯 사람이 말했다.

"노생魯生의 생각은 막연하고 기약이 너무 멀어서 따를 수 없소."

이에 노인은 여섯 사람과 울면서 이별한 뒤 배를 나누어 타고 출발하였다. 여섯 사람은 대마도를 거쳐서 그해에 부산으로 건너가 각자 고향으로 돌아갔는데, 노인은 홀로 남번 사람의 상선을 타고 남번국에 들어갔다. 그곳은 중국과 물화를 유통하는 곳이어서 능라綾羅 비단이 많았고, 그림을 그려 넣은 도자기가 매우 맑고 빛나서 완상할 만하였다. 중국의 빼어난 경치를 그린 도자기는 모두 남번에서 나왔는데, 그릇을 구울 때에는 사람 기름을 많이 사용하였다. 무릇 늙고 병들어 일을 감당할 수 없는 사람들을 모두 불에 태워 기름을 빼내어 그것으로 그릇을 구웠다. 오곡이 모두 생산되었지만 벼와 기장은 극히 귀했다. 아침저녁으로 절육切肉 몇 근과 밀가루 떡을 섞어 먹었는데, 숟가락과 젓가락을 사용하지 않고 손으로 먹었다.

노인이 남번을 떠나 중국 복건성에 이르자 그곳 성주가 천자에게 제본題本*을 올리고 회보를 기다리는 데 1년이 지났다. 옛 민閩 땅을 거쳐서 초楚에 들어가 동정호洞庭湖와 악양루岳陽樓를 유람하고, 소상瀟湘과 황릉묘黃陵廟*를 지났다. 소주蘇州와 항주抗州를 돌아나와 절강浙江과 서호西湖의 빼어난 경치를 유람하였다. 황하와 양자강을 배로 건너고, 제濟와 한漢의 지역을 모두 거친 후에 연경에 이르러 우리나라에서 조회하러 온 사신을 만나 고국의 도성으로 돌아왔다. 그간의 기이한 볼거리와 장쾌한 유람은 비록 박망博望(장건張騫)이나 자장子長(사마천司馬遷)*일지라도 이보다 더할 수는 없을 것이다.

---

제본題本　　중국에서 명明·청淸 시대에 중앙 조정에 올리는 상주문上奏文.
황릉묘黃陵廟　　순舜 임금의 두 아내를 모신 사당으로, 중국 호남성 상음현에 있다.

돌아온 뒤 전주에서 유여굉을 찾으니, 그가 돌아온 지는 이미 3년의 세월이 지나 있었다. 후에 유여굉은 문과 초시에 여러 번 합격했으나 급제하지는 못했다. 노인은 무과에 응시해 과거에 올라 여도呂道 만호萬戶*가 되었으며, 지금은 절충折衝*의 품계에 올라 있다.

## 왜진에서 탈출한 권두문과 이지 ❖ 26

평창 군수平昌郡守 권두문權斗文은 임진왜란 때 왜병에게 사로잡혀 손발을 쇠사슬에 묶인 채 호적고戶籍庫에 갇혔다. 잠시 후 한 왜병이 나무궤짝 하나를 가지고 들어와 궤짝을 열어 권두문에게 보여주는데, 바로 사람의 머리였다. 왜병이 말하기를,

"이것은 원주 목사原州牧使 김제갑金悌甲의 머리로 곧 장군의 진영에 바쳐질 것이다. 내일 너도 장군의 진영에 도착하면 이처럼 될 것이다."

라고 하였다. 권두문은 더욱 두려워져서 밤새도록 쇠사슬을 벗겨 내려고 애썼는데, 손발이 온통 피투성이가 되고 나서야 쇠사슬이 끊어졌다. 드디어 호적책戶籍冊을 쌓아 높이가 지붕의 대들보에 닿게 한 뒤 그것을 타고 올라가 천장을 뚫고 먼지투성이가 된 채 밖으로 나왔다. 담장 바깥에는 왜졸들이 호적을 베고 잠들어 있었다. 권두문은 아랫도리를 걷고 그들을 밟고 지나갔는데, 왜놈들이 깊은 잠에 들어 깨지 않았기에 무사히 그곳을 빠져나올

---

자장子長(사마천司馬遷)　사마천이 『사기』史記 「자서」自敍에서 말하기를, 젊은 시절 여러 지역을 유람하며 유풍을 익혔고, 이후 관직 생활을 하면서 칙령을 받들고 사신으로 가거나 황제의 순행에 호종하여 중국의 거의 대부분 지역을 가 보았다고 하였다.
만호萬戶　조선 시대 각 도道의 여러 진鎭에 배치되었던 종4품의 무관직.
절충折衝　절충장군折衝將軍. 정3품 당상관堂上官의 위계로, 무관의 직위 중 가장 높은 품계다.

수 있었다.

    수사水使 이지李芝는 당시 나이가 젊어 아직 벼슬에 오르기 전이었다. 여섯 살 난 아우를 데리고 수풀 속에 숨어 있다가 왜병에게 잡혀 진중에 바쳐졌다. 왜병은 그의 목에 쇠사슬을 채워 집 안 깊숙한 곳에 가두더니 기둥에 못을 박아 사슬로 걸어 놓고는, 여러 명에게 그를 지키게 했다. 때는 여름철로 왜병들이 마당과 행랑 사이에 발 디딜 틈조차 없이 어지럽게 누워 잤다. 이지는 밤중에 그 못을 흔들어 빼냈으나, 지키던 왜병이 횃불을 들고 와 살피자 못을 도로 전처럼 박아 놓았다. 왜병이 깊이 잠들기를 기다려 목에 채운 사슬을 둘둘 말아 품안에 넣었다. 차마 동생을 버리고 도망할 수가 없어 등에 업고는 울지 말라고 단단히 타일렀다. 맨발로 잠든 왜병들을 넘어 땅을 골라 밟고서 뜰로 나왔다. 네댓 자쯤 되는 야트막한 담장이 있었는데, 담장 밖은 몇 길이나 되었다. 동생을 업고 뛰어넘으면 소리가 땅을 울리게 될까 두려워서 먼저 동생을 밑으로 떨어뜨리며 말하였다.

    "울지 말거라. 울면 죽는다."

그러나 동생이 앙앙 울어댔다. 뒤따라 담을 넘은 그는 동생을 업고 달아났는데, 왜병들이 깊은 잠에 빠져 깨어나지 않았다. 후에 이지는 과거에 급제하였고 이름을 '립岦'으로 바꾸었으며, 전라 좌수사全羅左水使를 지내고 죽었다.

## 경리 양호의 담력과 승전 ❖ 27

만력 정유년(1597)에 경리經理 양호楊鎬가 평양에 있을 때였다. 남원성南原城이 함락되었는데, 이틀 후 파발擺撥 보고가 이미 평양에 도착하였다. 경리가 접반사接伴使 이덕형李德馨에게 물었다.

"전주에서 남원까지는 며칠 길이고, 경성에서 전주까지는 며칠 길이오?"
이덕형이 대답했다.
"전주와 경성은 모두 얼마 얼마의 길입니다."
경리가 말했다.
"오늘 급보急報에 따르면 아무 날에 남원성이 함락되었고, 전주에 진 치고 있는 장군 진유격陳遊擊의 군대가 고립된 채 지원이 없어 사태가 이미 위급하다 했소. 내가 의당 오늘 한양으로 진군해야겠소."

곧바로 대포를 세 번 쏘고는, 경리가 복건幅巾을 쓰고 행의行衣를 입은 채 말에 채찍질하며 홀로 나아가니, 모든 군대가 뒤를 따랐다. 밤낮을 가리지 않고 행군하여 한양으로 옮겨 주둔했다. 그때 적병은 직산稷山에 이르러 조석 간에 곧바로 한양에 다다를 지경이었다.

제독장군提督將軍 마귀麻貴와 유정劉綎 등은 적과 싸울 뜻이 없어 군대를 거두어 물러나고자 하였다. 이미 황제에게 제본題本을 올려 선왕先王(선조宣祖)에게 허물을 돌리고 자신들은 책임을 모면하려고 하였다. 경리가 정색하고 이들을 꾸짖는데, 얼굴색이 조금도 변하지 않았다. 경리는 선왕에게 병사를 진격하여 자기와 함께 남으로 가자고 청하였다. 경리가 드디어 천리마를 타고 채찍질을 하며 먼저 한강 부교浮橋를 건넜다. 이에 앞서 한강에 배를 늘어 놓아 다리를 만들고 배 위에 널판자를 깔아 길을 만들었는데, 흔들거려 평탄하지가 못했다. 선왕은 말타기가 익숙하지 못하여 말을 달려 좇을 수가 없었다. 경리가 이미 강을 건너와서 안접사按接使를 돌아보고는 웃으며 말했다.

"나는 사실 대왕과 함께 남으로 가고자 한 것이 아니고, 대왕이 말타기가 능한지 어쩐지 보려던 것이었소. 전쟁은 위험한 일인데, 대왕의 몸은 종묘사직이 달려 있는 바이오. 필부처럼 말을 달리게 하여 천금의 귀중한 몸을 예측할 수 없는 곳에서 시험할 수는 없소."

이에 말 머리를 돌려 한양으로 돌아와 말했다.

"원컨대 대왕께서는 물러나 서로西路(평안도)에 머물러 계십시오. 제가 마땅히 혼자 군중에 머물면서 계책으로 대응하겠습니다."

선왕은 눈물을 떨구며 말했다.

"국사가 이미 기울어, 대적이 장차 한양에 박두할 것이오. 내 의리상 죽음으로 지켜야 할 것이니, 어찌 적을 노야老爺에게 맡기고 나만 홀로 구차히 살기를 도모하겠소?"

수없이 간청해도 선왕이 여전히 허락하지 않자, 경리가 말했다.

"굳이 마다하신다면 종묘사직에 모시고 있는 신주와 중전, 동궁 및 여러 왕자들을 빨리 내보내 피하도록 하십시오."

선왕이 그 말은 따르지 않을 수 없어 동궁으로 하여금 내전內殿을 모시고 성천成川으로 향하게 하였다. 한양의 백만가百萬家가 양궁兩宮을 따라 서쪽으로 가니, 거리에 남아 있는 백성이라곤 없었다. 오직 선왕만이 경리와 더불어 서울에 머물러 있으며 변란에 대비했다. 경리가 성문을 활짝 열어 놓고 밤에 태평관太平館에 앉아 있었다. 모든 군대가 조용해지자 경리는 비장을 불러 각 초哨*에 명을 내려 용감한 군사를 각각 두 명씩 선발하여 무장을 갖추고 대기하게 하였다. 잠깐 사이에 200명을 선발해 얻으니, 모두 호랑이와 맹수처럼 용맹한 자들이었다. 그들에게 은밀히 경계하여 말하였다.

"각자 병기를 지니고 소사교素沙橋에 잠복해 있다가 적을 만나면 모조리 쳐 죽여라. 목을 베어 공을 바라지는 말 것이며, 적을 북쪽으로 유인하여 2천 명의 기병과 교전하게 하라."

잠시 후 또 명령을 전달하여 정예 기병 2천 명을 선발하도록 하고, 은밀히 경계하며 말하였다.

"소사현素沙峴 밖에 잠복해 있다가 적을 만나면 모조리 쳐 죽이되, 적을 북쪽으로 유인하여 5천 명의 기병과 접전하도록 하라."

초哨    군편제軍編制의 하나. 1초는 100명 가량의 규모다.

또 5천 명의 기병을 선발하여 전과 같이 경계시키고, 진위振威·초산草山에 잠복시켜 적을 기다리게 하였다. 또 오색五色 화병火兵을 선발하여 오색 복장을 갖추게 하고, 한강 북쪽에 늘어서 진을 치게 한 뒤 의병疑兵*을 만들었다.

양 경리는 휘하의 여러 장수들과 더불어 남산성 위에 장막을 설치하고 깃발과 북을 세우고는 종일토록 술 마시고 도박하며 웃고 즐겼다. 잠시 뒤 날랜 기마병이 달려와 보고하기를,

"적이 이미 직산을 떠나 전진해 오고 있습니다."

라고 하였는데도 경리는 얼굴색 하나 변하지 않았다.

조금 뒤에 주기朱騎가 달려와 적이 소사교를 건넜다고 보고하였다. 명나라 기병 200명이 철 채찍을 사용하여 적의 선봉을 쳐 죽인 것이 수백 명이었고, 북으로 퇴각하는 척하며 소사현 밖까지 유인하여 잠복했던 2천의 기병이 쫓아 달려와 목을 쳐 죽인 적의 수가 수천 명이었다. 이에 적병은 그들의 소굴로 도망쳐 숨었다.

명나라 기병 200명이 큰 깃발을 하나 앞세우고 인도하여 왔는데, 황금색의 큰 글자로 '천병대첩지기'天兵大捷之旗(명나라 군사가 크게 승리한 기)라고 쓰여 있었으며, 기의 장대 끝에는 왜병의 머리가 걸려 있었다. 소라簫螺·북·뿔피리 등을 연주하며 개선해 오니, 한양의 대군들은 우레와 같은 환호성을 질렀다.

야사씨野史氏*는 말한다.

"내가 일찍이 조선의 소사교를 보건대 왕경王京과의 거리가 이틀 길이다. 빨리 달리는 말로 노정을 갑절로 하면 하루도 안 걸려 이를 수 있다. 큰 적이 예봉을 펼쳐 곧장 쳐들어옴에 그 기세를 감당할 수 없었으니, 위태롭

---

의병疑兵　　적의 눈을 속이기 위해 가장한 군사나 또는 군대 시설.
야사씨野史氏　　야사를 쓴 사람이란 뜻으로, 여기에서는 저자 자신을 일컫는 말이다.

고도 위태로웠다. 그런데도 양 경리는 얼굴색과 목소리 하나 변하지 않고 담소하면서 적을 물리쳤도다. 200년 왕업이 망할 지경에 이르렀다가 다시 온전하게 되었으니, 그 공을 어찌 다 헤아릴 수 있으랴! 나라에서 생사당生祠堂을 세워 제사 지냄*이 마땅한 일이다. 아, 아름답도다!"

## 도산 전투와 왜병의 귀환 ❖ 28

경리 양호가 장차 도산島山에 있는 왜진을 공격하려 하는데, 왜장 가등청정加藤淸正이 대비하고 방어함이 지극히 견고하였다. 적진 중에는 성채와 보루 및 기정機穽 등이 매복해 있었으며, 병법에도 없는 특이한 계책을 사용하였기에 성을 함락하려면 반드시 정탐을 잘한 후에야 들어갈 수가 있었다. 군사 가운데 정탐꾼을 모집했으나 아무도 응하는 이가 없었다. 그런데 항복한 왜인 두 사람이 그곳에 들어가겠다고 자청하자, 경리가 말했다.

"너희가 다른 사람이 들어가지 못하는 곳에 능히 들어가겠다고 하니 반드시 믿을 만한 증거가 있어야 할 것이다. 무엇으로 증거를 삼겠느냐?"

그들이 말했다.

"적중에 들어가 적의 머리를 베어 오는 것으로 증거를 삼겠습니다."

양호가 말했다.

"좋다."

이에 왜병들은 머리 깎는 칼을 꺼내어 머리카락을 자르고, 낡은 보자기를 뒤져 옷을 꺼내 입었다. 왜인들이 사용하는 날이 넓은 낫을 들고 나무꾼

---

**생사당生祠堂을 세워 제사 지냄**　　선조 37년 선무사宣武祠에 양호를 배향하고, 광해군 2년에는 양호의 화상을 봉안하였다. (『신증동국여지승람』 권1 「단묘」壇廟 참조)

차림을 하고는 왜병의 진 밖에서 땔나무를 했다. 날이 저물 즈음, 나무하던 왜인들 틈에 섞여서 적진에 들어갔는데 적중에서는 아무도 알아보지 못했다. 그들은 성곽과 참호의 위치, 소굴의 겉과 안, 목책木柵과 돌무더기의 높낮이, 자물쇠를 채워 놓은 관문 등을 빠짐없이 상세하게 탐지하여 돌아왔다. 진 밖으로 나오자 수십 리에 걸쳐 병사 500명이 매복해 있었는데, 세 사람의 머리를 베어 가지고 돌아와 경리에게 바쳐 증거로 제시하니, 경리가 크게 기뻐하였다.

밤중에 왜병들이 잠든 틈을 타서 재갈을 물고 나아가 500명의 매복 군사를 마구 내리쳐 한 명의 병사도 남기지 않았다. 드디어 대군은 큰길을 따라 전진하고, 좌우의 지병枝兵은 항복한 두 왜인을 따라 산길로 나아가 도산에 이르러 그곳을 세 겹으로 포위하였다. 가등청정은 성의 문을 활짝 열고 병사를 내어 항거했는데, 명나라 군사가 오랫동안 싸우면서 목을 베거나 사로잡은 왜병의 수가 헤아릴 수 없을 정도였다. 살아남은 왜병들이 모두 성벽 안으로 들어가자 명나라 군사가 곧바로 뒤쫓아 쳐들어갔다. 진중에는 이중의 성이 있었는데 모두 비탈지고 험준했다. 성 위에는 넓은 돌이 세워져 있고 모두 구멍을 뚫어 놓아 포를 쏘기에 편리하도록 되어 있었다. 명나라 군사들이 성 아래로 다가가자 철환鐵丸이 비오듯 쏟아져 죽은 시체가 빽빽이 깔리고, 성을 기어오를 수가 없었다. 토굴 밖에는 구불구불한 목책을 겹겹이 둘러쳐서 막고 방비하였다. 그 형세는 가히 일당백이어서 한 명의 왜병도 붙잡지 못했으며, 우리 군사의 피해는 헤아릴 수가 없었다.

항복한 왜인이 말했다.

"왜진의 견고함은 예로부터 이와 같은지라, 일단 그 소굴에 들어가면 비록 신병神兵이라도 함락할 수 없습니다. 병법을 아는 자라면 반드시 군사를 거두어 물러나야 할 것입니다. 병사들이 살상을 당하지 않으려면 마땅히 퇴각하여 편리한 때를 기다려야 합니다."

이에 군사를 거두어들이고, 수 겹으로 포위한 지 여러 날이 지났다. 왜병이 이미 산과 들에 불을 질러, 붉은 흙이 드러난 채 삼사십 리에 걸쳐 초목이라곤 하나도 남아 있지 않았다. 명나라 군사들은 꼴을 베려 해도 먼 길을 가야만 했으므로 사람과 말이 모두 굶주렸고, 날씨가 춥고 눈이 내려 많은 병졸들이 얼어 죽었다. 왜진에서는 성문을 굳게 닫고 보루를 견고하게 지키면서 거짓으로 강화를 애걸하였고, 비와 이슬을 옷에 적셔 그것으로 물을 얻어 갈증을 달래는 모습을 하였다. 그러나 실상은 도랑을 진영 가운데로 끌어들여 길게 흘러 물이 마르지 않았다. 또 성 밖으로 보화를 던져 명나라 군사들이 마음대로 가져가도록 했고, 조만간에 곧 항복하겠노라고 선언하여 명나라 군사들의 마음을 해이해지도록 유인했다. 한편, 밖에는 작은 배 사오십 척을 벌려 놓고 파도에 넘나들게 해서 명나라 군사들이 방비하느라 힘을 빼게 했으며, 10여 일을 끌면서 밖에서 지원병이 대거 이르기를 기다렸다.

이때 왜장 심안도沈安道가 사천泗川에서 대군을 일으켜, 배들이 줄지어 바다를 가득 메운 채 외곽을 습격하였다. 명나라 군사들은 어지럽게 무너지면서 서로 짓밟혀 세력을 지탱할 수가 없었다. 가등청정이 비로소 성문을 열고 소굴 안에 있던 병사들을 대거 내보내 좌우로 협공을 하니, 죽는 자를 감당해 낼 수 없었다. 경리가 부득이 군사를 돌려 서쪽으로 돌아왔다.

이 해에 일본의 관백關白* 평수길平秀吉이 죽었다. 이듬해에 왜교倭橋(지금의 순천시 해룡면 신성리) 적진의 장수 평행장平行長이 사신을 보내어 중국 장수 유정을 꾀어 말했다.

"지금 군사를 해산하여 동쪽으로 돌아가고자 하는데, 다만 수군이 우리의 귀로를 끊어 버릴까 두렵습니다. 장군과 더불어 강화하기를 바랍니다."

유정은 크게 기뻐하며 말했다.

"무엇으로 증거를 삼겠소?"

---

관백關白　옛날 일본의 벼슬 이름. 천황天皇을 보좌하여 정사를 집행하던 주요 직분이다.

평행장은 왜병 진중에서 포로로 붙잡혀 있는 우리나라 병사와 중국 병사들 중 사오백 명을 뽑아 기강이 바로잡힌 자라 하여 유정에게 돌려보냈다. 유정 또한 사로잡은 왜병 가운데 사오백 명을 뽑아 돌려보냈으니, 이는 곧 춘추전국 시대에 양군이 강화했던 고사에 의거한 것이었다.

평행장이 병사를 거두어 돌아가자 수군 제독 진린陳璘이 크게 노하여 천 척의 배를 결집하여 그 길목에서 기다렸고, 우리나라의 통제사 이순신李舜臣 또한 크게 노하여 거북선 수백 척을 출정시키고 수졸들을 뽑아 막도록 했다. 왜병이 대패하여 바다에 빠져 죽기도 했지만, 안개가 짙게 깔린 틈을 타서 몰래 도망쳤다. 진 유격陳遊擊과 이 통제사李統制師는 이때 죽었다.

아! 적의 운수가 다하지 않고 하늘의 위엄 또한 조금 꺾이어 신명이 순조롭게 돕지 않으사 안개를 내려 일을 망쳤다. 끝내 간악한 적의 괴수가 목을 온전히 하여 돌아가도록 하였으니 이 어찌 통탄하지 않으리오!

이때 명나라 군사는 적의 머리를 베어 바쳤는데, 한 병사가 20여 개의 수급首級을 바쳤다. 경리가 한 수급을 손에 들고 말했다.

"이는 정탐하다 항복한 왜인인데 네가 어디에서 이것을 얻어 왔느냐?"

그 병졸이 감히 대답하지 못하자, 경리는 즉시 그 병졸을 베었다.*

## 명나라 관원 유해의 가족 상봉 ❖29

명나라 관원인 유해劉海는 우리나라 진주晉州 사람이다. 그는 본래 성명이 신민愼敏이고, 아버지는 신응창愼應昌*으로 선비이다. 신씨는 우리나라 큰 성

---

이때 명나라 ~ 병졸을 베었다.　이 마지막 대목은 〈만종재본〉에는 없고 여러 필사본에 들어 있다.
신응창愼應昌　여기에서는 아버지가 '신응창愼應昌'이라 하였지만, 『광해군실록』을 확인해 보면 거창인 居昌人 신인愼諲이라고 되어 있다.

씨로 신씨 중에는 현달한 관리가 많았다. 만력 21년(1593) 진주에 왜변倭變이 일어나 그의 일가 아홉 사람이 어지럽게 노략질 당했다. 당시 유해의 나이는 11세로 제독 유정의 군대에 들어가게 되었다. 유정은 그를 가엾게 여겨 군중에 두고 보살펴 주었다. 왜구가 물러나자 그는 유정을 따라 중국에 들어가 그 집의 일꾼이 되었다. 성씨도 유정의 성씨를 따르고 이름을 고쳐 유해라고 하였다. 유해는 유정을 따라 섬陝 땅의 도적 양응룡楊應龍을 토벌하면서 공훈을 세워 천총千摠·유격遊擊 등의 관직을 지냈다.

만력 46년(1618) 달로㺚虜\* 누르하치가 요광遼廣 지역을 두루 노략질하자, 유정은 대군을 거느리고 요좌遼左 진강鎭江에 진군하였다. 유해는 청하보淸河堡에서 오랑캐를 공격했는데, 전세가 불리해져 관직이 바뀌었으나 여전히 유정의 군대에 속해 있었다. 우리나라의 익위翊衛\* 신수을愼守乙과 서신을 통하였으니, 곧 같은 성씨였다. 회신 받은 편지를 통해 아버지 응창이 이번에 일본에서 돌아왔다는 것을 알고는 유정에게 차관差官(사신)으로 조선에 가서 부모를 뵐 수 있도록 해 달라고 청하였다.

그는 평안도에서 서울에 이르기까지 거쳐온 읍의 수령들에게 예의를 지켜 공손히 대하고 행실을 삼갔다. 객사를 사양하여 거처하지 않고 개인 집으로 옮겨 머물렀다. 서울에 와서는 도성의 남문 밖에 이르자 말에서 내려 걸어서 태평관太平館으로 들어갔다. 임금이 예물을 보내면 반드시 탁상 위에 올려놓고 뜰로 내려가 사배四拜하여 우리나라 신하와 똑같은 예를 올렸다. 진주에 내려가 아버지를 뵙겠다고 애걸하였으나 조정에서는 허락하지 않고, 진주에 공문을 보내 아버지로 하여금 역마를 타고 올라오게 해서 서로 만나게 해 주었다.

당초에 일가 아홉 사람이 모두 노략질을 당해 서로 생사를 알지 못했는

---

달로㺚虜   '㺚'은 '䩭'·'韃'·'獺' 등으로도 표기되는바, 달단㺚靼을 뜻한다. 달단은 중국 길림성吉林省 흑룡강黑龍江·송화강松花江 연안에 거주하던 여진족의 일파다.
익위翊衛   왕세자의 시위侍衛를 맡은 관직.

데, 당시 여섯 살이었던 그의 동생은 일본에 들어가 의약 처방법을 배워 병을 치료하는 일을 직업으로 하여 재산을 축적하였다. 아버지가 인근 고을에 포로로 잡혀 있다는 소식을 들은 동생이 백금百金의 돈을 주어 풀려나도록 하였다. 같은 해에 나라에서 우리 백성을 본토로 쇄환하게 되자 동생과 아버지가 함께 돌아왔다. 이에 이르러 유해와 서울에서 서로 만나게 되니, 이때 유해의 나이가 37세였다. 부자가 모두 옛 모습이 아니었는데, 신응창은 유해의 얼굴을 기억하지 못했다. 유해만이 신응창의 모습을 어렴풋이 기억하고 있었지만 진실로 아버지인지 아닌지를 확신할 수 없었고, 그 아우와는 둘 다 서로 알아보지 못하였다. 유해가 어렸을 때 잘못하여 기와 조각으로 동생의 눈가에 상처를 낸 적이 있었다. 그 흔적이 아직도 남아 있는가 물어보니, 과연 그 흔적이 있기에 부자 세 사람이 서로 붙들고 통곡하였다.

유해는 지나오는 길에 얻었던 예물과 폐백, 그리고 임금이 하사한 것들을 모두 그 아버지에게 드렸다. 또 타고 왔던 푸른색 나귀도 아버지에게 드리면서 말하였다.

"이 나귀는 하루에 사흘길을 갈 수 있으니, 고향에 왜구가 이르거든 이 나귀를 타고 피하십시오."

임금 또한 신응창에게 6품의 군직軍職을 제수하여 위로하자 유해는 왕명을 받고 사배한 뒤 머리를 다섯 번 조아리면서 은혜에 감사드렸다. 신응창은 시를 지어 중국으로 돌아가는 유해에게 주었는데, 그 시는 다음과 같다.

| | |
|---|---|
| 아홉 가족 각기 뿔뿔이 흩어져, | 九人家屬各分離 |
| 곳곳에서 그리워하며 곳곳에서 슬퍼했네. | 處處相思處處悲 |
| 곳곳에 흩어졌다 이제야 만났는데, | 處處分離今會合 |
| 여섯 사람이 있는 곳은 알 수가 없구나. | 六人無處可聞知 |

부자가 통곡하며 이별하니 듣는 사람들 모두 눈물을 흘리지 않음이 없

었다. 유해는 돌아가서 유정과 함께 오랑캐를 정벌하다가 전사하였다.*

## 김인후의 인품과 학문 ❖ 30

하서河西 선생 김인후金麟厚는 호남 사람이다. 선생은 나이 18, 19세 무렵 서울로 왔는데, 때마침 절후가 칠석七夕이어서 반궁泮宮(성균관)에서 선비들에게 시험을 보였다.* 용재容齋 이행李荇이 대제학으로 있었는데, '칠석'을 제목으로 하여 부賦를 짓게 하자 하서가 이상二上의 격*에 들어 수석을 차지했다. 용재는 하서의 인물과 문장이 모두 주옥같이 아름다움을 기특하게 여겼다. 다만 약관의 나이 어린 시골 선비로서 문장이 이처럼 일찍 높은 경지에 이른 것이 자못 의심스러워 그를 반궁에 머물도록 하고 일곱 가지로 제목을 내어 시험을 보게 했다. 그중 「염부」鹽賦와 「영허부」盈虛賦는 지금까지도 우리나라 사람들이 널리 전하여 암송하는 것이다.

하서는 조정에 나아가서 청현직淸顯職*을 역임했으나 이를 대수롭지 않게 생각했으며, 간악한 무리들이 권세를 휘두르는 것을 미워하여 관직을 버리고 고향으로 돌아왔다. 나라에서 홍문관弘文館 교리校理의 벼슬로 부르자

---

유해는 ~ 전사하였다.　〈야승본〉에는 끝에 다음과 같은 내용이 주로 추기되어 있다. "어떤 사람은 말하기를, '유해는 처음에 해의 총병군總兵軍에 들어가 살아날 수 있었으며, 이로 인해 유 제독의 군중에 들어갔으므로 유劉를 성으로 쓰고 해解를 이름으로 삼았으니, 해海 자가 아니다'라고 한다."
절후가 ~ 시험을 보였다.　1월 7일(人日製), 3월 3일(三日製), 7월 7일(七夕製), 9월 9일(九日製) 또는 국제菊製의 절일節日에 성균관 유생을 대상으로 시험을 보게 하는 제도가 있었는데, 이를 절일제節日製 또는 반제泮製라 하였다. 이 시험의 1등에게는 문과 전시 또는 회시에 곧바로 응시할 수 있는 특전을 주었다.
이상二上의 격　상상上上·상중上中·상하上下·이상二上·이중二中·이하二下·삼상三上·삼중三中·삼하三下의 아홉 등급 가운데 넷째 등급. 뒤에서 '수석을 차지했다'는 말이 나오는 걸 미루어 볼 때 아마도 당시 시험에서 이상二上의 성적이 가장 뛰어났던 게 아닌가 여겨진다.
청현직淸顯職　이 말이 다른 이본에는 없으나, 〈청패본〉에 의거하여 보충해 넣었다.

이에 응하여 행로에 올랐다. 성품이 술을 좋아하여 여러 섬의 술을 싣고 가면서 길가의 마을이나 주점에 꽃이나 대나무가 있는 것을 보면 곧 말에서 내려 술을 마셨다. 10여 일* 동안 이와 같이 하니, 간 것이 겨우 며칠의 노정에 지나지 않았다. 그러고는 술이 다 떨어지자 병을 핑계 대고 더 이상 가지 않았으며, 이후 종신토록 벼슬하지 않았다.

하서는 성리학에 관한 책을 좋아하여 여기에 공력을 가장 깊이 쏟았다. 미암眉菴 유희춘柳希春과 함께 학문을 연마했으며, 그와는 혼인 관계로 맺어졌다. 만년에 후진을 가르치는데 『대학』大學의 석 장이 빠져 있자, 구송하여 그것을 받아 적도록 하였다. 후일 선본善本과 대조해 보니 작은 글자로 주를 단 내용까지 틀린 것이 한 자도 없었다. 내가 젊은 시절에 그의 부賦를 보았는데 완숙하고 정련됨이 과문科文의 법식에 매우 부합하는 것이었다. 그런데 『하서전집』河西全集을 보기에 이르러서는 크게 감복할 만한 것이 없었다.

## 이이의 십만양병설 ❖ 31

이율곡李栗谷(이이李珥) 선생이 병조 판서가 되었을 때, 북쪽 변방에서 오랑캐 이탕개泥湯介의 난*이 있어 서울에서 전사를 선발하여 그들을 방어하였다. 난이 평정되자 선생은 경연 석상에서 의견을 아뢰었다.

"예로부터 나라에서 군사를 한번 쓰게 되면 전란이 그치지 않는 법입니다. 나라가 평안한 지 100년이 되어 백성들이 전쟁을 알지 못하는데, 이번

---

10여 일  〈만종재본〉과 〈도남본〉에는 '수십일'數十日로 되어 있고, 〈청패본〉과 〈이수봉본〉에는 '십허일'十許日로 되어 있는데, 후자의 기록을 따랐다.
이탕개泥湯介의 난  1583년(선조 16) 회령 지방의 여진족이 일으킨 반란. 이탕개는 선조 초에 조선에 귀화한 여진인이다.

에 비로소 군사를 썼습니다. 이후로 전쟁이 그치지 않을 것이오니, 청컨대 팔도에서 미리 정예병 10만을 선발하여 뜻밖의 재난에 대비하시기 바랍니다."

당시에 좌우에서는 아무도 그의 말에 동조하지 않았으며, 어떤 사람은 선생이 겁을 먹어 일개 작은 악한을 보고 10만의 군사를 준비하려 한다고 하였다. 그 후 임진년에 큰 난이 일어나 전쟁이 7, 8년 동안 멈추지 않았다. 의정議政 서애西厓 유성룡柳成龍이 말했다.

"후세에 나는 소인의 이름을 면치 못할 것이다. 평소 숙헌叔獻(이이의 자)이 10만 군사로 대비할 것을 청했을 때 나는 사리에 어둡다고 여겼는데, 지금에 이르러 몹시 후회스럽다. 숙헌은 높은 식견을 지녔으니, 우리들은 부끄러워 죽을 지경이다."

애석하도다! 그 당시 나 또한 경연에 참여했으면서도 그의 말을 찬양하지 않았구나.

## 윤필상의 관력과 죽음 ❖ 32

상국相國 윤필상尹弼商이 형방 승지刑房承旨로 있을 때의 일이다. 겨울이라 날씨가 매우 추웠는데, 강정 대왕康靖大王* 이 침전 밖에서 그를 불러 친견하고는 말했다.

"오늘의 혹독한 추위는 1년 가운데 최고로구나. 내가 임금으로서 깊은 궁궐 따뜻한 방에 앉아 있는데도, 솜옷으로도 막을 수 없는 혹심한 추위* 가

---

강정 대왕康靖大王　　성종을 가리킨다. 그러나 전후 상황을 고려해 보면 세조世朝인 혜장 대왕惠莊大王이라야 옳다.
솜옷으로도 막을 수 없는 혹심한 추위　　원문에 '절면지한' 折綿之寒이라고 나와 있는데, 절면折綿은 매우 혹독한 추위를 말한다. 황정견의 시구에 '霜威能折綿 風力欲冰洒'라는 구절이 보인다.

어디에선지 모르게 새어 들어온다. 추위의 맹렬함이 이와 같은데, 하물며 죄를 지은 사람이 칼을 쓰고 포승에 묶인 채 북쪽 방에서 얇은 저고리와 홑바지를 입고 감옥 속에 갇혀 있음에랴. 네가 죄수들의 문서를 꺼내 살펴보고 석방할 만한 자를 아뢰어라."

윤필상이 대답하였다.

"성상의 염려가 여기까지 이르니, 하夏나라 우禹임금이 죄인을 보고 울었다는 그 어진 마음도 이보다 더 하지는 않았을 것입니다. 신은 평소에 맡은 바의 일을 익히 살펴보고 있어서 죄수의 문서를 꺼내어 볼 필요가 없습니다."

그러고 나서는 터럭을 분간할 정도로 세세하게 분변하면서, 입으로는 단서丹書*를 암송하여 그 자리에서 석방할 자와 못할 자를 다 말하였다. 임금이 크게 놀라 내전에 일러 말했다.

"이 사람은 관리로서 그 직책을 훌륭하게 수행하니 큰일을 맡겨 한 방면을 책임지게 할 만하오. 내 조정에 이와 같이 현명한 신하가 있는 줄은 몰랐소."

이윽고 명하여 침전 안으로 불러들여 어주御酒를 따라 주고, 담비가죽 옷을 벗어 그에게 입혀 주었다. 이때부터 임금의 은총이 특별하여 차례를 건너뛰며 품계가 올라, 매번 정사政事 때마다 은혜롭게 벼슬을 내려 관직이 의정議政에 이르렀다.

연산조에는 관직에서 쫓겨나, 진원珍原(진도)에 유배되었다. 윤필상이 일찍이 중국에 갔을 때 이름난 점쟁이에게 물었더니, 그가 이렇게 대답하였다.

"평생 동안 공훈과 명성이 신하 중에서는 제일일 것이나, 다만 종내는 삼림三林 아래에서 죽을 것이오."

윤필상은 그 말 뜻을 이해하지 못하였다. 관직에서 내쳐져 진원의 민가에 우거할 때, 집 밖에서 초동이 동무를 부르면서 말했다.

단서丹書*  죄적罪籍에 죄인의 성명을 기록한 것을 말한다. 죄명을 붉은 글씨로 쓴 형서.

"오늘은 함께 중림에서 나무를 하자꾸나."
그 소리를 듣고 주인에게 물었다.
"중림이란 무엇을 말하는가?"
주인이 대답하였다.
"이곳에는 상림上林·중림中林·하림下林이 있는데, 모두 지명입니다."
윤필상이 서글퍼하며 말하였다.
"내가 장차 이곳에서 죽겠구나!"
얼마 안 있어 병으로 죽었다.


## 상진의 관대한 인품 ❖ 33

정승 상진尙震은 사람됨이 관대하고 도량이 커서 평생토록 남의 과실을 말한 적이 없었다.

어떤 사람이 한쪽 다리가 짧았는데, 한 객이 이에 대해 이야기하자 상진이 말하였다.

"손님은 어찌해서 남의 단점을 말하십니까? 의당 한쪽 다리가 더 길다고 말해야 할 것입니다."

이 말은 당대에 명언으로 칭송받았다.

이상貳相* 오상吳祥이 젊은 시절 다음과 같은 시를 지었다.

복희 황제 때의 태평 풍속 지금은 쓸어버린 듯 사라지고, 義皇樂俗今如掃
오직 봄날 술잔 속에만 남아 있네.                      只在春風杯酒間

---

이상貳相  '둘째 번 정승'이라는 뜻으로 삼정승의 아래인 좌찬성左贊成과 우찬성右贊成을 이르는 말이다.

상진이 이 시를 보고 탄식하며 말하길,

"내가 예전에 오생을 훌륭하게 여기어 끝내는 크게 되리라 생각했다. 그런데 그 말이 어찌 이리 박절한가?"

하고는 즉시 붓을 들어 다음과 같이 고쳐 썼다.

복희 황제 때의 태평 풍속 지금껏 남아 있으니,　　　義皇樂俗今猶在
봄날 술잔 속에서 보는구나.　　　看取春風杯酒間

네 글자로 인해 기상이 현격하게 달라졌으니, 대개 오상의 명망과 관작이 상진보다 한 단계 낮음이 당연하다.

상진이 의정부에 들어가 복상卜相*하고 돌아오니, 그의 손녀사위 이제신李濟臣이 물었다.

"오늘 복상을 하셨는데 누구로 결정되겠습니까?"

상진이 잠자코 있자 이제신이 말했다.

"심통원沈通源이 낙점될 것 같다는 말이 들리는데 정말입니까?"

"그렇게 될 것 같구나. 그 사람은 수염이 좋지."

상진은 나이 17세가 되도록 글을 잘하지 못했다. 일찍이 승가사僧伽寺에 가서 책을 읽었는데, 손가락에 침을 묻혀 승려의 책상 위에 있는 기름종이에 글씨를 썼다. 한 선비가 정색을 하며 꾸짖어 말했다.

"젊은 사람이 비루하구만. 어찌 입 안의 침으로 종이*에 글씨를 쓴단 말인가?"

상진은 매우 부끄러웠으나 한편으로는 화가 났다. 스스로 "남아가 문장

---

**복상卜相**　　정승이 될 사람을 가려 뽑는 일을 말한다. 정승은 국가의 중임을 맡은 사람이므로, 옛날에는 이 자리에 앉을 사람의 길흉을 점쳐서 뽑았다는 고사에서 유래하였다.

**종이**　　원문에 '보지步地'라 되어 있으니, 이는 원래 사방 육척의 땅을 가리키는 말이다. 여기에서는 네모난 작은 종이를 가리키는 듯하다.

을 하지 못하면 세상에서 행세할 수 없다"라 한탄하고, 독서하기를 그만두고 걸어서 돌아왔는데 발가죽이 물러 터져 피가 신에 가득 찼다. 드디어 스승을 좇아 힘써 공부하여 십이과의 취재取才* 시험에 응시했고, 마침내 문과에 장원 급제했다. 그의 성품이 비록 관대하고 느긋했으나 학문에 정진함에는 이처럼 용맹스러웠던 것이다.

그는 권간權奸을 공격함에 있어서도 시류에 따라 머뭇거리지 않았다. 이런 까닭에 청의淸議에 중망이 있었으며, 이에 정승의 지위에까지 오를 수 있었다. 그렇지만 그가 '수염이 좋다'고 말한 것은 또한 이제신이 지나치게 강직함을 꺼렸기 때문이다.

## 한고조의 지혜와 술수 ❖34

한고조漢高祖(유방劉邦)는 성인의 자질을 타고난 데다 여공呂公(여문呂文)*에게서 관상 보는 법을 대략 전수받았다. 거기에 술수術數를 보태었고 인사人事를 참작하여 헤아렸기에 백의 하나도 그릇됨이 없었다.

오광吳廣과 진승陳勝이 동남쪽에서 먼저 일어나리란 것을 능히 알았고, 오왕吳王 유비劉濞*가 50년 후에 난을 일으킬 것을 알았지만, 또 끝내는 그 난이 성공하지 못하리란 것도 능히 알았기 때문에 그를 달래어 보냈다. 여씨呂氏(여후呂后)*가 조정에 임하게 되면 난을 일으키리란 것을 알았던 까닭에 태자太子를 폐하고자 했다. 여씨가 여러 여씨들을 왕으로 삼을 것을 알았

---

**취재取才**   조선 시대에 과거 외의 방법으로 인재를 등용하기 위하여 실시한 시험으로, 일정한 신분에 해당하는 자에게 제한된 한도 내에서 관직을 주기 위하여 제정하였다.
**여공呂公**   한고조의 황후인 여후呂后의 부친인 여문呂文. 유명한 관상가로, 유방의 비상한 용모를 보고 자신의 딸을 유방과 결혼시킨 것으로 유명하다.

기 때문에 여러 신하와 더불어 백마白馬의 목을 베어 맹세하였다.

"유씨劉氏가 아니면서 왕이 된 자는 천하가 함께 친다."

그러나 여러 여씨* 가운데는 인재가 없어 끝내 성사되지 못할 것을 알았던 까닭에 태자를 바꾸지는 않았다. 왕릉王陵이 강직함 때문에 쫓겨나고, 주발周勃이 능히 유씨를 안정시킬 것이며, 진평陳平 또한 홀로 감당하지 못할 것을 알았기 때문에 승상의 제도를 두어 뒷일이 이루어지도록 하였다. 여씨들이 난을 일으킬 것이며, 여수呂須의 남편인 번쾌樊噲가 우려스러웠기 때문에 진평을 시켜 번쾌의 목을 베게 하고, 주발로 그를 대신하게 하였다. 또 자신 사후의 계책을 여씨에게 남겨 두었는데, 이는 모두 여씨를 공격하는 계책이었다. 그런데도 여씨는 알지 못하고 한결같이 유교遺敎를 따라 끝내 자신의 일가一家에 재앙이 미쳤으나 이를 깨닫지 못했다. 여씨가 왕릉·진평·주발의 뒤를 이어 누가 재상이 되겠느냐고 묻자, 황제는 "그대가 알 바가 아니다"라고 말했다. 이는 여씨의 수명이 진평과 주발이 재상이 된 후까지 이르지 못할 것이며, 유씨를 안정시키고 여씨를 멸망시킨 뒤에는 다시 말할 만한 계책이 필요 없음을 알았기 때문이다.

비록 성인의 지혜라도 술수를 곁들이지 않는다면 뒤에 올 세월에 대해 기필하기 어려우며, 비록 술수가 기묘하다 하더라도 인사를 참작하여 헤아리지 않는다면 천하 장상將相의 득실을 분간하기 어렵다. 이것이 바로 이른바 헤아리기 어려운 신이함이 아니겠는가! 살펴보건대 그는 사호四皓*에게

오왕吳王 유비劉濞   한고조는 형의 아들인 유비를 오왕에 봉한 뒤, 그의 관상을 보고 말하기를, "너의 모습에 반란을 일으킬 상이 있다" 하고 후회하였다. 그러나 일단 임명한 뒤라 등을 두드려 주며 "한나라가 일어선 지 50년 만에 동남쪽에서 난이 일어날 텐데 어찌하여 너란 말이냐. 그러나 천하가 동성으로 한 가족이 되었으니, 반란을 일으키지 않도록 조심하라"고 당부했다는 기록이 『한서』漢書에 보인다. 이후 유비는 한나라 경제景帝 3년에 교서膠西·교동膠東 등 여러 왕과 함께 반란을 일으켰다가 주아부周亞夫에게 격퇴당하고 동월東越로 패주하여 피살되었다.
여씨呂氏   한고조의 황후인 여후呂后(?~기원전 180)를 가리킨다.
여러 여씨   한고조의 황후인 여씨의 가족 중 관직을 가진 자들을 일컫는다. 이들은 여후의 위엄에 기대어 여러 여씨를 세워 세 명의 왕을 만든 후 권세를 누렸으나, 여후가 세상을 떠나자 모두 주살당했다.

태자를 보호해달라 부탁하고 난 후에, 척부인戚夫人을 불러 초무楚舞를 추게 하고 자신은 초가楚歌를 부르며 슬퍼했다. 이는 여씨들이 반드시 그 모자를 죽일 것을 알았기 때문이다. 슬픈 노래로 영결한 것은 항우項羽(항적項籍)가 우희虞姬와 이별했던 것과 같다. 천하 대계를 보고 자질구레한 근심은 가볍게 여겼으니, 성제聖帝의 큰 행동거지가 아니라면 어찌 이처럼 할 수 있으리오? 위대하도다!

## 홍유손의 기행 ❖ 35

홍유손洪裕孫은 은둔한 군자다. 세상을 가벼이 여기고 고상한 행적으로 영리榮利에 간여하지 않았다. 추강秋江 남효온南孝溫과 벗하며 스스로 산수간에 멋대로 노닐었다.

하루는 친하게 지내는 이름난 재상을 방문했는데, 재상이 매우 정성스럽게 대접하고 비단 이불과 수놓은 요를 주며 묵게 하였다. 아침이 되자 홍유손은 인사를 하고 떠났는데, 비단 이불 가운데에는 똥이 남겨져 있었다.

한번은 높은 언덕에 올라가 똥*을 누었는데, 똥이 마치 새끼줄처럼 길게 늘어져 언덕 아래에까지 닿았다. 여러 아이들이 모여서 보고는 놀라서 소리를 지르자, 홍유손은 곧 그 똥을 끌어당겨 뱃속으로 도로 집어넣었다.

---

사호四皓  상산사호商山四皓를 가리킨다. 중국 진秦나라 말기에 난세를 피하여 섬서성陝西城의 상산商山에 은거한 네 사람의 노인, 곧 동원공東園公·기리계綺里季·하황공夏黃公·녹리 선생甪里先生을 말한다. 네 사람 모두 눈썹과 머리가 흰 노인이었기에 '사호'라 일컬어진다. 이들은 한나라 고조가 불렀으나 응하지 않다가, 고조가 태자를 바꾸려 하자 조정에 나와 그 부당함을 논했다. 이에 고조는 상산사호에게 태자를 보호해 줄 것을 요청했다.
똥  〈만종재본〉에는 오줌(尿)으로 되어 있으나, 여러 필사본에는 모두 똥(矢)으로 되어 있으며 문맥상 적당한 것으로 여겨 필사본의 기록을 따른다.

추강이 장차 금강산에 유람갈 것이라는 소문을 듣고는 그가 먼저 가서 노닐면서 높은 나무를 타고 올라가 절벽에 시를 써 놓았다.

| | |
|---|---|
| 선제先帝 단군께서 무진년에 태어나, | 生先檀帝戊辰歲 |
| 눈으로 기왕箕王을 보았고 마한을 호령했네. | 眼及箕王號馬韓 |
| 영랑永郎과 함께 수부水府에서 노닐며, | 留與永郎遊水府 |
| 우연히 춘주春酒에 이끌려 인간 세상에 머문다. | 偶牽春酒滯人間 |

시를 다 쓰고는 그 나무를 찍어 내고 뿌리까지 뽑아 없애 평평하게 했다. 추강이 그 시를 보았는데, 올려다 볼 수만 있을 뿐 절벽에는 오를 수가 없는지라 매우 기이하게 생각하고 비선飛仙의 시로 여겼다. 이 시는 추강의 『풍악록』楓岳錄에 실려 있다.

홍유손은 나이 90세에 아내를 얻어 아들 하나를 낳았으며, 이름을 지성志成이라 하였다. 그는 고문古文을 많이 알아 후진을 가르치는 데 명성이 있었으며, 임진란 때 죽었다.*

## 이지번의 신선놀이 ❖ 36

이지번李之蕃은 고매한 선비다. 공헌 대왕恭憲大王(명종) 때 출사하여 사평司評*이 되었는데, 당시 윤원형尹元衡이 권력을 제 마음대로 휘두르면서 비리非理로 송사를 판결하려고 하자 관직을 버리고 시골로 돌아왔다. 단양 강가에

---

홍유손은 나이 ~ 임진란 때 죽었다.　이 대목은 〈만종재본〉에는 없고, 여러 필사본에 있는 내용이다.
사평司評　조선 시대 장예원掌隸院의 정6품 벼슬. 장예원은 송송과 노예의 적籍에 관한 일을 맡아 보던 관청.

초려草廬를 짓고 정신을 수양했는데, 거처하는 방에서 밝은 빛이 뻗쳐 나왔다. 여러 고을에서 음식을 제공했으나 모두 사양하고 받지 않았다.

집에 푸른 소가 한 마리 있어 두 뿔 사이가 8, 9마디나 되었는데, 항상 이 소를 타고 강가에서 마음껏 노닐었다. 하루는 눈이 온 산에 가득 쌓였는데, 푸른 소를 타고 산꼭대기에 올라 경치를 감상하였다. 따라와 노니는 사람은 아무도 없었으며, 다만 동자 하나가 소를 몰며 따르고 있었다. 이지번은 맑은 흥취를 이기지 못하여 동자를 돌아보며 말했다.

"너 또한 이 즐거움을 알겠느냐?"

동자가 대답했다.

"소인은 추울 뿐이고, 즐거움은 알지 못하겠습니다."

그의 아들 이산해李山海는 한 시대의 명류였는데, 그를 아끼는 사람이 공公(이지번)을 기용하여 단양 군수로 삼았다. 이지번은 단양의 양 언덕 사이에 두 봉우리가 마주하여 솟아 있는 것을 보고 날아다니는 신선의 놀이를 하고자 하였다. 관청에 송사하러 온 백성에게서 칡으로 만든 밧줄을 구해서 두 봉우리를 가로질러 걸쳐 놓았다. 그러고는 나는 학의 모양을 만들어 사람을 그 위에 앉게 하고, 거기에 둥근 고리를 부착하여 밧줄에 매달아 왕래하니, 마치 허공을 날아다니는 것 같았다. 백성들이 이를 바라보고 신선으로 여겼다.

얼마 지나지 않아 관직을 버리고 돌아갔는데, 후에 최공崔公이 그 자리를 대신하였다. 최씨의 아들 남수男秀가 관청의 창고 안에 들어가 보니 다른 물건은 아무 것도 없고, 다만 칡으로 만든 밧줄만 가득하였다.

나의 선친께서는 공과 매우 친하게 지냈기에 재상 이산해는 매양 나에게 세교世交라고 하였다.

## 김정과 남곤 ❖ 37

충암沖庵 김정金淨은 벼슬에 오르기 전부터 시로 명성이 있었으며, 지조와 절개가 남달라 선비들이 우러러보고 사모하였다. 남곤南袞의 문장과 절행節行도 당시 사람들보다 못하지 않았는데, 선비들이 천시하며 모두들 그를 지목하여 소인이라고 했다.

남곤이 직제학直提學이 되었을 때 김정은 여전히 유생이었다. 친구 집에서 서로 만났는데, 김정은 바야흐로 크게 취하여 자리에 토해 놓고 누워 있다가 남곤이 온 것을 보고도 예를 차리지 않았다. 주인이 그를 발로 차 일어나게 하니 그제야 비로소 헝클어진 머리 그대로 앉아 남곤을 빤히 쳐다보며 말했다.

"어떤 애송이가 와서 내 꿈을 깨우는 것이냐?"

남곤은 지극히 공경을 다하며 말했다.

"선비님의 명성을 듣고 항상 책 속의 인물처럼 여겼습니다. 한번 모시고자 했으나 인연이 없었는데, 오늘에야 다행히 인사를 드릴 수 있게 되었습니다. 저에게 새로 얻은 〈망천도〉輞川圖* 장자障子가 있는데, 원컨대 선생의 훌륭한 시편을 얻어 장자의 첫머리를 꾸몄으면 합니다."

남곤이 노복에게 명하여 집에 가서 장자를 가져와 바치도록 하자 김정은 취한 채 붓을 잡고 휘둘렀다. 별로 사양하지도 않고, 또한 깊이 생각하지도 않은 채 즉석에서 시를 지었다.

| | |
|---|---:|
| 강남에 즐거운 곳 있어, | 江南有樂地 |
| 밤중 꿈 속에서 소요했네. | 夜裡夢逍遙 |

망천도輞川圖  망천輞川은 당나라 시인 왕유王維의 별장이 있던 섬서성陝西城 남전현藍田縣에 있는 지명이며, '망천도'는 왕유가 그곳의 뛰어난 경치를 그린 그림이다.

| 행화촌에서 술을 사 오면서, | 自買花村酒 |
| 분명 이 다리를 지났노라. | 分明過此橋 |

    대개 그림 속에 한 사람이 술병을 매고 다리를 건너가고 있는 것을 가리켜 그렇게 말한 것이다. 남곤은 거듭 시를 읊으며 좋다고 칭송하더니 부끄러워하며 사례하고 떠났다.
    당시에 기묘제현己卯諸賢이 모두 정암靜菴(조광조의 호)을 받들어 현인들의 무리가 일시에 모두 그에게 귀의하였다. 남곤은 비록 명망과 절개를 스스로 좋아했지만 사류들은 모두 그의 옳지 못한 처사만 먼저 보고, 만나면 매번 그를 비방하고 꾸짖는 뜻을 말과 얼굴빛에 드러내었다.
    남곤은 정성과 예를 다하여 따랐으나 여전히 그들에게 용납되거나 받아들여지지 않았는지라, 마음 속에 늘 불만이 가득하였다. 끝내는 없는 일을 날조하기에 이르러 심정沈貞과 옷소매를 나란히 하고 함께 신무문神武門*으로 들어가 고변하여 여러 어진 이들을 얽어 법망에 끌어들여 일망타진하였다. 남곤이 비록 자신을 사갈시하는 것을 견디지 못해 이처럼 망극한 일까지 하였지만, 평생 두드러진 과실은 없었는데 유독 이 일만은 귀신이나 불여우도 하지 못할 바였다.
    그는 나이가 들어서는 항상 자신의 허물을 후회하여 매양 홀로 앉아 있으면서 입으로 중얼거리고 손으로 난간을 쳤으니, 그 개탄하는 기색이 밖으로 드러난 것이다. 평생 동안 지은 문장을 모두 불 속에 던져 버렸는데, 그의 문장은 매우 고상하여 우리나라의 문집 가운데 견줄 만한 것이 드물었다. 그런데도 그 뛰어난 문장들을 스스로 없애 버린 것은 자신의 불선不善함이 후대에 더욱 드러나게 될 것을 두려워했기 때문이다. 지금 『지정집』止亭集이 남아 있으나, 이는 그의 외손인 여성군礪城君 송인宋寅이 남곤의 저술 가

---

신무문神武門    서울 북악산 남쪽에 있는 경복궁의 북문.

운데 세상에 흩어져 전하는 것들을 모은 것이지 집에 있는 원고에서 나온 것은 아니다.

## 조식의 고귀한 풍모 ❖ 38

남명南冥 조식曺植은 고상한 행적으로 말미암아 온 세상이 그를 기렸다. 영남嶺南에 은둔해 살면서 초헌軺軒*과 면류관을 마치 진흙 바라보듯 했다.

그는 경성에 와서 일찍이 탕춘대蕩春臺의 북쪽에 있는 무계동武溪洞 물가에서 놀았다. 여성위礪城尉 송인宋寅은 관직은 비록 부마駙馬였지만, 자못 선비의 아취가 있노라고 자처하였다. 선생의 풍채를 사모했던지라 계산溪山에서 한 잔의 술이라도 선생에게 바치고자 하여 창의문彰義門 소나무 숲에 장막帳幕을 쳐 놓고 선생이 지나가기를 기다렸다. 그는 길가에서 팔짱을 끼고 서서 하리下吏에게 명하여 선생을 말 앞으로 모셔오게 했다. 남명은 그가 귀인임을 알고는 말에서 내리려 하지 않고 짐짓 술에 취해 부축당해 가는 것처럼 하면서 말했다.

"어른이 맞이할 수는 없다."

여성위가 머리를 들어 그의 행차를 바라보니 아득하여 마치 천 길 높은 곳을 나는 봉황 같았다.

---

초헌軺軒  종2품 이상의 관원이 타는 소형의 수레로서 사방을 관망할 수 있고, 앉는 데는 의자 모양으로 되어 있다. 긴 줏대에 외바퀴가 달려 있으며, 두 개의 긴 채가 있어 앞뒤에서 사람이 끈다.

## 두더지의 혼인 ❖ 39

예로부터 국혼國婚(왕실과의 혼인)으로 인해 화가 미친 일은 이루 다 기록할 수가 없다. 이는 두더지가 자기 무리와 혼인하는 것보다 못한 일이니, 무슨 말인가?

옛적에 한 두더지가 새끼를 낳아 매우 아꼈는데, 장차 혼처를 구하고자 하였다. 아비 두더지는 어미 두더지와 상의하여 말했다.

"내가 이 아들을 낳아 사랑하고 중히 여긴 것이 이와 같으니, 반드시 둘도 없는 귀한 족속을 택하여 혼인을 시켜야겠소. 둘도 없는 귀한 족속은 하늘만 한 것이 없을지니, 내 마땅히 하늘과 혼인해야겠소."

그래서 하늘에게 말했다.

"내가 아들 하나를 낳아 애지중지 키웠으니 반드시 둘도 없는 귀한 족속과 혼인시켜야겠는데, 생각해 보니 둘도 없는 귀한 족속은 하늘만 한 것이 없습니다. 당신과 혼인하기를 청합니다."

하늘이 말했다.

"나는 능히 대지를 덮어 감싸며 만물을 낳고 모든 생물을 자라게 할 수 있으니, 나보다 더 나은 것은 없다. 그렇지만 오직 구름만이 능히 나를 가릴 수 있으니, 내가 구름만 못하다."

두더지는 구름에게 가서 말했다.

"내가 아들 하나를 낳아 애지중지 키웠으니 반드시 둘도 없는 귀한 족속과 혼인시켜야겠는데, 생각해 보니 둘도 없는 귀한 족속은 당신만 한 이가 없습니다. 당신과 혼인하기를 청합니다."

구름이 말했다.

"나는 능히 천지에 가득 차 있으며 해와 달을 덮어 가리어 산하를 어둡게 하고 만물을 컴컴하게 할 수 있다. 그렇지만 오직 바람만이 능히 나를 흩어 버릴 수 있으니, 내가 바람만 못하다."

두더지는 바람에게 가서 말했다.

"내가 아들 하나를 낳아 애지중지 키웠으니 반드시 둘도 없는 귀한 족속과 혼인시켜야겠는데, 생각해 보니 둘도 없는 귀한 족속은 당신만 한 이가 없습니다. 당신과 혼인하기를 청합니다."

바람이 말했다.

"나는 능히 큰 나무를 꺾고 큰 집을 날릴 수 있으며 산과 바다를 마구 흔들어대며 가는 곳마다 휩쓸어 황폐하게 만들 수 있다. 그렇지만 오직 과천果川 교외의 돌미륵만은 쓰러뜨릴 수 없으니, 내가 과천의 돌미륵만 못하다."

두더지는 과천 돌미륵에게 가서 말했다.

"내가 아들 하나를 낳아 애지중지 키웠으니 반드시 둘도 없는 귀한 족속과 혼인시켜야겠는데, 생각해 보니 둘도 없는 귀한 족속은 당신만 한 이가 없습니다. 당신과 혼인하기를 청합니다."

돌미륵이 말했다.

"나는 능히 들판 가운데 우뚝 서서 천백 년이 지나도 꿋꿋이 뽑히지 않을 수 있다. 그렇지만 오직 두더지가 내 발 밑의 흙을 파내면 나는 엎어지게 되니, 내가 두더지만 못하다."

이에 두더지는 매우 놀라 자신을 되돌아보며 탄식하였다.

"천하에 둘도 없는 귀한 족속으로 우리 족속만 한 것이 없구나."

그리고 드디어 두더지와 혼인시켰다.

대저 사람으로 분수를 알지 못하고 감히 국혼을 하여 사치스러움을 마음껏 누리려 하다가 끝내 남에게 재앙을 미치게 하는 자는 바로 두더지만도 못한 것이리라.

## 유진동의 사람됨을 알아본 이자견 ❖ 40

유진동柳辰소은 관례冠禮를 치르기도 전에 부모를 여의어 배우지 못하였다. 날마다 장안의 협소배들과 노닐며 마을의 돼지를 훔쳤다. 순라꾼에게 붙잡힐까 두려워서 무리 가운데 한 사람에게 돼지를 베 이불로 싸서 짊어지게 하고, 또 한 사람은 머리를 풀어 헤치고 따르며 곡을 하게 하여 마치 상여를 떠나보내는 것같이 하였다.

그가 일찍이 큰길 가운데서 사람들과 더불어 씨름을 하였는데 당할 자가 없었다. 당시 재상 이자견李自堅이 행차하여 사람들을 벽제辟除하였는데, 유진동을 한번 보고는 초헌을 멈추고서 유심히 바라보았다. 그러더니 불러서 앞으로 오게 하여 물어 보았다.

"너는 부형父兄이 계시느냐?"
"부모님을 일찍 여의고 큰형에게 의탁하고 있습니다."
"무슨 책을 읽었느냐?"
"배우지를 못하였습니다."

이자견은 유진동을 눈여겨보고서는 떠났다.

이자견의 누나에게 딸이 있었는데 사윗감을 구할 때가 되었다. 이자견이 돌아와 그 누나에게 말했다.

"오늘 내가 길을 가다가 한 호남아好男兒를 보았는데, 기골이 비범하고 씨름을 잘하여 능히 다른 사람을 굴복시켰소. 누님이 딸을 위해 사람을 택한다면 반드시 이 사람이 좋겠소."

누나가 웃으면서 말했다.

"못난 여식을 위하여 어진 사람을 택해 주었는데 자네의 말을 듣지 않는다면 누구 말을 듣겠는가? 다만 씨름하는 것을 보고 사람을 취하는 건 들어보질 못하였네."

이자견이 말했다.

"허락만 하십시오. 훗날 틀림없이 귀인이 될 것입니다."

마침내 길일을 택하여 유진동을 맞아들였다. 그는 18, 19세가 되어서도 여전히 무뢰無賴한 짓을 일삼더니, 드디어 활을 잡고 무예를 익혔다. 처갓집 노복이 공손하게 대하지 않자 쇠 채찍으로 그를 쳤는데 즉사했다. 유진동의 장모가 괴롭게 여기고 이자견을 책망하여 말했다.

"자네가 일찍이 좋은 신랑감이라고 칭찬해서 내 딸을 시집보냈는데, 이제 장성했는데도 학문을 닦지 않고 행실이 심히 패려궂으니 내가 몹시도 근심스럽네."

이자견이 말했다.

"걱정하지 마십시오. 나이가 아직 어려서 그렇습니다."

유진동이 사청射廳*에 가서 말타기와 활쏘기를 익히다가 낙마하여 기절했다가 소생했다. 그는 화가 나서 활과 화살을 부러뜨리고는 말하였다.

"무예란 위험한 일이라서 군자가 마땅히 업으로 할 만한 것이 못 된다. 이제부터 맹세컨대 무예를 버리고 학문을 일삼으리라!"

이에 말에 뛰어올라 돌아가다가 길에서 대관臺官*의 벽제를 만났는데도 말에서 내리지 않고 이자견의 집으로 달려 들어가 배우기를 청했다. 이로부터 경서經書를 읽기 시작하여 마침내 명경과明經科에 급제하였고, 관직이 판서에까지 이른 뒤에 죽었다.

이자견에게는 동생 이자화李自華가 있었는데 명재상으로 형제가 번갈아 여러 도道의 관찰사를 지냈다. 이자견은 길거리에서 유진동을 한번 보고는 그가 훗날 반드시 귀하게 되리라는 것을 알고서 드디어 혼인을 허락했다. 그 신묘한 지감知鑑을 어찌 평범한 사람의 안목에 견줄 수 있겠는가?

---

사청射廳  활쏘기를 하기 위해 지은 건물.
대관臺官  사헌부司憲府의 대사헌大司憲 이하 지평持平까지의 벼슬아치를 이르는 말.

## 정승 최관과 결혼한 젊은 처자 ❖ 41

예전에 정승 최관崔瓘은 나이가 거의 칠십이 되어서 후처를 구하였다. 중매를 내세워도 응하는 사람이 없다가 어떤 선비 집안에서 혼인을 허락하였다. 장차 납폐納幣를 하려는데 그 집의 처자가 듣고서는 크게 통곡을 하고 눈물을 흘리며 부모에게 말하여 혼인을 물리쳤다. 이씨 집의 한 처자는 집이 가난하여 중매가 들지 않았다. 승상이 사람을 시켜 말을 넣으니 그 부모는 기꺼이 허락하지 않았으나, 처자가 말했다.

"우리 가문에는 현달한 관리가 없어서 부모님께서는 세상을 마칠 때까지 끼닛거리가 궁박합니다. 한낱 여자의 몸이 무슨 상관이 있겠습니까? 원컨대 제 한 몸을 버려 그분을 좇아서 저의 양친을 구휼하고자 합니다. 혹 다행히 후사가 있어 자손이 영화롭게 된다면 또한 좋지 않겠습니까?"

부모가 허락을 하자 드디어 후처가 되어 아들 하나를 낳았다. 함께 화합하여 산 지 여러 해가 되어 정승이 죽었다. 그 아들 최홍윤崔弘胤이 크게 귀하게 되어 관직이 병조 판서에 이르렀으며, 이씨는 종신토록 그의 봉양을 누렸다. 크게 통곡했던 그 처자는 한 선비에게 시집갔는데, 행실을 잘못해 법망에 걸려서 삶을 잘 마무리하지 못하였다.

지금까지 말하는 사람들이 하나의 기이한 이야깃거리로 삼는다.*

## 나이 구십에 아들을 얻은 홍유손 ❖ 42

혜장 대왕惠莊大王(세조) 때, 처사處士 홍유손洪裕孫은 나이가 아흔이었는데 아

---

지금까지 말하는 ~ 이야깃거리로 삼는다.   이 대목은 〈만종재본〉에 없는 것인데 필사본에 의거해 보충해 넣었다.

내가 없었다. 후사를 위해 처를 구했는데, 매파가 가는 곳마다 몽둥이를 들고서 내쫓지 않는 집이 없었다. 그런데 한 처자가 부모에게 말하길,

"비록 시집가서 하루 만에 청상이 될지라도 어진 사람의 아내가 되고 싶습니다."

하니, 부모가 허락했다. 홍유손이 나이 구십에 아들을 얻어 이름을 지성志成이라 지었는데, 그는 박학다문博學多聞하여 세상에 널리 알려졌다. 후진을 가르치매 그 문하에서 현달한 관리가 많이 배출되었다. 홍지성洪至成은 소경 대왕昭敬大王(선조) 때 정유년(1597)에 이르러 나이가 거의 팔십이 되어서 죽었다. 부자가 양대에 걸쳐 여덟·아홉 임금이 바뀌도록 거의 200년을 지냈으니 어찌 기이하지 않은가? 일설에는, 일흔여덟에 아내를 얻어 두 아들을 낳았으며, 지성은 그 둘째라고 한다.

## 꾀를 써서 미인 아내를 얻은 귁풍운의 사위 ❖ 43

귁풍운鴌馮雲은 자가 태공太空으로 큰부자였다. 예쁜 딸을 낳아 사랑이 돈독하였다. 화공畵工을 구하여 잘생긴 남자 하나를 그리게 하여 문 위에 걸어 두고 방을 붙였다.

'딸을 위하여 사윗감을 고르는데, 이 정도는 되어야 허락할 수 있지 그렇지 못하면 내 사위가 될 수 없다.'

그 문을 지나다니는 사람이 하루에도 천 여 명이었으나 응하는 사람이 없었다. 하루는 수염을 길게 기른 노인이 지나가다가 절을 하였다. 그러고 나서 물러나 세심하게 살펴보더니 손벽을 치고 크게 웃음을 터트리며 말했다.

"내가 늙어서 노망이 난 게로군. 이 그림을 보고서 나는 우리 도련님인

줄 알고 절을 하였구나."

말을 마치고는 소매를 휘저으며 가 버렸다. 부자의 여종이 엎어질 듯 달려 들어와 아뢰었다.

"이 그림을 걸어 놓은 뒤 한 해가 다 가도록 응하는 사람이 없었는데, 방금 한 노인이 나타나 그 집 도련님인 줄로 잘못 알고서 절을 했다가 크게 웃고 가 버렸습니다."

부자가 사람을 시켜 뒤쫓게 하고 그 사람을 따라잡아 물어 보니 과연 그러하였다. 이에 부모와 의논하여 길일을 택하고 그를 사위로 맞기로 하였다.

이른바 그 도련님은 애꾸눈에 절름발이로, 한 팔은 못 쓰고 얼굴은 마마 자국으로 검었다. 그 부모가 이름난 중매쟁이에게 뇌물을 주어 혼처를 구하였으나 납폐하였다가 되돌린 집이 셋이요, 문명問名*을 하고서 매파를 책망한 집이 다섯이었다. 그런데도 오히려 무당이나 소경에게 물으면 모두들 한결같이 말하였다.

"반드시 아름다운 부인을 얻으리라."

이때 나이가 서른여덟으로, 외롭게 홀로 지내며 스스로 위안하다가 늙은 종으로 인하여 부자의 딸과 정혼하게 된 것이다. 길일吉日이 되어 장차 성례成禮를 하러 갈 즈음, 짐짓 일부러 저물 무렵까지 지체하였다. 분 바른 가면으로 가장하고, 나무다리를 짚고, 나무 팔을 소매 안에 넣고서 배례를 마쳤다. 쌍촉에 인도되어 방으로 들어가니 처자는 빼어난 미인이었다. 곧 분 바른 가면과 나무다리, 나무 팔을 몰래 감추고 촛불을 내보내고 누웠다. 밤이 깊어 갈 즈음 늙은 종이 새끼로 온몸을 얽어 동이고, 붉은 흙을 온몸에 발랐다. 관솔을 꽂아 불을 밝히고서 밤에 부자의 집 지붕 위에 올라가 소리질

---

문명問名  납채納采, 문명問名, 납길納吉, 납징納徵, 청기請期, 친영親迎 등 혼인 육례六禮의 한 가지. 납채를 한 뒤, 남자 집에서 혼약한 여자의 혼인 운세를 점쳐 보기 위해 그 생모生母의 성姓을 묻는 일을 말한다.

렀다.

"부자는 나오너라! 나는 동쪽 연못의 화룡火龍이다. 네가 예쁜 딸을 두었단 말을 듣고 배필로 삼고자 하였더니 모씨의 아들에게 시집보냈구나! 이미 그 몸을 버렸고 억지로 뺏을 수도 없으니 장차 모씨의 아들인 네 사위를 죄 주어야겠다."

신랑을 뜰로 불러내어 절하게 하고 분에 찬 노한 음성으로 말하였다.

"너의 눈을 멀게 하리라."

신랑이 땅에 엎어지면서 눈의 아픔을 호소했다..

"너의 팔을 부러뜨리리라."

그러자 신랑이 땅에 엎어지면서 큰 소리로 팔의 고통을 호소했다.

"너의 한 발을 절게 하리라."

그러자 신랑이 큰 소리를 지르며 다리가 아프다고 소리질렀다.

"너의 얼굴을 마마에 걸려 옷칠한 듯 검게 만들리라."

그러자 신랑이 큰 소리로 얼굴이 아프다고 했다. 이 모두를 거의 죽다가 다시 살아나는 것처럼 행동하였다. 늙은 종이 지붕에서 내려와 달아나면서 큰 나무를 동쪽 못에 던지자 풍덩 하는 소리가 났다.

다음날 아침, 부자가 신랑을 불러내어 살펴보니 애꾸눈에 절름발이가 되었으며, 한 팔을 못 쓰고 얼굴도 마마 자국으로 검게 되어 있었다. 부자는 눈물을 흘리며 탄식하여 말하였다.

"아! 애석하구나. 동쪽 연못의 화룡이 내 아름다운 사위를 병신으로 만들었도다."

늙은 종이 와서 그 신랑을 보고서는 큰 소리로 한참 동안 거짓 통곡을 하고는 떠났다.*

---

늙은 종이 ~ 하고는 떠났다.　이 마지막 문장은 〈만종재본〉에는 없는 내용으로, 〈청패본〉에 의거해 보충해 넣었다.

## 시정인 박계금의 패가망신 ❖ 44

박계금朴繼金은 시정 장사치의 아들이다. 감사監司 홍춘년洪春年*에게 첩에게서 난 딸이 있어 혼사를 의논하는데, 어떤 사람이 박계금을 추천했다. 감사의 조카인 승지 홍천민洪天民이 말했다.

"사대부가 어찌 시정인과 더불어 혼인을 하겠습니까?"

홍춘년이 말했다.

"천출賤出인데 무어 해로울 게 있겠느냐?"

마침내 첩의 딸을 그에게 시집보냈다.

박계금은 집안 재산이 매우 풍족했는데, 일본의 보화를 교역하여 이익을 늘리고자 동평관東平館*에 가서 왜인을 만났다. 왜인이 야광주夜光珠 한 개를 자랑하였는데, 그 크기가 꿩알만 했다. 밤에 시험해 보니 밝기가 등잔불같아 온 방을 환히 비추었다. 마침내 시장에서 돈을 빌려 그것을 샀는데 그 가격이 수천금이나 되었다. 그 값을 백 배로 올릴 방도로 연경燕京에 가서 채단采緞과 교환하는 것보다 나은 것이 없다고 생각하고, 후한 뇌물을 써서 연경 사절의 일행으로 충원되고자 하였다. 요동遼東 회원관懷遠館에 이르러 함을 열고 보니 광채가 조금 희미해져 있었다. 옥하관玉河館에 이르러 밤을 틈타 살펴보니 컴컴하여 빛이 없는, 완연한 한 덩이 돌이었다. 연경 시장의 사람들에게 보이며 말하였다.

감사監司 홍춘년洪春年  〈만종재본〉에는 홍춘경洪春卿으로 되어 있으며, 여러 필사본에는 홍춘년洪春年으로 되어 있다. 『조선왕조실록』을 살펴보면 홍춘경은 청직을 두루 역임하고 예조와 이조의 참의직을 지낸 인물이며, 아우 홍춘년은 여주·나주·강릉 등지의 목사직을 역임했다. 홍천민洪天民은 홍춘경의 아들인데, 뒷부분에서 '그의 조카인 승지 홍천민洪天民'에게 말했다는 표현으로 볼 때, 홍춘년이 맞기에 필사본의 기록을 따랐다.

동평관東平館   일본 사신이 와서 머무는 객관客館으로 지금의 서울 종로구 인사동에 있었다. 1407년(태종 7) 처음 설치된 듯하며, 그 건물의 위치에 따라 동평관·서평관西平館으로 불렸는데, 왜인들의 왕래가 빈번해지면서 여러 가지 폐단이 생기자 동·서관을 동평관으로 통합하고 감호관監護官을 두어 왜인을 감시하였다.

"이것은 야광주입니다."

저자 사람들이 모두 크게 웃고, 그의 얼굴에 침을 뱉으며 말하였다.

"이것은 구워서 만든 가짜 진주다. 날이 오래되면 빛이 사라져 연석燕石*같은 돌보다 못하다."

그래서 결국은 빈손으로 돌아왔다. 이로부터 저자에 진 빚이 수천금이었다. 집을 팔아도 다 갚지 못했으며, 전원을 팔아도 다 갚지 못했으며, 서울과 지방에 있는 노비를 팔아도 다 갚지 못하였다.

계책이 궁해지고 형세가 급박하게 되자 몰래 이부吏部의 아전과 모의하여 이미 죽은 종실의 고신告身*을 꺼내고, 호부戶部의 아전과 모의해 녹패祿牌* 문서를 발급받았으며, 태창太倉*의 아전과 모의해 준문서準文書를 발급받아 3품 종실의 녹봉을 태창에서 받았다. 매해 계절마다 녹봉을 받아 마치 조정에서 항상 벼슬자리에 있는 사람과 같았다. 이와 같이 한 지 거의 10년이 되어서야 그 빚을 갚았다. 훗날 일이 발각되자 아전과 함께 결박당해 옥에서 죽었다. 해당 관청에서 검시를 하고 삼일 후에 그 시체를 내주었는데 양쪽 눈이 모두 쥐에게 파먹혀 구멍이 나 있었다.

슬프다! 사람이 재화를 중히 여기는 마음을 지녔기에 처음부터 평상심을 잃어 뒤이어 급히 도모하는 마음이 싹텄다. 끝내 죽음조차 두려워하지 않는 계책이 생겨나고, 이를 스스로 억제하지 못하여 참혹한 재앙을 입어 쥐가 그 두 눈을 파먹었다. 그 사람은 족히 꾸짖을 것도 없겠으나 사대부가 시정

---

연석燕石　　중국 연산燕山에서 산출되는 돌. 옥과 비슷하지만 돌일 뿐인데, 송나라의 한 어리석은 사람이 진짜 옥으로 믿어 웃음거리가 된 고사가 있어 '연석'은 '사이비' 혹은 '무가치한 것'을 뜻하는 말로 쓰이기도 한다.

고신告身　　조선 시대에 관리로 임명된 자에게 수여한 증서. 품계에 따라 명칭과 발급 방식이 달라서, 4품 이상은 교지敎旨라 하여 임금이 직접 내리는 형식을 취하였고, 5품 이하는 첩지牒紙라 하였다. 관직의 임명장인 동시에 신분증명서 구실을 하였다.

녹패祿牌　　녹祿을 받는 이에게 증거로 주는 종이로 만든 표.

태창太倉　　조선조 광흥창廣興倉의 다른 이름. 벼슬아치의 봉급을 맡아서 관리하는 호조에 딸린 관청으로, 태조 원년(1392)에 서울 서교西郊 와우산臥牛山 아래에 세웠다.

인의 아들을 택하여 그 딸을 시집보내었으니, 그 집에 추잡함을 끼침이 또한 마땅하지 않은가. 홍 승지의 말은 진실로 귀감이 된다.

## 부인을 두려워하지 않는 남편 ❖ 45

예로부터 교화시키기 어려운 것이 부인婦人이다. 남자 중에 강심장인 사람이라도 몇이나 능히 부인을 두려워하지 않을 수 있으랴? 옛날에 한 장군이 십만 병사를 이끌고 넓고 아득한 들판에 진을 쳤다. 동서로 나누어 큰 깃발을 세웠으니, 한 깃발은 푸른색이고 한 깃발은 붉은색이었다. 장군은 드디어 군사들에게 거듭 타일러 말했다.

"아내를 두려워하는 자는 붉은 깃발 아래 서고, 두려워하지 않는 자는 푸른 깃발 아래 서거라."

십만 군사가 모두 붉은 깃발 아래로 모여 섰는데 한 사내만이 홀로 푸른 깃발 아래 서 있었다. 장군이 전령傳令을 시켜 그 이유를 물으니, 다음과 같이 대답했다.

"제 처가 항상 저에게 경계하여 말하기를, '남자들 셋이 모이면 반드시 여색女色을 논하니, 남자 셋이 모인 곳에 당신은 일체 가지 마시오'라고 하였습니다. 하물며 지금 십만의 남자가 모여 있지 않습니까? 이에 감히 아내의 명령을 어길 수 없어서 혼자 푸른 깃발 아래 서 있는 것입니다."

## 제라립과 평정관 ❖ 46

나라가 화평한 시절, 향리鄕吏들은 모두 제라립濟羅笠*을 쓰는데, 이는 백제와 신라 때의 방립方笠을 말한다.

유순兪洵에게 사랑하는 여종이 있었는데 향리의 아내였다. 유순이 일찍이 그 방에 몰래 들어간 적이 있었는데, 유순의 처가 몽둥이를 들고 따라 들어왔다. 유순은 벽에 제라립이 걸려 있는 것을 보고 즉시 그 갓을 쓰고 나와서 땅에 엎드렸다. 유순의 처가 그를 향리로 여기고서 황급히 달아났다.

박충간朴忠侃에게 사랑하는 기생이 있었는데, 그 기생은 녹사錄事*와 사사로이 정을 통하고 있었다. 녹사는 으레 평정관平頂冠*을 쓰는데, 그것이 벽에 걸려 있었다. 박충간이 기생집에 들어와 자고는, 이른 아침에 대궐로 나아갈 때에 날이 밝지 않아서 평정관으로 잘못 바꾸어 쓰고 갔다. 대궐 아래 이르자 노복이 그를 올려다보며 의아해하자, 박충간은 크게 놀라 말에서 내려 민가로 들어갔다

당시에 호사자가 다음과 같은 시를 지었다.

유순의 처는 제라립을 두려워하고　　兪洵妻畏濟羅笠
박충간의 노비는 평정관에 놀랐다네.　　忠侃奴驚平頂冠

당시 사람들이 이를 두고 절창絶唱이라 하였다.

---

**제라립**濟羅笠　　방갓. 상제가 밖에 나갈 때 쓰는 갓. 가는 대오리를 거죽으로 하고 안은 왕골로 받쳐 만든 것으로, 삿갓과 비슷하나 네 귀가 우묵하게 패어 들고 다른 부분은 둥그스름하다.
**녹사**錄事　　조선 시대 의정부議政府나 중추원中樞院에 속한 경아전의 서리胥吏를 총칭한다.
**평정관**平頂冠　　조선 시대에 서리가 쓰는 관.

# 문자를 아는 아내 ✤ 47

이 아무개와 김 아무개는 서로 우애가 매우 두터웠는데, 이가의 아내는 글을 잘 알았고 김가의 아내는 일자무식이었다. 이와 김이 강을 건너가 독서하려고 말고삐를 나란히 한 채 수십 보를 나섰다. 이가의 아내가 여종을 시켜 작은 편지를 가지고 땀나도록 달려가 전하라고 했는데, 그 속에는 여덟 글자가 쓰여 있었다.

"봄날의 얼음이 두려우니, 삼가 가벼이 건너지 마세요."春氷可畏 愼勿輕渡

김가는 그것을 듣고는 부러워 견딜 수가 없었다.

하루는 이와 김이 마주 앉아 있다가 계집종에게 말을 전해 『고문진보』古文眞寶*를 찾아 내오게 했다. 이가의 아내가 또 계집종을 시켜 물었다.

"전집前集입니까? 후집後集입니까?"

김가는 또 이가의 아내가 훌륭하다고 칭찬하고 집으로 돌아와 자기 아내를 책망하며 말했다.

"이가의 처는 문자를 아는지라, 이가가 『고문진보』를 찾아 내오게 하였더니 그 처가 '전집인가 후집인가' 물었소. 당신은 어찌하여 글자를 몰라 책 제목을 모른단 말이오?"

그러고는 언문으로 책의 권질卷帙에 제목을 적어 놓았다. 손님과 마주 앉아 있으면서 아내로 하여금 『공총자』孔叢子*를 찾아오도록 하여 여러 손님에게 자랑하고자 하였다. 아내가 계집종을 시켜 말을 전했다.

"전공前孔입니까? 후공後孔입니까?"

주인과 손님 모두 아무 말도 하지 못하고 있는데, 한 손님이 말했다.

---

『고문진보』古文眞寶   전국 시대 말기부터 송나라에 이르기까지의 시문을 모은 편자 미상의 책. 전집에는 시詩, 후집에는 문文을 모아 총 20권으로 엮었다.

『공총자』孔叢子   공자孔子 이하 자사子思 등의 언행을 기록한 책. 3권卷 21편篇. 한漢나라 공부孔鮒의 찬撰이라고 전하나 후인後人의 위찬僞撰이라는 설도 있다.

"전공이야 좋지만 후공은 추하지 추해!"
김가는 크게 부끄러워했다.

## 부인이 냉수만 마신 이유 ❖ 48

이준민李俊民과 부사 문익성文益成은 집안끼리 통하며 사이가 좋았다. 양가의 부인들 또한 서로 왕래하며 교분이 두터웠는데, 두 여인은 모두 투기심이 있었다. 부인들이 서로 만났을 때 문익성의 처가 말했다.
"우리 집 영감이 한번이라도 집 밖에서 자면 나는 곧 음식을 끊고 오직 냉수만 마십니다. 이 때문에 우리 집 영감은 감히 소실小室을 두지 못한답니다."
후에 이준민이 밖에 부실副室을 두자 부인이 이 말을 듣고 음식을 먹지 않은 채 단지 냉수만 마시다가 그로 인해 병들어 죽었다.
이준민은 몰래 문익성의 집안 사정을 탐지해 알아보았다. 그의 아내는 비록 겉으로는 밥을 먹지 않았으나, 몰래 여종과 약속하여 측간에 간다고 핑계를 대면 여종이 큰 사발에 밥을 가득 채우고 좋은 반찬을 섞어 비비기를 매우 짜게 하여 하루에도 두세 번씩 올렸다. 그러므로 갈증이 나서 물을 마신 것인데 집안사람들은 이를 알지 못했다. 이준민이 그 말을 듣고 곡하며 말했다.
"요사하구나! 늙은 여우 같은 계집이여. 내 부인에게 음식 먹지 않는 것만을 가르치고 어째서 측간에 가서 짜게 먹는 법은 가르쳐 주지 않았는고!"
곡을 하면서 슬피 우니 듣는 사람들이 입을 가리고 웃지 않은 자가 없었다.

## 명기 관홍장의 절의

관홍장冠紅粧은 장안의 명기로 자태와 용모가 당대에 빼어났으며, 악원樂院\*의 교방敎坊\*에 소속되어 있었다. 한주韓澍가 의정부議政府 사인舍人\*으로 있으면서 그녀를 받아들여 첩으로 삼고 딸 하나를 낳았다. 을사사화乙巳士禍 때 한주가 견책을 당해 멀리 남해南海로 유배되니, 관홍장은 신의를 지키며 홀로 살았다. 장안의 부자와 조정의 선비들이 다투어 그녀를 취하고자 했으나 관홍장은 일절 응하지 않았다. 여러 해가 지났는데도 조정의 의론은 한주를 공격함이 날로 더욱 심해져서, 여러 차례 대사면의 조치가 있었으나 한주는 용서를 받지 못하였다.\* 관홍장은 어머니를 모시고 먹고살기가 곤궁해져 그 괴로움을 감당할 수 없었다.

이때 이천군伊川君\*이 중매 할미를 보내 유혹하니, 관홍장이 말했다.

"내가 비록 창가의 여자이지만 이미 한 사인韓舍人에게 몸을 허락했으니 의리상 다른 이에게 갈 수 없습니다. 단지 노모가 계신데 계옥桂玉\*의 근심을 참아 낼 수 없기에 우선 공자公子\*의 말씀을 따르도록 하겠습니다. 다만

---

**악원樂院** 장악원掌樂院. 조선조 때 음악에 관한 일을 맡아 보던 관아.
**교방敎坊** 조선조 때 장악원掌樂院의 좌방左坊과 우방右坊을 아울러 이르는 이름. 좌방은 아악을 우방은 속악俗樂을 맡았다.
**사인舍人** 조선 시대 정4품 벼슬로, 조선 초 문하부門下府의 내사사인內史舍人 또는 의정부議政府의 관직명을 가리킨다.
**여러 차례 ~ 받지 못하였다.** 이 대목은 〈만종재본〉에는 없고, 〈청패본〉과 〈이수봉본〉에 있는 것인데, 문맥에 필요한 것으로 여겨 보충해 넣었다.
**이천군伊川君** 『조선왕조실록』 명종 3년 기사에 "이천군伊川君 이수례李壽禮가 총애하는 첩이 병을 앓자 요무妖巫 감덕甘德을 불러 기도를 드렸다"라는 기록이 보이고, 명종 11년 기사에는 이천군이 첩인 관홍장에게 빠져 정처를 돌보지 않은 일로 탄핵받은 기록이 보인다.
**계옥桂玉** '땔나무가 계수나무보다 귀하고, 음식이 옥보다 귀하다'(薪貴於桂, 食貴於玉)는 말을 줄인 것으로, 물가가 비쌈을 뜻한다. 『전국책』戰國策 「초책」楚策에 "戰國蘇秦至楚, 三日便行. 楚王問其故, 蘇秦曰: '楚國之食貴於玉, 薪貴於桂, 諸侯難得見如鬼, 王難得見如天帝'"라 하였다.
**공자公子** 제후諸侯의 자제를 이르는 말인데, 여기에서는 왕실王室의 귀한 신분을 뜻한다.

한 사인이 돌아오면 비록 공자의 집에서 자식 아홉을 낳더라도 또한 돌아보지 않고 떠날 것입니다. 원컨대 약속을 허락하신 이후에야 따르겠습니다."

이천군이 말하였다.

"약속대로 하겠다."

그리하여 이천군의 집에서 20여 년을 살면서 자녀를 많이 낳았다.

한주가 비로소 사면되어 돌아오게 되었다.* 관홍장은 한주가 돌아온다는 소식을 듣고는 이천군과 헤어지면서 그 집에서 마련해 준 화장품과 경대 등을 모두 버리고 가고자 했다. 장차 떠나기에 앞서 먼저 그 딸을 시켜 길에서 맞이하게 하고는 한주를 위해 옷과 버선을 지었으며, 또 이천군을 버리고 그를 따르겠다는 뜻을 말하게 하였다. 딸이 교외에서 맞이하니, 한주가 그의 딸을 보고는 울면서 말하였다.

"오늘 살아 돌아와서 너를 다시 보게 될 줄은 생각도 못했다. 네가 이처럼 장성했구나!"

딸이 앞으로 나아가 어머니가 장차 이천군을 버리고 그를 따르고자 한다는 말을 전하자, 한주는 웃으며 말하였다.

"네 어미가 늙어서도 아직까지 철이 덜 들었구나. 내가 어찌 감히 공자의 아내를 취하겠느냐? 다시는 말하지 말거라. 나에게 올지라도 내가 쫓아낼 것이다."

옷과 버선도 모두 돌려보내려고 하자, 딸이 말하였다.

"돌아가 어머니께 고할 말이 없으니, 청컨대 그대로 두십시오."

이에 한주가 옷은 돌려보내고 버선은 신었는데, 버선이 발에 꼭 맞았다.

딸이 돌아가서 한주의 말을 어머니에게 아뢰었다. 이에 관홍장이 대성통곡을 하였는데 이천군은 그녀를 꾸짖을 수 없었다.

---

한주가 비로소 사면되어 돌아오게 되었다.　『조선왕조실록』 선조 1년 조에 "장단長湍에 이배된 한주와 …… 이진李震 등은 재주와 학식이 있고 어질고 착한 사람이니 대간이나 시종侍從의 직임에 채울 만하다. 그러니 방면하여 직첩을 도로 주고 서용할 것을 의금부義禁府에 내리라"라는 기사가 보인다.

한주의 딸은 부제학副提學 홍인경洪仁慶*의 측실이 되었다. 그 혼사 때 이천군의 집에서 필요한 재물과 물품을 갖추어 주었는데, 자기 딸과 똑같이 하였다. 이천군의 아들은 모두 벼슬하여 수령을 지냈으며, 자손이 모두 현달하였다.*

## 조상과 자손의 혈기의 비슷함 ❖ 50

사람의 혈기는 유한한 것이지만 부자지간에는 유전되어 바뀌지 않음이 있으니, 비록 천백 년이 흘러도 하루와 같다. 우리 마을에 충의위忠義衛 박청朴淸이란 사람이 그의 선조 박강朴薑의 영정을 200년이 지나도록 간직해 오고 있는데, 그 용모가 서로 흡사하여 피차간에 구분하지 못할 정도다. 우리 집안에는 선조이신 유정승柳政丞 휘諱 탁濯의 영정이 있는데, 곧 전 왕조前王朝(고려) 사람이다. 영정이 당상堂上에 걸려 있는데, 나의 둘째 형님 유몽웅柳夢熊과 서로 비슷하다. 둘째 형수께서 보고 걱정한 것은 어쩌면 선조처럼 직간直諫하다가 생애를 잘 끝마치지 못할까 함이었다. 그 후 둘째 형 역시 효성으로 인해 돌아가셨다.*

나의 외조카 홍서봉洪瑞鳳이 문장門長인 정척鄭惕을 뵈었다. 당시 그의 나이는 팔십이었는데 나의 외조카를 유심히 보고는 탄식하며 말씀하셨다.

"너는 네 외증조할아버지 유 사간柳司諫*과 얼굴이나 눈매, 목소리와 키

---

홍인경洪仁慶　〈만종재본〉에는 홍인도洪仁度로 되어 있는데, 〈청패본〉과 〈이수봉본〉에는 홍인경으로 되어 있다. 『조선왕조실록』에 홍인도는 보이지 않고, 선조 1년 조에 "부제학 홍인경洪仁慶이 신병으로 체직하였다"라는 기사가 보이는바, 〈청패본〉과 〈이수봉본〉의 기록을 따르기로 한다.
자손이 모두 현달하였다.　〈만종재본〉에는 없는 것인데 〈청패본〉과 〈이수봉본〉에 의거하여 보충한다.
둘째 형 역시 효성으로 인해 돌아가셨다.　유몽인의 둘째 형 유몽웅은 임진왜란 때 피란하다가 왜구가 어머니를 죽이려 하자 몸으로 감싸 대신 칼날을 맞고 죽었다. 이 이야기는 제1화에 나온다.

까지 똑같지 않음이 없구나. 자손은 선조에게서 받은 혈기가 관통하니 어찌 살아 있거나 죽었다고 해서 다름이 있겠느냐?"
그러고는 자신도 모르게 눈물을 흘렸다고 한다.

아! 대저 사람의 혈기란 자기가 지닌 것이 아니라 선조가 주신 것으로, 사사로운 것이 아니다. 그런데 한 집안 안에서 혹 호胡와 월越처럼 소원한 처지*가 되기도 하니, 이는 곧 조상도 잊고 자신도 잊는 것이다. 어찌 신명의 음우陰佑를 누릴 수 있겠는가? 경계할 일이로다, 선조의 자손들이여!

## 떡보와 사신* ❖ 51

외모란 마음만 못한 것이다. 공자는 외모가 몽기蒙倛*와 흡사하였던바, 외모로 사람을 취한다면 그릇된 일이다.
자우子羽(담대멸명澹臺滅明)와 안평중晏平仲(안영晏嬰)은 키가 육 척이 못 되었지만 마음은 어떤 사나이보다도 웅대했으며, 애태타哀駘駝는 못생긴 모습이 천하 사람들을 놀라게 할 정도였지만 그와 함께 지냈던 자들은 그를 그

---

유 사간柳司諫   사간司諫은 사간원司諫院에 속한 종3품 벼슬이다. 유 사간柳司諫은 유몽인의 조부인 유충간을 말하는데 그에 대한 이야기가 제52화에 실려 있다.
호胡와 월越처럼 소원한 처지   호胡는 중국 북방의 오랑캐를 말하고, 월越은 양자강 유역의 남쪽 지역을 지칭하는 말로, 서로 거리가 매우 멀어 가까워질 수 없음을 비유하는 말이다. 이 대목이 〈만종재본〉과 〈청패본〉에는 "或成胡越是非"로 되어 있고, 〈도남본〉과 〈이수봉본〉에는 "或成胡越是乃"로 기록되어 있다. 앞뒤 문맥을 고려할 때 후자가 적절한 것으로 여겨져 이를 취한다.
떡보와 사신   이 이야기가 〈만종재본〉·〈도남본〉 등에는 하나의 이야기로 기술되어 있고, 〈청패본〉·〈이수봉본〉 등에는 두 개의 이야기로 분리 기술되어 있다. 이야기의 내용이 전혀 동떨어진 것이 아니기에 여기에서는 일단 〈만종재본〉의 체재에 따라 하나의 이야기로 번역하였다. 단 원문은 편의상 51가와 51나의 이야기로 나누어 대비하였음을 밝혀 둔다.
몽기蒙倛   마귀나 질병을 쫓는 신神의 이름. 눈이 넷인 것은 방상方相이라 하고, 눈이 둘인 것을 몽기라 한다. 『순자』荀子 「비상」非相 편에 "仲尼之狀, 面如蒙倛"라 하였다.

리워하며 떠나질 못했다. 맹상군孟嘗君(전문田文)은 볼품없이 키가 작은 대부
였으며, 한신韓信은 안색이 누렇고 키가 컸다. 장자방張子房(장량張良)의 외모
는 여자와 같았고, 곽해郭解는 모습이 보통 사람에도 못 미쳤으며, 전분田蚡
은 외모가 작고 못생겼다.

    우리나라의 윤필상尹弼商은 풍채가 보잘것없어 중국의 관상 보는 이가
그 외모를 보고는 귀한 인물임을 알지 못하였는데 그의 대변을 보고 나서야
그가 극히 귀한 사람임을 알았다. 성현成俔도 모습이 추하여, 당시 사람들이
그를 보고는 '어람좌객'御覽坐客* 이라고 칭하였다. '좌객'坐客이라 함은 예
전에 협객이 기생집에 갈 때면 반드시 추하게 생긴 자를 끌어다가 좌객으로
삼았던 까닭에 그 후 외모가 추한 자를 좌객이라 칭했기 때문이다. 이들은
모두 속마음이 외모로 드러나 보이지 않았던 사람들이다.

    외모가 그 마음과 일치하는 이들도 있다. 오원伍員은 키가 십 척이었고
미간이 일 척이나 되었는데, 끝내 천하의 열장부烈丈夫가 되었다. 항우項羽는
호랑이 상이었다. 그가 노하면 사람들이 모두 두려워 엎드린 채 감히 올려
다보지 못했고, 사람과 말이 모두 놀란 나머지 몇 리는 물러났다. 제갈량諸
葛亮은 미간에 강산의 빼어난 기운이 모여 있었다. 장비張飛는 장사로 눈이
둥근 고리와도 같았다. 허원許遠은 관대하고 후덕한 장자로 모습이 그 마음
과 같았으며, 노기盧杞는 푸르스름한 얼굴빛이 귀신과도 같아서 부인들이
보고는 모두 웃었다.

    우리나라의 조광조趙光祖는 용모와 안색이 뛰어나게 아름다웠는데, 그는
거울을 볼 때마다 매양 "이 얼굴이 어찌 남자의 길상吉相이겠는가!"라고 탄
식하였다. 최영경崔永慶이 기축옥사己丑獄事에 연루되어 죽게 되었을 때, 옥
졸들은 그를 공경한 나머지 그의 말이라면 바람처럼 달려가 명을 받들면서
혹여 남에게 뒤질세라 두려워하였으니, 이상은 모두 외모와 마음이 일치하

---

**어람좌객御覽坐客**    임금이 늘 대하는 좌객이라는 뜻.

는 사람들이다.

옛날 중국 조사詔使(사신)가 우리나라에 오면서 이곳이 '예의지방禮義之邦'이니 반드시 이인異人이 있으리라 생각하였다. 행차가 평양에 이르렀을 때, 조사가 길가에 있는 한 장부를 보니 키는 팔구 척에 긴 수염이 허리까지 드리웠는지라 자못 기이하게 여기었다. 조사는 그와 한마디 나누어 보고자 했으나 말이 통하지 않았다. 그래서 손을 들어 손가락을 둥그렇게 만들어 보이자 장부 또한 손을 들어 손가락을 네모지게 만들어 보였다. 조사가 이번에는 세 손가락을 구부려 보이자 장부는 즉시 다섯 손가락을 구부려 답하였다. 조사가 또 옷을 들어 보이자 장부는 곧 손가락으로 자신의 입을 가리켜 보이며 응대하였다.

조사가 서울에 이르러 관반사館伴使*에게 말했다.

"내가 중국에 있을 때 귀국이 예의지방이라고 들었는데, 참으로 빈말이 아니었소."

관반이 물었다.

"무슨 말씀이신지요?"

조사가 말했다.

"내가 평양에 도착했을 때 길가에서 한 장부를 보았는데, 풍채가 매우 장대하여서 나는 그의 심중이 반드시 남다르리란 것을 알았소. 이에 내가 손가락을 둥그렇게 만들어 보였는데, 이는 하늘이 둥글다는 것을 말함이었소. 그러자 장부는 손가락을 네모지게 만들어 응대하였으니, 그것은 땅이 네모지다는 것을 뜻함이오. 또 내가 세 손가락을 구부린 것은 삼강三綱을 이른 것인데, 장부는 다섯 손가락을 구부렸으니 이는 오상五常을 뜻함이었소. 내가

---

관반사館伴使    서울에 머무는 외국 사신使臣을 영접하기 위해 임시로 임명하는 관원. 대개 정3품 이상의 관원이 임명되었다.

옷을 들어 보인 것은 옛날에는 옷을 드리우고 가만히 앉아서도 덕으로 천하를 잘 다스렸음을 말한 것인데, 장부는 자신의 입을 가리키며 답했소. 이는 말세에는 구설口舌로써 천하를 다스린다는 것을 뜻한 것이오. 길가의 천한 사내도 이와 같거늘 하물며 학식이 있는 사대부야 더 말할 것이 있겠소?"

관반사는 이를 기이하게 여기고, 평양으로 공문公文을 띄워 장부를 불러 역말에 태워 급히 서울로 올려보내도록 하였다. 그에게 재물을 후하게 내리고서 물었다.

"천사天使께서 손가락을 둥그렇게 하였을 때 자네는 어째서 손가락을 네모지게 만들었는가?"

장부가 대답하였다.

"그분은 둥근 절편을 드시고 싶어서 손가락을 둥글게 만든 것이고, 저는 인절미가 먹고 싶어서 손가락을 네모지게 만들었던 것이옵니다."

"천사께서 세 손가락을 구부렸을 때, 자네는 어찌해서 다섯 손가락을 구부렸는가?"

"그분은 하루 세 끼니를 드시고자 하여 세 손가락을 구부렸던 것이고, 저는 하루 다섯 끼니를 먹고 싶어 다섯 손가락을 구부렸던 것이옵니다."

"천사께서 옷을 들어 보였을 때, 자네는 어찌해서 입을 가리켰는가?"

"그분이 근심하는 바는 옷 입는 일이기에 옷을 들어 보이셨던 것이고, 제가 근심하는 바는 먹는 것이기에 입을 가리켰던 것이옵니다."

조정에서 이 말을 듣고 모든 사람들이 크게 웃었으나, 조사는 이러한 사실을 모른 채 기남자奇男子로만 여기고 그를 공경하며 예를 갖추어 대했다.

아! 조사가 수염 긴 장부를 공경한 것이 어찌 한갓 겉모습만 보고 실수한 것이랴. 우리나라가 예의지방이라는 명성에 겁을 먹었던 것이다. 이 어찌 만세의 웃음거리가 아니겠는가?

근래 상국相國 유전柳琠이 연경燕京에 갔을 때, 마침 관상을 잘 보는 이를 만나 그로 하여금 자신의 관상을 보게 하고자 했다. 종자로 함께 온 노복 중에 용모가 대단히 위엄 있는 자가 있어 그에게 상국의 옷을 입혀 보여 주었다. 관상쟁이가 자세히 바라본 뒤 웃으면서 말했다.

"이자는 평생 숯이나 팔 사람이오. 당신들이 어째서 나를 속이려는 것이오?"

이에 상국이 나가니 관상쟁이가 멀리서 바라만 보고서도 깜짝 놀라며 말했다.

"이분이야말로 진짜 재상이십니다."

아! 관상쟁이의 지감知鑑이 조사의 지감과는 다르도다.

## 유충관과 유진동의 만남 ❖ 52

돌아가신 나의 할아버지 사간공司諫公 유충관柳忠寬은 판서 신공제申公濟의 사위이시다. 결혼한 지 얼마 지나지 않아 말끔한 의복을 입고 있을 때였다. 판서 유진동柳辰仝은 당시 약관의 나이였는데, 신 판서 댁으로 할아버지를 찾아왔다. 그때 바야흐로 집을 짓느라고 땅을 팠는데, 그 구덩이에는 누런 오물이 가득 차 있었다. 유진동은 기세를 잘 부리고 완력도 좋았다. 일단 할아버지께 읍하여 예를 갖춘 후 한마디 말도 나누지 않고 물러나서 눈여겨 자세히 쳐다보더니 할아버지를 안아 들어서 누런 오물 가운데 던져 버리는 것이었다. 온 집안 사람들이 크게 놀랐으나 할아버지는 얼굴빛도 변하지 않고 웅덩이에서 나와 웃으면서 옷을 벗고는 계집종에게 새 옷을 가져오라고 명하였다. 유진동이 손을 붙잡고 칭찬하며 말하였다.

"진실로 나의 벗이오. 당신의 국량이 어떠한지 시험해 보고자 했을 뿐이오."

드디어 서로 막역한 벗이 되었다.

## 조식의 사람됨 ❖ 53

남명南溟 조식曺植과 청송聽松 성수침成守琛은 어려서부터 서로 벗하였다. 두 사람 모두 약관의 나이였을 때, 몇 사람들과 더불어 화류계에 거리낌 없이 드나들었다. 한번은 아름다운 기생과 만날 약속을 하였는데, 때마침 개인적인 사정이 생겨서 가지 못하게 되자 남명이 말하길,

"대장부가 여자와 한 약속을 저버릴 수는 없다."

라고 하며 억지로 데리고 갔다. 이 소문을 들은 사람들이 범상치 않게 여기며 말했다.

"조생은 훗날 틀림없이 큰사람이 될 것이다."

## 이옥견의 손재주와 사람됨 ❖ 54

이옥견李玉堅은 왕손이다. 그의 아버지 홍안군興安君과 할아버지 한남군漢南君*은 모두 관작이 폐해졌다. 이옥견은 사람됨이 순수하고 훌륭했으나 의지하여 살아갈 생업이 없었다. 이웃의 장인匠人에게서 신발 만드는 법을 배워 입에 풀칠을 했는데, 종내에는 솜씨가 매우 좋아졌다. 장안의 자제들 가운데 창기에게 예쁜 신을 사주려는 자들은 모두 그에게로 갔으니, 기생들이 언제나 말하기를 "이옥견이 만든 것이로다"라고 했다.

그 후 다시 부친과 조부의 관작이 예전처럼 회복되었으며, 폐해졌던 이옥견도 회천정懷川正을 제수받아 종실의 품직品職이 되었다. 이옥견은 좋은

---

**아버지 홍안군興安君과 할아버지 한남군漢南君** 홍안군은 선조의 열째 번 서자로 이름은 이제李禔이며, 한남군은 세종의 넷째 서자로 이름은 이어李䘞다. 홍안군이 선조의 서자라고 한다면, 본문에서 한남군과 홍안군을 부자 관계로 보는 것은 오류다.

말을 타고 담비 모자를 쓰고서 날마다 조정에 나아갔는데, 함께 신을 만들던 사람을 길에서 만나면 반드시 말에서 내려 읍을 했으며, 어른을 만나면 진흙탕에서라도 반드시 절을 했다. 신발 만드는 사람들이 당혹스러움과 두려움에 편치가 않아 멀리서 보고는 피해 버렸다. 그는 항상 관을 쓰고 띠를 매고 다녔는데, 예전의 동업자를 만나면 손을 잡고 초막으로 들어가 술잔을 기울이면서도 얼굴에 부끄러워하는 기색이 없었으니, 따르는 이들이나 길 가는 이들이 대부분 의롭게 여겼다.

그의 자손 가운데 의성군義城君은 배우기를 좋아하고 효행이 깊어 사람들이 대부분 그를 추앙했다. 다른 사람과 바둑을 둔 적이 있는데 솜씨가 매우 좋아서 구경하던 이가 칭찬하기를,

"훌륭하구나, 그 솜씨여! 바로 이옥견의 신발 솜씨로구나!"

라고 하자, 사람들이 손뼉을 치며 크게 웃었다.

## 정려문의 허실 ❖ 55

경성의 한 무사武士가 별장이 밀성密城(밀양)에 있었다. 상주尙州와 성주星州 사이를 왕래할 때에는 항상 그와 친하게 지내던 유생을 찾아가 그 집에 머문 적이 많았다. 4, 5년 동안 경성에 있는 집안 일 때문에 겨를이 없어 가 보지 못하다가 만력萬曆 10년(1582)에 다시 밀성에 내려갔다. 가는 길에 상주와 성주 사이에 살고 있는 친구를 찾아갔더니 죽은 지가 이미 3년이나 되었다. 날은 이미 저물고 달리 갈 만한 곳도 없었던지라, 친구 집에 행장을 풀어 놓고 잠시 쉬었다. 친구의 아내가 안에서 소식을 전해 듣고 더욱 슬프게 곡성哭聲을 하면서 노복에게 명하여 객사를 치우고 그곳에 머물게 하였다.

무사는 옛 친구 생각에 마음이 아파 밤이 깊도록 잠들지 못하였다. 객사

의 북쪽 담장은 몹시 높았고 섬돌 가에는 울창한 대숲이 있었다. 달빛이 은은히 비치는데 대숲에서 홀연 느릿느릿 걷는 소리가 들렸다. 무사가 혹 호랑이나 살쾡이가 아닌가 하여 몸을 숨기고 응시하였더니, 한 중이 빽빽한 대숲 사이로 머리를 내밀고 사방을 둘러보고는 이윽고 몸을 빼내어 들어와서 곧장 규방을 향해 가는 것이었다. 무사가 살금살금 다가가 보니 규방 창문에서 불빛이 새어 나왔다. 드디어 손가락 끝에 침을 묻혀 창호지에 구멍을 뚫고 엿보니, 젊은 부인이 엷게 화장을 하고 요염하게 앉아 청동 화로에 불을 피워 소고기를 굽고 술을 데워 중에게 먹이고 있었다. 중이 음식을 다 먹자 둘은 등잔 불빛 아래서 마음껏 음란한 짓을 벌였다.

무사는 분을 참지 못하고 드디어 활을 꺼내 잔뜩 당겨서 창의 틈새로 중을 향해 쏘았다. 중이 외마디 소리를 내지르면서 거꾸러졌다. 무사는 활을 숨기고 잠자리로 돌아와 코 고는 소리를 내며 잠자는 체하였다. 한참 있으니 안에서 부인이 비명을 지르며 급하게 부르는 소리가 들려왔고, 온 집안 노비들의 울부짖는 소리로 사방이 떠들썩하였다. 무사가 놀라 일어나 까닭을 물으니 그들이 대답하였다.

"주인집은 양반입니다. 지아비를 잃고 혼자 거처하는데, 밤중에 미친 중놈이 멧돼지처럼 뛰어 들어와 과부가 칼을 빼어 중을 죽이고 온몸을 난자하였습니다. 그러고는 스스로 손가락을 잘라 몸을 훼상毁傷하고 자살하려고 하여 온 집안 사람들이 힘써 말려 멈추도록 하였습니다."

무사는 냉소를 감춘 채 탄식을 발하고는 행장을 꾸려 그 집을 떠났다. 이듬해 무사가 서울로 돌아가는 길에 지나노라니 그 집에는 이미 정려문旌閭門이 세워져 있었다.

## 주인의 원수를 갚은 유인숙의 계집종 ❖ 56

유인숙柳仁淑은 역적의 죄명을 쓰고 억울하게 죽었다. 그의 노비를 몰수하여 공신功臣의 집에 내려주는데, 당시 정순붕鄭順朋의 공훈이 가장 컸기 때문에 유인숙 집안의 노비 가운데 대다수가 그에게 사패賜牌*로 귀속되었다. 노비들이 처음 유인숙의 집에서 왔을 때 모든 계집종들은 얼굴을 가리며 슬피 오열하지 않는 자가 없었다. 그 가운데 한 계집종의 자태와 용모가 아름다웠는데, 유독 얼굴빛이 득의양양하며 전혀 슬퍼하는 기색이 없이 다른 계집종들을 돌아보며 꾸짖어 말했다.

"우리들이 옛 주인을 잃은 것은 하늘의 뜻이다. 어찌 누군들 너희 주인이 되지 못하겠느냐? 의당 섬기고 편안히 여길 것이지, 어찌 새 주인이니 옛 주인이니 하고 따질 수 있겠느냐?"

그 계집종 홀로 새 주인을 모심에 정성을 다하니, 정순붕도 그 계집종을 믿고 아껴서 곁에 두고는 좌우에서 떠나지 못하게 하였다. 그 계집종은 여러 해 동안 매를 맞을 만한 실수 하나 저지른 적이 없었다.

하루는 정순붕의 꿈에 한 귀신이 나타나 그의 머리를 짓누르는지라, 소리를 지르며 깨어났다. 이후로 이 같은 꿈을 번번이 꾸었는데 끝내는 고질병이 되어 기동을 할 수 없게 되었다. 부인이 용한 무당을 찾아가 물어 보니 무당이 말하길,

"베갯속에 요귀가 있소."

라고 하였다. 베갯속을 헤쳐 보니 과연 두개골 하나가 들어 있었다. 유인숙의 집에서 온 계집종을 의심하여 심문하려고 하자, 그 계집종은 매 한 대도 맞기 전에 먼저 사실을 자백하였다.

"나의 옛 주인이 무슨 죄가 있기에 너희 집 늙은이가 죄를 꾸며 죽였느

---

사패賜牌   임금이 왕족 또는 공신에게 산림, 토지, 노비 등을 내려주는 일.

냐? 내가 비록 겉으로는 따르는 척했지만 속으로 마음을 썩히며 오장육부가 뒤틀린 지가 여러 해였다. 이 일을 실행하기 위해 남몰래 배리陪吏*와 간통을 했다. 배리가 처음에는 두려워하며 따르지 않았지만, 내가 갖은 아양을 떨자 드디어는 서로 마음이 통하여 내 말이라면 다 들어주었다. 이에 죽은 사람의 두개골을 몰래 구해 오게 하여 베갯속에 넣었던 것이다. 이제 이미 내 주인의 원수를 갚았으니 죽은들 무슨 한이 있겠느냐? 어서 나를 죽여라."

정순붕의 자제들이 마침내 빈소殯所 옆에서 그 계집종을 때려죽였는데, 그 일을 숨기고 끝내 발설하지 않아 당시에 이를 아는 사람이 없었다. 정순붕의 둘째 아들 정작鄭碏은 나이 칠십이 넘어 죽었는데, 그가 임종할 때에 비로소 다른 사람에게 이 사실을 얘기하고는 당부하였다.

"우리 집안에서 깊이 숨기는 바이니 남에게 말하지 마시오. 평생 그 계집종의 절개와 의리를 기특하게 여겼기에 죽음에 임해 비로소 말하는 것이오."

아! 유인숙 계집종의 절개와 의리는 비록 예양豫讓*이라 할지라도 이보다 뛰어나지는 못할 것인데, 다만 그 요사스러움이 한스럽다. 정순붕의 두 아들 정렴鄭磏과 정작鄭碏은 모두 뛰어난 재주를 지녔으나 당시 세상에 나아가 벼슬할 뜻이 없어 도석道釋의 무리 속에서 방탄放誕하게 지내며 몸을 감춘 채 세상을 마쳤다. 이 어찌 아비가 사림士林을 없애면서 지은 커다란 악행 탓이 아니겠는가? 비록 효자의 마음이 무궁할지라도 도저히 씻어 낼 길이 없는지라, 드디어 수치스러움에 울분을 가슴에 품은 채 끝내 불우하게 지내다 죽은 것이리라. 그 뜻 또한 슬프다 하겠다.

---

배리陪吏   본래는 조선조 때 왕세자王世子를 모시던 나이 어린 서리胥吏를 말하는데, 여기에서는 주인의 측근에서 잔심부름을 하는 종을 의미한다.
예양豫讓   중국 진나라 의사로, 섬기던 이의 원수를 갚으려다 실패하고 끝내 자살하였다.

## 노비 박인수의 학행 ❖ 57

박인수朴仁壽는 지중추知中樞 신벌申橃의 노비이다. 국법에 노복은 벼슬길에 오를 수 없었으니, 직업으로 삼는 바는 농·공·상·병兵에 종사할 수 있을 뿐이었다. 박인수는 천업賤業을 모두 버리고 힘써 배우고 선善을 행하기 좋아하였다. 배운 바는 『대학』大學, 『소학』小學, 『가례』家禮, 『근사록』近思錄 등의 책으로 많지는 않았으나 몸가짐과 행동거지가 매우 뛰어나 예가 아니면 행하지 않았다. 어린 주인 신응구申應榘와 더불어 처사 박지화朴枝華를 따라 개골산皆骨山에서 책을 읽으니, 당시의 선비들이 박인수를 중히 여겼다.

하루는 도둑이 그의 집에 들어와서 밤에 가산을 훔쳐 달아나는데, 박인수는 침실에 꼼짝 않고 누워 일어나지도 않은 채 도둑을 희롱하여 말했다.

"우리 집 재산은 아깝지 않으니 네 마음대로 가져가거라. 다만 내일 아침 온 집안 식구가 굶주릴까 염려되니 몇 되 쌀만은 남겨 두고 가거라."

다음 날 보니 과연 쌀이 한 말 남겨져 있었다. 어떤 사람이, 도둑이 방에 들어왔는데도 왜 피하지 않았느냐고 묻자, 그가 대답했다.

"나는 재산이 아깝지도 않을뿐더러 그를 해하고자 하는 마음도 없었소. 그도 틀림없이 나를 해치지 않을 터인데 내가 왜 그를 두려워하겠소."

여러 사람들이 모두 다 탄복하였다. 집에 있을 때에는 곁에 늘 거문고와 책이 있었으며 조용하여 은자의 정취가 있었다. 날이 밝기 전에 자제 수십 명이 뜰에 늘어서서 절을 하고 한참 동안 모시고 서 있다가, 죽이 차려지면 먹고 나서 치우고 물러나 각기 자기 생업에 종사하였다. 매일 아침 이렇게 하는 것을 법식으로 삼았다.

영산서원靈山書院 아래의 산수가 가장 아름다웠는데, 생업은 소홀히 하면서 초가집을 짓고 살았다. 시냇가에 조용히 앉아 거문고를 켜면서 스스로 즐기니, 홍안의 백발로 신선과 같았다. 임진년에 왜구가 크게 쳐들어오자 박인수가 말하였다.

"나라가 파괴되고 가족이 흩어지는데 늙은이가 어디로 가겠느냐. 맹세코 이곳에서 죽으리라."

드디어 거문고를 뜯으면서 떠나지 않아 왜구에게 해를 당하였다. 당시 사람들이 이를 가련히 여겼다.

## 권가술의 노비 수석 ❖ 58

권가술權可述은 공희 대왕恭僖大王(중종) 때의 무사다. 일찍이 바다를 건너다가 풍랑을 만나 배가 바위에 부딪혀 부서졌다. 백 여 명이 모두 시체가 되어 풍랑에 쓸려 갔는데, 권가술과 그의 노비 수석水石은 부서진 판자 조각을 붙잡아 올라탔다. 판자는 좁아서 두 사람이 타기에 부족하여 가라앉았다 떴다 하였다. 풍세風勢가 다시 급해지자 수석이 권가술에게 말했다.

"판자가 비좁아 두 사람이 함께 탈 수 없는 데다 풍세마저 급해지니, 이러다간 두 사람 모두 죽겠습니다. 소인이야 무엇이 애석하겠습니까? 대인께서는 잘 보전하십시오. 잘 보전하십시오. 소인은 이만 하직하겠습니다."

드디어 물에 몸을 던져 죽었다.

권가술이 홀로 판자를 타고서 둥둥 떠다니며 부르짖으니 지나가던 배가 구해 주어 살아날 수 있었다. 이를 관아에 알리니, 수석의 집에 정려문을 세워 주고 복호復戶*하여 그 처자를 양민으로 삼았다. 훗날 권가술은 관직이 제주 목사에 이르렀다.

---

**복호復戶**    충신·효자·군인 등 특정한 대상자에게 부역이나 조세를 면제해 주던 일.

## 주인을 살린 노비 윤량 ❖ 59

사노私奴 윤량尹良은 전의全義 사람이다. 그 주인을 모시고 말을 끌고서 차령고개를 넘는데, 날이 저물고 있었다. 어떤 사람이 갓을 벗은 채 칼을 빼어 들고는 산골짜기에서 나와 앞길을 가로막더니 곧바로 달려들었다. 윤량은 그가 도적임을 알아채고 즉시 자기 주인을 붙잡아 말에서 떨어뜨리고는 주인의 이마에 걸터앉아 말했다.

"이 사내는 나의 주인이오. 평소에 늘 채찍질을 하여 내가 고통이 심해서 그 원한을 갚고자 했지만 때를 얻지 못했소. 뒤에 실은 짐바리에는 몇 가지 진귀한 물건이 있는데 값이 제법 나가지요. 나에게 그 칼을 빌려 주면 내기꺼이 이 사내를 없애 버리고 당신과 물건을 나누겠소."

도적이 그 말을 믿고 칼을 빌려 주자 윤량은 칼날을 거꾸로 되돌려 그 도적을 찌르고 주인을 살려 냈다.


## 노비 반석평의 총명과 충성 ❖ 60

반석평潘碩枰이란 자는 재상가의 노비였다. 그가 어렸을 적에 재상이 그의 순수하고 명민함을 아껴 시서詩書를 가르쳤는데, 여러 아들 조카들과 더불어 같은 자리에 앉혔다. 반석평이 조금 성장하자 먼 시골의 아들 없는 사람에게 주어, 종적을 감추고 배움에 힘쓰며 주인집과는 통하지 못하게 했다. 반석평은 장성하여 국법을 어기고 과거에 응시했는데, 아무도 그것을 알지 못했다. 드디어 과거에 급제해 재상의 반열에 올랐는데, 겸손하고 공경하며 청렴, 근실하여 나라를 위해 충성을 다하는 신하가 되었다. 팔도八道의 관찰사觀察使를 역임하고 지위가 2품에 이르렀다.

주인집은 재상이 이미 죽고 그의 아들과 조카들은 모두 곤궁하고 천하게 되어, 외출할 때는 나귀도 없이 걸어서 다녔다. 반석평은 길거리에서 그들을 만날 때마다 매양 초헌軺軒에서 내려 달려가 진흙탕 길에서 절을 하니, 곁에서 지켜본 사람들 대부분이 괴이하게 여겼다. 반석평은 이에 글을 올려 사실을 실토하고 자신의 관작을 삭탈하고 주인집의 아들과 조카들에게 관직을 줄 것을 청하였다. 조정에서는 이를 의롭게 여기고 후하게 장려하여 국법을 파기하고, 본래의 직책에 나아가기를 예전처럼 하게 하였다. 또한 그 주인집 아들에게도 관직을 주었다.

고흥 유씨高興柳氏는 말한다.

"우리나라는 땅이 치우쳐 있고 작아서 인재가 배출되는 것이 중국의 천분의 일도 되지 못한다. 또 기자箕子가 남긴 법전*에 국한되어 노비가 된 자들에게는 벼슬길이 허용되지 않는다. 현명한 이를 세움에 차별을 두지 않는 것이 삼대三代의 성대한 법도였다. 그런데 우리나라에서는 벼슬을 못하게 막는 것이 더욱 견고하니 사대부의 의론이 편협하고 또 배타적인 것이다.

반석평은 충성스럽고 의로운 사람이다. 몸이 법망法網을 빠져나와 조정의 대관大官이 되었으니 보통 사람의 마음으로 헤아린다면 종적을 숨기기에 겨를이 없었을 것이다. 그런데 수레에서 내려 한미한 선비에게 몸을 굽히고, 또 조정에 알려 스스로 그 천한 자취를 드러냈으니 진실로 우리나라에 드물게 있는 미담이다.

그의 주인집 재상은 비단 편협하고 배타적인 마음을 통렬히 없앴을 뿐만 아니라 다른 사람의 아름다움을 이루어 주었다. 그 어짊이 있었기에 또

---

기자箕子가 남긴 법전　고조선 시대의 법률인 팔조법금八條法禁을 가리킨다. 중국의 역사책인 『삼국지』 「동이전」과 『후한서』 「동이전」에는 중국 사람 기자箕子가 조선에 와서 8조의 교법敎法을 만들어 백성을 교화했다고 기록되어 있다. 그러나 이른바 고조선의 팔조법금은 원래 조선의 법이었다고 하는 설도 있다. 팔조법금의 전문은 전하지 않고 3개 조만이 『한서』 「지리지」에 전한다. 즉, 첫째, 사람을 죽인 자는 사형에 처하고, 둘째, 남에게 상해를 입힌 자는 곡물로써 배상하며 셋째, 남의 물건을 훔친 자는 데려다 노비로 삼되 속죄하고자 하는 자는 1인당 50만 전錢을 내야 한다는 것 등이다.

한 사람을 알아보고 선비를 얻었다고 할 것이다."


## 서로 여종을 사양한 홍인서와 윤홍충 ❖ 61

윤임尹任은 외척이다. 매우 큰 부귀를 누렸고 꽃을 감상하기 좋아했다. 꽃을 심는 사람과 서로 돈독하게 지내어 여종 한 명을 보내 시중을 들도록 했다. 후에 윤임이 몰락하여 그 집안 사람들은 혹 연좌되어 죽기도 했고 혹은 죽임을 면하여 서인庶人이 되기도 했다. 윤임의 작은아들 윤홍충尹興忠은 나이가 차지 않았으므로 연좌율을 면하였다.

조정에서는 이미 윤임을 신원伸寃하고 윤홍충을 관직에 임명하도록 허락했다. 꽃 심는 사람의 집에서 노역하던 그 여종은 난리를 겪고 나서 자손 삼십 여 명을 이끌고 옛 주인집을 찾고자 하여 윤홍충에게 나아가 다시 복역할 것을 청하였다. 꽃을 심는 이가 말하였다.

"윤 이상尹二相*께서 생시에 나에게 덕을 베풀어 능히 화초를 기르게 하고 너를 주셨다. 재상집의 종이 하찮은 백성의 집에서 노역한 지가 지금 6, 70년이 지났다.* 그 은덕이 이미 깊었는데 지금 난리를 겪다 보니 문서를 잃어버렸다. 네가 다시 옛 주인을 찾는데 내가 어찌 막겠느냐. 너는 오직 네가 편할 대로 하여라."

이에 스스로 삼십 여 명을 이끌고 윤홍충에게 되돌아가겠다고 청하자, 윤홍충은 깜짝 놀라 사양하여 말했다.

---

윤 이상尹二相　　이상二相은 의정부 찬성이며, 윤 이상은 윤임을 지칭한다.
노역한 지가 지금 6, 70년이 지났다.　　〈만종재본〉에는 4, 50년으로 되어 있는데, 여러 필사본에는 6, 70년으로 되어 있다. 여기서 말하는 난리는 임진왜란을 지칭하는 것으로 여겨지는데, 윤임이 1545년에 죽은 것을 고려하면 6,70년이 지난 것이 타당하므로 필사본의 기록을 따른다.

"나의 선친께서 현달하여 번성했던 시절에 화초를 좋아해 그대에게 여종 한 명을 주었으니, 그 자손은 다 마땅히 그대에게 돌아가야 하는 것이다. 내가 어찌 감히 난리를 겪으면서 문서를 잃었다고 해서 선친의 뜻을 어기고 이 여종을 도로 빼앗겠는가!"

양쪽 집에서 서로 양보하다가 마침내 30여 명은 꽃을 심는 이에게로 돌아갔다.

대저 근본을 잊지 않고 옛 주인을 찾은 것은 충忠이요, 스스로 만족할 줄 알아서 자기가 가진 것을 되돌려준 것은 청렴함이고, 그 이익을 배척하고 아버지의 뜻을 따른 것은 효孝이다. 세상 사람들은 송곳날만 한 이익을 두고도 죽음에 이르도록 싸우며, 비록 골육지간骨肉之間이라 할지라도 오히려 원수가 된다. 이 경우는 한 가지 일로 세 가지의 선함을 갖추었으니, 세상 사람들을 경계하고 후세에도 전할 만하다. 꽃 심는 사람의 이름은 홍인서洪麟瑞다.

## 녹림당 김의동의 세공 ❖ 62

김의동金義童은 신愼씨 집의 노복이다. 열아홉 살까지 주인집에서 일했는데, 나무하고 꼴 베는 고생을 견디지 못해 자취를 감춰 달아났다. 그의 형적을 찾지 못한 지가 10여 년이었다.

신씨 집에서는 노복 업산業山을 시켜 영남에 가서 여러 노비들의 세공歲貢*을 거두어 오도록 했다. 조령에 이르렀을 때 종모騣帽*를 쓴 한 대관이

---

세공歲貢　세밑에 바치는 공물.
종모騣帽　기병이 쓰던 모자. 갓보다 조금 높고 통형의 옆에 깃털을 붙였다.

쪽빛 비단옷에 옥관자를 달고 은정銀頂*을 한 차림으로 준마를 타고 지나갔다. 벽제辟除가 무척 삼엄하였고 수레에 실은 짐이 길을 가득 메웠다. 업산이 길 왼편에 말을 멈추고 엎드려 자세히 살펴보니 생김새가 김의동과 닮아 무척 의아했다. 그런데 그 대관 역시 말 위에서 그를 곁눈질해 보는 것이었다. 일 리쯤 갔는데 군졸 몇 명이 되돌아오더니 업산을 끌고 갔다. 업산은 두려워서 넋이 나갔다.

산골짜기로 몇십 리를 들어가니 시냇가에 채색 막사가 서 있었고, 분주하게 물건을 나르는 사람들이 산언덕에 두루 가득하였다. 막사 밖에 이르니 푸른 옷을 입은 어린 여종이 들어가 대관에게 고하였다. 대관이 막사 밖으로 나와 공손히 읍을 하고 데리고 들어갔는데 과연 김의동이었다. 붉은 의자가 마주 놓였는데 붉은 표범 가죽이 씌워져 있었다. 읍을 하고는 자리에 오르자 좌우에는 붉게 화장하고 수건과 먼지떨이와 부채를 든 여인들이 수십 명이 늘어섰다. 김의동이 주인의 안부를 묻고 이어서 오랫동안 소식을 전하지 못했음을 말했다. 잠시 후 옅게 화장한 여인들이 소반을 받들고 나오는데, 진수성찬이 가득하고 진기한 그릇들이 찬란하였다. 여러 악기가 함께 연주되고 술과 음식이 계속 나오는데 공후公候의 부귀와 방불했다.

업산이 물었다.

"옛날 서울에서 함께 일할 때는 그리도 힘들어하더니, 지금 어떤 관리가 되었기에 이리도 귀하시오?"

김의동이 웃으면서 말했다.

"처음에는 최포향崔蒲鄕의 정장亭長이었는데 녹림 현감綠林縣監으로 옮겼다가 황지潢池 부사로 승진했소.* 요즈음 서울의 대관아大官衙에서 신시新市의 세를 급히 거두느라 관리가 우리 경내에 들어온다는 말을 듣고 송아지를

---

은정銀頂    은으로 만든 정자頂子. 정자는 갓 위에 꼭지처럼 만든 장식물로, 품계에 따라 금·은·옥·수정·돌 등으로 달리 착용했다.

팔아 와서 이곳에서 영접하는 잔치를 연 것이오."

이어서 시중드는 아이에게 명하여 행장 속의 채색 비단 오십 필을 내오라 하였다. 그 가운데 열 필은 업산에게 주고, 사십 필은 주인집에 전하라고 하면서 말했다.

"삼가 10년 동안의 세공歲貢을 바치는 것이오."

업산이 돌아가 그 주인에게 바치니 주인집은 이로 인해 졸지에 부자가 되었다.

## 창우 놀음의 풍자 ❖ 63

예로부터 창우唱優의 연희를 여는 것은 보고서 웃기 위해서가 아니다. 세상을 교화하는 데 보탬이 되고자 함이니, 우맹優孟*과 우전優旃*이 이러한 경우다. 공헌 대왕恭憲大王(명종)이 대비전大妃殿을 위해 대궐 안에서 진풍정進豊呈*을 베풀었는데, 서울의 창우인 귀석貴石*이 연희를 잘하여 뽑혀 올라왔다. 그는 풀을 묶어 꾸러미 네 개를 만들었는데, 큰 것이 둘, 중간 것이 하나, 작은 것이 하나였다. 스스로 수령이라고 칭하면서, 동헌東軒에 앉고는 진봉색리進奉色吏*를 불렀다. 한 창우가 스스로 진봉색리라 칭하면서 무릎

최포향崔蒲鄕의 정장亭長이었는데 ~ 황지潢池 부사로 승진했소.　여기에서 최포향, 녹림, 황주는 가공으로 설정한 지명으로 보인다. 최포향崔蒲鄕은 미상이나, 녹림綠林은 도둑의 소굴을 일컫는 말이고, 황지는 '弄兵潢池'라고도 하여 바닷가 먼 변방의 굶주린 백성들이 황지에서 도적 떼가 됨을 말한다. 『한서』「둔리전」에 "海瀕遐遠 不霑聖化 其民困於饑寒而吏不恤 故使陛下赤子盜弄陛下之兵於潢池中耳"라 하였다.

우맹優孟　초楚나라의 이름난 배우. 죽은 손숙오孫叔敖의 의관을 차리고 장왕莊王 앞에서 노래 불러 손숙오 아들을 곤궁에서 구해 냈다는 고사가 전한다.

우전優旃　진秦나라의 광대. 우스갯소리를 잘하였는데 대도大道에 들어맞았다고 한다.

진풍정進豊呈　대궐 안에서 여는 잔치의 하나로 진연進宴보다 규모가 크고 의식이 정중하였음.

귀석貴石　조선 시대 명종 때 서울에 살던 배우.

걸음으로 기어 앞으로 나왔다.

귀석은 큰 꾸러미 한 개를 들어 그에게 주면서 낮은 목소리로 말했다.

"이것은 이조 판서께 드려라."

또 큰 꾸러미 하나를 들어 주면서 말했다.

"이것은 병조 판서께 드려라."

또 그 중간 꾸러미 하나를 들어 주면서 말했다.

"이것은 대사헌大司憲께 드려라."

그런 후에 작은 꾸러미를 주면서 말했다.

"이것으로 임금님께 진상하여라."

귀석은 종실宗室의 노비였다. 그 주인이 시예試藝*에 참여하여 품계가 올랐으나 실직實職*은 없어 봉록이 더해지지 않았다. 종자들도 마련되지 않았는 데다가, 각 능전陵殿의 제사에 차출되어 잠시의 겨를도 없었다. 귀석이 진풍정에 들어가면서 여러 배우들과 약속을 하여, 한 사람은 시예 종실試藝宗室이라 칭하고는 비쩍 마른 말을 타게 하고, 귀석은 그의 노비가 되어 스스로 말고삐를 잡고 들어갔다. 한 사람은 재상이 되어 준마를 탔는데 수레를 잡은 자들이 길을 에워싸고 갔다. 앞장선 졸개가 벽제하는데, 종실이 걸려들었다. 재상이 귀석을 잡아다가 땅에 엎어 놓고 매질하니, 귀석이 큰 소리로 하소연하며 말했다.

"소인의 주인은 시예 종실입니다. 관계의 높음이야 영공보다 아래에 있지 않을 것인데 봉록이 더해지지 않고, 종자도 마련되어 있지 않는 데도 각 능陵과 각 전殿의 제사에 차출되어 쉬는 날이 거의 없습니다. 시예에 참여하기 전보다도 도리어 못하오니 소인이 무슨 죄가 있습니까?"

---

진봉색리進奉色吏　색리色吏는 담당 아전이라는 뜻으로, 감영監營 혹은 군아郡衙 등의 아전을 일컫는 말이다. 그러므로 본 이야기에서 '진봉색리'란 진상하여 바치는 것만을 담당하는 아전이라는 의미다.

시예試藝　시재試才와 같은 뜻으로, 재주를 시험해 보는 것을 가리킨다.

실직實職　실무를 맡아 하는 실제의 관직.

재상 역을 맡은 창우가 경탄하며 그를 풀어 주었다. 얼마 지나지 않아 특명으로 귀석의 주인에게 실직實職이 내려졌다.

## 한강 가의 광대 ❖ 64

한강 가에서 나무로 만든 귀신 탈을 쓰고 아내와 함께 걸식하며 사는 광대가 있었다. 봄철에 아내와 함께 귀신 탈을 벗지 않고 놀이를 하며 얼음 위를 걷다가 갑자기 아내가 얼음 밑으로 빠졌다. 광대는 귀신 탈을 벗을 겨를도 없이 발을 동동 구르며 얼음 위에서 통곡하였다. 광대는 비록 슬피 소리내어 울며 애달파했지만, 이를 바라보는 사람들은 모두 목이 쉬도록 웃지 않을 수 없었다.

## 명기 황진이 ❖ 65

가정嘉靖 초 송도松都에 이름난 창기娼妓로 진이眞伊(황진이黃眞伊)라는 자가 있었는데, 여자이면서도 뜻이 크고 높았으며 호협한 기개가 있었다.

　진이는 화담花潭 서경덕徐敬德이 처사處士로서 행실이 고상하며, 벼슬에 나아가지 않았으나 학문이 정수精粹하다는 소문을 들었다. 이에 그를 시험하고자 하여 허리에 실띠를 묶고 『대학』大學을 옆에 끼고 가서 절을 올리고 말했다.

　"제가 듣기로는 『예기』禮記에 '남자는 가죽 띠를 매고 여자는 실띠를 맨다'고 했습니다. 저 또한 학문에 뜻을 두어 실띠를 두르고 왔습니다."

화담은 웃으며 받아들여 가르쳤다. 진이는 밤을 틈타 곁에서 친근하게 굴면서 마등魔登이 아난阿難을 어루만진 것*처럼 하기를 여러 날 하였다. 그러나 화담은 끝내 조금도 흔들리지 않았다.

진이는 금강산이 천하제일 명산名山이라는 말을 듣고 한번 맑은 유람을 하고자 했는데, 함께할 만한 사람이 없었다. 당시에 이생李生*이라는 사람이 있었는데 재상가宰相家의 아들이었다. 그는 사람됨이 호탕하고 속기俗氣가 없어서 세속의 규범을 떠난 유람(方外之遊)*을 함께 할 만하였다. 진이가 조용히 이생에게 말했다.

"제가 듣기에 중국 사람도 '고려국에 태어나서 금강산 한번 보는 것이 소원'이라고 합니다. 하물며 우리나라 사람으로 본국에서 태어나 자라면서 선산仙山을 지척에 두고도 그 진면목을 보지 못한대서야 되겠습니까? 지금 제가 우연히 선랑仙郎과 짝하였으니 정히 신선의 유람을 하기에 좋습니다. 산의山衣와 야복野服으로 빼어난 경물을 마음껏 찾아보고 돌아온다면 또한 즐겁지 않겠습니까?"

이에 이생에게 하인을 데려오지 말도록 하고 베옷 차림에 초립草笠을 쓰고 직접 양식을 짊어지게 하였다. 진이 자신은 소나무 겨우살이풀로 만든 둥근 모자(松蘿圓頂)를 머리에 쓰고 칡베 적삼과 무명 치마를 입고 대나무 지팡이를 짚고서 따랐다.

금강산에 들어가 깊은 곳까지 이르지 않은 데가 없었다. 여러 절에서 걸

---

마등魔登이 아난阿難을 어루만진 것  마등은 마등가魔登伽로 고대 인도의 하층 계급을 일컫는 말이다. 마등가 출신의 환술幻術에 능한 여인이 음란한 모습으로 변해 아난을 유혹하려 한 이야기가 『능엄경』에 전한다.
이생李生  〈만종재본〉에는 '이 생원'李生員이라고 되어 있으나 여러 필사본에는 모두 '이생'李生으로 나오며, 뒤에서 서술할 때에도 '이생'으로 표기하고 있다. 생원시에 급제했다는 의미의 이 생원보다는 젊은 서생書生이라는 뜻의 '이생'이 탈속적인 금강산 유람에도 더 어울리므로 '이생'으로 보는 것이 타당하다.
세상의 규범을 떠난 놀이(方外之遊)  '방'方은 일정한 규범 안을 의미하며, '방외'方外란 세상의 규범을 떠난 경지를 말한다.

식했는데 때로는 스스로 자신의 몸을 팔아 중들에게 양식을 얻기도 하였다. 그러나 이생은 이를 허물하지 않았다. 두 사람은 산 숲 먼 곳까지 두루 돌아다녔는데, 기갈로 인해 초췌해져 예전의 용모를 찾아볼 수 없었다. 길을 가다가 한 곳에 이르니, 시골 유생 십 여 명이 시냇가 소나무 숲에 모여 연회를 벌이고 있었다. 진이가 그곳을 지나다가 절을 하니 유생이,

"여사장汝舍長도 술을 마실 줄 아는가?"

하며 술을 권하니, 진이가 사양하지 않았다. 이윽고 술잔을 잡고 노래를 부르니, 노랫소리가 맑고 높아서 그 음향이 숲과 골짜기를 울렸다. 여러 유생들이 매우 특이하게 여기고 술과 안주를 주니 진이가 말하였다.

"첩에게 종이 한 명 있는데 매우 굶주렸습니다. 남은 음식을 먹여도 되겠습니까?"

그러고는 이생을 불러 술과 고기를 주었다.* 당시 양쪽 집안에서는 두 사람이 간 곳을 알 수 없었다. 소식조차 듣지 못한 지 1년 남짓* 지났는데, 어느 날 저녁 다 떨어진 옷을 입고 새까만 얼굴로 돌아오니 이웃 사람들이 보고는 매우 놀랐다.

선전관宣傳官 이사종李士宗은 가곡을 잘 불렀다. 일찍이 사명使命을 받들고 송도에 갔는데, 천수원天壽院* 시냇가에서 안장을 풀고 관冠을 벗어 배 위에 얹고서 누운 채로 가곡 두서너 곡을 큰 소리로 불렀다. 진이 또한 길을 가다가 천수원에서 말을 쉬고 있다가 그 노랫소리를 귀 기울여 듣고는 말했다.

"이 노랫가락이 매우 특이하니 평범한 촌사람의 천한 곡조가 아니다. 내

---

이생을 불러 술과 고기를 주었다.　　이 대목이 〈만종재본〉에는 빠져 있는데 필사본에 의거해 보충하였다.
1년 남짓　　〈만종재본〉에는 '반세여'半歲餘로 되어 있는데, 여러 필사본에 모두 '반'半 자가 빠지고 '세여'歲餘라 되어 있기에 '1년 남짓'이라고 옮긴다.
천수원天壽院　　〈만종재본〉에는 '천수원'川壽院으로 되어 있는데 '천수원'天壽院이 옳다. 원院은 역驛과 역驛 사이에 있는 휴게소다. 『신증동국여지승람』「개성부역원」開城府驛院 조에 따르면 천수원은 성의 동쪽 천수사天壽寺의 옛 터에 있다고 되어 있다.

듣기에 서울에 풍류객風流客 이사종이 있어 당대의 절창이라고 하던데, 필시 이 사람일 것이다."

사람을 시켜서 찾아보도록 했더니 과연 이사종이었다. 이에 자리를 옮겨 곁에 앉아서 정성을 다해 대접했다. 이사종을 이끌고 자기 집으로 와서 며칠을 머물게 하고는 말했다.

"마땅히 그대와 함께 6년을 살아야 하겠습니다."

이튿날 3년 동안 살림살이할 재물을 이사종의 집으로 모두 옮기고는 위로 부모를 섬기고 아래로 처자식을 돌보는 비용을 모두 자기가 마련하였다. 진이는 직접 비구臂韝*를 착용하고는 첩의 예를 다하며 이사종의 집에서는 조금도 돕지 못한 것이 3년이었다. 이사종이 진이 일가를 먹여 살리기를, 진이가 이사종을 먹인 것과 똑같이 하여 갚아 또 3년이 되었다. 진이가 말하길,

"업業이 이미 이루어졌으며 약속한 기일이 다 되었습니다."

하고는 작별을 하고 떠나갔다. 훗날 진이가 병들어 죽을 때가 되자 집안사람들에게 말했다.

"나는 살면서 성품이 분방하고 화려한 것을 좋아했소. 죽은 뒤에도 나를 산골짜기에 장사 지내지 말고 마땅히 큰길 가에 묻어 주오."

지금 송도의 큰길 가에 진이의 묘*가 있다. 임제林悌가 평안 도사平安都事*가 되어 송도를 지나면서 진이의 묘에 축문을 지어 제사 지냈다가 끝내 조정의 비방을 입었다.

---

비구臂韝　활동하기에 편리하도록 소매를 걷어 매는 가죽 띠.
진이의 묘　〈만종재본〉에는 이 앞에 '송도명창松都名娼'이라는 구절이 있으나 여러 필사본에는 모두 빠져 있기에 생략하였다.
도사都事　조선 시대 때 지방의 각 도에 한 명씩 두는 종5품 관직. 관찰사를 보좌하여 지방 관리의 불법을 규찰하고 문부文簿를 처리하였다.

## 성산월을 거절한 서생* ❖ 66(가)

성산월星山月은 성주星州의 기녀다. 장안으로 뽑혀 들어와 제일가는 명기가 되었다. 날씬하며 피부가 뽀얗고 수려해 귀인들이 노니는 화연華筵을 독차지했으니, 장안의 젊은 협객들이 멀리서나마 바라보고자 해도 뜻을 이룰 수 없었다.

하루는 진신縉紳 명류들과 더불어 한강에 배를 띄우고 놀다가 취한 틈을 타 주연을 피해 돌아오던 도중에 큰비를 만났다. 소매가 반쯤 젖은 채 걸어서 숭례문에 이르니 문이 이미 잠겨 있었다. 돌아보니 연당蓮塘의 서쪽 언덕가에 불이 켜진 작은 창이 있었는데, 창 안에서 글 읽는 소리가 들려왔다. 창에 구멍을 내어 엿보니 나이 어린 서생이 있었다. 성산월이 조그맣게 기침 소리를 내며 창문을 가볍게 두드리자 서생이 조용히 귀를 기울였다. 성산월은 나지막한 소리로 하소연하였다.

"저는 성 안에 사는 기생이옵니다. 주연을 피해 오다 비를 만났는데 기숙할 곳이 없습니다. 책상 아래 한 귀퉁이를 빌려 주어 밤을 지낼 수 있도록 해 주십시오."

서생이 창문을 열고 보니, 화장을 한 아름다운 여자가 있는데 옷차림과 용모가 모두 빼어나게 아름다웠다. 크게 놀라 생각하기를 '이처럼 빼어난 미인이 어찌 빈한한 서생에게 스스로 몸을 던지리오? 필시 요귀일 것이다' 하고는 즉시 문을 굳게 닫고 손가락을 튕겨 주문을 외우며 말했다

"어떤 요망한 귀신이 감히 와서 사람을 현혹하는 것이냐?"

성산월이 말했다.

---

**성산월을 거절한 서생** 66화의 이 내용이 〈만종재본〉에는 뒤의 〈민제인의 「백마강부」와 기녀 성산월〉과 합쳐져 하나의 이야기로 기술되어 있다. 필사본에는 모두 두 개의 이야기로 구분되어 있으며 그 내용 또한 별개이므로, 이를 두 이야기로 나누어 보는 것이 합당하다고 여긴다. 이에 여기에서는 필사본의 체재를 따라 분리하였다. 단 원문은 편의상 66가와 66나의 이야기로 나누어 대비하였음을 밝혀 둔다.

"저는 사람이지 귀신이 아닙니다. 나이 젊은 선비가 풍류가 적어 그렇소? 사람을 거절하는 것이 어찌 이리도 야박하시오."

서생은 더욱 두려워져 스스로 안정시킬 수 없는지라, 연이어 이십팔수二十八宿* 외우기를 그치지 않았다. 성산월은 밤새도록 문지방에 앉아 꾸벅꾸벅 졸면서 비를 피하였다.

날이 밝자 성산월은 창문을 밀치고 서생을 꾸짖었다.

"불쌍하구려, 이 서생아. 당신은 장안의 명기 성산월의 이름도 못 들어보았소? 당신같이 궁색한 선비가 청천명월靑天明月에 나를 맞이하려 한들 내가 당신을 돌아보기나 하겠소? 내가 불행히 비를 만나 재워 달라고 애걸하였는데도 도리어 나를 허락하지 않았으니, 당신은 지지리 복도 없는 인간이오. 나를 자세히 보시오. 내가 과연 귀신이오?"

서생은 부끄러움으로 얼굴이 붉어져 성산월을 감히 똑바로 쳐다볼 수 없었다. 이 서생은 곧 문과에 올라 첨정僉正으로 있던 김예종金禮宗이다.

장흥고長興庫*의 한 종은 재산이 거만鉅萬이었는데 목에 큰 혹이 마치 호리병박처럼 매달려 있었다. 그가 재물을 미끼로 성산월을 낚았는데, 이때부터 성산월의 성가聲價는 뚝 떨어졌다.

---

이십팔수二十八宿　　고대 인도와 중국 등에서 해와 달 및 행성들의 소재를 밝히기 위해 황도를 중심으로 나눈 천구天球의 스물여덟 개의 별자리를 말한다. 하늘을 사궁四宮으로 나누고 다시 각 궁宮마다 일곱 성수星宿를 할당하였다.

장흥고長興庫　　조선 시대 때 돗자리·종이 등 관리 및 궐내의 여러 관청에서 쓰는 물품을 공급하는 일을 맡은 관청.

## 민제인의 「백마강부」와 기녀 성산월 ❖ 66(나)

민제인閔濟仁은 젊은 시절 영민하고 용모가 빼어났는데, 「백마강부」白馬江賦를 짓고는 스스로 자부하였다. 선배에게 질정을 구하였더니 점수를 차중次中*으로 매겨 매우 불쾌해했다. 바야흐로 봄철이어서 꽃과 버들이 도성에 가득했는데, 남쪽 성곽을 산책하다가 숭례문崇禮門 위에 올라가 그 부를 낭랑하게 읊으니 소리가 누각의 들보를 울렸다.

당시 장안의 명기 성산월星山月은 나이가 어렸으며 자태가 매우 아름다웠다. 성곽 문을 나서서 사인舍人들이 강가에서 노니는 자리에 가려다가 그 소리를 듣고는 성루城樓에 올랐다. 한 젊은 서생이 망건을 벗어 이마를 드러내고는* 시를 외고 있었다. 듣기를 마치고 나서 성산월이 민제인에게 말하였다.

"어떤 서생이오신지 가사를 읊는 것이 낭랑하옵니다."

민제인이 대답했다.

"이는 내가 지은 것이오. 마음으로 늘 좋아했는데 선배에게 욕을 당했기에 소리 내어 읊어 본 것이오."

성산월이 말했다.

"서생이 함께 이야기를 나눌 만하니, 나와 함께 우리 집으로 가길 원합니다."

민제인이 말했다.

"사인사舍人司의 호령이 매우 엄할 터인데, 영을 어기어 매라도 맞으면

---

차중次中　시문詩文을 평하는 등급等級의 하나. 시문을 평가할 때, 보통 상上·중中·하下·이상二上·이중二中·이하二下·삼상三上·삼중三中·삼하三下·차상次上·차중次中·차하次下·갱更·외外의 14등급으로 나누어 삼하三下 이상의 작품을 뽑는 것이 관례였다. 차중次中은 10등급에 해당되는 하위 등급이다.
망건을 벗어 이마를 드러내고는　원문은 '안책'岸幘인데 두건을 벗어 이마를 드러낸 소탈한 모습을 말한다. 당나라 시인 백거이의 「喜奧楊六侍御同宿」에 "岸幘靜當明月夜, 匡牀閑臥落花朝"라는 구절이 있다.

어찌하려오?"

"책임은 나에게 있을 텐데 선비님은 무얼 걱정하십니까?"

드디어 함께 돌아가 사흘을 머물고 나자, 성산월이 말했다.

"지난번에 읊었던 그 부를 한 장 써서 주십시오. 내 마땅히 높은 벼슬아치들에게 자랑해야겠소."

이리하여 그 부를 얻어서는 사인들의 연회 모임에서 이를 불렀다. 자리에 가득한 고관들이 한목소리로 감탄하며 듣다가 부채 머리가 모두 부서졌다.

"네가 어디서 이런 절창을 얻어 왔느냐?"

사람들이 묻자, 성산월이 사실대로 대답하였다.

"이는 첩의 마음 속에 있는 이가 지은 것입니다."

이로부터 「백마강부」가 우리나라에 널리 퍼졌다. 애초에는 작품 말미에 노래가 없었는데, 한 문사가 덧붙였다. 그때 마침 중국의 학사學士가 이를 보고는 탄복하면서 말했다.

"아깝구나, 이 노래는 부賦를 지은 자의 솜씨가 아니로다. 이것이 없었다면 더욱 아름다웠을 것이다." *

## 심 부원군과 일타홍의 정인 ❖ 67

심 부원군沈府院君이 한 기녀를 사랑했는데 그녀의 이름은 일타홍이다. 일찍이 그 기녀에게 말하길,

"네가 평생 사랑할 만한 사람을 말한다면 내 마땅히 손가락을 구부려 보

---

아깝구나 ~ 것이다.　〈야승본〉과 〈국립중앙도서관본〉에는 이 다음에 "지금 그 부가 인가에 있는데 기록하지는 않는다"(今其賦 人家有之 不錄)라는 내용이 추가되어 있다.

리라"라고 하니, 기녀가 농담으로 말했다.

"심 부원군이옵니다."

"나를 놀리지 말고 사실대로 말하거라."

"양웅산梁熊山이옵니다."

심 부원군이 엄지손가락을 구부리는데 반절만 구부렸으니 그를 시기해서 그런 것이다.

이날 심 부원군이 마부에게 물었다.

"양웅산이 어떤 색 말을 타더냐?"

"도화마桃花馬이옵니다."

"너는 마굿간에서 도화마를 끌어 내 날이 밝기 전에 일타홍의 집 문 앞에서 기다렸다가 양웅산의 말을 내몰고 이 말로 바꾸거라. 양웅산이 타면 내리지 못하게 하고 네가 말고삐를 잡고 모셔 오너라."

다음 날 아침 과연 그를 문 앞으로 데려왔다. 부원군은 그를 인견하고는 세웠다 앉혔다 하기도 하고 술도 먹이고 노래도 들어 보더니 말했다.

"마땅히 일타홍의 정인情人이 될 만하구나."

## 대머리 화가 김시 ❖ 68

그림을 잘 그리는 김시金禔는 늙어 가면서 머리가 벗겨졌다. 일찍이 홍주洪州를 지나는데, 그곳 수령이 어린 기생을 시켜 잠자리를 모시도록 했다. 다음 날 아침 김시가 세수를 하려는데 자신의 머리가 창피해서 행수 기생에게 말했다.

"내가 지난 밤에 이 어린 기녀와 잠자리를 함께 한 것이 잘못되었구나. 지금 들으니 이 기녀가 늙은 중과 정을 통한다고 하는데, 이는 매우 상서롭지 못한 일이다. 너 또한 그 사실에 대해 들었느냐?"

행수 기생이 말하였다.

"이 무슨 말씀이옵니까? 말을 전한 자가 무고한 것이옵니다."

어린 기생도 크게 화를 냈다. 그렇지만 김시는 한사코 우겼다.

"너희들은 나를 속일 생각을 말아라. 내가 그 실상을 알고 있다."

어린 기생은 더욱 화가 나서 눈물까지 떨구었다. 그제서야 김시는 관을 벗고 얼굴을 씻으면서 말했다.

"내 머리를 보거라. 내가 바로 그 중이니라."

어린 기생은 몹시 기뻐 크게 웃으며 대머리 손님을 가까이 모신 것이 부끄러운 줄 깨닫지 못했다.

## 포쇄별감 채세영의 눈물 ❖ 69

채세영蔡世英*은 내한內翰으로 포쇄 별감曝曬別監*이 되어 전주에서 사책史册을 볕에 쬐는 일을 하게 되었다. 그는 사명을 받든 사대부들이 주부州府에 가서는 기녀에게 객사에서 잠자리를 모시도록 하며 자못 음란한 행위를 한다고 드러내 말하고는, 먼저 열읍列邑에 공문을 보내 기녀를 빈관賓館에 들

채세영蔡世英   〈만종재본〉에는 '채수'蔡壽로 되어 있는데, 여러 필사본에는 채세영蔡世英에 관한 일화로 기술되어 있다. 〈야승본〉에는 이야기의 마지막에 "公以己丑壯元, 直拜監察, 未曾爲翰林, 此等云云, 必出於傳聞, 恐未可盡信耶"라는 대목이 추기되어 있다. 기축년은 1469년으로 이때 장원을 한 이는 채수이고, 채수는 곧바로 사헌부 감찰을 제수 받았다. 이에 비해 채세영은 정축년인 1517년에 별시 문과에 급제하여 1519년 예문관 검열을 지낸 바 있다. 포쇄 별감은 예문관 검열이 지내는 임시직이라는 점과 〈야승본〉의 기록을 고려할 때 이 일화는 채세영에 관한 것으로 봄이 타당하다.

포쇄 별감曝曬別監   조선 시대 때 사고史庫에서 서적을 점검하고 거풍하는 임시직으로, 예문관 검열이 담당하였다.

이지 못하도록 했다. 연로의 관청에서는 영을 두려워하여 그가 이르는 주부마다 감히 기녀들이 가까이하지 못했다.

전주에 도착하니 달이 바뀌도록 장맛비가 내려 사고史庫를 열 수 없었고, 이로 인해 오래 머물게 되니 무료함을 견딜 수 없었다. 부윤府尹*이 판관判官*에게 말했다.

"나이 젊은 사관史官이 오랫동안 빈관賓館에 체류하고 있는데, 명령이 엄하여 이곳의 여색을 자랑해 볼 수도 없구나. 주인이 어찌 귀한 손님을 이처럼 삭막하게 대접할 수 있겠는가? 판관이 잘 대접해 주게나."

판관은 "예" 하고 대답하고는 물러나와 우두머리 기생과 상의하였다. 부중의 기녀 가운데 젊고 아름다운 이를 뽑아 옅은 화장에 하얀 옷을 입혀 용모를 갑절이나 아름답게 꾸몄다. 그리고는 절굿공이를 들고 객사와 가깝고 외진 곳에서 절구질을 하게 했다. 또 시중드는 아이에게 이르길, 만약 한림(채세영을 말함)께서 물으면 반드시,

"관기가 아니라 서울 재상집의 여종인데 친가에 휴가 와 있다가 상을 당해 머문 지 석 달 되었습니다. 백 일의 기한이 얼마 안 남은지라 여지껏 머물러 있는 것입니다."
라고 아뢰도록 하였다.

이리하여 채세영은 소복한 여자가 행랑 가에서 절구질하는 것을 보게 되었는데, 자태가 매우 아름다운지라 얼이 빠져 어찌할 줄 몰랐다. 시종드는 아이에게 몰래 물었다.

"저 절구질하는 여자는 전주 기녀인고?"

"아니올시다. 서울 김 판서 댁의 여종인데, 어버이의 상을 당한지라 읍내에 머무르고 있습죠."

---

부윤府尹   조선 시대 문관의 지방직으로, 부府를 관장하는 장이다. 종2품 벼슬로 경기도 광주, 경상도 경주, 전라도 전주, 함경도 함흥, 평안도의 평양과 의주에 각 1명씩 두었다.
판관判官   지방 장관의 속관으로, 민정의 보좌 역할을 담당하였다.

"언제 상을 당했느냐?"

"벌써 백 일이 되어 갑니다. 천인賤人은 백 일이면 상을 벗으니 이달 안에는 돌아갈 것입니다요."

채세영은 그날 밤 날이 밝도록 잠들지 못했다.

다음 날 또 시중드는 아이에게 물었다.

"만약 관기가 아니라면 부의 관리에게 알리지 않고 몰래 꾀어 내 데려올 수 있겠느냐?"

"주인이 있는 종이라 힘을 쓰기가 어려울까 걱정입니다."

"그래도 한번 말이나 해 보고 다른 사람들에게는 절대 누설하지 말거라."

시중드는 아이는 줄달음쳐 부의 관리에게 고하고, 기녀를 안내해 객사에 이르렀다. 이 날부터 기녀는 밤에 왔다가 아침이 되면 돌아갔고, 채세영은 고을 사람들이 알지 못하리라 여겼다.

하루는 부의 관리가 채세영을 위해 성대한 잔치를 베풀었다. 곱게 화장한 기녀들이 줄지어 늘어서니, 찬란한 비단옷이 눈을 어지럽게 했는데 전날의 소복 차림의 기녀 또한 금색 치마에 구름 같은 머리를 한 채 거문고를 켜며 노래하는 자리에 앉아 있는 것이었다. 채세영은 그녀를 보고 크게 놀라며 비로소 자신이 속았다는 사실을 알아차렸다. 이로부터는 전혀 거리낌이 없어 밤낮으로 떨어지지 않았으니, 그 애정의 화락함은 다정한 학이나 비익조比翼鳥\* 에 비할 수 없을 정도였다.

일을 다 마치고 돌아가게 되자 우정郵亭\* 에서 서로 작별하는데, 눈물을 참아 보려 했지만 두 눈에서 눈물이 저절로 쏟아졌다. 남의 눈을 피해 눈물을 닦아 보았으나 도저히 억제할 수가 없었다. 드디어는 우정 꼭대기를 올려다보고 눈물을 참으며 시중드는 아이에게 물었다.

---

비익조比翼鳥  새가 눈 하나와 날개 하나만 있어서 두 마리가 서로 나란히 짝을 짓지 않으면 날 수 없다는 상상 속의 새. 남녀 간의 애정이 깊음을 비유한다.
우정郵亭  우관郵館의 다른 말로, 역마을의 객사客舍를 가리킨다.

"이 우정은 어느 해에 지은 것이냐?"

"아무 해에 지었습죠."

"그때 부관府官이 누구였느냐?"

"아무개였습죠."

채세영은 비로소 머리를 떨구고 탄식하여 말하였다.

"아, 인생이란 가련한 것이로구나! 지금은 벌써 귀신의 명부에 오르다니……."

그러고는 눈물을 펑펑 쏟아 내어 한삼 소매를 다 적셨다.

고을 사람들이 이 이야기를 전하며 웃으면서 말했다.

"채 포쇄의 눈물은 그 줄기가 몹시도 크더라."

내가 일찍이 늙은 기녀 노응향露凝香에게서 다음과 같은 말을 들은 적이 있다.

"객사에 머무는 관리 중 기녀를 보고 농담하며 웃는 자는 범하기가 어렵고, 기녀를 보고 정색하는 자는 다루기가 쉽습니다."

## 어린 기생의 억지 눈물 ❖ 70

어떤 나이 든 병사兵使(병마절도사)가 어린 기녀를 얻었는데, 그녀를 끔찍이도 사랑하여 병영의 재물을 다 없애 가며 그 기녀에게 주었다. 임기가 끝나 돌아가게 되어 우정郵亭에서 기녀와 이별하는데, 병사는 기녀의 손을 붙잡고 흐느껴 울어 적삼 소매가 모두 젖었는데도 기녀는 눈물 한 방울 흘리지 않았다. 기녀의 부모가 병사의 등 뒤에서 자신들의 얼굴을 손으로 가리고 슬피 우는 시늉을 하면서 그렇게 하라고 시켰다. 그러나 아직 나이가 어린 기녀는 교태를 지으며 울 줄도 몰랐을 뿐더러 정도 없어서 울려고 해도 눈물이 나오지 않았다. 부모가 손짓으로 기녀를 불러 꾸짖으며 말하였다.

"병사님이 병영의 재물을 다 써 가면서 너를 위해 우리 집을 일으켜 주셨지 않았느냐? 너는 목석이냐! 어째서 눈물 한 방울 흘리지 않고 전송한단 말이냐!"

그러고는 둘이 함께 기녀를 붙잡고 때려서 엉엉 울려 우정郵亭 안으로 들여보냈다. 기녀가 울면서 안으로 들어가자 병사는 그녀가 우는 모습을 보고 더욱 흐느껴 울면서 말했다.

"애야, 울지 말거라. 네가 우는 모습을 보니 내가 더욱 슬퍼지는구나. 애야, 울지 말거라."

## 남곤과 기녀 ❖ 71

남곤南袞이 관찰사를 지낼 때 좋아하는 기녀가 있었다. 하루는 달빛이 대낮처럼 밝았는데, 객사에서 그를 모시는 종자從者들은 모두 잠자리에 들고 혼자서 기생과 함께 뜰을 거닐었다. 남곤이 기녀에게 물었다.

"너의 집은 어디에 있느냐?"

기녀가 손가락으로 가리키며 말하였다.

"저 홍살문 밖 갈림길 가에 사립문이 하나 나 있으니, 곧 소녀의 집이옵니다. 소녀의 집에 술이 있는데 밤중이라 아는 사람도 없을 것이오니 사또님과 달빛을 받으며 함께 걸어서 저희 집에 갔다가 거나하게 마시고 돌아온다면 또한 즐겁지 않겠습니까?"

그러자 남곤이 이를 허락했다. 남몰래 함께 손을 잡고 갔는데 객사를 지키던 사람들은 아무도 이 사실을 몰랐다. 기녀는 어미를 시켜 몰래 고을 원에게 이 사실을 알리고 술상을 올리면서 자기 집에서 마련한 것처럼 했다. 서로 더불어 다정하게 즐기다가 남곤이 자신도 모르게 취해 잠이 들자, 기생은 집안사람을 시켜 창에 두터운 자리를 드리워 새벽빛이 새어 들지 못하도록 했다. 남곤은 깊은 잠에 빠졌는데 코고는 소리가 우레와 같았다.

해가 이미 높이 뜨자 여러 아전들이 모두 사립문 밖에서 문후問候를 하였다. 남곤이 놀라 일어나 밖으로 나가고자 했으나 해가 이미 지게문 밖에 떠 있어서 그야말로 진퇴유곡이었다. 남곤은 크게 부끄러워한 나머지 마침내 병을 핑계 대고 돌아갔는데, 서울로 돌아간 뒤에도 그 기녀 생각에 빠져 잊을 수 없었다. 고을 원이 기생의 행장을 꾸려 서울로 보내자 드디어 받아들여 첩으로 삼았다.

남곤이 일찍이 술에 취해서 전졸前卒에게 뒤따르라 하고 갑자기 집 안으로 들어갔더니 한 미남자가 뒷문으로 나가는 것이었다. 남곤은 자리에 앉지도 않고 물었다.

"저 뒷문으로 나간 손님은 누구신가?"

기녀는 거짓으로 눈물을 흘리면서 말하였다.

"영공令公께서 저를 내치고자 한다면 저를 버려도 좋고, 죄를 주셔도 좋습니다만, 뒷문으로 나간 손님이라니 이 무슨 말씀이십니까?"

말을 마친 뒤, 드디어 소도小刀를 뽑아 손가락을 내리치니, 손가락 하나가 칼날을 따라 떨어져 나갔다. 남곤이 크게 놀라 말했다.

"창기가 두 마음을 가지는 것은 그리 심하게 책망할 일이 아니다. 그런데 그 자취를 감추고자 하여 사람으로서 차마 하지 못할 짓을 해서야 되겠느냐?"

남곤은 옷소매를 떨치고 나와 다음 날로 기녀를 말에 태워 집으로 돌려보냈다.

## 같은 기생을 사랑한 양생과 장사치 ❖ 72

남원南原에 양생梁生이라는 자가 있었다. 마음가짐은 허랑하고 집이 풍족하였는데, 늘 풍류가 있다고 자부했다. 관서 지방에 명기가 많다는 말을 듣고 한번 회포를 풀고자 마음먹었다. 마침 친척이 정주 목사定州牧使가 되자 양생은 집에 있는 재화를 모두 기울여 네 필의 말을 묶어 수레를 연이어 갔다. 목사가 명기를 택해 잠자리를 모시게 하니, 양생이 흠뻑 빠졌다. 3년 만에 그 재화를 다 써 버리고 떨어진 옷에 한 필의 나귀로 처량하게 돌아갔다. 그 기녀에게는 남동생이 하나 있었는데 중도까지 뒤따라와 전송하며 고삐를 놓고 흐느껴 울었다. 양생은 차마 이별하지 못하고 스스로 헤아려 보니 행장에 남은 것은 없고 단지 발에 신고 있는 가죽신 한 켤레가 있을 뿐이었다. 드디어 그것을 벗어 주고 나귀 등에 올라타 맨발로 앉아서 갔다.

한나절 길을 가다가 시냇가 버드나무 그늘 아래서 말을 먹이고 시내 앞 나무에 기대어 눈물을 줄줄 흘리며 우니, 길 가는 사람들 중에 탄식하지 않는 이가 없었다. 그런데 한 장사치가 시냇가에서 점심을 먹고 나서 손으로 턱을 괴고 슬퍼하며 눈물을 흘리는데, 수염까지 적시며 슬픔을 이기지 못하는 것이었다. 양생이 물었다.

"당신은 어떤 사람이기에 나처럼 슬피 우는가? 원컨대 함께 속사정을 털어 놓고 슬픈 회포를 토로하도록 하세."

양생이 먼저 말했다.

"나는 3년 동안 정주에 머물면서 사랑하는 기생이 있어 정이 무척 깊었다네. 나만 그 기녀를 사랑한 것이 아니고 기녀 또한 갑절이나 더 나를 사랑하였지. 하루 아침에 떼어 놓고 이별한 것 때문에 우는 것이라네."

장사치가 말했다.

"소인 또한 정주에서 한 어린 기생을 얻어 3년 동안 머물러 살았지요. 그 기녀는 관아의 자제가 몹시 사랑하는 바여서 밤낮으로 틈이 없었는데 매번 어머니를 문안한다는 핑계로 하루에 세 차례씩 나왔지요. 즐거움과 정이 바야흐로 흡족했는데 하루 아침에 작별하게 되어 이 때문에 우는 것입니다."

드디어 서로 붙잡고 통곡하며 날이 저무는 줄도 몰랐다. 양생이 물었다.

"당신이 사랑한 기녀의 이름이 무엇인가?"

그런데 장사치가 사랑한 기생이 바로 양생이 사랑한 그 기생이었다. 이에 민망해져서 잡았던 손을 놓고 옷을 떨치고 돌아와 이로부터 다시는 마음에 두지 않았다. 양생이 준 것은 목면 일천 필, 상화지霜華紙 삼천 속束이었는데, 모두 한 기녀에게 소비했던 것이다.*

## 기생 무정개의 언변* ❖ 73

평양 기생 무정개武貞介는 판서 유진동柳辰仝의 총애를 받았는데, 그는 여러 읍에 그녀를 데리고 갔다. 무정개가 마침 전 남편의 노복을 만나자 슬픔이 복받쳐 흐느껴 울었다. 유진동의 노복이 그녀를 책망하여 말했다.

"낭자의 정이 오로지 저쪽에 있으니, 우리 주인님을 중하게 여기지 않는 줄 알겠구먼."

기생이 대답했다.

"너는 사리를 모르는 자라 할 것이다. 내가 네 주인을 위해 마땅히 절개

---

양생이 준 것은 ~ 소비했던 것이다.   이 대목은 〈만종재본〉에는 없는 것으로 필사본에 의거해 보충해 넣었다.

기생 무정개의 언변   74화의 이 이야기는 여러 필사본에는 보이지 않고, 〈만종재본〉에만 실려 있다. 권응인權應仁의 『송계만록』松溪漫錄 하권에 이와 똑같은 내용이 수록되어 있는바, 무언가 착오가 있어 〈만종재본〉에 편입된 것이 아닌가 한다. 『송계만록』의 편찬 연대는 대략 1588년경으로 추정되는바, 『어우야담』에서는 빠져야 할 내용으로 판단되나, 〈만종재본〉의 체재를 존중한다는 의미에서 일단 번역해 두기로 한다.

를 지킬 것이지만, 불행히 다른 곳으로 시집갔다가 훗날 너를 만나게 된다면 이보다 열 배는 슬피 울 것이다."

그 말솜씨의 민첩함이 이와 같았다.

### 유진동과 평양 기생 무정가 ❖ 74

유진동柳辰소이 감군 어사監軍御史*가 되었을 때, 평안 감사가 어사를 위해 부벽루浮碧樓*에서 성대한 연회를 열었다. 평양의 기생들이 짙게 화장을 하고 온갖 자태를 꾸며 붉고 푸른 의상이 찬란하였다. 어사가 이르러서 기생들을 둘러보고 말했다.

"평양 교방平壤敎坊이 어느 해에 혁파되었는고?"

이는 그 기생들 가운데 인물이 한 사람도 없다는 말이었다.

모두들 아무 말 없이 잠자코 있자 감사가 기생들에게 말했다.

"어사께서 묻고 계신데 어째서 대답하지 않는고?"

이름을 무정가無定價라고 하는 한 기생이 앞으로 나서서 대답하였다.

"감군 어사님은 언제나 다시 세울는지요?"

이는 어사가 마땅한 인물이 아니라는 말이었다. 감사가 크게 기뻐하며 기생에게 후한 상을 내렸다.

---

**감군 어사**監軍御史  군대를 검독檢督하는 임시 벼슬.
**부벽루**浮碧樓  평안남도 평양시 금수산 동쪽에 있는 누정으로, 고려 초기에 지어졌다. 원래 영명사永明寺의 부속 건물로 영명루永明樓라 하던 것을 예종睿宗이 군신과 더불어 연회를 하면서부터 부벽루라 명칭을 바꿨다.

## 기생 가지의 가벼운 몸가짐 ❖ 75

경성 북부北部에 장안 제일의 명창 가지加地가 있었는데, 자가 가습可拾으로 가야금과 가곡에 뛰어났고 해학을 잘 했다. 용모와 자태만 출중했던 것이 아니어서 사대부 명관들의 화류연花柳筵에 그녀가 없으면 매우 쓸쓸하기까지 했다.

어느 날 저녁 길에서 오작인作作人*을 보았는데, 떨어진 옷에 새까만 얼굴을 한 채 시체를 지고 가는 것이었다. 가지는 얼굴을 가리고 외면하면서 말했다.

"장안의 여자 중에 기꺼이 저런 종놈의 처가 되고 싶은 자가 있으랴?"

오작인은 이 말을 듣고 분노를 품어 훗날 남의 의관을 빌려 입고 많은 재화를 빌려 가지를 찾아갔다. 가지는 이 사실을 모른 채 4, 5일 밤 동침을 허락했다. 오작인은 드디어 푸른색 보자기에 싼 물건 한 꾸러미를 주고는 떠나갔다. 가지가 매우 기뻐하며 열어 보니, 죽은 아기의 시체였다. 가지는 크게 놀라 땅바닥에 쓰러지며 거의 기절할 뻔했는데, 나쁜 소문이 그의 입을 통해 새어 나갈까 두려워 받은 재화를 모두 돌려주고 관계를 끊었다.

일찍이 중국 사람에게 전해 들은 이야기이다. 남경의 한 거지(花子)가 떨어진 옷에 쑥대머리를 하고 두건 뒤에 은 5냥을 꽂은 채 이름난 기생집에 들어가 숙박할 것을 요구했다. 기생이 크게 화를 내며 몽둥이를 들고 쫓아내자, 거지는 문을 나서서는 뒤도 돌아보지 않고 갔다. 기생이 두건 뒤에 꽂혀 있는 은화를 보고는 손을 들어 부르면서 말했다.

"이리 오구려, 거지. 앞에서 볼 때는 좋지 않더니, 뒤에서 보니까 좋구려."

그러고는 함께 잠자기를 청하여 은화를 취하고 보냈다.

아! 기생이 몸을 가벼이 하고 재화를 중히 여김은 천하가 똑같으니, 탄식

---

오작인作作人  수령이 데리고 다니면서 사체死體를 임검臨檢할 때 부리는 하인.

할 만한 일이다.

## 화사 황순의 언변 ❖ 76

화사畫師 황순黃順은 항상 두어 칸 오두막집에 살았는데, 말솜씨가 유창하여 물 흐르듯 막힘이 없었다. 그가 정색을 하고 말하면 한 사람도 입을 열지 못했으며, 사람들로 하여금 배를 부여잡고 숨이 차도록 웃게 만들었다.

일찍이 서울에 막 올라온 기녀와 더불어 정을 통하다가 밤에 자기 집에서 함께 자고자 했는데, 오두막집이 부끄러웠다. 그의 집은 태평관太平館*과 서로 등지고 있었다. 그는 태평관의 후문으로 들어가 사립문을 두드리며 있지도 않은 노비 이름을 지어 내 연이어 예닐곱의 노비를 소리쳐 불렀다. 그러나 빈 관사인지라 아무도 응답하는 사람이 없었다. 그는 짐짓 크게 화난 체하며 말했다.

"종놈들이 모두 잠에 빠져 대답이 없구먼. 내일 반드시 이놈들을 크게 매질할 것이야. 담장 건너편에 유모의 집이 있으니 거기 가서 자도록 하세."

그러고는 그녀와 더불어 자신의 오두막집으로 가 잤는데, 기녀는 아무것도 모르고 태평관을 황순의 집으로 여겼다.

화공의 일이 고달픈 데다 장안에서 그림을 찾는 사람들이 무척 많은지라 그는 사람들의 방문을 감당할 수가 없었다. 사람들이 문을 두드리며 그를 부르면, 집 안에 응문應門*이 없었는지라 항상 자신이 방에서 코를 잡고

---

**태평관太平館** 조선 시대 때 명明나라 사신이 머물던 객관客館으로 지금의 서울 태평로에 있었다. 중국 사신이 오면 왕 이하 문무백관이 모화루에서 맞이한 뒤 경복궁에서 칙서를 전달받고 다례를 베푼 다음, 태평관에 머물게 하고 하마연下馬宴을 베풀었다. 다음 날 다시 연회를 베풀고 국사를 논의한 뒤, 떠날 때 전별연餞別宴을 베풀어 전송하였다.

목소리를 바꾸어 말했다.

"참봉參奉께서는 출타하셨습니다."

## 밴댕이 비늘을 벗긴 노직 ❖77

유생 6, 7명이 과거 볼 날이 다가오자 동작銅雀강 가의 정자에 나가 학업을 연마하고 있었다. 이때 예조 좌랑佐郞으로 있는 벗이 있었는데, 유생들이 그에게 농담삼아 말했다.

"우리들이 집을 떠나 강사江舍에 거처하고 있는데, 풍경이 비록 좋으나 홀아비로 지내는지라 즐거움이 없으니 어찌하겠는가? 어째서 명기들을 골라 우리 잠자리를 모시게 하지 않는가?"

예조 좌랑은 "알겠네"라고 대답했다.

이튿날 유생들이 강가에 앉아 멀리 모래 강변을 바라보니 곱게 단장한 미녀 삼십 여 명이 배를 부르고 있었다. 이윽고 그들이 가까이 이르렀는데, 모두 예조 좌랑이 보낸 기생들이었다. 이에 유생들이 몰래 의논하며 말했다.

"전에 한 말은 장난삼아 한 것인데 기생들이 이처럼 많이 왔네. 십릿길을 걸어왔는데 한잔 술로 이들을 위로하지 않으면 우리들이 전혀 면목이 안 서겠네. 쌀을 모아 밥을 지어 대접하는 것이 좋겠네."

노복 한 사람을 시켜 밥을 짓게 했는데, 더 이상 부릴 만한 사람이 없었다. 무리들 가운데 나이 어린 사람을 뽑아 일을 맡겼는데 그가 곧 노직盧稙*

---

응문應門   찾아온 손님을 응대하여 주인에게 안내하는 사람을 이르는 말.
노직盧稙   〈만종재본〉에는 '노식盧植'으로 되어 있고, 몇몇 필사본에는 '노직盧稙'으로 되어 있다. 『조선왕조실록』 선조 2년 9월 25일자의 "상이 태학太學에 행행하여 문묘文廟에 별제別祭를 지내고, 시사試士하여 노직盧稙 등 7인을 뽑았다"는 기록을 볼 때 노직임이 타당한 것으로 여겨진다.

이었다. 반찬거리를 찾아보니 단지 밴댕이만 십 여 마리 있을 뿐이었다. 노직은 몰래 부엌 뒤편으로 나가 나무 됫박을 엎어 놓고 비늘을 긁고 있었는데, 한 기생에게 그 광경을 들키고 말았다. 그 기생이 여러 기생들에게 이야기하자 모두 손뼉을 치면서 웃음을 터트려 마루가 떠들썩했다. 노직은 부끄러운 나머지 달아나 버렸다.

훗날 노직이 장원 급제하여 푸른 도포를 입고 계수나무 꽃을 꽂은 채, 장악원掌樂院* 앞길을 지나가고 있었다. 두 개의 일산을 펼치고 홍패紅牌*를 늘어놓았으며, 많은 악공들이 풍악을 울리는 가운데 뒤따르는 무리가 길을 가득 메우고 있었다. 이날은 장악원에서 음악을 시험 보이는 날이어서 많은 기생들이 모여 있다가 나와서 그 행렬을 바라보았다. 한 기생이 자세히 바라보다가 크게 놀라며 말했다.

"이 신래新來*는 예전에 강정江亭에서 밴댕이 비늘을 긁던 그 사람이 아니오?"

여러 기생들이 서로 돌아보며 탄복했는데, 노직은 부끄러워서 급히 말을 몰아 지나갔다.

## 가난한 유생의 잠자리 ❖ 78

경성의 한 가난한 유생이 서경西京(평양)을 지나게 되었는데 서경은 기생의 소굴이었다. 평양 부관府官이 유생을 객사에 머물게 하고는 명기로 하여금 시중들게 했다. 유생은 날씨가 추운데 이불이 없었으므로 밖으로 나가 종에

장악원掌樂院    음악의 교육과 교열校閱에 관한 사무를 맡은 관사官司.
홍패紅牌    문과文科 회시會試에 급제한 사람에게 주는 붉은 종이에 쓴 교지敎旨.
신래新來    과거에 새로 급제한 사람을 이르는 말.

게 몇 마디 이르기를, 좋은 금침衾枕을 찾아오라고 하였다. 드디어 종이 다 떨어진 윗옷을 하나 바쳤다. 유생은 그 윗옷을 뒤집어 두 발을 양쪽 소매에 넣고 누우며 말했다.

"이것 참 좋은 이불일세."

또 종에게 명하여 관아의 요를 차가운 벽에 세우게 했는데, 요가 쓰러져 몸을 덮었다. 두 번 세 번 다시 세워도 계속 쓰러지자 유생은 화가 나서 종을 꾸짖어 말했다.

"어리석은 종놈 같으니라구, 나가 버려!"

그러고는 요를 덮고 잠을 잤다.

서경 기생들이 지금까지 이를 기담奇談으로 여긴다.

## 장안의 왈자 안세헌 ❖ 79

장안 사람들은 화류계에서 호협하게 노는 사람을 '왈자'曰者라고 부른다. 왈자라고 이르는 것은 '운운'云云(이러쿵저러쿵 수선스럽게 떠든다는 뜻)한다는 말이다.

선비 안세헌安世憲이라는 이가 있었는데 그 가운데 최고였다. 일찍이 산사山寺에서 독서를 하는데, 여러 서생들이 안세헌을 높이 받들어 사부로 삼았다. 남면南面하여 불탑佛榻 위에 앉히고, 서생들이 탑 아래에 늘어서서 절을 하며 왈자의 법도에 대해 배우기를 청했다. 안세헌은 두 다리를 쭉 뻗고 앉아 정색하며 말했다.

"이 아무개 장 아무개야, 이리 와 보거라. 너희들 관을 비뚤게 쓰고 허리띠를 느슨하게 맬 것이며, 걸음걸이는 삐딱하게 하고 옷 뒤편이 펄럭이도록 해 보거라."

이에 이생과 장생이 가르치는 대로 받들어 행하자, 안세헌이 말했다.

"이생은 왼발이 잘못되었고, 장생은 오른발 걸음이 틀렸다. 바삐 달려가는 버릇을 고치고 어깨와 등의 자세도 고치거라."

산사에서 내려와 이생과 장생이 안세헌의 행동거지를 몰래 탐지했더니, 어두워지면 창녀 향이香伊의 집으로 달려가는 것이었다. 이에 이생이 긴 장대를 잡고 뒷간 속을 휘저었다가 큰 소리를 내지르며 창 안으로 쑥 들이밀었다. 안세헌은 바야흐로 가야금 노랫소리를 들으며 술잔을 잡으려던 참이었는데, 곧 술잔을 내던지고 장대를 잡았다. 이생은 일부러 장대를 두세 번 잡아당겨서 마치 끌어당기는 사람이 있는 것처럼 했다. 안세헌이 손에 힘을 주어 장대를 빼앗고 창을 열어젖히며 쫓아가자, 이생은 걸음을 빨리하여 숨어 버렸다.

잠시 뒤 안세헌은 먹었던 술과 음식을 모두 토했다. 그리고 옷을 벗고 손을 씻으며 말했다.

"늙은 도적놈에게 크게 속았군. 틀림없이 애꾸눈 이가일 거야."

## 장안의 화류계를 좌우한 김칭 ❖ 80

가정嘉靖(1522~1566)·융경隆慶(1567~1572) 연간에 한양에 협사俠士 김칭金偁*이라는 사람이 있었는데 한미한 집안 사람이었다. 그는 장안의 화류계를 제 마음대로 하였으니, 그를 한번이라도 만난 기생은 모두 그를 평생토록 지극

---

김칭金偁　〈만종재본〉에는 '김이'金偁로 되어 있고, 몇몇 필사본에는 '김칭' 金偁으로 되어 있다. 『조선왕조실록』 연산군 3년 1월 8일자 기사에 "김칭金偁의 죄명을 보니 일찍이 수리도감낭청修理都監郎廳을 지낼 때 역군을 친근한 창기娼妓에게 사사로이 빌려 주었다고 하니, 불근不謹함이 심하다. 곧 그 관직을 갈라"는 것이 보인다. 이를 근거로 여기에서는 김칭으로 보기로 한다.

히 사랑했다. 장안의 명기들이 서로 말했다.

"우리들이 각자 마음 속에 두고 있는 사람이 있는데 한번도 서로 상면한 적이 없으니, 이 어찌 풍류 세계의 커다란 흠이 아니리오? 남산 상산대上山臺에서 성대한 연회를 베풀어 놓고, 각자 한 사람씩 맞이하여 잔을 올리며 즐거움을 다 하도록 하자."

여러 기생들이 일제히 좋다고 응낙하였다.

그날이 되자 기생들이 상산대 위에 장막을 치고 기다렸다. 십 여 명의 사람들이 이르렀는데, 화려한 의복에 아름다운 장식을 하고 용모가 수려한 이들로, 대부분 장안에서 이름난 젊은 협사들이었다. 나머지 오십 여 명의 기생들은 모두 주인이 없이 소나무 숲 사이만 살펴보면서 날이 이미 저물었는데도 음식을 들지 않았다. 포시哺時*가 지나자 한 사람이 이르렀는데, 정수리가 훤히 드러난 관을 쓰고, 등이 터진 갈옷을 입었으며, 뒷꿈치가 뚫어진 짚신을 신은 채 오리걸음으로 천천히 걸어왔다. 오십 여 명의 기생들은 환호성을 지르며 펄쩍 뛰면서 말하길 "왔구나, 왔어"라고 하는데, 온 사람은 곧 김칭이었다. 왼편 자리를 비워 둔 채 풍악을 크게 잡히고 오십 여 명의 기생이* 각기 금 술잔을 받들고 서로 번갈아 가며 그에게 술을 올렸다. 이를 보고, 화려한 의복에 아름다운 장식을 한 협사들은 서로 쳐다보며 절로 기가 꺾여, 모두 소변보러 간다는 핑계를 대고 도망쳤다.

이로부터 장안의 협사들 가운데 무릇 상산대의 연회, 양잠두兩蠶頭의 연회, 탕춘대蕩春臺의 연회, 북청문北淸門의 연회, 삼청동三淸洞의 연회 및 삼강선상三江船上의 연회 등에 명기를 맞이하려는 사람들이 모두 김칭의 서압署押을 받으면 온 성중의 기생들이 파도처럼 달려오지 않는 이가 없었다. 비록 사인소舍人所와 장악원掌樂院, 예조의 위풍과 서슬로도 감히 그 사이에 손

---

포시哺時　　신시申時, 곧 오후 3시에서 5시까지를 말한다.
환호성을 지르고 ~ 오십 여 명의 기생이　　이 대목은 필사본〈이수봉본〉에만 있는 내용인데, 보충해 넣었다.

을 쓸 수가 없었다.

김칭이 장차 죽음을 앞두었을 때, 많은 협사들이 그 술수를 전수해 달라고 청했다. 김칭은 좌우를 물리치고 은밀히 말했다.

"종처럼 구시오."

그 말을 남기고는 죽었다.

아! 어찌 협사가 되는 데에만 이러한 술수를 쓰겠는가? 명사가 되는 데에도 또한 이 같은 술수가 행해지고 있다.

### 창부의 삼공일여 三空一餘 ❖ 81

속담에 이르기를, "창부가 늙은 후에는 세 가지 텅 빈 것과 한 가지 남는 것이 있다"라고 한다. 세 가지 텅 빈 것은 무엇인가? 집의 재산이 텅 비고, 몸이 텅 비고, 명성이 텅 빈다. 한 가지 남는 것은 무엇인가? 달콤한 말솜씨가 남는다.

【 종교편 】

〈삼재부〉 三災符 (조선 후기, 고판화박물관 소장)
부적 문양의 판화. 예로부터 부적은 신과 인간을 연결하는 매개로 생각되어
재앙을 물리치거나 원하는 것을 이룰 수 있도록 비는 종교적 의미로 사용되었다.

## 지리산의 신선 ❖82

지리산 불일암佛日庵은 쌍계사雙溪寺 동쪽 고개 밖 십 리 되는 곳에 있다. 깎아지른 벼랑으로 길이 끊어져 소나무를 찍어 사다리를 놓은 것이 여러 군데 있는데, 옛날 신라 시대 최치원崔致遠이 놀던 곳이다. 서쪽으로는 청학봉靑鶴峯이 있어 선학仙鶴이 깃들어 살며, 동쪽 봉우리에는 긴 폭포가 있는데 높이가 수천 길에 이른다. 폭포는 마치 옥룡이 거꾸로 매달려 있는 듯, 은하수가 허공에서 떨어져 내리는 듯한데, 누대 앞으로 곧바로 쏟아진다. 옛 사람이 그 바위에 커다란 글씨로 '완폭대'翫瀑臺라 새겨 놓았다. 암자는 완폭대 북쪽에 있는데, 소나무와 대나무 숲에 싸여 가려져 있다.

당시 곡기를 끊은 고승의 무리가 있었는데, 도를 깨친 한 노승이 홀로 그 암자에 거처하고 있었다. 바야흐로 춘삼월 보름날 살구꽃이 산에 만발하고 달빛은 대낮처럼 밝았다. 밤이 깊어 가는데 홀연 암자 밖에서 사람의 말소리가 들려왔다. 노승은 '궁벽한 산꼭대기의 이처럼 깊은 밤에 어느 곳의 나그네가 여기에 와 노니는가? 주인 된 처지에 마땅히 나가서 맞이해야겠다' 하는 생각에서 문을 나서 절하고자 하였다.

높다란 관을 쓰고 검은 도포를 입은 한 나그네가 삼척동자 두 명을 거느리고 완폭대 위를 배회하고 있었다. 그는 노승이 가까이 가려 하자 손을 내저으며 오지 못하게 하면서 한사코 도로 들어가라고 청하는 것이었다. 노승은 하는 수 없이 인사하고 암자에 들어와 몰래 살펴보았다. 나그네는 동자들과 이야기를 나누고 있었는데, 그 소리가 가늘게 들려 무슨 말인지 분별할 수 없었다. 다만 옷자락이 바람결에 펄럭이는 모습이 보일 뿐이었다. 한참 후 낭랑한 소리로 길게 휘파람을 부니 소나무와 대나무 숲이 떨쳐 울리고, 골짜기가 답하고 바위가 진동했으며, 길게 이어지는 여음이 멀리 구름 밖까지 퍼져 나갔다.

노승은 정신이 맑고 상쾌해져서 다시 나가 절을 드리고자 했는데, 곡이 끝나자마자 표연히 사라지는 것이었다. 바위 한가운데 길도 없는 곳을 따라 향로봉으로 곧장 건너가는데, 따르는 동자들의 걸음도 모두 나는 듯했으며 어디로 향해 가는지 알 수 없었다. 노승은 아득히 바라보고 탄식하면서 비로소 그가 진선임을 깨달았다.

이른바 진선眞仙이란 육체의 외피를 벗어 버리고 정신만을 뽑아 굳게 뭉쳐진 것이 흩어지지 않으며 천백 겁을 지내는데, 세상 사람들과는 단절되어 그 행동거지를 알 수 없고 막연하기가 마치 전생과 후생이 다른 것과 같다.

갈홍葛洪은 82세에 시해尸解했으며, 여동빈呂洞賓은 64세에 날아갔다. 이들은 모두 몸을 버리고 세상을 떠났으나 장창張蒼*이 100세까지 살다 죽은 것에는 미치지 못하는 것이다. 항간에서는 정령위丁令威*가 학으로 화하였다고 하는데, 사실은 요동의 창고 관원(倉官)으로 있으면서 병란을 만나 우물에 빠져 죽은 것이다. 가령 정령精靈을 온전히 보전해 백일승천白日昇天했다고 하여도, 참새가 대합조개가 되면 대합조개는 둥지에 살면서 구름 속을 날던 때를 기억하지 못하고, 누에가 나방이 되면 나방은 잎을 갉아먹고 실을 토하던 때를 모르는 것과 같으니, 또한 슬픈 일이 아니겠는가!

---

장창張蒼  〈만종재본〉에는 '張昌'으로 되어 있고, 여러 필사본에는 '張蒼'으로 되어 있다. 장창張昌은 중국 진晉나라 사람으로 용력이 빼어났으며, 이류李流가 촉蜀나라를 치자 잠적한 뒤 무리를 모아 겁탈을 일삼았다. 성명을 이진李辰이라 바꾼 다음, 구침丘沈을 거짓 천자天子로 세우고 자신은 상국相國이 된다. 반면에 장창張蒼은 중국 한나라 때 인물로, 늙어 이가 다 빠진 뒤에도 100세가 넘도록 젊은 청년처럼 건강하게 살면서 정승 벼슬을 지냈다는 인물이다. 여기에서는 이야기의 내용으로 보아 후자의 인물이 맞는 것으로 여겨져, 필사본의 기록을 따랐다.

정령위丁令威  전설에 따르면 한漢나라 요동 사람이다. 영허산靈虛山에서 도를 배우고 선화仙化하여 학이 되어 고향에 돌아왔다고 한다.

# 성현이 만난 신선

성현成俔이 한미했을 때 교외에 나가 노닐다가 도중에 말에서 내려 안장을 풀고는 시냇가 나무 그늘에 앉아 있었다. 갑자기 어떤 나그네가 나귀를 타고 뒤따라 이르더니 역시 시냇가에서 쉬었다. 성현이 그를 보니 용모가 기이하고 위엄이 있기에 공경스럽게 예를 차렸다. 잠시 후 각자 아침을 먹게 되었는데, 나그네를 따라온 동자가 보자기를 펼치더니 그릇을 두 개 올렸다. 한 그릇에는 붉은 피에 둥둥 떠다니는 올챙이가 가득하였고, 한 그릇에는 푹 삶아진 어린아이가 있었다. 성현은 매우 놀랐다. 나그네가 성현에게 그 절반을 먹으라고 권했는데, 성현은 매우 혐오스러워 사양하며 말했다.

"저는 그런 음식을 먹는 데 익숙하지 못합니다."

나그네가 음식을 다 먹자 성현은 이상한 생각이 들어 소변 본다는 핑계를 대고 나와 동자에게 슬며시 물었다.

"객은 어떤 사람이냐?"

동자가 말했다.

"모릅니다."

"어른을 모시고 유람하면서 어떻게 성씨가 무엇인지도 모르느냐?"

"서로 길에서 만나 그대로 따라 다니며 유람했으니 어떻게 알겠습니까?"

"언제부터 함께 유람했느냐?"

"천보天寶 14년(755)부터 지금에 이르렀는데, 얼마나 세월이 지났는지 모르겠습니다."

"아까 먹은 두 그릇의 음식은 무엇이냐?"

"하나는 영지이고, 다른 하나는 인삼입니다."

성현은 크게 놀라고 또 후회스러웠다. 나그네를 보고 다시 예를 갖추고는 조금 전에 주었던 두 가지 음식을 맛보기를 청했다. 그가 동자를 불러 남은 것이 있냐고 묻자 동자가 대답했다.

"소인이 배가 고파 모두 먹었습니다."

잠시 뒤 나귀를 타고 떠나는데, 성현이 이를 뒤따랐다. 나그네가 동자에게 말하길,

"지금 길을 떠나 점심은 충주 달계達溪에서 먹고, 저녁에는 조령鳥嶺을 넘자꾸나."

라고 하고는, 드디어 채찍을 휘두르며 갔다. 빨리 몰고 가는 것도 아닌데 성현이 준마를 달려 뒤쫓아 갔으나 따라갈 수가 없었고, 아득히 사라져 간 곳을 찾지 못했다.

성현은 집으로 돌아와서도 낙담하여 마치 무언가 잃어버린 듯했고, 그가 만났던 사람이 바로 여진인呂眞人*이라는 사실을 깨달았다. 천보 14년은 곧 여진인이 태화胎化한 해였던 것이다.

## 선계仙界를 접한 이원익 ❖ 84

상국 이원익李元翼이 젊은 시절 한계산寒溪山에서 놀다가 절 안으로 들어갔다. 모습이 기이하게 생긴 한 노승이 장실丈室*에 앉아 졸고 있다가 이원익을 보더니 자못 예를 갖추어 대하였다. 한참 동안 앉아 있었는데 노승이 작은 종이를 집더니 몇 글자 써서 뜰에 던졌다. 그러자 조금 지나 선학仙鶴이 뜰에 내려와 빙빙 도는 것이었다. 이원익이 기이하게 여기고 그 연유를 묻자 노승이 놀라며 말했다.

"서생은 함께 이야기를 나눌 만하군요. 많은 사람이 보지 못하는데 그대

---

여진인呂眞人 　전국 시대戰國時代 조趙나라의 수도인 한단邯鄲에서 노생盧生이 만난 도사道士의 이름.
장실丈室 　절의 주지가 거처하는 방을 이르기도 하고 협소한 방을 뜻하기도 하는데, 여기서는 전자의 뜻으로 여겨진다.

혼자 이를 보는구려. 기이한 광경을 보고자 하면 나를 따라오시오."

노승은 명아주 지팡이를 짚고 가고, 이원익이 그 뒤를 따랐다. 드디어 뒷산 봉우리를 오르는데, 걸음마다 패옥貝玉이 땅에 깔려 있고 길을 따라 옥빛이 찬란하게 빛났다. 이원익이 물었다.

"어찌하여 보옥이 이리 많습니까?"

노승이 말했다

"어찌 보옥이 없겠습니까? 오직 탐욕이 없는 자만 그것을 볼 수 있는 것이지요. 그대는 가르칠 만하구려."

조금 있자 생황과 통소 소리가 오색구름 속에서 들려오는데, 눈 덮인 산봉우리가 그 안에 들어 있었다. 노승이 고개 위에서 눈 덮인 산봉우리를 바라보면서 머뭇거리기만 할 뿐 앞으로 나아가려고 하지 않았다. 이원익이 가서 보려고 하자 노승이 말하길,

"이는 상선上仙들이 모여 연회하는 곳입니다. 인간 세상의 재상이 마음대로 볼 수 있는 곳이 아니지요."

라고 하고는 아래로 돌아 내려갔다.

훗날 이원익은 과거에 급제해 승지承旨에 이르렀는데, 관직을 그만두고 한가히 노닐게 되었다. 다시 한계산을 찾았는데 예전의 노승은 볼 수 없었으며, 뒷산 봉우리를 다시 찾고자 했으나 길을 잃고 찾을 수 없었다.

## 공자公子의 꿈과 윤결의 죽음 ❖ 85

한 공자公子가 있었는데, 왕실의 후예로 풍류를 즐겼으며 손님 접대하기를 좋아했다. 거처에는 정원과 정자가 아름답고 화려했는데, 매양 술자리를 마련하여 빈객을 맞이했다. 시인 윤결尹潔은 늘 빈객으로 참여하면서 자리가

끝날 때까지 마음껏 즐겼다.

하루는 공자가 윤결을 청해 집에 있는 향기로운 술을 종일토록 거나하게 마시고 취한 뒤 더불어 함께 잠을 잤다. 공자가 꿈에 마을을 지나 산골짜기 안으로 들어갔는데, 길이 끝난 외진 곳에 낮은 담이 둘러쳐져 있었다. 담장 안의 네모난 연못은 물이 맑고 푸르렀으며, 못 가운데에는 연꽃이 활짝 피어 있었다. 주렴을 드리운 화란畵欄 사이에 서너 명의 미인이 짙게 단장하고 서 있다가, 공자를 맞이했다. 공자가 자리에 앉자 미인들은 맛있는 안주에 향기로운 술을 올렸다. 나른하게 취해 미인을 끼고 잠을 잤는데 새벽녘이 되어 깨어 보니 곧 꿈이었다. 이에 윤결에게 말했다.

"지난 밤 꿈에 참으로 선계를 유람하였소."

날이 저물 무렵 공자가 시험삼아 그곳을 찾아가 보았다. 묵사동墨寺洞을 지나 산길을 따라 들어가니, 과연 화려한 정자와 연꽃이 핀 못이 있었고 곱게 단장한 미녀 서너 명이 그를 맞이하는데, 꿈과 모두 똑같았다. 밤새도록 노래하며 웃고 술을 마시는데, 미인은 공자의 빈객 윤결의 사람됨을 극구 칭찬했다. 공자가 말했다.

"윤결의 재주는 짝할 자가 없으니 당대 제일가는 명류지."

미인들은 윤결을 칭찬하는 말을 그치지 않으며

"슬프다, 그 사람이여! 아깝다, 그 재주여!"

라고 말하고는 혀를 끌끌 차는 것이었다.

공자가 깨어나 집에 돌아와 보니 윤결이 이미 구금되었다는 소식이 들렸다. 윤결이 궁전 뜰에서 죽게 되자, 공자는 미인들의 말을 떠올리며 매우 기이하게 여겼다. 미인들을 다시 찾아가 물어 보고자 그곳에 이르러 보니 연못과 정자는 없고, 다만 텅 빈 산 돌길에 풀들만이 바람결에 휘날리고 있을 뿐이었다.

## 장수의 비결 ❖ 86

예전에 소경 대왕昭敬大王(선조)이 경연經筵을 열었을 때의 일이다. 신선에 관한 이야기가 나오자 이준경李浚慶이 말했다.

"지금 세상에도 신선이 있으니, 소신이 눈으로 직접 보았습니다."

임금이 놀라서 묻자, 그가 대답하였다.

"지금 재상 원혼元混은 먹는 것을 절제하고 여색을 멀리하며, 스스로 천금 같이 몸을 보전하여 나이가 90세에 이르도록 아무런 병이 없으니, 진정 신선입니다."

대개 원혼은 93세에 죽었고 송찬宋贊은 90세에 죽었으며, 이거李蘧의 대부인大夫人*은 103세에 죽었다. 신벌申橃은 93세에 이르도록 건강하게 살다 죽었으며, 조정趙挺의 대부인은 94세의 나이에 여러 번 병을 앓았으나 치유되었다. 그러니 저 82세의 치천稚川(갈홍葛洪)과 64세의 회선回仙(여동빈呂洞賓)은 다만 어린아이일 뿐이다.

우리 집안 어른 중에 동지同知 벼슬을 한 유조柳調 어른은 평생 먹고 마시는 데 절제함이 없었고, 몸을 돌보지 않았지만 84세까지 사셨다. 그분의 친구이신 첨지 박정립朴廷立은 평생 섭생을 조심스럽게 하여 날마다 세 차례 약을 먹었고, 먹는 것을 극히 간소하게 하였다. 오이를 삼 등분하여 한 쪽만을 먹었으며, 다른 음식도 모두 이 같이 하였는데, 향수가 83세였다.

무릇 사람의 수명이란 기氣를 후하게 받았는가 박하게 받았는가에 달린 듯하니, 어찌 자신이 늘이고 줄일 수 있는 것이겠는가? 그러나 욕망을 좇아 생명을 망각하는 일은 의당 경계해야 할 것이다.

---

이거李蘧의 대부인大夫人  〈만종재본〉에는 '이거부인' 李蘧夫人이라 되어 있고, 일부 필사본에는 '이거대부인' 李蘧大夫人이라 되어 있는데, 필사본의 기록을 따라 번역하였다. 『조선왕조실록』 선조 38년 4월 9일자 기사의 "동지중추부사 이거李蘧의 어미 정부인貞夫人 채씨蔡氏는 지금 연세가 102세로, 전에 없이 드문 일이다"라는 기록을 보건대 필사본 기록이 맞는 것으로 보인다.

## 최연이 본 김시습과 신선의 만남 ❖ 87

최연崔演은 강릉江陵 사람이다. 김시습金時習이 승려가 되어 설악산에 은거한다는 말을 듣고, 젊은 동지 5, 6명과 더불어 그를 좇아 노닐며 배우기를 청하였다. 김시습은 모두 사양했으나 최연만은 가르칠 만하다고 여기어 머무르게 했다. 그곳에 머문 지 반 년 동안 최연은 사제 간의 도리를 다하며 자나깨나 곁을 떠나지 않았다.

그런데 달이 높이 뜬 깊은 밤에 잠에서 깨어나 일어나 보면 매양 김시습이 간 곳을 알 수 없었고, 잠자리가 비어 있었다. 최연은 마음 속으로 이상하게 여겼으나 감히 따라가 살펴보지는 못했는데, 이와 같은 일이 자주 있었다.

어느 날 한밤중에 달이 또 밝았는데, 김시습이 옷을 입고 두건을 쓰고는 가만히 나갔다. 최연이 그 뒤를 따라 골짜기 하나와 고개 하나를 넘어가 숲 속에서 몰래 엿보았다. 고개 아래에는 커다란 반석盤石이 있었는데, 평평하고 넓어서 앉을 만했다. 손님 둘이 있었는데, 어디에서 온 사람인지 알 수 없었다. 서로 읍을 한 뒤 바위에 마주 앉아 이야기를 나누는데, 거리가 멀어 무슨 이야기를 하는지는 알 수 없었다. 한참 지나서 헤어지기에 최연은 먼저 돌아와 처음처럼 누워 잤다.

이튿날 김시습이 최연에게 말했다.

"너를 가르칠 만하다고 여겼는데 이제 보니 조급하고 참을성이 없구나. 더 이상 가르칠 수 없다."

드디어 작별을 하고 떠나오니, 김시습과 함께 말을 나눴던 자들이 사람인지 신선인지는 끝내 알 수가 없었다.*

---

김시습과 함께 ~ 수가 없었다.　이 대목은 〈만종재본〉에는 없는 내용인데, 필사본에 의거해 보충해 넣었다.

## 운수학에 정통한 정희량 ❖ 88

정희량鄭希良은 성종 조에 내한內翰을 지냈는데, 운수학에 정통하였다. 스스로 자신의 운명을 헤아려 보고는 큰 화를 피하기 어려움을 알았다. 연산군 초에 사화士禍가 일어났을 때 정희량은 부모의 상을 당해 풍덕豊德*에서 복服을 입고 있었는데, 조강祖江* 가에 상복과 삼신을 벗어 두어 마치 물에 빠져 죽은 것처럼 하고 몰래 은둔하여 중이 되었다. 깊은 산의 사찰에 종적을 감추었다가, 훗날 머리를 길러 거사가 되어서는 스스로 이천년李千年이라 이름 하였다.

당시 김륜金輪이라는 자가 있었는데, 한미한 집안의 천한 사람이었다. 정희량을 좇아 운수를 헤아리는 법을 배웠는데, 정희량을 따른 지 이미 여러 해가 되었다. 정희량은 일찍이 상중하上中下 삼원三元*의 사람의 명운命運을 헤아려 여러 편의 책을 만들었는데, 터럭처럼 작은 글씨와 말(斗)만큼 큰 글씨로 쓴 것이 100여 권으로, 책 이름을 『명경수』明鏡數*라고 하였다.

하루는 고요한 밤중 산방山房에 앉아 김륜과 더불어 현묘한 이치에 대해 이야기를 나누고 있는데, 홀연히 앞산에서 요망한 여우의 울음소리가 들렸다. 그 소리는 몹시 혐오스러워 듣기가 싫었다. 정희량은 한참 동안 탄식하고 슬퍼하더니, 산을 향해 몇 가지 주문을 외고는 손가락을 두어 번 퉁겼다. 이튿날 아침 김륜에게 앞산에 가서 찾아보게 하니, 그 여우가 혀를 빼물고 죽어 있었다. 김륜이 크게 놀라 뜰에서 절하고 말했다.

"선생님을 따라 오랫동안 운수학의 대강을 전수받았지만 부적을 쓰고

---

**풍덕豊德** 경기도 개풍군 남쪽에 있었던 조선 시대의 군郡 이름. 개성 남쪽의 해안가에 있으며 맞은편에 강화도가 있어 개성과 한강의 방위에 중요한 곳이었다.
**조강祖江** 한강과 임진강이 합쳐서 이룬 강.
**상중하上中下 삼원三元** 술가術家에서 상원上元·중원中元·하원下元을 이르는 말.
**『명경수』明鏡數** 〈만종재본〉에는 '명감수'明鑑數라고 되어 있는데, 여러 필사본에 '명경수'明鏡數라 되어 있기에 필사본의 기록을 따른 것이다.

주문을 외는 신방神方에 대해서는 아직까지 대략도 배우지 못했으니, 배우기를 원하옵니다."

정희량이 대답했다.

"네가 나의 운수학을 전수받은 것으로도 평생 의식에 여유가 있을 터인데, 어찌하여 꼭 이를 배우려고 하느냐?"

김륜이 억지를 쓰며 청하자 정희량이 말했다.

"내가 너로 하여금 마음을 다스리지 않고 먼저 이러한 것을 일삼게 한다면 반드시 사람을 해치고 사물을 손상시킬 것이다. 결단코 안 된다."

김륜은 화를 내며 그만두었다. 훗날 김륜은 정희량의 『삼원명경수』三元明鏡數 백 여 권을 몰래 훔쳐 가지고 달아났다. 김륜은 이 책을 얻어서는 사람들에게 돈을 받고 점을 쳤는데, 백의 하나도 어긋남이 없어서 그 영험함이 귀신 같았다. 지금은 난리를 겪으면서 그 책이 많이 흩어져 없어졌다. 이광의李光義·이화李華·양대축梁大軸의 무리들이 간혹 이 책을 베낀 것을 얻기도 했으나, 모두 전질에는 모자라는 것이니 참으로 애석한 일이다.

정희량이 승려였을 때 퇴계退溪 선생을 삼가三嘉*에서 뵌 적이 있었다. 퇴계가 『주역』周易을 논하는데, 중이 웅대함이 물 흐르듯 유창하고, 그 소견所見 또한 매우 정밀했다. 퇴계가 의심스러워하며 중에게 말했다.

"정희량이 중이 되었다고 하는데, 그도 지금은 필시 늙었을 것이오. 지금 세상사는 우려할 것이 없는데 어째서 다시 조정에 나와 벼슬하지 않는 것일까?"

중이 대답했다.

"정희량이 비록 죽지 않았다 하더라도 부모의 상에 복을 입지 않았으니

---

삼가三嘉   지금의 경남 합천군 삼가면. 조선 시대 태종 때 삼기三岐·가수嘉樹 두 현을 합해 삼가현을 만들었다. 봉성鳳城이라 부르기도 한다.

불효한 것이요, 임금을 버리고 은둔했으니 불충한 것입니다. 불효 불충한 이가 어찌 감히 다시 세상에서 행세하겠습니까?"

말을 마치자 작별 인사를 하고 가면서 말했다.

"뒷산 초막에 유숙하고자 합니다."

퇴계가 잠시 뒤 정희량임을 깨닫고 사람을 시켜 초막을 찾아보게 했는데, 이미 행장을 갖추고 달아나 자취를 감춘 뒤였다.

이하李賀라는 사람은 경산京山\*의 중이다. 젊었을 적에 삼각산 승가사僧伽寺에 거처했는데, 항상 객실客室에 기거하면서 기이한 중을 살피고자 하는 뜻을 지녔다. 어느 날 홀연히 누더기 장삼을 입은 노승이 나타났는데, 용모가 맑고 기이했다. 노승은 매일 한밤중에 밖으로 나가 변소에 가는 것처럼 하고는 얼굴을 씻고 양치질을 한 다음, 집 뒤로 가서 북쪽을 향해 절을 했다. 이하는 마음 속으로 기이하게 여기고 그가 평범한 사람이 아님을 알고는 아들이 아버지를 섬기듯, 종이 주인을 섬기듯 받들면서 잠시도 그의 곁을 떠난 적이 없었다.

노승이 승가사 객사에서 머문 지 여러 날이 지났는데, 하루는 새벽 법고 소리가 울리기도 전에 바랑을 짊어지고 떠나갔다. 이하는 노승이 모르게 멀리서 바라보며 뒤를 밟았다. 노승은 온종일 곧장 서쪽을 향해 가더니 천마산天磨山 지족암知足庵으로 들어갔다. 이윽고 노승이 자리를 정하자 이하가 들어가 절을 했다. 노승은 놀라며 괴이하게 여기고 물었다.

"자네는 어디에서 왔는가?"

"빈도貧道는 제자가 되기를 원하오며 감히 스님 곁을 떠나지 않겠습니다."

노승이 몹시 싫어했지만, 이하는 정성과 예를 다하여 수발들기를 전과 같이 하였다. 여러 날이 지난 뒤 절을 하며 다시 청하여 말했다.

경산京山  지금의 성주星州. 고려 태조 때 벽진군을 고친 이름인데, 뒤에도 여러 차례 이름을 바꾸었다.

"빈도가 객사에 있을 때 노스님을 살펴본 적이 많았기에 스님께 반드시 기이함이 있다는 것을 알고 있습니다. 감히 가르침 받기를 청하옵나이다."

노승은 발끈 성을 내고 얼굴색을 붉히며 말했다.

"나이 어린 사미승이 어찌 이리 망령스러우냐? 나에게 무슨 기이함이 있다는 것이냐?"

매번 청할 때마다 노승은 완강하게 거절했다. 여러 날이 지나자 노승은 비로소 이하의 뜻이 갈수록 굳센 것에 감동해 점치는 법을 가르쳐 주었다. 이하는 문자를 대략 해독할 줄 알았으며 천성이 또한 총명했기 때문에 힘들이지 않고 깨우쳤다. 매양 한 가지 일을 점칠 때마다 추측하여 결정되는 바를 시험해 잘되고 잘못됨을 살피고 바로잡아 거친 데서부터 정밀한 데까지 나아갔다. 끝내는 백의 하나도 오류가 없는 경지에 이르렀다.

또 큰 술수를 가르쳐 달라고 청하자 노승이 말했다.

"네가 비록 여기에서 그친다 해도 일생 동안 의식에 남음이 있을 것이다. 그 밖의 다른 것은 나도 알지 못한다."

노승은 지족암에 머문 지 몇 개월이 지나서 밤을 틈타 알리지도 않고 떠나갔다. 이하가 나서서 종적을 찾아 보았으나 끝내 간 곳을 알 수 없어 드디어는 통곡하며 돌아왔다. 이후로는 일이 있으면 매번 점을 쳤는데 부절符節을 합한 것처럼 꼭 들어맞았다. 명성이 사방에 떨치게 되어 쌀을 품고 찾아오는 자들이 도처에서 이르렀다. 이하는 마침내 승복을 벗고 환속하여 사대부들 사이에서 노닐었다.

그의 이웃에 사는 한 서생이 종을 잃어버리고 이하에게 물으니, 이하가 말했다.

"혼자서 노둔한 말을 타고 남쪽을 향해 가면 반드시 얻을 것입니다."

서생은 그의 말대로 종들을 거느리지 않고 노둔한 말을 타고 혼자서 갔다. 말이 지쳐서 앞으로 나아가지 않자 말에서 내려 관목 숲으로 들어가 가지를 꺾어 채찍을 만드는데, 도망친 종이 바로 그 관목 숲 아래 숨어 있었기

에 드디어 종과 함께 돌아왔다

홍주 목사洪州牧使가 말을 보내 이하를 맞이해 오게 하고, 도착하자 함께 밥을 먹었다. 밥을 다 먹기도 전에 이하가 갑자기 숟가락을 던지며 놀라 말했다.

"일이 있으니 급히 돌아가기를 청합니다."

그 연유를 캐묻자, 이에 대답하였다.

"제 명命이 오늘 오전 중에 끝나니 집에 돌아가 죽을 수 있도록 해 주십시오."

그러고는 소매를 떨치고 일어나는데, 당시 홍주 판관判官이 재삼 그를 붙들며 굳이 머무르게 하여 함께 술을 마셨다. 바야흐로 한여름이라 소주를 마셨는데, 이하는 평소 술을 즐기는 편이어서 연거푸 대여섯 그릇을 마시다가 그 자리에서 불을 토하고 죽었다. 혹자는 "그의 스승이었던 노승은 바로 정희량이다"라고 한다.


이상貳相 조원기趙元紀가 한미하게 지낼 때 정희량鄭希良과 교유하였다. 정희량이 한림이 되었을 때 조원기가 그를 찾아가 머물며 함께 잠을 잤다. 이튿날 아침 이름난 고관과 현달한 관리들이 벽제辟除하며 길을 가득 메우고 이르렀는데, 그 수를 이루 다 기록할 수가 없었다. 손님들이 간 후 정희량이 말했다.

"명류로서 나를 방문하러 오는 자들의 발길이 끊이지 않으니, 그대는 마음 속으로 저들을 부러워하오?"

조원기가 말했다.

"이처럼 한미한 처지이니 문지기도 나보다는 낫겠소. 하물며 저 금마金馬 옥당玉堂*의 선비들이야 말할 것이 있겠소?"

---

금마金馬 옥당玉堂　　한漢나라 때의 금마문金馬門과 옥당전玉堂殿을 이르는 말. 문학하는 선비들이 출사出仕하는 곳으로서, 후대에는 한림원翰林院이 되었다.

정희량이 말했다.

"그대는 부러워하지 말게. 저들은 단지 아침 이슬과 같을 뿐이라네. 그대 같은 사람은 궁窮 사십에 달達 사십일 것인데, 수명이 그 가운데 있다네."

그 뒤 얼마 안 되어 조원기는 한강을 건너다가 배가 부서져 물 속 깊이 가라앉았다. 그는 문득 정희량이 했던 말을 생각하고 말했다.

"소강절邵康節(소옹邵雍)이 어찌 나를 속이리오?"

기어서 건너편 언덕에 이르고자 했으나 물 속에서는 양쪽 언덕을 분별할 수가 없었다. 그래서 머리를 풀어헤쳐 물이 흘러가는 방향을 보고 곧바로 물밑을 가로질러 눈을 감은 채 건너편 언덕에 이르렀는데, 그곳이 육지라는 것을 깨닫지 못했다. 길 가던 사람들이 그를 보고 괴이하게 여겨 말했다.

"저기 손발로 기어가는 저자가 누구지?"

조원기가 드디어 눈을 뜨고 보니 이미 사평원沙平院*에 도착해 있었다. 뒤에 마흔이 되어서야 비로소 현달하여 관직이 찬성贊成에 이르렀고, 팔십이 넘도록 장수했으니 정희량의 말이 꼭 맞은 것이다.

## 선도에 통달한 정렴과 정작 ❖ 89

내가 참관 성수익成壽益이 지은 『삼현주옥』三賢珠玉을 살펴보니, 북창北窓 정렴鄭磏 선생은 세상사 물욕을 벗어난 신인神人이었다. 유가·도가·불가 및 기예와 잡술 등 모든 것을 배우지 않고도 능통했다. 일찍이 다른 사람의 마음에 통하는 석가의 법에 대해 문호를 터득하지 못한 것을 한스럽게 여기더니, 산에 들어가 정관靜觀한 지 3, 4일 만에 문득 환히 돈오頓悟하였다. 산 아

---

사평원沙平院    지금의 서울시 용산구 한남동과 강남구 신사동 사이를 연결했던 한강변의 나루.

래 백 리 밖의 일도 능히 알아냈는데, 부절符節을 합한 것처럼 꼭 들어맞아 백의 하나도 어긋남이 없었다.

정렴은 부친을 따라 중국에 가서 유구국琉球國 사신을 만났는데, 그 또한 이인異人이었다. 유구국 사신은 자기 나라에 있을 때 『주역』周易의 이치를 추산해, 중원에 들어가면 진인眞人을 만나리라는 것을 미리 알고 지나는 길마다 묻고 살펴보면서 북경에 이르렀다. 여러 나라 사신들의 관사를 두루 방문했으나 어디에서도 진인을 만나지 못했다. 그러다 북창을 한번 만나 보고는 깜짝 놀라고 두려워하였다. 자신도 모르게 내려서서 절을 올리고 전대를 열어 작은 책자 하나를 꺼냈는데, 거기에는 실제로 '모년 모월 모일에 중국에 들어가 진인을 만난다'라고 기록되어 있었다. 그는 북창에게 그것을 보여 주면서 말했다.

"이른바 진인이 공이 아니라면 누구겠습니까?"

그 사람이 역학에 정통했으므로 북창은 크게 기뻐하며 사흘 밤낮을 함께 거처하면서 『주역』에 대해 논했다. 북창이 유구국 말에 능통해서 통역하는 사람을 기다리지 않아도 되었다. 대개 배우지 않고도 능통할 수 있었기 때문이다.

정렴은 늘 한 방에 거처하면서 단약丹藥을 만드는 데 공력을 들이고 있었다. 한 손님이 찾아왔는데, 한미한 선비로 바야흐로 한참 추운 겨울이어서 매서운 추위를 견뎌 내지 못했다. 북창은 자리 곁에 있는 차가운 쇳조각을 집어 자기 겨드랑이에 끼워 따뜻하게 하더니 잠시 뒤 꺼내 손님에게 주었는데, 마치 화로불처럼 따뜻해 땀이 흘러 온몸을 적셨다. 또 어떤 사람이 고질병을 앓아 여러 달 침과 약을 썼으나 나아지지 않았다. 북창이 자리 위에 있는 한 움큼의 관초管草\*를 손으로 비비고 입으로 불어 따뜻하게 한 뒤 그 환자에게 복용하도록 하니 병이 곧 나았다.

관초管草    삿갓이나 도롱이를 만드는 풀.

불행히도 일찍 죽어 향년이 44세였다. 그가 스스로 지은 만가輓歌는 다음과 같다.

| | |
|---|---|
| 한평생 만 권의 책을 독파하고 | 一生讀破萬卷書 |
| 하루에 천 잔의 술을 마셨네. | 一日飲盡千鍾酒 |
| 복희씨伏羲氏 이전의 일*을 고상하게 말하고 | 高談伏羲以上事 |
| 속된 이야기는 종래로 입에 올리지 않았네. | 俗說從來不掛口 |
| 안회顔回는 나이 서른에 아성亞聖이라 칭송되었는데 | 顔回三十稱亞聖 |
| 선생先生(자신을 지칭함)의 수명은 어찌 그리 긴가? | 先生之壽何其久 |

그의 아우 정작鄭碏 또한 기이한 선비였는데, 그 형을 위해 지은 만가는 다음과 같다.

| | |
|---|---|
| 내 형의 죽음을 통곡하며 | 痛哭吾兄逝 |
| 상심한 마음으로 하늘에 묻고자 한다. | 傷心欲問天 |
| 학문을 닦아 아성을 잇고 | 修文繼亞聖 |
| 세상사를 싫어하여 태선胎仙*으로 화하였구나. | 厭世化胎仙 |
| 삼생三生의 이치에 관한 말은 적막하고, | 寂寞三生語 |
| 만 권의 책을 풍류스럽게 읽었도다. | 風流萬卷篇 |
| 천지에 우뚝한 선각자여, | 乾坤卓先覺 |
| 대몽大夢*이 홀연히 지나감에 아득하구려. | 大夢忽悠然 |

**복희씨伏羲氏 이전의 일** 순수하고 속되지 않았던 고대의 일.
**태선胎仙** 학의 별칭. 고대에 학은 신선이 타고 다니는 새로서, 난생卵生이 아닌 태생胎生으로 알려진 데서 온 이름이다.
**대몽大夢** 긴 꿈. 전하여 덧없는 인생.

정작은 일찍 홀아비가 되어 40여 년을 홀로 거처했는데 한번도 여색을 가까이하지 않았다. 선술仙術을 좋아하고 술을 즐겨 마셨으며, 시에 능하였고 의술에도 밝아 신이한 효험이 많았다. 평생 벼슬에 나아가기를 원하지 않았는데, 일찍이 이런 시를 지었다.

하얗게 센 머리로 『참동계』參同契*를 읽고     白首參同契
불그레한 얼굴로 술을 즐긴다.     紅顏麯米春

이는 곧 그가 일생 동안 한 일이다. 나이 71세에 병도 없이 앉은 채로 죽었다.

북창 정렴은 고상한 선비로 정순붕鄭順朋의 아들인데, 음양을 비롯하여 의약과 여러 술법에 두루 정통했다. 능히 심신心神을 수양해, 거처하는 곳에는 환한 빛이 온 방안에 가득했다. 판서 홍성민洪聖民이 젊은 시절 그와 함께 술을 마신 적이 있는데, 당시 공장工匠이 구워 만든 사기沙器 소주잔은 매우 작았다. 온 나라 안에서 이를 정식 규격으로 삼고 있었는데, 정렴이 그 술잔을 가리키며 말했다.

"지금은 술잔이 이처럼 조그마하지만 훗날 점점 커져서 큰 술잔이 될 것이다. 그때가 되면 세상일에 어려움이 많을 것인데, 나는 그것을 보지 못할 것이다. 자네는 응당 그 괴로움을 두루 맛보게 될 것이니 몹시 근심이 되는구나."

오래지 않아 정렴이 일찍 세상을 떠났다. 그 후 온 세상에서 소주 마시는 것을 숭상하여 모두 큰 잔을 사용했으므로 도공들이 사기 술잔을 만들

---

『참동계』參同契     중국의 위백양魏伯陽이 지은 책으로 『주역』周易을 토대로 하였으며, 수화水火·용호龍虎·연홍鉛汞 등 도가道家의 수련 방법이 들어 있다.

때 다시는 작은 잔을 만들지 않았다. 임진란이 일어났을 때 홍성민은 관서關西(평안도)의 행재소에 있었는데, 그는 항상 정렴의 선견지명을 칭송하였다.

## 남사고의 예언 ❖ 90

남사고南師古가 강릉江陵에 있을 때 고을 사람들에게 말했다.
"금년에는 반드시 큰 병란이 있어, 이곳 사람들은 한 사람도 살아남지 못할 것이니 삼가 피하도록 하시오."

고을 사람들은 평소 남사고가 신통한 예언력이 있음을 잘 아는지라 간성杆城과 양양襄陽 사이로 피난하였다. 그해에 전염병이 크게 돌아 죽은 자가 이루 헤아릴 수 없이 많아서 온 고을이 적막해졌다. 남사고가 돌아와 말했다.

"나의 점술이 조잡하다고 하겠구나. 전염병을 두고 병란이라 하다니……."

강릉 고을의 선비 최운부崔雲溥가 과거에 급제한 뒤, 장차 부모를 위해 경사스러운 잔치를 열려고 하자 남사고가 고을 사람들에게 말했다.

"반드시 가서 잔치를 구경하도록 하게나. 이 고을에서 30년 동안 이 같은 경사는 없을 것이네."

훗날 이숙李淑이 비로소 과거에 급제하니, 꼭 31년 만이었다.

남사고가 일찍이 서울에 온 적이 있었는데, 참판參判 정기원鄭期遠이 어린 나이로 어른을 따라가 남사고를 보았다. 훗날 정기원이 다시 찾아갔을 때, 집 안에서부터 큰 소리로

"정 수재鄭秀才가 왔는가?"

하면서 남사고가 허둥지둥 달려 나와 맞이했다. 정기원이 기이하게 여겨 물

었다.

"제가 올 줄 어떻게 아셨습니까?"

"나는 그대가 올 것을 진작부터 알고 있었네."

남사고가 벽을 가리켰는데, '모월 모일에 정 아무개가 온다'라고 쓰여 있었다.

가정嘉靖 정묘년(1567)에 남사고가 남산南山 잠두봉蠶頭峰에 올라 멀리 바라보더니, 오랫동안 놀라 탄식하고는 말했다.

"어찌하여 왕기王氣가 다해 가는고!"

잠시 후에 또 말했다.

"왕기가 사직동社稷洞으로 옮겨 갔구나."

얼마 지나지 않아 공헌 대왕恭憲大王(명종)이 승하하셨는데, 적통嫡統의 후사後嗣가 없어 소경 대왕昭敬大王(선조)을 사직동의 잠저潛邸에서 모셔와 받들었다.

정축년(1577)에 치우기蚩尤旗*가 출현했는데, 그 길이가 하늘과 나란할 정도였다. 이를 보고 남사고가 임진란이 일어날 것을 미리 알았다고 한다.

## 이지함의 기행과 애민 의식 ❖ 91

이지함李之菡은 이지번李之蕃의 아우로 또한 기이한 선비였다. 베옷에 짚신, 대삿갓 차림으로 자루를 짊어지고 다녔다. 간혹 사대부들 사이에서 노닐기도 했는데, 어느 곳에서든 방약무인했으며 잡술雜術에 통달하지 않음이 없었다. 한 척 조각배를 타고 네 귀퉁이에 큰 표주박을 매달고서 세 번이나 제

---

치우기蚩尤旗    '치우'는 병란兵亂의 전조가 되는 별.

주도에 들어갔는데, 풍랑을 만난 적이 없었다. 그는 손수 장사치 노릇을 하여 백성을 가르쳤는데, 맨손으로 생산한 것으로 이문을 남겨 수년 안에 수만 금을 쌓았다. 가난한 백성들에게 그것을 모두 나누어 주고는 소매를 휘날리며 떠나갔다.

바다 섬으로 들어가 박을 심었는데 박덩이가 수만 개나 열렸다. 박을 켜서 바가지를 만들고 그것으로 거의 천 석에 달하는 곡식을 사들여 경강京江의 마포麻浦로 운송하였다. 강 마을 사람들을 모집해 길거리에 흙을 쌓으니 백 척百尺이나 되었다. 거기에 흙집을 지어 토정土亭이라 이름 하고, 밤에는 집 아래에서 자고 낮에는 집 위로 올라가 거처하였다. 얼마 지나지 않아 그 집을 버리고 돌아갔다. 또한 솥을 지고 걸어 다니는 것이 귀찮아서 철관鐵冠을 만들어, 벗어서는 불을 때어 밥을 하고 씻어서는 갓으로 썼다. 팔도를 두루 유람했는데 수레를 타지 않고 걸어 다녔다.

스스로 천한 사람의 일을 모두 겪어 보았다고 생각했는데 다만 남에게 매 맞아 본 일만 없어 일찍이 이를 시험해 보고자 했다. 하루는 민가에 뛰어 들어가 부부 사이에 끼어 앉으니, 집주인이 크게 노해 주먹을 휘두르려다가 그가 늙었으므로 그냥 내쫓았다. 또 볼기를 맞는 형벌을 받고자 하여 일부러 관인의 앞길을 범했는데, 관인이 노하여 태형笞刑을 가하려다가 그를 물끄러미 보고서는 그 형상이 기이하여 그만두었다.

그가 부모를 장사 지내기 위해 장지葬地를 점쳤더니, 자손 중에 정승이 두 사람 나올 것이지만 막내아들은 불길할 운수였다. 막내가 곧 그 자신이었는데, 이지함은 자신이 그 재난을 감당할 것을 고집했다. 훗날 이산해李山海와 이산보李山甫는 관직이 1품에 이르렀으나 이지함은 아들 대에 이르도록 운수가 사나워 현달하지 못했다.

일찍이 포천 현감抱川縣監을 지낼 때 베옷과 짚신, 베삿갓 차림으로 부임하였다. 관아 사람이 음식을 올리자 한참을 쳐다보고는 젓가락도 대지 않고 말했다.

"먹을 만한 것이 없구나."

아전이 뜰에 꿇어앉아 말했다.

"이 고을에는 토산물이 없는지라 반상飯床에 특별히 귀한 음식이 없습니다. 청컨대 다시 올리겠습니다."

잠시 후 좋은 음식을 갖추어 올리니, 또 한참을 쳐다보다가 말했다.

"먹을 만한 것이 없구나."

아전이 두려움에 떨며 죄주기를 청하자, 이지함이 말했다.

"우리나라 백성들의 삶이 곤궁한 것은 모두들 먹고 마시는 데 절제함이 없기 때문이다. 나는 음식 먹을 때 소반에 담아 내는 것을 싫어한다."

하리下吏에게 명하여 오곡을 섞어 밥을 짓고, 밥 한 그릇과 시커먼 나물국 한 그릇을 삿갓 모자에 담아 올리게 했다. 다음 날 읍중의 품관들이 오자, 마른 나물 죽을 끓여서 그들에게 권하였다. 품관들이 고개를 숙이고 수저를 들어서 먹는데 입에 넣으면 곧 토했으나 이지함은 그 죽을 다 먹었다. 얼마 되지 않아 관직을 버리고 돌아가니, 고을 사람들이 길을 막고 유임을 간청했으나 이루지 못했다.

훗날 아산 현감牙山縣監을 지낼 적에 한 늙은 아전이 죄를 지었다. 이지함이 말하였다.

"네가 비록 나이는 먹었지만 심보는 어린애처럼 철이 없구나."

그의 관을 벗기고 백발을 땋아서 어린애 모습으로 만들고는, 그로 하여금 벼루를 잡고 책상 앞에서 시중들도록 하였다. 늙은 아전이 원한을 품고 몰래 지네 즙을 구해다가 술에 타서 올렸다. 이지함이 죽으니 나이가 60세도 못 되었다.

이지함 선조의 묘소가 보령保寧 바닷가에 있었는데 바닷속에 커다란 돌이 있어 묘지의 안산案山이 되었다. 풍수로 보면 길하지 않아 없애고자 했으나 어찌할 수가 없었다. 이지함이 말했다.

"그것을 제거하기는 어렵지 않다."

드디어 바다 섬에 들어가서 나무를 베어 천 척尺이 되도록 엮었다. 천 척의 긴 막대를 그 돌의 사면에 묶고, 이를 네 척의 큰 배에 연결했다. 조수가 크게 밀려와 돌이 물의 힘에 의해 떠오르자, 드디어 돛을 펴고 깊은 바다로 나아가 줄을 풀어 바다에 빠트렸다. 그 기이한 지략의 출중함이 사람들의 생각 밖이어서 대장이 되어 삼군을 통솔할 만했는데, 끝내 낙척하여 죽었으니 애석한 일이다.

이지함은 유민들이 해진 옷을 입고 먹을 것을 구걸하는 것을 애통히 여겼다. 굶주린 백성들을 위해 커다란 움집을 지어서 거처하게 하고는 그들에게 수공업 기술을 가르쳤다. 선비, 농사꾼, 장인, 장사치들을 대면하여 가르치거나 귀에다 대고 일러 주지 않은 것이 없었다.

각기 자기 입을 것과 먹을 것을 마련할 수 있도록 했으며, 그 가운데 가장 무능한 자에게는 볏짚을 주어서 짚신을 삼도록 했다. 몸소 그 일의 성과를 따져 하루에 능히 열 켤레를 만들면 시장에다 짚신을 팔게 하니, 하루의 공력으로 쌀 한 말을 갖추지 못하는 사람이 없었다. 그 이익을 헤아려 옷을 만들게 하니 몇 개월 사이에 옷과 음식이 모두 넉넉해졌으나, 고통을 이기지 못해 고하지도 않은 채 숨어 버리는 자가 많이 있었다. 이로써 보건대 백성들의 삶은 나태함 때문에 굶주리게 되는 것임을 잘 알겠다. 비록 지치고 쇠약해서 백 가지 일 가운데 하나도 할 수 없을지라도 스스로 짚신을 삼지 못할 사람은 없다. 이지함이 백성들에게 보여 준 일은 본받을 만하니, 오묘하다 할 것이다.

## 전우치의 환술 ❖ 92

전우치田禹治는 송도의 술사術士다. 한번 본 책은 기억하지 못하는 바가 없었다. 가업에 종사하지 않고, 산수 사이를 마음껏 노닐면서 둔갑술과 귀신을 부리는 술법을 터득했다. 일찍이 다음과 같은 시를 지었다.

| | |
|---|---|
| 왕망의 『주례』*는 왕법을 바르게 했으며 | 紫蛙周禮正王法 |
| 남 재상의 문장*은 참으로 이윤과 주공이로다. | 南相文章眞伊周 |
| 박璞 또한 옥덩이요 쥐 또한 옥덩이며* | 璞亦璞鼠亦朴 |
| 수후의 구슬*도 구슬이요 고기 눈알도 구슬이로다. | 隋候珠魚目珠 |
| 도마뱀이 용을 조롱하니 진짜 용이 부끄럽구나. | 蝘蜓嘲龍眞龍羞 |
| 산인이 소매를 떨치고 일찍 돌아가니 | 山人拂袖歸去早 |
| 계수나무 붉은 절벽 풍경이 좋도다. | 桂樹丹崖風景好 |

당시에 재령 군수載寧郡守로 있던 박광우朴光佑는 그가 여러 책에 박식한 것을 아껴 매우 정성스럽게 대접했다. 하루는 관아 동헌에 마주 앉아 있는데, 봉해진 편지 한 통과 공문이 왔다. 감사에게서 온 비밀스러운 것이었다. 박광우가 편지를 열어 보고는 낯빛이 변하며 자리 아래에 그것을 감추었다. 전우치가 물었다.

"무슨 일입니까?"

박광우는 침묵하고 대답하지 않았다. 대개 조정에서 전우치의 요사한

---

**왕망의 『주례』** 기원후 8년에 한漢나라를 찬탈하여 신新나라를 세운 왕망王莽은 유교를 열렬히 신봉하여 『주례』周禮를 모범으로 삼아 유교적 이상국가 건립을 추구했다. 『주례』는 덕치주의를 기초로 유교적 국가 사회주의를 정치적 이상으로 그리고 있다.

**남 재상의 문장** 남 재상이 누구인지는 미상.

**박璞 또한 옥덩이요 쥐 또한 옥덩이며** 진짜와 가짜를 구별하지 못하는 것을 가리킨다. 정鄭나라 사람은 옥을 아직 가공하지 않은 것을 박璞이라 하고, 주周나라 사람은 쥐를 잡아서 포로 만들기 전의 것을 박朴이라 했다. 주나라 사람이 정나라 상인에게 "박璞을 사겠소?"라고 하자, 정나라 상인이 "사겠소"라고 하였는데, 쥐를 내보이자 사절했다. (『전국책』 「진책」秦策 참조)

**수후隋侯의 구슬** 수후가 다친 뱀에게 약을 발라 주자 그 뱀이 뒤에 강에서 구슬을 물고 나와 보답했다고 한다. (『회남자』 「남명훈」覽冥訓 참조)

환술을 몹시 싫어하여 기필코 잡아 죽이고자 했는데, 감사는 박광우가 전우치를 정성스럽게 대우함을 알고 사적인 편지를 보내 전우치를 놓치지 말라고 한 것이었다. 그러나 박광우는 차마 그렇게 할 수가 없어서 전우치로 하여금 도망가서 숨게 하고자 하여 몰래 그에게 말하였다. 전우치가 웃으면서 대답했다.

"내가 마땅히 알아서 조치하겠습니다."

그날 밤 그는 목매어 죽었다. 박광우가 비통하게 여겨 장례를 후하게 치러 주었는데, 두 해 뒤에 차식車軾의 집에서 전우치가 책을 찾아갔다. 지금 재령군에 전우치의 묘가 있다.


전우치가 일찍이 친구 집에 가서 모여 술을 마시는데, 좌중이 물었다.

"그대는 천도天桃를 얻을 수 있는가?"

전우치가 말했다.

"무엇이 어렵겠는가? 가는 밧줄을 백 발만 가져오게."

남자 종이 명에 따라 밧줄을 가지고 왔다. 또 동자를 가리키며 말했다.

"이리 오너라."

동자가 명령에 응하여 나왔다. 전우치가 밧줄을 잡고 공중을 향해 던지자 밧줄이 하늘가 구름 속으로 높이 올라가 간들간들하게 드리워졌다. 전우치가 동자에게 밧줄을 타고 올라가라며 말했다.

"밧줄이 다하는 곳에 벽도碧桃가 있을 것이다. 열매가 많이 열렸을 것이니, 따서 내려오너라."

이에 그 자리에 있던 사람들이 모두 나가 바라보니, 동자가 점점 공중으로 빠져 들어가는 것만 보였다. 한 시각쯤 지나자 벽도의 잎과 열매가 어지럽게 뜰에 떨어져 좌객이 다투어 그것을 집어 먹었다. 감미로운 즙이 넘쳐났으니 인간 세상의 것이 아니었다. 조금 있다가 공중에서 붉은 피가 점점이 떨어졌다. 전우치가 놀라 말했다.

"복숭아 하나 먹으려고 하다가 잘못해서 동자 한 명의 목숨을 잃게 되었구나."

좌객들이 연유를 묻자 전우치가 대답했다.

"이는 곧 복숭아를 지키던 자가 상제에게 달려가 아뢰어 이 아이를 죽인 것일세."

조금 있으니 팔뚝 하나가 땅에 떨어지더니, 연이어 팔뚝 하나가 또 떨어졌다. 두 다리와 몸과 머리도 계속해서 떨어졌다. 객들이 근심으로 하얗게 질렸는데 전우치가 천천히 걸어 내려가 사지를 수습해서 마치 붙어 있는 모양으로 만들었다. 잠시 후 동자가 갑자기 몸을 일으키더니, 비틀비틀 걷다가 달음질을 쳤다. 좌객이 또한 서로 돌아보며 크게 웃었다.

## 밥알을 나비로 화하게 한 전우치 ✧ 93

송기수宋麒壽가 낙봉駱峰 아래로 기재企齋 신광한申光漢을 방문하였는데, 포의布衣를 입은 손님이 앉아 있었다. 신광한이 자못 정성스럽게 그를 대우했는데 송기수는 면식이 전혀 없는 사람이었다. 신광한이 말했다.

"영공令公께서는 이 선비를 본 적이 없으십니까? 이분이 전우치입니다."

송기수가 말했다.

"매양 이름을 들었으나 책 속의 고명한 사람으로 여겼습니다. 이처럼 늦게야 만나 봄이 한스럽습니다."

신광한이 말했다.

"자네는 어찌 영공令公을 위해 장난삼아 도술 한 가지 하지 않는가?"

전우치는 웃으며 말했다.

"어떤 놀이를 할 수 있을까요?"

조금 있다가 그 집에서 마실 것과 밥을 올렸다. 전우치가 밥알을 씹다가 뜰을 향해 내뿜으니 그것들이 하얀 나비로 변해서 무수히 뜰을 가득 채우며 날아갔다.

## 술사 황철 ❖ 94

황철黃轍은 술사術士다. 젊은 시절 산사에서 노닐었는데, 어떤 노승이 객사에 머물고 있었다. 밤에 사슴이 산골짜기에서 우는 소리를 듣고는 그 노승이 화를 내며 말했다.

"천사天師가 여기 머물고 있는데, 저것들이 어찌 감히 당돌하게도 나쁜 소리를 내는가? 여러 사미들은 시험삼아 가 보시오. 내일 아침 절 문 밖에 죽은 사슴이 있을 것이오."

아침에 일어나 보니 과연 절 문 밖에 큰 사슴이 죽어 있었다. 황철은 이를 기이하게 여겨 몸을 바쳐 종이 되기를 원했다. 그 도술을 모두 전수받아 세상에 행하였는데, 괴이하고 놀라우며 영험하고도 이상한 일이 많았다. 그가 일찍이 말했다.

"나는 늘 큰길에서 사람과 귀신이 서로 섞여 있는 것을 보았다. 길에 나다니는 귀신이 마치 종루鍾樓 거리에 다니는 행인만큼 많다. 귀신이 사람을 피하지 않는데도 사람 스스로 귀신을 보지 못한다."

여항에서 사람들이 귀신의 빌미를 만나면 대부분 황철을 맞이하여 비는데, 반드시 효험이 있었다. 좌랑佐郎 김의원金義元의 조카 집안 사람들이 모두 요사스런 질병에 걸리자 황철에게 낫게 해 달라고 청하였다. 황철이 말했다.

"이는 원한 있는 사람이 사람의 머리뼈를 가루 내어 온 집안에 두루 뿌렸기 때문에 뭇 귀신들이 사람을 해치는 것입니다. 부적과 주문呪文으로 그치게 할 수 있습니다."

이에 붉은 부적을 벽에 붙이고 주문을 세 번 외우자, 반딧불이 집 안에 가득하더니 담장 귀퉁이로 날아가 모여 한 덩어리를 이루었다. 시절이 겨울이라 반딧불이가 없을 때이기에 집안사람들이 모두 이상하게 여겨 불을 켜고 보니, 뼛가루가 모여서 하나의 두개골을 이루고 있었다. 드디어 깨끗한 땅에 그것을 묻으니 이로부터 모든 사람의 병이 다 나았다.

선비 안효례安孝禮의 유모는 나이가 칠십이었는데 학질에 걸려 심하게 앓았다. 황철을 불렀는데, 그는 가지 않고 말했다.

"내가 비록 가지 않지만 내일 정오에는 반드시 이상한 꿈을 꿀 것이며, 이로부터는 병이 나을 것이오."

과연 다음 날 정오에 이르자 모친이 앓다가 잠시 잠에 빠져 들었다. 꿈에 한 여인이 나타나 허둥지둥 모친의 등 뒤로 뛰어들며 목숨을 살려 달라고 애걸하였다. 그런데 푸른 옷을 입은 장부 한 사람이 곧장 등 뒤로 가서 그 여자를 묶어 가 버렸다. 꿈에서 깨어나자 정말 씻은 듯이 나았다.

황철이 일찍이 귀신을 잡아다가 상자에 넣고 봉해 버린 일도 있었다. 상자 안에서 괴로운 신음 소리가 흘러나오더니 상자가 저절로 팔짝팔짝 뛰었다. 상자를 돌에 묶어 강에다 버리자 요사스러운 일이 그쳤다.

## 선도에 정통한 한무외 ❖ 95

한무외韓無畏는 서원西原*의 선비다. 젊은 시절 협기 부리기를 좋아해 서원

---

서원西原  금강을 끼고 있는 청주 일대를 옛날에 '서원'西原이라 하였다.

의 관기官妓들을 마음대로 하였다. 하루는 기생의 서방을 죽이고는 원수를 피해 관서 지방의 영변寧邊으로 들어가 살았다. 희천熙川 고을의 교생校生 곽치허郭致虛를 만나서 비방秘方을 배워 선도仙道와 불도佛道에 능통하였다. 나이 팔십에도 두 눈은 형형했고, 수염과 머리는 칠흑처럼 검었다.

허균許筠이 원접사遠接使\*의 종사관從事官\*이 되었을 때 한무외는 순안順安의 훈도訓導로 있었다. 허균은 그와 더불어 말을 나눠 보고는 그가 기이한 술객이라는 것을 알았다. 그리하여 함께 자기를 청하여 신선술을 배우는 방도에 대해 물으니, 한무외가 대답했다.

"무릇 신선이 되는 방도는, 음모와 비밀스런 계략을 만들지 않으며, 무고한 사람을 형벌로 죽이지 않으며, 사람을 속이거나 업신여기지 않으며, 재물을 경영하지 않으며, 곤궁한 사람을 보면 재물을 아끼지 않으며, 항상 맑고 깨끗하며 여색이나 좋아하는 물건을 가까이하지 않는 것이오."

한무외는 홀아비로 40년을 살았는데 집안이 궁핍했다. 이 때문에 몸을 욕보여 훈도訓導가 되어 그로써 조석거리를 마련할 따름이었다. 일찍이 일선一善, 휴정休靜, 홍정弘正 등의 고승들을 따라 노닐었으며, 유정惟正은 비루하게 여겨 같은 반열에 끼워 주지 않았다. 허균이 물어 보았다.

"휴정은 여색을 좋아하며 형장刑杖을 사용하는데 어떻게 견성見性한 사람이 되었습니까?"

한무외가 대답했다.

"휴정 선사는 큰 인물입니다. 견성한 것이 자못 빨랐으니, 세세한 사유로 그분의 장단長短을 말할 수는 없습니다. 다만 홍정이 휴정보다 고상하며,

---

원접사遠接使 　중국의 사신을 영접하는 임시 관직으로, 2품 이상의 관원으로서 문명文名·덕망을 갖춘 사람 중에서 선발하였다.
종사관從事官 　중국 사행의 삼사三使 가운데 하나로, 직무는 정사正使와 부사副使를 보좌하면서 매일 매일의 사건을 기록했다가 귀국 후 국왕에게 견문한 바를 보고하는 것이다. 여기에서는 원접사를 보좌하는 임시 관직이다.

일선의 정통을 이은 사람입니다."

한무외는 80여 세에 병 없이 앉은 채로 죽어, 순안順安에 장사 지냈다. 5, 6년이 지난 뒤에 그의 벗이 묘향산에서 그를 만났는데, 얼굴빛이 늙지 않았는지라 물어 보았다.

"사람들은 그대가 죽었다고 말하는데, 어찌하여 안색과 용모가 전보다 좋은가?"

한무외가 대답했다.

"전한 자들이 잘못 말한 것이라네."

곽치허郭致虛는 환술幻術을 잘해 비바람을 부르고 신이한 일을 많이 하였다. 한무외의 말은 모두가 허균의 심부心腑에 파고들었으니, 진실로 이인異人이다.

## 망기법에 능통한 박상의 ❖ 96

월정月汀 윤근수尹根壽는 중국 말을 할 줄 알았다. 일찍이 조천사朝天使로 연경燕京에 갔다가 기를 볼 줄 아는 자(望氣者)를 만나 그에게 물었다.

"기氣를 살펴 점치는 것도 배우면 능통할 수 있습니까?"

"배우면 할 수 있습니다."

"어떻게 하면 됩니까?"

"흙집을 짓는데 동쪽, 서쪽, 북쪽과 위쪽을 막고 남쪽은 터 놓습니다. 또 한 겹을 전처럼 지어서 북쪽은 트고 남쪽은 막습니다. 또 한 겹을 짓기를 전과 같이 하여, 동쪽을 트고 북쪽은 막습니다. 다시 한 겹을 지어서 그 서쪽을 틉니다. 또 한 겹을 지어서 그 위쪽을 열어 놓습니다. 매번 네 면은 막고 한 면은 틉니다. 그 속은 침침해 밤낮조차 분간할 수가 없습니다. 그 안에서 밤낮으로 잠을 자지 않고 오십 일을 지내면, 다섯 겹의 토실 안에서도 환한 대낮처럼 사물을 볼 수 있어서 옷의 실오라기도 모두 셀 수 있습니다. 그런 다음에 나가서 살펴보면 오색의 천지 기운이 눈 앞에 명료하여 수백 리의 바깥도 볼 수 있습니다. 이로 인해 길흉을 점치면 백의 하나도 어긋나지 않습니다."

학관學官 이재영李再榮이 연경에 가서 동악묘東岳廟*에 이르니 사당 안에 많은 도사들이 있었다. 한 도사가 흙집 안에서 퉁소를 불었는데, 이재영이 그곳에 들어가 보려 했으나 문이 없었다. 그것이 어찌된 것인가 물어 보았더니, 도사는 흙집 안에 있으면서 네 벽을 모두 막고 다만 자그마한 구멍으로 식사를 통하며 하나의 작은 들창으로 빛을 취한다는 것이다. 3년 후에 나오면 고품高品의 위치에 올라 후한 녹을 받을 수 있다고 하였다.

근래 술사인 박상의朴尙義 또한 이 법을 배웠다. 네 겹의 토실을 만들어 놓고 그 안에 있다가 오십 일 후에 밖으로 나왔는데, 능히 사람의 상相을 보고 기를 살필 수 있었다. 그가 한 손님을 보고 말했다.

"당신은 이미 상喪을 당했군요. 하얀 기운이 머리 위에 떠 있습니다."

모친이 먼 곳에 있었기 때문에 이미 모친이 죽었는데도 손님은 그 사실을 모르고 있었던 것이다. 그런데 며칠 지나지 않아 부음이 도달했다.

참판參判 정기원鄭期遠이 박상의와 마주 앉아 있다가 밖에 나가 소변을 보았는데, 오줌을 잘못 누어 바지를 더럽혔다. 들어와 박상의를 대하고 다시 앉자 상의가 웃으면서 말했다.

"공께서는 어쩌다가 오줌을 잘못 누셨습니까?"

이 말을 들은 정기원이 깜짝 놀랐다.

박상의가 담양에 살고 있을 때, 한 관비官婢와 사통하였다. 그 여종은 기질이 거세어 순순히 따르지 않았다. 여러 차례 달아나 몸을 깊이 숨겼는데,

---

동악묘東岳廟   중국 태산泰山의 신을 모신 도교 사당으로, 본존本尊이 동악대제東嶽大帝다.

상의는 반드시 앉은 채로 그녀가 숨은 곳을 알아 냈다. 열 번 도망하여 숨었으나 열 번을 다 찾아 냈다.

하루는 손님과 함께 자다가 밖에 나가 기운을 살피더니 크게 놀라 말했다.

"아무 방위에 매우 악한 기운이 있으니, 반드시 시역弑逆이 있을 것이오. 큰 변괴가 초열흘에서 한 달 사이에 있을 것이니, 그대는 알아 두시오."

손님은 눈을 비비고 바라보았으나 아무런 기운도 볼 수 없는지라 미친 소리로 여겼다. 그 뒤 이십 일이 지나자 그곳에서 과연 모친을 죽인 옥사가 있었다. 박상의는 나이 팔십에도 능히 이로 호두 껍질과 사기 주발을 부수어 가루로 만들어 먹었다. 사람들이 이를 기이하게 생각하며 귀신을 부려 환술을 잘해 그렇다고 여겼다.

박상의가 일찍이 말했다.

"네 겹으로 된 방에 들어가 오십 일을 잠자지 않고 우보禹步 고치叩齒* 하며 밤낮으로 쉬지 않으면 가히 망기법望氣法을 배울 수 있다. 그러나 이를 제대로 하지 못하면 마음에 병이 생겨 미쳐 달아날 것이니, 무서운 일이다."

## 선도에 정통한 남궁두 ❖ 97

남궁두南宮斗는 호남 사람으로 젊은 시절 사부辭賦를 잘 지었다. 일찍이 성균관의 과장科場에서 일등을 하니, 선비들이 모두 그 글을 돌려 가며 읊었다. 불행히 집 안에서 젊은 첩과 서로 장난하다가 실수로 그녀를 죽게 했다.

---

우보禹步 고치叩齒    우보禹步는 도교에서 수련하는 보행법步行法으로, 두 발을 펼치면서 느릿느릿 걷는 걸음걸이다. 고치叩齒는 윗니, 아랫니를 자주 부딪치는 것으로, 소화력 개선과 함께 기억력 감퇴를 막는 효과를 가져온다고 하는데, 역시 도교의 수련법이다.

그러고 나서 그 친척들이 알까 두려워하여 몰래 논 가운데에 묻고서는 못된 젊은 놈이 데리고 달아났다고 말을 퍼뜨렸다. 1년 남짓 지나서 집의 여종이 매를 맞고는 분해서 죽은 첩의 친족에게 달려가 이 사실을 말했다. 논 가운데를 파 보니 그 첩은 얼굴색이 살아 있는 듯했다. 그제야 남궁두가 살려 달라고 애걸하였다.

이로부터 다시는 과거에 응시하지 않고 신선술神仙術과 불교에 몰두해 인간 세상의 영리榮利를 끊었다. 본래 재주가 뛰어난 사람으로 정진하는 바가 정밀하고 심오했으며, 게다가 일생 동안 공력을 쌓았다. 색욕色慾만은 완전히 끊어 내지 못해 연단煉丹의 묘법은 터득하지 못했지만, 오직 기氣만 마시고 곡기는 끊었다. 그리하여 나이 팔십에도 오히려 어린아이의 얼굴빛을 지녔으며, 나막신을 신고서 전주全州와 은진恩津을 왕래했는데, 젊고 건장한 사람일지라도 그의 걸음을 뒤좇을 수가 없었다. 그가 고요하게 방에 앉아 있으면 방 안에는 늘 자줏빛 기운이 돌았다. 식자들은 그를 일컬어 '지상의 신선'이라고 하였다. 하루는 우레가 치며 비바람이 불어 햇빛을 가리니, 남궁두가 말하였다.

"하늘이 장차 나를 부르려는 것이로군."

그러고 나서 병도 없이 앉은 채로 죽었다.

## 천문의 대가 이번신과 남사고 ❖ 98

이번신李潘臣은 지관地官 중에서 걸출한 인물이다. 만력 정축년(1577)에 치우기蚩尤旗가 나타나 하늘에 길게 뻗쳤다. 정승 이산해李山海가 이번신에게 물었다.

"훗날 어떤 일이 이에 응하겠는가?"

이번신이 대답했다.

"참혹하기가 말할 수 없습니다."

"기묘년의 사화土禍*에 비하면 어떠하겠는가?"

"어진 선비 한 사람이 죽은 것이니, 그 재앙이 얼마나 되겠습니까?"

"을사년의 사화*에 비하면 어떠한가?"

"왕자 한 사람이 죽은 것이니, 그 재앙이 얼마나 되겠습니까?"

이산해가 다시 묻자 이번신은 단지 "참혹하기가 말할 수 없습니다"라고만 했다.

"그 응함이 느리겠는가, 아니면 빠르겠는가? 언제쯤 있겠는가?"

"한 나라의 군주가 노하여도 그 화가 큰 법인데, 하물며 하늘이 노하신 것이니 어찌 쉽사리 드러낼 수 있겠습니까? 그 시기는 16, 17년 뒤에나 있을 것입니다."

"우리나라는 천하에 있어서 그 작기가 금천衿川* 땅이 우리나라에서 차지하는 것만 하다. 혜성彗星의 이변은 중국이나 감당할 일이지 어찌 우리같이 작은 나라에 관여되겠는가?"

"그렇지 않습니다. 우리나라는 중국 연燕나라의 분야*에 속해 있어 화복을 같이합니다. 또 비록 성문星文*이 아니더라도 지난번에 안개가 크게 낀 이변이 있었던바, 그 참혹함은 치우기가 나타난 것과 다를 바가 없습니다. 끝내 있게 될 재앙을 어떻게 감당할 것인지……."

기묘년의 사화土禍　　기묘사화를 말한다. 기묘년己卯年인 1519년(중종 14)에 조광조趙光祖 등 신진 사류들이 훈구파에게 제거된 사화이다. 뒤의 '어진 선비'는 조광조를 가리킨다.
을사년의 사화　　을사사화를 말한다. 을사년乙巳年인 1545년(명종 즉위)에 소윤小尹이 대윤大尹을 제거한 사화로, 윤임尹任의 생질인 계림군桂林君 등 100여 명이 화를 당했다. 뒤의 '왕자'는 곧 계림군을 가리킨다.
금천衿川　　지금의 서울시 금천구.
중국 연燕나라의 분야　　전국 시대에 천문가들은 중국 전토를 하늘의 28수宿에 대응하여 분야를 나누어 놓고, 하늘의 별에 이변이 있으면 해당 분야의 나라에 재앙이 있다고 믿었다. 연은 중국 동북부에 해당하니, 우리나라도 이 구역에 속한다는 것이다.
성문星文　　천문 현상 가운데 별의 운행과 관련해 드러내 보이는 표상을 일컫는 말.

그 후 임진년壬辰年(1592)에 이르러 과연 왜란을 당해 임금이 도성을 떠나 난을 피하는 변고까지 있고 팔도가 황량하게 변했다. 그때까지가 꼭 16년이었으니, 그 말이 과연 그대로 징험되었던 것이다.

이보다 앞서 남사고南師古가 천문을 잘 보는 것으로 명성이 있었다.* 어떤 사람이 그에게 물었다.

"나랏일이 어떻게 될까? 어느 때나 평안해질까?"

남사고가 말했다.

"동쪽에 태산泰山을 봉한 연후라야 평안해질 것이오."

당시 사람들이 그 말을 이해하지 못했는데, 후에 문정왕후文定王后가 죽어 도성의 동쪽에 장사 지내고 그 능을 태릉泰陵으로 봉하였다. 이로부터 공헌대왕恭憲大王(명종)이 다시 정사에 임해 국사가 비로소 평안해졌다. 사람들은 모두 '동쪽에 태산을 봉한다'는 참언讖言이 거짓이 아니었음을 알게 되었다.

이번신은 남사고를 경시하여 '남생이 무슨 높은 식견이 있는가?'라고 생각하며, 스스로 자신보다 못한 것으로 여기었다. 또 말하기를,

"근래에 천문을 보니 태사성太史星의 색이 변하였다. 천문을 아는 자가 죽을 것이니, 내가 이 세상에 오래 머물지 못할 것이다."

라고 했는데, 얼마 안 지나 남사고가 죽었다. 이번신이 이 소식을 듣고 크게 놀라 허둥지둥 아계鵝溪(이산해)의 집으로 달려와 소리쳐 말했다.

"상공, 상공! 남사고가 죽었습니다. 그가 천문에 정통함이 저보다 뛰어남을 이제야 알겠습니다. 하늘이 재앙을 보임이 남사고에게 있었지, 저에게

---

* 남사고가 천문을 ~ 명성이 있었다.  〈청패본〉에는 이 대목에 "蔚珍人顗孫, 顗萬戶, 世宗二十年, 率數百人, 往搜鬱陵島浦民, 盡俘金丸等七十餘人而還, 空其地. 師古號於數學天文地理, 無不洞曉, 明宗朝, 官社稷參奉也, 世以爲海東康節云"이라는 주가 추가되어 있는바, 이를 풀이하면 다음과 같다.

"울진 사람 호顗의 손자다. 남호는 만호萬戶로 세종 20년에 수백 명을 이끌고 울릉도에 들어가 포망한 백성들을 수색해 김환金丸 등 70여 명을 사로잡아 돌아왔고, 그 땅은 무인도가 되었다. 남사고는 수학·천문·지리에 이름났고, 환히 알지 못함이 없었다. 명종 때에 사직 참봉社稷參奉의 벼슬을 지냈으며, 세상에서 '해동의 소강절'(海東康節)이라 불렸다."

있었던 것이 아니었습니다."

남사고는 일찍이 두이간豆伊間을 스승으로 섬겼는데, 그는 일을 감지함이 귀신 같았다. 어떤 사람이 오이를 먹고 있는 걸 보고 두이간이 말하였다.

"이 오이는 필시 몇째 번 이랑, 몇째 번 덩굴, 몇째 번 꼭지에 달렸던 것이다."

밭에 가서 확인해 보니 과연 그러하였다. 작별 인사를 하고 문을 나서자마자 문득 간 곳을 알 수 없었다. 사람들은 그가 어느 곳에서 태어났으며, 어느 곳에서 생을 마쳤는지, 그의 이름이 또한 무엇인지 알 수가 없었다. 다만 스스로 천한 이름으로 자신을 욕보이고자 하여 자칭 두이간이라고 했으니, 두이간(뒷간)은 세속에서 변소를 이르는 말이다. 두이간이 한마디 하면 남사고는 공경하며 "예, 예!" 하고 대답하지 않음이 없었다.

정축년에 있었던 별의 변고에 대해 중국인들은 "치우기가 아니라 혜성이다"라고 했는데, 후에 천문서天文書를 상고해 보니 과연 그러했다.

## 박엽의 비범한 능력 ❖ 99

박엽朴燁은 어린 시절에 나의 조카 유철柳澈과 친한 벗이었다. 유철이 여러 소년들과 함께 우리 집 뜰에 모여 있을 때였다. 갑자기 한 줄기 뜨거운 물이 밖에서 지붕을 지나 날아 들어와 의관衣冠에 쏟아졌다. 여러 소년들이 놀라 괴이쩍게 여기며 말했다.

"틀림없이 박숙야朴叔夜(박엽)가 왔을 것이다."

문을 나가 살펴보니 박엽이 행랑채 밖 길가에 서서 지붕 위로 오줌을 뿌리고 있었다.

박엽은 외가가 목천木川에 있었는데, 목천은 서울에서 240리 떨어진 곳이다. 밥 한 그릇을 소매 속에 넣고 저물녘 소매를 휘두르며 떠나면 미처 날이 어두워지기도 전에 목천에 도착했다. 그의 걸음은 빠르지도 느리지도 않아 길 가는 다른 사람들과 다름이 없었는데, 다만 옷자락이 바람에 펄럭이는 소리가 들릴 뿐이었다. 그는 군읍郡邑을 다스림에 있어서 위풍이 준엄하고 관청의 일을 즉시 처리하여, 이르는 곳마다 유능하다는 명성이 있었다.

## 환술에 능한 중 ❖ 100

예전에 내가 어렸을 때에 교리校理 신호申濩에게 한유韓愈의 글을 배웠다. 「송고한상인서」送高閑上人序*의 '스님은 환술을 잘 했고 재주가 많았다'(浮屠善幻多技能)라는 구절에 이르러서 물었다.

"무엇을 일러 환술을 잘 하고 재주가 많은 것이라 합니까?"

교리가 말했다.

"근래 과천果川의 어떤 원두한이(園頭干)가 참외 한 바리를 가득 싣고서 한강에서 배를 탔다네. 배에 함께 탄 한 중이 '더운 날씨에 내 속이 타는 듯하네. 배에 함께 탄 사람들에게 참외를 나누어 주시게'라고 말했지. 원두한이는 '밭 갈아 김매고 물 대 가며 애써서 수확했는데, 저자에 내다 팔지 않고 당신네들 좋을 일만 하란 말이오!'라고 대꾸했지. 중이 말하기를 '밭 갈고 김매어 참외를 거두는 것이 내게는 매우 쉬운 일이네. 내 스스로 마련하고 말지 당신에게 무얼 기대하겠나?' 하고는 드디어 지팡이를 가지고 배 안에서 밭을 갈았다네. 밭갈이를 끝내고 씨를 뿌렸는데 파종을 마치자 싹이

---

「송고한상인서」送高閑上人序    한유의 산문으로, 김득신金得臣(1604~1684)은 「고문삼십육수독수기」古文三十六首讀數記란 글에서 이 작품을 1만 3천 번 읽었다고 기록한 바 있다.

텄지. 싹이 자라서 덩굴이 생겨나고, 덩굴이 뻗어 꽃이 피고, 꽃 피자 열매가 맺혀 커졌다네. 다 자라서 익자 순식간에 배에 가득하게 매달린 빛깔 좋은 개구리참외의 단내가 코를 찔렀지. 덩굴을 거둬들여 참외를 따서 함께 탄 이들에게 모두 나누어 주어서 모두 다 갈증을 풀 수 있었다네. 배가 강북쪽 언덕에 닿자 중은 지팡이를 들고 배에서 내려 가 버렸는데, 원두한이가 뭍에 올라 자기 짐바리를 보니 절반이나 비어 있었지. 그래서 그 중을 뒤쫓아 갔으나 간 곳을 알 수 없었어. 이러한 것을 일러 '스님은 환술을 잘하고 재주가 많다'고 하는 것일세."

## 곽치허에게 환술을 배운 김새 ❖ 101

김새金璽는 관서關西 지방 영유永柔 사람이다. 젊었을 때 희천熙川 향교의 교생 곽치허郭致虛에게 배웠는데, 곽생은 환술을 잘 해 때때로 기이한 일이 있었다. 8월에 향교에서 석전釋奠을 거행하는데 곽생이 그 일을 맡았다. 향교의 여러 유생들이 모여 의논하여 말했다.

"곽생은 요사스런 사람이다. 마땅히 일을 맡기지 말아야 하며 문묘文廟에서 내쫓아야 한다."

곽생이 크게 노하여 말했다.

"당신네들이 나를 괴롭히면, 나 혼자서라도 당신네들을 괴롭게 하지 못할 것 같소?"

잠시 뒤에 큰비가 갑자기 쏟아져 뜰에 물이 가득 넘쳐 향교가 물에 잠겨 버렸다. 유생들이 모두 배나무를 잡고 오르다가 배나무 가시에 찔려 살갗에 피가 흐르니, 드디어 사과를 하고 화해하자고 애걸했다. 그러자 곧 비가 개고 향교에는 물에 잠긴 흔적조차 없었다.

김새는 그 술서術書를 전해 받아 배우고자 했는데, 첫째 장이 불에 타서 그 문자를 가지고는 술법을 다 터득할 수 없었다고 한다. 나는 이를 속이는 말이라고 여겨서 그 술법을 말해 보라고 시키니 그가 말했다.

"세 번 이를 마주쳐 두드리고 북두칠성 자루를 그리며 우보禹步로 들어갑니다."

내가 물었다.

"어떻게 하는 것이오?"

그러자 그가 대답했다.

"앞쪽, 왼쪽, 오른쪽으로 세 번 이를 두드리고 칼을 빼어 땅에다 북두칠성을 그립니다. 우보라는 것은 두 발을 붙이고서 북두칠성 자루의 구부러진 곳을 지나 걸어 들어가는 것입니다. 이 법식대로 하면서 경經을 외며 나아가면 온갖 귀신들이 다가와 그 사람의 몸을 가려 주어 다른 사람은 볼 수가 없습니다. 마침내 숙달된 경지에 이르면 일곱 걸음 이내에 몸을 숨길 수 있고, 만일 신묘神妙한 경지에 들면 움직이거나 경을 외지 않고서도 앉은 채로 몸을 숨길 수 있습니다."

혹자는 이렇게 말하였다고 한다.

"김새가 요사한 술수로 남의 첩을 도둑질했는데, 처음에는 몸을 숨기고 들어갔으나 이미 정기가 흐트러져 몸이 감추어지지 않자 주인에게 발각되어 결박을 당하고 곤욕을 치른 일이 있다."

## 산 귀신을 죽인 나옹 선사 ❖ 102

나옹懶翁은 고려 말의 신승神僧이다. 회암사檜巖寺*의 주지가 되어 부임해 가는데, 절에서 십 리쯤 못 미치는 곳에서 찢어진 납의를 입고 대삿갓을 쓴 어떤 사람이 길가에 엎드려 알현하였다. 나옹이 누구냐고 묻자, 그 사람이 대답했다.

"빈도貧道는 절에 있는 시주승입니다. 대사께서 저희 절에 오신다는 말을 듣고 감히 길에서 기다리고 있었습니다."

나옹은 그에게 앞장서라고 했는데, 그는 물을 건너면서도 옷자락을 걷지 않고 평지를 걸어가듯 하는지라 나옹은 마음 속으로 그가 사람이 아님을 알았다. 절 문에 들어서자 그가 간 곳을 알 수 없었다. 나옹이 절에 들어와서는 예불도 하지 않고 곧장 행랑으로 가 머무르니, 절의 중들이 괴이하게 여겼다. 조금 있다가 먼저 중들에게 한 다발의 삼으로 만든 동아줄 수십 길을 준비하게 하니, 여러 중들이 더욱 이상하게 여기며 말했다.

"대사께서 처음 오셔서 예불도 드리지 않고 먼저 물건을 징발하고 인력을 동원하니 어찌된 일입니까?"

그러나 감히 거역하지는 못하고 갖추어 올렸다. 나옹은 대불전大佛殿에 올라 건장한 중 백 명을 뽑아서 지시하기를, 굵은 동아줄로 몇째 번 자리에 있는 장육불丈六佛*을 얽어매어 땅에 쓰러뜨리라고 했다. 절에 있던 늙은 중들이 모두 모여 합장하면서 청하여 말했다.

"예전부터 이 불상은 영험하여 범상하지가 않습니다. 비를 빌면 비가 오고, 병이 나서 빌면 병이 나았고, 아들을 빌면 아들을 잉태하여 무릇 기원하는 바에는 곧바로 응험이 있었습니다. 대사께서 처음 하시는 일에 대중들이 귀를 기울이고 눈을 닦고 보는데, 제일 먼저 불상을 쓰러뜨리게 하시니 매우 괴이한 일입니다."

회암사檜嚴寺  고려 말에서 조선 초에 경기 양주군 회천면 천보산天寶山에 있던 사찰. 1328년(충숙왕 15) 원나라를 거쳐 고려에 들어온 인도의 승려 지공指空이 인도의 아라난타사阿羅難陀寺를 본떠 창건한 266칸의 대규모 사찰이었다. 1376년(우왕 2) 나옹懶翁이 중건하였으며, 조선 시대에 들어와 세조비 정희왕후貞熹王后의 명으로 정현조鄭顯祖가 재중창하였는데, 명종 때 보우普雨가 실각한 후 쇠퇴하기 시작하였다. 19세기 초에는 거의 폐허가 되었다.
장육불丈六佛  높이가 1장 6척 되는 불상을 이르는 말.

나옹은 눈을 부릅뜨고 꾸짖어 말했다
"너희들은 내가 시키는 대로만 하거라!"
여러 중들이 감히 거역하지 못하고 일제히 힘을 합해 불상을 끌어당겼다. 불상은 나무로 만든 것에다 금을 입혀 무거운 것이 아니었는데도 100명이 끌어당겼지만 전혀 움직이지 않았다. 늙은 승려가 눈썹을 추켜올리며 말했다.
"과연 사람들의 말과 같도다. 영험한 불상을 모욕해서는 안 되니 커다란 우환이 있을 것이다."
나옹이 탑榻으로 올라가 한 손으로 그 불상을 밀자, 즉시 땅바닥으로 쓰러졌다. 밖으로 끌어 내 승려들 앞에 놓고는 땔나무를 쌓고 불태우자 노린내가 산에 가득하였다. 그러고 나서 다시 불상을 만들어 세웠는데 또다시 요환妖幻이 있자 전처럼 불태워 버렸다. 세 번째로 만들어 세웠더니 다시는 재앙이 없었다. 나옹은 이에 불상을 안치하며 말했다.
"무릇 불상을 안치하고 향불을 피워서 공양을 올리는데, 간혹 산 귀신이나 나무 도깨비가 불상에 붙어서 거짓으로 석가여래의 신령한 환술인 것처럼 꾸미는 경우가 종종 있다. 이른바 아무 절에 영험한 불상이 있어서 감통하여 즉시 감응이 있다고 하는 것들은 모두 이런 따위들이다. 어리석은 중들이 그것을 받들어 모시는데, 간혹 절 전체가 화를 입고 중들이 까닭 없이 죽는 일까지 벌어지기도 하니, 두려워하지 않을 수 있겠는가?"
아! 나옹은 신통한 고승이다. 대개 사물이 오래되면 신령해지고, 신령해지면 반드시 이에 붙는 것이 있는 법이다. 하물며 절집이 아침 저녁으로 공양하는 곳임에랴. 먹을 것을 구하는 귀신들이 이를 두고 어디로 가겠는가? 요즘 사람들이 또한 무덤가에 간혹 돌로 사람을 만들어 그로써 신도神道를 지키게 하는데, 세월이 오래되면 간혹 산 귀신이 생겨나 그 제사를 대신 받기도 한다. 근래에는 간혹 돌로 된 화표華表*를 세워 돌로 만든 사람을 대신하기도 하는데, 이는 자못 이치가 있다.

## 의기가 높은 천연 선사 ❖ 103

어떤 나그네가 천연선사天然禪師에게 물었다.

"선사께서는 우리나라의 명산을 두루 돌아다니면서 기이한 스님들을 보신 적이 있습니까?"

천연선사가 말했다.

"일찍이 가야산 해인사에 노닐 때에 관찰사가 구경 온다고 하자 절의 중들이 채소를 뜯고 구유를 준비하고 그를 기다렸네. 객승 한 사람이 채소밭에 들어가 새로 난 상추를 마구 꺾고 어린 잎을 많이 따 가니 주지가 그를 나무랬지. 그래도 그만두지 않자 마침내 밭에서 쫓아 내 버렸다네. 객승은 성내고 욕하며 객실로 돌아왔지. 잠시 후 계단 아래에 있던 서너 개의 구유가 한꺼번에 사람처럼 일어서서 계단을 올라가 채소밭에 들어가서는 오락가락하면서 서로 치며 한참을 싸우니, 상추밭은 깨끗이 쓸어 버린 마당 같았네. 절의 중들이 모두 의관을 정제하고 객실에 가서 사과하기를, '뜻밖에 세존께서 저희 절에 강림하셨는데, 저희들이 어리석어 예를 갖추지 못했기에 감히 와서 죄를 청합니다' 하였네. 객승이 웃으면서 사례하기를, '내가 한 일이 아닙니다' 하고는 머뭇거리다 떠나갔는데, 간 곳을 알지 못했네."

천연선사는 의기가 많아서 사대부들과 교유하면서도 언제나 굳세어 기개를 낮추지 않았다. 지리산 천왕봉에 성황신으로 불리는 석조상이 있는데, 원근의 무당들이 그것을 받들어 모셔 그들의 소굴로 삼았다. 남쪽 지방에서는 귀신을 숭상해 재산을 털어 그곳에 가져다 바치는 백성들이 많다는 소문을 들었다. 천연선사가 한번 주먹을 휘둘러 그 석조상을 부숴 버리자, 이때부터 무당들은 기세가 꺾여 감히 다시는 요사스런 짓으로 백성을 속이지 못했다. 양응정梁應鼎이 「천연시권」天然詩卷에 다음과 같이 썼다.

화표華表    묘 앞에 세우는 문. 망주석望柱石 따위를 일컫는다.

| 주먹 한번 휘둘러 봉우리 위의 바위 부수자 | 張拳一碎峰頭石 |
| 산도깨비 의지할 곳 없어 대낮에 우는구나. | 魍魎無憑白晝啼 |

## 남방의 사호四皓 스님 ❖ 104

남쪽 지방에 철사哲師·묵사默師·칙사則師·수사修師라는 네 스님이 있었는데, 그들을 일러 사호四皓라고 한다. 수사는 선수善修라는 사람으로 원래는 오수역鰲樹驛의 절름발이 역졸이었다. 머리를 깎고 중이 되어 두류산頭流山에 들어가 불도를 닦았는데, 불경을 많이 알아 원방遠方의 중들이 모두 그림자처럼 따랐다. 지난 해에 공사供辭로 인해 역옥逆獄에 연루되었다. 금부도사가 이르기도 전에, 선수는 앉은 채로 그 사실을 알고는 제자들에게 말했다.

"산 밖에 한 사람이 와서 나에게 과오를 문책할 것이니, 너희들은 두려워하지 말 것이니라."

금부도사가 이르렀으나 늙은 절름발이는 걸음을 한 치도 옮길 수 없었다. 여러 제자들이 풍문을 듣고 이르러 각각 지나는 길에 죽을 준비해서 남여藍輿(작은 가마)를 따르는 자가 수백 여 명이었다. 전주에 이르자 그들을 모두 가두고 다만 수십 명만 가마를 메고 가게 했다. 서울에 도착하자 반역의 뜻이 없음이 밝혀져 즉시 풀어 주고 돌아가게 했다.

아! 죄가 있든 없든 역옥에 관련된 일이라면 골육지친骨肉之親일지라도 멀리서 바라보기만 하고도 쥐 숨듯 할 터인데, 승려의 무리 수백 명은 어찌 기이하지 않은가!

철사哲師는 원철圓哲이다. 천관산天冠山에서 도를 닦았는데, 죽음이 이르자 뭇 제자 이천 여 명이 와서 화장火葬을 지켜보았다. 땔나무를 쌓고 불을 지르자, 두 명의 사미승沙彌僧이 말했다.

"우리 스승께서 열반하셨는데 나 홀로 이곳에 머물러 무얼 하겠는가? 우리도 스승을 따라 극락세계로 돌아가리라."

드디어 불 속에 몸을 던져 죽었으니, 사미가 스승을 존경하여 몸을 바쳐 함께 죽은 것은 더욱 기이한 일이로다.

## 승려 조순이 만난 이인 ❖ 105

조순祖純이란 중이 있었는데 불서佛書를 많이 알았다. 젊은 시절 금강산에서 노닐다가 시왕백천동十王百川洞에 이르러 바위틈에 잣이 쌓여 있는 것을 보았는데, 열매의 껍질을 부수고 씨를 빼 간 것이 마치 무언가가 먹은 듯했다. 문득 습지에 사람의 발자국이 새로 난 것을 보고, 이에 그 자취를 쫓았다. 몇 리도 안 가서 사람 비슷한 것을 만났는데, 온몸에 푸른 털이 한 자(尺) 남짓 자라나 있었다. 처음에는 뒷걸음질하며 달아나려고 하다가, 이윽고 다가가서 그를 불러 인사를 나누고는 함께 말을 나누어 보았더니, 전라도 사투리를 잘했다.

그가 조순을 이끌어 한 곳으로 데려갔는데, 맑은 시내에 흰 돌이 있고 산봉우리는 가파르고 험준해 나무꾼이 다닐 만한 곳이 아니었다. 시냇가에는 움푹 파여서 솥 비슷해 보이는 돌확이 있었는데, 열 말 남짓 들이나 되었다. 잣을 으깨어 불에 볶아 덩어리로 만드니 마치 누룩덩이 같았는데 한 덩이를 떼어 조순에게 주면서 스스로 말했다.

"나는 본래 호남 사람으로 중이 되어 이 산에 들어왔습니다. 배고픔을 이길 수 없어 잣을 먹으며 허기를 달랬는데, 처음에는 장이 매끄러워지고 몸에 윤이 나고 살이 찌더니 마침내 온몸에 푸른 털이 자라나서 옷을 입지 않고도 따뜻했습니다. 지금 이미 백 살이 넘었습니다."

밤에 함께 자고 일어나 보니, 이미 사라지고 없었다.

조순은 금강산에서 머물다가 말년에는 보개산寶盖山으로 옮겨 갔다. 절집의 번잡함을 싫어하여 홀로 작은 흙집을 짓고 기거했는데, 이후 그가 어떻게 되었는지는 알지 못한다.

## 회암사 중을 도와준 신승 ❖ 106

양주楊州 회암사檜巖寺의 한 승려가 영남의 선산善山에서 탁발 걸식을 하고 있었다. 아침 일찍 선산을 출발하여 길에서 한 중을 만나 어디로 가는지 물어 보니, 길이 같은지라 함께 가게 되었다. 그 중은 어깨에 바랑 하나를 메고 있었는데, 그 속에는 바리때가 있었고 바리때 안에는 전날 지은 밥이 들어 있었다. 길을 가다 한 산봉우리에 이르자 날은 이미 정오가 되었다. 바랑을 열고 그 밥을 꺼내 함께 먹으면서 그가 "이 산봉우리의 이름이 무엇이오?"라고 묻기에, "새재(烏嶺)입니다"라고 대답했다.

밥을 다 먹고 나서 또 함께 길을 가다가 포시哺時가 될 무렵, 길가의 긴 제방 아래 나무 그늘에 앉아서 쉬었다. 그대로 잠깐 눈을 붙였다가 깨어나 보니 중은 이미 간 곳이 없었고, 일어나 살펴보니 그곳은 회암사 남쪽 못의 제방이었다. 절의 중들이 나와 보고는 고생했다고 위로하며, 어디에서 오는 길이냐고 물었다. 아침에 선산을 출발했다고 하자, 여러 중들이 거짓말을 한다고 여겼다. 그 자신도 긴가민가 의심스러운 생각이 들었으나 자기 몸이 이미 예전의 처소에 돌아와 있었고, 말을 나누고 있는 사람 역시 같은 절의 중들이었다. 날이 저물자 온 절이 밤인데도 훤히 밝았으며 상서로운 광채가 하늘까지 뻗쳤다. 그런데 길을 함께 왔던 중은 어디에 있는지 알 수 없었다.

## 요승 보우와 고승 일선

보우普雨는 요승妖僧인데, 여러 불경에 대해 많이 알았고 시詩에도 능했으며 문장 또한 잘 지었다. 춘천의 청평산淸平山에 있을 때, 원근의 불도들이 그를 존경하고 믿었다. 가정嘉靖 연간에 문정왕후文定王后가 수렴청정을 하며 봉선사奉先寺와 봉은사奉恩寺 두 절을 중창했다. 당시 불도들은 두 절이 중창되었고 보우가 봉선사에서 무차회無遮會*를 연다는 소문을 들었다. 찐쌀 수백 석으로 중들을 먹이니 사방의 중들이 구름처럼 모여들었다. 보우는 구름빛 비단 가사를 입었는데, 모든 중들이 에워싸고 호위하며 윗자리에 받들어 모셨다.

한 노승이 다 해진 승복을 입고 얼굴빛은 마른 나무 같았는데 석장을 짚고 끝자리에 이르렀다. 보우가 멀리서 그를 보고는 달려 나가 절하고 엎드려 얼굴을 땅에 묻고 감히 올려다보지 못했다. 좌우의 사람이 힐끗 보니 보우의 두 눈에서 눈물이 흘러 땅에 떨어졌고, 엎드린 채 오래도록 일어나지 못하는 것이었다. 노승은 그대로 선 채 석장으로 그를 두드리며 말했다.

"슬프도다! 나는 네가 이 지경에 이를 줄은 생각지도 못했구나. 나는 네가 이 지경이 될 줄은 생각지도 못했어."

그러고는 한마디 말도 나누지 않고 가 버렸다. 보우는 허탈해하며 즐거움을 잃은 지가 여러 날이었다. 무리들은 모두 이상하게 여기고, 그 스님의 법호를 물으니 '지행'智行이라고 하였다.

보우는 고승高僧 일선一善이 도가 있다고 생각하고 후한 예를 갖추고 묘향산妙香山에서 맞이했는데, 일선은 한마디 말도 하지 않고 큰 글씨를 써서 그에게 주었다.

---

무차회無遮會　성범聖凡·도속道俗·귀천貴賤·상하上下의 구별 없이 일체 평등으로 재시財施와 법시法施를 하는 대법회大法會.

| 구름이 진령을 빗겼으니 집은 어디에 있는가? | 雲橫秦嶺家何在 |
| 눈이 남관에 쌓여 말도 나아가지 못하네. | 雪擁藍關馬不前* |

그러고는 일선은 끝내 나오지 않았다.

훗날 일이 실패로 돌아가자 보우는 한계사寒谿寺 바위 굴에 몸을 숨겼다가 발각되어 붙들려 제주로 유배를 갔다. 제주 목사가 보우에게 객사를 청소하게 하고, 날마다 힘센 무인 40명에게 각기 주먹으로 한 대씩 때리도록 하니, 보우는 마침내 주먹질을 당해 죽었다.

일선은 묘향산에서 일생을 마쳤다. 입정入定할 때는 탑상에서 내려오지 않았으며, 비록 대관들이 이를지라도 문 밖으로 나가 영접한 적이 없었다. 이량李樑은 권세 있는 귀족으로 묘향산을 유람하다가 일선 스님을 존경하여 비단옷을 벗어 그에게 입혀 주었다. 이량이 산을 내려가자마자 일선은 곧 옷을 벗어 종자에게 주며 말했다.

"내가 이 따위 옷을 어디에 쓰겠는가?"

보우가 죽은 뒤 그의 시집이 세상에 유행하였다.

## 불교에 몸을 바친 이예순 ❖ 108

옥여玉汝 이귀李貴는 나의 젊은 시절 벗*인데, 숙천 부사肅川府使로 가선 대부

---

구름이 ~ 못하네　이 시는 한유의 「左遷至藍關示姪孫湘詩」라는 시의 한 연으로 전문은 다음과 같다. "一封朝奏九重天, 夕貶潮州路八千. 欲爲聖明除弊事, 肯將衰朽惜殘年? 雲橫秦嶺家何在? 雪擁藍關馬不前. 知汝遠來應有意, 好收吾骨瘴江邊."

나의 젊은 시절 벗　이귀李貴는 이이와 성혼의 문하에서 수학했는데, 작자 유몽인 또한 성혼에게 수학한 바 있으니, 여기에서 '젊은 시절의 벗'이라 한 것은 이를 가리키는 듯하다.

嘉善大夫˙에 승자陞資˙되었다. 그에게는 딸이 하나 있어 이름을 예순禮順이라 했다. 그녀의 남편은 김자겸金自兼으로, 감사監司 김억령金億齡의 손자이며 현감縣監 김탁金琢의 아들이었다.

김자겸은 불도佛道를 지나치게 좋아해 그의 벗인 서얼 오언관吳彦寬˙과 더불어 불업을 닦았다. 거처와 음식을 내외의 분별 없이 같이 하였고, 비록 잠자는 일에 있어서도 처자妻子의 방을 함께 썼다. 그 후 김자겸이 병들어 죽을 때가 되자 처자를 오언관에게 부탁하며 게偈를 지었다.

| | |
|---|---|
| 올 때 얽매인 바 없었거니, | 來時無所着 |
| 떠나감에 맑은 가을 달과 같다. | 去若淸秋月 |
| 오는 것 또한 실제 오는 것 아니었으니, | 來亦非實來 |
| 가는 것 또한 실제 가는 것 아니리. | 去亦非實去 |
| 진상眞常˙은 본성을 크게 즐겁게 하나니, | 眞常大樂性 |
| 오직 이것을 이치로 삼을지라. | 惟此以爲理 |

게를 마치고 난 뒤 죽었다.

그 후 오언관은 이예순의 집을 마치 친척집 드나들듯 출입하며 불가의 허다한 책들을 예순에게 가르쳐 주었다. 이예순은 다른 사람의 마음을 꿰뚫어 보는 법을 얻었다고 선언했는데, 몸에서는 기이한 향내가 나고 영묘한 광채가 방에 가득한지라, 어떤 사람은 그를 생불生佛이라고 칭하였다.

이예순은 어느 날 글을 써서 상자에 남겨 놓고, 부친과 헤어져 오언관을

---

**가선 대부嘉善大夫** 조선 시대 정2품 품계의 하나.
**승자陞資** 당하관堂下官이 당상관堂上官의 자급資級에 오름을 말한다. 가자加資라고도 한다.
**오언관吳彦寬** 『조선왕조실록』에 오언관은 오겸吳謙(1496~1582)의 서자로 나와 있다. 오겸은 예조 판서, 우찬성을 거쳐 우의정까지 지낸 인물이다.
**진상眞常** 불교 용어로 '진실하여 항상 존재한다'는 뜻이다.

따라 안음安陰의 덕유산德裕山으로 가서 머리를 깎고 출가出家했다. 대를 베어 집을 짓고 그곳에 거주하니, 읍 사람들이 그들을 공경하여 믿으며 모두 쌀을 덜어 보시하였다. 그들의 노복이 금도군사禁盜軍士*에게 잡히자 현縣에서는 오언관과 이예순을 잡아 가두고 감사에게 보고해, 이 일이 조정에 알려졌다.

언관은 이름을 고쳐 황晃이라 하고, 예순도 이름을 고쳐 영일迎日이라 했는데, 영일은 오언관의 죽은 처의 이름이었다. 이 당시는 아직 역옥逆獄이 끝나지 않았던 때*인지라 조정에서는 서울로 잡혀 올라온 그들의 종적을 의심하고, 전정殿庭에서 국문했다. 오언관은 심문을 당하다 죽고 이예순은 감옥에 갇혔다. 이예순이 절구 한 수를 지어 남동생에게 주었는데, 그 시는 다음과 같다.

| | |
|---|---|
| 이제 가사 옷 황진黃塵으로 더럽히니, | 祗今衣上汚黃塵 |
| 어찌하여 청산은 사람을 허락지 않는가? | 何事靑山不許人 |
| 감옥은 다만 사대四大*를 가둘 수 있을 뿐, | 圜宇只能囚四大 |
| 금오禁吾*는 나의 원유遠遊를 금하기 어렵도다. | 禁吾難禁遠遊神 |

금도군사禁盜軍士　　도적을 잡는 군사를 말한다.
이 당시는 아직 역옥逆獄이 끝나지 않았던 때　　『조선왕조실록』광해군 6년 8월 19일조 기사에 의하면, 오언관과 이예순은 박치의朴致毅가 아닌가 하여 잡힌 것으로 나와 있다. 박치의는 강변칠우江邊七友의 한 사람인데, 강변칠우는 서자로서 관리 등용의 길이 막혀 있음에 불만을 품고 죽림칠우竹林七友를 자처하며 여주에서 시주詩酒로 교유하였다. 이들은 모두 명문가의 서자인데, 광해군 즉위 초년에 연명으로 상소하여 서자도 관리에 임용될 수 있도록 청하였으나 허락되지 않았다. 1612년(광해군 4) 강변칠우는 조령에서 은 상銀商을 죽이고 은 수백 냥을 약탈했는데, 이듬해 모두 체포되었으나 박치의 혼자 도주하여 행방을 감추었다.
사대四大　　불교 용어로 물질계를 구성하는 4대 원소, 곧 지地·수水·화火·풍風을 말한다. 여기에서는 신체身體를 뜻하는 말로 쓰였다.
금오禁吾　　의금부義禁府의 별칭.

그녀의 공초供招*는 대략 다음과 같다.

"6, 7세부터 문자를 조금 알았는데, 이때부터 이미 세상의 즐거움에는 마음이 없었으며, 15세에 시집을 갔으나 남녀 간의 생업生業에는 관심이 없었습니다. 오직 지극한 도에만 마음을 두고 8, 9년 공력을 쌓자, 얻는 것이 있는 듯했습니다."

또 말했다.

"제가 생각하건대, 옛날 석가는 왕의 태자로서 나라를 버리고 성城을 뛰쳐나가 설산雪山에서 고행苦行한 지 10년 만에 세간에 주재하는 부처가 되었습니다. 지난 겁劫에 여자의 몸이었던 문수文殊는 제 몸을 돌아보지 않고 도에 참여해 마침내 정각正覺을 이루었으며, 원왕부인願王婦人은 왕후로서 구법求法하기 위해 먼 길을 떠났으나 스스로 도달할 수 없게 되자 심지어는 스스로 사서 고행을 했는데, 그녀는 곧 관음觀音의 전신前身이었습니다. 이 밖에도 역대로 고행했던 자들은 이루 다 헤아릴 수 없이 많은데, 당나라 때에 이르러서는 불법이 크게 일어나지 않았지만 문벌가의 부녀자들이 비구니가 되어 출가해 어떻게 죽었는지 알 수 없는 자들 또한 많았습니다. 고금古今이 비록 다르지만 뜻이야 어찌 다를 수 있겠습니까?"

또 말했다.

"세상에는 삼교三教가 있으니 유교와 도교와 불교입니다. 유교는 자신의 덕을 밝히고 남의 덕을 밝힘으로써 군신 부자로 하여금 오륜을 모두 밝히도록 하고, 만물로 하여금 그 직임에 편안토록 하여 곤충과 초목까지도 모두 그 혜택을 입도록 하니, 이는 유교가 크게 두드러진 점입니다. 선교仙教는 능히 수화水火로 형기形氣를 단련하여 물외物外로 날아 올라가니, 질병과 고뇌가 가까이 오지 못하며 늙음과 죽음이 침범하지 못합니다. 그러나 괴겁壞劫*의 윤회를 벗어나지 못할지니, 이는 다만 장수하는 영화에 그칠 뿐입니

---

공초供招　　죄인의 범죄 사실에 대한 진술.

다. 불학佛學은 타고난 불성을 돈오頓悟하여 절로 본성이 청정해져서 마치 흰 달이 하늘에 떠 있는 듯합니다. 사습邪習이 저절로 제거되고, 번뇌가 저절로 청정해지며, 점차 두루 통하여 자유자재하게 되어 신통한 변화는 막힘이 없고, 윤회의 길이 끊어지고 지옥이 영원히 멸합니다. 종전의 악업惡業은 구름이 소멸하고 비가 흩어지듯 하며, 지난 겁의 원친冤親*들과 함께 각안覺岸*을 건너게 되니, 몸은 무너져도 더욱 밝아지고 겁劫이 다해도 더욱 견고해집니다. 미세한 티끌 하나도 대개 이와 같거늘 그 나머지에 대해서는 말로 다 하기가 어렵습니다. 저는 여자의 몸으로 태어나 유학을 배우고자 해도 끝내 임금을 바르게 하고 백성에게 혜택을 베푸는 지극한 이치를 이룰 수가 없습니다. 그리고 선도는 조화의 권도를 훔쳐 크게 농환弄幻하는 것입니다. 그런 까닭에 불도를 배워 겨우 한 가닥을 터득하자 산림에 자취를 감추고서, 위로는 성수聖壽를 축복하고 아래로는 부모의 은혜에 보답하여 일생토록 그것을 저버리지 않고자 하였습니다. 이제 대죄大罪 가운데 떨어졌으니 죽을 날이 얼마 안 남았습니다. 그러나 형해形骸가 흩어지는 것은 다만 신발을 벗는 것과 같을 따름입니다. 생사의 이치는 밤이 지나면 아침이 오는 것과 다를 바 없습니다. 하물며 죄를 범하지 않고 죽게 되었으니, 죽는 것이 오히려 사는 것입니다. 이에 여한이 없습니다."

---

괴겁壞劫 　겁은 불교에서 하나의 세계가 존속하는 시간 단위를 이르는 말이다. 불교에서는 이를 다시 생성(生)-지속(住)-파괴(壞)-소멸(空)의 4단계로 나누는 바, 괴겁壞劫은 하나의 세계가 파멸하는 데 걸리는 시간을 말한다.
원친冤親 　원수와 친한 이. 불교 용어로서 '원친평등'冤親平等은 대자비심으로 원수와 친한 이를 모두 평등하게 상대함을 말한다.
각안覺岸 　불교 용어로 미망을 벗어나 깨달음에 도달함을 이르는 말. 미혹함을 바다에 비유하고 깨달음을 언덕에 비유하여 '각안'이라고 한다.

## 이목의 출가 ❖ 109

홍양興陽(고흥) 고을에 이목李睦이라는 사람이 있었는데 양민이었다. 생업이 매우 넉넉하였고 밭과 집, 처자식이 있었지만 오로지 불교를 좋아해 늘 출가할 뜻을 지니고 있었다. 그러나 차마 가족을 외롭고 쓸쓸하게 버려둘 수는 없었다. 그에게는 친하게 지내는 친구가 있었는데 사귀는 도리가 매우 독특하였다. 하루는 집에 친구를 맞이하여 자기 처자와 더불어 한 방에서 잤다. 잠이 이미 깊이 들자 그는 몸을 빼 내 나와서 문에 자물쇠를 채우고 글이 가득 쓰여진 종이를 벽 위에 붙이고서 떠났다. 그 글의 내용은 다음과 같았다.

"나는 평소 불법을 좋아해 집을 버리고 멀리 숨어 불문佛門에 몸을 의탁하고자 했으나, 처자를 부탁할 데가 없어서 차마 하지 못하였네. 그대는 어질고 다정하며 신의가 있으니, 아비 잃은 내 자식들을 버리지 않을 것임을 잘 아네. 내게는 재산이 있고 집이 있으니 가난과 궁핍을 면할 수 있을 것이네. 이제 아내와 자식을 자네에게 부탁하니 자네는 사양하지 말게."

그 친구가 잠에서 깨어난 후 그가 오래도록 돌아오지 않음을 의심하여 나가 보니 문이 잠겨 있었다. 마침내 문을 부수고 나가 불을 밝히고 그 글에 쓰여진 사연을 보았는데, 친구는 이미 사라진 뒤였다. 그 친구는 착한 사람인지라 이웃의 친족들을 두루 불러 그 연유를 고하고 마침내 사절하고 떠났다. 그 후 이목이 영영 돌아오지 않자 이웃의 친족들이 모여 의논한 뒤, 그 친구를 다시 불러서 전택田宅과 처자를 부탁하니, 친구 역시 끝내 사양할 수가 없었다. 이목은 지금 무등산과 월출산에서 노니는데, 사람들 가운데 그를 본 자가 있다고 한다.

## 도적과 호랑이를 만난 중 ❖ 110

문경현聞慶縣의 한 중이 베 몇 필을 지니고 새재를 넘게 되었다. 날이 저물 무렵이었는데 어떤 사람이 몽둥이를 가지고 다가왔다. 중이 그를 의심해서 길을 양보하고 먼저 가도록 해도, 그 사람은 억지로 중을 먼저 가게 했다. 중이 가면서 뒤돌아보곤 했는데, 길이 굽이지고 험한 곳에 이르자 몽둥이를 든 자가 뒤에서 중을 쳤다. 이에 몸을 비껴 몽둥이를 빼앗고 도리어 그를 쳐서 거의 죽을 지경이 되자 골짜기에 던져 두고 떠났다. 밤중에 산마을에 들어가니 아낙네 몇 사람이 문에 기대어 서 있는데, 누군가를 기다리는 듯했다. 중을 보고 맞아들여 객실에 머물게 하고는 들어가자 이내 문을 잠갔다. 중은 의심스러워 오래도록 잠들지 못했다. 밤이 깊자 어떤 자가 신음 소리를 내며 집에 이르렀다. 문에 기대어 있던 사람들이 놀라서 연유를 물으니 그가 대답했다.

"중에게 곤욕을 치렀소."

아낙들이 손을 저어 그의 말을 막으며 말하였다.

"그 중이 여기에 있어요."

중이 문틈으로 살펴보니 아까 몽둥이를 들고 있던 자였다. 스스로 생각해 보니 면할 길이 없었고 나가려고 해도 문은 이미 잠겨 있었다. 그리하여 벽을 박차고 뛰쳐나가 몸을 솟구쳐 울타리를 뛰어넘었다.

울타리 밖에는 호랑이가 엎드려 있었는데, 그를 물어서 등에 태우고 울창한 숲을 뛰어넘고 큰 계곡을 건너뛰어 나는 듯이 내달렸다. 지나온 거리를 헤아려 보니 몇 백 리나 되는지 알 수 없었다. 한 곳에 이르러 날이 장차 밝아 오는데 호랑이가 그를 수풀 속에 던져 두고 쉬었다. 중은 비록 정신이 나가 멍하였지만 몸은 멀쩡했다. 눈을 뜨고 바라보니 호랑이 새끼들이 앞에 가득하였다. 호랑이는 드디어 중의 옷을 찢어 버리고 그의 몸을 엎어 놓은 채 발톱으로 살갗을 할퀴었다. 흐르는 피를 여러 새끼들이 몇 차례 핥았는데 갑자기 어떤 소리가 산꼭대기에서 나더니 숲과 나무가 모두 울렸다. 바라보니 수리 한 마리가 호랑이 새끼를 낚아채 날아가고 호랑이가 큰 소리로 으르렁대며 뒤쫓아 갔다. 호랑이가 오래도록 돌아오지 않자 중은 몸을 떨쳐 일어나 호랑이 새끼들을 밟아 죽이고 숲을 뚫고 밖으로 도망쳐 나왔다. 어디선가 큰 소리가 들려오기에 가서 찾아보니 목수가 커다란 도끼를 가지고 나무를 찍어 소반을 만들고 있었다. 드디어 그에게 몸을 의탁해 살려달라고 하고, 그 산 이름을 물어 보니 지리산이라고 했다. 문경에서 600리나 되는 거리인데, 호랑이는 반나절의 밤 동안에 달려온 것이다. 이에 목수를 따라가 마을 집에 들어가 목숨을 구하였다.

## 곽태허와 충견 ❖ 111

영변寧邊 향교 학생인 곽태허郭太虛는 정로위定虜衛*에 소속된 김무량金無良의 생질이다. 자못 불사佛事를 좋아해 중들과 사귐이 많았다. 곽태허가 밖에 나가 있을 때 그의 처가 중과 사통하다가 곽태허가 집에 이르자 중이 그를 넘어뜨리고 가슴 위에 걸터앉았다. 곽태허는 힘이 약해 뒤집을 수가 없었다. 중이 칼을 뽑자 곽태허가 손으로 쳐서 칼을 땅에 떨어뜨렸다. 중이 그 처에게 소리쳤다.

"칼을 가져와!"

처는 차마 손으로 하지 못하고 발로 칼을 점점 중 가까이 밀었다. 이때 개가 그 곁에 누워 있었는데 곽태허가 분개하여 말했다.

---

정로위定虜衛　　조선 시대 1480년(성종 11)에 궁중의 숙위를 위하여 설치한 군대, 또는 1512년(중종 7)에 서북의 방비를 강화할 목적으로 설치한 군대를 말한다. 여기에서는 후자를 지칭하는 듯하다.

"개야! 개야! 네가 만일 알아듣는다면 당장 이 칼을 치워 다오!"

개가 이내 그 말을 알아듣고 갑자기 일어나 칼을 물어다 밖에 버렸다. 그리고 다시 들어와 중의 목을 물어뜯으니 중이 드디어 죽었다. 곽태허는 그 일을 처가에 알리고는 개를 끌고서 떠나갔다. 이미 들판을 지나 고갯마루를 오르는데, 처가에서 급히 그를 불러 맞아들이려 했으나 곽태허는 응하여 돌아보지도 않았다. 처가에서는 그 처의 머리를 나무에 묶고 큰 몽둥이로 가슴을 매질하였다.

## 구라파의 천주교와 이마두의 『천주실의』 ❖ 112

천축天竺의 서쪽에 나라가 있어 '구라파'歐羅巴라고 하는데, 구라파란 그 지역 말로 '커다란 서쪽'(大西)이란 뜻이다. 그 나라에는 하나의 도道가 있어 '기리단'伎利檀이라고 하는데, 그 지역 말로 '하늘을 섬긴다'는 뜻이다. 그 도는 유교도 불교도 선교仙敎도 아니고, 별도로 하나의 갈래를 세운 것이다. 무릇 마음을 다스리고 일을 행하는 데 있어 하늘의 뜻에 어그러지지 않아야 한다고 말한다. 그리하여 여러 나라에서는 각기 천존天尊의 형상을 그려 놓고 받들어 섬기며, 석가와 노장 및 우리의 유교는 배척하여 마치 원수처럼 적대시한다. 우리의 도에 이르러서는 일컬어 기술한 바가 많지만 큰 뿌리는 현격히 다르고, 불교에 대해서는 윤회설을 심히 배척하지만 천당과 지옥은 있는 것으로 여긴다.

그곳 풍속은 혼인하는 것을 숭상하지 않고 평생토록 여색을 가까이하지 않는 사람을 택해 군장君長으로 삼고 '교화황' 敎化皇(교황)이라고 부른다. 천주天主의 뜻을 이어받아 가르침을 베풀고 세상을 깨우치는데, 세습하지 않고 현자를 택하여 세운다. 사사로운 집을 이루지 않고 오직 공무만 힘쓰며,

또한 자녀가 없이 오직 백성들을 자식으로 삼는다. 그 글은 대략 회회와 같이 왼쪽에서부터 쓰며, 글자는 가로로 써 가며 행을 이룬다. 그 선비(修士)는 친구 간의 사귐을 중히 여기고, 대다수가 천문과 별자리에 정통하다.

만력萬曆 연간에 이마두利瑪竇(마테오리치)라는 자가 있었는데, 구라파에서 태어나 팔만 리를 두루 다니다가 남쪽 오문澳門(마카오)에서 10여 년을 머물렀다. 능히 천금의 재산을 모았는데 모두 다 버리고 중국에 들어가 여러 서적과 성현의 글을 두루 보고 계묘년(1603, 선조 36)에 책을 저술했는데, 상하권 8편으로 이루어졌다.

첫 편에서는 천주天主가 처음으로 천지를 창조하고 주재하며 편안하게 길러 주는 도를 논했고, 제2편에서는 세상 사람들이 천주를 잘못 알고 있음을 논했다. 제3편에서는 사람의 영혼은 불멸하기 때문에 금수와는 크게 다르다는 점을 논했고, 제4편에서는 귀신과 인간의 영혼, 천하 만물을 일체라고 할 수 없는 것에 대해 논했고, 제5편에서는 육도六道의 세계를 윤회한다는 설의 그릇됨을 논변했다. 제6편에서는 하늘의 뜻은 멸할 수 없음을 해명하고, 천당·지옥과 선악의 보응을 풀이했고, 제7편에서는 인성이 본디 선함을 논하고 천주가 바른 학문임을 서술했다. 제8편에서는 서구의 풍속을 모두 들고 전도하는 선비가 혼인하지 않는 이유를 논하고, 아울러 천주가 서쪽 땅에 내려와 탄생하고 머문 것에 대해 풀이했다.

제목을 '천주실의'天主實義라고 했는데, 천주는 상제를 말하고 '실'實이란 텅 비지 않은 것이니, 노장과 불교의 '공'空과 '무'無를 배척한 것이다. 그 끝 편에 다음과 같은 내용이 적혀 있다.

한漢나라 애제哀帝 원수元壽 2년(기원전 1) 동지冬至 후 3일에 그 나라의 동정녀童貞女에게 강림하여, 혼인하지도 않았는데 잉태해 남아를 낳으니 이름을 '야소'耶蘇(예수)라고 했다. 야소란 것은 세상을 구원한다는 뜻인데, 그가 스스로 종교를 세웠다.

한漢나라 명제明帝 때에 이르러 서역에 신인神人이 있다는 말을 듣고 사신을 보내 구하였는데, 길을 절반도 못 가서 독국毒國에서 불경을 가지고 돌아와 성교聖敎(유교)를 그르치게 되었다.

중국의 『소창기』小窓記와 『속이담』續耳譚에 이마두利瑪竇에 관한 사적과 이마두가 지은 「우론」友論 및 「동혼의」銅渾儀, 「곤의」坤儀, 「여도팔폭」輿圖八幅 등이 모두 실려 있는데, 매우 상세하다.*

대개 이마두는 이인이다. 천하를 두루 보고서 이에 「천하여지도」를 그리고, 각기 그 지역의 말로써 여러 나라에 이름을 붙였다. 중국은 천하의 중심에 있고, 구라파는 중국의 4분의 1보다 크며, 그 남쪽 지방은 매우 더운데 유독 그곳만 가 보지 못했다. 그러나 그 종교는 이미 행해져서 동남의 여러 오랑캐가 자못 존중하고 믿는다. 일본은 예로부터 석가를 숭배하고 섬겼는데, 기리단의 교리가 일본에 들어오자 석가를 배척하고 요망한 것으로 여겼다. 불도佛徒가 된 자를 용납하지 않고 침을 뱉어 마치 진흙이나 찌꺼기처럼 여겼다. 전에 평행장平行長이 이 도道를 존숭했다고 하는데, 유독 우리나라에는 알려지지 않았다. 허균이 중국에 이르러 그 지도와 게偈 12장을 얻어 왔다. 그 말이 매우 이치가 있으나 천당과 지옥이 있다고 하며, 혼인하지 않는 것을 옳다고 여기니 어찌 그릇된 도道를 끼고 세상을 미혹되게 하는 죄를 면할 수 있으리오?

## 신 내린 무당의 영험함 ❖ 113

참판參判 이택李澤은 나의 죽은 형 유몽표柳夢彪의 장인이다. 가정嘉靖 계해년 (1563, 명종 18)에 평안도 절도사平安道節度使가 되어 집안의 권속들을 데려가

---

중국의 소창기小窓記와 ~ 매우 상세하다.   이 대목은 〈만종재본〉에는 없는데 필사본에 의거해 보충하였다.

영변寧邊의 관저에 함께 거주하였다. 그 고을에 매우 어리석고 일자무식인 한 백성이 있었는데 그에게 귀신이 내려 무당이 되었다. 그는 자칭 한漢나라 승상丞相 황패黃霸의 신神이라 하며 길흉화복을 말하는데, 반드시 징험됨이 있었다. 이택의 집안 사람이 그를 맞아 관아에서 점을 쳤다. 신을 불러 길을 인도하는 소리가 쉬파리 소리처럼 가늘더니 멀리서부터 다가와 처마 끝에 이르자 무당이 뜰에 내려와 엎드려 신을 맞이했다. 그 신이, 한 관졸이 죄를 지었다 하며 관청 뜰에서 관졸을 매질하도록 했는데, 매를 헤아리는 소리가 역력하여 모기떼가 윙윙거리는 것처럼 분명히 들렸다.

이때 이택의 형수가 임신을 했으나 태胎가 불안해 배가 아픈 지가 여러 날이었고 약을 써도 효험이 없었다. 신神이 말했다.

"3년 묵은 토란 줄기를 써서 죽을 만들어 먹으면 반드시 나을 것이다."

모두들 말했다.

"민가에서 토란을 캐고 줄기는 말려서 먹으니, 1년 지난 것도 없는데 하물며 3년이라니요?"

"어천魚川의 역졸驛卒 아무개의 집 부엌 위에 엮어 걸어 놓은 것이 있으니 가져올 수 있을 것이다."

하인이 그 집에서 그것을 얻어 왔는데, 과연 3년 묵은 것이라고 했다. 잘게 썰어 죽을 쑤어 먹였더니 곧 나았다. 또 임신한 아이가 남아인지 여아인지를 물으니 신神이 대답했다.

"밭 전田 자 아래에 힘 력力 자이고, 그 아이는 반드시 귀하게 될 것이다."

이듬해 갑자년에 과연 사내아이를 낳았는데, 지금 가선 대부嘉善大夫 대사간大司諫 유숙柳潚이 바로 그 사람이다.

한 판서가 가는 베와 좋은 매를 구하기 위해 함경도 고을의 여러 아전에게 편지를 띄웠다. 이에 세공을 거두어들일 것을 독촉하고 별도로 매를 담당하는 종 두 명을 보냈다. 종들은 베 오십 단端과 좋은 매 두 마리를 취하고, 또 제멋대로 소 네 마리를 징발하여 돌아오던 길에 고산역高山驛의 한 마을에 묵었다. 주인 여자는 신령한 무당이었는데, 대들보에서 휘파람 소리가 나더니 다음과 같이 말하는 소리가 들려왔다.

"오늘 묵는 손님은 밤중에 큰 재앙을 만날 것이다. 많은 사람들이 병기를 지니고 길에 있을 것이니 경계할지어다!"

한 종은 술에 취해 곯아떨어졌고, 한 종은 두려움에 잠을 자지 못하고 큰 몽둥이를 들고서 방문 옆에 서 있었다. 다시 휘파람 소리가 나더니 말소리가 들려왔다.

"이미 이르렀도다."

문틈으로 엿보니 문 밖에 수십 명이 각기 칼과 몽둥이를 들고 서 있다가 그 가운데 두 사람이 칼을 잡고 큰 소리를 지르면서 문으로 돌진해 들어왔다. 종이 급히 그들을 치자 모두 땅에 쓰러지고 나머지는 뿔뿔이 흩어졌다. 드디어 혼자서 두 사람을 결박해 본읍에 가두고는, 소와 베는 되돌려주고 세공을 바친 민가는 관아에서 다스렸다.

## 무당을 미워한 정문부 ❖ 114

동지同知\*인 자허子虛 정문부鄭文孚가 함경도 평사評事\*를 지낼 때 왜란을 만났다. 두 왕자\*가 포로로 잡히고, 크고 작은 읍의 관리와 사족士族들은 모두 그 고을 백성들에게 묶여 왜장에게 바쳐졌다. 그때 정문부도 미복微服을 하고 밤길을 가다가 순라巡邏 도는 왜졸을 만나 손을 뒤로 묶인 채 왜장에게

---

동지同知　동지사同知事로 조선 시대의 종2품 관직.
평사評事　정6품 외직 무관의 하나인데 본래 병마도사兵馬都使였으나 세조 때 병마평사兵馬評事로 개칭. 개시開市에 관한 사무를 관장했다.
두 왕자　선조의 아들인 임해군臨海君과 순화군順和君을 말한다.

바쳐졌다. 지키던 자가 잠시 소홀한 틈을 타 포승줄을 당기고 재빨리 뛰어 달아나니, 왜졸들이 뒤쫓았으나 붙잡지 못했다. 드디어 몸을 숨겨 남의 품팔이가 되어 입에 풀칠을 했다. 어떤 무녀巫女가 그를 사서 종으로 삼아 민가를 다닐 때 북을 지고 따르게 하였다. 밤이면 굿을 하는 것으로 일과를 삼으면서 남은 술과 떡으로 그를 먹였다.

하루는 무녀가 밤에 그녀의 남편에게 물었다.

"영감! 당신 감색 새 옷 입고 싶지 않소?"

남편이 되물었다.

"무슨 말이오?"

무녀가 말했다

"어떤 집 주인 양반이 감색 새 옷을 입었는데 내가 당장 빼앗아 당신에게 입혀 드리리다."

남편이 말했다.

"좋지, 좋아."

다음 날 다시 정문부에게 북을 지게 하고 민가에 갔는데, 주인 영감이 과연 감색 철릭(帖裡)*을 입고 있었다. 무녀가 옷소매로 북을 싸고 북채로 북을 두드리자 소리가 울리지 않았다. 무녀가 드디어 귀신의 말처럼 꾸며 흉측한 재앙으로 으르며 동요시키니, 주인이 크게 두려워하여 그 옷을 벗어 재앙을 물리치려 하였다. 무녀는 드디어 그 옷을 취하여 가지고 와서 자기 남편에게 입혔다. 정문부가 그것을 목도하고는 매우 분하게 여겼다.

얼마 지나지 않아 조정에서 명을 내려 그에게 방어사防禦使를 제수하고 은대銀帶*와 비의緋衣*를 더해 주었다. 또 길주 목사吉州牧使와 안변 부사安

---

철릭(帖裡)   무관武官의 공복公服 가운데 하나. 직령直領으로서, 허리에 주름이 잡히고 큰소매가 달렸으며 당상관은 남빛, 당하관은 붉은색으로 해 입었다.
은대銀帶   종6품에서 정3품까지의 문무관이 두르는 띠. 은으로 새긴 장식을 가장자리에 붙였다.
비의緋衣   당상관이 입는 붉은 옷.

邊府使를 제수하였다.

 이후로 정문부는 무녀와 박수를 매우 미워하여 괴로운 부역으로 그들을 고달프게 하며 조금도 용서하지 않았고, 명령을 따르지 않는 자들은 준엄한 형벌로 다스렸다.

## 재주 많은 중 동윤 ❖ 115

 동윤洞允이라는 자는 재주 있는 승려로, 글에 능하고 배우 노릇을 잘했으며, 또 새와 짐승 소리를 교묘하게 흉내냈다. 일찍이 촌마을을 지나는데 한 집에서 술과 음식을 마련하고 무녀를 맞이해 죽은 자의 혼령을 부르며 굿을 하고 있었다. 동윤이 그 집에 들어가 먹을 것을 달라고 하자 주인이 그를 꾸짖었다. 동윤은 화가 나서 몰래 마을 아이를 꾀어 죽은 사람의 나이, 음성, 용모, 친척 및 평생 했던 일 등을 매우 상세히 묻고는 드디어 굿하는 곳으로 들이닥쳤다. 그는 얼굴빛을 바꾸어 붉으락푸르락하며 온몸을 떨고 흔들면서 알아들을 수 없는 헛소리와 어지러운 말로 주인을 꾸짖으며 죽은 사람의 목소리를 냈다. 죽은 자가 행한 일을 낱낱이 진술하고 친척의 성명을 지목하며, 형제·처첩·자손들을 분별해 내는데 하나도 틀림이 없었다. 슬프고 애처로운 말투로 길흉화복을 섞어서 거침없이 쏟아 내는 말이 입술과 혀에서 물 흐르듯 나왔다.

 온 집안이 놀라서 들썩이며 슬퍼하고 애처로워했으며, 듣는 사람들은 모두 눈물을 훔치며 통곡했다. 모두 죽은 자의 혼령이 강림했다고 여긴 것이다. 무녀는 기운이 꺾이고 말도 막혀 한마디도 따질 수 없었다. 그러자 주인이 그를 윗자리로 맞이하여 음식을 극진하게 대접하고 재물을 주어서 보냈다. 훗날 조정에서 선교禪敎 양종의 제도를 만들어 팔도의 명승들을 뽑았는데, 동윤이 선발되어 장차 판사判事에 제수되려 했으나 이때의 일이 말썽이 되어 배척되었다.

또 달밤에 촌마을을 지나는데 나이 젊은 협객들이 창기들을 끼고 놀고 있었다. 당시 사람들은 요승妖僧*이 정사를 어지럽히는 것을 분하게 여겨 중들만 보면 반드시 배척하고 욕보였다. 평소에 동윤의 소문을 들었던 터라 배우 놀음과 새·짐승 소리를 흉내내도록 시키니 동윤이 말했다.

"나는 온갖 기예에 능하지만 가장 잘 하는 것은 꽃을 찾는 벌 나비의 놀이다."

협객들이 즐거워하며 그것을 보고자 원했다. 동윤이 그들에게 각자 손바닥을 펴서 꽃 모양을 만들게 하고, 마치 꽃술을 점찍어 따려는 듯이 하였다. 두 개의 지팡이를 허리 아래에 끼어 벌 나비의 다리를 만들고, 양 소매를 펼쳐 그 날개를 만들고는 벌 소리와 나비가 나는 모양을 만들었다. 처음에는 나는 듯이 열 걸음을 갔다가 되돌아오고, 또 수십 걸음 갔다가 되돌아왔다. 또 백 걸음 갔다가 되돌아오매 협객들이 모여서 바라보고는 웃으며 멀리 가든 가까이 가든 내버려 두었다. 동윤은 수백 보를 간 뒤 그들이 쫓아올 수 없음을 헤아리고는 지팡이를 버리고 소매를 휘저으며 달아났다. 협객들이 쫓아갔으나 잡을 수 없었다.

중국 사신이 오게 되자 도감에서 동윤에게 승군을 통솔하여 홍제교弘濟橋를 보수하도록 했는데, 일이 조금 지체되자 새끼줄로 동윤의 목을 묶어 나무에 매달아 놓았다. 동윤이 목소리를 높여 송아지 울음소리를 내자 온 들판의 소들이 일시에 응하였다. 또 밤에 서울에 들어갈 때 초저녁에 소맷자락을 치면서 닭 소리를 내니, 뭇 닭들이 일시에 날개를 치면서 울었다. 호음湖陰 정사룡鄭士龍이 그의 시에 다음과 같이 썼다

---

요승妖僧 〈청패본〉에는 '보우'普雨라는 주註가 달려 있다.

재능 많고 환술 잘 함이 그의 일이라.　　　　多能善幻渠家事
소 울음 닭 울음 소리 매우 핍진하였네.　　　牛吼鷄鳴頓逼眞

## 장원백壯元栢의 유래 ❖ 116

강정 대왕康靖大王(성종)*이 성균관成均館에서 선비들에게 시험을 보이는데, 밤중에 꿈을 꾸니 한 마리의 용이 성균관 서쪽 뜰에 있는 잣나무에 구불구불 서려 있었다. 꿈에서 깨어나 이상하게 여기고 궁노宮奴를 시켜 몰래 가서 보게 했더니, 한 선비가 잣나무 아래에서 전대를 베고 발을 잣나무에 걸쳐 놓은 채 잠을 자고 있었다. 그의 용모를 자세히 파악하여 기억해 두었다. 선비를 뽑고 보니 장원에 오른 사람이 최항崔恒이었는데, 그의 모습을 보니 바로 그 사람이었다. 이로부터 그 잣나무를 칭하여 '장원백'壯元栢이라 하였다. 최항은 후에 관직이 상국에 이르렀다.

## 정언각의 신묘한 해몽 ❖ 117

나의 조고祖考로 사간司諫 벼슬을 하셨던 휘諱 충관忠寬 어른은 별시別試 초시初試*에 합격하여 장차 전시殿試*에 응시하려 했다. 그날 밤 신 판서申判書 집에서 묵었는데, 훗날 참판參判 벼슬을 한 정언각鄭彦慤 또한 신 판서의 생

---

강정 대왕康靖大王　〈이수봉본〉에는 끝에 '장헌오작강정'莊憲誤作康靖이라 하여 장헌 대왕(세종)이 강정 대왕으로 잘못 기록되었음을 밝히고 있다. 최항의 생애를 보면 장헌 대왕으로 봄이 옳으나, 〈이수봉본〉을 비롯한 모든 이본의 본문에서 강정 대왕으로 기술하고 있기에 〈만종재본〉의 기록을 그대로 따르기로 한다.

질이었다. 그는 나이가 많은데도 급제하지 못하고, 또 초시에도 합격하지 못했는데, 할아버지와 한 방에서 자게 되었다.

할아버지께서 밤중에 꿈을 꾸었다. 소나무를 잡고 올라가 다섯째 가지에 앉았는데, 위아래로 모두 여자들이 있는 것이었다. 새벽에 깨어나 그 꿈을 말했더니 정언각이 누운 채로 꿈을 풀이하여 말했다.

"소나무는 관이요, 다섯째 가지는 5년이오. 상하의 여인이란 필시 두 딸을 낳을 것인데 모두 죽으리라는 것이오."

할아버지께서는 크게 노하였고, 힘이 센 분이라 일어나 그를 때렸다. 정언각은 아픔을 감당하지 못하면서도 오히려 굴복하지 않고 말했다.

"만약 마당에 있는 닭으로 안주를 삼고 약주를 가져오면 마땅히 좋은 말로 풀이하겠지만, 그렇지 않으면 끝내 고칠 수 없소."

정언각은 곧 정희량鄭希良의 조카로서 또한 일찍이 점치는 일을 배운 적이 있었다. 할아버지께서는 응낙하고 닭고기와 술을 장만하여 그를 대접했다. 정언각이 그 음식을 다 먹고 나서도 말하는 것이 오히려 더 악독한지라 전과 같이 그를 때렸다. 그러자 굴복하고 그 꿈을 고쳐 풀이하여 말했다.

"소나무 송松 자는 십팔공十八公이니, 오늘 급제자로 18명을 뽑을 것이네. 그대가 다섯째 가지에 앉아 있었으니 마땅히 5등을 할 것이며, 상하 여인은 모두 안安씨 성을 가진 사람일 것이네."

할아버지께서 전시殿試에 들어가니 책策*을 지으라 하였는데, 평소에 생

---

초시初試  모든 과거의 맨 처음 시험. 보통 서울·지방에서 식년式年의 전 해 가을에 치르며, 이 시험에 합격해야 복시覆試에 응할 수 있다.

전시殿試  복시覆試에서 선발된 문과文科 33명과 무과武科 28명을 왕이 몸소 시험하는 과거. 복시 합격으로 과거의 급제는 결정되고 전시에서는 다만 급제의 순위를 정할 뿐이다. 이 시험 성적에 따라 문과는 갑과甲科 3인, 을과乙科 7인, 병과丙科 23인으로 나뉘고, 무과는 갑과 3인, 을과 5인, 병과 20인의 등급으로 나누어진다.

책策  책문策問의 준말로서 과거 시험 과목의 한 가지. 정치에 대한 여러 문제를 제시하고, 거기에 대한 대책을 답안答案으로 써 올리게 했다.

각하던 글을 일필휘지로 써내어 급제를 했는데 5등이었다. 동방同榜*은 18명이고 안현安玹이 일등을 했고 안장安璋이 꼴찌로 붙었으니 모두 정언각의 말과 같았다. 그 후 할아버지께서는 두 딸을 낳았는데 모두 요절했으며, 할아버지 또한 일찍 돌아가셨으니 매우 괴이한 일이다.

## 유동립의 영험한 꿈 ❖ 118

정랑正郎 유동립柳東立의 원래 이름은 성惺이다. 계유癸酉(1573)·갑술甲戌(1574) 연간 그의 나이 16, 17세였을 때 꿈을 꾸었는데, 헌납獻納* 관직에 있는 유성柳惺이란 사람이 죄를 지어 사형으로 다스리자고 논의하는 것이었다. 유성은 상서롭지 못하다고 생각해 이름을 고쳐 동립이라 하였다.

훗날 유성柳惺이란 사람이 있었는데 유영경柳永慶의 조카로 관직은 헌납을 지냈다. 만력 무신년(1608, 선조 41) 조정에서 유영경을 역모 죄로 다스렸는데, 유성이 연좌되어 삼수三水에 안치되었다. 유동립이 비로소 자기가 그 이름을 바꾼 까닭을 말하니 사람들이 매우 기이하게 여겼다. 유동립이 병으로 죽은 지 7, 8년이 지난 병진년(1616)에 조정에서 죄를 더하여 유성에게 죽음을 내렸다. 유동립의 젊었을 적 꿈이 죽은 뒤에야 바야흐로 징험되었으니, 어찌 매우 괴이한 일이 아니겠는가?

---

동방同榜　　같은 때에 과거에 급제한 사람을 일컫는 말.
헌납獻納　　사간원司諫院에 속한 정5품 관직으로, 국왕에 대한 간쟁諫諍을 담당하였다.

## 정식 가족의 파멸 ❖ 119

 진안 현감鎭安縣監 정식鄭湜은 호남 사람이다. 만력 갑오(1594)와 을미(1595) 연간에 부모의 상중에 있었는데, 당시 왜구가 온 나라에 가득했으나 호남 한 도道만은 흉적의 칼날에 해를 입지 않았다. 정식은 생업이 조금 넉넉한 편이었는데, 임환林懽·임서林㥠·백진남白振南 같은 호남의 호방한 선비들과 함께 각각 작은 배를 마련해 가솔을 싣고 나주 흑산도에서 난을 피했다.
 흑산도는 제주도와 인접해 있으며 바다 멀리 뚝 떨어진 곳에 있어 고기 잡는 사람들도 거의 오지 않는 곳이다. 대나무는 하늘을 찌를 듯하고, 땅이 매우 기름지며, 채소가 풍성하고, 물고기가 풍요로워 소출이 바닷가나 육지의 열 배는 되었다. 배를 부리는 사람은 반드시 바람을 살피고 구름을 점친 뒤에야 바다로 나갔다. 정식은 가산을 모두 싣고 한 배에는 양곡 수백 석 외에 상중에 쓰이는 맷돌 등도 실었다.
 섬에 머문 지 몇 개월이 지나 호남 땅의 소식을 들었는데, 조금 편안해지고 백성들도 많이 안정되었다고 했다. 함께 왔던 사람들과 더불어 장차 고향으로 돌아가려고 바람과 조류를 살피고 있는데, 정식의 꿈에 어떤 백발 노인이 나타나 말했다.
 "나는 이 섬의 주인이다. 내일 마땅히 그대에게 순풍을 빌려 주리라. 대신 그대의 말이 준마라서 내 마음에 드니 맡겨 두고 가게나."
 정식이 꿈에서 깨어나 기이하게 여겼다. 집안사람들에게 꿈 이야기를 하니 집안사람들의 꿈 또한 모두 같았다. 정식은 더욱 두려워져서 그 말을 섬에 놓아 두고 떠나고자 했다. 그런데 정식의 큰아들은 유생이었는데 그 혼자 미혹되지 아니하고 강하게 만류하며 말했다.
 "남아가 큰일에 처해서 어찌 꿈 따위를 믿는단 말입니까? 하물며 지금 왜구 떼가 육지에 있는데 말을 빈산에 버리고 육지로 간다는 것은 취할 만한 계책이 아닙니다."

정식은 반신반의하며 결단을 내리지 못했다. 다음 날 또 꿈을 꾸었는데 백발노인이 나타나서 말했다.

"그대는 말 한 마리를 아까워하여 내 말을 믿지 않는구나. 그대의 처자를 남겨 두어라. 그렇지 않으면 무사히 건너가는 것을 허락지 않을 것이다."

정식이 꿈에서 깨어나 다시 그 꿈 이야기를 하고서는 말을 남겨 두고 가려 했으나 큰아들이 만류했다. 결국 닻을 올리고 돛을 펼쳐 여러 배들과 함께 출발하였다. 다른 배들은 바람을 타고 나아가는데, 정식의 배를 돌아보니 돛대가 아무 탈이 없었으나 바다 가운데 이르러서는 빙빙 돌며 앞으로 나아가지 못하고 있었다. 정식이 매우 두려워하며 가산을 바닷속에 모두 던졌으나 배는 여전히 나아가지 않았다. 이에 별도의 작은 배에다가 그 말과 어린 처자를 실었지만 끝내 침몰되는 것을 면치 못했다. 배에 가득 탄 가솔들은 모두 물고기의 밥이 되었다. 호남 사람들이 지금까지도 이 이야기를 전하며 모두 큰아들의 잘못이라고 말한다.

내가 처음 문과의 갑과甲科에 합격해 전례대로 감찰監察을 제수받았는데 정식은 당시 동료였다. 그는 사람됨이 명석하고 강직하며 명예를 좋아했는데 불행히도 이런 일을 당하고 말았으니 애석하다.

## 손자를 구한 유강의 신령 ❖ 120

유대수兪大修는 고인이 된 판서 유강兪絳의 손자로, 관직은 정언正言*에 이르렀다. 일찍이 상喪을 당해 묘 아래에서 시묘살이를 하는데 어떤 종이 그에게 원한을 품고 죽이려고 하였다. 유대수가 한밤중에 꿈을 꾸었는데, 유강

---

정언正言　　사간원司諫院의 정6품 관직. 간쟁諫爭에 관한 일을 맡아 보았다.

이 황급히 와서 창을 밀치고 알렸다.

"속히 일어나 거꾸로 눕거라!"

놀라서 깨어 보니 땀이 흘러 온몸을 적셨다. 그때 그는 창을 향하여 누워 있었는데, 몹시 두려워 드디어 이불과 베개를 거꾸로 하고 누웠으나 잠들지 못했다. 홀연 어떤 사람이 창을 열고서는 그의 두 다리 사이에 무언가를 꽂고 달아났다. 깜짝 놀라서 더듬어 보니 대검이 두 다리 사이를 찔러 이불과 옷을 뚫고* 요와 자리에까지 닿아 있었다. 마침내 여러 노복들을 불러 그를 뒤쫓게 했는데, 도적이 유강의 무덤 위에 엎어져서 달아나지 못하고 있었다. 결박해 와서 촛불에 비춰 보니 곧 집안의 종이어서 몽둥이로 쳐 죽였다. 사람들이 모두 말했다.

"유강의 신령이 그를 무덤 위에 붙잡아 놓고 달아나지 못하게 했으니 기이한 일이로다!"

## 기이한 꿈 ❖ 121

옛 사람 중에는 꿈에 수우豎牛*를 보고 죽은 자가 있으며, 혹은 꿈에 큰 악귀를 보고 새 곡식을 맛보지 못하고 죽은 자도 있으며, 혹은 옥구슬이 말하는 꿈을 꾸고서 저녁에 이르러 죽은 사람도 있다. 꿈이란 흐리멍덩하여 그 뜻이 분명하지 않은 법인데, 사람이 꿈을 믿으면 재앙이 반드시 그 몸에 미

---

두 다리 사이를 ~ 옷을 뚫고  이 부분은 〈만종재본〉에는 누락되어 있으나, 여타의 이본에는 대부분 삽입되어 있어 이에 의거해 보충해 넣었다.

수우豎牛  춘추 시대 노魯나라의 숙손표叔孫豹가 경종庚宗의 부인과 관계하여 낳은 아들로, 자못 총애를 받았으며 후에 성장하여 정사에 참여했다가 환란을 일으켰다. 여기에서 유래하여 수우는 불길한 징조를 나타내는 말로 쓰인 듯하다. 삼국 시대 위魏나라 이경李庚의 「운명론」運命論에 '叔孫豹之曬豎牛也 禍成於庚宗'이라는 말이 보인다.

치는 법이다.

　옛날 경상 좌수사慶尙左水使가 바다의 군영에 있을 때 왜노倭奴들이 우리 나라의 경계를 지나갔다. 좌수사는 병선을 정렬하고 수졸을 뽑아 그 길을 끊고 그들을 수색했다. 수영水營에서 떠돌던 한 걸객乞客이 활을 끼고 화살을 지고서 그 배에 오르려고 하자 수사水使가 저지하며 말했다.

　"전쟁은 흉한 일이고 바다는 위험한 곳이다. 나 같은 사람이야 나랏일이라 감히 피할 수 없지만 객은 어째서 이런 일을 하려 하는가?"

　객이 말했다.

　"내가 젊었을 적에 양쪽 귓가에 금관자를 붙이고 수사가 되는 꿈을 꾸었소. 내가 큰 공훈을 세워 계급이 뛰어올라 귓가에 쌍금관자를 붙이게 되는 것은 이번 일에 달려 있소."

　드디어 바다에서 왜적을 추격하다가 양쪽 배가 서로 만났다. 그 객이 뱃머리에 서서 활을 당기고 적을 향해 함성을 지르며 여러 전선戰船의 수졸들을 지휘했다. 그런데 갑자기 적선 가운데서 푸른 연기가 언뜻 일어나는 것이 보이고 조총 소리가 잇따르더니, 철환 하나가 객의 왼쪽 귓가로 들어가 오른쪽 귓가로 관통해 나왔다. 객은 마침내 물 속으로 떨어져 죽었다. 지금도 수영에 그 이야기가 전해져 웃음거리가 되고 있다.

　부평富平에 사는 한 백성이 은관銀冠을 쓰고 은정자銀頂子를 붙이는 꿈을 꾸었다. 얼마 지나지 않아 강의 얼음판을 건너다가 빠져 죽었으니 또한 이와 같은 부류다.

## 이씨의 꿈에 나타난 유사종 ❖ 122

부제학副提學 유숙柳潚의 어머니 이씨는 서얼庶孼인 유사종柳師從의 딸을 데리고 있었다. 그녀는 어려서 난리를 만나 양친을 잃고 관서關西(평안도) 지방을 떠돌아다녔는데, 이씨가 불쌍히 여겨 그녀를 보살펴 길렀던 것이다. 몇 년이 지나서 비녀 꽂을 나이가 되자 혼수를 장만하고 괜찮은 사람을 택해 시집 보냈다.

이씨가 밤에 꿈을 꾸니 유사종이 뜰에서 백 번 절하며 사례를 하는데, 그의 옷을 살펴보니 부녀자들이 입는 붉은색 장옷이었다. 꿈에서 깨어나 비감해하며 여러 자녀들에게 말했다.

"지난 밤 꿈에 유사종이 왔더구나. 뜰에서 백 번 절하고 사례하는데, 필시 내가 자기 딸을 혼인시키는 것을 알았기 때문일 것이다. 그런데 남자 옷을 입지 않고 부녀자의 붉은 옷을 입었으니 어째서일까?"

그의 딸이 곁에서 듣고서는 부지불식간에 목을 놓아 통곡하며 말했다.

"제 아버님은 황해도에서 난리를 만나 떠돌다가 병으로 돌아가셨습니다. 염습할 옷이 없어 저의 어머니께서 붉은색 장옷을 벗어 입혀 드렸습니다. 저승에서 입고 옷은 필시 염할 때 입으셨던 옷일 것입니다."

비통해 오열을 이기지 못하니 듣는 사람 가운데 눈물을 흘리지 않는 이가 없었다.

## 저승의 복식* ❖ 123

홍중성洪仲成은 아내를 일찍 여의었는데, 당시 아들아이가 하나 있어 아직 말도 배우지 못한 때였다. 4, 5년이 지난 뒤 아이가 낮잠을 자다가 놀라 소

---

저승의 복식   124화는 〈만종재본〉에는 앞의 123화와 분리되어 있으나 여타 필사본에는 대부분 합쳐져 있다. 문맥으로 보아서는 하나의 이야기로 봄이 타당할 듯하나, 〈만종재본〉의 체재를 존중해 일단 그대로 번역해 둔다.

리를 지르며 울었다. 유모가 안아 주며 까닭을 물으니 아이가 말했다.

"어떤 부인이 옷을 잘 차려 입었는데, 붉은 장옷에다 푸른 비단으로 만든 긴 띠를 매고 있었어요. 그 부인이 흐느끼면서 나를 안고는 '내 아들아! 불쌍하고 불쌍하구나!'라고 했어요. 그래서 놀라 울었어요."

유모가 그 생김새를 물으니, 곧 아이 어머니의 모습이었다. 유모가 그 말을 듣고 통곡하며 말했다.

"너의 어머니께서 막 돌아가셨을 때 붉은 장옷과 푸른 비단으로 된 긴 띠를 사용하여 염습했다. 저승에서 입고 계신 것이 필시 그 옷과 띠일 것이다."

이로써 미루어 보건대, 옛날 소정邵亭의 귀신이 옷을 빌려 입고 진정을 했던 것, 형양滎陽의 혼이 치마를 걷어 올리고 원통함을 하소연했던 것, 이문민李文敏의 깁적삼(명주실로 바탕을 조금 거칠게 짠 비단)이 반소매였던 것, 엄무嚴武의 첩이 비파의 현에 머리채를 드리운 것 등이 허탄한 일이 아닌 것이다.

## 저승에 다녀온 고경명 ❖ 124

고경명高敬命이 순창 군수淳昌郡守를 지낼 때 역질에 걸려 죽었는데, 온몸이 차가워졌으나 심장 아래만은 여전히 따뜻했다. 밤이 지나도록 염습을 하지 않고 있었더니, 홀연히 꿈에서 깨어난 듯이 일어나 말했다.

"사자使者가 나를 불러 길을 인도해 가다가 어떤 관부에 이르렀다. 사자가 들어가서 아뢰자 관인官人이 '접때 불러 오라고 한 사람은 이 사람이 아니다'라고 말하고, 사자에게 다시 이끌고 돌아가라고 재촉했다. 순창 경내에 들어오니, 길가의 민가에서 둥둥 북소리가 울렸다. 사자가 말하길, '이곳에 들어가 잠시 쉬면서 술과 음식을 찾아 먹고 가도록 하자'라고 했다. 내가 그 집에 따라 들어가니 무당이 '우리 성주城主께서 오셨다'라고 말하며 자리에 맞아들였다. 그러고는 잔을 받들어 술을 권하며 사자를 대접해 흠뻑 취하게 하여 보냈다. 바로 관아에 들어와 얼떨결에 깨어났다."

드디어 종자를 시켜 길가 민가에 가 보게 했더니, 밤 제사가 아직 끝나지 않았는데 무당에게 물어 보니 그의 말과 같았다.

## 되살아난 명원군의 당부 ❖ 125

명원군明原君은 종실宗室 사람이다. 중년에 역질에 걸려 죽었다가 사흘 만에 되살아나서 말했다.

"처음에는 온몸이 모두 아픈 것이 느껴지더니 잠시 후에 아픔이 진정되었다. 몸이 창틈을 뚫고 나왔는데 아득히 망망하여 끝이 없었다. 어두컴컴한 데를 왕래하다가 홀연히 한 곳에 이르니, 퉁소 소리와 북 소리가 울리고 무당이 나를 불렀다. 머뭇거리다가 들어가려고 하자 여러 귀신들이 물리치며 말하기를, '신출내기 귀신은 우리가 먹는 자리에 참여할 수 없다'라고 했다. 뜰 옆에는 상수리 잎이 가지런히 놓여 있고 조밥을 나누어 놓았는데 여러 귀신들이 먹기를 권했지만 화가 나서 먹지 않았다."

소생한 뒤에 자제들에게 일러 말했다.

"사람이 죽은 뒤에 육신은 외물과 같은 것이다. 내가 죽으면 회灰를 넣거나 외관外棺을 쓰지 말고, 혼령들도 먹을 수 있으니 마땅히 제사를 폐하지 말아라!"

그 후 수십 년이 지나서 죽었는데, 그의 묘는 양주楊州의 서산西山, 우리 선영의 곁에 있다. 서산 사람들이 지금까지도 그 이야기를 전하고 있다.

## 용천역의 귀신 ❖ 126

용천역龍泉驛은 황해도의 길가에 있는데, 연산군 때 홍귀달洪貴達이 이곳에서 죽었다. 홍귀달은 자字가 겸선兼善이다. 훗날 송일宋軼이 중국 사신을 맞이하는 영위사迎慰使*로서 그 역에 묵게 되었다. 송일의 자字는 가중嘉仲이다. 밤에 한기가 멀리서부터 가까이 다가오는데 뼛속까지 스며들어 견딜 수가 없었다. 그때 갑자기 문 밖에서 소리가 들렸다.

"가중이! 가중이!"

송일은 그 소리를 듣고 그가 홍 태학사太學士임을 알고 대답했다.

"그대는 겸선이 아니십니까?"

"그렇다오!"

드디어 동자를 불러 의자를 마주 놓고 상 아래에서 그에게 읍하고 앉도록 하니, 마치 물체가 의자에 앉는 듯했는데 한기는 더욱 심해졌다. 그가 말했다.

"내가 죽을 때 날씨가 매우 추웠는데, 지금껏 한기가 풀리지 않으니 나에게 술을 좀 데워 주시오."

송일이 술 석 잔을 데우도록 명하고, 음식을 갖추어 의자 앞에 차려 놓았다. 한참 있다가 홍귀달이 말했다.

"이제야 한기가 조금 풀렸소. 고맙소. 술을 구해 한기를 풀고자 하여, 사신의 행차가 숙소에 이르기를 매양 기다려왔소. 그러나 내가 와서 말을 걸기만 하면 놀라 죽는 일이 여러 번이었소. 이는 내가 고의로 범한 것은 아니오. 영공은 복록福祿이 오래도록 두텁고, 자손들도 매우 번성할 것이니 아무 염려 마시오."

---

영위사迎慰使  중국 사신을 맞아 접대하는 임시 관직으로, 접위사接慰使·접반사接伴使·원접사遠接使라고도 한다.

드디어 인사를 하고 떠났다.

그 후 송일은 영의정이 되었고 자손들 여럿이 경상卿相에 이르렀으니 여성군礪城君 송인宋寅, 판서判書 송언신宋言愼, 참판參判 송일宋駎 등이 모두 그의 후손이다.

예전에 참판參判 조존세趙存世가 선천 수령을 지내고 돌아오는 길에 그 관에서 묵었다. 아직 저물녘이 안 되었는데 방 천장에 있는 조정藻井*이 저절로 열리더니, 어떤 남자가 그 틈으로 얼굴을 내밀고 조존세의 첩을 내려다 보면서 "아름답구나. 아름답구나!"라고 했다. 또 어떤 객이 공사로 인해 이곳에 머물렀는데 가위에 눌려 헛소리를 했다. 곁에 있던 사람이 소리쳐 부르니 깨어났다가 잠시 뒤 다시 가위 눌리며 시중들던 아이에게 말했다.

"너희들은 모두 나가고 내 곁에 가까이 오지 말거라. 내 지금 도적놈을 붙잡아 묶고 죽여야겠다."

모시고 있던 아이들이 모두 나간 뒤 한참 지나 더욱 다급한 소리가 들려왔다. 촛불을 밝히고 들어와 보니 객이 스스로 허리띠를 풀어 자신의 목을 매 거의 죽을 지경이었다. 아이들이 달려들어 간신히 그를 살려 냈다. 대개 이 관에는 귀신이 많으니 비단 홍귀달의 혼령뿐만이 아니라고 한다.

### 황대임 집안에 나타난 조상의 혼령 ❖ 127

황대임黃大任은 순회 세자順懷世子 빈嬪의 아버지이다. 세자빈은 외가에서 태어나 자랐다. 외가는 성 안에 있었고, 종가宗家는 남쪽 성곽 밖 만리재에 있어서 자못 외지고 멀었다. 세자빈이 처음으로 궐내에 들어가자 제수를 많이

---

조정藻井　　방 천장 중앙을 꽃무늬 모양으로 장식하고 네모나게 정방형으로 꾸민 것.

장만해 집안 사당에 고하는데, 집안사람들이 잘못하여 거리가 멀고 가까움에 따라 성 안의 외가를 먼저 하고 성 밖 종가를 나중에 하였다. 제수를 받든 궁중 나인들이 외가에는 담이 이어지듯 몰려들었지만 종가는 쓸쓸했다.

갑자기 매서운 소리가 종가 사당 안에서 나더니, 노복을 사당 문 밖에 잡아들여 묶어서 호통치는 듯, 매질에 신음하는 소리가 곤장을 맞는 듯하니 집안사람들이 어찌할 줄을 몰랐다. 혼령이 말했다.

"속히 대임을 잡아 오너라."

황대임이 사당 문 밖에 무릎을 꿇고 엎드리자, 사당 안에서 다시 매서운 음성이 들렸다.

"너희 집에서 제사를 지냄에, 외가를 먼저 하고 우리 종가가 그만 못한 것은 무엇 때문인고?"

황대임이 말했다.

"집안에 큰 경사가 있어 대궐에서 내리셨는데, 집안사람이 잘못해 궁중 나인들이 가까운 곳에 먼저 가고 먼 곳을 나중에 가게 했으니, 죄가 만 번 죽어 마땅하옵니다."

"큰 경사, 큰 경사라 하는데 무슨 큰 경사란 말이냐? 다시는 큰 경사라고 말하지 말라."

조금 있다가 대궐에서 하사한 물품이 이르러 수라간水刺間*의 진수성찬으로 크게 제사를 지냈다. 제향을 마치자 혼령이 다시 집안사람을 부르더니 말했다.

"옛날 나를 장사 지낼 때 염습할 옷이 갖춰지지 않아 내가 청색 단령團領*을 입지 못했다. 매번 저승에서 향응이 있을 때마다 재상으로서 겉옷이 없어 예禮에 어긋났었다. 속히 이 옷을 지어 나에게 가져오너라."

수라간水刺間　　임금에게 올리는 음식을 만드는 부엌.
단령團領　　깃을 둥글게 만든 공복公服의 한 가지.

집안사람이 아뢰어 말했다.

"이승과 저승의 길이 다르니 어찌해야 받들어 드릴 수 있는지 알지 못하겠나이다."

"사당 뜰에서 불태우면, 그것이 곧 나에게 주는 것이다."

드디어 명에 따라 화려한 비단으로 검푸른 색의 단령을 만들고, 답호*도 한 벌 갖추어 사당 뜰에서 태웠다.

그 후 세자빈은 요절하고 순회 세자도 병들어 죽었다. 오랜 후에 조정에서는 또 황대임이 남몰래 세자빈의 오조五條*를 고쳐서 조정을 속였다고 논죄하여 변방 먼 곳으로 귀양 보냈는데, 거의 수십 년에 이르렀다.

## 형 이경준을 찾아간 이경류의 혼령 ※ 128

임진왜란 때 병조 좌랑兵曹佐郎 이경류李慶流가 방어사防禦使의 종사관從事官이 되었는데, 싸움에서 패하여 적에게 죽임을 당했다. 그 형 이경준李慶濬은 무장武將이었는데, 바야흐로 적이 평양平壤에 있어서 대군을 거느리고 순안順安*을 방어하여 지켰다. 때마침 기일忌日을 만나 깨끗이 재계하고 혼자 앉아 있었다. 여러 군사들에게 물러나 제각기 자신의 대오로 나아가게 했는데, 홀연히 장막을 친 벽 사이에서 웬 곡성이 들려왔다. 그곳을 바라보았으나 아무것도 없어서 이경준은 괴이하게 생각했다.

---

답호  조선 시대에 관복과 군복에 입던 소매 없는 옷으로 소매·앞섶·무가 없고, 뒷솔기가 허리 이하는 터졌다.
오조五條  연호와 사주四柱를 합한 다섯 조목으로 오주五柱라고도 한다. 황대임이 오조를 고친 사실은 『명종실록』 20년 8월 27일 기사에 보인다.
순안順安  평안남도 평원군平原郡 순안면順安面 지역에 있었던 현.

조금 뒤에 홀연히 휘파람 부는 듯한 사람 소리가 들렸다.

"형님! 제가 왔습니다."

살펴보니 이경류의 혼령이었다. 이경준이 울면서 물었다.

"네가 어디에서 온 것이냐?"

"내가 죽은 뒤에 형님이 거처하는 곳을 찾고자 했으나, 병사들의 호위가 매우 엄하여 두려워서 감히 나아갈 수 없었습니다. 지금 병사들이 물러나고 형님 또한 고요히 계시는 틈을 타서 온 것입니다."

"네가 어디에서 죽었으며 시체는 또한 어디에 있는냐? 하나하나 가르쳐 주어 유체를 수습해 장사 지내도록 할 수 있겠느냐?"

"군대가 패하던 날에 어지러운 병사들 틈에서 간신히 몸을 빼 내어 숲에 숨었습니다. 이튿날 산사로 걸어 올라가다가 산길에서 왜구를 만나 죽었습니다. 그때 칼날을 맞을 당시 혼백이 놀라 흩어져 그 형체가 있는 곳은 알 수 없습니다."

"네가 우리 형제 사이를 왕래하는 것은 괜찮지만 부모님이 계시는 곳에는 가지 말거라. 부모님의 마음을 더욱 상하게 할까 두렵다."

"알겠습니다. 저 또한 차마 부모님이 아시게 할 수는 없습니다."

그 이후로 형제 집을 왕래하며 집안일에 대해 말하지 않는 것이 없었고, 곡진하게 말하는 모양이 평소와 같았다. 이와 같이 하기를 3년이 되도록 그치지 않았다. 처음에는 온 집안이 싸움에 패배한 날을 기일로 삼았는데, 혼령의 말로 인하여 싸움에 패한 다음 날을 기일로 삼았다고 한다.

## 죽은 아들의 복수를 한 이순신 ❖ 129

만력萬曆 임진壬辰(1592), 계사癸巳(1593) 연간에 통제사統制使 이순신李舜臣은 한산도閑山島에 주둔하고 있었다. 그의 아들\*은 충청도 아산현牙山縣에서 종군하고 있으면서 왜적을 만나 서너 명의 머리를 베었다. 달아나는 적을 쫓아 오래도록 추격했는데, 한 왜적이 풀숲 사이에 매복해 엿보고 있다가 주의를 기울이지 않은 틈을 타서 갑자기 뛰쳐나와 치니 말에서 떨어져 죽었다. 이순신은 아직 그 사실을 알지 못했는데, 그 후 충청도 방어사가 왜적 13명을 생포해 한산도에 보내 왔다.

그날 밤 이순신이 꿈을 꾸었는데, 아들이 온몸에 피를 흘리며 와서 말했다.

"항복한 왜적 13명 가운데 나를 죽인 놈이 있습니다."\*

이순신이 깜짝 놀라 깨닫고는 비로소 아들이 살해당하지 않았나 생각했다. 조금 있다가 부음이 이르러, 항복한 왜적을 끌어 내 물어 보았다.

"어느 날인가 충청도 어딘가에서 한 사람이 붉고 흰 얼룩말을 타고서 너희들과 마주쳤을 것이다. 너희들이 그를 죽이고 그 말을 빼앗았을 터인데 말이 어디에 있느냐? 그것을 찾아야 하겠다."

무리 중에 한 왜적이 나서서 말했다.

"어느 날 한 소년과 마주쳤는데 붉고 흰 얼룩말을 타고서 우리 무리를 추격해 와서 서너 명을 죽였습니다. 제가 풀숲 속에 매복해 있다가 갑자기 뛰쳐나가 그를 치고 그 말을 빼앗아 진장陳將에게 바쳤습니다."

여러 왜적들에게 이 사실을 물어 보니 과연 그러하였다. 이순신은 크게 통곡하고는 그를 하옥하라고 명을 내렸다가 목을 베었다. 아들의 혼령을 부르는 제를 지내고 제문을 지어 이 사실을 고하였다.

---

그의 아들　이순신의 셋째 아들인 이면李葂이다.
그의 아들이 ~ 놈이 있습니다.　이 대목은 〈만종재본〉에는 없는 대목으로 필사본에 의거해 보충하였다.

## 진기경과 원혼의 복수 ❖ 130

진기경陳耆卿이라는 사람이 일이 있어 출유했다가 시냇가에서 쉬면서 말을 먹이고 있었다. 갑자기 어떤 사람이 재채기하는 소리가 들려 돌아보았으나 아무것도 보이지 않았다. 이 같은 일이 여러 차례 반복되었다. 그러다가 노곤하여 잠이 들었는데 꿈에 베옷을 입은 한 선비가 나타나 절을 하고는 말했다.

"제게 지극히 원통한 일이 있어 당신에게 하소연하고자 하는데, 당신은 나의 소원을 들어 줄 수 있겠소?"

진기경이 말했다.

"좋소. 말해 보시오."

선비가 말했다.

"저의 성은 모씨이고 이름은 아무개이며 어느 땅에서 살았습니다. 제게는 완악한 종놈이 하나 있었는데 장차 몇째 아들에게 그를 물려주고자 했습니다. 그런데 아들의 성정이 매우 엄한지라, 종놈이 이를 심히 원망하여 저의 말고삐를 잡고 가다가 저를 죽여 이곳에 묻었습니다. 제 아들은 상중에 있으면서 조석으로 제를 지내며 그 종놈에게 젯밥을 올리게 하는지라, 저는 두려워서 감히 먹지도 못하고 있습니다. 장차 날이 되면 탈상을 할 터인데, 이날 당신이 제 아들을 보고 은밀히 이 사실을 말해 주어 제 원수를 갚고 제 유해를 수습하도록 해 주실 수 있을는지요. 제 유골은 저 냇가 나무 아래에 묻혀 있는데, 풀잎이 바람결을 따라 제 콧구멍으로 들어오면 문득 재채기가 난답니다."

그러고는 또 그 종놈의 모습을 말하였는데 매우 자세했다. 진기경이 놀라 꿈을 깨고서 매우 기이하게 여겼다. 이에 나무 아래로 가서 쑥을 잡아 뽑고 모래를 헤치자, 과연 웬 사람의 유해 한 구가 있었으며 풀잎이 바람을 따라 그 콧구멍에 들락날락하고 있었다.

후에 그날이 되어 그 집을 찾아가니, 상喪을 막 끝낸 사람이 보였다. 그가 진기경을 보고는 허겁지겁 달려 나와 맞이하고서는 음식을 잘 차려 극진히 대접했다. 진기경이 그에게 부친은 무슨 연고로 어디에서 돌아가셨냐고 물었더니 그가 대답하였다.

"저의 망부께서는 출유했다가 돌아오지 못하셨는데 돌아가신 곳을 알지 못해 이 산에다 허장虛葬하였습니다. 어젯밤 꿈에 망부께서 나타나 말씀하시기를 '오늘 처음 보는 손님이 있을 터이니 대접하기를 나를 대하듯 해라. 그분께서 필시 내가 죽은 곳을 가르쳐 줄 것이다'라고 하셨는데, 존객尊客께서 어느 곳을 가르쳐 줄지 모르겠습니다."

진기경이 이 말을 듣고는 홀연 정신이 아득해지며 마치 꿈을 꾸고 있는 듯했다. 그때 병풍 사이에서, "지금 뜰을 지나는 자가 바로 그 종놈이오" 하는 말소리가 들려왔다. 그놈의 얼굴을 자세히 살펴보니 냇가에서 들었던 말과 똑같았다. 진기경이 이에 비로소 아들의 귀에 대고 그 사실을 말하자 상주는 작은 과실을 빙자해 그 종놈을 결박하였다. 큰 매를 치면서 심문하자 그 정상情狀을 낱낱이 실토했다. 이에 죽여서 사지를 가르고 아버지의 유해를 냇가에서 수습하여 전에 썼던 무덤에다 장사 지냈다.

진기경의 '경'卿 자字는 혹 '경'慶이라고도 한다. 〈원주〉

## 죽은 뒤에 쓴 김용의 시 ✦ 131

음성陰城 사람 김용金容은 만력萬曆 갑오년甲午年(1594)에 관직을 구하느라 서울에서 나그네로 지내다가 역질疫疾에 걸려 죽었는데, 굶주린 자가 그의 시신을 훔쳐다가 구워 먹었다. 그 후 표제表弟 김계문金繼文이 장원 급제를 했는데 그는 김충金冲의 손자다. 김계문 또한 역질에 걸려 죽을 지경에 이르러 얼핏 잠이 들었는데, 꿈에 보니 김용이 그의 곁에 앉아서 시를 지어 주었다.

| | |
|---|---|
| 해골이 수풀에 던져져 자취 또한 묻혔는데 | 骸棲林莽迹還沒 |
| 혼은 구름과 안개 좇아 끊겼다가 이어지네. | 魂逐雲烟斷復連 |
| 살아생전 고달픔에 잘못과 굴욕이 많았는데 | 役役生前多謬辱 |
| 죽은 뒤의 애처로움이 몹시도 견디기 어렵구나.* | 哀哀身後最*堪憐 |

그러고는 김계문에게 "너는 오늘부터 소생할 것이다"라고 말했는데, 꿈에서 깨어나자 열이 떨어지고 되살아났다. 김용은 생전에 글을 조금 지을 줄 알았지만 그다지 잘 하지는 못했는데, 그가 귀신이 되어 지은 시는 구슬프고 애절하여 생전의 것보다 낫다.

## 민기문에게 나타난 친구의 혼령 ❖ 132

민기문閔起文이 승지를 지낼 때 파루의 종소리를 듣고 대궐로 나아가다가 말 위에서 잠깐 졸고 있었다. 그때 갑자기 죽은 친구 유경심柳景深이 나타나 길에서 안부를 나누고 어디 가는지를 물어 보았다.

"우리 집 아들들이 술과 안주를 갖추고 맞이하길래 다 먹고 돌아가는 길이라네."

---

죽은 뒤의 ~ 어렵구나  〈동양문고본〉에는 이 다음에 '한강수 그 물결 푸르른데, 나의 가슴 씻느라고 밤마다 애태우네'(漢江流水澄波碧, 爲洗胸中夜夜煎)라는 구절이 첨가되어 있다.
最    이 '최'最 자가 〈만종재본〉에는 '최'催로 되어 있고 〈고대본〉과 〈동양문고본〉에는 '최'最로 되어 있는데 여기에서는 후자를 따라 번역하였다.

꿈에서 깨어나자 갑자기 술기운이 코를 엄습하였다. 매우 기이하게 여기고 사람을 시켜 그 집에 알아보니 유씨의 아들이 말했다.

"오늘이 선친의 제삿날이어서 제사상을 막 치우고 있습니다."

## 반함 구슬을 되돌려준 혼령 ❖ 133

경성에 한 재상이 있었는데 청백리라고 알려졌다. 그가 죽고 나자 집안 생계가 궁핍해져 자식들이 혼인을 하거나 제사를 지내는 데 몹시 어려움을 겪었다. 혼기가 찬 딸이 하나 있어 날을 잡아 초례를 치르려 하는데, 마침 제사가 있어 집에서 제사를 지내게 되었다. 때마침 그날 재상의 옛 친구가 새벽에 일이 있어 별빛을 받으며 길을 가다가 길에서 한 재상을 만났다. 앞에서 벽제하는 소리를 외치고 뒤에서 행차를 호위하며 오기에 채찍을 들고서 읍을 하였다. 그 재상은 몹시 취했는데 서로 안부를 나누고 나서 말했다.

"오늘 내 자식이 나를 맞이하고 술을 권하기에 크게 취한 채 돌아가네. 자네가 돌아가면 여러 아이들에게 말해 주게나."

이어서 읍하고 작별했는데, 몇 걸음 가지 않아 말을 멈추더니 밀봉한 작은 종이 하나를 주면서 말했다.

"내 자식의 집이 몹시 가난한데 바야흐로 혼사를 치르게 되어 이를 주고자 했다가 취해서 잊어버렸네. 자네가 나를 대신해 전해 주게나."

그 친구는 재상의 집에 찾아가 그의 말을 전했다. 여러 자식들이 제사를 막 마치던 중에 그 말을 듣고는 다 함께 통곡하였다. 봉투를 열자 그 안에 큰 구슬 세 개가 있어서 부인에게 보이니 부인이 말했다.

"이것은 우리 집안의 엽잠葉簪 비녀에 달렸던 구슬이다. 초상 때 반함飯含*으로 이 구슬을 사용했는데, 이것이 어디에서 다시 나왔단 말이냐?"

그 비녀를 가져다가 맞추어 보니 세 개의 구슬이 모두 옛 엽잠에 꼭 들어맞았다. 온 집안의 위아래 모든 사람이 다 땅에 엎드려 통곡하며 말했다.

"우리 집안이 한창 번성하던 때의 가업을 잃고, 자손들이 가난하고 궁핍해져 혼사조차 치르기가 어려워지니 망자의 혼령께서 필시 이 때문에 마음 아파하신 것이다. 그리하여 반함했던 구슬을 돌려주어 이로써 그 혼사를 돕고자 하신 것이다."

그 친구 또한 한참을 통곡하고는 돌아가 술과 과실을 갖추고 제문을 지어 제사를 올렸다.*

## 묘갈명을 짓는 뜻 ❖ 134

진사進士 박제생朴悌生이 돌아가신 장인 신공申公을 위하여 묘갈명墓碣名을 부탁해 내가 그것을 지었다. 그 선조의 세계世系와 자손의 사속嗣續을 매우 상세히 기록했는데, 신공이 죽은 지가 이미 오래된지라 그 글에 잘못된 것이 많았다. 글을 다 짓고 나서 깨끗이 써서 박 진사의 처소로 보냈다. 그날 밤 꿈에 손님들이 나타났는데 모두가 해골의 형상으로 문전 가득 몰려와 지게문을 밀치고 들어와서 나에게 감사하기를 매우 정성스럽게 하였다. 꿈을 깨자 나도 모르게 정신이 번쩍 들고 머리털이 쭈뼛 솟았다.

또한 전에 죽은 사위 최아崔衙를 위해 비석을 세우면서 내가 음기陰記*를 짓고 석공으로 하여금 새기게 하였는데, 석공이 종에게 말했다.

"어젯밤 꿈 속에 한 젊은 유생이 나타났는데, 정신이 맑고 모습은 준수

---

반함飯含　염습할 때 죽은 사람의 입에 구슬과 쌀을 물리는 일.
술과 과실을 ~ 올렸다.　이 대목은 〈만종재본〉에는 없지만 여러 필사본에 두루 보이기에 번역해 넣었다.
음기陰記　비석의 뒷면에 새긴 글.

해 보였다. 그가 다가와서 묻기를 '너는 어떤 사람이냐?' 하길래, 내가 '아무 땅 사람이며 이름은 아무개입니다'라고 했다. 또 '이 돌의 품질은 어떠한가?' 하고 물어서, 내가 '매우 좋습니다'라고 대답했다. '하루에 몇 자나 새기는가?'라고 하기에 '수십 자를 새깁니다'라고 했다. '네가 새긴 글자가 매우 좋으니 모름지기 신속히 할 것이며 게으름을 피우지 말라'라고 했다."

그리고 또 그 다음 날에도 똑같은 꿈을 꾸었으며 그 모습도 똑같았다고 했다. 종이 그 모습이 어떠했냐고 묻자, '이러이러하다'고 대답했는데, 죽은 사위의 모습과 여실해 집안사람들이 듣고는 슬피 울었.

아아! 죽은 사람을 위해 묘소에 표석을 세우는 것을 어찌 소홀히 할 수 있겠는가! 평생의 사적을 기록해 썩지 않게 전함이 어찌 유독 산 사람이 죽은 사람에 대한 예로써만 하는 일이겠는가? 비록 망자라 할지라도 반드시 황천에서 감동하고 기뻐하는 것이다. 옛 사람은 예문禮文을 찬술함에 있어 축문과 제문이 있었고, 술사術士들에게는 부적과 주문 등의 글이 있었다. 이는 헛된 문식文飾이 아니라 능히 귀신의 이치를 아는 자가 만든 바이다.*

## 김우서를 도운 부친의 혼령 ❖ 135

병마절도사 김우서金禹瑞의 부친이 죽었는데, 그 혼령이 늘 집에 머물러 살았다. 혼령의 말소리가 또렷하여 집안사람들이 모두 그 말을 들을 수 있었다. 무릇 길흉화복이 있게 되면 그 일에 앞서서 미리 그것을 말해 주는데 들어맞지 않은 적이 없었다. 친척이나 벗들이 오면 그들과 노고를 함께 하며 평소처럼 기뻐했다. 하루는 혼령이 친구에게 말했다.

또한 전에 ~ 만든 바이다.    이 대목은 〈만종재본〉에는 없는 내용으로 필사본에 의거해 보충해 넣었다.

"자네 집에 별미가 있던데 나도 맛볼 수 있겠는가?"

친구는 자기도 모르는 일이어서 종을 시켜서 가서 살펴보도록 하니 어떤 사람이 매우 신선한 웅어를 보내 온 것이었다. 이에 회를 쳐서 혼령에게 올렸다. 혼령이 친구의 부인에게 이르길,

"아무개 여종이 어떤 물건을 훔쳤습니다."

라고 하기에, 찾아보니 훔친 물건이 드러나 여종을 매질했다. 이로부터 집안의 종들이 감히 다시 속이지를 못했다.

그 당시 판서 노직盧稷은 아직 나이가 어렸는데 집안에 병이 있어 낫게 해 달라고 청하자 혼령이 말했다.

"개를 가지고 시험해 보시오. 개가 쓰러져 죽으면 병은 곧 나을 것이오."

이에 탁상 위에 개를 세워 놓았더니 개가 눈을 감으며 고개를 떨구더니 잠시 후에 엎어져 죽었다. 집안사람들은 크게 놀랐고, 얼마 지나지 않아 병이 나았다.

김우서가 무과 시험에 응시해 과장에서 활을 당겨 과녁을 겨냥하는데, 홀연 공중에서 "우서야! 주먹 하나만큼만 들어 올리거라!" 하는 소리가 들렸다. 이에 주먹 하나만큼 들어 올려 활을 쏘니, 과녁의 한가운데를 정확하게 꿰뚫었고 이로 인해 과거에 급제하였다. 그 후 3, 4년이 지나도록 혼령은 다시 일러 주지 않았다.

가정嘉靖 을묘년(1555, 명종 10)에 왜구가 남쪽 변방을 노략질했는데, 김우서가 전투에 나아가 들판을 지나다가 왜구를 만났다. 왜적이 칼을 뽑고 달려왔다. 김우서가 활시위를 가득 당기면 왜구는 몸을 움츠리며 숙여 앉고, 화살을 쏘면 몸을 숫구쳐 뛰어넘으니, 화살이 매번 왜구의 뒷편에 떨어졌다. 활을 당기는 틈을 타 칼을 뽑고 전진해 오는데, 이처럼 세 번을 거듭하자 금방 칼날에 베일 지경이 되었다. 이때 갑자기 공중에서 외치는 소리가 들렸다.

"우서야! 우서야! 마음 편히 먹고 활시위를 한껏 당겨 화살을 쏘되, 그놈

의 발꿈치를 겨냥하거라!"

돌아보며 쏘고, 다시 한 번 쏘아 그 가슴을 꿰뚫으니 왜적이 드디어 꺼꾸러졌다. 그 머리를 베어서 바치고 이로 인하여 군공을 세웠다.

## 영혼이 깃드는 무덤 ❖ 136

우리 집 여종 가운데 의신장倚新粧이란 여종이 있었다. 그 여종은 예전에 파주坡州에 살았는데 집 뒤에 무덤이 많이 있었다. 산불이 크게 일어나 많은 무덤으로 불길이 번지자 홀연 다급하게 "우리 집에 불이야! 우리 집에 불이 났다!" 하며 부르짖는 소리가 들렸다.

얼마 지나 통곡 소리가 물 끓듯 하니, 그것이 뭇 무덤의 귀신들이 내는 소리임을 알았다.

대개 사람이 죽으면 유체遺體는 외물일 뿐이다. 그러므로 옛 사람이 중히 여긴 바가 사당이지 묘에 있지 아니하였다. 사당을 지날 때에는 수레에서 내렸지만, 묘를 지날 때는 수레를 탄 채 예를 표했으며, 간혹은 산으로 능을 만들면서도 무덤에 봉분을 만들지 않기도 했다. 계찰季札은 영嬴 땅과 박博 땅 사이에다 아들을 장사 지냈고*, 『가례』家禮에 유식侑食의 절차*가 없는 것은 곧 이런 뜻이다. 예법禮法에 무덤을 깨끗이 쓰고 제사 지내는 것을 중시하면서부터 인귀人鬼가 반드시 제향祭享함을 따라 의탁하게 되었다.

---

계찰季札은 영嬴 땅과 ~ 아들을 장사 지냈고   계찰季札은 춘추 시대 오吳나라 사람이며, 영嬴과 박博은 춘추 시대 제齊나라의 고을 이름이다. 계찰이 제나라에 다녀오다가 영 땅과 박 땅 사이에서 맏아들을 잃자 그곳에 장사를 지냈다. 〈만종재본〉의 '계례'季禮는 '계찰'季札의 오기誤記이며, '단'博은 '박'博의 오기이다.
유식侑食의 절차   제사에서 조상신에게 진지를 권하는 절차를 말한다. 일반 제사의 절차는 종헌終獻 · 유식侑食 · 합문闔門 · 사신辭神으로 이루어지는 데 비해 묘제墓祭에는 유식이 없다.

귀신의 법도가 어찌 고금의 차이가 없으리오! 지금 파주의 일을 보건대 사람의 영혼이 무덤에 의탁함은 의심할 바 없는 일이다. 장지葬地를 살피고 시묘살이 하는 일을 경계하고 삼가지 않을 수 있겠는가?

## 성수침이 만난 귀신 ❖ 137

청송聽松 성수침成守琛 선생이 경성 백악산 기슭의 청송당聽松堂에서 황혼 무렵에 아이종도 없이 홀로 앉아 있는데, 갑자기 무언가가 집 모퉁이에 와 섰다. 몸에 걸친 감색 옷은 길이가 발뒤꿈치까지 닿았으며, 흐트러진 머리는 땅까지 늘어져 바람결에 헝클어져 있었다. 산발한 머리카락 사이로 두 눈동자가 고리처럼 휘둥그레서 겁이 날 정도였다. 선생이 "너는 누구냐?"라고 물었으나 아무런 대답 없이 가만히 있었다. 선생이, "앞으로 오너라"라고 하자, 드디어 창가에 다가서는데 누린내가 코를 찔렀다.

선생이 말했다.

"만일 도적이라면 우리 집에는 아무것도 없고 귀신이라면 사람과 귀신은 길이 다른 법이니, 속히 떠나거라."

말을 마치자 바람처럼 사라져 버려 어디로 갔는지 알지 못했다.

## 산사에서 귀신을 만난 정백창 ❖ 138

한림翰林 정백창鄭百昌이 약관일 때 산사에서 독서를 하며 지냈다. 그는 중들이 시끄럽게 떠드는 것을 싫어해서 항상 불탑佛榻 뒤에 가서 책을 읽었다.

불탑 뒤에는 창도 나 있지 않은 텅 빈 구멍이 있었는데, 불가에서 의례를 할 때 쓰는 물건을 넣어 두는 곳이었다. 밤이 깊어지자 홀연히 한 거대한 물체가 나타나 책상 앞에 엎드리는데, 악취가 코에 역겨웠다. 정백창이 자세히 보니 그 물체는 눈이 튀어나오고 코는 오그라들었으며, 입 가장자리가 귀까지 닿고, 귀는 늘어졌고 머리카락은 솟아 있었다. 두 날개가 활짝 펼쳐져 드리운 것 같았고 몸 빛깔은 청홍색인데, 일정한 형상이 없어 무엇인지 알 수 없었다.

정백창은 그것이 괴귀怪鬼임을 깨닫고는 놀라는 기색 없이 침착하게 책 읽기를 그치지 않았다. 산가지를 세어 가면서 몇 차례 반복해서 책을 읽으면서 여전히 태연자약하니, 그 물체가 오랫동안 다가오지도 물러나지도 않았다. 정백창이 드디어 이웃 방의 중을 불렀는데, 밤이 깊어 모두 잠든 까닭에 서너 번 부른 다음에야 비로소 응답했다. 그 물체는 도로 불탑 뒤의 구멍으로 들어갔다. 정백창은 일어나 중들 방으로 들어가 술을 구해 큰 그릇으로 한 그릇을 들이켜고 나서야 정신이 안정되었다. 이때 정신을 차리느라 손을 꼭 쥐고 있었는데, 손톱이 손바닥을 파고들었다.

## 신숙주와 청의동자 ❖ 139

신숙주申叔舟가 젊었을 때 알성시謁聖試를 보러 갔다. 한밤중에 친구와 더불어 성균관에 가던 중 길 가운데서 괴물을 만났다. 그 괴물은 입을 벌린 채 길을 막고 있었는데, 윗입술은 하늘에 닿아 있고 아랫입술은 땅에 붙어 있었다. 같이 가던 친구는 겁을 내고 뒷걸음질쳐서 다른 길로 갔으나, 신숙주는 곧장 입술 가운데로 들어갔다. 그 안에는 푸른 옷을 입은 동자 한 명이 있었는데 신숙주에게 절을 하고 말했다.

"선비님을 좇아 노닐기를 청하오며, 오직 지시하시는 대로 따르겠습니다."

신숙주는 고개를 끄덕였다.

이때부터 동자는 신숙주를 따라다니며 잠시도 떨어지지 않았다. 신숙주가 드디어 과거에 갑과甲科로 급제했다. 무릇 일에 앞서 길흉화복에 대해 빠짐없이 말해 주었으며, 그가 인도하는 대로 따르면 불길함이 없었다. 신숙주가 바다를 건너 일본에 갈 때는 바람이 고요하고 파도가 잔잔해 끝내 바닷길을 잘 다녀올 수 있었다. 뒷날 신숙주는 광묘光廟(세조)를 섬겨 일등 공신에 책봉되고 정승의 지위에 올랐는데, 동자가 반드시 먼저 길함을 알려 주었다. 신숙주가 죽음에 이르매 동자는 울면서 하직하고 떠났는데, 마침내 얼마 있지 않아 죽었다.

일찍이 고서古書를 보니 이임보李林甫에게는 신동神童이 있었고 안록산安祿山에게는 신병神兵이 있었다고 하던데, 아마도 이 같은 부류가 아니겠는가?

## 신녀에게서 먹을 받은 전영달 ❖ 140

전영달全潁達은 문관文官인데, 젊어서부터 문장에 능해 이름을 날렸다. 벼슬에 오르기 전, 완성完城(전주)에서 나그네로 노닐다가 연못가 정자에서 묵은 적이 있었다. 푸른 연잎이 물을 덮고 달빛이 희미하게 비쳤으며, 두 칸으로 된 정자에는 안팎으로 합문閤門이 있었다. 전영달이 술에 취해 홀로 잠들었는데 발자국 소리가 문 밖에서부터 점점 가까이 들려왔다. 안팎의 합문을 밀치고 한 여인이 들어왔는데, 용모와 자태가 빼어나게 아름다웠다. 전영달이 취중에 눈을 떠 한번 쳐다보고는 다시 잠에 빠지자, 미인은 문을 닫고 나갔다. 미인이 꿈 속에 나타나서 말했다.

"아! 무정한 낭군이여. 내가 마음 속으로 낭군의 풍모와 재주를 사모해 맑은 풍채에 가까이 다가갔는데, 취해서 저를 살펴 주지 않으시니 저는 서글퍼하며 물러갑니다. 연잎 위에 시를 쓰고 먹 하나를 남겨 그대에게 드립니다. 나를 위해 단단히 감추어 둘 것이니, 이 먹을 잃어버리지 않으면 훗날 반드시 높이 급제하고 관직 또한 현달할 것이지만, 잃어버리시면 불길할 것입니다."

전영달이 아침에 일어나 바깥 합문 안에서 꼭지가 떨어진 연잎을 발견했는데, 그 연잎 위에 다음과 같은 시가 적혀 있었다.

| | |
|---|---|
| 멀리서 온 나그네, 술에 취하여 불러도 듣지 못하고 | 遠客沈醟*喚不聞 |
| 물 위의 연잎, 흔들리는 달 물결에 춤추노라. | 水荷搖月舞波紋 |
| 오늘 밤의 아름다운 만남 하늘도 애석해할 것이니 | 今宵佳會天應惜 |
| 광산光山의 한 조각 구름 그대에게 남겨 주노라. | 留與光山一片雲 |

그리고 그 곁에 먹 한 홀笏*이 놓여 있었는데 '광산편운' 光山片雲이란 글자가 새겨져 있었다. 연잎에는 먹이 스며들지 않는 법인데 글자의 자획이 매우 선명하였다. 전영달은 이상하게 여겨 그 먹을 가져다 봉한 뒤 서압署押을 하고는 비단 주머니 속에 간직했다.

후에 과거길에 올라 외직으로 나가 주군州郡을 돌아다녔는데, 수청 들던 관기 하나가 그가 술 취한 틈을 타서 비단 주머니를 더듬어 보고 먹이 있는 것을 알고는 몰래 훔쳐서 자기 주머니에 넣어 두었다. 아직 한밤중이 되지 않았는데, 꿈 속에 지난날 연못가 정자에서 꾼 꿈에 나타났던 미인이 나타

醟　필사본에는 이 글자에 대해 "영醟은 술에 취해 병이 났다는 뜻인데 거성去聲이니, 마땅히 '명'莫 자가 되어야 할 것이다"라는 주가 첨기되어 있다.
笏　금은金銀이나 먹 등의 수를 헤아리는 수사.

나 화를 내며 말했다.

"처음에 제가 낭군을 사랑해 먹을 주면서 잃어버리지 말라고 경계했거늘, 이제 어찌하여 그 말을 지키지 않으십니까?"

전영달이 깨어나 주머니를 열어 보니 먹이 없었다. 그가 기생에게 말했다.

"내 주머니 안의 물건이 하나 없어졌구나. 너는 장난치지 말거라."

기생이 놀라 웃으면서 말했다.

"제가 무슨 장난을 하겠습니까? 저는 보지 못하였사옵니다."

전영달이 한사코 간청하자, 기생은 괴이하게 여기고 돌려주고자 하면서 말했다.

"제가 장난삼아 주머니 안을 더듬었는데 온전한 먹이 있었습니다. 제가 마침 먹이 떨어졌기에 몰래 꺼내어 제 주머니 속에 넣어 두었습니다."

기생이 스스로 자신의 주머니를 열어 보였는데, 봉한 표지는 전과 같이 그대로 있었지만 먹은 없는지라, 몹시 기이하게 여겼다. 전영달이 말했다.

"신녀神女가 준 것을 허술히 간직하다가 잃어버렸으니, 아마도 신이 노하셨나 보다."

그 후로 전영달은 현달하지 못했다.

## 권람의 의로운 행동 ❖ 141

권람權擥이 젊은 시절, 친구의 집안 사람들이 모두 역병疫病에 걸렸는데 전염이 되는 병이어서 장차 구제할 수 없으리란 말을 들었다. 가서 살펴보고자 하니 모두들 말리며 말했다.

"자기 한 몸을 돌보지 않고 뜨거운 불길 속에서 사람을 살리려고 하니, 그 재앙이 온 집안에 미친다면 어찌하려고 그러느냐?"

권람이 말했다.

"사람이 죽고 사는 것은 명에 달린 것입니다. 오랜 벗이 죽을 지경에 있는 것을 보고도 못 본 체하고 구하지 않음은 옳지 않은 일입니다. 약을 가지고 가서 구하겠습니다."

친구의 집에 들어가니 어린 하인들의 시체가 연이어 있었다. 친구가 그의 손을 잡고 흐느끼기에 권람은 그와 함께 잠을 잤는데, 잠에서 깨어 보니 친구는 이미 몸을 빼어 다른 곳으로 도망가고 없었다. 권람은 돌아가고자 했지만 아직 날이 밝지 않아 여러 시체들을 지나 바깥채로 나와 앉아서 잠깐 눈을 붙였다. 때는 가랑비가 막 그치고 달빛이 희미하게 비치고 있었다. 홀연히 두 귀신이 도롱이를 뒤집어쓴 채 담을 넘어 곧장 집 안으로 달려 들어오더니 말했다.

"그 사람이 도망갔군."

바깥채로 나와 찾다가 권람이 있는 것을 보고 한 귀신이 말했다.

"그 사람이 여기 있다."

다른 귀신이 말했다.

"그는 권權 정승이네. 그분은 범할 수 없네."

두 귀신이 다시 담장을 넘어 달려 나가자, 권람은 옷을 걷어올리고 그들을 뒤쫓았다. 한 외딴 마을에 이르러 귀신이 말했다.

"그 사람이 여기 있다."

드디어 문을 뛰어넘어 들어가자 잠시 뒤에 곡성이 들렸다.

고흥 유씨高興柳氏는 말한다.

"권람은 하늘을 믿어 미혹되지 않고 능히 자신을 던져 남을 구했다. 그 복록福祿이 멀리 미쳐 마침내 정승의 지위까지 올랐으니 또한 마땅하지 아니한가! 그의 친구는 권람이 자신을 구해 주려 한 은혜를 돌아보지 않고 친구를 팔아 자신을 대신하고자 몸을 감추어 피했다. 그의 마음씀이 비할 데 없이 악했으니, 신이 그를 죽임이 또한 마땅하도다."

## 재상을 보호하는 귀신 ❖ 142

한준겸韓浚謙이 평안도 관찰사로 있을 때, 부친의 상을 당해 봉산鳳山을 지나다가 상여를 객사에 안치하였다. 그날 밤 호상하던 객이 밤중에 가위 눌려 기절했다가 한참 지난 후에 깨어나서 말했다.

"한 관인이 있었는데, 그를 따르는 무리들이 매우 많았소. 그가 나졸에게 명하여 누군가를 잡아들이라고 말하면서 '본군本郡의 객관은 곧 사명을 받든 자가 머물러 쉬는 곳이어서 땅의 신령이 옹호하는 바이다. 어찌 감히 상여로 이곳을 더럽히느냐? 속히 상주를 잡아오너라'라고 했네. 귀졸鬼卒 수십 명이 갔다가 금방 돌아와서는, '상주는 곧 감사 한준겸입니다. 관사 아래 문신門神과 호령戶靈이 있고 옹휘하여 보호하는 졸개들이 매우 많아서 범할 수가 없습니다'라고 하였소. 그러자 관인이 크게 노하여, '지난번에 연경에서 돌아오던 이수준李壽俊이 이 관사에서 죽었을 때 시체를 그대로 두어 관사를 더럽혔다. 지금 또 이 같은 일이 있으니 내버려 둘 수가 없다. 감사를 잡아올 수 없다면 그 아들이라도 속히 잡아오너라'라고 하였소."

이날 밤 한준겸의 아들 소일昭一의 꿈 또한 이와 같았는데, 오래지 않아 병도 없이 갑자기 죽었다.

옛날 요숭姚崇과 송경宋璟\*이 미천했을 때 지나는 길에 객점에서 자게 되었는데 귀졸 왕군앙王君昻이 지키고 보호하며 감히 곁을 떠나지 않았다고 한다. 재상이 머물러 있는 곳에는 반드시 곁에서 호위하는 신령한 귀신이 있으니 어찌 기이하지 않은가?

꿈을 꾼 사람은 선사 만호宣沙萬戶 허척許隻인데, 상여를 호위하는 사원의

---

**요숭姚崇과 송경宋璟**　당唐나라 현종玄宗 때의 유명한 재상들이다. 현종 초기에 현종을 보좌해 안으로는 민생 안정을 꾀하고 조운漕運 개량과 둔전屯田 개발 등으로 경제를 충실히 했으며, 밖으로는 동돌궐東突厥·토번吐蕃·거란(契丹) 등의 국경 지대 방비를 튼튼히 하여, 개원開元·천보天寶 시대 수십 년의 태평천하를 구가하였다.

한 사람으로 차출되어 갔었다.

## 귀신과 정을 나눈 박엽 ❖ 143

만력萬曆 갑오년(1594, 선조 27)은 전란이 일어난 다음 해다. 온 나라 사람들이 모두 굶주려 서로 잡아먹기도 했으며, 굶어 죽은 시체가 길에 가득하였다.

유생 박엽朴燁이 지방에 피난하였다가 서울에 돌아오니 옛집은 쑥대밭이 되어 있었다. 빈 집채에 머물며 굶주림에 시달려서 정신마저 멍하고 흐릿했다. 마시교馬市橋 남쪽에 사는 친척을 찾아갔다가 밤중에 돌아오는 길이었다. 머리를 땋은 미녀가 자색 비단 저고리에 붉은 치마를 입고, 박엽의 옷깃을 스치며 지나쳤다. 박엽은 호협한 사람으로 젊어서는 질탕하여 예법에 어긋난 행동도 마다하지 않았다. 그녀를 붙잡고 마음을 떠보며 말했다.

"낭자는 무엇 때문에 늦은 밤에 길거리에 있는 것이오?"

"기다리는 사람이 있어 여기 있는 것입니다."

"기다리는 사람이 있다면 왜 나를 맞이하여 가지 않는 것이오?"

"어려울 것 없습니다. 다만 집안사람들이 수상하게 여길 것이니, 밤이 깊어지면 저희 집에 함께 가도록 하시지요."

그 말에 따라 그녀 집에 이르니, 집 안에는 많은 비복婢僕들이 멋대로 누워서 자고 있었다. 여자가 말했다.

"굶주린지라 손님을 대접할 만한 것이 없습니다. 이웃집에 새로 빚은 술이 있으니 이를 구해 오겠습니다."

이윽고 구리 주발에 혼돈주渾沌酒\*를 가득 담아 왔다. 함께 마신 뒤, 더불어 애정을 나누고 밤새 단잠을 잤다.

새벽이 되어 잠에서 깨어나 보니 여자의 전신이 온통 차갑게 굳어 있었다. 흔들어 보아도 깨어나지 않으니, 곧 죽은 사람이었던 것이다. 박엽이 깜짝 놀라 뛰쳐나오면서 보니 집 안에 누워 잠자던 사람들도 자는 것이 아니라 모두 죽어 있었다. 박엽은 동구 밖으로 달려 나오다가 큰길가에 등불이 켜져 있는 집을 보고는 문을 두드리고 다급한 사정을 이야기했다. 그 집은 갖바치의 집이었다. 박엽은 사실을 토로하고 말했다.

"가슴이 뛰고 전신이 떨리니 진정할 수 있도록 술 한잔 주시오."

주인은 가엾게 여겨 베개 옆에 있는 술독에서 술을 떠 주려고 구리 주발을 찾았다. 그러나 구리 주발은 찾을 수 없고, 술독 입구를 막아 두었던 종이도 뚫려 있었다. 박엽은 또 한 번 놀라며, 주발이 있는 곳을 갖바치에게 말하고 함께 그 집에 가 보았다.

그 집은 사족士族의 집으로 장성한 처자가 굶주림으로 병들어 죽었으며, 온 집안 사람들 또한 굶어 죽어서 엎어진 시체가 가득했다. 박엽은 비통해하며 관을 갖추고 수레를 세내어 서교西郊 밖에 장사 지내고, 글을 지어 제사를 지내 주었다.

그 후 박엽은 과거에 급제해 지금은 가선 대부嘉善大夫로 의주 부윤義州府尹을 지내고 있다.

## 귀신이 많은 승정원 ❖ 144

시어소時御所*인 경운궁慶運宮*의 승정원承政院은 평시에는 정릉동貞陵洞 종실의 집이었던 곳으로, 본래 귀신이 많다고 알려졌다. 종실이 말을 잃어버

혼돈주渾沌酒　혼돈은 천지가 개벽되기 이전, 태초의 원기元氣가 한데 모여 있는 모호한 상태를 말하는데, '혼돈주'란 술이 이러한 혼돈의 상태로 이끈다는 뜻으로 붙여진 명칭이다.
시어소時御所　임금이 현재 거처하는 곳 또는 궁전.

리고 찾았으나 찾지 못했는데, 말이 누각 위에서 울고 있었다. 살펴보니 그곳은 전처럼 봉해진 채 잠겨 있었는데 말이 그 안에 있었다.

승정원으로 쓰이면서부터 관리가 그 집에 서 자다가 매양 꿈에 가위눌릴 때가 많았다. 한 승지가 숙직을 하는데, 때는 여름밤이라 사방의 창문을 열어 두었다. 아전들은 모두 창 밖에서 자고 있었고 승지 홀로 잠들지 않았다. 홀연 키가 8, 9척 되는 다리가 긴 귀신이 몸을 꼿꼿이 세운 채 창 밖에 서 있었다. 조금 작은 귀신이 큰 귀신의 왼편에 와 섰으며, 또 다른 작은 귀신이 뒤따라와서 큰 귀신의 오른편에 섰다. 모두 서로 의지해서 버텨 선 채 꼼짝도 하지 않고 두어 식경食頃의 시간을 보냈다. 승지는 눈을 뜨고 빤히 쳐다보면서, 말도 하지 않고 놀라지도 않으며 그 하는 바를 지켜보고자 했다. 여러 아전들은 모두 코를 골며 곤하게 자고 있어 이를 살피지 못했다. 조금 있다가 작은 귀신이 큰 귀신을 둘러싸고 대여섯 차례 빙빙 돌더니, 큰 귀신이 먼저 달아나자 두 귀신도 그 뒤를 따랐다. 계단을 내려갔는데 어디로 갔는지 알 수 없었다.

혹자는 말하기를 "그 승지는 이이첨李爾瞻이다"라고 한다.

## 종랑의 시신을 묻어 준 무사 ✦ 145

한 무사가 훈련원訓鍊院에서 활쏘기 연습을 하고 날이 저물어 돌아오는 길

---

경운궁慶運宮　　서울시 중구 정동에 있는 조선 시대 궁궐. 궁이 있는 자리는 원래 조선 초기 성종의 형인 월산 대군月山大君의 집이 있던 곳으로, 선조가 임진왜란 뒤 서울로 돌아와서 이 집을 임시 거처로 사용하면서 궁으로 이용하게 되었다. '정릉동 행궁' 貞陵洞行宮이라고 불린 이곳에서 선조가 죽고 뒤를 이어 광해군이 즉위하였다. 그해 창덕궁이 완성되어 광해군은 이곳을 떠났으며, 경운궁이라는 궁호宮號를 붙여 주었다.

에 한 여자를 만났다. 고운 옷에 얼굴이 예쁜 그 여자는 사장射場 길 왼편에 서 있었는데, 얼굴에 수심이 가득했다. 무사는 마음이 동하여 그녀를 희롱해 말하였다.

"날도 저물었는데 텅 빈 사장에 웬 아름다운 아가씨가 홀로 서 계시오?"

여자가 즉시 얼굴빛을 바꾸자 봄바람처럼 다정한 기운이 가득했다. 이윽고 교태로운 말로 대답했다.

"어디를 다녀오다가 집으로 돌아가는 길인데 날이 저물고 길은 멀어 이 때문에 근심하고 있습니다."

"낭자께서 만일 갈 길은 먼데 날이 저물어 근심하는 거라면 그대와 함께 가 주는 것이 무슨 어려운 일이겠소."

"첩의 이름은 종랑終娘이고, 집은 남산 아래 남부동南部洞의 길이 끝나는 곳에 있습니다. 만약 어진 군자님께서 저를 천하고 누추하게 여겨 버리지 않으신다면 얼마나 다행이겠습니까?"

드디어 함께 손을 잡고 남부동 궁벽한 마을로 갔다. 그 집에 들어가니 사대부가의 큰 집으로, 긴 행랑의 문 밖 셋째 칸이 그 여자가 거처하는 곳이었다. 사방의 벽에는 그림이 붙어 있고, 휘장·발·이부자리 등이 매우 화려했다. 시렁 위에는 유기 고리가 놓여 있었는데 저민 포와 향기로운 안주가 담겨 있었고, 베개 오른편에는 흰 사기 항아리에 맑은 술이 가득했다. 그 곁에는 그림이 그려진 술잔이 있어 번갈아 여러 잔을 마신 뒤 마침내 곡진히 정을 나누었다. 그런데 유독 그녀의 몸은 물을 끼얹은 듯 차가웠고, 시간이 지나도 따뜻해지지가 않았다. 그 까닭을 묻자 여자가 대답했다.

"밤을 무릅쓰고 먼 길을 오다 보니 약한 몸이라 아직 차가운 것입니다."

밤새 베개를 나란히 하고 자다가 새벽녘이 되어 깨어나자 몹시 갈증이 났다. 돌아올 때 이웃집 아낙네가 물 긷는 것을 보고 물 마시길 청하니, 아낙네가 의아해하며 물었다.

"당신은 어째서 빈 집에서 나오십니까?"

"종랑의 집에서 묵었지요."

"그 집은 온 집안이 전염병에 걸려, 죽은 시체가 삼대처럼 빽빽이 널려 있습니다. 종랑이 죽은 지도 벌써 사흘이 지났지만 아직 염도 하지 못했습니다. 저를 속이는 말이군요."

무사는 크게 놀라 다시 들어가 살펴보았다. 집 안에는 시체가 종횡으로 널려 있고 한 시체가 셋째 번 방에 있는데 바로 종랑이었다. 다 먹지 않은 술과 안주가 시체 곁에 그대로 놓여 있었다. 무사는 두려움을 느끼고 돌아와 말했다.

"필시 죽은 낭자가 염도 못하고 있음을 스스로 슬퍼하다가 내가 의기가 많음을 알고 나를 시켜 장사를 지내고자 한 것일 게야."

드디어 관과 상여를 마련하여 염을 해서 교외에 묻어 주고, 술과 안주를 잘 차려 제를 지내고 돌아왔다. 그날 밤 꿈에 종랑이 나타나 감사하며 말했다.

"누추한 몸을 내버리지 않으시고 거두어 후히 장사 지내 주셨으니 어찌 명계에서 보답함이 없겠습니까? 낭군께서는 그렇게 알아 두십시오."

후에 무사는 과거에 급제해 높은 관직에 올랐다.


## 한산도 나무 귀신 ❖ 146

임진왜란 때 통제사統制使 이순신李舜臣이 전함을 만들려고 했다. 수군을 징발하여 한산도閑山島에서 재목을 벌채하는데, 나무 위에서 귀신의 휘파람 소리에 실려 말소리가 들려왔다.

"원컨대 이 골짜기의 나무를 베지 마소서.

병화로 죽은 많은 귀신들이 이 골짝 나무에 의탁하고 있소.

지금 당신들이 나무를 벤다면,

우리들은 다른 나무로 옮겨야 할 것이오.
원컨대 이 골짜기의 나무를 베지 마소서."
군졸들이 물었다.
"당신은 누구요?"
"나는 전라도 유생 송宋가인데, 집안 남녀가 모두 전란으로 죽어 지금은 이 나무에 와 의탁하고 있는 것이오."
이에 수군들은 다른 골짜기로 옮겨 갔다.

## 아내감을 구하는 귀신 ❖ 147

만력萬曆 기미己未년(1619)* 겨울이었다. 참봉參奉 신우안申友顔은 나이가 젊은데 해서楷書를 잘 썼다. 정언正言 이원여李元輿의 집을 빌려 기숙하고 있었는데, 한밤중에 홀연 간 곳이 없었다. 이웃 사람이 말했다.
"밤에 형상을 알 수 없는 어떤 물체가 나타났는데 사람 같지가 않았습니다. 담장 밖에서 참봉을 불러 가기에 매우 의아하게 생각했습니다."
집안사람들이 그를 찾았으나 찾을 수가 없었다. 그런 지 며칠 뒤 그를 반송지盤松池* 못물 위에서 찾아 냈는데 붉은 옷을 보고 그물로 건져 낸 것이다. 그의 집은 도성 서소문西小門 밖에 있었는데, 죽은 재상 이충원李忠元이 살던 곳이다.
이충원에게는 나이가 찬 딸이 있었는데, 어느 날 간 곳을 알 수 없었다.

---

기미己未  〈만종재본〉에는 '계미' 癸未로 되어 있는데, 〈도남본〉을 제외한 여러 필사본에는 모두 '기미' 己未로 되어 있다. 뒤에 '고故 재상 이충원'이라는 말이 나오는데, 이충원(1537~1605)의 생몰 연대를 고려하면 기미년이 맞기에 이를 따른다.
반송지盤松池  서울 도성의 서대문 밖 반송방盤松坊 석교石橋 옆에 있던 연못.

며칠이 지나 대천교大川橋 아래에서 찾고 보니 거적자리에 덮인 채 엎어져 반쯤 죽어 있는 상태였다. 딸은 집에 옮겨 놓은 지 며칠 만에 죽었다. 처음에 그 처자를 찾지 못하고 있을 때 한 선비가 다리 아래에 있다고 가르쳐 주어 찾아 낸 것이었다. 그 후 그 선비가 밤에 꿈을 꾸었는데 어떤 사람이 나타나 말했다.

"내가 예쁜 색시를 새로 얻어 몹시 사랑했는데 너 때문에 잃게 되었으니, 마땅히 네 아내로 대신하겠다."

꿈에서 깨어 일어나 보니 그의 부인은 이미 간 곳이 없었다. 며칠이 지나 다시 꿈 속에 그 사람이 나타나 말했다.

"처음에는 네가 내 색시를 빼앗아 간 것에 화가 나서 네 부인을 데려갔는데, 지금 내 색시를 다시 얻었기에 네 부인을 돌려주마."

선비가 사람을 시켜 이충원의 집을 살피게 했더니 그 처자는 이미 죽은 뒤였다.


## 귀신을 물리치는 경귀석警鬼石 ❖ 148

원사안元士安은 소경 대왕昭敬大王(선조) 때의 문관으로 이름난 선비다. 그의 형수 남씨南氏는 일찍 죽었으며, 누이동생 원씨元氏는 아직 시집을 가지 않고 있었다. 누이동생이 어느 날 갑자기 정신이 혼미해지더니 미친 소리를 마구 지껄이며 자기는 남씨라고 하였다. 원사안 형제가 "누이!" 하고 부르면 곧 대답하기를,

"나는 너희 누이동생이 아니고 바로 너희의 형수인 남씨다. 너희 누이동생의 혼령은 저기에 있다."

라고 하면서 창 사이의 빈 곳을 가리켜 보였다. 대개 남씨의 혼령이 떨어져

나와 다른 곳에 있다가 원씨 몸으로 들어왔기에 목소리와 행동거지가 모두 남씨였던 것이다. 그 혼이 떠나가기도 하고 들어오기도 했는데, 혼이 떠나가면 드러누워서 신음하며 끙끙거렸고, 혼이 들어오면 일어나 용모를 바로잡고 남씨의 말을 했다. 이렇게 된 지 1년 여가 지나자 원씨의 정신과 기운은 날로 상해 구제할 수 없을 지경에 이르렀다.

원주原州는 원씨 집안의 본관으로, 오래된 장원이 있었다. 원씨 부모는 그 딸을 이끌고 원주로 돌아가 귀신을 피하고자 했으나 귀신 또한 그들을 따라와 원씨를 못살게 구는 것이 더욱 심하였다. 하루는 귀신이 나가 노닐다가 돌아오지 않았는데, 수염과 눈썹이 하얗게 센 한 장부가 대청으로 내려와 말했다.

"나는 너희 집안의 선조이니라. 내 자손이 귀신에 씌었다는 말을 듣고 너에게 좋은 처방을 일러 주러 왔다. 여주驪州와 원주의 경계에 우만雨灣\* 이라는 강이 있다. 강 가운데로 수십 보 들어가면 자수정이 있을 것인데, 길이가 두어 촌에 폭이 한 촌쯤 되는 것이 수십 개 있을 것이다. 너희 형제 가운데 사용士容은 용렬하고 노둔해 이 일을 맡기에 부족하니, 사안 네가 가서 그것을 가져오너라. 내 마땅히 가려 내 줄 것이다."

원사안이 그 말대로 우만에 가자 강 가운데 모래톱이 있는데, 과연 자수정이 많았다. 원사안이 수십 개를 가져다가 선조에게 바치자 장부가 꾸짖으면서 말했다.

"모두 진짜가 아니다. 다시 가서 살펴보거라."

원사안이 다시 가서 강을 살펴보니 옅은 여울에 또 수십 개의 자수정이 있어서 모두 주워 가지고 왔다. 선조가 손으로 직접 가려 내어 그 가운데 하나를 골라 주면서 말했다.

---

우만雨灣  〈만종재본〉에는 '우만 牛灣'으로 되어 있으며, 여러 필사본에는 '우만 雨灣'으로 되어 있다. 여기에서는 필사본의 기록을 따랐다.

"이것은 경귀석驚鬼石이라 하는 돌인데 암컷과 수컷이 있다. 항상 용왕의 책상 위에서 잠시도 떠나지 않는 것인데, 마침 근일 용왕이 밖에 나가 노닐어서 이 돌이 잠깐 호숫가로 놀러 나온 것이다. 수컷은 네가 다시 찾을 줄 알고 호수 깊은 곳으로 피해 들어갔으니, 지금 네가 얻어 온 것은 암컷이다. 애석하구나! 네가 처음에 갔을 때 둘 다 얻어 왔어야 했는데……. 하지만 이 돌의 영험함은 비할 바가 없으니, 온갖 귀신들이 그림자만 보고도 달아날 것이야. 의당 옷의 허리띠에 차고 잠시도 몸에서 떼지 말도록 하거라. 다른 사람들이 혹 구하더라도 삼가고 주지 말아야 한다."

이로부터 원씨가 밤낮으로 이 돌을 차고 있자 그 귀신은 문 밖에 와서 서성대다가 결국 들어오지 못하고, 이내 두 번 다시는 오지 않았다. 그 후로 장안의 사대부 집에 귀신이 들면 이 돌의 영험함에 대해 듣고 지성으로 와서는 빌리고자 하였다. 원사안은 차마 거절하지 못해 간혹 주기도 했는데, 이것을 차면 매번 효험이 있었다.

일찍이 이 돌을 벽 위에 걸어 놓았다가 잃어버렸는데 나중에 술독에서 찾았으니, 벽 위에서 잘못해서 술독 속으로 떨어진 것이다. 이후로 돌의 신령한 기운이 손상되어 효험이 없는 경우가 많았다.

## 신막정 집 귀신 ❖ 149

한양 남부南部 소공주동小公主洞에 신막정申莫定의 집이 있는데, 그 집은 늘 주인이 살지 않고 비워 둔 채 남에게 빌려 주어 세들어 살게 하였다. 그 까닭을 캐물었더니 다음과 같았다.

처음에 주인이 새로 집을 사서 살았는데, 그 집에 귀신이 있어 밤낮을 가리지 않고 항상 좌우에서 떠나지 않았다. 귀신은 말하는 것이 보통 사람과 같았고, 단지 그 형체를 볼 수 없을 뿐이었다. 집주인을 주인님이라 칭하고 노복이 주인을 섬기듯 하면서, 청하는 것이 있으면 가져다 바치지 않음이 없었다. 그런데 아무 때나 먹을 것을 달라고 했고, 주지 않으면 즉시 성을 내고 괴이한 짓을 했다.

일찍이 밤에 주인 부부가 함께 침상에 누워 잠을 자는데, 귀신이 침상 아래에 엎드려 웃고 있었다. 주인이 이를 괴롭게 여겨 다른 곳으로 피하려고 하자 귀신 역시 따라가기를 청했다. 주인이 말하길,

"네가 우리 집에 있은 지 오랜 세월이 지났는데도 그 모습을 보지 못하였구나. 네 모습을 벽에 그려 보아라."
라고 하자, 귀신이 대답했다.

"보면 필시 놀라실 것이니, 주인님이 놀라며 무서워하는 것은 원치 않습니다."

주인이 시험삼아 한번 그려 보이라고 하자, 이윽고 벽 위에 모습이 그려졌다. 머리가 두 개에 눈이 네 개였으며, 높은 뿔이 우뚝 솟아 있고, 입술은 늘어지고 코는 오그라들었으며, 눈은 모두 붉어 그 형상을 차마 눈뜨고 볼 수 없었다. 주인이 얼굴을 가리고 속히 지워 버리라고 하자, 벽 위에는 한 점의 그림도 남아 있지 않았다.

주인이 은밀히 도사에게 귀신을 죽일 방법을 묻자, 도사가 말했다.

"귀신이 굶주려 먹을 것을 달라고 하면 들쥐 고기를 구워 주시오. 그러면 반드시 죽을 것이오."

주인이 그 말대로 들쥐 고기를 구워서 시렁 판자 위에 올려놓고 기다렸다. 귀신이 밖에서 돌아와 말했다.

"오늘은 멀리 놀러 나갔다 왔더니 매우 배가 고픕니다. 원컨대 주인님은 소인에게 먹을 것을 주십시오."

주인은 말하길,

"우연히 맛 좋은 고기를 얻어 네가 오기를 기다리고 있었다."

라고 하면서 그것을 주었더니 귀신은 한입에 그릇을 다 비웠다. 잠시 뒤 귀신이 큰 소리로 통곡하며 말했다.

"주인님이 나를 속였구나! 이는 들쥐 고기라. 내가 이제 죽는구나!"

드디어 통곡하며 집을 나가 다시는 돌아오지 않았다. 이로부터 그 집에는 귀신이 없어졌다. 주인은 이에 노량露梁강 가에 거처하면서 다시는 이 집에 오지 않았으며, 다른 사람에게 집을 빌려 주고 다만 세만 받았다고 한다.

이 이야기는 나의 백형伯兄이 일찍이 그 집에 잠시 살면서 주인집 여종한테서 자세히 들은 것이니 허탄한 말은 아닐 것이다.

## 여귀가 된 궁녀와 황건중 ❖ 150

황건중黃建中이라는 자는 탕자宕著로, 대대로 서울에 살면서 화류계를 활보했다. 선조의 별장이 철원鐵原에 있어서 왕래하며 머무는 것이 1년에 거의 절반이었다.

옛 동주東州* 주변에 머물던 어느 날 밤 혼자서 잠을 자고 있는데, 갑자기 미녀 한 사람이 휘장을 젖히고 곧바로 들어왔다. 용모가 빼어나게 아름다워 가까이 앉히고 희롱하며 즐기다가 이어서 이불을 펴고 베개를 나란히 했다. 황건중은 마음이 미혹되어 안정을 못하고 욕정을 참지 못할 지경에 이르렀다. 그런데 때가 엄동설한인데 여자가 입은 옷이 모두 얇은 붉은색의 베옷인지라, 의아한 생각이 들어 한사코 그녀를 물리쳤다. 그녀는 부드러운 말로 갖은 아양을 떨고 온갖 교태를 부리며 밤이 다 가도록 가려고 하지 않았다. 이로부터 새벽에 갔다가 저녁에는 다시 와서 갖가지 수단을 써서 범

**동주東州**　강원도 철원의 옛 이름.

하고자 했지만, 황건중은 마음 속으로 그녀가 사람이 아닌 것을 알고 끝내 더불어 즐기는 것을 허락하지 않았다.

아내를 왼쪽에 있게 하자 여자는 오른쪽으로 들어오고, 여종을 시켜 오른쪽에 있도록 하면 여자는 베개 머리에 가로누웠으며, 여종을 베갯머리에 있게 하자 여자는 발아래에 누웠다. 시중드는 사람을 발아래 있게 하여도 여자는 침상을 떠나지 않았다. 그래서 도사와 무당을 불러 막으려고 하자, 여자는 화를 내며 말했다.

"나는 그대를 괴롭히려는 것이 아닙니다. 단지 그대 선조의 은혜에 감동해 저승에서나마 그 덕에 보답하고자 하는 것입니다."

"무슨 말이오?"

"저는 궁예弓裔가 동주東州에 도읍하던 시절의 궁녀입니다. 태봉泰封의 도읍이 멸망할 때 병란 중에 죽었는데, 그대의 선조 황계윤黃繼允이 나를 도읍 서쪽의 산 밖 몇 리 떨어진 곳에 묻어 주었습니다. 그때는 날이 더웠던지라 베옷을 입고 있었기에 지금까지 그때의 옷을 입고 있는 것입니다. 바라건대 그대는 의심하지 마십시오."

황건중은 떨쳐 버릴 수 없다고 생각해 그녀를 버려 두고 서울로 갔다. 여자는 그를 따라 서울로 쫓아와서는 여전히 황건중을 침범했고, 황건중은 더욱 굳게 거절했다.

여자가 개를 두려워해서 집안사람들이 개를 많이 기르며 목에 방울을 달아 길들여 창 밖에 있도록 했는데, 그 수를 이루 다 헤아릴 수 없었다. 두어 달이 지나자 여자가 울면서 하직 인사를 하며 말했다.

"당신이 나를 박대할 뿐만 아니라 배척함이 더욱 심해지는군요. 나와 당신의 인연이 이미 다한 듯하니 이제 작별을 고하고 떠나겠습니다."

황건중이 말했다.

"그대가 나의 처소에 오랫동안 머물렀는데, 예를 다해 대하지 못했소. 이제 이별을 하게 됨에 앞날의 길흉이나 듣고 싶소."

그 여자는 다만 '금계옥상량'金鷄屋上梁(누런 닭이 집 대들보 위에 있다)이라는 다섯 글자 한 구절을 써 주었는데, 온 집안 사람들이 그 뜻을 알 수 없었다. 황건중이 악소배惡少輩들과 어울려 마을에서 제멋대로 행동하다가 국법을 어겨 감옥에 갇히게 되었다. 감옥의 대들보 위에 누런 닭 한 마리가 있기에, 같은 방에 있는 죄수에게 그 까닭을 묻자 그가 대답했다.

"근심 중에 밤은 길고 날이 밝음을 알기 어려워, 이 닭을 길러 시간을 안다오."

황건중은 비로소 여자가 전에 했던 말의 뜻을 알 수 있었다.

여자는 항상 궁예 시절의 일에 대해 매우 자세히 이야기하곤 했는데, 『국사』國史와 더불어 서로 같기도 하고 다른 점도 있었다. 황건중의 집안 사람이 언문으로 그녀의 말을 적어서 한 질의 책을 만들었는데, 그의 아버지 황린黃璘이 요망한 것으로 여겨 불살라 버렸다.*

야사씨野史氏는 말한다.

"여자는 여우의 정령인 까닭에 개를 두려워한 것이다. 들여우의 정령이 궁인사宮人斜에 들어가 사람에게 씐 것이기에 궁예 때의 일을 안 것이 아닌가 한다."

## 성균관의 귀신 ✤ 151

아조我朝 초 성균관에 동재東齋와 서재東齋를 각 10여 간씩 지었는데, 단지 판벽板壁*만 갖추었을 뿐 온돌방은 없었다. 이곳에서 기숙하는 선비들은 한기

---

여자는 항상 ~ 불살라 버렸다.   이 대목은 〈만종재본〉에는 없는 내용인데, 필사본에 의거해 보충해 넣었다.

를 견딜 수 없어서 이불 여러 채를 연이어 함께 덮고 자면서 온기를 취했다.

서재에는 진사간進士間이 있었는데, 당시 용모가 수려한 한 젊은 선비가 늘 『이소경』離騷經*을 읽었다. 함께 기숙하던 진사 두 사람이 그와 함께 자려고 다투어 서로 그의 다리를 잡아당기다가 그 선비는 드디어 다리가 찢겨 죽고 말았다. 그 이후로 매양 날씨가 흐리고 비가 음산하게 내리는 때면 진사간에서는 간혹 밤에 '제고양지묘예혜'帝高陽之苗裔兮*라고 책 읽는 소리가 들렸다. 이 같은 일이 여러 해 동안 계속되었는데, 성균관 유생으로 이곳에서 자는 자들은 대부분 꿈을 꾸다가 가위에 눌리곤 했다.

그 후 연산군燕山君이 민간을 미행하다가 밤에 통금을 범하게 되었는데, 더러 이 진사李進士라고 칭하면 도적 잡는 포교도 감히 더 이상 묻지 않았다. 연산군은 '생원 진사는 세력이 있어 사람들이 꺼리는구나'라고 생각해 유람하는 행차 때마다 반드시 생원 진사에게 수레를 메게 하였다. 그러고는 이내 성균관의 식당을 없애고 대신 호권虎圈*을 만들고 동재와 서재에 많은 기생들이 거처하도록 했다. 한 기생이 진사간에서 잠을 자다가 돌연 죽었는데, 이로부터 진사간에서 자는 선비마다 꿈에 미녀를 보고 항상 가위눌렸다.

만력萬曆 무인년(1578, 선조 11) 6월 보름에 성균관 관원이 소주와 삶은 개

---

판벽板璧　〈만종재본〉에는 '전벽'甎甓으로 되어 있는데, 〈야승본〉의 기록을 따랐다.
『이소경』離騷經　초楚나라의 굴원屈原이 지은 부賦의 이름. 참소讒訴를 당해 임금 만날 기회를 잃은 우사번민憂思煩悶의 심정을 읊은 장편의 서정시로 초사楚辭의 기초가 되었다. '경'經이라 함은 이를 높여 부르는 말이다.
제고양지묘예혜帝高陽之苗裔兮　『이소경』의 첫 구절로, '황제 고양씨의 후손이라'는 뜻이다.
호권虎圈　〈만종재본〉에는 '호관'虎關으로 되어 있는데, 필사본의 기록을 따라 '호권'으로 함이 옳다. 호권은 호랑이 같은 맹수를 기르는 곳을 말하니, 동·서재에 있는 기생들에게 일반인이 접근하는 것을 막기 위하여 맹수를 기른 것이 아닌가 한다. 『조선왕조실록』에서 연산군이 "성균관 서재西齋 바깥쪽에 방화벽防火壁을 쌓으라"라고 전교를 내린 것을 볼 수 있으며, 사관은 이에 대해 "왕이 날마다 여러 희첩姬妾들과 후원에서 잔치 놀이 하면서, 유생들이 엿보는 것을 싫어해 이 전교를 내린 것이다"라는 말을 하고 있다. 『사기』史記 「효무본기」孝武本紀에 "於是作建章宮, …… 其西則中唐, 數十里虎圈"이라 한 기록이 보인다.

고기를 마련해 유생들을 먹였다. 생원 가운데 장언구張彦球라는 사람이 있었는데 그는 호남 사람으로 진사간에 기거하고 있었다. 이날 여러 벗들이 권하는 소주를 마시다가 과음하여 죽고 말았다. 이듬해 6월 보름에 성균관 관원이 다시 소주와 개고기를 준비해 선비들을 먹였다. 그 하루 전날 밤 진사 이철광李哲光이 진사간에서 잠을 자는데, 평소 알지 못하던 한 선비가 꿈에 나타나 그에게 말했다.

"나는 생원 장언구요. 내일 성균관 관원이 술과 고기를 마련해 선비들을 먹일 것인데, 나도 나누어 먹을 수 있도록 해 주시오."

이철광이 꿈을 깨고는 이상하게 여겨 같이 잤던 사람에게 물었다.

"생원 가운데 장언구라는 사람이 있습니까?"

모두들 말했다.

"그렇소."

이철광이 또 물었다.

"내일 성균관 관원이 술과 고기로 선비들을 대접합니까?"

모두들 그렇다고 대답했다.

"장언구가 살아 있습니까?"

다시 묻자 모두들 말했다.

"지난 해에 소주를 과음해 이곳에서 죽었소."

이철광이 두려움에 크게 놀라며 꿈 이야기를 했다. 이튿날 아침 이철광은 먹고 마시는 자리에 참여해 따로 한 그릇에 개고기를 담고, 다른 그릇에는 소주를 받았다. 좌중에 꼿꼿이 허리를 편 채 두 손을 마주 잡고 꿇어앉아 자신은 한 꿰미의 고기, 한 잔의 술도 마시지 않았다. 같이 있던 사람들이 서로 팔꿈치를 치면서 웃으며 말했다.

"장생張生 자네에게 한잔 술을 권하니, 세간에 어찌 만년 생원이 있겠는가? 이생李生 자네에게 한점 고기를 권하니, 세간에 어찌 만년 진사가 있겠는가?"

## 이경희 집의 도깨비 ❖ 152

이경희李慶禧 집에 귀신이 붙어 요사한 짓을 하였다. 사람의 머리카락을 자르는가 하면 등을 후려치기도 하고, 음식에 오물을 묻히거나 기물을 부수기도 했는데, 여러 해가 지나도록 쫓아 낼 수가 없었다.

이경희가 개성 도사開城都事가 되어 부임했는데, 우거하는 집의 벽 사이에서 매미 소리가 들렸다. 때는 겨울철이라 매미가 있을 리 없는지라, 집안사람들은 귀신이 서울에서부터 따라온 것을 알고 매우 근심했다. 기세가 등등한 한 교생校生이 경솔하게 날뛰며 말했다.

"사람과 귀신은 길이 다른 법인데, 어찌 감히 요사스런 짓을 한단 말이오! 내가 마땅히 물리치겠소."

온 집안 사람들이 그 말을 믿고 벽의 기둥 사이로 들어가게 했다. 과연 매우 청아한 매미 소리가 나는데, 낮았다 높았다 길게 끌다가 촉박하게 이어지는 소리가 가을철 나무에서 우는 소리와 흡사했다. 교생이 귀를 기울여 그 소리를 듣더니 성난 목소리로 꾸짖어 말했다.

"어떤 요사스런 귀신이 감히 겨울에 매미 소리를 내느냐!"

그러고 나서 칼을 뽑아 기둥을 쳤더니 한참 동안 잠잠했다. 홀연 어떤 물체가 공중에서 교생의 상투를 휘어잡아 땅바닥에 넘어뜨리더니 채찍으로 때리는 소리가 온 집안에 진동했다. 교생은 피를 흘리며 기절하고는 깨어나지 못해 사람들이 부축해서 끌어 냈으며, 여러 날 약을 먹고 나서야 간신히 살아났다.

이경희는 벼슬을 마치고 농장으로 돌아갔다. 농장에는 벼를 쌓아 둔 것이 산을 이루었는데, 높이가 여러 길 되는 것이 다섯 봉우리였으며, 한 봉우리당 5, 60섬씩은 나올 만했다. 그런데 어느 날 밤 다섯 봉우리에 모두 불이 나서 화염이 치솟아 하늘에 가득하였다. 이웃 사람들을 불러 불을 껐는데, 다 끄고 나자 한 점의 재도 없었다. 이튿날 밤 또다시 불이 나서 이웃 마을 사람들이 와서 꺼 주었는데, 역시 불탄 흔적이 없었다. 셋째 날도 전처럼 불이 나 이웃 사람을 불러 끄고자 했으나 이웃 사람들은,

"이틀 동안 귀신이 장난친 것이지 진짜 불난 것이 아니었다."

라고 하면서 불을 끄러 오지 않았다. 이날 밤 다섯 봉우리가 모두 불에 타 버리고 남은 것이 없었다.

장안의 인가에 물괴物怪가 많이 있으니, 정릉동貞陵洞 허양許兩의 집, 지금 경운궁 승정원으로 쓰이는 집, 지금 남별궁南別宮으로 쓰이는 소공주동小公主洞 집,* 송현松峴 신막정申莫定의 집, 백자동栢子洞 안사장安舍長의 집 등이 사람들이 모두 이야기하는 것들이다.* 이른바 물괴物怪라는 것은 사람이 죽어 귀신이 된 것이 아니고, 다만 사물이 오래되면 신령함이 있어서 그 형체를 변환해 장난치는 것일 뿐이다. 천지간에 사대四大의 기운이 모여 사람이 되었다가 죽으면 태공太空(태허太虛)으로 되돌아가 아득히 흩어지게 된다. 그 사이 살아 있을 때 원한을 품으면 기가 흩어지지 않고서 인간에게 요사를 부리는 것이 있는데, 이는 천백 가운데 한둘도 못 되는 것이다. 다만 사물이 오래되면 영기를 품고 형상을 빌려 곤충·초목·조수·어별魚鼈의 정령과 더불어 능히 기를 내어 허상虛狀을 만드는 경우가 종종 있다. 그 기운은 사악한 것이라 스스로 바른 것은 침범하지 못하니, 이른바 사악함이 바른 것을 범하지 못한다는 것이 어찌 빈말이겠는가!

남별궁南別宮으로 쓰이는 소공주동小公主洞 집     서울시 중구 소공동에 있었던 조선 시대의 궁궐. 이 별궁은 태종의 둘째딸 경정 공주慶貞公主가 출가해 거주하던 저택으로, 소공주댁小公主宅이라 불렸다. 지금 소공동의 이름은 소공주댁이 있는 마을이라는 의미를 가진 소공주동에서 유래한 것이다.
장안의 인가에 ~ 이야기하는 것들이다.     이 대목은 〈만종재본〉에 없는 내용으로 필사본에 의거해 보충해 넣었다.

## 조카 집을 탕진한 안씨 귀신 ❖ 153

낙산駱山 아래 소용동所用洞에 과부 안씨가 살았다. 집에서 염불을 하며 채식만 하고 늘 흰 승복을 입고 풀로 엮은 둥근 모자를 쓰고 지냈다. 나이 육십이 넘어 죽었는데, 자녀는 없고 조카가 있어 그 집에서 살았다.

몇 년이 지나 마루에서 사람 소리가 나서 조카가 나가 보니, 안씨가 흰 승복을 입고 둥근 모자를 쓰고 훤한 대낮에 앉아 있는 것이었다. 온 집안 사람들이 당황해하며 늘어서서 절을 올리자 귀신은 배가 고프다며 먹을 것을 청했다. 그 집에서 성찬을 차려 올리니, 상에 가득한 음식을 잠깐 사이에 다 비우고, 또 음식을 청하기에 다시 갖추어 대접했다. 이와 같이 한 지 한 달 남짓 지난 어느 날 귀신이 말했다.

"바야흐로 봄철이라 두견화가 산에 가득하여 참으로 좋으니, 떡을 만들어 먹고 싶구나."

그 집에서는 기름을 사서 전을 부쳐 몇 그릇 가득히 올렸는데 이를 또 다 비우는 것이었다. 이로부터 날마다 진기한 음식과 색다른 맛을 요구했는데, 갖추어 올리면 한 번에 다 먹어 치웠고, 주지 않으면 당장 화를 내어 괴이한 짓을 벌였다. 어린 남종을 때리기도 하고 자식들에게도 해가 미치니 그 괴로움을 견딜 수가 없었다. 게다가 재물이 다 떨어지면 음식을 계속 바치기가 어려워질 것을 걱정해 은밀히 다른 곳으로 피해 가서 살기로 의논했다. 그런데 귀신이 말했다.

"주인, 지금 어디로 가려 하는가? 나 역시 따라가려네."

그리하여 결국 그 계획을 그만두고 말았다.

안씨 귀신이 말했다.

"내가 여기 오래 머물러 있으면서 주인을 많이 괴롭혔다. 내 마음이 편치 못하니 원컨대 술과 음식을 넉넉히 갖추어서 동소문東小門 밖 커다란 소나무 아래 개울물 흐르는 곳에서 나를 전별해 다오."

주인은 몹시 기뻐하며 집의 재물을 전당 잡혀 전별 음식을 장만하고, 동소문 밖 산수가 정결한 곳에서 이바지하였다. 그 후로는 아무 소리도 나지 않기에 집안사람들이 서로 축하했다. 그런데 십여 일이 지나 홀연 문을 두드리는 소리가 들렸다. 여종이 나가 보니 한 사내가 있었는데, 검은 얼굴에 수염이 많이 났으며 머리에는 흰 대나무 모자를 쓰고 새끼줄로 갓끈을 매고 있었다. 그가 절을 하고 말했다.

"사장舍長 안씨가 오셨다."

얼마 안 있어 흰 승복에 둥근 모자를 쓴 안씨 귀신이 웃으며 들어와 대청에 앉았다. 그 밖에 봉두난발을 하고 누더기 옷을 입은 남녀 귀신들이 대청과 뜰을 가득 채웠다. 이들은 밥과 고기를 달라며 떠들썩하게 재앙을 일으켰다. 그릇을 부수고 사람들을 구타하며 온 집안에 놓아 두고 쓰는 물자와 상자에 쌓아 놓았던 것을 휩쓸어 가 남은 것이 없었다. 쇠똥과 말똥이 방과 창문에 여기저기 떨어져 있어 사람들이 거처할 수가 없었다. 온 집안사람들이 서로 이끌고 달아나 피했지만, 가는 곳마다 따라오지 않는 곳이 없었다. 몇 년 사이에 죽는 자가 계속 이어져 낙산 아래의 집은 텅 비게 되었다.

## 북교北郊의 제사 ❖ 154

북교北郊*에서는 제사 받지 못하는 귀신에게 제사를 지내 준다. 무릇 물에 빠져 죽은 자, 불에 타 죽은 자, 굶어죽은 자, 전쟁터에서 죽은 자들은 모두 제사를 지내 주었는데, 유독 아기를 낳다가 죽은 사람만은 제향에 참여시키

---

북교北郊   북쪽 교외라는 뜻으로 서울 창의문 밖의 근교를 말한다.

지 않았다.

예전에 한성 부윤漢城府尹이 북교에서 제사를 지내고 돌아오는데, 이른 새벽이라 성문이 아직 열리지 않았다. 말에서 내려 성 밑에서 잠깐 잠이 들었는데, 꿈에 한 여자가 온몸에 피를 흘리며 와서 하소연하며 말했다.

"북교의 제단에서 제사를 받지 못하는 귀신에게 제사 지내 준다는 말을 듣고 여기 와서 술과 음식을 먹고자 했습니다. 그런데 국법에 아기를 낳다가 죽은 귀신에게는 제사 지내지 않는다며, 성황신이 꾸짖어 금하고 받아들여 주지 않습니다. 이 때문에 와서 하소연합니다."

그 말이 끝나자 꿈에서 깨어났는데, 측은한 생각이 들며 마음이 아팠다. 돌아와 임금에게 아뢰니, 이로부터 북교에서 제사를 지낼 때 아기를 낳다가 죽은 자의 위패도 배설하게 되었다.

정선 군수旌善郡守 정원경鄭元卿이 전에 판관이 되어 북교 제사에 참여하여 들판의 막사에서 잠을 잤다. 꿈에 보니 도깨비불이 산을 에워싸고 떠들썩하게 부르며 늘어서 있는데 그 수가 얼마인지 알 수 없을 정도였다. 깜짝 놀라 깨어나니 봉상시奉常寺* 하인이 이미 제사 지낼 준비를 다 해 놓고 소리쳐 잠을 깨우는 것이었다.

아! 우리나라에 주인 없는 혼령들은 그 수가 헤아릴 수 없이 많은데 제수에 쓰는 비용은 밥 열 그릇과 술 열 병에 돼지 어깨뼈 두어 개 값에 불과하니, 귀신들이 어찌 고르게 먹을 수 있으랴? 게다가 이름 없는 자는 또한 물리치고 받아들이지 않으니, 저승에서 굶주리는 귀신이 의당 많을 것이다. 슬픈 일이다!

옛날에 내가 산사에 있을 때 보니 중들이 두어 사발의 밥으로 제사를 받지 못하는 귀신에게 제향하면서, 징의 손잡이를 거꾸로 하여 허공에 글자를 쓰는 것이었다. 이상해서 그 까닭을 물었더니, 대답하였다.

**봉상시**奉常寺   조선 시대 1392년(태조 1)에 설치한 관청. 제사와 시호諡號에 관한 일을 맡아 보았다.

"불법에 범어로 '옴ᅟ唵' 자를 밥그릇을 향해 쓰면 한 그릇이 백 그릇이 되고, 백 그릇이 천 그릇이 되며, 천 그릇은 만 그릇이 됩니다."

아! 북교 제단의 밥그릇에는 누가 징의 손잡이를 거꾸로 하여 글자를 쓸 것인가? 가소로운 일이다.

## 기녀 귀신의 빌미 ❖ 155

전라 도사全羅都事 김 아무개가 전주 남청南廳에 있을 때였다. 기녀들은 모두 뒤채에 있고 하인들은 물러나 다른 곳에서 쉬고 있었다. 날이 저물 무렵 홀로 무료하게 앉아 있는데, 문득 한 기생이 신발을 끌며 동헌 앞을 지나가는 것이었다. 옷차림이 곱고 아름다웠으며 용모와 자태가 세련되고 우아하여 진실로 절대가인이었다. 김은 스스로 마음을 진정할 수가 없어 물어 보았다.

"너는 누구냐?"

"전주 교방敎坊의 기생이옵니다."

"교방 기생은 일찍이 내가 모두 익히 보았는데, 어찌해서 너만 이리 늦게 보게 된 것이냐?"

"새로 온 기생이옵니다. 전주 관원 친족의 사랑을 입어 깊은 곳에 은밀히 있다가 오늘 마침 일이 있어 이곳을 지나게 된 것입니다."

김은 드디어 그녀를 앞으로 오라 하여 웃고 즐기다가 시간이 지나자 휘장을 드리우고 베개를 가까이 하였다. 이로부터 정이 흠뻑 들어 새벽이면 갔다가 저녁에 와서 하루도 모시고 자지 않은 날이 없었다. 오래 지나자 대낮에도 곁에 있으면서 가는 곳마다 따라다녔다. 김은 정신은 말짱했으나 몸이 말라 갔고, 점차 힘이 빠지더니 급기야 침상에 눕게 되었다.

감사 고형산高荊山은 지혜가 많은 사람이다. 도사의 병이 귀신을 만난 데서 연유한 것이란 말을 듣고는 말했다.

"이를 그치게 하기는 어렵지 않은 일이지."

전주 관원에게 일러 경내의 무녀들을 모으고, 각기 기악妓樂을 갖추어 밤새 제를 지내도록 했다. 제수를 극히 풍성하게 준비해서 남청南廳 뜰 동쪽 별채에 자리를 차리고 뭇 귀신들에게 제사를 지냈다. 귀신 기생이 김에게 말하였다.

"저도 가서 보고 싶은데, 당신이 저를 버리고 가실까 두렵습니다."

그러자 김이 말했다.

"내가 너를 사랑하는 것이 네가 나를 사랑하는 것보다 더 하니, 네가 나를 버릴까 두려울 뿐이다. 어찌 내가 너를 버릴 수가 있겠느냐?"

귀신 기생은 그 말을 얼마간 믿고 가서 구경했는데, 몸의 반쯤은 여전히 병풍 사이에 드러내 놓고 빈번히 돌아보다가 이내 구경을 그만두고 다시 왔다. 그러다가 풍악 소리가 높아지자 얼마 있지 않아 또다시 가서 구경했으며, 이 같은 행동을 여러 번 되풀이했다. 다음 날 밤에도 제사를 지내는데 풍악을 더욱 성대하게 벌여 놓고 술과 음식을 끊임없이 차려 내왔다. 그러자 귀신 기생은 온몸을 병풍 안으로 들여놓고 다시는 남청을 돌아보지 않았다.

감사는 미리 공문을 만들어 보내 길가의 모든 역驛에 즉시 안장을 갖춘 상품의 준마를 대기시켜 서울에 갈 수 있도록 해 놓았다. 그리고는 김으로 하여금 그 귀신 기생이 즐기느라 돌아오기를 잊고 있는 틈을 타 한밤중에 말을 타고 도망치도록 했다. 김은 새벽이 될 때까지 역말을 바꾸어 타며 달려 다음 날 정오가 못 되어 서울 집으로 곧장 들어가, 문과 마루와 행랑에 두루 단사丹砂 부적을 붙였다. 이틀이 지나자 귀신 기생이 지붕 위에서 통곡하며 말했다.

"낭군께서 저를 이처럼 박정하게 대하리라고는 생각도 못했소. 비록 저에게 싫증이 났다 하더라도 제가 어찌 낭군께 무정하리오? 그러나 붉은 옷을 입은 군졸들이 문에서 막고 있으니 어찌하겠습니까?"

한참 지나자 조용한 채 아무런 소리가 나지 않았고, 이로부터 다시는 그 귀신이 나타나지 않았다.

대개 여성들이 무당굿을 좋아하는 것은 죽은 자나 산 사람이나 매한가지다. 고형산은 그러한 정상을 잘 알았으니, 지혜롭다고 이를 만하다.

## 저승 손님의 유혹 ❖ 156

이집중李執中은 음관蔭官으로 일찍이 사직제社稷祭에 차출되어 제관祭官 아무개와 함께 재실齋室에서 잠을 자게 되었다. 아무개는 아직 잠이 들지 않았는데, 곤히 잠을 자던 이집중이 갑자기 일어나 옷의 띠를 가져다 스스로 목을 매더니 두 손을 엇갈려 잡아당기는 것이었다. 아무개가 괴이하게 여겨 그가 하는 바를 시험삼아 지켜보았다. 잠시 후 캑캑 소리를 내기에 그를 붙잡고 소리쳐 부르며 목의 띠를 풀어 주었다. 이집중은 한참 후에야 깨어나 말했다.

"꿈에 어떤 객이 나에게 저세상의 즐거움에 대해 극진하게 말하면서 함께 가자고 거듭 얘기하였소. 그 말을 듣자 마음이 즐거워져 스스로 옷 띠로 목을 매었고 객이 두 손으로 목 조르는 것을 도왔는데, 전혀 고통스럽지 않았소. 그대가 아니었다면 아마 소생하지 못했을 것이오."

또 내가 어릴 적에 가형家兄에게 들은 이야기다. 형의 집은 낙산駱山을 등지고 있었는데 산 위에 소나무 가지 하나가 가로로 뻗어 있었다. 한 마을 아이가 부모도 있고 원망하는 마음도 없었는데, 그 가지에 스스로 목을 매었다. 마을 사람들이 구해 주자, 그 아이가 말했다.

"어떤 사람이 나를 잡아끌며 저세상의 즐거움에 대해 극진하게 말해 주었어요. 그의 말에 따라한 것인데 전혀 고통스럽지 않았어요."

나는 이 말을 늘 괴이하게 생각했다.

## 유괴당했던 김위의 아들 ❖ 157

선비 김위金偉는 송도松都 사람이다. 아들이 하나 있었는데 총명하고 영특한지라 몹시 사랑했다. 그런데 어느 날 그 아이가 간 곳이 없었으니, 어떤 남자가 유인해 간 것이다. 그 남자는 언덕과 비탈을 오르내리고 깊고 가파른 곳을 지나서 바위 굴 속에 아이를 넣어 두고 지켰다. 배가 고파 먹을 것을 찾으면 매번 유락乳酪과 같은 미음을 한 그릇 주었고, 추워서 옷을 달라고 하면 가느다란 풀을 엮어 덮어 주었으나, 밤에 같이 자지는 않았다.

하루는 송도 사람이 재령載寧의 장수산長壽山에 철鐵을 채취하러 갔다가 굴 속에 사람이 있는 것을 보고 놀라 살펴보니, 바로 이웃집 선비의 아들이었다. 아이를 잃어버린 지 이미 6년이 지나 부모는 그 아이가 호랑이에게 잡아먹힌 줄로만 알고 슬퍼하고 울부짖다가 신주를 만들어 제사를 지냈다. 그 사람이 송도에 달려와 고하자 김위는 크게 놀라 집안식구들을 거느리고 가서 아들을 맞아 왔다. 아이는 몸이 수척하지는 않았지만 정신은 백치와 같았다. 집에서 조섭하며 기르자 나날이 회복되다가 2년이 지나 죽었다.

## 종묘 제사 때의 실수 ❖ 158

제사 지내는 일은 지극히 엄숙한 것이다. 무릇 태묘太廟(종묘)에 제사 지낼 때에는 엄숙하고 공경스럽게 행동하려다가 나아가고 물러남에 있어 겁을 먹고 예의를 잃는 경우가 종종 있다.

예전에 상국 이양원李陽元이 태묘제의 헌관獻官이 되었다. 상국의 발이 커서 태묘에 보관해 둔 신발 중에 큰 것을 골라 신고 문지방을 넘다가 끈이 풀어져 신발이 벗겨졌다. 뒤에 있던 음관蔭官이 자기 신발로 잘못 알고는 이미 신고 있던 신발 위에다 신고 갔다. 상국이 돌아보며 벗어 달라고 하자 음관은 끝내 알아차리지 못하고 말했다.

"저는 이미 신고 있습니다."

그는 자기 신발이 벗겨졌음을 헌관이 알려 준 것이라고 생각했다. 헌관의 신발을 자기가 신발 위에 또 겹쳐 신은 사실은 전혀 몰랐던 것이다.

상국 정탁鄭琢이 태묘제의 헌관이 되어 태묘에 보관해 둔 혁대를 둘렀다. 찬인贊引이 앞에서 인도하며 종종걸음치다가 자기도 모르게 혁대가 풀어져 땅에 떨어졌다. 상국은 자신의 혁대인 줄 알고 주워서 혁대 위에 다시 둘렀다. 찬인이 돌아보고 찾으니, 상국이 말했다.

"나는 이미 찼네."

상국은 자신이 혁대를 떨어뜨렸다고 말해 주는 것으로만 여기고, 찬인이 떨어뜨린 혁대를 자기가 혁대 위에 또 두른 사실은 전혀 몰랐던 것이다.

이는 참으로 짝이 꼭 맞는 이야기다.

## 역병 앓는 아이의 영험함 ❖ 159

세상 습속에 아이가 역병에 걸리면 신령함이 생긴다고 하여, 대부분 높이 받들면서 꺼리고 삼가는 경우가 많다. 그래서 기도만 드릴 뿐 약이나 침을 사용하지 않으니, 인명이 요절하게 됨이 슬플 뿐만이 아니다. 영민하고 준수한 호걸 재목이 한 번의 병으로 죽어 없어짐이 참으로 애석한 일인 것이다. 세상 사람들이 모두 말하였다.

"이 질병에 걸리면 어떤 경우엔 영험함을 보이고 어떤 경우엔 괴이함을 보이니, 귀신이 아니고 무엇이겠는가?"

그러면서 부인들뿐만 아니라 유식하다는 사대부들 또한 두려워하며 미혹을 떨치지 못하고 있다. 이처럼 마치 무당이나 판수와 같이 행동하니 어찌 한심하지 않은가?

내 생각은 이렇다. 역병에 걸리면 열이 나는데, 열은 불이다. 불의 성질은 밝고 불은 심장을 관장한다. 마음은 본디 허령虛靈하기 때문에 바야흐로 열이 날 때에는 귀신처럼 영험해지고 불처럼 밝아져서, 듣지 않아도 들리고 보지 않아도 보인다. 그래서 깊은 방 밀실 안에서도 능히 바깥의 일에 감응할 수 있는 것인데, 간혹 이를 잠꼬대처럼 아무렇게나 지껄이는 말 속에 드러내 사람을 놀라게 하고 미혹시키는 것이다. 이는 다름이 아니라 심화心火가 세차게 타올라 열이 나므로 마치 사물이 거울에 비쳐 보이는 것처럼 되는 것이다.

그렇다는 것을 어떻게 증명할 수 있는가? 저 선도仙道와 불도佛道는 사람의 마음을 능히 정밀하고 밝게 하여 흰빛이 빈 방에서 생겨나게 할 수 있다. 그 때문에 방장方丈 가운데 앉아 있으면서도 능히 산 밖의 일을 알 수 있고, 다른 사람의 마음을 꿰뚫어 볼 수 있는 것이니, 이는 그 심화를 밝힘에 불과한 것이다. 역병을 앓는 아이 또한 이와 무엇이 다르겠는가!

우리 집의 한 종이 역병을 앓아 50리 떨어진 농장으로 그를 옮겨 놓았다. 내 마음으로 그를 측은하게 여겨 노루 다리 고기 하나를 얻어 보냈는데, 그 고기가 이르기도 전에

"내 노루 다리가 어디 있느냐?"

라는 헛소리가 그 종의 입에서 끊이질 않았다. 노비가 죽고 나서야 고기가 도착했는데, 이를 가엾게 여긴 농장 주인이 그것을 제전祭奠에 올려 주었다.

내 이웃에 사는 아이가 홍역(班疹)을 앓았는데, 어떤 사람이 소 다리 세 개를 보내왔다. 그 아이 어머니는 그것을 아이 몰래 삶았는데, 아이가 눈을 감고 있으면서 방 안에서 말했다.

"우리 집에 털 달린 고기 세 덩어리가 있으니, 내게 맛 좀 보게 해 주세요."

내 생각에 역병과 홍역은 모두 열이 심하게 나는 병이다. 열과 불은 매우 밝아서 형체가 없는 것에 대해서도 능히 볼 수 있기 때문이지, 어찌 신이 있어 알려 주는 이치가 있겠는가? 아녀자들은 그런 것을 보고서 손을 모아 신에게 빌고 있으니, 우스운 일이다.

## 5월 5일생에 대한 속기俗忌 ❖ 160

대간大諫 홍천민洪天民은 5월 5일생이다. 어릴 적 사마천의 『사기』史記를 부친인 부제학 홍춘경洪春卿에게 배웠는데, 「맹상군전」孟嘗君傳 가운데 "5월 5일생인 자가 자라서 키가 지게문과 같아지면, 그 부모에게 좋지 못한 일이 있다"라는 대목에 이르러, 크게 놀라 머리카락이 치솟고 온몸에 소름이 돋았다. 그러다가 이어서 "사람이 태어남에 명을 하늘에서 받는가, 지게문에서 받는가? 그 문을 높게 만들면 누가 그 문 높이에 이를 수 있겠는가?"라는 대목에 이르러서야 조금 마음이 놓였다. 그러나 두려운 마음을 가슴 속에서 떨쳐 버린 적이 없었다.

나이 15세가 되었을 때 마을의 여러 아이들과 더불어 동쪽 성곽 밖에서 꽃을 꺾으며 놀다가 도성암道成菴에 이르렀는데, 많은 중들이 대부분 역병에 걸려 새까만 얼굴에 코피를 흘리며 누워 있었다. 대간은 경악하며 물러 나왔는데 돌아올 때부터 머리가 아프더니 집에 도착한 뒤에는 열병을 심하게 앓아 거의 죽다가 살아났다. 그러나 모친이 역병에 감염되어 세상을 떠나니, 대간은 평생 자신을 탓하며 종천지통終天之痛으로 여겼다고 한다.

아! 인명은 하늘에 달린 것이니, 허탄한 설은 족히 믿을 수 없는 것이다. 그런데도 옛 사람들이 속기俗忌에 얽매였으니, 그 또한 알 수 없는 일이다. 옛날 호광胡廣*의 성은 본디 황씨黃氏였는데 부모는 그가 5월 5일생인 것을 꺼려 조롱박에 담아 버렸다. 다른 사람이 그를 데려다 길렀는데, 이 때문에 호씨胡氏로 성을 삼고 부친이 죽었을 때에도 상복을 입지 않았다.*

## 세속의 금기 ✣ 161

세속에서는 꺼리어 기피하는 일이 많다.

중국 사람들은 바다에서 배를 탈 때 '주'駐 자를 꺼리는데, 이는 '착'著 자와 음이 같기 때문이다.* '착'著 자를 말해야 할 때면 '쾌'快 자로 이르는데, 이는 '쾌' 자에서 빠르고 신속하다는 의미를 취한 것이다. 중국어에서 물건이 무거운 것을 '침'沈이라고 말하는데, 유독 배 안에서는 '침'이라 하지 않고 '중'重이라고 하는 것 역시 이를 꺼려서 그러한 것이다.

근래 우리나라 유생 가운데 과거에 응시하는 이들은 항상 '락'落 자 쓰는 것을 싫어한다. 여러 벗들이 서로 약속해 말하길,

"말할 때 만약 '락'落 자를 사용하는 자가 있으면 응당 모두 주먹으로 때

---

**호광胡廣**　　호광은 중국 사람인 듯하며, 후한 때 상서랑尙書郞·사도司徒 등의 벼슬을 지낸 이와 명나라 때 한림수찬翰林修撰·문연각학사文淵閣學士 등을 지낸 인물이 있으나, 부모가 버린 고사에 대해서는 미상.
**아! 인명은 ~ 입지 않았다.**　　이 대목은 〈만종재본〉에는 없는 내용인데, 필사본의 기록에 의거해 보충해 넣었다.
**중국 사람들은 ~ 같기 때문이다.**　　〈만종재본〉에는 '駕' 자로 되어 있는데, 여러 필사본에는 모두 '著' 자로 되어 있다. 중국어 발음으로 주駐와 착著은 둘 다 발음이 'zhù'로 같기에 필사본의 기록을 따른다.

려 주기로 하자."
라고 하였다. 어떤 유생이 과거 시험장에서 구운 낙지(絡蹄)를 반찬으로 했는데, 한 유생이 젓가락을 쥐고 다가와서 말했다.

"입지(立蹄) 구운 것 좀 먹어도 되겠소?"

'입'立이란 수립樹立한다*는 뜻이었으니, 이 말을 들은 시험장 사람들이 모두 크게 웃었다. 과거에 합격하기 전에는 낙지를 먹지 않는 사람들도 간혹 있었으니, '낙제'落第와 음이 같기 때문에 이를 꺼리는 것이다.

유희서柳熙緖가 장차 사마시司馬試에 응시하려고 할 때, 꿈에 준마를 타고 달리다가 중도에서 떨어졌다. 꿈에서 깨어나자 그는 멍하니 정신이 없었다. 그는 준마를 좋아하여 늘 무인武人에게 이를 빌려 타고 장안의 기생집을 두루 돌아다니곤 했다. 그런데 갑자기 말이 넘어지는 바람에 말에서 떨어지자 자신의 몸을 다친 사실도 잊어버리고 꿈이 징험된 것을 기뻐했다. 이튿날 과거에 응시하여 과연 사마시에 합격했다.

신숙申熟*은 매양 시험에 응시할 때마다 고양이가 그의 앞을 가로질러 가면 반드시 합격했다. 급제하여 전시殿試에 응시할 날이 내일로 닥쳤는데 종일토록 돌아다녔지만 고양이를 볼 수 없었다. 억지로 친구 집을 찾아다니다 깊은 밤이 되었는데, 길가 점사店舍 문 밖에 병든 고양이가 쪼그리고 있는 것을 보았다. 부채를 휘둘러 놀라게 하자 고양이가 길을 가로질러 지나갔다. 그는 크게 기뻐하며 집에 돌아와 잤으며, 이튿날 응시해 과연 합격하였다.

아! 꺼리어 기피하는 것은 흔히 여자들이 하는 일이다. 선비가 도리를 알

---

'입'立이란 수립樹立한다  수립한다는 것은 세운다는 뜻으로 과거시험에 합격해 '입신'立身함을 의미한다.

신숙申熟  〈만종재본〉에는 신숙申塾으로 되어 있으며, 필사본에는 신숙申熟으로 되어 있다. 『조선왕조실록』 선조 38년 2월 29일자에 신숙申熟을 승문원 판교로 임명한 기록이 보이는바, 신숙申熟이 옳은 것으로 여겨져 필사본의 기록을 따른다.

면서 어찌 요망한 설에 현혹되겠는가? 다만 선비들의 습속이 과거를 중시해 마치 물을 건너는 사람이 죽고 사는 것을 근심하는 듯하니, 가소로운 일이다.

### 길조와 흉조의 징험 ❖ 162

화는 복이 기대는 것이고 복이란 화가 잠복해 있는 것이다. 길흉이 오는 것은 본디 하늘의 운수에 있으니, 어찌 인력으로 줄이고 늘일 수 있겠는가?

세속에서 말하길 '까치가 남쪽 나뭇가지에 둥지를 틀면 반드시 영화를 얻고, 흉조가 집에 와 앉으면 반드시 재액을 당한다'고 하는데, 나는 일찍이 이 말을 듣고 매우 비웃었다.

내가 청파靑坡에 살 때, 까치가 집 남쪽 느티나무에 둥지를 틀었다. 집안 사람들은 모두 내가 과거에 급제할 것이라고 기대했는데, 그해에 처형의 사위가 과연 급제하였다. 그 후 까치가 또 그 나무에 둥지를 틀었으며, 그해 봄 나는 사마시司馬試에 합격했다. 그 후 또 그 나무에 둥지를 틀었으며, 나는 또 문과에 장원 급제하였다. 내가 물러나 흥양興陽에 살 때, 까치가 또 남쪽 언덕 큰 나무에 둥지를 틀었다. 친척들이 모두 틀림없이 경사가 있을 것이라고 축하했다. 그해에 과연 가선 대부嘉善大夫에 올랐고 이어서 호성 공신扈聖功臣*의 녹훈에 참여하였다.

명례방明禮坊 집 남쪽 버드나무에 까치가 또 와서 둥지를 트니, 그해 함께 사는 같은 성씨의 사람이 무과에 급제하였다. 또 이듬해 다시 그 가지에 둥지를 틀었는데, 그해에 여종의 지아비가 포수로 무과에 합격하였다. 그러나

**호성 공신扈聖功臣** 임진왜란 중 선조宣祖를 호종扈從한 공이 있는 신하에게 내린 훈명.

그 두 해 모두 나는 벼슬자리에서 떨어져 막혔고 집안에는 우환이 뒤따랐다.

또 듣건대 세속에서는 '올빼미가 집에 이르면 반드시 화재가 이어서 일어난다'고 한다. 내가 명례방 집에 우거할 때 이웃집을 별채의 방으로 삼아 거처하고 있었다. 아침 나절 잠자리에서 아직 일어나기 전인데, 집의 종이 와서 "매우 괴이한 물체가 있습니다"라고 하며 떠들어대는 것이었다. 일어나 가 보니 올빼미가 부엌 대들보 위에 앉아 있기에 장대로 쳐서 땅에 떨어뜨렸다. 그날 밤 큰집 바깥 행랑채에 불이 나서, 심지어 임금께서 '불을 조심하지 못했으니 금화사禁火司*를 질책하라'는 전교까지 내렸는데 나는 곤히 잠들어 이 사실을 알지 못했다.

지난 해 아내를 잃고 가평加平에 장지를 정했을 때였다. 올빼미가 나타나 제사 지내는 종의 처의 가슴 위에 앉았다. 상주가 요사스런 일로 여겨 그 여자를 쫓아 내고 장사 지내는 곳에 접근하지 못하도록 했다. 그날 밤 어린 종이 산기슭에 불씨를 떨어뜨려 산야가 절반은 탔으며, 묘막墓幕에까지 불길이 번졌다.

내가 장례에 참여했을 때에는 올빼미가 훤한 대낮에 나타나 사람들에게 달려들었는데, 시중들던 아이가 잡아와 나에게 보여 주었다. 내가 말했다.

"일찍이 증험된 바가 있으니 마땅히 불을 조심하거라."

그런데 밤중에 불났다고 다급히 외치는 소리가 들렸고 이웃집이 반이나 타 버렸다.

명례동 별채 동쪽에서는 부엉이가 와서 울고 교미하는 일이 있었다. 온 집안 사람들이 모두 화재를 조심했는데, 얼마 지나지 않아 나는 사간원과 홍문관의 장이 되었으며, 얼마 뒤 전조銓曹와 아장亞長*으로 옮겨 가 4년이 지나 체직되었다.

---

**금화사禁火司**　　수성금화사修城禁火司의 약칭. 궁성이나 도성의 수축과 궁궐·공해公廨·방리坊里의 소방 사무를 맡은 부서.

이로써 헤아려 보건대, 똑같은 까치에 똑같은 부엉이였는데, 혹은 영달하였고 혹은 욕되었으며, 혹은 재앙이었고 복이었다. 흰 송아지(白犢)와 변방의 말의 길흉*을 어찌 기필할 수 있겠는가!

## 수진방의 의미 ❖ 163

개국 초에 한양을 도읍으로 열 때 정도전鄭道傳에게 모든 방坊의 명칭을 정하게 했다. 그 가운데 '수진방'守眞坊이라 이름 붙인 것이 있었다. 그 후 정도전이 그곳으로 집을 옮기고 죽으니, 당시 사람들이 모두 말했다.

"수진방이란 것은 참으로 '목숨이 다하는 마을'(壽盡坊)을 이른 것이로군."

## 애꾸눈 이람 ❖ 164

이충의李忠義에게 아들이 둘 있었는데 큰아들은 인상仁祥, 둘째 아들은 효상孝祥이라고 했다. 조금 자라자 아이 적 이름을 고쳐 인상은 '람'覽이라 했고, 효상은 '멱'覓이라고 했으니, '람'이라 이름 한 까닭은 그 아이가 한쪽 눈이 멀었기 때문이다. 효상이 부모에게 하소연하였다.

**전조銓曹와 아장亞長**　'전조'銓曹는 조선 시대 때 문·무관의 전형銓衡을 맡은 이조와 병조를 가리키며, '아장'亞長은 사헌부司憲府의 집의執義와 사간원司諫院의 사간司諫을 일컫는다.
**흰 송아지(白犢)와 변방의 말의 길흉**　'흰 송아지'(白犢)란, 옛날 송宋나라 사람으로 선행을 게을리 하지 않은 이가 있었는데, 아무런 연고도 없이 집안의 검은 소가 흰 송아지를 낳았다. 흰 송아지가 두 번 태어나면서 본인과 아들의 눈이 멀었으며, 그 결과 그들 부자는 전쟁에 동원되지 않고 살아 남았다고 전해진다. (『회남자』, 「인간훈」人間訓 참조) '변방의 말'이란 새옹지마塞翁之馬의 고사를 말한다.

"형은 한쪽 눈이 멀었는데도 오히려 '람'覽이라 하고, 나는 양쪽 눈이 온전한데도 오히려 '멱'覓이라고 했으니* 몹시 원통합니다. 이름을 고쳐 주십시오."

부모는 웃으면서 이름을 고쳐 병瞥이라고 했으니, 양쪽 눈이 모두 밝다는 뜻이다.

이람은 사람됨이 기개가 많고 호협好俠하였는데, 한쪽이 애꾸눈으로 움푹 들어가 있었다. 그가 원욱元彧을 보니, 한쪽이 애꾸눈으로 눈알이 불룩 튀어나왔는데 청백青白색이었다. 이람은 부채로 자신의 얼굴 반 쪽을 가린 채 원욱에게 말했다.

"자네의 눈을 보니 불룩 튀어나온 것이 구슬 같고 색깔 또한 청백색이구려. 한 눈이 먼 것도 상서롭지 못하다고 할 것인데, 어찌하여 죽은 눈동자를 남겨 두어 사람들에게 더욱 추해 보이게 하시오?"

원욱이 처음에는 부끄러운 기색을 얼굴에 가득 띠다가 끝내는 노한 기색을 드러냈다. 눈을 똑바로 뜨고 노려보면서 안색을 어찌해야 좋을지 몰라 했는데, 한참 있다가 이람이 부채를 거두면서 말했다.

"부득이 눈이 멀게 되었다면 마땅히 나처럼 오목하게 들어가서 흔적이라도 없어야지."

이에 원욱이 기뻐하며 웃었고, 드디어 서로 청안青眼*의 교우가 되었다. 후에 원욱은 과거에 급제해 절충 장군折衝將軍이 되었고, 정옥頂玉*으로 생애를 마쳤다. 이람 또한 과거에 급제해 지금 3품관이 되었다. 이병은 지금 형조 참판刑曹參判으로 있으면서 완창군完昌君으로 책봉되었다.

---

형은 한쪽 ~ '멱'覓이라고 했으니    람覽은 '본다'는 뜻을 지니고, 멱覓은 불不과 견見이 합해져 '보지 못한다'는 의미로 새길 수 있기에 이렇게 말한 것이다.
청안青眼    뜻과 마음에 맞음을 뜻하니, '백안'白眼의 반대이다.
정옥頂玉    이마에 옥을 드린다는 뜻으로, 옥으로 만든 망건 관자를 쓸 수 있는 지위를 의미하는 것으로 보인다. 대체로 정3품 당상관 이상만 옥관자를 붙일 수 있었다.

## 소세양 삼형제의 장지 잡기

소세양蘇世讓 삼형제가 부친의 장지를 고르고자 했다. 이웃에 술법이 귀신 같다는 한 지사地師가 있었는데, 그가 한 묘혈墓穴을 점쳐 주며 말했다.

"이곳이 명당자리입니다."

그리하여 소씨 집안에서 장차 땅을 파려 했다. 그날 밤 소세양의 막내아우가 몰래 지사의 집에 들어가 벽에 귀를 대고 엿들으니, 지사의 처가 말했다.

"오늘 소씨를 위해 길지를 얻으셨는지요?"

지사가 은밀히 말했다.

"그 땅에 과연 명당이 있는데, 만약 그 묘혈을 사실대로 가리켜 주면 땅을 잡은 자가 당장 죽게 되어 있소. 내 그래서 남쪽으로 몇 자 떨어진 곳으로 잡아 주었지."

아내가 까닭을 묻자, 지사가 말했다.

"그 묘혈에는 세 마리 신령한 벌이 있으니, 소씨 삼형제가 모두 높은 지위에 오를 것이오."

막내가 돌아와 형에게 그 사실을 고하여, 묘혈을 대략 북쪽으로 몇 자 떨어진 곳으로 옮겨 썼다. 그러자 지사가 말했다.

"점쳐 준 묘혈을 옮기면 크게 흉할 것이니, 결단코 안 됩니다."

소씨 형제는 그 말을 듣지 않고 말했다.

"어젯밤 이미 지사가 은밀히 하는 말을 들었네."

지사가 드디어 목숨을 살려 달라고 빌면서 말했다.

"이 아래에 반드시 큰 벌 세 마리가 있을 터인데, 날아 나오도록 해서는 안 됩니다. 한 마리를 놓치면 한 분이 귀하게 되지 못하고, 두 마리를 놓치면 두 분이 귀하게 되지 못할 것이며, 저 또한 반드시 죽게 될 것입니다. 묘혈을 열더라도 제가 집에 돌아가기를 기다렸다가 하십시오."

그리고는 말을 달려 돌아갔다. 이에 땅을 파 묘혈을 여니, 혈 안에 돌이 있었고, 돌 아래 과연 큰 벌 세 마리가 있었는데 모두 주먹만 했다. 즉시 그것을 덮으려 했지만 미처 덮기 전에 벌 한 마리가 날아 나갔다. 지사는 돌아가 미처 문에 들어서지 못했는데 벌이 뒤통수를 쏘아 땅에 엎어져 죽었다. 그 후 소씨 두 형제는 모두 높은 품계에 올랐으나, 한 사람만은 끝내 귀하게 되지 못했다.

전傳에 이르기를,

"일을 도모함에 부인에게 미쳤으니 죽게 됨이 마땅하다."

라고 했는데, 이는 지사를 두고 이른 말이던가?

## 추측하기 어려운 풍수 ❖ 166

부원군府院君* 박응순朴應順은 전대 임금의 국구國舅였다. 그가 죽어 장지를 택하는데, 묘혈墓穴 뒤에 주인 없는 오래된 무덤이 있었다. 땅을 파고 묘혈을 열자 오래된 비석이 묻혀 있었는데, 또한 예전 부원군의 묘였다. 이에 임금께 계啓를 올려 다른 곳으로 옮겨 주도록 청했지만 윤허하지 않으셨다.

오늘날의 대원군帶原君 윤효전尹孝全*이 상지인相地人 박상의朴尙義*에게 부친 부정공副正公의 묏자리를 보아 달라고 하니, 박상의가 말했다.

---

부원군府院君　왕비王妃의 친정아버지나 정1품 공신功臣에게 내리는 작호爵號.
대원군帶原君 윤효전尹孝全　〈만종재본〉에는 '칠원 부원군 윤효문'漆原府院君尹孝文으로 되어 있는데, 여러 필사본에는 모두 '대원군 윤효전'帶原君尹孝全으로 되어 있다. 『조선왕조실록』 광해 7년 4월 19일자 기사에 "황경중黃敬中을 공홍 감사로, 윤효전尹孝全을 대원군帶原君으로 삼았다"라는 대목이 있는 것으로 보아, 필사본의 기록이 옳은 것임을 알 수 있다.
상지인相地人 박상의朴尙義　'상지'相地는 지형의 기세를 살펴보고 길흉을 판단하는 일을 말한다. 조선 시대에는 상지관相地官이라는 관직이 관상감觀象監에 속해 있으면서 대궐 터나 능陵의 자리 등을 잡는 일을 맡아 보았다. 『선조실록』이나 『광해군일기』를 보면 박상의가 궁궐이나 능의 자리를 잡는 인물로 등장하는바, 상지관의 직책에 있었음을 알 수 있다.

"이곳은 귀문혈鬼門穴을 범하고 있어 광중壙中에 괴기怪氣가 있으니, 속히 옮기십시오. 그렇지 않으면 반드시 재앙이 닥칠 것입니다."

그래서 광중을 열어 보니 그 안의 목로木奴에 모두 수염이 나고, 목비木婢에는 모두 머리털이 나 있었다. 그 길이가 서너 촌寸으로 바람결에 나부꼈다. 매우 괴이하게 여겨 머리털을 뽑아 보니, 모근毛根이 모두 하얀 것이 살아 있는 사람의 피부에 붙어 있는 것과 똑같았다. 상서롭지 못한 것이라 여기고 다시 점쳐 다른 산에 장사 지냈는데, 광중에서 나온 지석誌石에 따르면 또한 예전 부정副正*의 묘였다.

『장자』莊子에 이르길 "'그 아들에게 보호받지 못해 영공靈公이 빼앗아 여기에 묻는다'라고 했으니, 영공이 혼령이 된 지 오래였다"*라고 했는바, 영공 전에 예전의 영공이 있지 않았다는 것을 어찌 알겠는가? 부원군府院君과 부정副正의 묏자리에 예전 부원군과 예전 부정의 묘가 있었던 것과 마찬가지인 것이다. 지리地理는 추측하기가 쉽지 않은 일이다.

## 영락榮落의 소재처 ❖ 167

강헌 대왕康獻大王(태조)이 풍양豊壤의 행궁行宮에 행차했다가 낮에 앉은 채로 잠이 들었다. 모시고 있던 여러 환관들이 사사로이 서로 말했다.

---

부정副正 조선 시대에 종친부宗親府·돈녕부敦寧府·봉상시奉常寺·사복시司僕寺·군기시軍器寺에 속한 종3품의 벼슬.

'그 아들에게 ~ 여기에 묻는다'라고 했으니, 영공이 혼령이 된 지 오래였다. 『장자』「칙양」則陽 편에 나오는 말이다. 위령공이 죽자 옛 무덤을 장지로 정하려 하자 불길하다는 괘가 나왔고, 모래 언덕에 장지를 정하려 하니 길한 것으로 나왔다. 몇 길을 파 들어가니 석곽이 나왔는데, 그 석곽에 "그 아들에게 보호받지 못해 영공靈公이 빼앗아 여기에 묻는다"라고 새겨져 있었다. 위령공 전에 이미 같은 호칭을 쓰는 다른 영공靈公이 동일한 묏자리에 있었음을 말한 것이다.

"사람의 영화와 몰락이 하늘에 달린 것일까, 임금에게 달린 것일까?"

갑甲은 하늘에 달렸다고 했고, 을乙은 임금에게 달렸다고 하면서 한참 동안 서로 논박하였다.

강헌 대왕께서 잠결에 어렴풋이 그 이야기를 듣고는 깨어나서 '이 중사中使(내시)에게 높은 품관品官을 제수하라'고 밀서密書를 썼다. 밀서를 굳게 봉해 을에게 주면서 공정 대왕恭靖大王(정종)에게 올리도록 하였다. 을은 봉서封書를 받고 나가다가 갑자기 음양陰陽의 병에 걸려 사사로이 갑에게 봉서를 주면서 자기 대신 올리도록 했다. 갑이 밀서를 공정 대왕에게 올리자, 대왕이 열어 보고는 곧바로 그 중사를 높은 품관에 제수하였다. 갑이 달려 돌아와 복명復命했는데, 강헌 대왕이 봉서를 열어 보니 을이 아니라 갑에게 품관이 제수된 것이었다. 괴이하게 여겨 을에게 캐묻자, 을이 사실을 실토하고 사죄했다. 이에 강헌 대왕이 탄식하며 말했다.

"며칠 전에 갑과 을이 영화와 몰락이 하늘에 있느니 임금에게 있느니 하면서 서로 다투기에 내가 시험해 본 것이었다. 내가 이제야 비로소 하늘에 달린 것이지 나에게 있는 것이 아님을 알게 되었다."

## 윤섬의 죽음 ❖ 168

사복정司僕正* 윤섬尹暹은 윤우신尹又新의 아들이다. 윤섬이 태어난 지 몇 개월 되지 않았을 때, 대청 위에 눕혀 놓고 부모가 마주 앉아 있었다. 그때 갑자기 아기가 놀라서 다급하게 울어대는지라, 부인이 아기를 안았다. 조금

---

사복정司僕正　　사복시司僕寺의 정3품 당하관이다. 사복시는 궁중의 가마나 말에 관한 일을 맡아 보던 관청이다.

뒤 천장 벽의 흙이 아기가 누워 있던 곳에 떨어져 내렸는데 그 소리가 온 집 안을 울릴 정도였으나, 윤섬은 다행히도 해를 모면했다. 장성한 뒤 과거에 올라 청직清職을 두루 거치다가 임진왜란 때 왜적에게 죽었다.

아! 사람의 죽음에는 명이 있어 비록 하루가 늦춰지더라도 또한 신의 도움이 있는 법일진대, 하물며 수십 년의 영화와 부귀를 누림에 있어서랴! 비록 명대로 못 살고 죽어 부모의 마음을 아프게 했으나, 그 당시 천장 벽에서 무너져 내린 흙에 죽는 것과는 의당 같지 않은 것이다. 슬프도다! 윤섬은 내 어린 시절 친구다.*

## 인생의 정해진 운명 ❖ 169

내 조카인 승지 유혁柳湙이 상중에 딸을 잃고 춘천春川에 장사 지내고, 밤낮으로 슬픔을 이기지 못했다. 중국에서 도망쳐 온 병사 유대경劉大慶이 그 이웃에 살고 있었는데, 찾아와 다음과 같이 말했다.

"중국에 전해 오는 이야기 하나를 당신께 말씀드려 위로해 드리고 싶습니다. 무릇 사람이 태어나 지상에 나오면 필경 죽어 몸을 떨구는 곳이 있게 마련입니다. 우리 지방의 어떤 사람이 화살을 등에 지고 변방을 지키고 있는데, 달로㺚虜들이 갑자기 쳐들어와 성이 함락되고 온 군대가 모두 죽임을 당했습니다. 그러나 그 사람은 온몸에 피를 바른 채 쌓인 시체 더미 가운데 끼어서 적의 칼날을 피했습니다.

밤중에 한 신장神將이 병사를 거느리고 왔는데 어디에서 왔는지 알 수 없

---

* 명대로 못 살고 죽어 ······ 시절 친구다.  이 대목은 〈만종재본〉에 없는 내용으로 필사본에 의거해 보충해 넣었다.

었습니다. 그가 죽은 시체를 점검하며 '장 아무개, 이 아무개' 하며 시체마다 호명하자, 이에 응대하지 않는 사람이 하나도 없었습니다. 장부를 들고 점검하며 '아무개, 아무개'라고 호명할 때 대답한 자들은 모두 이번 싸움에서 죽은 사람들이었습니다. 그 사람 차례가 되어 그 사람이 응답하자, 신장이 말했습니다.

'이 사나이는 마땅히 이곳에서 죽을 사람이 아니다. 훗날 절강浙江 근처의 관왕묘關王廟 안에서 복통을 앓다가 죽을 것인데, 어찌하여 이 어지럽게 널린 시체들 사이에 끼여 있는가?'

잠시 후 동방이 밝아 오자 그는 병사를 거느리고 떠났는데 어디로 갔는지 알 수 없었습니다. 달로 또한 병사를 거두어 돌아갔으므로 그 사람은 죽음을 면할 수 있었습니다.

후에 연로한 그는 여러 장사꾼과 더불어 여기저기 돌아다니며 물건을 팔았습니다. 한 곳에 이르러 관왕묘에 머물며 잠을 자던 중 갑자기 복통이 일어났습니다. 통증이 몹시 심해서 살아날 수 없음을 스스로 헤아리고 그 땅의 이름을 물으니, 곧 절강이었습니다. 홀연 전날 신장의 말이 생각나 집에 보내는 편지를 작성해 집안일을 처리하고, 물건 판 돈은 모두 동료에게 맡겨 그로 하여금 집에 전하게 한 뒤 말을 마치자 죽었습니다.

인생에는 명이 있어 이미 정해진 것이 이와 같습니다. 모름지기 부질없이 상심하지 마십시오."

유혁은 그의 말을 듣고는 슬픔이 풀리며 위로가 되었다.

## 죽고 사는 것은 천명 ❖ 170

홍서봉洪瑞鳳의 집은 영경전永敬殿 앞에 있다. 손님을 맞기 위해 소를 잡으려고 큰 소 한 마리를 사 놓고 백정을 기다리고 있었다. 그때 노복 수손水孫이 과천에서 땔나무를 싣고 와 소를 말뚝에 매어 놓았는데, 소의 등이 가로질러 놓은 나무에 찔려 척추가 부러져 움직일 수 없게 되었다. 마침 잡으려고 사 놓은 소와 크기가 같아서 '이 소를 저 소와 바꾸라'고 명했다. 그리하여 땔나무를 싣고 온 소는 마침내 소반 음식으로 들어갔고, 도살하려 했던 소는 오히려 살아서 과천으로 가게 되었다.

우리 집에는 수탉이 두 마리 있었다. 그 가운데 검은 놈이 암탉을 짓누르며 닭장을 전횡하여 늘 붉은 수탉을 쫓아 내니, 붉은 수탉은 닭장에 들어오지 못하고 이웃집에 의탁하고 있었다. 그래서 하인에게 그 붉은 수탉을 잡으라고 했는데, 하인이 잘못 알아듣고는 검은 수탉을 쏘아 죽였다. 그래서 결국 집에 있던 놈은 소반 음식으로 충당되었고, 이웃으로 도망가 있던 놈은 돌아와 뭇 암탉을 전횡하게 되었다.

미물이 죽고 사는 것 또한 그 타고난 운수가 있어 잡으려고 하는 자의 마음대로 되지 않거늘, 하물며 사람이야 더 말할 나위가 있겠는가? 사람이 살고 죽는 것을 근심해 온갖 계책을 영위하는 자를, 과연 천명을 안다고 할 수 있을까?

[ 학예편 ]

〈시전지판〉 詩箋紙版 (조선 후기, 고판화박물관 소장)

산수화 문양을 찍어 낸 시전지(詩箋紙) 판화. 옛 선비들은 초목이나 산수와 같은 아름다운 문양을 목판에 새겨 고운 한지에 찍어낸 후 그 위에 자신이 지은 글을 쓰고는 했다.

## 중국에 알려진 유몽인의 시문 ❖ 171

중국 문사들은 문장을 보는 감식안이 매우 뛰어나다. 중국 사신 주지번朱之蕃이 말했다.

"조선이 비록 작은 나라이지만 재상을 등용할 때에는 반드시 문장에 가장 능한 자를 뽑으니, 수상首相 유영경柳永慶의 문장이 가장 뛰어나다."

유영경의 시를 볼 때면 주지번은 매번 책상을 치며 "동방에서 제일가는 문장이다"라고 칭찬했다. 당시 영상領相 유영경은 매번 동지同知 최립崔岦에게 시를 짓도록 했으니, 『황화집』皇華集*에 유영경 이름으로 되어 있는 것은 모두 최립의 시다. 한번은 최립이 재상 두 사람과 더불어 연명連名하여 요동 행성行省에 정문呈文을 올렸는데, 당시 도어사都御使 고양겸顧養謙이 교자에 앉아 그 글을 펼쳐 보다가 세 재상을 앞으로 오게 하고는 물었다.

"뛰어나도다. 이것이 누구의 문장인고?"

"둘째 재상이 지은 것입니다."

고양겸은 자세히 보더니 손가락으로 정문 위에 비점批點을 찍으면서 말했다.

"이 같은 문장은 비록 중국에서도 견줄 만한 것이 드물다."

내가 일찍이 중국에 사행을 갔을 때, 우리나라에 국상國喪이 있어서 연회 참석을 면해 달라고 간청하는 정문을 예부禮部에 올렸는데 예부에서는 굳게 물리치며 허락하지 않았다. 일곱 명의 낭관郎官은 그 글을 돌려보면서 서로 돌아보며 낯빛이 바뀌었다. 역관이 아침부터 날이 저물도록 뜰에 서서 기다렸으나 그들은 가타부타 말이 없이 다만 서너 차례나 돌려볼 뿐이었다. 역관이 글을 돌려주기를 청하니, 낭관은 "예부에 남겨 두고 가라"라고 말했

---

*『황화집』皇華集   중국 사신들과 우리 접반사接伴使 일행이 수작酬酌한 시를 모은 책으로 1450(세종 32)~1633년(인조 11)까지 23회에 걸쳐 간행되었다.

다. 그해에 정경세鄭經世가 예부에 글을 올렸는데, 낭관이 문장이 좋다고 칭찬하며 그 청을 윤허해 주면서 말했다.

"이 일은 들어주기가 매우 어려운 것인데 사신의 문장이 뛰어나서 특별히 그 청을 윤허해 주는 것이오."

여러 낭관들은 그 문장의 뛰어남에 대해 극구 칭찬하고는 이에 서로 더불어 말했다.

"이 문장이 비록 뛰어나기는 하지만 전에 왔던 사신 유柳모의 문장만은 못하다. 그 글은 고고高古함이 이보다 배는 뛰어났는데, 사체事體가 부당해 그때는 청을 들어주지 못했지. 동방에는 참으로 문장에 능한 선비들이 많구나!"

그해에 나는 영평부永平府 만류장萬柳庄을 들렀는데, 만류장은 홍려승鴻臚丞* 이완李浣의 별장이다. 나는 칠언 율시 16운韻을 분벽粉壁에 적었는데, 그때 날이 저물어 촛불을 밝혀 놓고 시를 썼다. 나이 든 수재秀才 한 사람이 와서 보고는 말했다.

"아! 뛰어난 솜씨다. 뛰어난 솜씨야."

어사 한응경韓應庚은 이완의 처남인데 이웃에 사는 한림翰林 백유白瑜와 함께 와서 보고 좋다고 칭찬하며, 그 시를 현판에 새겨 벽에 걸었다. 예로부터 중국의 문사들은 우리나라 사람들을 하찮게 여겨 수백 년 동안 사행이 오고 가는 길가에 우리 시가 한 편도 벽에 걸린 적이 없었다. 현판에 새겨져 걸린 것이 나로부터 시작되었으니, 이 또한 영광스러운 일이다.

그 이듬해 정문부鄭文孚가 연경에 다녀왔는데, 이완의 집에 소장되어 있던 「절효편」節孝篇을 나에게 전해 주었다. 「절효편」은 어사 한응경의 누이 한씨韓氏의 사적을 적은 것이다. 나는 조정의 사대부들에게 그녀의 절효에 대해 시를 짓게 하여 보답했다.

홍려승鴻臚丞   홍려시鴻臚寺의 장長. 홍려시는 외교 관계의 일을 담당한 관아.

내가 보건대 만류장에 써 놓은 시가 전후 수백 편이었으며, 내가 지은 시가 이들과 크게 다른 것도 아니었다. 그런데 중국인이 유독 나의 시를 벽에 걸어 두었으니, 그들이 문자를 보는 눈이 또한 우리나라 문사들과는 다른 것이다.

내가 행산杏山을 지날 때에는 주인집에서 「방언탄」方言嘆 한 수를 적었는데, 후에 우리나라 사신이 그곳을 지나니 주인이 사롱紗籠(먼지가 앉지 않도록 덮어 씌우는 천)을 들어 보이며 그 시의 아름다움에 대해 자랑했다고 한다. 대개 처음에는 그 주인집이 몹시 가난하여 벽을 제대로 바르지 못했었는데, 이때에 이르러서는 시를 적은 글자에 분을 바르고 사롱으로 감싸 두었던 것이다.

만류장에 쓴 시는 다음과 같다.

| | |
|---|---|
| 하거河車에 건 두르고 옥경玉京*을 향하니 | 巾我河車指玉京 |
| 아득한 제천諸天 너머 삼청三淸*이로구나. | 諸天無際是三淸 |
| 아침 나절 길 잃었는데 푸른 안개 끝이 없고 | 朝來失路青霞逈 |
| 물외物外에 옷 적시니 흰 이슬 촉촉하다. | 物外霑衣白露生 |
| 개울가의 괴석怪石, 늙은 호랑이가 웅크린 듯 | 怪石當磎蹲老虎 |
| 성곽에 울리는 맑은 종소리, 고래의 울음인 듯. | 晴鍾殷郭吼長鯨 |
| 꼬리를 펼친 모룡茅龍*푸른 시내에 얽혀 있고 | 茅龍展尾紆淸澗 |
| 나래 편 요학遼鶴*이 화려한 용마루에 치솟는 듯. | 遼鶴舒翎抗畵甍 |
| 해를 가린 서늘한 그늘 속 작은 집이 감추어져 있으니, | 翳日凉陰藏小店 |
| 하늘에 닿을 듯한 버드나무 평원에 가득하다. | 拂天高柳滿平坰 |

옥경玉京    천궐天闕 혹은 옥황상제를 가리킨다.
삼청三淸    옥청玉淸, 태청太淸, 상청上淸, 즉 신선이 거주하는 선경仙境을 가리킨다.
모룡茅龍    신선이 탔다는 신령한 짐승.
요학遼鶴    요동遼東 사람 정령위丁令威가 영허산靈虛山에서 도를 배운 뒤에 학으로 변해 요동으로 돌아온 고사에서 유래하여, 후대에는 학에 대한 미칭으로 널리 쓰인다.

| | |
|---|---|
| 바람이 불면 간들거리며 일제히 가지를 드리우고, | 臨風裊裊齊垂綿 |
| 땅에 가득 어지러운 가지 축축 늘어졌네. | 匝地森森亂擺莖 |
| 고운 잎 매우 짙은데 홍녀紅女가 비단을 짠 듯 | 嫩葉正濃紅女織 |
| 새 가지 바야흐로 돋아 무성한 꽃다발에 기우네. | 新枝初暢葆楘傾 |
| 불그레한 얼굴로 말을 매니 가인佳人을 찾는 흥취요 | 酡顏繫馬尋芳興 |
| 옥 같은 손으로 가지를 부여잡으니 석별하는 정이라네. | 玉手攀條惜別情 |
| 버들개지 펄펄 날려 오솔길에 하얀 담요 깔았고 | 徑糝白氈飄落絮 |
| 푸른 휘장 드리운 문에서 꾀꼬리 소리 들려온다. | 門張翠幄擲流鶯 |
| 서리 내리자 딱따구리 울어 가을 소리 재촉하고 | 凋霜啄木秋聲急 |
| 남은 잎 가을 매미 울음소리에 저녁 바람 산들거린다. | 殘綠寒蜩夕吹輕 |
| 만릿길 세 번째 지나지만 아는 사람 없으니 | 萬里三遊人不識 |
| 높은 하늘 드넓은 땅 나 어디로 가리오? | 天高地逈我何征 |
| 이내 몸 아득히 노니는 신선과 같아 | 神仙縹緲吾身是 |
| 산과 바다 아득히 바라보며 하늘로 올라가네. | 山海微茫上界行 |
| 화려하게 수놓은 붉은 문 화창한 대낮에 닫혀 있고 | 綉闥朱門淸晝掩 |
| 싸늘한 숲 시든 풀에 저물녘 까마귀 운다. | 寒林衰草暮鴉鳴 |
| 바람 연기 담담한데 산빛은 시름에 젖었고 | 風烟淡淡愁山色 |
| 은은한 노랫가락 물소리에 실려 온다. | 歌曲悠悠送水聲 |
| 학 타고 내일 아침 북극에 닿을 것이요 | 鶴背明朝參北極 |
| 오두鼇頭로 돌아가는 길 동해가 아득하리. | 鼇頭歸路杳東瀛 |
| 연파烟波의 꿈 노룡새盧龍塞*에서 끊어지니 | 烟波夢斷盧龍塞 |
| 향객鄕客은 응당 옛 사람 성명을 물으리. | 鄕客應尋舊姓名 |

**노룡새盧龍塞**   노룡 지방에 설치한 요새. 노룡은 중국 하북성河北省 당산唐山 승덕承德 일대를 가리키는 옛 지명. 명청明淸 대에는 영평부永平府의 치소治所이기도 했다.

「방언탄」方言歎은 다음과 같다.

| | |
|---|---|
| 창 앞이 어찌 이리 소란한고? | 窓前何喧喧 |
| 구경꾼들 사방에서 모여들었구나. | 觀狀四隣集 |
| 어떤 자는 내 두건과 치마를 살피고 | 或閱我巾裳 |
| 어떤 자는 내 삿갓을 가리킨다. | 或指我簦笠 |
| 배 드러내고 가슴을 치기도 하며 | 坦腹而槓胸 |
| 문 앞에 벌려 서니 담을 두른 듯하네. | 排門環堵立 |
| 무리들의 말소리 새가 다투어 지저귀는 듯 | 群言競嗣啾 |
| 함께 웃으며 서로 말을 주고받네. | 諸笑互酬答 |
| 오음이 있는 음악 소리 빠르기가 폭풍 같아 | 五音疾如飇 |
| 분별하고자 해도 내 미칠 수 없구나. | 欲辨吾不及 |
| 모두가 문자에서 온 것이라 | 皆從文字來 |
| 청탁의 소리를 어지럽게 불어대는도다. | 淸濁紛嘘歙 |
| 아녀자들은 꾀꼬리처럼 교태로운 소릴 내고 | 兒女鶯囀嬌 |
| 장부들은 개구리 울음소리마냥 급하구나. | 丈夫蛙咈急 |
| 늙은이의 말소리 저물녘 까마귀처럼 시끄럽고 | 老語暮鴉聒 |
| 어린아이의 말소리 제비 새끼 지저귐처럼 껄끄럽네. | 穉語新燕澁 |
| 온화한 음성 율려에 꼭 들어맞고 | 雍容中律呂 |
| 다투며 화내는 음성 모여서 수다라도 떠는 듯. | 鬪怒相蹲嗒 |
| 만일 내가 번역하여 이해할 수 있다면 | 而我解譯鞮 |
| 통역의 일을 수고롭게 하지 않으련만. | 不勞象胥業 |
| 귀막이 옥으로 귀를 막은 듯하여 | 猶如瑱在耳 |
| 백의 열도 알아들을 수 없다네. | 百不能曉十 |
| 가을 이슬의 매미 소리를 배우려 하는가. | 欲學秋露蟬 |
| 사람을 만나면 입이 늘 다물어지는구나. | 逢人口常合 |

| | |
|---|---|
| 각단角端*처럼 팔방八方의 말을 지껄이며 | 角端八方語 |
| 진길秦吉*인 듯 떠들썩 서로 수작하는구나. | 秦吉亦喋喋 |
| 나 홀로 남의 입을 빌려 | 我獨假舌人 |
| 모든 일 변통해 들어야 하네. | 百事聽捭闔 |
| 마치 귀신의 말을 들을 때 | 如聆神鬼語 |
| 무당이 전하는 신의 말을 접하는 듯. | 巫覡憑相接 |
| 천지에는 나름의 성정이 있어 | 天地自性情 |
| 지역마다 기질과 풍습이 다르다네. | 邇遐殊氣習 |
| 학과 오리는 각기 슬픔이 있고 | 鶴鳧各自悲 |
| 소와 말은 서로 관계하지 않는 법. | 牛馬不相涉 |
| 오제五帝는 다스림을 답습하지 않았고, | 五帝不襲治 |
| 삼왕三王은 법도를 한가지로 하지 않았네. | 三王不同法 |
| 누추하지만 어찌하겠는가? | 陋哉可奈何 |
| 예의만은 우리가 저들 못지않다네. | 禮義吾不乏 |

## 중국에 알려진 우리나라의 시문 ❖ 172

이주李冑는 우리 동국의 문인이다. 서장관書狀官*으로 중국에 갔다가 통주通州 문루門樓에 올라 다음과 같은 시를 지었다

---

각단角端 　하루에 1,800리를 가고, 사방 오랑캐의 말을 안다는 짐승 이름.
진길秦吉 　진길료秦吉了. 진길료는 새 이름인데, 이 새는 새장 안에서 오래 기르면 능히 말을 할 줄 알아 통하지 않는 말이 없었다고 한다.
서장관書狀官 　조선 시대에 중국에 보내던 사신의 하나로 기록을 주로 맡아 보았다. 정사正使, 부사副使와 함께 삼사三使의 하나이다.

| | |
|---|---|
| 통주는 천하의 승지로 | 通州天下勝 |
| 문루의 기세 하늘 높이 솟았구나. | 樓勢出層霄 |
| 저자에는 금릉金陵의 재화 쌓였고 | 市積金陵貨 |
| 강에는 양자강楊子江의 조수가 드나든다. | 江通楊子潮 |
| 외로운 구름 가을 강가에 떨어지고 | 孤雲秋落渚 |
| 학 한 마리 저물녘 요동으로 돌아간다. | 獨鶴暮歸遼 |
| 말 타고 천 리 밖 떠나온 이내 몸 | 鞍馬身千里 |
| 문루에 올라 보니 고국 땅 아득하구나. | 登臨古國遙 |

중국 사람이 현판에 써 걸어 놓고 칭찬하여 말했다.

"'학 한 마리 저물녘 요동으로 돌아간다'고 했으니, 전생에 중국에서 태어난 몸으로 외국 사람이 아닙니다."

비록 고운孤雲 최치원崔致遠이 중국에서 벼슬을 했지만, 그의 시문이 여러 문사의 반열에 오른 것은 대개 볼 수 없었다. 혹자는 말하길,

"『당음』唐音 가운데 무명씨無名氏라 한 것은 곧 최고운崔孤雲이다."

라고 하지만 그 진위는 자세히 알 수 없다. 다만 『예문지』藝文志에 소소한 기록이 보이는 것을 우리나라 사람들이 영광으로 여기고 있다. 근래에 학관學官 어숙권魚淑權이 지은 『패관잡기』稗官雜記가 『천중기』天中記*에 뽑혀 들어가 있으니, 곧 그간에 없었던 일이다. 우리나라 사람들은 최고운의 「황소격」黃巢檄*을 많이 칭송하는데, 사륙문四六文을 모은 책에는 뽑혀 있지 않으

---

『천중기』天中記  명明나라 진요문陳耀文이 편찬한 필기 잡록으로, 그의 거처가 천중산天中山 부근이었기에 '천중기'라 이름 했다 함. 총 60권으로 주제별로 다양한 기사를 싣고 있으면서도 출처를 정확히 밝히고 체재가 완비되어 있어 주요한 저작으로 평가받는다.

황소격黃巢檄  「토황소격문」討黃巢檄文. 신라 제49대 헌강왕 때 최치원崔致遠이 중국 당唐나라에서 벼슬하며 황소黃巢의 난 때 지은 격문檄文. 중국에서 황소의 난이 일어나자, 881년(헌강왕 7) 최치원은 그 토벌 총사령관인 고변高騈의 휘하에 종군했는데, 황소가 이 격문을 보다가 저도 모르게 침상에서 내려앉았다는 일화가 전할 만큼 뛰어난 명문이었다고 한다. 최치원의 시문집인 『계원필경』桂苑筆耕에 실려 전한다.

니 중국 사람 또한 편협함을 면하지 못한 것이다. 내가 보기에는 「황소격」에 비록 사람을 놀라게 할 만한 구절이 있긴 하지만 말을 운용하고 뜻을 펼침에 있어 또한 앞뒤가 뒤바뀌고 어긋난 부분이 많이 있다. 이는 우리나라 사람들이 실로 문장을 잘 모르는 것이다. 다만 산승山僧과 규수의 시가 또한 중국 사람과 함께 뽑혀 들어간 것이 있는데, 우리나라 문사의 문집 중에 어찌 한둘 채록할 만한 것이 없겠는가? 이것이 한스러운 일이다. 이주의 통주 현판 같은 것은 또한 행운이라 말한 것이니, 내가 만류장 등에서 지은 시가 현판으로 걸리게 된 것에도 또한 느끼는 바가 있다.

## 중국 미녀에게 준 서장관의 시 ❖ 173

이곡李穀이 서장관으로 중국에 갔을 때, 길가의 청루靑樓 위를 보니 네 명의 미인이 주렴 안에서 은은히 비쳐 보였다. 그들이 이곡을 향해 물을 뿜자, 이곡이 즉시 행탁行橐 속에서 흰색 쥘부채를 꺼내 절구 한 수를 써 주었다.

| | |
|---|---|
| 쌍쌍의 가인佳人 저녁 햇살을 희롱하는데 | 兩兩佳人弄夕暉 |
| 청루와 주렴 모두 마음을 움직이네. | 靑樓朱箔共依依 |
| 난데없이 한 조각 양대陽臺의 비 내려 | 無端一片陽臺雨 |
| 삼한 어사의 옷깃에 뿌려지네. | 飛洒三韓御史衣 |

이곡이 본국으로 돌아올 때 미인은 향기로운 술과 맛있는 안주를 준비해 길에서 기다렸다가 사례하였다.

근년에 서장관 조휘趙徽가 연경에 갔을 때 도중에 미인을 만났는데, 얇은 깁을 얼굴에 드리운 채 지나가고 있었다. 조휘가 흰 부채에 절구 한 수를 써서 그녀에게 주었다.

| | |
|---|---|
| 길 가는 사람 부끄러워 빙사氷紗로 가렸으니 | 惹羞行路護氷紗 |
| 맑은 밤 엷은 구름에 달빛이 새어 나오는 듯. | 淸夜輕雲漏月華 |
| 가는 허리 졸라 묶으니 한 줌이요 | 約束蜂腰纖一掬 |
| 새로 지은 비단 치마 석류꽃을 수놓았네. | 羅裙新剪石榴花 |

조휘는 탕자宕著였다. 그녀를 따라 집에까지 이르렀는데, 여인은 절세미인으로 붉은 비단 바지를 입었으며 조휘를 매우 정성스럽게 대접하였다.

또 우리나라의 어떤 문사가 중국에 가서 한 미녀가 노상에서 나귀를 타고 동쪽으로 가는 것을 보았다. 선비는 문에 기대어 이를 바라보다가 다음과 같은 두 구의 시를 지어 주며 화답 시를 구했다.

| | |
|---|---|
| 마음은 아리따운 아가씨 따라가고 | 心逐紅粧去 |
| 텅 빈 몸 문에 기대어 있네. | 身空獨倚門 |

미인은 나귀를 멈추더니 그 시구를 이어 짓고 떠났는데, 그 두 구는 다음과 같다.

| | |
|---|---|
| 나귀가 짐이 무겁다고 성내더니 | 驢嗔車載重 |
| 한 사람의 혼이 더해서였구려. | 添却一人魂 |

## 이색의 절묘한 대구 ❖ 174

이색李穡이 중국에 들어가 과거에 응시해 장원 급제를 하니, 그 명성이 중국 땅을 울렸다. 한 절에 도착하자 절의 중이 예를 갖추고 말했다.

"그대가 동쪽 나라의 문사로 중국에서 장원 급제했다는 말을 물리도록 들었는데, 지금 만나 보게 되어 얼마나 다행인지 모르겠습니다."

조금 있다가 어떤 사람이 떡을 가지고 와서 올렸다. 중이 이에 시 한 구절을 지었다.

승소僧笑 조금 오니 승소僧笑 적구나(떡이 조금 오니 중의 미소 적구나).

僧笑小來僧笑小

그러고는 이색李穡으로 하여금 대구對句를 짓게 했다. 승소僧笑란 것은 떡의 별칭이다. 이색이 창졸간에 대구를 지을 수가 없어 사례하고 물러나며 말했다.

"훗날에 응당 다시 와서 갚겠습니다."

그뒤 천 리 밖에서 멀리 노닐었는데, 그곳 주인이 병甁을 들고 오는 것을 보고는 무엇이냐고 물었더니, 대답하기를 '객담客談'이라고 하였다. 객담이란 술의 별칭이다. 이색이 크게 기뻐하며 드디어 전날의 시구에 대를 맞추어 지었다.

객담客談 많이 오니 객담客談 많구나(술이 많이 오니 나그네의 말 많구나).

客談多至客談多

반 년 뒤에 돌아가 그 중에게 말해 주니, 중이 크게 기뻐하며 말했다.

"무릇 대구를 얻음에 있어서는 정교함을 귀하게 여깁니다. 늦었다고 해서 무슨 흠이 되겠습니까? 한 구절의 공교함을 얻어서 천 리를 멀다 여기지 않고 와서 갚으니, 이것이 또한 기이하고도 기이한 일입니다."

## 사백 년을 이어 온 시조의 신주神主 ❖ 175

우리 시조의 초명初名은 비庀였는데, 원元나라 세조가 청신淸臣으로 고쳐 주고 유신儒臣 장 상공張相公에게 명하여 시를 지어 주도록 했다. 그 시는 다음과 같다.

| | |
|---|---|
| 성주聖主께서 어진 재상 알아보시고 | 聖主知賢相 |
| 친히 불러 옛 이름 고쳐 주셨네. | 親呼改舊名 |
| 천금은 가볍기가 잎새와 같고 | 千金輕似葉 |
| 한 글자는 무겁기가 달기 어려울 정도라. | 一字重難衡 |
| 흰 달빛 아래 맑은 가을 강물인듯 | 月白秋江淨 |
| 먼지 닦인 옛 거울이 밝구나. | 塵磨故鏡明 |
| 원컨대 그대는 이 덕을 잘 간직하여 | 願君留此德 |
| 자손 번성하고 영화를 누릴지어다. | 孫后見孫榮 |

시조의 신주는 지금 천안天安 유택柳澤의 집에 있다. 처음에 대代가 다하여 신주를 묻으려고 하자* 문득 꿈에 나타나 꾸짖어 금하며 묻지 못하도록 했는데 이 같은 일이 여러 번 있었다. 그리하여 지금 400년이 지나도록 그

---

대代가 다하여 신주를 묻으려고 하자  4대까지 제사 지내는 대수가 다하고 5대가 되면 신주를 사당에서 없애는 것을 말한다.

신주는 여전히 남아 있다.

매년 10월 초정일初丁日에 제사를 지내는데, 신주神主에는 '현조고 고 선충동덕좌리익조공신 삼중대광도첨의정승 판선부사 고흥부원군 영밀공부군 신주' 顯祖考故宣忠同德佐理翊祚功臣三重大匡都僉議政丞判選部事高興府院君英密公府君神主라고 쓰고, 방제傍題*에는 '효손 유탁 봉사' 孝孫柳濯奉祀라 쓰며, 함중陷中*에는 '고려고도첨의정승 영밀공 유청신' 高麗故都僉議政丞英密公柳淸臣이라 적는다.

부인夫人 해주 오씨海州吳氏의 신주에는 '현조비 해주군부인 오씨 신주' 顯祖妣海州郡夫人吳氏神主라고 쓰고, 방제는 공의 것과 같고, 함중에는 '해주군부인 오씨' 海州郡夫人吳氏라고 적혀 있다.*

## 『황화집』의 수창시 ❖176

『황화집』皇華集은 길이 세상에 전해질 책이 아니며, 중국에서는 필시 널리 알려지지도 않았을 것이다. 중국 사신의 시는 좋고 나쁜 것을 불문하고 우리나라에서 감히 가려 뽑거나 물리치지 못하고 받아들여 간행했던 것이다. 우리나라 사람들이 중국 사신 가운데 문장에 능한 이를 일컬을 때면 반드시 공용경龔用卿을 드는데, 주지번朱之蕃에게 물어 보니 일찍이 성명조차 들어 본 적이 없다고 했다. 기순祁順과 당고唐皐가 쟁쟁하고 우뚝하지만 또한 시단詩壇의 대가는 아니고, 장녕張寧이 조금 맑고 아름답지만 여리기만 하고 굳센 뜻이 없어 끝내 소가小家에 귀착되는바, 그 나머지야 어찌 말할 것이

---

방제傍題　　신주의 왼쪽 아래에 쓴, 제사를 받드는 사람의 이름.
함중陷中　　신주나 위패 속에 네모지게 판 홈인데, 여기에 죽은 사람의 이름, 별호, 관직 따위를 적는다.
매년 10월 ~ 적혀 있다.　　이 대목은 〈만종재본〉에 쌍행세주雙行細註의 작은 글씨로 기록되어 있다.

있으랴?

　서거정徐居正이 기순祁順을 대하여 감히 먼저 읊조려 마치 도전하는 듯했다. 그러나 끝내 '백제 지형은 물에 임하여 다하였고, 오대산 줄기는 하늘에서부터 왔구나'(百濟地形臨水盡 五臺山脈自天來)라는 구절에서 막혀 곤란을 당했다. 율곡이 이를 기롱해 말하길,

　"사가四佳(서거정)는 마치 씨름하는 자가 먼저 다리를 걸어 놓고는 후에 상대에게 당해 땅에 넘어진 것과 같다. 우리나라 사람이 중국 사신을 대함에 마땅히 받들고 이어 수응할 것이지 어찌 감히 먼저 읊조렸단 말인가?"

라고 했는데, 이는 참으로 식견 있는 말이다.

　우리나라에서 중국 사신을 접대함에, 한 시대의 문인을 모두 모아 시에 능한 자로 수창酬唱하도록 했는데, 가려 뽑는 것이 정밀하지 못해 중국 사신의 비웃음을 산 것이 얼마나 많았으랴! 정사룡鄭士龍이 비록 시단의 우두머리로 칭송을 받았으나 그 시는 제대로 작품을 이룬 것이 없고 결함이 저절로 드러났다. 유독 이행李荇이 혼연히 문채가 났으나 격조格調가 매우 낮아 과거에 응시하는 문장과 비슷하였다. 매양 시를 지을 때는 잠시 동안 지붕을 쳐다보다가 손을 놀려 거침없이 쏟아 냈는데, 그 대구가 두루 들어맞아 흠잡을 데가 없었으니 평소에 숙달하지 않았다면 할 수 없는 솜씨다.

　주지번의 시는 잡박하고 또렷한 의상意想이 없어 도리어 웅화熊化의 위약萎弱함만도 못했다. 소세양蘇世讓과 이희보李希輔가 비록 당대의 사종詞宗에는 미치지 못하지만, 요즈음 우리나라 글을 읽고 사운四韻을 익힌 유근柳根 같은 자와는 나란히 논할 수 없다. 문장이 점점 낮아짐이 마치 물이 아래로 흐르듯 하니, 탄식할 일이다.

## 한유의 교묘한 글 솜씨 ❖ 177

한유韓愈의 글 「위인구천서」爲人求薦書는 '나무는 산에 있고, 말은 마구간에 있다'로 첫머리를 시작했는데, 그 끝맺음을 단지 '말'(馬)로써 마무리지었다. 선유先儒들은 그 글에 빠진 문자가 있지 않나 의심했는데, 내가 『장자』莊子를 읽다가 「마제」馬蹄 편에 이르러 보니 말(馬)과 진흙과 나무 심는 것(植木)으로 서두를 시작하고, 그 끝맺음에는 단지 말(馬)을 언급하면서 그 편을 마무리하고 있었다. 한퇴지는 고문古文을 잘 옮겨 썼으니, 그 뜻을 취하고 그 말은 취하지 않았다. 슬그머니 자기가 지은 것이라고 하여 다른 사람이 이를 알아채지 못하게 했는데, 선유의 식견이 혹 이에 미치지 못했던 것인가?

## 학질을 물리친 유몽인의 시 ❖ 178

예전에 내가 연산連山에 우거하고 있을 때 집안의 어린 종이 학질을 앓았다. 내가 장난삼아 사운율四韻律 한 수를 지어 그의 등에 붙였더니 학질이 곧 나았다. 그 시는 다음과 같다.

| | |
|---|---|
| 토백土伯*의 서린 몸 아홉 번 굽어 있고 | 土伯盤困九約身 |
| 높이 솟은 두 뿔은 하늘을 괴었구나. | 峨峨雙角拄穹旻 |
| 천 길의 가마솥엔 용 기름 펄펄 끓고 | 龍脂亂沸千尋鑊 |
| 수많은 신병 호극虎戟을 들고 찔러대는구나. | 虎戟交摐萬甲神 |
| 큰 부리로 빨아들이니 발해渤海도 먼지 같고 | 哆啄吸來塵渤海 |

**토백土伯**　후토后土의 후백候伯. 땅귀신 가운데 우두머리로 몸이 구불구불하고 뿔이 뾰족하다.

| 주먹 뻗어 쳐 깨뜨리니 곤륜산이 가루가 되네. | 張拳打破粉崑崙 |
| 가련하구나! 수제水帝의 잔약한 아이 귀신이여 | 可憐水帝孱兒鬼 |
| 별처럼 바람처럼 내달려 땅 끝으로 꺼져 드네. | 星鶩風馳地外淪 |

대개 학질 귀신은 수신水神이고, 흙(土)은 물(水)을 이기는 까닭에 『초사』 楚辭의 토백土伯이란 말을 쓴 것이다.

그 후 집안에 학질을 앓는 사람이 있으면 종잇조각에 옮겨 써 등에 붙이면 곧장 효험을 보지 않는 경우가 없었다. 이로부터 이웃 마을에 이 병을 앓는 자가 있으면 그 글을 베껴다가 학질을 멈추게 했으니, 온 읍이 모두 그러했다. 은진恩津·석성石城·부여夫餘·공주公州·진잠鎭岑·금산錦山에 이르기까지 서로 전하여 베껴 주었는데, 몇 해 동안 묵은 학질도 이 한 장의 종이로 효험을 보지 않는 일이 없었다.

이제 듣건대 충청도와 전라도 지역에서 지금까지 수십 년간 이 시를 얻어 학질을 치료한 사람을 이루 헤아릴 수 없다고 하니,* 매우 우스운 일이다.

## 노동의 월식 시 ❖ 179

노동盧仝의 「월식」月食 시는 다음과 같다.

| 태양성太陽星 곁에는 네 개의 별이 있고 | 一四太陽側 |
| 천시성天市星 곁에도 네 개의 별이 있네. | 一四天市傍 |

---

이제 듣건대 ~ 없다고 하니  이 대목은 〈만종재본〉에는 없고, 〈서울대본〉에만 있다.

주註가 없어서 나는 그 뜻을 알 수 없었다. 첨정僉正 차운로車雲輅는 글을 잘 아는 선비였는데 그 또한 무엇을 이름인지 알지 못했다. 후에 천문서天文書를 보니, "천시성天市星 곁에는 환자성宦者星 네 개가 있고, 태양수성太陽守星의 곁에는 세성勢星 네 개가 있어 부형인腐刑人들을 주관한다."*라고 되어 있었다. 당시 환관들이 세력을 부려 능히 사람들의 위복威福을 마음대로 했는데, 노동이 그 설을 숨기고 드러내어 말하지 않은 것이다. 내가 『천문유초』天文類抄를 상고해 보니 그 설이 과연 옳았다. 독서하는 선비는 읽지 않은 책이 없어야 옛 사람들의 작품을 논할 수 있는 것이다.

차운로의 형 차천로車天輅 또한 글을 잘 아는 선비다. 고서古書에 박학해 왕발王勃의 「익주부자묘비문」益州夫子廟碑文과 유신庾信의 「애강남부」哀江南賦를 능히 주석하여 널리 세상에 행해졌다. 한 역관譯官이 그것을 얻어 중국의 선비에게 보였다. 이 두 편의 글은 옛 사람도 주석하지 못한 바라서 그 선비가 그 글을 얻어 보고는 크게 기이하게 여기고 화려한 비단 일곱 단으로 샀다. 역관이 돌아와 술과 음식을 성대하게 갖추어 차천로를 대접하여 사례했다.

## 왕세정의 박람강기* ❖ 180

왕세정王世貞은 일생 동안 문장文章을 전공하였다. 거처하는 집에 별채가 다

---

태양수성太陽守星의 곁에는 ~ 부형인腐刑人들을 주관한다.　태양수성太陽守星이 〈만종재본〉에는 '太陽守城', 〈야승본〉에는 '太陽守城'으로 되어 있는데, 여기에서는 〈동양문고본〉을 따라 '太陽守星'으로 번역하였다. 아울러 부형인腐刑人이 〈만종재본〉에는 '府刑人'으로 되어 있는데, 〈야승본〉을 따라 '腐刑人'으로 번역했다. '부형'腐刑은 남자를 거세하는 형벌, 즉 궁형을 말하니 부형인은 곧 환관을 지칭하는 말이다.
박람강기博覽强記　여러 가지 책을 널리 많이 읽고 기억을 잘하는 것.

섯이 있었는데, 가운데 채에는 아내가 기거하고 나머지 네 채에는 첩들이 한 사람씩 있었다.

한 채에는 유가儒家의 서적을 비치해 두고, 유객儒客이 오면 맞이하여 유서儒書를 토론했으며, 첩이 유가의 음식을 준비하여 손님을 대접했다. 또 한 채에는 선가仙家의 서적을 비치해 두고 도가道家의 손님이 이르면 맞이하여 도서道書에 대해 토론했으며, 첩은 도가의 음식을 갖추어 손님을 대접했다. 한 채에는 불가佛家의 서적을 비치해 두고 석객釋客이 오면 만나 불서佛書를 토론했으며, 첩은 석가釋家의 음식을 준비해 손님을 대접했다. 또 한 채에는 시가詩家의 서적을 비치해 놓고 시객詩客이 오면 만나 시가에 대해 토론했으며, 첩은 시인詩人의 음식을 마련해 손님을 대접했다. 손님과 주인의 앞에는 각각 종이와 붓과 벼루를 놓고, 항상 글로써 주고받았으며 일찍이 말로써 상대하지 않았다. 손님이 가면 드디어 이를 엮어 책을 만들었다.

하루는 젊을 적의 친구가 찾아왔는데, 여태껏 빈한한 선비의 처지였다. 마침 그때 총병관總兵官이 부모를 위해 비명碑銘을 구하고자 천리마 세 필, 문채 나는 비단 사십 필, 백금 사천 냥을 글을 써 주는 대가로 내놓았다. 왕세정은 심부름꾼을 세워 놓고 종이를 펴서 즉시 붓을 휘둘러 답하였다. 글을 쓴 대가는 모두 다 가난한 선비에게 주고 자신은 하나의 물건도 취하지 않았는데, 그 값어치가 수만 금에 해당되었다.

한림학사翰林學士 주지번朱之蕃은 왕세정의 제자다. 일찍이 왕세정이 손님을 만나는 자리에 함께 있었는데, 어떤 사람이 그 아버지의 비문을 구하러 왔다. 그 행장이 큰 책 한 권으로 이루어져 거의 일만 자字에 이르렀다. 왕세정이 한 번 읽고 난 뒤 책을 덮더니 글을 쓰는 이에게 명하여 붓을 잡게 하고는 입으로 불렀는데, 한 번도 그 행장을 펼쳐 보지 않았다. 비문 쓰기를 다 마치자 주지번에게 읽어 보게 했는데, 행장과 비교해 봄에 그 사람의 평생 이력과 연월, 관작 등이 한 가지도 어긋남이 없었다. 왕세정의 총명함과 뛰어난 기억력이 이와 같았으니, 유독 그 문장만 만고萬古에 뛰어난 것이 아니었다.

## 이성석의 『자유편』自牖篇과 목우유마木牛流馬 ❖ 181

나는 어려서 아버지를 여의어 배움이 없다가 열 살이 되어서야 비로소 큰형님에게 『십구사략』十九史略을 배웠다. 그때 셋째 형이 바야흐로 제1권을 읽고 있었으며, 집 안에는 다른 책이 없었다. 큰형님은 나에게 제6권 『송기』宋記를 가르쳤는데 읽은 바는 단지 넉 장뿐이었다. 당시 이람李覽이 여러 형들과 더불어 부賦를 지었는데, 내가 따라 하고자 했으나 '지'之·'이'而·'어'於·'호'乎 등의 글자를 놓는 법을 알지 못했다. 이람에게 청하여 배우려 하자, 이람이 말했다.

"많이 배우면 저절로 알게 될 것이다."

나는 물러 나와 넉 장 중에서 앞의 네 글자를 뽑아 내고 그것의 언문 해석을 참조하였더니 대략 서로 비슷해, 스스로 깨우치기에 어렵지 않다고 여겼다. 드디어 제목을 청해 부賦와 논論을 지으면서 그 문자를 모두 넉 장 가운데서 뽑아 냈는데, 위아래에서 대략 취하고 간혹 전체 구절을 쓰지 않기도 했다. 이람이 크게 놀라며 말했다.

"이는 천하의 기이한 아이로다. 훗날 문장이 세상에 빼어날 것이다."

그 뒤에 교관敎官 이성석李聖錫 공公이 이 말을 듣고 미루어 헤아리고 부연하여 『자유편』自牖篇을 지었다. 문자 중에서 구결口訣을 취해 '이'伊·'니'尼·'은'隱·'을'乙·'애서'厓西를 만들었는데, 30자와 비슷하지 않은 것이 없었으니 언해의 방법을 역순으로 한 것이다. 대개 그 의도는 초학자가 쉽게 익히도록 하고자 함이었다.

이성석은 재주가 많았다. 일찍이 목우유마木牛流馬를 만들었는데 강아지만 한 작은 것으로, 사람의 뜻에 따라 능히 걸음을 옮길 수 있었다. 관官에 천거되어 커다란 목우유마를 만들었는데, 몸체가 무거워 제대로 걸음을 옮기지 못하자 당시 사람들이 비웃었다.

이성석이 나에게 『자유편』의 서문을 지어 달라고 해서 내가 즉시 써서 주었는데 다음과 같은 구절이 있다.

"옛날 복희씨伏羲氏는 한 편의 글도 읽지 않고 능히 팔괘八卦를 그렸는데, 그 당시 용마龍馬*가 하도河圖를 짊어지고 나왔다. 나의 외사촌 형 이성석 또한 글 한 편 읽지 않고도 능히 『자유편』을 지었으니 혹 목마가 책을 짊어지고 나온 것인가?"

상국 이항복李恒福이 이 말을 듣고 일찍이 밤에 서문을 읽다가 자신도 모르게 홀로 누워 피식 웃었다. 훗날 이 상국의 천거를 받고 교관이 되어 『자유편』으로 아이들을 가르쳤는데 자못 효과가 빨랐다. 이에 처음에 비웃던 자들이 끝내는 모두 매우 기이하게 여겼다.

## 문장 짓는 여러 법식* ❖ 182

찬성贊成 박충원朴忠元은 문장을 지을 적에 일찍이 초고를 잡아 본 적이 없었다. 한참 동안 생각에 잠겼다가 종이를 펼쳐 놓고는 혹은 점 하나를 내려 찍기도 하고, 혹은 권점을 찍기도 하고, 혹은 반 획만 써 놓기도 하고, 혹은

---

용마龍馬  중국 복희씨 때 황하에서 괘卦를 등에 싣고 나왔다는, 용처럼 생긴 말.
문장 짓는 여러 법식  182화는 〈청패본〉·〈이수봉본〉·〈연대본〉 등에는 하나의 이야기로 기술되어 있으나, 〈만종재본〉·〈도남본〉·〈고대본〉 등에는 두 개의 이야기로 분리되어 있는 경우가 많다. 그렇지만 본문 중에 "이 세 분의 방식을 모두 내가 시험해 보니 …… 박이상의 법식대로 글을 지음이 옳았다"라고 말하는 것으로 보아, 분명히 하나의 이야기로 판단되기에 여기에서는 하나의 이야기로 번역하였다.

'수연雖然(비록 그러하나)'이란 글자를 쓰기도 하고, 혹은 '대저'大抵(대체로)라는 글자를 쓰기도 하고, 혹은 '오호'嗚呼(아아!)라는 글자를 쓰기도 한다. 그런 다음 시권試卷에 정서正書를 하고는 한 글자도 고치지 않는다. 누군가 그 까닭을 묻자 대답했다.

"무릇 문장을 지음에 어려운 바는 구상에 있고, 문자를 엮는 것은 붓끝에 달려 있는 것이라네."

조고祖考 사간詞諫공 또한 문장을 지을 때 초고를 잡지 않았다. 크고 작은 곡절을 자세하게 생각하고는 종이를 앞에 펴 놓고 일필휘지로 써 내려갔다. 정랑正郎 신숙申熟은 대책對策*의 초고를 잡을 때에 베개를 높이 베고 누워서 관冠을 벗어 얼굴에 덮고는 취한 듯, 잠자는 듯 있었다. 그러다가 갑자기 일어나 글을 쓰면 대책의 절반이 이루어졌고, 이와 같이 또 한 번 하면 한 편의 글이 끝마쳐졌다.

이 세 분의 방식을 내가 모두 시험해 보았는데, 크고 작은 곡절을 하나하나 머릿속에 짜 두더라도 간혹 빠트리거나 잊어버린 것이 애석하였다. 다만 문장의 뜻이 이미 정해지면 문자는 과연 붓끝에 있는지라, 박이상朴二相의 법식대로 글을 짓는 게 옳았다. 내가 여러 차례 과장에서 시험해 보았는데, 보는 자들이 장하게 여겼다.

상국相國 이준경李浚慶의 자제가 과장科場에 들어가 대책을 짓고 오자 상국이 물었다.

"초고를 가지고 왔느냐?"

그가 대답했다.

"시권에다 바로 썼기에 잊어버리고 기억하지 못합니다."

상국이 웃으며 말하였다.

"네 재주가 대단하다고 하겠구나. 나는 젊었을 적에 과장에서 초고를 쓰

---

대책對策　　과거 시험에서 정치 또는 경의經義에 관한 문제를 내어 답안을 쓰게 하는 일.

면 다른 종이에 해서楷書로 적고, 두세 번 읽어 본 다음에야 시권에 써서 제출했다. 너는 초고도 잡지 않고 바로 시권에다 썼으니 재주가 대단하다고 하겠다."

이는 대개 그를 기롱한 것이다. 상국이 과거에 급제한 후에 시를 지어 정사룡鄭士龍에게 보여 주며 말했다.

"제 시가 과연 옛 사람의 수준에 들 수 있겠습니까?"

정사룡이 답하였다.

"비록 고인에 견주지는 못해도 친구를 위해 이별하는 시문을 지을 정도는 되겠네."

이 말에 상국은 이후로 다시는 시를 짓지 않았다.

## 이사균의 민첩한 시재詩才 ❖ 183

호음湖陰 정사룡鄭士龍이 막 급제하고 아직 시를 배우지 않았을 때였다. 홍문관弘文館* 정자正字*로서 숙직하는 방에 있는데 전한典翰* 이사균李思均이 밖에서 술에 취해 들어왔다. 조금 있다가 아전이 종이를 안고 이르렀는데, 백지 수십 장이 말려 있는 것이 마치 죽순 다발 같았다. 이별시나 만사輓詞를 구하는데 응대하여 지으려는 것이었다. 아전에게 시켜 종이를 펴게 하고, 대략 구상하는 것도 없이 일필휘지로 써 내려갔다. 그 자리에서 바로 혹은 절구絶句, 혹은 단율短律, 혹은 장율長律, 혹은 장편 고시古詩가 순식간에 다 지어졌는데, 마치 바람이 몰아치고 번개가 쓸어 가는 듯이 빨랐다. 이사

---

홍문관弘文館   삼사三司의 하나. 궁중의 경서·사적·문서를 관리하고 왕을 자문하는 관아.
정자正字   조선 시대 때 홍문관, 승문원, 교서관 등에 있었던 정9품 벼슬.
전한典翰   홍문관 소속 종3품의 벼슬.

균이 정호음을 흘겨보며 말했다.

"젊은 정자正字도 시를 잘하시겠지요?"

정호음이 잠자코 그 시를 살펴보니 잘 된 것도 있고 그렇지 못한 것도 있었지만 그 넉넉함과 민첩함에는 대적할 자가 없었다. 그가 나와서 사람들에게 말했다.

"시란 문장의 정수인데 이처럼 가벼운 마음으로 손을 휘둘러서야 어찌 후세에 탄복할 것을 전할 수 있겠는가?"

그러나 내심 흠모하여 부러워함이 그지없었으니, 그가 시에 공력을 쏟은 것은 이때부터 시작되었다.

## 두보가 손수 쓴 원고 ❖ 184

만력萬曆 정유丁酉(1597)·무술戊戌(1598) 연간에 중국에서 수군水軍을 출동시켜 왜적을 방어하였다. 중국 장수 진린陳璘 등이 우리나라 남해에 도착하여 정박했는데, 오성 부원군鰲城府院君 이 공李公(이항복李恒福)이 접대하였다. 중국 장수 한 사람이 상자에서 보배롭게 간직한 것을 하나 꺼내는데, 아름다운 닥나무 종이로 열 번을 싼 것이었다. 차례대로 펼쳐 보니 그 속에 글 한 편이 있는데 두보杜甫가 손수 쓴 초고로 '강변의 녹나무가 초당 앞에 있는데' (倚江柟樹草堂前)*라는 고시였다. 구구자자句句字字 모두 고쳐서 온전한 시어

---

강변의 녹나무가 초당 앞에 있는데     이 구절은 두보杜甫의 시「남수가 비바람에 뽑힌 것을 탄식하며」(柟樹爲風雨所拔歎)의 첫 구다. 시의 전문은 다음과 같다.
"倚江柟樹草堂前 故老相傳二百年. 誅茅卜居總爲此 五月髣髴聞寒蟬. 東南飄風動地至 江翻石走流雲氣. 幹排雷雨猶力爭 根斷泉源豈天意. 滄波老樹性所愛 浦上童童一靑蓋. 野客頻留懼雪霜 行人不過聽竽籟. 虎倒龍顚委榛棘 淚痕血點垂胸臆. 我有新詩何處吟 草堂自此無顔色."

가 없었으며, 다만 '동남의 회오리바람 땅을 울리며 오네'(東南飄風動地至)라는 한 구절만 고친 곳이 없었다. 그 나머지는 모두 짙은 먹으로 고쳤으며, 그 글자체가 자못 졸렬하였다.

두보가 정신을 집중하여 애를 쓰며 시로 인하여 파리하게 여위었음을 상상할 만하다. 시詩의 성인聖人도 반드시 초고를 짓고 가필하거나 삭제해서 감히 시어詩語 하나도 등한히 짓지 않았는데, 하물며 후대의 사람으로 수준이 이보다 못한 자임에랴! 또한 천백 배나 못하면서 뜻 가는 대로 붓을 휘두르는 것은 비록 한 때는 호쾌할지라도 후세에 전해짐에 있어서는 어떠하겠는가?

## 황여헌과 정사룡의 문장 ❖ 185

황여헌黃汝獻은 문장으로 세상에 이름이 높았다. 그러나 협기를 좋아하고 기세를 부렸기에 당시에 인정받지 못하고 시속의 무리들에게 많이 배척받아 그 문장이 후세에 전해지지 못했다.

정사룡은 행실을 전혀 단속함이 없어 청의淸議*에 배척을 받았다. 그렇지만 글을 지으면 반드시 퇴계에게 질정을 구했고, 퇴계가 그 흠을 지적하면 자신의 견해가 옳다고 고집한 적이 없었다. 그는 또한 소재蘇齋 노수신盧守愼과 더불어 돈독하게 지냈다. 소재가 진도에 19년간 귀양 가 있을 때, 정사룡은 호남 노비 다섯 명의 1년치 공물을 모두 소재에게 주니 소재가 커다란 은덕을 입었다고 여겼다. 소재가 조정에 돌아오니 호음은 세상에서 버림

---

청의淸議  높고 깨끗한 언론.
청운에 오른 ~ 후세에 행해지겠는가?  이 구절은 사마천이 『사기』史記 「백이열전」伯夷列傳의 마지막 대목에서 한 말이다.

받은 지가 오래되었고, 그의 글 또한 중히 여겨지지 않았다. 소재가 드디어 크게 칭송하고 그 문장을 높이 받드니, 그의 문집이 당시에 크게 유행하였다.

태사공이 말하길,

"청운에 오른 선비에게 의지하지 않고서야 어찌 능히 후세에 행해지겠는가?"*

라고 했는데, 이는 참으로 격언이다.

## 김시습의 위천조어도渭川釣魚圖 시 ❖ 186

한명회韓明澮가 '위천조어도' 渭川釣魚圖*를 얻었는데 빼어난 필치였다. 명사의 시를 구하니 모두 말했다.

"오세五歲(김시습)의 시가 아니면 이 그림에 어울리기 어렵다."

이에 오세를 오도록 청하자, 매월당이 송경松京(개성)에서부터 이르러 붓을 잡고 즉시 썼다.

| | |
|---|---|
| 비바람 쓸쓸히 낚싯돌에 뿌리는데 | 風雨蕭蕭拂釣磯 |
| 위천의 새와 물고기 기심을 잊었구나. | 渭川魚鳥却忘機 |
| 어찌하여 늘그막에 새매 같은 장수가 되어, | 如何老作鷹揚將 |
| 백이숙제로 하여금 고사리 뜯다 굶어 죽게 했는가? | 空使夷齊餓採薇 |

**위천조어도渭川釣魚圖** 강태공姜太公이 위수渭水에서 낚시질하는 모습을 그린 그림. 강태공은 주周나라 무왕武王을 도와 상商나라를 멸하고 천하를 통일한 인물이다. 그는 문왕文王의 명을 받아 출사하기 전 은거할 때에 늘 곧은 낚싯바늘을 수면 위 허공에 드리운 채 낚시하고 지냈다 한다.

이 시는 품격이 맑고 산뜻하며 구구절절 풍자하는 뜻을 머금고 있는지라, 읊조리노라면 자신도 모르게 비감해진다.

## 이인異人 장응두 ❖ 187

장응두張應斗는 호남 고부古阜 사람으로 문장에 능했으나 과업科業을 일삼지 않았다. 띠집을 짓고는 사방에 울타리를 치고 한가로이 지내면서 성정을 길렀다. 사람들과 교유하면서 왕래를 청하거나 사례하며 오가는 것을 좋아하지 않았다. 일찍이 「신루기」蜃樓記를 지었는데, 감사監司 이준경李浚慶이 크게 놀라며 세상에 둘도 없는 뛰어난 문장이라고 했다.

젊은 시절에 기재企齋 신광한申光漢과 친하게 지냈다. 기재는 원흉의 뜻에 거슬려 관직에서 물러나 낙봉駱峯 아래에 살았다. 베옷을 입은 어떤 사람이 문을 두드리며 만나 보기를 구하자 문지기가 물리쳤으나, 문을 밀치고 곧장 들이닥쳤는데 그가 바로 장응두였다. 당시 기재는 작은 서재를 새로 지었는데 목판을 주며 제영시題詠詩를 구하니 장응두는 조금도 망설이지 않고 일필휘지로 다음과 같이 썼다.

| | |
|---|---|
| 낙동 골짜기 안에 늙은 거사 | 駱洞洞中老居士 |
| 낙동 골짜기에 와서 터 잡아 집 지었네. | 駱洞洞中來卜築 |
| 몸은 골 밖에 노닐어도 마음은 골 안에 있는데 | 身遊洞外心在洞 |
| 골짜기에는 푸른 소나무와 바위가 있구나. | 洞有蒼松與岩石 |
| 바위처럼 의연하고 소나무로 절개 지키니 | 岩以鎭靜松以節 |
| 바위와 소나무가 곧 마음 속의 물상이라. | 岩松俱是心中物 |
| 마음 속에 지닌 물상 이 같으니 | 心中所有物如此 |

| | |
|---|---|
| 세력에 굴함이 없음을 내 알겠노라. | 吾於勢力知無屈 |
| 분분紛紛한 소인배들이 어찌 이를 알리오 | 紛紛小兒豈知此 |
| 소나무 절로 푸르고 바위 절로 서 있음을. | 松自蒼蒼岩自立 |

시를 다 짓고는, 정중하게 절을 하고 갔다. 그 시를 보건대 참으로 도인道人의 말이다. 그가 집에 있으면서 하루는 밭두둑을 살피러 갔다가 중도에 돌아와 말하길,

"내가 도중에 다리를 헛디뎌 거의 죽을 뻔했다. 내 정신이 반쯤은 빠져 나갔으니 내년 모월 모일에 내가 죽을 것이다."

라고 했는데, 과연 기약한 대로 죽었다.

## 시참詩讖의 사례 ❖ 188

시詩란 성정性情에서 나오는바, 무심히 발하더라도 끝내는 징험이 있다.

조맹덕曹孟德(조조曹操)은 「단가행」短歌行*에서,

| | |
|---|---|
| 달이 밝아 별은 드문데 | 月明星稀 |
| 까막까치 남으로 날아가네. | 烏鵲南飛 |
| 나무를 세 번이나 돌아보나 | 繞樹三匝 |
| 어느 가지에 의지할거나. | 何枝可依 |

---

「단가행」短歌行    작품의 전문은 다음과 같다.
"對酒當歌 人生幾何. 慨當以慷 憂思難忘. 何以解憂 唯有杜康. 靑靑子衿 悠悠我心. 但爲君故 沈吟至今. 明明如月 何時可掇. 憂從中來 不可斷絶. 契闊談讌 心念舊恩. 月明星希 烏鵲南飛. 繞樹三帀 何枝可依. 山不厭高 海不厭深. 周公吐哺 天下歸心."

라고 했으니, 이 때문에 적벽赤壁의 싸움에서 패하게 되었다.

 소순흠蘇舜欽의 시*에

> 몸은 매미 허물 벗은 듯 평상 위에 있고   身如蟬蛻一榻上
> 꿈은 버들개지처럼 천 리를 날아가네.   夢似楊花千里飛

라고 했으니, 요절할 징조이며

> 산 매미 울음소리 성근 지게문 뚫고 들어오고   山蟬帶響穿疎戶
> 들 넝쿨의 푸른빛 깨진 창으로 들어오네.   野蔓蟠青入破窓

라고 했으니, 미천할 징조다.

 소동파蘇東坡는 「송료부」松醪賦*에서

> 드디어 이로부터 바다에 들어가나니   遂從此而入海
> 하늘에 넘실대는 구름 물결 아득히 뻗쳐 있네.   渺瀰天之雲濤

라고 했는데, 얼마 뒤 해남海南으로 귀양 갔다.

 명나라 문 황제文皇帝가

> 해가 용의 비늘을 비치니 만 조각의 황금빛이라.   日照龍鱗萬片金

---

**소순흠蘇舜欽의 시**   소순흠은 송宋나라 시인으로 이곳에 인용된 시의 원래 제목은 「춘수」春睡이며 전문은 다음과 같다.
"別院簾昏掩竹屛. 朝酲未解接春暉. 身如蟬蛻一榻上 夢似楊花千里飛. 嗒爾暫能離世網 陶然直欲見天機. 此中有德堪爲頌 絶勝人間較是非."
**「송료부」松醪賦**   원 제목은 「中山松醪賦」이다.

라고 하자, 건문 황제建文皇帝가 그 구절에 응대해 짓기를

비가 양털 적시니 한 조각 융단이로다. 雨濕羊毛一片氈

라고 했으니,* 그 번화하고 쓸쓸한 자태가 현격하게 다르다.
 내가 일찍이 토산兎山을 지나다가 벽 위에 써 있는 김흠金欽의 제영시 한 구절을 보았는데 다음과 같았다.

허리춤에 있는 물건 참으로 나의 빌미로구나. 腰間有物眞吾祟

대개 허리에 찬 인부印符를 가리켜 말한 것인데, 그는 졸지에 적의 칼날에 죽었다. 비록 그렇게 되리라 예기치 않고 한 말이라도 그렇게 되는바, 시어를 냄에 있어서는 신중하지 않을 수 없는 것이다.

## 휴정의 시 ❖ 189

휴정休靜은 스스로 호를 청허도인淸虛道人이라 했는데 동국의 이름난 중이다. 명성은 높았지만 그 실질은 적었다. 거처에 먼 지방의 진귀한 물건으로 냄새 나고 비린 것을 제외하고는 모두 즉시 이르렀으며, 공양미로 쌓여 있

---

명나라 문 황제文皇帝가 ~ 라고 했으니  문 황제文皇帝는 명나라 3대 황제인 성조成祖를 말하고, 건문 황제建文皇帝는 명나라 2대 황제인 혜제惠帝를 말한다. 문 황제는 연왕燕王에 봉해졌는데, 반란을 일으켜 혜제를 죽이고 제위에 올랐다. 두 사람이 지은 시에 대해서는 『탁이기』卓異記에 "文皇同東宮侍太祖, 偶見御輦馬, 命對曰: '風吹馬尾千條線'文皇應聲曰: '日照龍鱗萬點金'東宮徐對曰: '雨打羊毛一片氈' 其氣象不侔如此"라 한 것이 보인다. (『원명사류초』元明事類鈔, 권4 참조)

는 것이 늘 300여 석이나 되었다. 설법을 듣는 중이 법당에 가득하고 절집에 넘쳐 하루에 3, 400명이 되었는데, 그 가운데 어리고 예쁜 아이를 택해 잠자리를 시중들게 하였다. 한 광승狂僧이 나아가 말했다.

"묻기를 청하오니 오탁육진五濁六塵이란 무엇을 이르는 것입니까?"

휴정이 이러저러한 것이라고 답하자, 또 물었다.

"그렇다면 선사께서 날마다 어린아이를 골라 천침을 하도록 하는 것은 무슨 까닭입니까?"

휴정이 크게 성내고 여러 제자들에게 눈짓을 주어 매질하도록 했다. 300여 명이 각자 한 번씩 주먹질을 하자 광승은 숨이 끊어져 거꾸러졌는데, 끌어다가 내다 버렸다. 나이가 육십이 지나서도 늘 예쁜 여자 아이를 골라 잠자리를 시중들게 했는데, 자신의 몸을 누르거나 긁고, 어루만지고 문지르게 하는 자가 하루에 두세 명이었다. 항상 묘향산을 떠나지 않았으니 묘향산의 여러 중들이 대개 여색을 가까이 했기 때문이다. 글에 능하다고 칭해졌으나 그 문장은 문리가 이어지지 않았으며, 그 시에만 다소 볼 만한 것이 있었다.*

그가 금강산에 있을 때 다음과 같은 시를 지었다.

달빛에 춤추는 야윈 선녀는 천 길 회나무요　　　舞月臞仙千丈檜
숲 너머 들려오는 청아한 거문고 소리 한 가닥 여울물이로다.

　　　　　　　　　　　　　　　　　　　　　　　隔林淸瑟一聲灘

금강산의 진면목을 알고자 하니　　　　　　　　欲識金剛眞面目
흰구름 쌓인 가운데 늘어선 봉우리라.　　　　　白雲堆裡列峰巒

---

명성은 높았지만 ~ 것이 있었다.　"명성은 높았지만 그 실질은 적었다"는 대목부터 여기까지는 〈만종재본〉에는 없고 〈동양문고본〉에만 있다.

그가 묘향산에 있을 때는 다음과 같은 시를 지었다.

| | |
|---|---|
| 만국萬國의 도성은 개밋둑 같고 | 萬國都城如蟻垤 |
| 천 가千家의 호걸은 모두 초파리일세. | 千家豪傑盡醯雞 |
| 하늘에 가득한 밝은 달빛 베갯머리 청허한데 | 一天明月淸虛枕 |
| 끝없는 솔바람 소리 운율도 제각각일세. | 無限松聲韻不齊 |

그 나머지 배율排律 또한 자못 품격이 있다. 동국의 이름난 중은 모두 그의 문하에서 나왔다. 만력 임진란에 조정에서는 총섭관總攝官의 칭호를 내려주고 그로 하여금 승군을 통솔하도록 했다. 그는 연로하다는 이유로 사직하고 묘향산으로 돌아갔으며, 그의 제자 유정이 대신하였다. 후에 내가 금강산에서 『사명집』四溟集을 보았는데 그의 문장 또한 자못 청절해 취할 만 하였다.*

## 학관 박지화의 행적 ❖ 190

학관學官 박지화朴枝華는 호號가 수암守菴으로 젊어서부터 명산에서 노닐면서 곡기를 끊고 솔잎을 먹었다. 일찍이 공부하는 이들과 더불어 산사에 함께 기거했는데, 한 달이 되도록 항상 베옷 한 벌만 입고 지내며 밤이면 책을 베고 잠을 잤다. 보름은 왼쪽으로 누워 자고 보름은 오른쪽으로 누워 잤는데, 옷에 주름이라곤 없어 마치 새로 다림질한 것 같았다.

유·불·도 세 가지 학문에 공력을 쏟은 것이 모두 깊었는데, 예서禮書에 가장 정통했다. 문장에도 박학하여 시詩와 문文이 모두 매우 뛰어났다. 일찍

그 나머지 ~ 취할 만 하였다.   이 대목 역시 〈만종재본〉에는 없고 〈동양문고본〉에만 있는 내용이다.

이 부마駙馬 광천위光川尉의 만사輓詞를 지었는데, 시인 정지승鄭之升이 칭찬하고 치켜세우기를 그치지 않으면서 말했다.

"이 사람이 문벌의 지체는 비록 낮지만 문장가의 지위는 가장 높다고 할 것이다."

그 시는 다음과 같다.

| | |
|---|---|
| 직녀성 견우성은 본디 동쪽과 서쪽에 있으면서 | 天孫河鼓本東西 |
| 인간에게 오복을 두루두루 넉넉히 했다네. | 嬴得人間五福齊 |
| 탕병회湯餠會*를 연 그해에는 사신으로 나갔고* | 湯餠當年曾拭玉 |
| 소대簫臺*에서 이날은 함께 봉황을 탔네. | 簫臺此日共乘鷖 |
| 여러 아들 예를 갖추어 의식을 잘 거행하고 | 諸郞秉禮庶儀擧 |
| 화려한 빈소, 자욱한 향 연기에 모습조차 희미하여라. | 華寢連雲象設迷 |
| 집은 심원沁園*을 바라보는 곳에 있어 | 家在沁園相望地 |
| 봄풀 다시 무성한 것 견디지 못하겠네. | 不堪春草又萋萋 |

나이 칠십이 넘어서도 늘 문을 닫은 채 성시城市에 거처했다. 방 안에 있으면서 하루 종일 꼿꼿이 앉아 고요하기가 깊은 산 속 같았다. 임진년에 왜구가 서울에 쳐들어오자 백운산 사탄촌史呑村*에서 왜구를 피했다.* 친구

---

**탕병회湯餠會**　수연壽宴이나 아들을 낳은 지 3일, 한 달, 혹은 한 해가 되었을 때 여는 잔치로, 이때 장수를 기원하는 뜻에서 국수를 먹어 '탕병'이라 했다.
**사신으로 나갔고**　원문이 〈만종재본〉에는 '食玉', 여러 필사본에는 '拭玉'으로 되어 있는데, 식옥拭玉이 옳다. 식옥은 어명을 받고 사신으로 나가는 것을 뜻한다.
**소대簫臺**　진秦나라 목공穆公 때, 소사簫史가 퉁소를 잘 불자 목공의 딸 농옥弄玉이 이를 좋아해 부부가 되었다. 퉁소로 봉황의 소리를 내자 봉황이 몰려들어 '봉대'鳳臺라 하였으며, 나중에는 봉황과 함께 떠났다고 한다.
**심원沁園**　동한東漢 명제明帝의 딸 심수 공주沁水公主의 정원을 이르는 말이었는데, 후에 공주의 정원을 범칭하게 되었다.

정굉鄭宏과 함께 있었는데, 왜구가 장차 이르려 하여 정생이 식솔을 이끌고 떠나가자 수암이 그와 이별하며 말했다.

"나는 늙고 쇠잔하여 따라갈 수가 없네. 훗날 나를 여기에서 찾게나."

그 후 며칠 지나 왜구가 잠시 물러나자 정생이 수암을 찾았으나 보이지 않았으며 시냇가 나뭇가지에 작은 종이가 매달려 있었다. 거기에는 두보의 오언 율시 한 수가 쓰여 있었다. 그는 돌덩이를 품고 나무 아래 계곡 한가운데에 스스로 빠져 죽었던 것이다. 그 시는 다음과 같다.

| | |
|---|---|
| 서울은 구름 낀 산 밖에 있어 | 京洛雲山外 |
| 편지 한 장 이르지 않는구나. | 音書靜不來 |
| 정신으로 사귀며 부賦 짓던 나그네 | 神交作賦客 |
| 기력이 다하여 고향 그리는 누대에 올랐네. | 力盡望鄕臺 |
| 병으로 쇠약한 몸 강변에 누우니 | 衰疾江邊臥 |
| 친한 벗 날 저물어 돌아오네. | 親朋日暮回 |
| 백구는 원래 물에서 잠이 드나니 | 白鷗元水宿 |
| 무슨 일로 남은 슬픔 있겠는가.* | 何事有餘哀 |

이 시를 보니 사사건건 꼭 들어맞으니, 참으로 수암이 직접 쓴 만사라고 하겠다. 정생이 그의 시신을 찾아 대강 염을 하고 갔다. 어떤 이는 그가 수해水解*한 것이 아닌가 여겼는데, 「도서」道書에 "시해尸解에는 다섯 가지가

---

**사탄촌**史呑村　조선 시대 춘천 도호부의 서쪽 화악산은 일명 백운산이라고도 하는데, 그 근방에 있던 고을 이름.

**고요하기가 깊은 ~ 왜구를 피했다.**　이 대목은 〈만종재본〉에 없는 것으로 필사본에 의거해 보충해 넣었다.

두보의 시 「운산」雲山의 전문이다.

**수해**水解　도교에서 시해尸解하는 방식의 하나로, 물에 기탁해 형체를 벗어버리고 신선이 되어 떠남을 말한다.

있으니, 금金·목木·수水·화火·토土이다"라고 하였다.

## 유몽인의 두 형이 남긴 시 ※ 191

만력萬曆 임진왜란에 나는 질정관質正官*으로 중국에 갔었다. 돌아오다가 평양의 행재소行在所에 이르러 셋째 형 몽웅夢熊이 난리에 죽었다는 소식을 들었다. 사정을 아뢰고 휴가를 얻어 어머니를 찾아 풍덕豊德* 노개산奴介山 강가의 농가에 이르니, 벽 위에 셋째 형이 써 놓은 시가 보였다.

쑥 덤불 아래에서 어느 때나 좋은 소식 들으려나　　蓬底幾時聞吉語
개산介山의 안개 낀 농막 거듭 오는 일 없으리라.　　介山烟幕免重來

둘째 형 몽표夢彪 또한 벽 위에 두보의 시를 써 놓았다.

풍경이 쓸쓸하게 저무는데　　　　　　　風色蕭蕭暮
강 머리에 다니는 사람 없어라.　　　　　江頭人不行
빗줄기 너머 촌가의 방아 소리 급박하고　村舂雨外急
밤 깊어 이웃집 불빛은 더욱 밝아라.　　　隣火夜深明
오랑캐는 어찌 그리 난을 많이 일으키는가　胡羯何多亂
어부와 나무꾼에 이내 삶 의탁하네.　　　漁樵寄此生
중원에 형제들이 있기에　　　　　　　　中原有兄弟

---

질정관質正官　조선 시대에 사신의 일원으로 중국에 보내던 임시 관직으로, 글의 음운音韻이나 기타 제도 등에 관한 것을 자문하는 임무를 담당했음.
풍덕豊德　조선 시대 양주목 풍양현의 옛 지명.

만 리에서 가득 정을 머금는다네.* 萬里正含情

두 형이 지난 해에 써 놓은 시를 보게 되자, 나도 모르게 목놓아 울음을 터트리고 말았다. 잠시 뒤 화장포火莊浦에서 방어하는 군사가 무너지고 적병이 강을 건너와 나는 황급히 말에 올라 패한 병졸들과 함께 달아났다. 몇 리쯤 가다가 농사農舍를 돌아보자 화염이 하늘에 가득했으니, 왜적이 벌써 불을 지른 것이었다.

대개 셋째 형은 가을걷이로 고심을 했기에 이렇게 지은 것인데, 끝내 좋은 소식을 듣지 못하고 돌아가셨으니 비통한 일이다. 둘째 형이 쓴 시는, 나라에 장차 난리가 있을 줄을 미리 알고서, 내가 중국 땅에 있으면서 아직까지 돌아오지 못하고 있음을 근심한 것이다. 비록 옛 시이지만 마음 속의 회포를 읊은 것과 다름이 없으니, 이는 박지화가 썼던 '서울은 구름 낀 산 밖에 있어'(京洛雲山外)*라는 시와 더불어 비유를 취함이 매우 비슷하다. 내가 늘 이 사실을 애통해하였기에 여기에 기록해 두는 바이다.

## 유극신의 문장과 언변 ❖ 192

유극신柳克新은 유몽학柳夢鶴의 아들이다. 유몽학은 학행學行이 있어 음관陰官으로 사헌부司憲府 지평持平에 제수되었다가 양양 부사襄陽府使로 나가게 되었는데, 유극신이 아버지의 행차를 따라갔다. 당시 국론이 동인東人과 서인西人으로 나뉘어 많은 선비들이 둘로 갈려 있었다. 유극신은 동인이었는

---

풍경이 쓸쓸하게 ~ 정을 머금는다네.   두보의 시 「촌야」邨夜의 전문이다.
서울은 구름 낀 산 밖에 있어(京洛雲山外)   앞의 이야기 190화 〈학관 박지화의 행적〉에 나오는 시를 말한다.

데, 항상 그것을 개탄했다. 행차가 미수파彌秀坡*에 도착했을 때, 다음과 같은 시를 지었다.

| | |
|---|---|
| 미수파의 동쪽과 서쪽 두 갈래 물줄기 | 坡東坡西二流水 |
| 동쪽은 동해로, 서쪽은 서해로 흐르네. | 東流東海西流西 |
| 오열하는 그 울음소리 다함이 없나니 | 嗚嗚咽咽鳴不已 |
| 뉘라서 이에 이르러 눈물 흘리지 않으리. | 誰人到此不垂淚 |
| 내 장차 궁씨穹氏 삼형제를 맞이하여 | 吾將邀穹氏三兄弟 |
| 만 종萬鍾의 맛좋은 술과 천 솥의 삶은 용으로 예를 갖추리. | |
| | 旨酒萬鍾烹龍千鼎以爲禮 |
| 천후산天吼山 천길만길 봉우리는 그 몇 개런가? | |
| | 天吼山千丈萬丈幾個峰巒 |
| 푸른 하늘 밖으로 손톱 한 번 튕겨서 | 指爪一彈靑天外 |
| 두 갈래 물줄기 하나의 흐름으로 만들어, | 乃使二流爲一流 |
| 동으로 한강 도성가로 흘려 보내면 | 東注漢江江城頭 |
| 호호 탕탕 억만 년을 흐르리라. | 浩浩蕩蕩萬萬秋 |

장계長溪 황정욱黃廷彧은 문장에 능한 사람인데, 이 시를 보고 크게 기이하게 여겨 말했다.
"이는 참으로 문장이로다."
어떤 이가,
"궁씨 삼형제는 어떤 사람입니까?"
라고 물었더니, 대답했다.

---

**미수파彌秀坡**　　미시파령彌時坡嶺. 강원도 고성군 토성면과 인제군 북면 사이에 있는 고개 이름. 지금의 미시령으로 속칭 미실령이라고도 한다.

"반고盤古*의 할아버지일세."

유극신은 호걸로서 말솜씨가 뛰어났으며 기롱하기를 좋아했다. 이승李昇은 입담이 좋았는데 모습이 장사치와 비슷했다. 유극신이 놀려 말하길

"승아! 이리 와 봐라. 요즘 시장의 물가는 어떠하냐?"

라고 하자, 이승이 대답했다.

"요즈음 시장에서 기장과 쌀 반 되면 남행 대관南行臺諫* 대여섯 명과 바꿀 수 있지."

유극신이 말문이 막히자, 사방에 있던 사람들은 포복절도했다.

## 이사호의 시에 담긴 반역의 뜻 ❖193

예전에 나는 학가鶴駕*를 모시고 홍주洪州*에 있으면서, 외람되게 문학文學*의 직위를 맡은 적이 있었다. 당시 이사호李士浩라는 나이 어린 유생이 있었는데, 상소를 올려 스스로 도원수가 되어 왜적을 토벌할 것을 자청하였다. 그 글을 보니 고고高古하여 참으로 전국 시대戰國時代 합종연횡가合從連橫家*의 문장이었다. 나는 필선弼善* 윤돈尹暾과 더불어 그 문장을 칭찬하고 이사호에게 말했다.

---

반고盤古　　중국 고대의 전설상의 임금. 천지개벽 후 처음으로 세상에 나온 인간이라고 한다.
남행대관南行臺諫　　'남행'은 음관을 뜻하고 '대간'은 사헌부·사간원의 관원을 말하는 것이니, 여기서는 유극신의 아버지 유몽학이 음관으로 사헌부 지평에 제수된 것을 기롱한 것이다.
학가鶴駕　　태자太子가 타는 수레인데, 통상 왕세자를 일컫는다.
홍주洪州　　지금의 충남 홍성군 지역에 있었던 목牧 이름.
문학文學　　세자시강원世子侍講院의 정5품 벼슬. 정원이 1인이었으며, 세자의 교육을 담당했다.
합종연횡가合從連橫家　　중국의 전국 시대에 합종설을 주장한 소진蘇秦과 연횡설을 주장한 장의張儀를 말한다.
필선弼善　　세자시강원의 정4품 벼슬로 경서經書와 사적史籍을 강론해 도의를 지도하는 일을 담당했다.

"나라에서 사람을 쓰는 법은 반드시 관작으로 하는데, 관작에는 계급이 있게 마련이다. 일개 포의가 어찌 도원수가 될 수 있겠느냐? 종군하여 막사에서 책사策士가 되어 나라를 위한 뜻을 이루거라."

이사호는 옷깃을 떨치며 가 버렸다.

그 후 수십 년 동안 아득히 자취조차 없더니 신해년(1611, 광해군 3)에 생원시에서 장원을 했다. 대개 과거에 대비하는 학업을 달갑게 여기지 않아서 군사의 일에 종사했으며, 함께 노닌 사람은 대부분 유사儒士가 아니었다. 끝내는 서양갑徐羊甲의 옥사*에 걸려 대궐 뜰에서 죽으니, 내가 늘 이를 괴이하게 여겼다. 후에 그가 지은 절구 한 수를 듣고서야 비로소 반란의 정상이 이미 갖추어져 있었음을 깨달았는데, 그 시는 다음과 같다.

| | |
|---|---|
| 남자가 공명을 이룰까 이루지 못할까? | 男子功名成不成 |
| 높이 올라 사방을 바라보매 눈이 별빛처럼 빛나네. | 登高四望目如星 |
| 한가로이 푸른 강가에 낚싯대를 드리우고 | 閑來垂釣滄江上 |
| 천지에 이는 비바람 소리를 누워서 듣노라. | 臥聽乾坤風雨聲 |

'높이 올라 사방을 바라보니 눈이 별빛처럼 빛나네'(登高四望目如星)라는 것은 여귀厲鬼*의 상이고, '천지에 이는 비바람 소리를 누워서 듣노라'(臥聽乾坤風雨聲)는 난리를 바라는 뜻이다. 이 시를 읊조리다 보면 사람의 머리카

---

**서양갑徐羊甲의 옥사**  서양갑은 목사牧使 서익徐益의 서자이며, '서양갑의 옥사'는 '강변칠우江邊七友의 옥사'를 말한다. 강변칠우란 일곱 명의 서자—박응서朴應犀·서양갑徐羊甲·심우영沈友英·이준경李俊耕·박치인朴致仁·박치의朴致毅·김평손金平孫—가 관리 등용의 길이 막혀 있음에 불만을 품고 죽림칠우竹林七友를 자처하며 여주에서 시주詩酒로 교유한 집단을 가리킨다. 이들은 모두 명문가의 서자로서 광해군 즉위 초년에 연명 상소하여 서자도 관리에 임용될 수 있도록 청했으나 허락되지 않았다. 이들은 1612년(광해군 4) 조령에서 은상銀商을 죽이고 은 수백 냥을 약탈했는데, 이듬해 모두 체포되어 국문을 받고 처형당했다. 이사호는 이 옥사에서 서양갑에게 병법을 가르친 자로 지목되어 처형당했다.

**여귀厲鬼**  못된 돌림병을 퍼뜨리는 귀신. 악귀.

락이 쭈뼛 솟는다.

## 우홍적의 시재와 시참詩讖 ❖ 194

우홍적禹弘績은 어려서부터 재주가 있다고 이름이 났다. 나이 일곱 살 때 한 어른이 '노'老 자와 '춘'春 자를 가지고 연구聯句*를 짓게 했더니 우홍적이 다음과 같이 지었다.

노인 머리 위에 내린 눈은　　　　　　　　　　　老人頭上雪
봄바람 불어도 사라지지 않는다네.　　　　　　春風吹不消

여러 사람들이 모두 기특하게 여겼는데, 식자는 그가 요절할 것임을 은연중에 알았다. 친구 정상의鄭象義가 영숭전永崇殿* 참봉參奉이 되어 기도箕都(평양)에 부임할 때, 우홍적이 다음과 같은 이별의 시를 지어 주었다.

정건鄭虔* 같은 재주로 이름난 지 삼십 년　　鄭虔才名三十年
가을바람에 필마로 서관西關을 향하네.　　　秋風匹馬向西關
패강에 가득한 시름 상의象義를 범하는데　　愁絶浿江干象義

연구聯句　본래는 두 사람 이상이 한 구씩 지어 이어 붙여서 한 편의 시를 완성하는 것을 뜻하지만, 여기에서는 주어진 두 글자를 사용해 한 구씩 짓는 것을 말한다.
영숭전永崇殿　조선 태조 이성계의 어진御眞을 모시는 전각으로 평양에 있었다.
정건鄭虔　당唐나라 현종이 그의 재주를 사랑해 광문관 박사廣文館博士를 삼았는데, 이는 정건의 뛰어난 능력에 비해 낮은 미관말직이었다. 두보는 「취하여 부르는 노래」(醉時歌)를 지어 그의 불우함을 개탄한 바 있다. 이후로 정건은 뛰어난 능력을 지니고도 불우하게 지내는 인물을 대표했는데, 이 시에서도 친구 정상의의 불우함을 비유하는 의미로 쓰였다.

흰구름 천 리, 한남산漢南山이여.　　　　　　　　　　白雲千里漢南山

아무도 이 시의 뜻을 아는 사람이 없었는데, 평양에 도착한 지 오래지 않아 그가 죽었다는 소식이 들려왔으니 당시에 시참으로 여겼다.

우홍적은 진사로 장원 급제했는데, 부모를 위해 난리에 죽어서 당시 사람들이 매우 애석하게 여겼다. 이 이야기는 『삼강행실』三綱行實에 실려 있다.

## 심수경과 선연동 기녀 ❖ 195

상국相國 심수경沈守慶이 젊은 시절 직제학直提學*으로 있을 때 순무어사巡撫御史로 관서關西 지방에 나갔다가 평양에서 가까이한 기생이 있었다. 기성문箕城門* 밖에는 '선연동'嬋娟洞이라는 이름의 골짜기가 있었는데 여러 기생들이 묻히는 곳이었다. 상국이 다음과 같은 시를 지었다.

종이에 가득한 글, 모두 맹세의 말인데　　　　　滿紙縱橫摠誓言
훗날 황천까지 함께하리라는 기약이었다네.　　自期他日共泉原
장부의 한번 죽음 끝내 면하기 어려운바　　　　丈夫一死終難免
원컨대 선연동 안의 혼백이 되고 싶구나.　　　願作嬋妍洞裡魂

후에 충청 감사가 되었을 때, 기녀가 가요축歌謠軸을 올리면서 권응인權應仁에게 시를 청하자 다음과 같이 지어 주었다.

---

**직제학直提學**　조선 시대 집현전集賢殿의 종3품, 예문관藝文館·홍문관弘文館의 정3품 및 규장각奎章閣의 종2품에서 당상堂上 정3품까지의 벼슬.
**기성문箕城門**　평양의 서문西門.

인생에서 득의함은 남과 북이 따로 없나니, 人生得意無南北
선연동 안의 혼백일랑 되지 마소. 莫作嬋姸洞裡魂

상국이 이를 보고 웃으며 말했다.
"필시 권응인이 이곳에 온 모양이로구나. 속히 맞이해 들여라."
권응인이 들어와서 뵙자, 상국이 그에게 시를 짓도록 했는데 그 시는 다음과 같다.

백설의 노래 전하여 지음知音을 기다린 지 오래인데 歌傳白雪知音久
청운靑雲에 길이 막혀 얼굴 대하기가 더디었다네. 路隔靑雲識面遲

평양 기생이 친척에게 일러 말했다.
"내가 죽거든 내 무덤에 반드시 '직제학 심수경 첩의 묘'라고 써 주시오."
후에 기생이 죽었을 때 상국의 관직은 이미 높이 올랐는데, 친척들은 묘에 비석을 세우고 '직제학 심수경 첩의 묘'라고 썼다. 대개 국법에 평안도와 함경도 사람들은 다른 지방으로 옮겨 가는 것을 허락하지 않았기에, 약속을 하고서도 끝내 이루지 못하고 죽었기 때문이었다. 당시 관서 방백方伯이 다음과 같은 시를 지어 답해 주었다.

가련하게도 한 골짜기 풍류의 땅에 可憐一洞風流地
선생을 위해 죽지 않은 혼을 장사 지냈구려.* 猶葬先生未死魂

---

당시 관서 ~ 혼을 장사 지냈구려. 이 대목은 〈만종재본〉에 없는 내용으로 필사본에 의거해 보충해 넣었다.

## 신식의 이별시 ❖ 196

나의 장인 신식申栻은 관직이 한성 판관漢城判官에 이르렀다. 젊은 시절 황주黃州 관기와 더불어 자산사慈山寺*에서 서로 이별하면서 다음과 같은 시를 지었다.

| | |
|---|---|
| 자비산慈悲山 아래 자비사慈悲寺에서 | 慈悲山下慈悲寺 |
| 하염없이 서로를 바라보며 말에 오르기 더디구나. | 脈脈相看上馬遲 |
| 내일이면 나그네의 회포 어디쯤에서 아려 올까. | 明日客懷何處惡 |
| 석양녘 역루驛樓에 홀로 오를 때이리. | 驛樓殘照獨登時 |

당시에 절창으로 일컬어졌는데, '자비산 아래 자비사에서'(慈悲山下慈悲寺)라는 첫 구는 또한 능히 눈물을 떨굴 만하다. 장인은 안질眼疾을 앓아 학업이 많이 지체되어 끝내 과거에 급제하지는 못했다. 난리 후에 관직을 버리고 향촌에서 노년를 보내다가 나이 팔십에 세상을 떠났다.

## 정지승의 시재 ❖ 197

정지승鄭之升이 어린 시절 장가도 들기 전에 가까이한 창기가 있었다. 부모가 학업에 방해될까 염려해 갓과 신발을 빼앗아 감추고 그를 밀실에 가두었다. 그의 친구가 창기의 편지를 전해 주자, 정지승이 시로써 그 편지에 답장

---

자산사慈山寺　황해도 서흥 도호부 자비령에 있었던 절로, 이곳에 역원이 있어서 많은 문인들의 이별의 시가 남겨져 있다. (『동국여지승람』 「자산사」 조 참조)

하였다.

배꽃 필 때 비바람에 중문重門이 닫혔는데 　　　梨花風雨掩重門
날아온 청조靑鳥*에 눈물 자국 보이네. 　　　　靑鳥飛時見淚痕
한번 죽음에 이 이별 잊을 수 있을런가 　　　　一死可能忘此別
구천에서도 오히려 애끊는 혼이 되리라. 　　　　九原猶作斷腸魂

정지승이 그의 장인을 따라 덕천德川에 가서, 처음으로 어천찰방魚川察訪과 더불어 문장을 논하며 사귀었다. 편지로 서로 안부를 물었는데, 세속 편지투의 문구를 써서 시를 지었다.

삼가 안부 서찰을 받으니 위로됨 말할 수 없고 　　謹承書問慰難勝
몸 보중함은 하념下念 덕택 아님이 없습니다. 　　保拙無非下念仍
세류영細柳營*에서 처음으로 얼굴을 뵙고 　　　　細柳營中初識面
생양관生陽館* 안에서 다시 등불을 돋우었지요. 　　生陽館裡更挑燈
외로운 구름, 지는 해에 서로를 생각하노니 　　　孤雲落日同相憶
말술과 장편의 시로도 달랠 수 없었지요. 　　　　斗酒長篇並不能
길이 평안하시길 비는 축원 가슴에 품고 　　　　餘祝萬安懷縷縷
엎드려 존조尊照*를 생각하며 정지승 올립니다. 　　伏惟尊照鄭之升

그는 말을 하는 대로 시가 이루어지니, 재기가 넘쳐흐름이 이와 같았다.

청조靑鳥　　서왕모西王母의 사자使者라고 불리던 푸른 새로, 반가운 사자나 편지를 일컫는다.
세류영細柳營　　함경남도 정평군定平郡에 있었던 지명.
생양관生陽館　　평안남도 중화군中和郡에 있었던 생양역生陽驛을 가리키는 듯하다.
존조尊照　　존영尊影. 남의 화상畵像이나 사진을 높여 부르는 말인데, 여기에서는 편지를 받는 상대방을 일컫는다.

당시 한 중이 소요산逍遙山과 묘향산을 유람하고 돌아오다가, 덕천을 지나면서 정지승과 만났다. 정지승이 그의 시권詩卷에 다음과 같이 썼다.

그대는 서쪽에서 오고 나는 서쪽으로 가니 爾自西來我亦西
봄바람 한 가지에 길은 오르락내리락. 春風一枝路高低
어느 해에나 달 밝은 소요사에서 何年明月逍遙寺
동쪽 숲 두견새 울음소리 함께 들으려나. 共聽東林杜宇啼

묘향산과 소요산은 내가 좋아하여 아끼는 곳인데, 이 시를 보니 더욱 잊지 못하겠다.* 애석하도다. 이 사람의 이 같은 재주로도 명성 하나 이루지 못하고 끝내 요절하고 말았구나! 그의 장인인 덕천 군수는 나의 처조부인 신여량申汝樑이다.*

## 허봉의 염체시 ❖ 198

허봉許篈은 성정이 여색을 좋아하였다. 갑산甲山에 귀양 갔다가 막 돌아와서 김대섭金大涉의 가비家婢(여종)인 덕개德介와 자못 정분이 두터웠다. 유사儒士인 홍가신洪可臣이 풍마風馬*라고 그를 조롱하면서 그의 아우 홍경신洪慶臣에게 붓을 잡게 하고 운을 부르니, 허봉이 즉석에서 「풍마인」風馬引을 지어 입으로 불렀다. 그 시는 다음과 같다.

묘향산과 소요산은 ~ 못하겠다.    이 대목은 〈동양문고본〉에만 보인다.
그의 장인인 ~ 처조부인 신여량이다.    이 대목 역시 〈동양문고본〉에만 보이는 내용이다.
풍마風馬    발정 난 암말과 수말을 이르는 말.

| | |
|---|---|
| 천우千牛*가 합하閣下에서 천자의 의장儀仗을 여니 | 千牛閣下開天仗 |
| 태액지太液池*에 아침 햇살 선장仙掌*을 비추네. | 太液朝暉暎仙掌 |
| 말 머리에 얽은 황금 굴레 땅에 광채를 비추는데 | 絡首金羈照地光 |
| 배회하며 그림자를 희롱하여 청운으로 오르네. | 徘徊弄影青雲上 |

| | |
|---|---|
| 청운은 높고 높아 붙잡아 오를 수 없어 | 青雲迢迢不可攀 |
| 한평생의 꿈 옥문관玉門關*에서 끊기네. | 一生夢斷玉門關 |
| 옥문관 서쪽으로 황하가 흐르는데 | 玉門關西河水流 |
| 향기로운 풀 무성하게 그 사이에 돋아 있구나. | 萋萋芳草生其間 |

| | |
|---|---|
| 남풍 북풍이 긴 여름 동안 불어오는데 | 南風北風吹長夏 |
| 웃으며 천 마리 무리 거느리고 평야에서 희롱하네. | 笑領千群戲平野 |
| 그대는 듣지 못했는가? 차라리 사막에서 해골이 될지언정 | 君不聞寧爲沙漠憔悴骨 |
| 금마문金馬門의 장전마仗前馬*가 되지 말라는 것을. | 莫作金門仗前馬 |

또한 일찍이 말을 보내 덕개를 맞이해 오고자 했으나 덕개가 그 주인에게 저지당하여 올 수 없었다. 홍경신 형제가 「계집종을 애석히 여김」(惜婢)이라는 것으로 제목을 삼고 운을 불러 허봉에게 시를 짓게 하니, 또 절구를

---

천우千牛 　대궐에서 임금을 호위하는 관직인 '천우위'千牛衛를 일컫는다. 이들이 천우도千牛刀를 잡고 임금을 호위했기 때문에 붙여진 이름이다.
태액지太液池 　중국 한나라 때 장안長安의 미앙궁未央宮 서쪽에 있던 연못.
선장仙掌 　중국 한나라의 무제武帝는 신선술을 추구해 건장궁健章宮의 신명대神明臺에 구리로 사람의 형상을 만들어 구리 쟁반과 옥잔을 받쳐 들고 천상의 이슬을 받게 했다. 후대에 이를 일러 선장이라 했다.
옥문관玉門關 　고대 중국의 서쪽 요지였던 감숙성甘肅省 돈황현敦煌縣 부근에 있던 관문. 양관陽關과 함께 서역西域으로 통하는 중요한 관문이다.
금마문金馬門의 장전마仗前馬 　금마문은 한나라 때 궁궐 문의 하나이며, 그 옆에 구리로 만든 말이 있었는데, 이를 장전마라고 불렀다.

지었다.

| | |
|---|---|
| 화려한 집 흰 구슬 가득하고 | 華堂滿白璧 |
| 수놓은 기둥에는 황금을 둘렀네. | 繡柱圍黃金 |
| 봄비가 동풍을 따르는데 | 春雨隨東風 |
| 주렴은 깊고 또 깊구나. | 珠簾深復深 |

| | |
|---|---|
| 한 쌍의 제비 지저귀며 석양녘에 내려오니 | 雙燕呢喃下夕陽 |
| 서로 그리워하나 춘심을 의탁할 길 없어라. | 相思無路托春心 |
| 춘심을 어찌할 수 없어 부질없이 서글퍼져 | 春心已矣空怊悵 |
| 꿈도 끊겼는데 헛되이 잠자리에 들어가네. | 斷夢虛勞入錦衾 |

시의 호방하고 민첩함이 이와 같았는데, 『하곡집』에는 실려 있지 않기에 기록해 둔다.

## 유몽인의 문장에 대한 여러 평 ❖ 199

참의參議 권벽權擘은 평생 시에 공력을 쏟아 시를 감식하는 눈이 매우 밝았다. 무릇 다른 사람의 시문을 한 번 보고도 그가 도회지 출신인지 시골 출신인지를 구별해 낼 수 있었는데 백의 하나도 틀림이 없었다. 어떤 이가 서익徐益의 시를 보이자, 권벽이 한 번 보고는 말했다.

"이 시는 반은 시골뜨기, 반은 서울내기의 것이다."

대개 서익은 본래 서울 사람인데 여산礪山 출신의 아내를 맞은 지 벌써 여러 해 되었던 것이다. 그의 감식력이 대체로 이와 같았다. 또 『습재집』 십

여 권이 있었는데 그 자손이 가난하여 단지 한 권만을 간행했다. 창주滄洲 차운로車雲輅가 말했다.

"근래 우리나라의 시집 가운데 오직 『습재집』이 제일이라 할 것이니, 원숙하여 병폐를 찾아볼 수 없다."

내가 그것을 구해서 보니 과연 그러하였다.

나는 나이 스물에 산사山寺에 올라가 독서를 했다. 서울의 선비로 아직 벼슬길에 오르지 못한 사람들이 그곳에 많았는데, 지금은 모두 문인이 되었다. 서로 더불어 주고받으며 문장을 연이어 지은 것이 여러 편이었는데, 혹은 절구, 혹은 율시였다. 그때 권벽의 아들 권겹權韐 또한 함께 시가를 주고받던 사람들 속에 있었는데, 집으로 돌아가 그 시를 보이자 권벽이 한 번 보고는 문득 내 시를 뽑아 내며 말했다.

"이 시가 지금은 비록 미숙하지만 훗날에는 반드시 대가의 문장을 이룰 것이다. 내 시집을 내가 아직 뽑아 내지 못했는데, 뒷날 목판에 새겨 후세에 전하고자 한다면 모름지기 이 사람으로 하여금 가려 뽑도록 하거라."

월정月汀 윤근수尹根壽가 권벽을 보고 물었다.

"요즈음 문장의 높고 낮음에 대하여, 사람들은 신진 가운데 유 아무개의 문장이 매우 높다고들 합니다. 그의 문장과 동고東皐 최립崔岦의 문장 중 누구의 것이 더 낫습니까?"

권벽이 대답했다.

"최립의 문장은 고인의 작품을 모방해 비록 공교하기는 하지만 자신이 조화를 이룬 것은 아닙니다. 유몽인의 문장은 선인의 규범을 본뜨지 않고 모두 다 가슴 속의 조화에서 나온 것입니다. 이것이 가장 어려운바, 최립이 아마도 미치지 못할 것입니다."

또 내가 일찍이 들으니 오산五山 차천로車天輅가 나의 문장과 최립의 문장을 매양 이처럼 견주어 논했으며, 그 견해가 대략 같았다고 한다.

망우亡友 성진선成晉善이 매번 다음과 같이 말했다.

"내가 보건대, 그대의 문장은 맹자·장자·사마천·반고·한유·유종원의 글을 널리 뽑아 스스로 조화를 이루었고, 옛 사람들의 작품을 모방하지 않았네. 최립은 단지 『한서』漢書와 『사기』, 한유의 비문, 유종원의 기문記文만을 뽑아 문체와 격식을 모방했기에 규모가 작아 그대의 문장만 못하네."

성진선이 일찍이 허균許筠에게 물었다.

"유몽인의 문장과 최립의 문장 중 누구의 것이 더 낫습니까?"

허균이 말없이 한참 생각하더니 말했다.

"최립의 문장은 노련하고 신묘하여 유몽인이 미치지 못할 듯합니다."

나는 일찍이 구양수歐陽修의 문장을 낮게 여겼고, 이색李穡의 문장이 과거 공부하는 거자擧子의 문체에 가까움을 비루하게 여겼다. 이규보李奎報의 문장은 유약하여 그 시부詩賦에는 미치지 못했으나, 그의 시는 나의 시와 체모가 서로 비슷하여 다소 좋아하였다.

현옹玄翁 신흠申欽은 일생 동안 문장에 공력을 쏟았으며, 귀양 간 후에 감식안이 더욱 밝아졌다. 권겹은 권벽의 아들로 역시 문장을 알아보는 능력이 있었는데, 모두 나의 시문이 우리나라에서는 견줄 바가 없고 유독 이규보의 시만이 엇비슷하다고 했다. 차운로는 차천로의 아우로 문장에 조예가 깊었는데, 나의 시 전질을 보고는 여러 날을 깊이 완상하고 말했다.

"지금 세상에는 이 글을 알아볼 자가 없다. 오직 아는 자만이 알지니, 오래도록 세상에 견줄 바가 없을 것이다."

내가 붉은 붓으로 가려 뽑아 판목에 새기는 데 편리하게 하고자 했더니, 그가 사양하며 말했다.

"간혹 가벼운 뜻으로 휘둘러 쓴 작품도 있긴 하지만, 이는 필시 두세 구 정도일 것이니 다른 사람이 미칠 바가 아닙니다. 애석하게도 뽑을 도리가 없군요."

또 권겹에게 가려 뽑도록 했더니 그가 사양하며 말했다.

"공께서 가려 뽑고자 함은 필시 판목에 새기기가 어려움을 염려해서일 것입니다. 만약 종이 값을 걱정하고 비용을 아까워한다면 지금 이후로는 글을 쓰지 않아야 할 것입니다. 이미 모아 둔 전질에는 버릴 것이 한 수도 없습니다."

또 성여학成汝學에게 뽑아 달라고 하니 모든 작품에다가 비점批點*과 관주貫珠*를 더했을 뿐 가려 뽑지는 않고서 말했다.

"시 가운데는 간혹 뺄 것이 있지만 공께서 스스로 가려 내십시오. 다른 사람은 감히 손댈 수가 없습니다. 내가 우리나라의 문집을 많이 보았지만 공과 같은 대가는 없습니다. 비록 그렇지만 지금 세상에 누가 문장을 알겠습니까? 시문이 비록 공교하더라도 많은 사람들이 감상할 줄 모르니, 소설이나 총화叢話를 짓는 것만 못합니다. 세상을 교화하는 데 도움이 될 뿐만 아니라 많은 사람들이 또한 즐겨 볼 것입니다."

나는 그 말이 옳다고 여겨 보고 들은 바에 따라『어우야담』을 지어, 지금 십 여 권을 이루었다.

아아! 증서曾西는 관중管仲과 안자晏子에 견주어짐을 부끄러워했으며,* 한신韓信은 번쾌樊噲와 같은 반열에 있는 것을 수치스럽게 여겼다.* 제갈 공명은 관중과 악의樂毅에 미칠 것을 스스로 기약했고, 두보는 가만히 직稷과 설契에 자신을 견주었다.* 영척甯戚이 '넓고도 넓구나, 백수여'(浩浩乎白水)*

비점批點     시나 문장 등을 평하여 중요하고 잘 된 곳에 찍는 점.
관주貫珠     문장이나 글자가 잘 되었을 때 칭찬하는 뜻으로, 글자 옆에 치는 둥근 점.
증서曾西는 ~ 부끄러워했으며     증서曾西는 증자曾子의 손자이며, 관중管仲과 안자晏子는 모두 제나라의 명재상이다.『맹자』孟子「공손추 하」公孫丑 下에 어떤 이가 증서에게 '그대와 관중 가운데 누가 더 어진가'를 묻자 증서가 낯빛을 붉히면서 화를 냈다는 내용이 나온다.
한신韓信은 ~ 수치스럽게 여겼다.     한나라의 천하 통일에 큰 공을 세운 한신은 제왕齊王과 초왕楚王에 임명되었으나 기원전 201년 회음후淮陰侯로 격하되었다. 이때 번쾌를 만나자 자신이 번쾌와 같은 위치에 있게 되었다고 부끄러워했다는 내용이『사기』「한신열전」에 기록되어 있다.
두보는 가만히 ~ 자신을 견주었다.     직稷과 설契은 순舜 임금의 명신名臣인 후직后稷과 설契을 말한다. 두보杜甫의「자경부봉선현영회」自京赴奉先縣詠懷란 시에, "두릉에 한 선비가 있으니, 늙을수록 뜻은 더욱 졸렬하여라. 자신을 허여함이 어찌 그리 어리석은가? 그윽이 후직과 설에 비한다오."(杜陵有布衣, 老大意轉拙. 許身一何愚? 竊比稷與契.)라는 내용이 보인다.

라고 읊은 것을 관중이 아니면 드러낼 수 없었고, 장인匠人이 도끼를 휘둘러 바람을 일으킨 것과 백아伯牙가 고산유수高山流水의 곡을 탄 것\*은 모두 반드시 지기知己를 기다린 후에야 알게 된 것이다. 후세에 양자운楊子雲을 어찌 기다리겠는가. 아! 그만두어야 하나 보다.

태학사太學士 유근柳根이 나의 시집을 보고 이렇게 말했다고 한다.

"나에게 이런 문집이 있다면 내 어찌 가려 뽑도록 하겠는가. 마땅히 전질을 모두 간행해야 할 것이다."

아! 나의 집이 가난한데 어찌 5, 60권이나 되는 책을 모두 간행할 수 있으랴. 장차 벽을 바르는 종이가 되고 말 것인가!


## 채정선의 뛰어난 문장 식견 ❖ 200

채정선蔡禎先\*은 유사儒士다. 고문古文을 좋아했는데, 비록 스스로 문장에 능하지는 못했지만 문장을 논함에 있어서는 뛰어난 점이 있었다. 그가 일찍이 다음과 같이 말했다.

"사마장경司馬長卿(사마상여司馬相如)의 「장문부」長門賦는 하루 동안의 일을 기록한 것이다. '난대蘭臺에 올랐다가 난대에서 내려오고, 아침에는 조촐한

---

넓고도 넓구나, 백수여(浩浩乎白水)   중국 춘추 시대 영척寧戚이 제齊나라 환공桓公 앞에서 읊은 노래로 벼슬을 구하는 뜻이 담겨 있다. 관중은 자신의 첩을 통해 그 뜻을 헤아릴 수 있었다는 이야기가 유향劉向이 지은 『열녀전』烈女傳 권6에 보인다.
백아伯牙가 고산유수高山流水의 곡을 탄 것   중국 춘추 시대 거문고의 명수 백아伯牙와 그의 친구 종자기鍾子期의 고사故事에서 비롯된 말이다. 『열자』列子 「탕문편」湯問篇에 따르면 종자기는 백아가 높은 산과 흐르는 강물의 정취를 표현하면 이를 여지없이 알아맞혔다고 한다.
채정선蔡禎先   〈만종재본〉에는 채정원蔡禎元으로 되어 있으나 여러 필사본에 채정선으로 표기되어 있다. 『조선왕조실록』을 검색해 보면 채정원은 보이지 않고 채정선에 대한 기사가 선조 33년 1월 29일과 선조 39년 1월 22일자 기록에 보이기에, 필사본의 기록을 따랐다.

반찬을 장만하고 밤에는 군왕을 꿈꾸네. 낮은 어둡고 밤은 밝아서 수심이 극심한데, 필성畢星과 묘성昴星이 나타나더니 훤히 다시 밝아지누나'라고 했는데, 이 모두가 하루 동안의 일이다. 그런데 '한 해가 다하도록 잊을 수 없구나'라고 결말을 지었으니, 이것이 그 묘처다."

또 「무학부」舞鶴賦를 논하면서 그것이 맑고 차가움을 극진하게 말했다.

" '황하의 긴 물줄기 얼음에 막히고, 뭇 산에는 눈이 가득하구나. 별은 반짝이고, 은하수는 굽이도는데, 새벽달은 지려 하네'라고 했는데, 차가움이 겨울보다 더하고, 맑음이 새벽보다 더하다. 옛 사람의 구상이 후세의 문장보다 훨씬 뛰어남을 가히 짐작할 수 있다."

어떤 이가 이백과 두보의 우열을 물었더니 다음과 같이 대답했다.

"이백의 시에서는 '버드나무 새싹 황금빛으로 빛나고, 배꽃은 흰 눈의 향기라네'(柳色黃金嫩 梨花白雪香)*라고 하였고, 두보의 시에서는 '복숭아꽃에 스민 붉은빛 어여쁘고, 버들잎에 찾아온 푸른빛 새로워라'(紅入桃花嫩 青歸柳葉新)*라고 하였다. 꽃과 버드나무를 노래한 것은 한가지인데, 이백은 자연스럽고 두보는 다듬었으니 그 우열은 바로 분간할 수 있다."

또 간재簡齋의 시*를 논하여 말하였다.

" '동정호의 동쪽, 장강의 서쪽에 있네'(洞庭之東江水西)라고 했으니, 그 아래에는 누대의 빼어난 경치를 노래함이 마땅하다. 그런데 '염정簾旌은 고요히 움직이지 않고 저녁 해 더디 지네'(簾旌不動夕陽遲)라는 것으로 이었는바, 그 시상의 뜻이 연속되지 않는 듯하다. 이미 '올라가 굽어본다'(登臨)라고 해

---

버드나무 새싹 ~ 눈의 향기라네     이 구절은 「궁중행락사」宮中行樂詞 팔수八首 중 둘째 수의 첫째 연이다.
복숭아꽃에 스민 ~ 푸른빛 새로워라     이 구절은 「봉수이도독표장조춘작」奉酬李都督表丈早春作 중 셋째 연이다.
간재簡齋의 시     이 시의 제목은 「등악양루」登岳陽樓로 송대의 유명한 시인 간재簡齋 진여의陳與義가 지은 것이다. 그 전문은 다음과 같다.
"洞庭之東江水西 簾旌不動夕陽遲 登臨吳蜀橫分地 徙倚湖山欲暮時 萬里來游還望遠 三年多難更憑危 白頭弔古風霜裏 老木滄波無限悲"

놓고, 또 '서성거리네'(徙倚)라고 하고, 또 '먼 곳 바라보느라 높은 누대에 기대어 섰네'(望遠憑危)라고 하였는바, 그 어세가 서로 중첩되었으니 이는 매우 수준이 낮은 문장이다."

그는 또 다음과 같이 말했다.

"갓과 망건은 모든 사람들이 머리에 쓰는 것으로 『예기』禮記에는 '비단에다가 금옥金玉으로 장식한다'라고 했는데, 명나라 이후부터는 말의 꼬리로 망건網巾을 만들었다. 꼬리는 말의 꽁무니에 있어 매우 더러우니 고인의 본뜻이 아니다."

그의 말은 모두 지극히 조리가 있다.*

## 중국 중의 문장 감식안 ✤ 201

정사룡鄭士龍이 중국 땅에 들어가 산사山寺에 노닐러 갔다가 한 시승詩僧을 만나 율시 몇 수를 써서 보여 주었다. 이 시는 정사룡이 자부하던 것이었으나 그 중은 조금도 인정하지 않았다. 정사룡은 중이 시를 알지 못한다고 생각하고는 이에 김시습의 율시 네 수를 써서 보여 주었다. 중은 한 번 죽 읽더니 문득 일어나 안으로 들어갔다. 향로와 씻는 그릇을 가지고 나와 의관을 정제하고 손을 씻고 향을 사르더니, 무릎을 꿇고 그 시를 상 위에 올려놓고 읽고 나서는 말하였다.

"이 시는 물외物外에서 고상하게 노니는 사람의 작품으로 그대가 지을 수 있는 바가 아니오."

---

그는 또 ~ 조리가 있다.  이 대목은 〈만종재본〉에는 없고 〈동양문고본〉과 〈천리대 보충본〉에 보이는 내용이다.

이에 정사룡이 실토하고 사과하였다. 그 중의 뛰어난 감식안이 귀신과도 같으니 필시 평범한 세속 사람은 아닐 것이다.

## 김종직의 시재와 김수온의 감식안 ❖ 202

점필재佔畢齋 김종직金宗直은 영남 사람이다. 16세에 서울에서 과거에 응시해「백룡부」白龍賦를 지었는데 낙방하였다. 당시 김수온金守溫이 대제학大提學으로 있었는데, 낙방한 시권試卷을 그에게 보여 주었다. 그 중에는 낙방한 점필재의「백룡부」도 있어, 읽고서는 기이하게 여기며 말했다.

"이는 진실로 훗날 문형을 담당할 솜씨로다. 이처럼 뛰어난 재주로 낙방을 하였으니 애석하구나."

그러고는 그 시권을 들고 들어가 아뢰니, 임금이 기특하게 여기고 영산靈山의 훈도訓導로 제수하도록 명했다. 당시에 한강 제천정濟川亭 기둥 위에 다음과 같은 시가 쓰여 있었다.

| | |
|---|---|
| 눈 속의 한매寒梅와 비 내린 후의 산은 | 雪裡寒梅雨後山 |
| 보기는 쉬워도 그려 내기는 어렵구나. | 看時容易畵時難 |
| 요즘 사람 눈에 들지 않을 줄 진작에 알았던들 | 早知不入時人眼 |
| 차라리 연지燕脂를 가지고 모란이나 그릴 것을. | 寧把臙脂寫牡丹 |

훗날 김수온이 제천정에서 노닐다가 그 시를 보고 감탄하여 말했다.

"이는 진실로 전날「백룡부」를 지은 사람의 솜씨다. 훗날 나를 대신해서 문형文衡을 맡을 자는 반드시 이 사람일 것이다."

그 종적을 찾아보니 과연 점필재의 작품이었다. 김수온이 문장을 알아

보는 눈은 이처럼 귀신같았다.


## 이희보의 독서벽 ❖ 203

이희보李希輔는 만 권의 책을 읽었으며, 어려서부터 늙어서까지 손에서 책을 놓지 않았다. 젊은 시절, 어른께서 친구를 모아 산 위에 장막을 치고 자리를 마련하고는 말을 보내 이희보를 불러오도록 했다. 이희보는 바야흐로 독서를 하고 있었기에 가고 싶은 생각이 없었다. 마지못해 와서는 바로 소매에서 좀먹은 책을 꺼내니 좌중의 눈길이 모두 그에게 쏠렸다. 이때 매를 풀어 날리자 자리 주변에 있던 꿩을 낚아챘는데 이희보는 눈길 한번 주지 않았다. 그가 책에 얼마나 빠져 있었는지 상상할 만하다.

원접사遠接使 이행李荇의 종사관從事官이 되어 명나라 사신을 벽제碧蹄에서 전송하는데, 사신이 시 한 구절을 읊었다.

간干 땅에서 여러 어진 재상에게 송별의 말을 하네.　　寄語于干諸賢相

정사룡鄭士龍과 소세양蘇世讓 등은 모두 그 뜻을 알지 못했는데 이희보가 한번 보더니 냉소하며 말하였다.

"공들께서는 독서를 많이 하지 않았기 때문에 이에 어두운 것이오. 『시경』詩經에 '간干에서 술 마시며 전별한다'*고 했으니, 여러 공들이 이곳에 나와서 전별함을 말하는 것입니다."

---

간干에서 술 마시며 전별한다　　『시경』詩經 「패풍」邶風 '천수'泉水 편에 나오는 구절로, 원문은 '出宿于干 飮餞于言'이다.

이 말에 두 사람은 부끄러워하는 기색이 있었다.

연산군이 총애하던 궁녀가 죽자, 조정의 문사文士들에게 시를 짓게 했는데 이희보가 다음과 같이 지었다.

| | |
|---|---|
| 궁궐 문 굳게 닫히고 달빛 어스레한데 | 宮門深鎖月黃昏 |
| 십이율의 종소리 한밤중에 들려오네. | 十二鍾聲到夜分 |
| 어드메 푸른 산에 옥골玉骨 묻혔는가? | 何處靑山埋玉骨 |
| 가을바람에 낙엽 지는 소리 차마 듣지 못하겠네. | 秋風落葉不堪聞 |

연산군이 이 시를 보고 눈물을 흘렸다. 이 때문에 당시의 의론이 그를 천박하게 여겼으며, 관직이 오랫동안 올라가지 못했다.

그가 노년에 이르러 술에 취해 눈물을 줄줄 흘리자 자제들이 놀라며 그 연유를 물으니 이희보가 말했다.

"나는 일찍이 만 권의 책을 읽었고, 무릇 저술한 바는 사람들이 쉽게 이해하지 못한다. 요즈음 세상 사람들은 독서를 넓게 하지 않고 나의 문장을 홀시한다. 온 세상이 혼미하니 나의 시가 진간재陳簡齋의 시보다 뛰어남을 알겠느냐?"

그가 죽은 뒤 후사가 없어 『안분당집』安分唐集 12책策이 판각되지 않은 채 외손에게 전해졌는데, 지금 난리를 겪고 나서 잃어버리지 않고 잘 보전되어 있는지 모르겠다.

## 정지승의 금강산 시 평 ❖ 204

내가 젊었을 때 시인 정지승鄭之升을 장인丈人 신씨의 집에서 만나 물어 본 적이 있다.

"정사룡鄭士龍이 금강산을 유람했는데 좋은 작품이 없고, 오직 절구絶句 한 수가 절창이라고 하는데 사실입니까?"

정지승이 대답했다.

"옛 사람이 풍악을 읊으매, 풍악의 모습을 비슷하게 그려 낸 것이 없습니다. 호음의 시에 이르길,

| | |
|---|---|
| 만이천 봉을 둘러보고 돌아가자니 | 萬二千峰領略歸 |
| 우수수 지는 누런 잎 나그네 옷깃을 때리는구나. | 蕭蕭黃葉打征衣 |
| 찬비 내리는 정양사에서 향불 사르는 밤 | 正陽寒雨燒香夜 |
| 거원蘧瑗*이 바야흐로 사십 평생의 잘못을 깨달았네. | 蘧瑗方知四十非 |

라고 했는데, 참으로 좋은 작품이오. 다만 이 시는 향림사香林寺나 정토사淨土寺에서 읊더라도 또한 괜찮을 것이니, 향림과 정토의 두 절은 경산京山에 있는 속찰俗刹이지요. 오직 권근權近이 시 두 구에서,

| | |
|---|---|
| 깎아 세운 듯 우뚝한 천만 봉우리 | 削立亭亭千萬峰 |
| 바다 구름 걷히자 옥 같은 연꽃 나타났네. | 海雲開出玉芙蓉 |

라고 했는데, 이는 금강산의 모습을 잘 형용한 것입니다."

지금 내가 그의 말을 생각해 보니 진실로 이른바 '더불어 시를 논할 만한 사람'*이다.

---

거원蘧瑗  중국 춘추 시대 위衛나라 영공靈公 때의 현명한 대부大夫. 나이 50세에 49세까지의 잘못을 알았다고 한다. 〈만종재본〉에는 '遽'로 되어 있는데, 여러 필사본에 '蘧'로 되어 있기에 바로잡았다.

## 정렴과 정작의 중양절 시 ❖ 205

북창北窓 정렴鄭𥖝이 구월 하순경에 만국晩菊을 읊었다.

| | |
|---|---|
| 십구나 이십구, 아홉이기는 매한가지니 | 十九卄九皆是九 |
| 구월 구일이라 때를 정할 필요 없다네. | 九月九日無定時 |
| 많은 세상 사람들 이를 알지 못하는데 | 多少世人皆不識 |
| 섬돌 가득 핀 국화만이 아는구나. | 滿階惟有菊花知 |

그의 아우 정작鄭碏이 이에 화답하여 읊었다.

| | |
|---|---|
| 세상 사람들 중양절을 가장 중히 여기는데, | 世人最重重陽節 |
| 반드시 중양절만 흥취를 돋우는 건 아니리. | 未必重陽引興長 |
| 만약 국화꽃 마주하여 백주白酒를 기울인다면 | 若對黃花傾白酒 |
| 가을 구십 일 어느 날인들 중양절이 아니랴. | 九秋何日不重陽 |

　전에 조정에서 관아를 설치해 우리나라의 시를 뽑았는데, 이때 정렴과 정작의 이 시에 대해 말한 이가 있었다. 대제학 유근柳根이 정작의 시를 취하고 정렴의 시는 버리면서 시율에 맞지 않는다고 하였다.
　아! 정렴은 음률을 잘 아는 사람인데, 유근만큼 음률을 알지 못한다고 할 수 있으랴. 그러므로 예로부터 지음知音을 얻기란 어려운 것이다.

**더불어 시를 논할 만한 사람**　『논어』「학이」學而 편에서 공자의 제자 자공子貢이 『시경』의 구절을 적절하게 인용하여 이야기하자, 공자가 그를 칭찬해 "비로소 더불어 시에 대하여 말할 수 있다"(始可與言詩已矣)라고 한 데서 나온 말이다.

## 유혁의 소경 대왕 만사 ※ 206

내 조카 유혁柳潃이 소경 대왕昭敬大王(선조)의 만사輓詞로 율시 세 편을 지었는데, 그 가운데 마지막 편은 다음과 같다.

| | |
|---|---|
| 빈 궁전 침침하고 달빛은 차가운데 | 虛殿沈沈月色寒 |
| 구슬픈 바람 쓸쓸하게 명정 깃대 흔드네. | 悲風颯颯動旌竿 |
| 흰구름 넘어가신 혼령 모셔 올 길 없으니 | 白雲無路回靈馭 |
| 단의丹扆*가 있은들 성안聖顔을 뵐 수 있으랴. | 丹扆何緣識聖顔 |
| 들어가 소릉昭陵을 바라보니 지척에 나뉘어 있고 | 入望昭陵分咫尺 |
| 나가서 고침高寢*에 노닐며 의관을 접하네. | 出遊高寢接衣冠 |
| 지난날 동쪽으로 순행하며 제사 올리던 곳에서 | 昔年脩祀東巡處 |
| 이날에 가슴 치고 울부짖으며 피눈물 흘리네. | 此日攀號血涕潸 |

당시에 대제학 유근柳根은 유혁이 이때 예조 정랑으로 임금을 가까이서 모신 적이 없고, 이름과 지위가 드러나지 않았다고 해서 이 시를 쓰지 않았다. 월사月沙 이정구李廷龜가 이 시를 보고서 칭찬하며 애석하게 여겼다.

---

**단의丹扆** 붉은 병풍이란 뜻으로 임금의 처소에 세워 두었기에 임금을 가리키기도 한다. '단의육잠' 丹扆六箴이란 고사가 있으니, 당나라 경종敬宗 때 절서 관찰사浙西觀察使 이덕유李德裕가 여섯 가지의 잠언을 지어 올리자 경종이 이를 붉은 병풍에 붙여 두고 수시로 보며 경계로 삼았다는 것이다. 여기에서 단의는 단의육잠의 뜻으로 임금에게 국사를 간하고자 함을 의미한다.

**고침高寢** 『사기』에서 고조高祖의 능침陵寢을 의미하는 단어로 사용되었는데, 여기서는 선조의 능침을 비유하여 쓴 것으로 보인다. (『사기』「유경숙손통열전」劉敬叔孫通列傳 참조)

## 정현의 부용당 시 ❖ 207

정현鄭礥이 해주 목사海州牧使가 되었을 때, 부용당芙蓉堂에 현판으로 걸린 여러 시편들을 보고 모두 떼어 내 객사의 방자幇子*에게 주면서 말했다.
"쪼개어 땔감으로 만들어 깨끗한 물이나 데우는 데 쓰거라."
그러고는 절구 한 수를 지어 대들보 위에 붙였다.

| | |
|---|---|
| 연꽃 향기, 달빛 맑은 밤에 어울리는데 | 荷香月色可清宵 |
| 또 뉘라서 옥퉁소를 부는가? | 更有何人弄玉簫 |
| 열두 굽이 난간에서 잠들지 못하니 | 十二曲欄無夢寐 |
| 벽성碧城의 가을 생각 정히 끝이 없구나. | 碧城秋思正迢迢 |

이 시는 당시 사람들에게 회자되었는데, 어떤 사람은 그의 교만함을 몹시 싫어하기도 했다.
그 후 임진왜란 때 왜구가 해주에 들어와 부용당 현판의 시들을 모두 부숴 버렸는데, 오직 정현과 김성일金誠一 두 사람의 시만은 남겨 놓았다. 김성일은 시에는 능하지 못했지만 일본에 통신사로 갔을 때 강직함으로 일본 사람들의 존경을 받았기 때문에 그의 시를 남겨 둔 것이다. 정현의 경우에는 왜인 또한 그것이 절창임을 알았기 때문에 남겨 두었다. 왜인이 또 강릉에 이르러서는 관청에 있는 현판을 보고 여러 시편들은 모두 남겨 두고, 오직 임억령林億齡의 장편 고시만을 취해 배에 싣고 돌아갔으니, 왜인 또한 시를 볼 줄 아는가 보다.

---

방자幇子   조선 시대 때 지방의 관청에서 심부름하는 남자 하인.

## 홍난상의 시재 ❖ 208

홍난상洪鸞祥은 홍이상洪履祥의 아우로 시재가 민첩하고 교묘하였다. 홍이상이 일찍이 월과月課를 지으면서 난상으로 하여금 「치농주」治聾酒 칠언 절구를 대신 짓게 했는데, 그 시는 다음과 같다.

| | |
|---|---|
| 명절날 약으로 마시는 술 맛이 더욱 좋아 | 良辰康酌味偏長 |
| 편작扁鵲과 창공倉公 기다리지 않아도 묘한 징험 있으리. | 不待扁兪驗妙方 |
| 취한 가운데 티끌세상의 일 듣기 싫고 | 醉裏厭聞塵世事 |
| 자배기에서 똑똑 떨어지는 맑은 내음 사랑스럽네. | 小槽猶愛滴淸秀 |

당시 이산해李山海가 문형文衡을 맡고 있었는데 이 시를 으뜸으로 뽑았다. 하루는 홍이상을 만나 말했다.

"자네의 월과 시 가운데 「치농주」 절구 한 수가 대단히 좋아 사람들이 감탄을 금치 못한다네."

홍이상이 말했다.

"그것은 제가 지은 것이 아니고, 제 아우가 대신 지은 것입니다."

이산해가 놀라며 말하길,

"자네 아우의 재주가 이처럼 뛰어난데 내가 여지껏 듣지 못했구려."

하고는, 즉시 수레를 돌려 먼저 찾아가 깊이 경탄을 표하고 돌아갔다.

## 윤결이 꿈에 얻은 시 ❖ 209

윤결尹潔이 오언 절구 한 편을 얻었는데, 다음과 같았다.

| | |
|---|---|
| 석문동 길에 접어들어 | 路入石門洞 |
| 시 읊조리며 홀로 밤길을 간다네. | 吟詩孤夜行 |
| 달은 중천에 솟았고 물가 모래는 흰데 | 月午澗沙白 |
| 산은 푸르고 꾀꼬리 한 마리 울고 있다. | 山青啼一鶯 |

차식車軾에게 보이며 말했다.
"이 시가 어떠한지요?"
차식이 두세 번 읊조리더니 말했다.
"인간이 지을 수 있는 바가 아니니, 틀림없이 귀신의 시일 것이오."
윤결이 말했다.
"내가 과연 어젯밤 꿈 속에서 얻은 것이니, 필시 신의 도움이 있었을 것입니다."

## 음률에 정통했던 윤춘년 ❖ 210

윤춘년尹春年은 음률을 잘 알았다. 정호음鄭湖陰(정사룡鄭士龍)이 악부樂府를 지어 윤춘년에게 보여 주자, 윤춘년이 말했다.
"우리나라 사람들은 음률을 알지 못하는지라 예로부터 악부가사樂府歌辭를 짓지 못했습니다. 그대가 비록 문장에 능하지만 오음육률五音六律*에 맞출 수는 없을 겁니다."
호음이 이번에는 청평조淸平調*의 '동정서망초강분'洞庭西望楚江分을 모

---

오음육률五音六律 　 옛날 중국의 다섯 가지 소리와 여섯 가지 율, 즉 궁·상·각·치·우宮商角徵羽와 태주太簇·고선姑洗·황종黃鐘·이칙夷則·무역無射·유빈蕤賓.

방하여 절구 한 수를 지었는데, 글자마다 예부운禮部韻*과 같은 음의 글자를 사용했다. 윤춘년에게 이를 보여 주자, 윤춘년이 한 번 읊조리고 난 뒤 말했다.

"이 절구 한 수는 음률이 맞으니 쓸 만하군요."

호음이 말했다.

"옛날의 어떤 악장과 음률이 맞는가?"

윤춘년이 한참 동안 생각하더니 말했다.

"이백李白이 지은 청평조의 '동정서망초강분' 절구 한 수와 같은 음률이군요."

호음은 깜짝 놀라 윤춘년을 칭찬하였고, 이후로 다시는 악장을 짓지 않았다.

## 이충원의 탁견 ❖ 211

「등왕각서」滕王閣序에 "관산은 넘기가 어려우니 누가 길 잃은 사람을 슬퍼하리오?"(關山難越 誰悲失路之人)라는 구절이 있다. 지사知事 이충원李忠元이 어릴 적에 읽다가 이 대목에 이르러 의아해하며 말했다.

"비悲 자는 필시 비非 자를 잘못 쓴 것입니다. 대구對句에서 '모두가 타향의 나그네라네'(盡是他鄕之客)라고 했으니, 시是 자와 비非 자가 대를 이루는 것입니다."

청평조清平調  옛날 곡조명曲調名. 당나라 때 대궐 안에 목단牧丹이 활짝 피자 현종玄宗이 이백李白을 시켜 짓게 했다는 곡조로, 3장章으로 되어 있음.
예부운禮部韻  과거 시험에서 사용되던 운. 예전에는 과거 시험을 예부에서 실시했으며, 송나라 정도丁度 등이 예부에서 사용되던 운을 모아 엮은 책이 『예부운략』禮部韻略이다.

어린아이의 견해가 몹시 명석했으니, 옛 사람들도 밝히지 못한 것을 밝혔다고 이를 만하다.

## 「항우부도오강부」項羽不渡烏江賦 ✦ 212

「항우부도오강부」項羽不渡烏江賦(항우가 오강을 건너지 않았다는 내용의 부)는 사실 권오복權五福이 지은 것인데 어무적魚無迹이 취하여 자기가 지은 것이라고 하며 세상을 속였다. 그 부는 문장의 기세가 뛰어나 기력이 부족한 어무적의 여러 부들과는 다르다. 당시 식자 가운데 혹 믿지 않는 자들이 있어 어무적이 분하게 여기고 드디어 「몽유태진원부」夢遊太眞院賦를 지었으니, 그 원통함을 풀고자 한 것이다.

「항우부도오강부」가 세상에서 비록 가작佳作이라고 일컬어지나, '격문檄文을 여록呂祿과 여산呂產에게 전했다'(傳檄祿產)*는 것이나, '한신韓信과 팽월彭越에게 발을 벗었다'(韓彭跣足者)*라고 한 말들은 매우 가소로운 것들이다. 항우가 비록 노둔하다 해도 어찌 여록이나 여산과 더불어 일을 같이 했겠으며, 저 한신韓信과 팽월彭越을 어찌 항우가 두려워했겠는가? 그 말의 어리석음에 이와 비슷한 것들이 많다.

---

**격문檄文을 여록呂祿과 여산呂產에게 전했다** 　여록과 여산은 한고조의 황후인 여후呂后의 친족으로, 한때 권력을 가졌으나 여후가 죽자 주발周勃에게 살해당했다. 「항우부도오강부」項羽不渡烏江賦에서 항우가 이들 여록과 여산에게 격문을 보냈다고 한 것은 사리에 맞지 않는다고 유몽인은 본 것이다.
**한신韓信과 팽월彭越에게 발을 벗었다** 　한신과 팽월은 모두 항우의 수하에 있다가 한고조 유방에게 옮겨가 항우와 대적했던 인물들이다. 항우가 유방과의 전쟁에서 진 뒤에 두 사람 모두 제거되었다. 항우가 한신과 팽월에게 발을 벗었다는 의미는 항우가 그들을 두려워했다는 것인데, 이 또한 이치에 닿지 않는 내용으로 본 것이다.

## 최인범의 뛰어난 시재 ❖ 213

최인범崔仁範은 자가 덕규德規로 나의 어린 시절 친구인데, 문장에 능했고 서序와 기記는 고문에 가까웠다. 정시庭試*에서 지은 「제천주즙부」濟川舟楫賦가 세상에 널리 알려졌는데, 또한 평범한 과거 문장은 아니다. 어릴 적부터 시를 전문적으로 공부해 과거 문장 같은 것은 탐탁하게 여기지 않았는데, 과거에 급제한 뒤 몇 해 지나지 않아 죽었다. 죽은 후에도 집 안에서 늘 검은 도포를 입고 큰 나막신을 끌면서 종들을 소리쳐 부르며 본채와 곁채를 드나들었다. 집안사람들도 모두 생시처럼 여겼다. 난리를 겪은 후에 유고가 모두 흩어져 지금은 한 조각 글조차 남은 것이 없다. 다만 그가 일찍이 자부했던 시구들을 기억하고 있으니, 다음과 같은 것들이다.

| | |
|---|---|
| 절의 중 불러 보니 완악하기가 아전과 같고 | 喚做寺僧頑似吏 |
| 촌 말을 사오니 약하기가 당나귀 같네. | 賒來村馬弱如驢 |

| | |
|---|---|
| 비 지난 산비탈에는 옛길 없어지고 | 過雨山坡無舊路 |
| 풍년 든 수향水鄕에는 새 마을 생겼구나 | 逢年澤國有新村 |

나는 당시 나이가 어려서 그 시가 좋은지 나쁜지 알지 못했다. 어떤 사람이 덕규의 사운시四韻詩(율시) 네 편을 하곡荷谷 허봉許篈에게 보여 주니, 허봉이 말했다.

"네 수 가운데 세 수는 마땅히 『동문선』東文選에 들어가야 할 것이다."

하곡은 명예를 좋아하는 자이니, 그가 시를 논함에 필시 구차스럽게 한

---

정시庭試  조선 시대 때 3년마다 정기적으로 시행하는 식년시式年試 외에 임시로 시행하던 여러 별시 중의 하나로, 대궐 뜰에서 실시했으므로 '정시'라 하였다.

말은 아닐 것이다. 이로 미루어 보아 최인범이 일가를 이루었음을 짐작할 수 있다.

만력 병자년에 나는 덕규와 함께 정인사正因寺에서 지냈는데, 그때 상국 백사白沙 이항복李恒福—자는 자상子常이다—도 그곳에서 책을 읽고 있었다. 자상은 늘 덕규와 더불어 시를 논했으나 서로 작품을 지어 겨룬 적은 없었다. 덕규가 집으로 돌아가고 자상이 윤섬尹暹·박경신朴慶新과 더불어 시를 주고받았는데, 대번에 사운시四韻詩 네댓 편을 지었다. 그 가운데 다음과 같은 두 구가 있었다.

> 부처님 보광 발하니 창에 햇무리 서리고 佛放寶光窓有暈
> 용이 흰 불꽃 내뿜으니 우물에 얼음이 얼지 않네. 龍噓白焰井無氷

박경신은 그때 나이가 열일곱이었는데 다음과 같은 차운시를 지었다.

> 남쪽 누대 쓸지 않으니 온 뜨락에 눈이요 南樓不掃一庭雪
> 서쪽 산골 물 소리 없으니 오늘 밤 얼었으리. 西澗無聲今夜氷

내가 돌아와 덕규에게 말하니 덕규가 말했다.

"모두 문장이다. 그러나 자상의 시구는 기이하고 뛰어나 옛 시 가운데 으뜸인 것으로 그가 지을 수 있는 바가 아니다. 내가 있었다면 그가 감히 이런 장난을 할 수 있었으리?"

훗날 이규보李奎報의 문집을 보니 자상의 시가 모두 그 가운데 들어 있었으니,* 이는 자상이 상국相國이 될 조짐이었는가 보다.

---

훗날 이규보李奎報의 ~ 들어 있었으니  이규보의 문집 『동국이상국집』東國李相國集 권11에 「文長老見和多至九首 每篇皆警策遲鈍 勉强備數奉廣耳」라는 제목의 시 19수가 실려 있는데, 첫째 번 시의 경련이 "瞻吐素光窓有暈 龍噓白氣井無氷"이라 되어 있다.

## 정사룡의 「도화마부」桃花馬賦 ❖ 214

시는 뜻을 말하는 것이다. 비록 말을 공교롭게 만들더라도 진실로 그 뜻이 귀착되는 바가 없으면 시를 아는 이들은 취하지 않는다. 옛날 선왕 때에 도화마桃花馬*가 있어 군신들로 하여금 이를 두고 시를 짓게 했다. 정사룡의 시는 다음과 같았다.

| | |
|---|---|
| 망이궁望夷宮* 속에서 천진함 잃게 되자 | 望夷宮裡失天眞 |
| 도원으로 달아나 가혹한 진秦나라를 피했네. | 走入桃源避虐秦 |
| 등 위에 떨어진 꽃 여전히 남아 있어 | 背上落花仍不掃 |
| 지금에 이르도록 무릉의 봄빛을 띠고 있구나. | 至今猶帶武陵春 |

정사룡이 스스로 자신의 원고를 선별하면서 이 시를 세 차례나 뽑았다가 세 차례 모두 빼어 버렸다. 이런 까닭에 『호음집』 안에는 이 시가 없다. 도화桃花를 읊은 솜씨가 가히 교묘하다 이를 만하지만 그 안에 끝내 귀착되는 뜻이 없으며, '망이'望夷니 '학진'虐秦이니 하는 말들이 어찌 왕의 명을 받고 짓는 시에 합당한 말이겠는가? 끝내 삭제한 것이 마땅하다.

## 시인의 궁천窮賤 ❖ 215

무릇 만물을 아로새겨 만물에 그 형체를 부여함은 하늘의 재주이며, 만물의

---

도화마桃花馬  등에 붉은 점이 있는 말.
망이궁望夷宮  진秦나라의 궁명宮名. 경수涇水에 임해 있어 북이北夷를 바라볼 수 있으므로 이렇게 이름 지은 것이다. 진秦나라 조고趙高가 2세 조해趙亥를 이곳에서 죽였다.

조화造化를 움켜쥐고 희롱하며 그 형태를 본떠 형상해 내는 것은 시인의 재주다. 오직 하늘만이 더할 수 없이 공교로운 것인데, 시인은 어찌된 물건이기에 하늘의 공교로움마저 빼앗는 것인가? 재주 있는 자들이 명대로 살지 못함은 하늘이 그렇게 만드는 것임을 알 수 있겠거니, 하늘 또한 시기심이 많은 것인가? 이미 재주를 내려주고서 어째서 그들을 곤궁하게 만드는 것인가!

나의 벗 성여학成汝學은 시재詩才가 뛰어나 일세一世에 견줄 자가 드물다. 그런데 지금 60세가 되도록 한 번도 관직에 나아가지 못했으니, 내가 항상 이를 괴이하게 생각했다. 그의 시에 다음과 같은 구절이 있다.

  풀잎에 이슬 내리니 풀벌레 소리 젖어 들고   露草虫聲濕
  나뭇가지에 바람 부니 새의 꿈 위태롭다.   風枝鳥夢危

또 어떤 시에서는,

  내 얼굴 오직 벗만이 알아보고   面惟吾友識
  먹는 것이 장부의 근심이라네.   食爲丈夫哀

라 했다. 또 다음과 같은 시구도 있다.

  싸늘한 비 기운 꿈자리에 파고들고   雨意偏侵夢
  쓸쓸한 가을빛 시를 물들이려 하네.   秋光欲染詩

그 시어가 비록 이처럼 지극히 공교롭지만 그 차갑고 담박하며 쓸쓸함은 전혀 영화롭고 부귀한 사람의 기상이 아니다. 어찌 유독 시가 그를 곤궁하도록 했겠는가? 시 또한 그의 곤궁함에 울고 있는 것이다.

또 이정면李廷冕은 이홍남李洪男의 손자인데, 키가 작고 얼굴에 붉은 반점이 있다. 이 때문에 자신의 호를 '단사'短瘶라 하였는데,* 일찍이 비 온 뒤에 다음과 같은 시를 지었다.

진창이 된 뜰에 자그마한 지렁이 기어가고, 庭泥橫短蚓
햇빛 비치는 벽에 한기 든 파리 모여든다. 壁日聚寒蠅

그의 친구 이춘영李春英은 문인이었는데, 매양 이정면 시의 공교로움을 칭찬하면서도 그 시의 곤궁함을 싫어했다. 이정면은 과연 후에 과거에 급제한 지 얼마 안 되어 죽었다. 대개 '진창이 된 뜰의 자그마한 지렁이'(庭泥短蚓)는 천한 것의 표지요, '햇빛 비치는 벽의 한기 든 파리'(壁日寒蠅)는 요절할 징조다.

내가 수찬修撰 윤계선尹繼善과 함께 이효원李孝源의 집에서 술을 마셨는데 윤계선이 그 자리에서 시를 지었으니, 그 가운데 한 연은 다음과 같다.

천릿길 떠돎에 수숫대의 단맛 다하고, 官遊千里蔗甘盡
세상사 분분함은 봄날 지는 꽃잎 같아라. 世事一春花落忙

좌중의 모든 이가 그 시의 뛰어남을 칭찬했다. 나는 말하기를,
"나이 어린 사람이 어째서 이런 시를 짓는가!"
라고 했는데, 과연 얼마 되지 않아 윤계선은 요절하였다.

아! 시란 성정性情의 깊고 영묘한 곳에서 나오는 것이다. 요절하거나 비천하게 될 것을 먼저 알아 저절로 드러내는지라, 기필하지 않아도 그렇게

---

이 때문에 자신의 호를 '단사'短瘶라 하였는데   이 대목은 〈만종재본〉에는 없는 것으로 필사본에 의거 보충해 넣었다.

되는 것이다. 시가 사람을 궁하게 하는 것이 아니라 시인이 스스로 궁할 따름이다. 그래서 시가 저절로 이와 같았던 것이리라. 다만 재주 있는 자를 하늘 또한 시기하는데, 하물며 세상 사람들은 또 얼마나 더 시기하겠는가? 슬픈 일이다.

## 정유길의 춘첩 시 ❖ 216

내가 젊은 시절에 한강의 몽뢰정夢賚亭에서 노닐었는데, 몽뢰정은 곧 상국 정유길鄭惟吉의 정자였다. 그때 상국은 강호에서 한가하게 지내는 날이 많았다. 창문과 문에 모두 춘첩자春帖子*를 써 붙였는데, 그중 하나는 다음과 같다.

| | |
|---|---|
| 공사가 한가로워 몸이 여유로우니 뉘라서 나무라리 | 官閑身漫世誰嗔 |
| 몽뢰정 안의 머리 허연 늙은이로다. | 夢賚亭中白髮人 |
| 조정에 아무 일 없는 때를 만나 | 賴是朝家無一事 |
| 거룻배 타고 봄날 한강에서 고기를 낚는다. | 扁舟來釣漢江春 |

다른 춘첩자는 다음과 같았다.

| | |
|---|---|
| 매화 꽃망울 머금고 버들에 물이 오르려 하는데 | 梅欲粧梢柳欲矉 |
| 맑은 강 드넓게 펼쳐져 푸른 물결 찰랑이네. | 淸江水闊綠潾潾 |
| 노신은 조정의 안위安危에 참여할 일 없어 | 老臣無與安危事 |
| 오직 궁궐 향해 만수무강을 축원하노라. | 惟向楓宸祝萬春 |

**춘첩자春帖子**    입춘立春에 기둥에 써 붙이던 주련柱聯.

또 다른 춘첩자는 다음과 같았다.

| | |
|---|---|
| 머리 허연 선왕조의 늙은 판서 | 白髮先朝老判書 |
| 한가롭고 바쁨은 분수에 맡기고 편안히 살려 하네. | 閑忙隨分且安居 |
| 어부가 아뢰길, 봄 강물 따뜻해졌으니 | 漁人報道春江晚 |
| 꽃 소식 이르기 전에 쏘가리를 올리겠다 하네. | 未到花時薦鱖魚 |

내가 젊은 시절 이 시를 기억하여 암송했는데, 늙어서도 잊혀지지 않으며 읊조릴 때마다 상국의 풍치가 떠오른다.

## 시상이 같은 시 ✤ 217

내가 지난 해에 송천정사松泉精舍에서 잠을 자다가 깨어 보니, 비 오는 듯한 소리가 들려왔다. 놀라서 절의 중에게 비가 오느냐고 물었더니, 그가
 "폭포 소리이지 빗소리가 아닙니다."
라고 대답했다. 내가 이에 즉시 다음과 같은 시를 읊었다.

| | |
|---|---|
| 삼월 산 추위에 두견새 드물고 | 三月山寒杜宇稀 |
| 나그네 구름 속에 누워 고요히 기심機心을 잊었네. | 遊人雲臥靜無機 |
| 한밤중 산 속에 소나기 쏟아지나 하였더니 | 中宵錯認千林雨 |
| 중이 말하길 폭포수가 돌에 부딪히는 소리라 하네. | 僧道飛泉洒石磯 |

훗날 어떤 객이 와서 송강松江 정철鄭澈의 절구 한 수를 말해 주었는데, 다음과 같은 것이다.

| 빈산에 나뭇잎 떨어지는 소리 | 空山落木聲 |
| 성근 빗소리로 알았네. | 錯認謂疎雨 |
| 중을 불러 나가 보게 하니 | 呼僧出門看 |
| 달이 시냇가 남쪽 나무에 걸려 있다 하네. | 月掛溪南樹 |

지난 해 8월 14일 밤 홍경신洪慶臣이 풍악산楓嶽山에 유람 갔다가 표훈사表訓寺에서 묵었는데, 한밤중이 되자 함께 갔던 금객琴客 박생朴生이 비가 온다고 하였다. 홍경신이 그 말을 듣고 일어나 보니 환한 달빛이 창에 가득하고, 창문을 열고 보니 하늘에는 구름 한 점 없었다. 다만 처마 밖에 나무 홈통을 파서 샘물을 끌어오는데, 바람이 불어 포말을 날리며 빗소리를 내고 있었다. 홍경신이 웃으며 절구 한 수를 읊었다.

| 벼랑 위 산사 티끌 한 점 없어 가을 기운 맑은데 | 崖寺無塵秋氣清 |
| 창 가득한 달빛에 놀라 잠에서 깨었네. | 滿窓明月夢初驚 |
| 골짜기 가득한 바람결에 들려오는 샘물 소리 | 淙淙一壑風泉響 |
| 앞산에 밤비 내리는 소리로 착각하였구나.* | 錯認前山夜雨聲 |

속담에 '시인의 생각은 똑같다'고 하더니 맞는 말이로다.

---

지난 해 8월 ~ 소리로 착각하였구나.   이 대목은 〈만종재본〉에 없는 것으로 필사본에 의거해 보충해 넣었다.

## 이준민과 이생의 시 ❖ 218

재상 이준민李俊民이 지은 시에

> 늙어 감에 공명이 늙은 처와 같아　　　　　　　　老去功名如老妻
> 이별하기가 어렵지 않으나 이별하면 애달파지네.　不難離別別還憐

라는 것이 있는데, 후에 이생이라는 자가 다음과 같은 시를 지었다.

> 늙어 감에 시서詩書가 미녀와 같아　　　　　　　　老去詩書如美女
> 나는 너를 잊지 않았건만 너는 무정도 하구나.　　我非忘爾爾無情


## 최경창의 절구 ❖ 219

고죽孤竹 최경창崔慶昌이 절을 찾아 산골짜기에 들어섰다가 문득 길을 잃고, 절구 한 수를 읊조렸다.

> 험한 바위 사이로 한 줄기 오솔길 겨우 뚫려 있고　　危石纔敎一逕通
> 흰구름은 겹겹이 신선의 자취 감추었네.　　　　　　白雲猶自秘仙蹤
> 시내 다리 남쪽 북쪽 어디에도 물어 볼 사람 없는데　橋南橋北無人問
> 나뭇잎 지고 싸늘한 물소리 온 골짜기가 똑같구나.　落木寒流萬壑同

길을 잃고 당황해하는 그의 애달픈 마음이 말에 드러나 있어 읊는 사람으로 하여금 서글픈 느낌이 들게 한다.

## 하응림의 요절 시 ❖ 220

하응림河應臨이 나이 겨우 열 살 때에 한 어른이 죽순을 가리키며 제목으로 삼고 운자를 부르자, 그가 즉시 답하였다.

| | |
|---|---|
| 평지에 문득 누런 송아지 뿔 생겨나고 | 平地忽生黃犢角 |
| 바위틈에 움츠려 있던 용 비로소 허리를 펴네. | 巖間初展蟄龍腰 |
| 어찌하면 저것을 베어 긴 피리로 만들어 | 安得折爾爲長笛 |
| 태평 시절 즐거운 곡조를 불어 볼거나? | 吹作太平行樂調 |

그는 젊은 나이로 과거에 합격했으며, 당시에 재주 있는 사람을 말할 때면 하응림을 제일로 꼽았다.

그가 일찍이 서교西郊에서 손님을 전송하면서 다음의 시를 지었다.

| | |
|---|---|
| 서교에서 총총히 이별하며 | 草草西郊別 |
| 봄바람에 술 한잔 나누네. | 春風酒一盃 |
| 청산 너머로 떠난 사람 보이지 않고 | 靑山人不見 |
| 해질 무렵 혼자서 돌아온다. | 斜日獨歸來 |

당나라 시 가운데 "산중에서 손님을 보내고 나서, 해 저무는데 사립문 닫네"(山中相送罷 日暮掩柴扉)*라는 시와 나란히 일컬어졌다. 그렇지만 식자들은 그의 수명이 오래가지 않으리라는 것을 알았는데, 과연 얼마 있지 않아 죽었다.

그의 벗이 호우湖右(충청북도) 지방에 멀리 나가 노닐다가 날이 저물어 청

---

산중에서 손님을 ~ 사립문 닫네   당나라 시인 왕유王維의 「산중송객시」山中送客詩의 한 구절이다.

파青坡에 이르러 홀연 다리 옆에서 하응림을 만났다. 말을 세우고 인사를 나누었는데, 하응림이 이내 집안일을 부탁하고 갔다. 그 벗이 돌아와 그의 집을 방문하니 하응림은 죽어 이미 장사 지낸 뒤였다.

## 강양군과 한순의 시 ✣ 221

강양군江陽君은 종실 사람이다. 성격이 소탈하고 활달했는데, 시에 능하고 매화를 좋아하였다. 병이 들어 위급해졌을 때 창문을 열고 매화가 처음 피어난 것을 보고는 시비侍婢를 시켜 가지 하나를 잘라 오게 했다. 책상 위에 올려놓고 종이와 붓을 찾아 시를 지었다.

| | |
|---|---|
| 세월이 명命을 알아 병이 재촉하니 | 年將知命病相催 |
| 옥각屋角도 유유히 슬픔을 드리웠네. | 屋角悠悠楚些哀 |
| 매화꽃 인간사의 변함 모르고 | 梅萼不知人事改 |
| 한 가지 피어나 꽃향기 보내 온다. | 一枝先發送香來 |

그는 시를 다 쓰고 나서 죽었다.

한순韓恂*이란 사람은 지기志氣가 맑고 활달했으며 물외物外에 마음을 노닐었는데, 33세에 죽었다. 임종 때 처자를 불러 종이를 펼치게 하고는 붓을 적셔 썼다.

---

한순韓恂   한순이란 이름으로 알려진 문신은 두 인물이 있다. 먼저 우의정 한백륜韓伯倫의 아들(1453~1541)로 중종 연간에 활동한 문신과, 연산군때 음보蔭補로 등용되어 우승지右承旨를 지내고 중종반정에 참여해 서원군西原君에 봉해진 인물(?~1550)이다. 그런데 33세에 죽었다고 하는 이 이야기의 한순은 둘 다 해당되지 않는 것으로 여겨진다.

연화烟花에 떨어진 지 33년  　　　　　　　　落烟花三十三春
우주를 어루만지며 길이 가노라.  　　　　　撫宇宙而長逝

붓을 던지고 나서 죽었다.


## 삼당파 시인 ❖ 222

근래에 당시唐詩를 배우는 자들이 모두 최경창崔慶昌과 이달李達을 일컫는데, 그들의 뛰어난 작품을 취하여 기록해 둔다.
최경창이 옛 재상 이장곤李長坤의 집을 지나다가 시를 지었다.

문 앞에 모여들던 거마車馬 연기처럼 흩어져  　　門前車馬散如烟
정승 댁 번화하던 모습 백 년을 못 가는구나.  　相國繁華未百年
쓸쓸한 시골 골목길 한식절도 지나갔는데  　　　村巷寥寥過寒食
수유화만 옛 담장 가에 피었네.  　　　　　　　　茱萸花發故墻邊

또 중국에 갔을 때 어떤 장군*이 전사戰死하자 만가를 지었다.

운중雲中*에 해지자 불빛이 산 비추고  　　　　　日暮雲中火照天

**어떤 장군** 이 시는 이수광의 『지봉유설』芝峰類說에도 인용되어 있는데, 장군의 이름이 양조楊照라 밝혀져 있다. 양조는 명나라의 장군으로 요동 총병遼東總兵으로 있을 때 적군이 광녕새廣寧塞 밖에서 쳐들어오자, 밤중에 이를 기습하러 나갔다가 활에 맞아 죽었다. (『명사』明史 권328 참조)
**운중**雲中 지명. 『자치통감』에 "주보가 아들로 하여금 나라를 다스리게 하고자 호복을 입고 사대부를 거느리고서 서북쪽으로 호지를 개척하였으며, 운중 구원에서부터 남쪽으로 함양을 쳤다"라고 하는 기록이 있다. 『自治通鑑』, "主父欲使子治國, 身胡服, 將士大夫, 西北略胡地, 將自雲中九原, 南襲咸陽."

선우單于의 군사 녹두관鹿頭關*에 다가왔네.　　　　單于兵近鹿頭山
장군 혼자 천 명의 병사 이끌고 가더니　　　　　　將軍自領千人去
밤에 노하瀘河를 건너 싸우다 돌아오지 못했네.　　夜渡瀘河戰未還

이달은 최경창이 무장 현감茂長縣監을 지낼 때 그를 찾아갔다. 당시 이달은 한 기생을 좋아하고 있었다. 이때 마침 장사치가 자운단紫霞段을 팔고 있는 것을 보고 즉시 붓을 달려 최경창에게 시를 써 주었다.

장사치 강남 저잣거리에서 비단을 파는데　　　　商胡賣錦江南市
아침 햇살이 비쳐 붉은 연기 서렸구나.　　　　　朝日照之生紫烟
가인佳人은 이를 사서 치마를 만들고자 하는데　　佳人欲買作裙帶
손으로 주머니를 뒤져 보나 돈 한 푼이 없구려.　 手探囊中無直錢

최경창이 답장한 글에서 말했다.
"만약 이 시의 값을 따진다면 어찌 단지 천금에 그치겠는가? 현에 돈이 넉넉지 못해 다만 한 구절에 백미 열 석으로 계산해 도합 사십 석을 보낸다."

그 밖에 「한식」寒食을 읊은 시는 다음과 같다.

흰둥이 앞에 가고 누렁이 뒤를 따르는데　　　　　白犬在前黃犬隨
들판 밭가 풀들 사이에 무덤이 늘어섰네.　　　　野田草除塚纍纍
늙은이 제사 마치고 밭 사이에서 술을 마시고　　 老翁祭罷田間飮
날 저물어 어린아이 부축하여 돌아온다.　　　　　日暮少兒扶醉歸

**녹두관鹿頭關**　　중국 사천성四川省에 있는 관문 이름.

또 바닷가에 나그네로 다니면서 지은 시는 다음과 같다.

푸른 바닷물 허공에 물결치고 구름 그림자 잠겼는데 　碧海波空雲影涵
수없이 많은 갈매기 이끼 낀 바위에 앉아 있네. 　白鷗無數上苔岩
산꽃이 다 지도록 돌아가지 못하니 　山花落盡不歸去
집은 석봉石峯강 남쪽에 있다네. 　家在石峯江水南

다음과 같은 시도 있다.

차가운 숲 푸른 연기에 백로가 날고 　寒林烟碧鷺鷥飛
강변 인가의 사립문은 닫혀 있네. 　江上人家掩竹扉
석양녘 끊어진 다리 인적이 모두 끊겼고 　斜日斷橋人去盡
온 산에 푸른 기운 뿌옇게 피어난다. 　滿山空翠滴霏微

또 최경창의 시에 다음과 같은 것이 있다.

띠집 암자 흰구름 사이에 있는데, 　茅菴寄在白雲間
스님은 서쪽으로 노닐러 가 오래도록 돌아오지 않네. 　長老西遊久未還
단풍잎 휘날리고 성긴 비 지나가는데 　黃葉飛時疎雨過
홀로 차가운 경쇠 소리 울리는 가을 산에 묵는다. 　獨敲寒磬宿秋山

이 시들은 모두 맑고 담박해 칭찬할 만하다. 다만 이들은 소시小詩만 짓고 본래 배움이 넉넉하지 못해 끝내 옛 사람들처럼 크게 울리지 못했으니, 애석한 일이다.

## 홍경신의 삼각산 시 ❖ 223

부제학副提學 홍경신洪慶臣은 약관 시절부터 시로 이름이 있었다. 만력萬曆 을미년(1595, 선조 28) 삼각산三角山에 노닐면서 시 두 수를 지었는데, 그 첫째 번 시는 아래와 같다.

| | |
|---|---|
| 대여섯 사람 말끔한 봄옷 입고 | 五六春衣潔 |
| 청산을 천천히 오른다. | 青山步屨徐 |
| 백운대는 최영崔瑩이 올랐던 곳이요 | 雲臺崔瑩上 |
| 석궐은 공민왕이 거처하던 곳이라. | 石闕愍王居 |
| 푸른 나무에 새 숨어 울고 | 綠樹藏啼鳥 |
| 맑은 시내에는 고기 뛰어노네. | 清流出戲魚 |
| 꽃잎 자욱히 깔려 길을 알 수 없으니 | 迷花不知路 |
| 어디에서 무릉도원을 찾을런가. | 何處訪秦餘 |

둘째 번 시는 다음과 같다.

| | |
|---|---|
| 화악은 본래 기이한 경치가 많은 곳 | 華岳多奇勝 |
| 봄 되자 흥이 더욱 끌리네.* | 春來興更牽 |
| 사람들 흐르는 물 따라 들어가니 | 人隨流水入 |
| 절집은 첩첩 봉우리 앞에 있네. | 寺在亂峯前 |
| 밤이슬 삼수三秀*에 흠뻑 내리고 | 夜露滋三秀 |
| 천풍天風은 만 년의 세월 불어 온다. | 天風動萬年 |

화악은 본래 ~ 더욱 끌리네.　　이 두 구절은 〈시화총림본〉의 기록을 따라 번역한 것이다. 〈만종재본〉 및 다른 필사본에는 "二月春猶早, 青山無杜鵑"이라 되어 있는 것이 많다. 이월의 이른 봄이라고 할 경우 앞 시의 "꽃잎 자욱히 깔려 있다"는 늦은 봄의 경치와 어긋나는 것으로 보여 〈시화총림본〉의 구절을 취했다.

| 고승이 때마침 나를 찾아와 | 高僧時過我 |
| 서로 마주하고 잠잘 줄 모르네. | 相與不知眠 |

그 격조가 당시唐詩에 가까우니, 그가 쉬지 않고 정진했다면 어찌 오늘날의 홍경신에 그쳤겠는가? 이들 시는 전하지 않으면 안 된다.

## 문장과 예학에 뛰어난 천민 유희경 ❖ 224

유희경劉希慶은 천한 신분의 사람이다. 본래 타고난 품성이 담박하고 전아하여 젊었을 적부터 농공상병農工商兵에 종사하지 않고 시詩와 예禮를 배워 벼슬아치들과 노닐었다. 전란 후에 스스로 생계를 꾸려 갈 길이 없자 혹 위장소衛將所*의 서원書員을 하기도 했다. 중전을 호위하고 수안遂安에 머물렀는데 이때 눈이 개어 산천의 경치가 배나 아름다웠다. 호종하던 여러 관리들이 희경에게 시를 지으라고 하자, 다음과 같은 시를 지었다.

| 옛 요양遼陽 땅에 호위하여 오니 | 扈衛遼陽古郡城 |
| 바람에 날리는 옥가루 숲과 들에 뿌리었네. | 風飄瓊屑洒林坰 |
| 아이야, 나무하러 가는 길 묻혔다 싫어하지 말라 | 村童莫厭埋樵逕 |
| 하늘이 행궁行宮을 위해 옥경玉京을 만든 것이라. | 天爲行宮作玉京 |

삼수三秀   빼어난 세 봉우리를 지칭하는 말로 여겨지니, 삼각산이란 이름 자체가 인수·백운·만경의 세 봉우리가 우뚝 솟은 모습이 세 개의 뿔角과 같이 생긴 데서 유래한 것이다.
위장소衛將所   조선 시대 군대 편제인 오위五衛의 위장衛將들이 숙직하던 장소로, 이곳을 중심으로 위장들이 기병과 함께 순찰을 돌았다.

또 일찍이 용문산龍門山에 노닐었는데 함께 갔던 선비들이 말 위에서 유희경에게 시를 짓도록 했다. 그 시는 다음과 같다.

산은 비 기운 머금고 물은 안개 머금었는데　　山含雨氣水含煙
푸른 풀 호숫가에 백로가 잠들었네.　　青草湖邊白鷺眠
길이 해당화 아래로 돌아드니　　路入海棠花下轉
땅 가득 향설香雪이 말채찍에 떨어지네.　　滿地香雪落揮鞭

예전에는 당시의 풍속이 그래도 예를 좋아했다. 그래서 유희경이 예를 안다고 여겨 사대부 집 가운데 예를 갖추어 장례를 치르려 하는 사람들은 그를 맞이하여 예를 물었다. 그런데 난리를 겪은 후로는 시속에서 예를 좋아하지 않게 되었다. 서울 장안에서 상을 당한 사람들은 알건 모르건 간에 그에게 상복을 마름질하도록 시켰고, 유희경은 미천한 신분인지라 사양하지 못했다. 나이 칠십에 상갓집의 일꾼이 되어 굶주린 채 곡읍哭泣하는 자리에 달려가야 했으니, 식자들이 이를 애처롭게 여겼다.

## 어린 정작의 강각江閣시 ❖ 225

정작鄭碏이 아이였을 때의 일이다. 여러 어른들을 따라 강변 누각에 놀러 나갔는데, 물가 모래사장에 어떤 물체 두 개가 어렴풋이 오고 있는 것이 멀리 보였다. 어떤 사람은 그것을 사람이라고 하였고 어떤 사람은 백로라고 했는데, 문득 피리 소리가 들려와서 비로소 그것이 사람임을 알았다. 여러 어른들이 정작에게 시를 짓게 하니 정작이 그 말에 응해 곧바로 시를 지었다.

멀고 먼 모래사장의 사람을 　　　　　　遠遠沙上人
처음에는 두 마리 백로인가 여겼노라. 　　初疑雙白鷺
바람결에 문득 들려오는 젓대 소리 　　　臨風忽橫笛
맑게 울려 퍼지며 강 하늘이 저무네. 　　寥亮江天暮


## 채수와 손자 무일의 연시聯詩 ❖ 226

채수蔡壽에게 손자가 있었는데 이름이 채무일蔡無逸이다. 나이 겨우 5, 6세일 때, 채수가 밤에 무일을 안고 누워 먼저 시 한 구를 지었다.

　　손자가 밤마다 책을 읽지 않는구나. 　　孫子夜夜讀書不

무일에게 대답하라 했더니, 그가 응대했다.

　　할아버지는 아침마다 약주가 과하시네. 　　祖父朝朝飮酒猛

채수가 또 눈 내릴 때 무일을 업고 가다가 시 한 구를 지었다.

　　개가 달려가니 매화 꽃잎 떨어지는구나. 　　犬走梅花落

말이 끝나자마자 무일이 응답했다.

　　닭이 지나가니 대나무 잎이 만들어지네. 　　鷄行竹葉成

## 현실을 풍자하는 시 ❖ 227

시는 풍교風敎와 관련되는 것으로 다만 물상의 아름다움을 노래하는 것만이 아니다. 옛날에는 목탁을 쥔 자가 시를 채집해서 풍아風雅에 실었던바,* 당나라 때까지 이러한 풍속이 남아 있었다. 두보의 시*에,

| | |
|---|---|
| 채시관采詩官이 험한 길을 두루 다니니 | 采詩倦跋涉 |
| 사관의 붓대에 올라 기록될 수 있으리. | 載筆尙可記 |
| 높은 노랫소리 우주를 울리니 | 高歌激宇宙 |
| 나의 여러 시편 그릇된 역사를 막을 수 있으리. | 凡百愼失墜 |

라 한 것이 있는데, 그 주에서 다음과 같이 말했다.

"공은 '채시관이 험한 길을 두루 다니면서도 나의 시는 채집하지 않는데, 나의 시는 사관史官의 붓대와 같은지라 오히려 역사의 그릇됨을 방비할 수 있다'고 생각한 것이다."

그렇다면 당나라 때에도 또한 채시관이 있었다고 보아야 하지 않을까?

오늘날 상국 민몽룡閔夢龍은 시인을 배척하여 말하길,

"시를 지으면 대개 시사를 풍자하는 일이 많아 남이 백안시하거나 혹 시안詩案의 환란을 초래하게 되니, 배우지 않음이 마땅하다."

라고 하며, 재주가 없는 것도 아닌데 평생 한 구절의 시도 짓지 않았다. 상

---

옛날에는 목탁을 ~ 풍아風雅에 실었던바   목탁木鐸은 나무를 파서 만든 큰 방울로서, 고대에 법령을 선포할 때 거리를 돌아다니며 흔들어 울림으로써 대중의 주의를 환기하는 데 쓰였다. 가요를 채집한다는 것은 고대 채시관采詩官이 민간의 가요를 채집하여 통치 계급이 풍속과 교화의 득실을 살필 수 있도록 한 것을 말한다. 목탁을 쥔 자가 시를 채집해 풍아風雅에 실었다는 기록은 『한서』漢書 「식화지」食貨志에 "孟春之月, 群居者將散, 行人振木鐸, 徇於路以采詩, 獻之大師, 比其音律, 以聞於天子"라 나와 있다.

두보의 시   두보가 말년(대력 5년)에 형산현 공자의 사당에 학당이 건립됨을 기쁜 마음으로 노래한 장편 고시 「제형산현문선왕묘신학당정류재」題衡山縣文宣王廟新學堂呈陸宰의 끝 구절이다.

서 정종영鄭宗榮 또한 그 자손들에게 시를 배우지 말라고 경계하였다. 내 생각에 이 두 분의 말은 비록 일신을 잘 다스릴 계책은 되겠지만, 『시경』 300편이 남긴 뜻은 전혀 지니지 못한 것이라 할 것이다.

근세에 간신 김안로金安老가 동호東湖*에 정자를 새로 짓고는 '보락당'保樂堂이라 편액을 걸었다. 기재企齋 신광한申光漢에게 시를 부탁하여 기재가 사양하다가 결국 지었는데, 그 시는 다음과 같다.

| | |
|---|---|
| 화려한 누각 새로 지었다는 소문 들었거니 | 聞說華堂結搆新 |
| 푸른 창 붉은 난간 강가에 빛나리. | 綠窓丹檻照湖濱 |
| 아름다운 경물 또한 도견陶甄*의 수중에 들어갔으니 | 風光亦入陶甄手 |
| 달밤의 피리 가락 도리어 비단옷 입은 이에게 어울리누나. | 月笛還宜錦繡人 |
| 진퇴에는 근심이 따르는 법인데 공은 즐거움 간직하고 | 進退有憂公保樂 |
| 벼슬길에 나아갈 뜻 없으니 나는 천진함 보전하네. | 行藏無意我全眞 |
| 안개 물결 낱낱이 살피자면 한가한 마음 있어야 하리니 | 烟波點檢須閑熟 |
| 다시 그 누가 있어 그대의 귀한 손님이 되려나. | 更與何人作上賓 |

이 시는 대부분 풍자하고 기롱하는 뜻이다. '소문을 들었다' 함은 그가 직접 가서 본 것이 아님을 말한 것이고, '아름다운 경물 또한 도견의 수중에 들어갔다' 함은 조정의 모든 정사 및 강산 전토田土가 전부 도견陶甄의 손아귀에 들어갔음을 말한 것이다. '달밤의 피리 가락 도리어 비단옷 입은 이

---

동호東湖    현재의 서울 성동구 옥수동 강가, 즉 두모포를 가리킨다. 도성을 중심으로 용산강을 남호南湖, 마포강을 서호西湖라 하고, 이곳을 도성의 동쪽에 있다고 해서 동호로 불렀다.
도견陶甄    '도견'의 일차적인 뜻은 도공陶工인데, 백성들을 교화하는 존재를 말하기도 하고, 권력을 장악한 권세가의 의미로도 쓰여 이중적인 의미를 지니는바, 이 시에서는 이러한 중의적 의미를 활용하여 쓰인 것으로 보인다.

에게 어울린다'함은 번잡하고 화려함은 본디 풍월風月에 어울리지 않고 부귀인에게나 마땅함을 말한 것이다. '진퇴에는 근심이 따르는 법인데 공은 즐거움 간직하고'라는 것은 옛 사람은 나아가거나 물러남에 모두 근심을 지녔는데, 김안로는 홀로 즐거움을 누리고 백성과 더불어 함께하지 않음을 말한 것이다. 그리고 '벼슬길에 나아갈 뜻 없으니 나는 천진함 보전하네'는 자신이 이러한 시대에 벼슬길에 나아갈 생각이 없어 스스로 그 지조를 온전히 지니고 있음을 말한 것이다. '다시 그 누가 있어 그대의 귀한 손님이 되려나'라는 구절은 자신은 보락당의 빈객이 됨을 원하지 않는데 그 어떤 사람이 권세에 아부하여 그의 빈객이 될 거냐는 것이다.

이 시는 구구절절 깊은 뜻을 지니고 있어 천 년 뒤에도 군자의 마음을 명백히 드러낼 만하다. 김안로 또한 문장에 깊은 식견이 있었으니 어찌 그 뜻을 몰랐겠는가? 그러면서도 끝내 신광한을 벌주지 못한 것은 당시 현자들에게 구실을 잡힐까 하여 그 속마음을 드러내지 못한 것이다.

## 삼구 서당三句書堂과 사구 한림四句翰林 ❖ 228

동호東湖에 독서당讀書堂을 설치하여 문학을 하는 선비들에게 휴가를 주며 글을 읽게 했으니, 여기에 뽑히는 자들은 재주와 덕망이 모두 뛰어나야 했다.

이성중李誠中이 그 후보에 오르자, 재주가 부족하다는 말이 있었다. 그러자 한 선생이 말했다.

"이성중의 시 중에,

비단 창에 눈처럼 흰 달 가까이 비치니     紗窓近雪月
촛불 끄고 맑은 빛 받아들이네.     滅燭延淸輝

| 한잔 술 정중히 올리니 | 珍重一樽酒 |
| 밤늦어도 돌아갈 줄 모르네. | 夜闌猶未歸 |

라는 것이 있소. 그의 시가 이 같으니, 그를 뽑지 않을 수 없소."

이로 인해 이성중은 사가독서에 참여하게 되었다. 그런데 이성중의 시 가운데 '촛불 끄고 맑은 빛 받아들이네'(滅燭延淸輝)라고 한 것은 곧 이백李白의 시구이다.* 네 구절 가운데 한 구절이 옛 사람의 시이니, 이성중은 삼구서당三句書堂이라 하겠다.

남성신南省身이 장차 한림에 천거되려 할 때 이의가 많았다. 그때 유숙柳潚이 부제학副提學이었는데 한림원의 선생에게 말했다.

"남성신이 일찍이 사운시四韻詩를 지었는데 그중 네 구를 다음과 같이 읊었습니다.

| 일만 이천 봉우리 위의 길 | 一萬二千峰上路 |
| 임인 경자 연간에 거닐었다. | 壬寅庚子年間行 |
| 눈 아래 풍연은 지금껏 그 빛이고 | 風烟眼底至今色 |
| 공중의 생황과 학 울음소리 옛날 그대로로다. | 笙鶴空中猶舊聲 |

이러한 시를 지은 자가 어찌 한림이 될 수 없겠습니까?"

이로 인해 그 선발에 참여했으니, 남성신은 가히 사구 한림四句翰林이라 하겠다.

---

**촛불 끄고 ~ 이백李白의 시구이다.** 이백의 장편 고시 「송최씨곤계지금릉」送崔氏昆季之金陵의 한 구절로, 원래의 시에는 '滅燭延淸光'이라 되어 있다.

## 이후백의 시재와 강직한 성품 ❖ 229

이후백李後白이 벼슬길에 오르기 전에 관찰사의 행차를 범하여 영문營門에 끌려갔다. 이후백이 자신은 유생이라고 말하자 관찰사가 운자를 주며 시를 짓게 했는데, 이때 지은 시는 다음과 같았다.

| | |
|---|---|
| 끊어진 다리에 해 지니 동서를 분간할 수 없는데 | 斷橋斜日眩西東 |
| 얼굴 때리는 모래 먼지 저녁 바람이 말아 오네. | 撲面塵沙捲夕風 |
| 감사님 행차 범한 것 후회하지 않노니 | 誤觸牙旌知不恨 |
| 낭선浪仙은 이로 말미암아 한공韓公을 알았다네.* | 浪仙從此識韓公 |

관찰사는 크게 기뻐하고 상을 내렸으며 드디어 서로 친하게 되었다. 뒷날 이후백이 급제한 후 호남을 살피는 어사가 되어 남원부에 이르렀다. 남원 부사가 기생 말진末眞에게 수청을 들게 하였는데 자못 깊은 정을 맺어 작별을 애석해하며 떠나갔다. 곡성谷城에 이르러 비를 만나 사흘 동안 체류하면서 다음의 시를 지었다.

| | |
|---|---|
| 어사 풍류는 두목지와 비슷해 | 御史風流似牧之 |
| 어제는 대방帶方의 기생집을 들렀네. | 靑樓昨過帶方時 |
| 춘심春心은 늙어도 다 없애기 어렵나니 | 春心至老消難盡 |
| 푸른 소매 새벽녘 떠나려니 눈물에 흠뻑 젖었지. | 翠袖侵晨淚欲滋 |

낭선浪仙은 이로 ~ 한공韓公을 알았다네. 낭선浪仙은 당나라 시인 가도賈島의 자를 말한다. 일찍이 중이 되어 무본無本이라 했는데, 한유韓愈에게 그의 시가 알려져 환속하여 장강長江의 주부主簿가 되었다. 가도가 '승고월하문'僧敲月下門이라는 시구를 짓고서, 이 시구의 '고'鼓 자와 '퇴'推 자 가운데 어떤 것을 쓸지 생각에 잠겨 길을 가다 당시 경조윤京兆尹이었던 한유韓愈의 행차를 범했는데, 이로 말미암아 '퇴'推 자를 쓰라는 한유의 지도를 받았다는 고사를 말한다.

| | |
|---|---|
| 무정한 강물엔 화방畵舫이 떠가고 | 江水無情移畵舫 |
| 원망스런 뿔피리 소리 깃발을 전송하네. | 角聲如怨送征旗 |
| 곡천谷川에 삼일간 내리는 비 이 사람 잡아 두니 | 浴川三日留人雨 |
| 천공天公의 행사 지체됨이 우습구려. | 堪笑天公見事遲 |

대방은 남원의 옛 호칭이고, 곡천은 곡성의 별호다.〈원주〉*

후에 이조 판서가 되어서는 일체 공도公道로 하고 사람들의 청탁을 들어주지 않았다. 어떤 사람이 그에게 관직을 구하러 갔더니 공이 개인 장부를 꺼내어 보여 주며 말하였다.

"애초에 공에게 관직을 제수하려고 했는데, 지금 그대가 관직을 구하러 오니 애석하구려!"

하고는, 드디어 붓을 들어 단번에 지워 버렸다. 이로부터 감히 사사로이 공에게 청탁하는 자가 없으니, 문정門庭이 적막하여 거마車馬가 오는 일이 없었다.

함경도 관찰사가 되었을 때는 변장邊將이 군졸들을 침탈하는 것을 싫어해 군졸들이 장수가 법을 범한 일을 호소하면 그때마다 장수에게 벌을 주니, 이로부터 군율이 해이해졌다. 이제신李濟臣이 북도 병사北道兵使를 지낼 때 호적胡賊 이탕개尼湯介의 변란을 만났는데, 사졸들이 장군의 지휘를 따르지 않아 마침내 경원慶源이 함락되기에 이르렀다. 이제신은 귀양 가 의주義州에서 죽었는데, 북도의 백성들이 이후백을 허물하면서 이제신에 대해서는 애석하게 여겼다. *

---

대방은 남원의 ~ 곡성의 별호다.　이 대목은 〈만종재본〉에 없는 것인데 필사본에 의거해 보충해 넣었다.
함경도 관찰사가 ~ 애석하게 여겼다.　이 대목 역시 〈만종재본〉에 없는 것으로, 필사본에 의거해 보충해 넣었다.

## 광주光州의 성연盛宴

오겸吳謙이 광주 목사光州牧使를 지낼 때 고봉高峰 기대승奇大升과 청련靑蓮 이후백李後白이 모두 남중南中(호남)에 있었다. 둘 다 문장이 당세에 으뜸이었다. 오겸이 사림詞林(시문을 짓는 사람들의 시회)의 기이한 모임을 마련하고자 주州의 아전들에게 신칙하여 기녀들에게 채색 옷을 입히고 화려하게 단장시켜 면모를 일신하게 하고, 성대하게 연회를 베풀었다. 장엄하게 모습을 갖추고 그들을 청하니, 기대승과 이후백이 일시에 함께 도착하였다. 술이 거나하게 되자 오겸이 술잔을 들고 말했다.

"오늘 두 분을 청한 것은 한바탕 한담을 나누며 회포를 풀고 술 마시기를 겨루는 데 그치려는 것이 아닙니다. 내가 서울에 있을 때부터 두 분을 유림의 종장宗匠으로 심복하였습니다. 그래서 소단騷壇의 백전白戰을 가져 100년에나 한 번 볼 수 있는 한묵翰墨의 장관을 이루고자 합니다. 원컨대 두 분께서는 사양하지 마십시오."

기대승은 즉석에서 소기小妓에게 명하여 먹을 갈고 화전지를 펼치게 한 뒤 붓을 달려 칠언 사운시 여덟 편을 지었는데, 글자 하나 고친 것이 없고 붓을 휘두름이 나는 듯했다. 이후백 또한 화전지를 쌓아 두고 어깨를 나란히 하고 붓을 마음껏 휘둘러 교방教坊에 속한 80여 명의 기생들에게 제각기 주었는데 장편·단편, 율시·고시를 마음대로 취하게 하여 각기 즐거움을 다하고 주연을 끝마쳤다. 다음 날 오겸은 화려하고 성대하게 차렸던 것들을 모두 치우더니, 별재別齋로 가서 술자리를 간소하게 차렸다. 술기운이 조금 오르자 또 청하여 말했다.

"어제는 두 분의 시전詩戰을 통쾌하게 보았는데, 원컨대 오늘은 천고千古의 역사를 상세히 논하며 각각 평생 보고 기억하는 것을 다 말씀해 주십시오."

이후백은 『강목』綱目*에서 익숙히 널리 알려진 것 외에 150책 중 미장소구微章小句에 이르기까지 입에서 나오는 대로 외우지 못하는 것이 없었다. 기대승 또한 『강목』 가운데 이후백이 논하기 어려워했던 곳을 본기本紀와 본전本傳이 유래한 것까지 모두 드러내었는데, 제가諸家의 설에 두루 통해 이르는 곳마다 암송하였다. 혹은 전편, 혹은 수십 줄에 이르는 것을 대략 문자를 다하여 환히 꿰뚫어 눈앞에 벌여 놓지 않음이 없었다. 오겸이 자리에서 일어나 절하고 말했다.

"어제의 싸움에서는 계진季眞(이후백의 자)이 능히 명언明彦(기대승의 자)을 이기더니, 오늘의 싸움에서는 명언이 계진을 이겼습니다. 어제와 오늘 양일간의 모임은 진실로 사림에 다시 없을 승사勝事입니다. 비록 동정호洞庭湖*의 균천광악鈞天廣樂*이나 월전月殿의 예상우의곡霓裳羽衣曲*을 베푼다 해도 광주의 연회보다 낫지는 못할 것입니다."

## 정호음과 어숙권의 박식함 ❖ 231

호음湖陰 정사룡鄭士龍은 학관學官 어숙권魚叔權과 교분이 몹시 두터웠는데, 어숙권이 정사룡에게 말했다.

"합하閤下께서 비록 문장을 잘 하시지만 고문古文을 정밀하게 풀이함에

---

『강목』綱目    『자치통감강목』資治通鑑綱目. 송나라 주희朱熹가 엮은 것으로 사마광의 『자치통감』資治通鑑에 의거하여 강목을 만든 것이다. 중국의 역대 왕조를 정통과 비정통으로 구별하고, 대요大要와 세목으로 나누어 서술했다.
동정호洞庭湖    중국 호남성 북부에 있는 중국에서 가장 큰 호수로 예로부터 많은 시인들에 의하여 읊어진 명승지이다.
균천광악鈞天廣樂    천상의 음악을 가리킨다.
월전月殿의 예상우의곡霓裳羽衣曲    월전은 월궁月宮과 같은 말이며, 예상우의곡은 신선들의 세계인 월궁月宮의 음악을 본떠 만들었다고 하는 곡조 이름.

있어서는 단연 소생만 못하실 것입니다."

정사룡이 말했다.

"어찌 그렇겠는가? 한번 시험해 보세."

이에 서가 위에 있는 책을 손 가는 대로 집어 펼치니 두목杜牧의 「아방궁부」阿房宮賦가 나왔다. 어숙권이 물었다.

"'정당·옥석·금괴·주력' 鼎鐺玉石金塊珠礫이라 함은 무엇을 이르는 것입니까?"

"세 발 달린 솥(鼎)과 세 발 달린 노구솥(鐺, 놋쇠나 구리쇠로 만든 작은 솥), 옥玉과 돌(石), 금金 덩어리(塊), 구슬(珠) 부스러기(礫)를 말하네."

"그렇지 않습니다. 진秦나라 사람들이 세 발 달린 솥을 노구솥처럼 보았고, 옥을 돌같이 보았으며, 금을 흙덩어리처럼, 구슬을 모래자갈같이 여긴 것을 말한 것입니다."

"그렇군."

"'마룻대를 짊어진 기둥이 남쪽 이랑의 농부보다 많고, 시렁과 대들보의 서까래가 베틀 위의 공녀工女보다 많고, 번쩍이는 못대가리가 곳집에 있는 낱알 수보다 많으며, 들쭉날쭉 이어진 기와가 몸에 두른 비단의 올보다 많고, 종횡으로 뻗친 난간이 중국 구주九州의 성곽보다 많고, 관현의 음악 소리가 시장 사람의 말보다 많다는 말은 무엇을 이르는 것입니까?"

"모두 많다는 것을 뜻하지."

"그렇지 않습니다. 쓸모없는 물건이 쓸모 있는 물건보다 많음을 말한 것입니다."

"그렇군."

잠시 뒤 어린아이가 『십구사략』十九史略을 끼고 빠른 걸음으로 지나가니 그 아이를 앞으로 오게 하여 책을 펼쳐, '조적祖逖이 닭 울음소리를 듣고 일어나 춤을 추었다'는 기사를 얻었다.

어숙권이 물었다.

"한밤중에 닭 울음소리를 듣고 어째서 '이는 나쁜 소리가 아니다' 라 하고, 잠자리에서 일어나 춤까지 추었을까요?"

"세상이 바야흐로 어지러운데 어찌 한밤중까지 깊이 잘 수 있겠소? 닭 울음소리를 듣고 일찍 일어났고, 이것이 나쁜 소리가 아니라 한 것이네."

"그렇지 않습니다. 고서古書에 '밤에 닭이 울면 세상이 반드시 어지러워진다'라고 했으니, 이 때문에 『장자』莊子에도 '짐승의 무리는 흩어지고 새들은 모두 밤에 운다'*라고 한 것입니다. 이백李白의 시에서도 '뭇 새들 모두 밤에 운다'라고 했는데, 세상이 어지러움을 말한 것입니다. 조적은 세상이 어지러워지기를 바랐던 사람으로, 세상이 장차 어지러워질 것을 알았기 때문에 기뻐 춤을 추었던 것입니다."

정사룡이 무색해하며,

"그렇군, 그래."

하고 말했는데, 자못 부끄러워하는 기색이 있었다.

어숙권은 정사룡보다 늦게 죽었는데 매양 말하였다.

"『호음집』湖陰集 안에 있는 비문碑文은 모두 내가 대신 지어 준 것이다." 나는 그 말을 항상 믿었다. 우리 선영先塋이 양주楊州 홍복산洪福山에 있는데 사간司諫 김규金戣의 선묘와 마주해 있었다. 김규의 선묘에 있는 비碑는 호음이 찬술한 것이었다. 내가 일부러 가서 비문을 읽어 보니 그 글에 두보의 시어가 매우 많이 보여, 그 비문을 어숙권이 지었음이 의심할 바 없는 사실임을 알게 되었다.

옛날에 나의 죽마고우인 이원李遠이 학관 어숙권에게 수학했는데, 어숙권과 정사룡이 문장에 대해 논했던 일을 매우 자세히 말해 주었기에 이에 추록追錄한다. 이원은 임진왜란 때 멀리 객지에서 죽었으니, 슬픈 일이다.*

---

짐승의 무리는 ~ 모두 밤에 운다    『장자』「재유」在宥 편에 나오는 말로, "鴻蒙曰: 亂天下之經, 逆物之情, 玄天弗成. 解獸之群, 而鳥皆夜鳴. 災及草木, 禍及止蟲. 噫, 治人之過也"라 하였다.

## 고경명과 서익의 시 짓기 경쟁 ❖ 232

고경명高敬命은 자가 이순而順으로 광주光州에서 한거하고 있었는데, 당시 서익徐益이 이웃 고을의 군수로 있었다. 한 중이 서익과 친분이 두터워 여러 날 묵고 광주로 가서 고경명을 뵙고자 하니, 서익이 그에게 말했다.

"내 아무 날 고 군高君을 찾아갈 터이니, 이 말을 꼭 전해 주게나."

그 중은 광주에 가서 고경명을 알현하고, 이내 서익의 말을 그대로 전했다. 고경명은 중을 자못 정성스럽게 대우하고, 시권詩卷에 있는 시를 차운하여 주며 물었다.

"서 군수徐君守(서익)가 요즈음 어떤 시를 짓던가?"

중이 대답했다.

"사운시四韻詩 네 수를 지었습니다."

고경명이 묻기를

"그 운자를 기억하고 있는가?"

라고 하자, 중이 대답했다.

"기억하고 있습니다. 대개 운雲 자와 분濆 자 등으로 운을 했습니다."

고경명은 '군수君守가 만약 오면 필시 시와 술로 나와 대결하려 할 터인데, 그의 재주로는 즉석에서 척척 응수할 수가 없기에 틀림없이 시 몇 수를 지어 놓고 나를 곤란하게 만들려고 할 것이다. 지금 저 중이 말한 네 수는 틀림없이 술자리에서 쓰려는 것이리라' 라고 생각하고, 고경명 또한 그 운을 사용해 여섯 수를 미리 지어 놓고 기다렸다.

그날이 되자 서익은 과연 술을 싣고 약속한 대로 찾아왔다. 술이 거나하게 되었을 때, 서익이 말했다.

---

어숙권은 정사룡보다 ~ 죽었으니, 슬픈 일이다.   이 대목은 〈만종재본〉에는 없는 것인데, 〈국립중앙도서관본〉에 의거해 보충해 넣었다.

"잉어를 낚으려면 새우를 미끼로 하고, 사슴을 잡으려면 사냥을 해야 하는 법이니, 내 마땅히 먼저 하겠네."

드디어 오언 율시 한 수를 썼는데, 곧 중이 말한 운자였다. 고경명은 잠깐 구상하는 듯이 하다가 한 수를 지어 화답했다. 서익이 다시 그 운자를 사용해 짓자 고경명도 곧 차운해 지었으며, 이 같이 하여 네 수를 다 지었다. 그리고 큰 술잔이 이미 여러 차례 돌아갔지만, 그래도 취한 지경에 이르지는 않았다. 고경명이 말하길,

"예의상 보답하지 않을 수 없으니, 나 또한 먼저 짓겠네."

라고 하고는, 앞의 운자를 사용해 시를 지었다. 그 시 중에

| | |
|---|---|
| 그윽한 꽃향기 궁벽한 골짜기에 풍기고, | 幽芳窮谷裡 |
| 괴물은 큰 강에서 물을 뿜는다. | 怪物大江潰 |

라는 구절이 있었으며, 나머지 구는 잊어버렸다. 서익은 마음이 꺼려져 눈을 감고 술잔을 던지더니 짐짓 몹시 취한 체하며 오줌 누러 가겠다며 일어섰다. 고경명이 시비를 시켜 부축하게 했으나 그는 이미 옷소매를 떨치고 말을 타고 가 버렸다.

## 공북루의 주연과 홍난상의 시 ❖ 233

유근柳根이 충청도 관찰사를 지낼 때 여러 고을의 원들과 함께 공북루拱北樓*

---

공북루拱北樓    충남 공주시에 있는 공산성의 북문이며, 금강 가의 나루터에 있다. 1603년 충청도 관찰사 유근이 공산성을 축성하면서 이 자리에 있던 망북루를 중건하여 공북루라고 고쳐 불렀다.

에서 연회를 크게 베풀고 밤새 술을 마시며 마음껏 즐겼다. 취흥이 한창 무르익는데 갑자기 닭 우는 소리가 들렸다.

"이것이 무슨 소리냐?"

유근이 물었으니, 대개 밤이 새는 것이 싫어서 한 말이었다. 양대운陽臺雲이라는 기생이 일부러 대답하였다.

"이는 강변의 백로 울음소리이옵니다."

유근은 그녀의 대답이 자신의 뜻에 맞음을 기뻐하여 그녀의 민첩한 재주를 칭찬하고, 이로 인하여 좌중에 있는 사람들에게 시를 짓게 하였다. 문사인 홍난상洪鸞祥이 이때 문의 현감文義縣監으로 참여했는데, 먼저 절구 한 수를 지었다.

| | |
|---|---|
| 술기운 한창인 높은 누대 화촉 밝게 비추는데 | 酒半高樓畵燭明 |
| 금성錦城에 관현 소리 진정 떠들썩하구나. | 錦城管絃正轟轟 |
| 가인이 풍류 흥치 깨질까 염려하여 | 佳人恐敗風流興 |
| 닭 울음을 백로 울음이라 웃으며 말하네. | 笑道鷄聲是鷺聲 |

감사가 보고서 칭찬하였고 일시에 회자되었다. 호서湖西(충청도) 지방의 선비들은 이 시의 끝 구절을 시제로 삼아 시를 짓는 사람들이 많다고 한다.

## 정자당의 기행과 시재 ❖ 234

지난날 우리나라에서 사림士林의 화가 연이어지자 선비들 중 방탄放誕한 행동으로 스스로를 욕되게 하는 자가 많았다.

정자당鄭自堂이라는 자가 있었는데 선비로서 본디 성품이 호방하였고 문재는 짝할 자가 드물었다. 당시 재상가에 맛 좋기로 이름난 배가 있었는데 가을철이 되어 잘 익었다. 정자당이 벗들과 함께 밤중에 그 집 정원 밖에서 노닐었는데, 한 사람이 말했다.
"누가 저 배를 훔칠 수 있을까?"
정자당이 말하였다.
"내가 할 수 있지."
이에 모두가 말했다.
"정승은 성품이 모질어 비복들이 잘못을 저지르면 매를 때려도 될 것을 죽인다네. 만약 발각되어 정승의 노여움을 사면 틀림없이 일이 크게 벌어질 텐데 어찌하려는가?"
정자당이 대답했다.
"내가 어찌 그를 두려워하겠는가?"
마침내 옷을 벗고 베주머니를 차고 담을 넘더니, 나무를 부여잡고 배를 따 바야흐로 주머니에 가득 차게 담았다.
때는 달빛이 대낮처럼 밝았다. 상국의 집에 마침 존귀한 손님이 찾아와 배나무 아래 연석을 마련하고 달빛을 즐기며 시비에게 술잔을 올리도록 명하였다. 술이 몇 순배 돌았을 때 시비가 손님 앞에서 술을 따르다가 자신도 모르게 웃고 말았다. 상국은 크게 화가 나서 남자 종을 시켜 끌어 내도록 한 뒤 캐물었다.
"존귀한 손님 앞에서 어찌 감히 소리를 내어 웃었느냐?"
시비가 무릎을 꿇고 대답했다.
"예법에 어긋났으니 그 죄는 죽어 마땅하옵니다. 우연히 나무 위를 보니 웬 사람이 벌거벗은 채 있는지라, 어리석은 계집이 성품이 경망하여 아뢰지 못하고 그만 몰래 웃고 말았습니다."
정승이 위를 올려다보고는 크게 놀라 나무에서 내려오라고 호령하였다. 정자당은 나무에서 내려와 길게 읍을 하였는데 곁에 아무도 없는 듯 태연했다. 그 성과 이름을 묻자, 정자당이라고 대답했다. 당시 정자당의 문장에 대해 명성이 널리 퍼졌기에 귀천을 막론하고 그 이름을 듣지 않은 사람이 없었다. 정승은 그를 꾸짖으며 말하였다.

"너는 밤중에 남의 집 담장을 뛰어넘어 배를 훔쳤으니, 무례함이 심하다. 네가 과연 선비라면 마땅히 문자文字로써 스스로 대속하도록 하라."

그러고는 일부러 신귀례新鬼禮*로 알현하도록 명했다. 손을 등에 지고 서서 머리를 구부려 땅에서 일 촌一寸쯤 떨어지게 한 뒤, '서늘한 가을 기운 교외 들판에서 분다'(新涼入郊墟)*로 제목을 삼아 팔각 율부八角律賦*를 짓도록 명령했다. 정자당이 끊임없이 연이어 입으로 불러대니 잠깐 사이에 한 편의 시가 만들어졌다. 손님과 주인은 크게 기뻐하고 칭찬하며 자리에서 내려와 정자당을 자리로 맞아들인 뒤 밤새도록 술을 마시고 즐기다가 파하였다. 그 부 중에 다음과 같은 구절이 있다.

| | |
|---|---|
| 소자첨蘇子瞻이 창가에서 책을 읽음에 | 蘇子瞻讀書窓畔 |
| 솔바람, 산비 소리 밤중에 낭랑하네. | 松風山雨夜浪浪 |
| 백낙천白樂天이 강가에서 객을 전송함에 | 白樂天送客江頭 |
| 단풍잎과 갈대꽃 바람결에 쓸쓸한 가을 소리. | 楓葉荻花秋瑟瑟 |

나머지는 잊어버려 기억할 수 없는데, 당시 사람들의 입에 회자되었고 지금도 우리나라 사람들의 책자에 베껴 전해진다.

그 후 정자당은 과거에 급제하여 홍문관弘文館 정자正字가 되었다. 그가

---

신귀례新鬼禮　　조선 시대 사헌부와 승문원에서 신임 관리들에게 행했던 신고식 놀이를 이르는 말.
서늘한 가을 기운 교외 들판에서 분다(新涼入郊墟)　　한유의 고시 「부독서성남」符讀書城南에 "新涼入郊墟, 燈火稍可親. 簡編可卷舒, 豈不旦夕念."이라는 구절이 있다.
팔각 율부八角律賦　　팔각시八角詩. 흔히 시회詩會에서 시짓기놀이로 많이 응용하였다. 여덟 글자의 한자漢字를 뽑아 그 가운데 한 자씩을 머리글자로 삼아 4자구四字句와 3자구三字句를 지은 뒤에 각기 지은 것을 맞추어 칠언 절구七言絶句를 만든다. 오언 절구五言絶句로 만들 때는 먼저 3자구와 2자구를 짓는다.

저잣거리를 지나는데, 한 여자가 방 안에 앉아 녹두전을 부쳐 창 밖에 있는 소반에 늘어놓았다. 정자당은 그것이 먹고 싶어 말에서 내려 발(簾)에서 대 하나를 뽑아 내어 몰래 문 곁에 서서 녹두전을 낚아채 먹었다. 주인집 여자가 녹두전을 다 부치고 나와서 보니 소반이 텅 비어 있었다. 크게 놀라 소리를 지르며 이웃 사람을 꾸짖자, 이웃 사람들이 모두 말했다.

"문 밖에 대를 가지고 있는 손님이 의심스럽소."

드디어 정자당의 옷소매를 잡아끌며 마구 허물을 탓하며 꾸짖자, 그가 웃으며 말했다.

"나는 본래 떡만 즐길 뿐 술 마시는 것은 좋아하지 않는다오. 주인 아낙네, 이 옷 좀 그만 잡아당기구려."

정자당이 유배를 가 강가에서 머물 때 꿈 속에서 왕을 뵙고 감격하여 시를 지었다.

| | |
|---|---|
| 마음 속 가인佳人 꿈 속에서 만나니 | 情裡佳人夢裡逢 |
| 옛 얼굴 초췌하게 변해 서로 놀라네. | 相驚憔悴舊時容 |
| 꿈을 깨니 몸은 높은 누 위에 있고 | 覺來身在高樓上 |
| 빈 강엔 바람이 치고 달은 산봉우리에 숨었네. | 風打空江月隱峯 |

## 이홍남의 시재 ❖ 235

이홍남李洪男과 나세찬羅世纘이 서로 시를 주고 받으면서, '소'簫 자로 운을 삼고, 매 편마다 '이'李 자와 '나'羅 자를 쓰기로 했다. 맨 마지막에 이홍남이 '소'簫 자를 차운하여 쓰기를,

나리리라 나리리 羅李李羅羅李李
두 사람 번갈아 태평소 부노라. 兩人相作太平簫

라고 하자, 나세찬이 마침내 붓을 던졌다. 나는 늘 이 구절을 기특하게 여겼는데, 그 후 중국에서 『태평광기』太平廣記를 얻어 보니, '나리'羅李로 피리 소리를 말함은 당나라 사람에게서 나온 것이었다.

이홍남은 어릴 적에 재주 있다고 알려졌다. 어떤 어른이 반달을 가리키며 운을 부르는데, 그 운을 '어'魚 자로 하여 잇기가 매우 어려웠다. 이홍남은 운자가 떨어지자마자 말하였다.

반벽半璧이 희미하니 바닷고기 나오도다. 半壁依稀出海魚

또 '저'蛆 자로 운을 부르자 이번에도 즉시 대답하였다.

엷고 맑은 그림자 부저浮蛆*를 비치네. 薄將淸影照浮蛆

그의 재주가 어릴 적부터 뛰어남이 이와 같았다.
우리나라의 문장 하는 선비들은 모두 『태평광기』를 공부하였고, 이홍남도 일찍이 이를 익혔던 것이다.
민 한림閔翰林이 지은 별곡別曲*에 '『태평광기』 오백 권'이라 했는데, 내가 항상 그 전질을 얻어 보고자 했다. 얻어서 보니 그 문장이 고문에 가까워 자못 간략했지만, 당나라 사람들의 문장으로 많이 비약卑弱하여 시에는 훨씬 못 미쳤다. 한퇴지韓退之(한유)가 문장의 쇠약함을 떨치고자 한 것은 까

부저浮蛆   술 위에 뜬 거품.
민 한림閔翰林이 지은 별곡別曲   고려 시대의 문인 민광균閔光鈞이 지은 「한림별곡」翰林別曲을 말하는 것으로 보인다.

닭이 있었던 것이다.*

## 송강松岡의 시회詩會 ❖ 236

조사수趙士秀가 홍섬洪暹·조언수趙彦秀·정유길鄭惟吉·정사룡鄭士龍과 더불어 그의 집 뒤에 있는 송강松岡에 모여 술을 마셨다. 정사룡이 즉석에서 다음과 같은 시를 지었다.

| | |
|---|---|
| 영예로운 초대에 어울리지 않는 늙은이 이르니 | 嘉招不合到衰翁 |
| 성문의 안팎에 조망이 트였구나. | 表裏城闉眺望通 |
| 마부가 중령重嶺 위로 곧장 내달리니 | 騶御直凌重嶺上 |
| 생황의 노랫소리 백화百花 중에 울려 퍼지네. | 笙歌還放百花中 |
| 이름은 현산峴山 머리에 남아 응당 길이 전할 것이고* | 名遣峴首傳應遠 |
| 시는 임천臨川에 이르니* 말이 더욱 공교롭구나. | 詩到臨川語更工 |
| 한잔 술 건넴을 응당 갚아야 할 것이니 | 酬了一春知有債 |
| 붉고 푸른 빛 금방 없어지도록 하지 말구려. | 莫教紅綠旋成空 |

주인 조사수는 즉석에서 차운次韻하였고 나머지 사람들은 다음 날 운에

---

민 한림閔翰林이 지은 ~ 있었던 것이다.　　이 대목은 〈만종재본〉에 없는 것인데, 〈야승본〉에 의거해 보충해 넣었다.
이름은 현산峴山 머리에 남아 응당 길이 전할 것이고　　진晉나라 양호羊祜가 양양의 수령이 되었을 때 현산峴山에 올라 노닐었는데, 뒤에 사람들이 현산에 비석을 세워 양호의 치적을 기록하였다. 그 비석을 현산비峴山碑라 하고, 그 비석을 보면 백성들이 감격하여 울었으므로 타루비墮淚碑라고도 한다.
시는 임천臨川에 이르니　　임천臨川은 송나라 왕안석王安石의 고향이며, 그의 시문집이 『임천집』臨川集이다. 이 시에서 임천에 이른다는 것은 시가 왕안석의 경지에 이른다는 뜻으로 풀이된다.

따라 지었는데, 모두 송강松岡 집의 벽 위에 남아 있다. 난리 후에 조사수의 손자 우윤右尹 조존세趙存世가 여러 공들이 쓴 시의 말구末句를 기록해 둔 것이 있는데 정유길의 것은 다음과 같다.

내일 아침 태사太史가 아뢸 것 두렵나니 　　　　却恐明朝太史奏
엄가嚴家의 성상星象*이 먼 하늘에 모였구나. 　　嚴家星象聚遙空

조사수의 말구는 다음과 같다.

깊은 밤 촛불 밑동 보이지 않게 함이 괴이할 것 없소.* 　莫怪夜深禁燭跋
내일 아침 비바람에 이 봄도 다하리니. 　　　　明朝風雨一春空

홍섬의 시구는 다음과 같다.

안벽 위의 화려한 시편 메아리쳐 허공에 울려 퍼지네. 　壁間華篇響摩空

후에 『호음집』湖陰集을 살펴보니, "3월 하순에 송강松岡(조사수)이 나를 맞이하여 퇴지退之(한유)의 '백고伯高·길원吉元 등과 뒷산 기슭에 오르다'는 것으로 시를 짓는다."(三月下旬 松岡邀余 及退之伯高吉元登眺後麓 爲題)라고 했다. 내 생각으로는* 호음이 마지막 구에서 "붉고 푸른 빛 금방 없어지도록 하지 말

---

**엄가嚴家의 성상星象** 　후한後漢 광무제光武帝와 동문수학한 엄광嚴光이 광무제에게 불려와 침식을 함께 할 때 태사가 고하기를, 객성客星이 임금 자리를 급히 침범한다고 하였다. 이에 광무제는 엄광과 함께 누워 있었음을 말해 주었다. (『후한서』「엄광열전」嚴光列傳 참조)
**깊은 밤 촛불 밑동 보이지 않게 함이 괴이할 것 없소.** 　모두 타 버린 촛불 밑동을 손님에게 보이면 밤이 깊었음을 깨닫고 돌아가게 재촉하는 셈이 되기 때문에 밑동을 보이지 않게 하는 것이다. 『예기』「곡례」曲禮 상편의 "燭不見跋"을 바탕으로 한 시구이다.
**후에 호음집湖陰集을 ~ 내 생각으로는** 　이 대목은 〈만종재본〉에 없는 것으로 여러 필사본에 의거해 보충해 넣었다.

구려"(紅綠旋成空)라고 한 것은 좋지 못한 듯하다. 3월이 지난다고 신록이 금방 없어지겠는가?

## 성호선과 유극신의 문장 비유 ❖ 237

성호선成好善과 유극신柳克新은 변론에 뛰어났다. 함께 문장에 대해 논하는데 성호선이 말했다.

"문장은 집을 짓는 것과 같소. 종루鐘樓처럼 높고 크다 하더라도 사방에 벽이 없으면 그곳에 거처하는 사람은 반드시 추위에 병이 나고 말 것이오. 군대의 보루처럼 비록 작더라도 사방 벽이 잘 다스려져 있다면 그곳에 거처하는 사람은 추위에 상하는 법이 없지요."

유극신이 말했다.

"그대는 어째서 추위에 상하는 것으로 말하시오. 더위를 피하는 것으로 말하길 바라오."

당시에 모두 명언으로 여겼다.

## 민효열의 「신루북헌기」新樓北軒記 ❖ 238

대저 문장은 대대로 전해지며 썩지 않으니, 옛말 중 지금까지 남아 있는 것은 모두 그것이 정련되어 흠이 없어 후세의 모범이 될 만하기 때문이다. 그 가운데는 또한 효성스런 자손들이 대대로 집안에 전하며 진기하게 여겨 보존한 것도 있다. 마치 제기祭器로 쓰이는 옛 그릇들이 깨지고 이지러져 일상의 그릇으로 쓰기에 적합하지 않아 남이 보기에는 대수롭지 않지만 그 집안에서는 열 겹으로 싸서 백세토록 전하기도 하는 것이니, 이 어찌 귀하지 않으리오.

나의 표제表弟(이종 아우) 민응시閔應時가 내게 와서 주머니 속의 종이 몇 장을 보여 주었다. 그의 현왕조고玄王祖考(오대 고조)인 민효열閔孝悅과 고왕조고高王祖考(고조)인 민반閔泮이 지은 시문이었다. 그 자손이 비록 문학을 잘하지는 못하지만 천성이 순수하고 효성스러워 여러 대에 걸쳐 집에서 간직해 온 것이다. 그리하여 여러 차례 병란을 겪고도 수백 년 동안 유실되지 않았으니, 또한 세상에 드문 일이다. 나 또한 그분들의 외손의 후예가 되기에 그 시문들을 보니, 전아典雅하여 세상에 전할 만하므로 아래에 기록해 둔다.

민효열은 문과에 급제했고, 민반은 사마시에 장원으로 급제해 이른 나이에 음직蔭職으로 나아갔는데, 정과正科에는 급제하지 않았다. 두 분 모두 관직이 현달하였다.

「신루북헌기」新樓北軒記

신사년 여름 내가 새로 부임해 연정蓮亭과 관아 건물이 퇴락한 것을 보고 개연히 중건하고자 하는 뜻을 가졌다. 그런데 마침 국가에서 경장更張에 힘써 양전量田·호적戶籍·호패號牌 등의 일이 많이 위임되었다. 조정의 관리들이 주와 군에서 앞다투어 모여 일하게 하면서 밤낮으로 재촉하고 독려하며 성화를 부리니, 조정 안팎의 관리들은 근심에 싸여 오직 기한에 늦어 허물을 얻을까 두려워했다. 그러니 무슨 겨를에 관아 건물을 중건할 수 있으리오? 부임한 지 몇 개월이 지나 아전과 백성들을 모아 일을 하기에 편안한가 물으니 아전과 백성들 모두 꺼리며 응답이 없었고, 간혹 흉보며 비웃는 자들도 있었다. 나는 여러 방편으로 반복해서 깨우쳐 이해 가을에 비로소 역사를 시작하였다.

이곳의 땅은 평평하고 넓었는데 시골 마을이라 물산이 없었다. 서울 밖으로 나누어 파견해 조금씩 취해 오도록 하고, 또 백성들의 힘을 소중히 여겨 다만 관속들에게 역사를 시켰다. 실낱같이 작은 힘이 끊기지 아니하여 해를 넘겨서야 집채가 완성되었다. 이에 전에 꺼리고 비웃었던 사람들도 모두 기뻐하며 달려와 역사에 참여했다. 이로부터 '서헌'西軒 · '향교재'鄕校齋 · '공수청'公須廳 등 퇴락함이 매우 심했던 곳들이 점차 중건되어 3년이 지나자 관아 건물이 대략 갖추어졌다. 나 또한 임기가 다되어 떠나게 되어 공사를 완결하지 못했다. 그리하여 누대와 못의 짜임새를 뛰어나게 장려하게 짓지는 못했지만, 탁 트여 맑고 상쾌해 번잡하고 답답함을 씻어 주어 공무를 편안히 보기에는 충분했다.

아! 나의 마음도 고달팠고 역사의 어려움 또한 심했다. 그러나 옛 누정의 퇴락함을 보지 못한 사람은 오늘날의 공력을 모를 것이고, 역사의 어려움을 겪어 보지 못한 사람은 전날의 수고로움을 모를 것이다. 이제부터 내 뒤를 이어 다스리는 이들이 이곳에 올라 멀리 바라보고, 이곳에서 잔치를 벌이고 즐기면서 내가 수고롭게 마음썼던 것과 어렵사리 경영했던 것을 과연 생각이나 할까? 아직 완성하지 못한 공사와 진척시키지 못했던 일을 끝내 완성시킬 수는 있을까? 만약 관아의 장부나 문서에 피곤하고, 혹은 술에 빠져 기울어져 무너지는 것을 좌시한 채 마음을 움직이지 않는다면 내가 아홉 길을 쌓은 공이 한 삼태기의 흙이 모자라서 무너질 것이니, 이 어찌 내가 오늘 기대하고 바라는 뜻이겠는가!

천순天順 7년 계미년(1463, 세조 9) 9월 초길일에 부사 여강驪江 민효열 聞孝悅이 기록한다.

동지同知 민반의 시다.

촌장村庄에 홀로 앉아 만단으로 헤아리니 　　　　　獨坐村庄計萬端
처마 가득 비바람 부는데 겨울 추위 보내노라 　　滿簷風雨送冬寒

| 근심 깨치는 데는 다만 석 잔의 술이면 되나니 | 破愁只用三盃酒 |
| 환골換骨에 어찌 구정단九鼎丹*이 필요하리. | 換骨何曾九鼎丹 |
| 말 탄 사람 몇 명 번화한 거리 달리는데 | 跨馬幾人馳紫陌 |
| 창에 기댄 채 종일토록 푸른 산만 바라보네. | 倚窓終日賞靑巒 |
| 옛 노인들 와서 함께 술 마시는 것 매우 좋아하니 | 酷憐古老來相飮 |
| 달은 동쪽 모퉁이에 뜨고 밤은 이미 깊었네. | 月上東隅夜已闌 |

## 임형수의 오산가鰲山歌 ❖ 239

임형수林亨秀는 젊은 시절부터 문장에 능해 당시 사람들에게서 추앙받았다. 글을 지음에 붓을 잡으면 즉시 이루었으며 한 번에 수천 언言을 지었다. 사람됨이 호탕하고 기가 세어 소인배들이 그를 시기하고 미워했다. 당시 진복창陳復昌이 권세를 믿고 함부로 악행을 일삼아 어진 선비들을 일망타진하였다. 임형수의 재주가 이름나 자신보다 뛰어남을 싫어해 은밀히 그를 중상하여 관북關北(함경도)으로 쫓아 내 회령 판관會寧判官에 제수하였다. 회령은 오산鰲山이라고도 칭하는데, 임형수가 「오산가」鰲山歌를 지어 그 지방 사람들이 지금까지 이를 전하여 부른다. 「오산가」는 다음과 같다

| 오산鰲山이여, 하늘 한 귀퉁이에 있어 | 鰲之山兮天一方 |
| 북쪽은 사막으로 이어지고 남쪽은 바다로구나. | 北連沙漠南海洋 |
| 몇 년 동안 무기를 잡고 싸움하던 곳이던가? | 干戈幾年征戰場 |
| 지금은 백골 쌓여 언덕을 이루었네. | 至今白骨堆陵崗 |

구정단九鼎丹  먹으면 선골仙骨이 된다고 하는 도가道家의 약.

| | |
|---|---|
| 영웅의 사업은 진실로 넓고도 크니 | 英雄事業信灰弘 |
| 가시밭 변하여 사통팔달의 큰길 되었네. | 坐見荊棘爲康莊 |
| 강토를 이제 오랑캐의 땅에서 되찾으니 | 版籍今收戎虜鄕 |
| 봄볕이 크게 빛나 드넓은 창공에 솟구친다. | 春光大烈凌穹蒼 |
| 연이어 일어나는 호걸들 얼마나 굳세었던고? | 繼起豪俊何洸洸 |
| 산하를 맡아 나눔에 그 계책 뛰어났구려. | 宰割山河籌策良 |
| 강에 임한 관문은 악한 무리 날뛰는 것 제어하고 | 臨江亭障制跳梁 |
| 만 리에 성을 쌓아 바다에 길이 연해 있다. | 築城萬里連海長 |
| 우리 왕의 성덕은 요순보다 뛰어나고 | 吾王聖德邁唐虞 |
| 인자한 위엄은 멀리 오랑캐까지 껴안네. | 仁威遠曁包戎羌 |
| 궁궐에 머리 조아리러 멀리에서 배 타고 오고 | 彤階稽顙自梯航 |
| 전사들은 창을 버리고 돌아가 농사에 힘쓰네. | 戰士放戈歸耕桑 |
| 지난 해 변방 백성들 가뭄과 황충蝗虫의 재해를 만나 | 去歲邊氓罹旱蝗 |
| 노인과 아이 이끌고 가다 쓰러져 죽었지. | 扶老携幼行且僵 |
| 아들은 고아, 아비는 홀아비, 여자는 또 과부가 되어 | 子孤父鰥女又孀 |
| 구중九重에서 근심에 젖은 임금님 마음 편찮으셨네. | 九重惕惕宸心傷 |
| 나의 백성 고통 치유하고자 하는 이 마음 체득하여 | 疇能體余醫民恙 |
| 너는 가서 삼가 다스리라 함에 신이 황공하였네. | 往哉汝欽臣兢惶 |
| 머리 조아려 두 번 절하고 명광전明光殿*을 하직함에 | 再拜稽首辭明光 |
| 임금님 은혜에 감격하여 두 줄기 눈물 흘렸노라. | 感荷天恩雙涕滂 |
| 동교東郊에 타고 가는 군마 홀연 날뛰고 | 東郊征馬忽騰驤 |
| 허리에 찬 단검은 차가운 빛 발하노라. | 腰間尺劍搖寒鋩 |
| 이별하는 정자엔 수레와 말이 담처럼 늘어서고 | 離亭車馬如堵墻 |
| 옷소매 움켜잡고 버들가지 꺾으며 술잔 날리네. | 摻袂折柳飛瓊觴 |

**명광전明光殿** 중국 한漢나라의 정전正殿이었는데, 후세에는 일반적으로 대궐을 가리키는 말로 쓰였다.

| | |
|---|---|
| 양관곡陽關曲* 가락 부르는 아리따운 아가씨 | 曲曲陽關唱妙娘 |
| 주옥같은 시 백 편으로 행장을 삼는다네. | 瓊琚百篇需行裝 |
| 초가을 물색物色은 더욱 처량하여 | 新秋物色轉凄凉 |
| 가려 하나 가지 못하고 방황하노라. | 欲去未去仍彷徨 |
| 관산關山은 아득히 멀어 바라볼 수 없고 | 關山迢遞不可望 |
| 기전畿甸*으로 접어듦에 혼백은 날아가는 듯. | 路轉圻甸魂飛揚 |
| 어머니! 왕사王事에 힘쓰는 이 몸 겨를이 없나니 | 母兮靡盬不遑將 |
| 산언덕 오르자 눈물이 돌아 눈자위 적시네. | 陟屺有淚垂寒眶 |
| 산초나무에 수레 멈추고 연못에서 말 물 먹인 뒤 | 弭節山椒馬飮塘 |
| 두 고을 내달려 회양淮陽에 투숙하네. | 二縣言邁投淮陽 |
| 험준한 철관鐵關은 태항太行*처럼 솟아 있고 | 峨峨鐵關高太行 |
| 백 굽이 고갯길에 수레의 횡대는 삐그덕 삐그덕. | 嶺路百折催車轖 |
| 깊은 산에 천둥 울리더니 소낙비 갑자기 퍼부어 | 窮山雷雨忽雺雺 |
| 천지가 대낮에 분간할 수 없어 근심하며 갈팡질팡. | 乾坤晝晦愁悢悢 |
| 넓은 들판은 아득한데 저물녘 진눈깨비 내리더니 | 富野微茫暮雲霙 |
| 학루鶴樓에 가을 달 광채가 빛나네. | 鶴樓秋月搖光芒 |
| 기양岐陽 어느 곳에서 주창周昌*을 알현할고? | 岐陽何處謁周昌 |
| 용주湧珠*는 천 년이 넘은 옛 고을이라. | 湧珠千年餘舊坊 |
| 문치의 교화 십실十室은 길가에 늘어섰는데 | 文道十室官道傍 |

**양관곡陽關曲**     당나라 때 원이元二가 안서 지방의 사신이 되어 떠날 때, 왕유王維가 지어서 부른 시.
**기전畿甸**     서울을 중심으로 하여 사방 500리 안의 땅을 말한다.
**회양淮陽**     함경도와 경계를 이루는 강원도의 지명.
**태항太行**     관關 이름. 즉 천정관天井關으로, 산서山西 보성현普城縣 태항산太行山 위에 있다.
**주창周昌**     주周 무왕武王의 아버지인 문왕文王 희창姬昌을 가리킨다. 기산은 주나라가 일어난 곳으로 함경도를 비유한 것으로 보인다. 문왕은 태조 이성계의 아버지 이자춘李子春을 비유한 것으로 볼 수 있다.
**용주湧珠**     용주리湧珠里. 함경도에 있는 지명. 이성계의 고조부인 목조穆祖가 전주에서 삼척을 거쳐 용주리에 와서 살았다고 한다.

| 울타리 쓸쓸하여 백성들 재물을 해쳤네 | 籬落蕭條民物戕 |
| 쌍성雙城*의 동쪽 편으로 바다 드넓고 | 雙城東畔海泱泱 |
| 고루高樓에 올라 서울 바라봄에 홍장紅粧이 늘어섰구나. | 高樓望京羅紅粧 |
| 비백산鼻白山* 앞에는 가을 풀이 누렇고 | 鼻白山前秋草黃 |
| 학선정鶴仙亭* 아래에는 행인들 바삐 지나가네. | 鶴仙亭下行人忙 |
| 함산咸山의 아름다운 기운 왕기王氣가 왕성하고 | 咸山佳氣鬱興王 |
| 누대의 금벽金壁은 휘황하게 비치네. | 樓臺金碧相輝煌 |
| 마당의 격구擊毬 놀이에 용장龍章을 상상하고, | 場留擊毬想龍章 |
| 동구에 이른 토끼와 쥐 당랑螳螂을 애도하니. | 洞訖兎鼠哀螳螂 |
| 천병天兵의 신묘한 계책 어찌 헤아리리? | 天兵神算何可量 |
| 서이西夷와 북적北狄은 성탕成湯을 원망하노라. | 西夷北狄怨成湯 |
| 길 험한 함관咸關에는 예장預樟나무 우거지고 | 路岐函關森預樟 |
| 웅장한 성 삼살三撒*에는 세 번 거듭 영상營廂을 배설하였네. | 城雄三撒排營廂 |
| 시중대侍中臺* 위에서 배회하노니 | 侍中臺上爲徜徉 |
| 얼신孼臣*은 어찌하여 스스로 재앙을 불렀는가? | 孼臣如何自招殃 |
| 천원川原*의 초목 핏빛으로 물들었는데 | 川原草木染殷血 |
| 이제는 창을 부러뜨려 싸움터에 묻노라. | 至今折戟埋戰場 |
| 단산端山*은 광채를 머금고 보옥寶玉을 감추었으며 | 端山含輝寶玉藏 |

쌍성雙城　　함경도 영흥永興의 옛 이름.
비백산鼻白山　함경도 정평 도호부定平都護府에 있는 산.
학선정鶴仙亭　함경도 함흥에 있는 정자.
함관咸關　　함관령咸關嶺. 함경도 함흥부와 홍원군의 경계에 있는 고개 이름.
삼살三撒　　북청北靑의 다른 이름.
시중대侍中臺　강원도 통천군 흡곡면에 있는 누대. 관동 팔경의 하나.
얼신孼臣　　반역을 일으킨 신하. 함경도에서 반역을 일으켰던 이시애李施愛를 가리킨다.
천원川原　　함경도 함흥부의 지명.
단산端山　　함경도 단천端川을 가리키는 것으로 보인다.

| 만 전萬錢을 가지고 끊임없이 호상胡商이 왕래하네. | 萬錢絡繹來胡商 |
| 두 고갯마루 하늘 높이 치솟아 있노니 | 二嶺崔崔挿天央 |
| 사람과 말은 엎어져 양장羊腸을 근심하네. | 人僵馬仆愁羊腸 |
| 산마루에서 시를 읊어 옥황玉皇을 놀라게 하노니 | 岑上哦詩驚玉皇 |
| 거령巨靈이 오그라들어 산방山房에 숨네. | 巨靈瑟縮藏山傍 |
| 앞뒤로 산융山戎*은 국경에 접하였노니 | 前後山戎接界疆 |
| 형세를 점유하고 진을 베풀어 관문을 엄히 다스린다. | 占勢列鎭嚴關防 |
| 웅성雄城에는 예로부터 호족들이 강성하여 | 雄城自古民豪强 |
| 요즈음 가렴주구 관리들 많은 장물贓物을 취했네. | 邇來掊克官多贓 |
| 탐천貪泉*을 백이숙제에게 맛보게 하지 않았나니 | 貪泉未遣夷齊嘗 |
| 율무 참언* 드러남 괴이하게 여기지 마시오. | 莫怪薏苡讒言彰 |
| 백산白山*은 희디희게 하늘 문에 맞닿아 있고 | 白山皓皓參天閶 |
| 유월에도 눈발이 세찬 북풍에 날리네. | 六月飛雪隨驚飇 |
| 동쪽으로 임한 경성 부중府中에는 성황城隍이 우뚝하고 | 東臨鏡府屹城隍 |
| 갑옷 두른 용맹한 군사들 도끼 잡고 늘어섰네. | 貔貅萬甲欂斧斨 |
| 굳센 원수元帥는 고당高堂에서 의젓한 모습으로 | 桓桓元帥儼高堂 |
| 객을 맞이해 술을 차리고 생황笙篁을 베푼다. | 延客置酒陳笙篁 |
| 배회하다 높은 곳 올라 바라보며 득실得失을 탄식하니 | 徘徊登眺嘆得喪 |
| 옛 강토 협상하여 나눔에 어찌 그리 겁내었는고!* | 議割舊疆何其㥘 |

산융山戎　만주 지역의 종족 이름. 중국 춘추春秋 시대에 산서성山西省 태원太原에 살다가 뒤에 하북성河北省 옥전현玉田縣으로 이주했다.
탐천貪泉　중국 광동성에 있는 샘물로 그 물을 마시면 탐욕스러워진다고 한다. 진晉나라의 오은지는 이 물을 마시고도 마음이 변치 않은 것으로 알려져 있다. 오은지는 백이·숙제로 하여금 그 샘물을 마시게 하더라도 끝내 마음을 바꾸지 않을 것이라는 내용의 시구를 쓴 바 있다. (『고문진보』 전집前集 참조)
율무 참언　후한後漢의 마원馬援이 교지交趾를 정벌하고 돌아올 때 율무를 싣고 왔는데, 명주明珠를 싣고 돌아왔다고 비방한 일이 있었다. (『후한서』 「마원전」 馬援傳 참조)
백산白山　함경도 경성 도호부에 있는 산. 5월에 눈이 녹고 7월에 첫눈이 온다고 한다.

| | |
|---|---|
| 용성龍城*을 경계로 삼는 계책 좋지 않노니 | 龍城爲界計未臧 |
| 누가 이를 주장하였는지 내 모르겠네. | 孰主張是吾未詳 |
| 영산寧山* 북쪽으로 가는 길 오르락내리락 | 寧山北去路低昂 |
| 경내에 들어 고삐를 늦추니 마음이 아득하다. | 入境按轡心茫茫 |
| 아! 풍습을 묻고 이리저리 떠도는 신세 한하노니 | 吁嗟問俗感流亡 |
| 부로父老들 흔쾌하게 맞이하며 술과 음료 베푸네. | 父老欣迎羅酒漿 |
| 동개 찬 수많은 기병 우렁차게 치닫고 | 櫜鞬萬騎驅彭彭 |
| 앞길 인도하는 붉은 기 바람 따라 날린다. | 紅旗前導隨風颺 |
| 초루譙樓의 장막帳幕에는 홍상紅裳이 비치고 | 譙樓帳幕照紅裳 |
| 장군이 출영出迎함에 칼과 창 들어서네. | 將軍出迎羅刀鎗 |
| 주방의 옥반玉盤에는 연어 방어 잘려 있고 | 行廚玉盤斫鱮魴 |
| 사슴 태胎와 곰의 살이 섞여 있구나. | 錯以鹿胎而熊肪 |
| 화려한 자리에 금슬琴瑟 소리 울려 퍼지고 | 文筵秩奏琴瑟鏘 |
| 금 술잔에는 나부춘羅浮春* 향기 넘치네. | 金樽瀲灧羅浮香 |
| 임금님의 은혜 멀고 깊어 우로雨露가 넘치니 | 洪恩遠覃雨露瀼 |
| 배고픔 변하여 배부름 되고 재앙이 상서로움 된다. | 飢變爲飽災爲祥 |
| 비 내려야 할 때 비 내리고 해 비쳐야 할 때 해 비치니 | 日雨而雨暘而暘 |
| 밭두둑에 가득한 열매 가을 되어 넘실대네. | 滿疇華實秋穰穰 |
| 태평 시절 백 년에 곡식 풍족하고 | 昇平百年足稻粱 |
| 조두刁斗* 두드릴 일 없으니 백성들 다치지 않네. | 刁斗不驚民無瘡 |

옛 강토 협상하여 나눔에 어찌 그리 겁내었는고! 옛 영토는 고려 때의 구성환부를 가리킨다. 윤관尹瓘이 함경도 지역의 여진족을 정벌하고 9성을 수축했으나, 여진과 교섭하여 그 땅을 다시 돌려준 일이 있었다.
**용성龍城**　　함경도 덕원德源에 있는 지명.
**영산寧山**　　함경도 부령富寧의 옛 이름.
**나부춘羅浮春**　　소동파蘇東坡가 혜주惠州에서 살 때 스스로 만들었던 술 이름.
**조두刁斗**　　군용 반합으로 쓰이는 물건. 구리로 만들어 낮에는 취사에 쓰고 밤에는 두드려 경계하는 데 썼다.

| | |
|---|---|
| 강물은 두만豆滿으로 세차게 흘러가고 | 江流豆滿去湯湯 |
| 산은 백두白頭로 내달리며 날개가 휘감아 도네. | 山馳白頭來回翔 |
| 알목하斡木河*는 갓끈을 씻을 상수湘水이고 | 斡木之河可濯湘 |
| 운두성雲頭城* 옛 성가퀴 산 주변을 둘러 있네. | 雲頭古堞圍山旁 |
| 굳센 울타리 예로부터 든든한 보장保障이 되니 | 雄藩自古壯保障 |
| 흉노족 제어하기를 우양牛羊처럼 한다네. | 駕御胡羯如牛羊 |
| 곡식이 썩을 정도로 많은 창고에 다시 만상萬箱을 더하고 | |
| | 紅腐千倉更萬箱 |
| 칼과 창 햇빛에 말리니 맑은 서리 빛 어리네. | 劍戟曝日凝淸霜 |
| 엄연한 문묘文廟에는 서상序庠*이 나래를 펼쳐 있고 | 有儼文廟翼序庠 |
| 재배하며 알현함에 패옥 소리 울린다. | 再拜展謁鳴佩璜 |
| 우리의 도道가 일찍이 먼 오랑캐 땅과 거리가 있었던가? | 吾道何曾間遐荒 |
| 유교遺敎가 두루 미쳐 떳떳한 윤리를 지탱하네. | 遺敎遍及扶彝綱 |
| 변방 군대의 말은 날마다 급히 들이닥치는데 | 窮邊戎馬日劻勷 |
| 즐겨 글 읽는 소리 다시 낭랑하구나. | 更喜讀書聲琅琅 |
| 아전과 백성은 태수의 광간함 알지 못하고, | 吏民不知太守狂 |
| 옥황상제의 향안랑香案郎*과 같다 이야기하네. | 共道玉皇香案郎 |
| 공봉供奉*이 일찍이 임금을 바로잡음 있었던가 | 供奉何曾袞職匡 |
| 원근에 우리를 살리는 은파恩波가 넘실대네. | 遠邇活我恩波汪 |
| 아! 나는 나태한 성품에다 본래 소견이 좁아 | 嗟余懶性本披倡 |
| 의지하며 바라는 기대를 어찌 감당하리오. | 惟爾倚望何敢當 |

알목하斡木河　　함경도 회령의 옛 이름.
운두성雲頭城　　함경도 회령부 서쪽 50리에 있는 성.
서상序庠　　향리鄕里의 학교, 곧 향교를 가리킨다. 공자의 위패를 모시는 문묘와 강의실인 명륜당이 있다.
향안랑香案郎　　옥황상제를 곁에서 모시는 선관仙官을 일컫는다.
공봉供奉　　임금의 측근에서 보좌하는 벼슬. 조서詔書와 칙서勅書 등 내명內命을 담당하는 한림 공봉翰林供奉, 시종侍從의 역할을 하는 동·서두 공봉東西頭供奉 등이 있다.

| | |
|---|---|
| 일찍부터 낙척落拓하여 미친 체하였는데 | 早年落拓形倡伴 |
| 감히 더불어 성조聖朝에 올라 떨치기를 기약할까. | 敢與聖朝期登歊 |
| 장안의 술집에 준마를 전당 잡히고 | 長安酒肆典翻鵾 |
| 명아주와 비름으로 배 채움에 달기가 꿀맛이었지. | 充腹藜莧甘如餹 |
| 십 년 세월 지금까지 명예의 굴레에 떨어졌으나 | 十載如今落名韁 |
| 천석고황泉石膏肓 아직도 얻지 못하네. | 泉石尙未醫膏肓 |
| 강호에 배 띄우기 꼭 알맞으니 | 江湖端合駕舟艭 |
| 일생의 계책이 새가 높은 돛대 따르듯 하구나.* | 一生計活隨鳥檣 |
| 기하芰荷*로 옷 지어 입고 고장菰蔣 먹으며 | 製芰荷兮飯菰蔣 |
| 밝은 달빛 싣고 낭목榔木을 두드리는 소리* 들으리. | 載明月兮聽鳴榔 |
| 아니면 귀향해 분수 지켜 남쪽 밭두둑에 벼를 심어 | 不然歸分南畝秧 |
| 호미 메고 아내와 함께 가라지를 뽑으리. | 荷鋤帶婦治莠粮 |
| 늙어서는 매운 성품 계피와 생강에 맡기고 | 到老辣性任桂薑 |
| 메추라기와 더불어 즐겁게 느릅나무에서 놀리라. | 甘與斥鷃槍楡枋 |
| 남은 나이 거두어들여 복령과 창포에 의탁하고 | 收取殘齡寄苓菖 |
| 진세塵世를 멀리 떠나 쓰르라미 매미처럼 울리라. | 遠離塵世喧蜩螿 |
| 부귀를 헤아리지 않고 암랑巖廊(의정부)에 올라 | 不分富貴登巖廊 |
| 위로 요순堯舜을 모시니 기린과 봉황이 온다네. | 上佐堯舜來麟鳳 |
| 팔진미八珍味를 앞에 벌이고 암양을 먹고 | 羅前八珍餕飽牂 |
| 화려한 옷에 옥 슬갑을 두른다 해도 북망北邙*으로 돌아가리. | 珠襦玉匣歸北邙 |

일생의 계책이 새가 높은 돛대 따르듯 하구나.  원문은 '鳥檣'으로 되어 있는데 이를 '鳥檣'의 잘못으로 보고, 『佩文韻府』「陽 危檣」의 "度鳥息危檣"(지나가던 새가 높은 돛대에서 쉰다)라는 구절을 용사한 것으로 본, 이충구 외 역 『어우야담』(전통문화연구회, 2003)의 해석을 취하였다.
기하芰荷    마름과 연. 그 잎을 엮어 옷을 만들어 은인隱人이 입었다고 한다.
낭목榔木을 두드리는 소리    뱃전에서 낭목을 두드려 울리면 물고기가 놀라서 그물 안으로 들어간다고 한다. (이백의 시 「송은숙」送殷淑 참조)

| | |
|---|---|
| 다만 내 혈기 방강함에 연유하여 | 只緣吾方血氣剛 |
| 밝은 세상에 감히 눈 내림* 노래하지 못하네. | 昭世不敢歌雪雱 |
| 대들보가 될 재목 못 됨 스스로 부끄럽고 | 自愧才難任梲栭 |
| 갈고리 만듦에 강철 같지 못함 한한다네. | 作鉤恨不如眞鋼 |
| 외로운 거룻배 억지로 저어 구당瞿塘*을 건너나니 | 强撑孤艇濟瞿塘 |
| 공문을 보냄에 덕장德璋* 있을까 도리어 두려워하노라. | 却怕移文有德璋 |
| 성은聖恩은 어찌하여 총애하시어 까불러 버리지 않으시고 | |
| | 聖恩何幸不簸糠 |
| 재주 없는 이 몸 오래도록 태창太倉을 도적질하도록 하는가? | |
| | 不才久容盜太倉 |
| 금지金墀 옥전玉殿에 방울 소리 가득하니 | 金墀玉殿滿鳴璫 |
| 묵묵히 현로賢路에 방해됨 늘 부끄럽다네. | 僶默常慙賢路妨 |
| 천박한 재주로 어찌 보도輔導함 있었으리오? | 譾薄何曾與贊襄 |
| 한 번 신칙하여 소나무 대나무처럼 굳센 절개 지니라 하시고 | |
| | 庶幾一飭如松篁 |
| 나에게 이목耳目을 맡기시니 남다른 은혜라. | 寄我耳目恩非常 |
| 이내 몸 죽기 전에 어찌 잊을 수 있으리? | 此身未死何敢忘 |
| 평생 문묵文墨에 달려 나갔나니 | 平生文墨漫趨蹌 |
| 군려軍旅의 일은 애초에 겨를이 없었다네. | 軍旅之事初未遑 |

**북망北邙**　중국 하남성河南省 낙양현洛陽縣의 북쪽에 있는 망산邙山. 한漢나라 이래로 유명한 묘지이므로, 전轉하여 무덤·묘지의 뜻으로 쓰인다.
**눈 내림**　나라가 어지러워질 것을 미리 말하는 것을 뜻한다. 『시경』詩經 패풍邶風의 「북풍」北風 편에, "북풍이 서늘하여 눈이 펑펑 내리네"(北風其涼 雨雪其滂)라고 하여 국가가 어지러워지는 상황을 비유적으로 노래한 것이 보인다.
**구당瞿塘**　중국 사천성에 있는 협곡 이름으로 삼협三峽의 하나.
**덕장德璋**　공덕장孔德璋, 즉 「북산이문」北山移文을 쓴 남제南齊의 공치규孔稚珪. 「북산이문」은 사이비의 인물이 북산에 들어오지 말라는 내용을 공문 형식을 빌려 쓴 글이다. (『고문진보』 후집後集)

| | |
|---|---|
| 시서詩書로 어찌 감히 시랑豺狼을 누르리오? | 詩書安敢鎭豺狼 |
| 다행히 우리 임금에 의지하여 변경의 일에 힘쓰노라. | 幸賴吾王勤外攘 |
| 노둔함 다시 채찍질하여 서로 경계하고 | 更策駑鈍戒交相 |
| 성주聖主의 큰 은혜 한번 갚기를 기약하노라. | 聖主洪恩期一償 |
| 적자赤子들은 어미에게 길러지기 바라노니 | 庶令赤子養于孃 |
| 함께 장수하고 요절하는 자 없도록 하리. | 共躋壽域無夭殤 |
| 봄날 누에치는 여자들 마땅히 광주리 잡을 것이며 | 春日宜蠶女執筐 |
| 여름날 농사짓는 사내 호미 자루 잡을지라. | 夏日宜稼男把穰 |
| 지아비는 밭 갈고 지어미는 베 짜며 각자 힘쓸지니 | 夫耕婦織各自蘉 |
| 바라건대 제 살을 깎아 부스럼 고치는 일* 없기를. | 幸無剈肉醫眼瘡 |
| 풍년 들어 무왕巫尫*을 태우는 수고일랑 없고 | 歲稔無勞焚巫尫 |
| 조세 균등하니 「습장」隰萇*을 노래하지 마소. | 賦均且莫歌隰萇 |
| 하늘과 땅의 신령 큰 은혜 내려 곡식 배불리 먹었노니 | 神祇垂休飫饘䭈 |
| 수레에 가득 찬 낮은 땅도 오직 나의 풍요로다. | 滿車汗邪雄我穰 |
| 백성 다스림에 먹을 것 있고 군대 또한 식량 있나니 | 齊民有食軍有糧 |
| 백 년 전쟁에도 문란함 없으리. | 兵軍百年無搶攘 |
| 늘어선 진영 여러 장수 패佩와 띠 나란히 하고 | 列陣諸將聯佩纕 |

**제 살을 깎아 부스럼 고치는 일** 섭이중聶夷中의 시 「상전가」傷田家에 "눈앞의 부스럼을 고칠 수는 있으나, 심장 앞의 살을 깎는다네"(醫得眼前瘡, 剜却心頭肉)라는 구절이 있는데, 임시변통을 의미한다. (『고문진보』 전집前集)

**무왕巫尫** 고대 기우제를 지내던 여무女巫. 『춘추좌전』春秋左傳 「희공」僖公 21년 조에, "여름에 큰 가뭄이 들자 공이 무왕巫尫을 불사르고자 했다"(夏大旱 公欲焚巫尫)라는 기록이 있는데, 거기에 다음과 같은 주注가 달려 있다. "무왕巫尫은 여무女巫로 기도를 주관하여 비를 청하던 자다. 그러나 혹자는, '무왕은 무당이 아니라 곱사등이인데 그의 얼굴이 위로 향해 있기 때문에 속간에서는 하늘이 그의 병을 불쌍히 여겨 비가 그의 콧구멍 속으로 들어갈까 걱정하며 가물게 한 것'이라고 하며, 이 때문에 공이 그녀를 불태우려 하였다고 한다."(巫尫女巫也 主祈禱請雨者 或以尫非巫也 瘠病之人 其面上向 俗謂天哀其病 恐雨入其鼻 故爲之旱是以公欲焚之)

**습장隰萇** 세금이 많아 괴로움을 탄식한 『시경』詩經 회풍檜風의 편명.

| | |
|---|---|
| 군문에서는 날마다 더불어 편안함 즐기도다. | 轅門日日相娛康 |
| 오호烏號*와 만월彎月은 천양穿楊*을 다투고 | 烏號彎月較穿楊 |
| 땅을 울리는 화고畵鼓 소리 둥둥 퍼진다. | 殷地畵鼓聲鏜鏜 |
| 사냥개 끌고 푸른 매 팔뚝에 올려 숙상마驌驦馬에 걸터앉으니 | 牽黃臂蒼跨驌驦 |
| 은 안장 옥 등자에 금실이 드리웠네. | 銀鞍玉鐙金鏤錫 |
| 활 쏘아 수리와 무수리, 두루미 떨어뜨리고 | 驚弦落鵰下鷙鶬 |
| 음산陰山에서 한 번 활 당기니 두 마리 노루로다. | 陰山一發雙麕獐 |
| 제승정制勝亭* 위에서 호상胡床에 기대노니 | 制勝亭上倚胡床 |
| 강산은 그림처럼 겸상縑緗*을 펼치네. | 江山如畵開縑緗 |
| 버드나무에 매어 놓은 말 날뛰고 | 馳來繫柳馬駟駟 |
| 자리에 교태스런 홍안紅顔들은 해당화 같구나. | 狎坐紅顔如海棠 |
| 황금미주黃金美酒에 살진 고기 구워, | 黃金美酒炙肥腸 |
| 흠뻑 취한 채 가무에 악공樂工을 베푸네. | 爛醉歌舞陳伶倡 |
| 벗 따라 이르는 곳 아름다운 꽃 감상하고 | 朋遊隨處賞年芳 |
| 아름다운 경치 주워 모아 해낭奚囊*을 채운다. | 收拾美景盈奚囊 |
| 어떤 사람이 창 밑의 쓰르라미 울음소리 원망하는가? | 何人窓底怨鳴螿 |
| 향기로운 규방의 꿈 속 원앙이 근심스럽다. | 香閨夢裏愁鴛鴦 |
| 활 울리고 칼 튕기며 강개하게 노래하노니 | 鳴弓彈劒歌慨慷 |
| 바라건대 머리털이 푸른 물결 같았으면 | 幸我鬢髮等滄浪 |
| 기약하노니 장차 말 기르고 식량 쌓아 | 期將養馬而峙粮 |

**오호**烏號 　황제黃帝가 가졌었다는 활 이름.
**천양**穿楊 　활을 잘 쏘는 자는 능히 버들잎을 뚫을 수 있음을 일컫는다.
**제승정**制勝亭 　함경도 회령 도호부會寧都護府 객관의 동쪽에 있는 정자.
**겸상**縑緗 　책을 포장하는 데 썼던 담황색의 얇은 비단을 가리키는데, 전轉하여 책을 뜻한다.
**해낭**奚囊 　시문을 쓴 종이를 집어 넣는 주머니.

| | |
|---|---|
| 선우單于를 어루만지고 그 요새지를 움켜쥐리. | 撫背單于扼其吭 |
| 한漢나라 조정에서는 못되게도 왕장王嬙*을 보냈는데 | 漢廷無賴送王嬙 |
| 무기와 갑옷을 길이 씻느라 은하수 기울이리. | 永洗甲兵傾天潢 |
| 대궐에 돌아가 절을 올리면 | 歸拜北闕 |
| 옥패玉佩 소리가 창창하리. | 玉佩聲蹌蹌 |

 이 노래는 넉넉하고 웅장하며 뛰어나게 아름답고 압운押韻함에 전혀 궁색함이 없으니, 후세에 전할 만하다. 애석하도다, 이 같은 재주를 가지고도 결국 비명에 죽다니!

 임형수는 후에 제주 목사濟州牧使를 지내다가 중도에 사사賜死되었으니, 문재文才 때문에 간인에게 배척당함을 스스로 분개하다가 마침내는 무고하게 죽었다. 그는 자손들에게 책을 읽지 말라는 유언을 남겼다. 그의 아들은 사람됨이 순박하고 성실했지만 글자는 한 자도 알지 못했으니, 그의 유언 때문에 그러했던 것이다. 애석하도다!*

## 중국의 반자체半字體 ❖ 240

 중국 사람들은 반자체半字體를 많이 쓰고 간혹 변체자變體字도 쓰는데, 번다함을 없애고 간략함을 취한 것으로 거의 옛 법도를 잃었다. 관觀을 观으로 하고, 유猶를 犹로 하고, 변邊을 过으로 하고, 잡雜을 襍으로 쓰는데, 이 같은

---

왕장王嬙  전한前漢 원제元帝의 궁녀. 자는 소군昭君. 흉노와 화친하기 위해 호한야 선우呼韓邪單于에게 출가하여 그곳에서 살다가 죽었다.
그의 아들은 ~ 애석하도다!  이 대목은 〈만종재본〉에 없는 것인데, 필사본의 기록에 의거해 보충해 넣었다.

글자들은 그 종류가 무척 많아 이루 다 기록할 수가 없다. 우리나라에도 임금이 보시는 문자에 또한 '자표목지僉表木紙'라 하는 것이 있는데, '목'木 자는 '휴'休의 반자로 '버린 종이'(棄紙)라는 뜻이다. 관청의 문서와 정목政目*에 '모월일력'某月日力이라 기록하는데, '력'力이라 한 것은 동動 자의 반자로 '전동정'轉動政*을 일컫는 것이다.

옛날에는 서적이 극히 간략했고, 글자체에는 과두科斗와 전주篆籒가 있었다. 이들 글자는 옻나무의 진액을 대나무 가지에 묻혀 묶은 죽간竹簡에 썼기에 한 획 한 획이 쓰기가 어렵고 껄끄러웠으니, 글자체가 이에 따라 간략하게 생략된 것이 당연하다. 후세에는 문서가 매우 많아짐에 부득이하게 전서篆書가 변해 팔분서八分書가 되었고, 팔분서가 변해 예서隷書로 되었고, 예서隷書가 변하여 초서草書가 되었다. 그 문서의 번다함이 수레에 연이어 실을 정도가 되어 대들보와 벽에 넣고 채워도 그 번다함을 감당할 수 없었다. 중세에는 해서楷書를 버리고 초서를 취한지라 문자에 오류가 많았다. 명나라의 고황제高皇帝가 그 잘못을 고치고자 하여 공문에 초서를 쓰는 자는 불경죄로 논하였다. 중국의 근래 서체는 초서에 징험되어서 반자체半字體로 변한 것이다. 대개 총망중에 부득이 나온 것인데, 이것으로 또한 세상의 변화를 볼 수 있다.

정목政目    관원들의 임명이나 해임 및 그 밖의 중요한 사실을 기록한 문서.
전동정轉動政    수시로 관원의 성적을 고과考課하여 인사 문제를 결정함을 일컫는다. 해마다 음력 6월과 12월에 벼슬아치들의 공과功過에 따라 실시하는 정기 인사를 도목정都目政이라 하고, 이 외에 비정규 인사이동을 전동정이라 한다.

## 지명과 대구對句 ❖ 241

어떤 사람이 말했다.

"중국의 지명은 모두 문자(한자를 말함)를 쓰므로 시인들이 이를 이용해 대구對句를 짓는다. 불야성不夜城과 무풍새無風塞, 황우협黃牛峽과 백마강白馬江, 황고저黃姑渚와 백제성白帝城, 황초협黃草峽과 적갑산赤甲山, 어룡천魚龍川과 조서곡鳥鼠谷, 오만烏蠻과 백적白荻, 봉지鳳池와 인각麟閣 같은 것들은 모두 청백青白으로 짝하여 지명에 따라 얻은 것이다. 우리나라는 방음方音으로 지명을 쓰므로 시어로 하기에 적합하지가 않다."

이를 힐난하는 사람이 말했다.

"그렇지 않다. 우리나라 지명에도 도처에 짝할 것이 많다. 우봉牛峰과 토산兔山, 청산青山과 황간黃澗, 용강龍崗과 어천魚川, 청암青巖과 벽사碧沙, 나주羅州와 금산錦山, 진산珍山과 보성寶城, 두모頭毛와 안골安骨, 연기燕岐와 홍산鴻山, 부산釜山과 발포鉢浦, 오수獒樹와 계림鷄林, 노강老江과 소농少農, 금정金井과 석성石城, 목천木川과 초계草溪, 음성陰城과 양천陽川 등 이 같은 것은 이루 다 헤아릴 수 없다. 방언으로 칭한 곳은 노루목(老奴項)과 배암골(背巖洞), 고령사高嶺寺와 구리개(求里街), 당파항唐陂巷과 한정동漢井洞, 미조항彌助項과 수리령愁里嶺 같은 것이 지역마다 있다. 다만 우리나라는 시인이 적기에 시 가운데에 이 같은 대구가 드문 것이다."

이에 그 사람은 말문이 막혔다.

## 올바른 구두법句讀法 ❖ 242

중국 선비들은 글을 읽으면서 구句를 끊을 때 '이'而 자, '즉'則 자, '어'於 자는 모두 아래 구의 첫머리에 붙인다. 그렇기 때문에 자고로 한 구에서 끊는 말은 모두 그 구의 첫머리에 있다. 그런데 우리나라에서는 구두를 끊을 때 이들을 모두 위 구의 끝에 붙이고, 만약 아래 구에 붙여 읽는 사람이 있으면 모두들 비웃으며 잘못 읽었다고 한다. 『초사』楚辭에 이르길 "산 속에서 삼수를 캔다"(採三秀兮於山間)라고 했고, 또 "무성한 구름 낮게 깔리네"(雲溶溶兮而在下)라고 했는데, 만약 어於나 이而가 위 문장에 속한다면 어찌 '혜'兮 자를 두 구의 사이에 두었겠는가? 우리나라 사람들이 '하즉'何則의 '즉'則 자 음을 '칙'側으로 읽는 것은 어디에 근거한 것인가? 『장자』莊子의 문자에 '하'何와 '즉'則, 두 자 사이에 '야'也 자를 많이 끼워 넣었는데, 그렇다면 '하'何는 위에 속하고 '즉'則은 아래에 속하는 것임을 알 수 있다.

근래에 홍지성洪至誠이 홀로 '이'而와 '즉'則 자를 모두 아래 구에 붙여 읽자, 사람들이 이를 비웃으며 말했다.

"'보는 것이 아득해지고, 머리는 하얗게 세고, 이는 빠지려고 움직이네'(視茫茫而髮蒼蒼而齒牙動搖)라는 것은 한 구인데 어째서 세 구로 나누어 읽는가?"

내가 깊은 산의 중이 경전 읽는 것을 들으니 비록 짧은 구절로 삼사 언三四言이더라도 만약 '이'而와 '즉'則 자가 그 사이에 끼어 있으면 반드시 아래 구에 붙여 읽었다. 나는 그것이 매우 타당하다고 여겨, 이로부터 내가 세속의 오류를 고치고자 하여 '관대하면서도 엄정하고 곧으면서도 온화하며, 들어와서는 효도하고 나가서는 공손하며, 인에 따르고 예절에 맞게 행동한다'寬而栗 直而溫 入則孝 出則悌 依於仁 立於禮*라는 구절 또한 아래 구에 붙여 읽었다.

---

관대하면서도 엄정하고 ~ 맞게 행동한다    『논어』論語 「태백」泰伯 편에 나오는 구절이다.

## 김계휘의 총명강기

김계휘金繼輝는 총명함이 고금에 드물었다. 책을 읽음에 열 줄을 한 번에 죽 지나치기만 해도 문장의 뜻을 대략 파악했다. 일찍이 전라 방백이 되었을 때 공문서(牒)와 소장(訴) 수천 장을 글 잘 읽는 아전 수십 명에게 읽도록 하였다. 매미가 울어대듯 벌이 윙윙대듯 한꺼번에 읽어 내리고, 읽은 문서를 모두 엎어 놓게 했다. 읽기를 마치자 문서의 본뜻을 물어 보지 않고 돌이켜 글을 지었는데, 글 뜻이 모두 마땅하고 한 군데도 착오가 없었다. 만약 거듭 송사 글을 올리는 자가 있으면 그의 이름을 물어 보고 그 간계를 적발해 내니, 백성들이 매우 기이하게 생각하고 모두 신처럼 여겼다.

그가 중원에 갔을 때 통주通州 길에서 『십구전사』十九全史를 팔고 있는 한 사람을 만났는데 모두 600권이나 되는 것이었다. 그런데 한 번 읽어 보고는 훤히 알아 마치 등잔불이 눈 앞에 비치는 것처럼 하였다. 아무 책이나 닥치는 대로 뽑아 물어 보아도 응답하지 못함이 없으니, 마치 또렷이 눈 앞에 있는 것 같았다. 또 저자 사람을 이끌고 와 저자에 있는 이서異書를 사고 싶다고 공언하니, 많은 사람들이 수레에 연달아 싣고 와 관館 안에 날라 놓았다. 김계휘는 하룻밤 사이에 그 책들을 다 본 뒤, 다음 날 속여 말했다.

"값 때문에 살 수 없으니, 도로 저자로 가져가시오."

저자 안의 여러 책들을 열흘 사이에 거의 다 읽고, 사람을 대하여 논설함에 자질구레한 것까지 모두 망라하여 꿰뚫고 있었다.

## 이덕형의 총명강기

이덕형李德馨이 제독提督 이여송李如松의 접반사接伴使가 되었을 때, 군중에서 쓴 수백 언數百言의 비밀문서를 제독의 문하인門下人이 몰래 보여 주었다. 이덕형이 몹시 다급해 겨우 한 번 보았는데 문하인이 서둘러 그 문서를 빼앗아 가 버렸다. 이덕형은 즉시 장계를 올려 행재소에 아뢰었는데, 후에 그 문서를 다시 얻어 대조해 보니 한 글자도 어긋남이 없었다.

## 강종경의 놀라운 기억력 ❖ 245

강종경姜宗慶은 외워서 낭송하는 것을 잘했다. 그의 처남 신숙申櫹이 잡다한 글자 수백 자를 써 놓고 글자마다 모두 떼어서 거꾸로 놓고, 흩뜨리고 섞어서 문리文理가 통하지 않게 했다. 강종경이 한 번 보기를 마치자 곧 치워 버리고는 그에게 다른 종이에 그것을 써 보도록 하였다. 원본을 가져다 대조해 보았더니 한 글자도 틀림이 없었다.

## 노수신의 독서벽과 귀양살이 ❖ 246

소재蘇齋 노수신盧守愼은 진도에서 19년 동안 귀양살이하였다. 겨울이면 굴실窟室 속에 들어앉아 독서를 했는데 읽지 않은 것이 없었다. 특히 『논어』와 두보의 시를 많이 읽어 2천 번에 이르렀으며, 유종원의 문장과 『한비자』韓非子, 『국어』國語 또한 매우 좋아했다. 후에 정승이 되어서도 또한 책 읽기를 그만두지 않았다.

그는 성품이 검소하고 또 술을 좋아했는데, 추운 겨울밤 시비를 불러 불을 켜고 술을 데우도록 하는 것이 마음에 편치 않았다. 그리하여 절에서 불붙이는 데 사용하는 만형蔓荊(속칭 명가목㭙可木이라 한다—원주)을 구하여 기름을 적셔 벽에 꽂아 두고, 침실에 동화로와 술 단지, 그리고 청동으로 만든 술 그릇(속칭 주전자酒煎子라고 한다—원주)을 마련해 두었다. 밤은 긴데 잠이 오지 않으면 일어나 만형을 가져다 직접 화롯불을 뒤적거려 혹 불어 불을 켰다. 그리고는 청동 주전자에 술을 따라 화로 위에 올려놓고 데워 마시며, 시렁 위의 책을 뽑아 마음껏 읽었다. 매일 밤 술 한 병을 마시고 몇 권의 책 읽기를 늙도록 그만두지 않았는데, 나이 팔십이 다 되어 죽었다.

젊은 시절 옥당玉堂에 재직할 때 올린 봉사封事*로 귀양을 가게 되자 사림들 사이에서 강직하다는 명성이 널리 퍼졌다. 그런데 조정에 돌아와 재상이 되어서는 의견을 올림에 있어서 특이한 것이 없었다. 수우당守愚堂 최영경崔永慶이 이를 기롱하여 말했다.

"노盧 재상의 침(唾)은 의당 종기를 낫게 하는 데 써야 할 것이다."

종기를 치료하는 데는 말하기 전에 고인 침을 사용하면 잘 나았기 때문이다.

## 노수신과 유성룡의 독서법 ❖ 247

소재 노수신이 일찍이 한가하게 앉아 있었는데, 서생 박광전朴光前이 산사山寺에서 내려왔다. 소재가 물었다.

"산사에 있으면서 무슨 책을 읽었는가?"

"한유韓愈의 글을 읽었습니다."

---

**봉사封事**  왕에게 밀봉하여 올리는 소장訴狀으로 주로 정치의 득실이나 백성의 병폐에 대해 자신의 견해를 개진하는 글이다. 봉장封章.

"몇 번이나 읽었는가?"

"오십 번 읽었습니다."

"읽은 것이 어찌 그리 적은가?"

"마음을 가다듬고 뜻을 음미하느라 읽는 것이 더뎠습니다."

"그렇다면 하나하나 모두 다 마음에 새기고 새겨 헛되이 읽어 넘긴 것은 없느냐?"

"글을 읽을 때면 한 줄에 열 번씩 잡념이 생겼으니, 비록 흐트러진 마음을 거두어들이려 해도 헛되이 읽어 넘긴 것이 반이 넘습니다."

"그렇다네. 사람마다 모두 이러한 근심이 있다네. 무릇 독서할 때 마음이 흐트러지더라도 읽는 것이 천 번 만 번에 이르면 비록 읽은 바가 정밀하지 못하더라도 끝내는 나의 것이 된다네. 비록 마음을 가다듬어 읽더라도 읽은 바가 단지 오십 번뿐이라면 필경 나의 것이 되지 못하네. 독서하는 방법은 많이 읽는 것이 으뜸이라네."

내가 공사公事로 인해 상국相國 서애西厓 유성룡柳成龍을 뵈었는데, 서애가 물었다.

"내가 보기에 그대의 문장은 격조가 매우 높네. 무슨 책을 읽었는가?"

그러고는 함께 대화를 나누다가 내가 소재의 말을 이야기했더니 서애가 말했다.

"전혀 그렇지 않다네. 생각(思)이란 마음의 밭(心田)이라네. 마음을 집중하여 독서하는 것은 마치 밭 가는 자가 한 치, 한 자씩 흙을 일구는 것과 같다네."

두 재상의 말씀은 각기 터득한 바가 있다. 그런데 내가 일찍이 시험해 보니 흐트러진 마음을 거두어들임이 공부 가운데 가장 어려운 것이었다. 소재의 말이 이치에 가깝다.

## 문장의 재주와 노력 ❖ 248

성현成俔은 고귀한 집에서 자랐으며 성품이 책 읽기를 좋아했다. 고금의 서적에 대해 들으면 구하지 않은 바가 없었으며, 얻으면 모두 보지 않은 것이 없었다. 거처하는 곳에서 책을 베개와 요로 삼고 지내면서 평생 몸에 이가 많아 이를 잡아 책갈피에 끼워 두었다. 후대 사람들이 그 책을 자손에게서 빌려 보면 항상 말라비틀어진 이가 책 사이에 있는 것을 볼 수 있었다. 성현은 늘 사람들에게 말했다.

"평생 동안 문장을 간절히 좋아해 남에 비해 배는 공력을 들였다. 그런데 본분本分에 이르러서는 끝내 남이 타고난 재주보다 조금도 더할 수가 없었으니, 공부로 문장의 재주를 높일 수는 없는 것이다."

내 생각으로는 그렇지 않다. 대저 기질을 변화시키는 것 또한 어려운 일이 아닌데, 학문과 문장이라고 해서 무엇이 다르겠는가. 내가 어렸을 적에 가형家兄이 염려艶麗한 글들로 가르쳤기에 시문을 지음에 있어 대부분 곱고 아름다운 것을 숭상했다. 간의諫議 홍천민洪天民은 나의 매부인데, 내가 지은 문장을 보고 칭찬하면서 다만 문사가 화미華美한 것을 숭상하여 가르침을 잃은 것을 애석해하였다. 내가 그 말을 늘 마음에 새기고 스스로 만족스럽게 여기지 않다가 오십 여 운의 설시雪詩를 지으면서 거칠고 대범한 말을 사용하고 염려함을 꾸미지 않았다. 홍천민이 그것을 보고서 좋다고 칭찬하고는 말했다.

"이제부터는 의당 이를 본받으시오."

이때부터 나의 시문은 빛나고 고운 것을 일삼지 않았는바, 어릴 때에 비해 크게 달라질 수 있었던 것은 실로 홍 간의(홍천민)의 가르침에서 말미암은 것이다.

## 『종리호로』鍾離葫蘆의 세교담世教談

금년 봄에 새로 간행된 중국 서책 가운데 칠십 개의 짤막한 이야기(小說)가 있는데, 제목을 『종리호로』鍾離葫蘆\*라고 하였다. 서백西伯에서 온 것인데, 음란하고 외설스러워 차마 보고 들을 수가 없다. 그 가운데 다만 두 가지 이야기가 세교世教와 관련될 만하다.

하나는 다음과 같다.

어떤 사내가 병이 들어 죽을 즈음에 여러 자식들이 부친에게 유교遺教를 청하니, 그가 말했다.

"내가 죽거든 모름지기 청동 고리 네 개를 관 옆에 달도록 해라. 너희가 풍수 선생 말을 듣고 내 관을 이리 옮겼다 저리 옮겼다 몇 번이나 반복하려는지 알 수 없으니……."

다른 한 가지는 다음과 같다.

어떤 어리석은 자가 밭에서 호미를 잃어버렸는데, 아내가 어느 곳에 있냐고 묻자 큰 소리로 대답하였다.

"밭의 몇째 번 이랑에 있소."

그 아내가 말했다.

"그렇게 크게 소리 지르면 혹시 다른 사람이 듣고서 먼저 가져가 버리면 어쩌려고 그러시오?"

과연 밭에 가 보니 호미는 이미 사라지고 없었다. 그 사람이 집으로 돌아와 아내의 귀에 대고 속삭이며 말했다.

"호미가 이미 없어졌소."

---

『종리호로』鍾離葫蘆  명대에 지어진 것으로 추정되는 소화집笑話集으로 작자는 미상이다.

## 조맹부의 서체가 유행하게 된 까닭 ❖ 250

고려 충선왕忠宣王이 원元나라에 가 있을 때 중국에 만권당萬卷堂을 지어 당시의 학자들을 모았다. 조맹부趙孟頫가 그 가운데 있어 왕과 더불어 자못 돈독하게 지냈는데, 왕이 귀국할 때에 조맹부의 글씨를 매우 많이 얻어 와 동방에 널리 퍼뜨렸다. 지금까지 우리나라에서 글씨를 익히는 자들이 모두 조맹부를 조종祖宗으로 받드는데, 중국에서 찾으면 극히 드물다. 대개 그의 글씨가 살지고 물러, 종왕鍾王*의 수척하면서도 힘이 있고 맑으면서 간결한 서법을 잃었기 때문이다. 우리나라의 글씨가 늘어지고 약한 것만 거칠게 익히고, 진씨晉氏(왕희지)의 서체를 전하지 못한 것은 다 조맹부가 그르친 것이다.

또 우리나라의 어린아이들이 배울 때면 모두 『십구사략』十九史略과 『고문진보』古文眞寶를 입문서로 삼는다. 내가 일찍이 세 차례 중국에 들어갔는데, 이른바 『고문진보』와 『십구사략』은 중국에서는 극히 드문 것이 마치 조맹부의 글씨와 같았다. 대개 이 세 가지는 중국에서는 천시하여 버림받는 것으로 우리나라에서만 초학자들이 공부하는 것이 아니겠는가?

예전에 권련權璉이 여러 차례 과거에서 일등으로 합격하자 김일손金馹孫이 물었다.

"무슨 책을 읽었기에 그리 잘하시오?"

권련이 대답하였다.

"제가 익힌 바는 오직 『소미통감』少微通鑑일 뿐입니다."

이에 김일손은 맥이 풀려 주저앉았다. 저 김일손은 다만 한유韓愈의 문장만 읽고서 번번이 거만하게 스스로를 높이 여겼던 것이다. 우리나라에서 숭상하는 것이 이처럼 낮고 보잘것없었으니 인재가 중국에 미칠 수 없음은

---

종왕鍾王   위魏나라의 종요鍾繇와 진晉나라의 왕희지王羲之를 가리키는데, 모두 서도의 대가였다.

당연한 일이다.


## 우리 한자음과 중국 강남 지방음의 유사함 ※ 251

다음과 같은 말이 있다.

"제비도 논어를 읽을 줄 알기에 그 울음소리가 '지지위지지 부지위부지 시지야'知之謂知之 不知謂不知 是知也*라고 하는 것이다. 개구리도 맹자를 읽을 줄 알기에 그 울음소리가 '독악락 여중악락 숙락'獨樂樂與衆樂樂孰樂*이라고 하는 것이다. 꾀꼬리도 『장자』를 읽을 줄 알기에 그 울음소리가 '이지유지지비지 불약이비지유지지비지야, 이마유마지비마 불약이비마유마지비마야'以指喩指之非指 不若以非指喩指之非指也, 以馬喩馬之非馬 不若以非馬喩馬之非馬也*라고 한다."

꾀꼬리는 세속에서 노고지리라고 하는 것으로, 밭 사이에 높이 솟구쳐 우는데 울음소리가 여러 가지다.

만력萬曆 계사년(1593, 선조 2)에 나는 강서江西의 행재소行在所에 있으면서 중국 절강 출신 유생 황백룡黃伯龍과 더불어 이야기를 나눌 기회가 있었다. 나는 중국어를 조금 할 줄 알았는데, 황백룡이 나에게 물었다.

---

지지위지지 부지위부지 시지야知之謂知之 不知謂不知 是知也　　『논어』論語「위정」爲政 편에 나오는 말로 "아는 것을 안다고 하고 모르는 것을 모른다고 하는 것, 이것이 참된 앎이다"라는 뜻이다.
독악락 여중악락 숙락獨樂樂與衆樂樂孰樂　　『맹자』孟子「양혜왕 하」梁惠王 下에 나오는 말로 "혼자서 풍류를 즐기는 것과 뭇 사람들과 더불어 풍류를 즐기는 것 가운데 어느 것이 더 즐거운가"라는 뜻이다.
이지유지지비지~불약이비마유마지비마야以指喩指之非指~不若以非馬喩馬之非馬也　　『장자』莊子「제물론」齊物論에 나오는 말로 "손가락으로 손가락이 아닌 것을 비유함은 손가락이 아닌 것으로 손가락이 손가락 아닌 것을 비유함만 못하고, 말을 가지고 말이 말이 아니라고 가르침은 말이 아닌 것을 가지고 말이 말이 아니라고 가르치는 것만 못하다"라는 뜻이다.

"우리나라 사람들은 경서 하나에만 전념하는데 당신 나라 사람들은 몇 가지 경서를 공부하오?"

내가 대답했다.

"우리나라 사람들은 세 가지 혹은 네 가지의 경서를 익힙니다. 심지어는 제비와 개구리, 노고지리 또한 경서를 한 가지씩 전공한답니다."

황백룡이 무슨 말이냐고 하기에 내가 말했다.

"제비는 논어를 전공했기에, '지지위지지 부지위부지 시지야' 라고 우는 것이고……."

내 말이 미처 끝나기도 전에 황백룡이 말했다.

"개구리는 맹자를 전공했기에 이른바 '독악락 여중악락 숙락' 이라고 하는 것이지요."

내가 놀라 물었다.

"어떻게 이를 아십니까?"

그가 대답했다.

"우리에게도 그런 얘기가 있습니다. 북경 관화北京官話*로 독獨의 음은 두豆이고, 위의 악樂의 음은 요夭이며, 아래의 락樂의 음은 로路이고, 숙孰의 음은 수睡입니다. 대개 관화官話로 읽으면 개구리 소리 같지 않은데, 오직 강남江南의 음이 개구리 소리와 비슷해 우리나라의 음과 똑같습니다."

어떤 이는 말한다.

"우리나라가 전조前朝(고려) 때부터 강남 지방과 왕래가 있었던 까닭에 우리나라의 문자는 강남의 음을 많이 사용한다."

---

관화官話  중국의 청조清朝 말까지 표준어를 일컫는 말로 쓰였다. 지역별로 북경 관화, 남경 관화 등이 있으나, 좁은 의미로는 북경 관화만을 가리킨다.

## 김일손의 뛰어난 문재 ❖ 252

김일손金馹孫은 젊은 시절 재주가 있다는 명성이 자자했다. 무재상武宰相* 이 그를 맞이해 사위로 삼았는데, 김일손은 짐짓 문장에 능하지 못한 척하며 서재에 있으면서 읽는 것이라곤 오직 『십구사략』十九史略뿐이었다. 산사山寺에 올라가 과업課業을 닦으면서 장인에게 안부를 묻는 짧은 편지를 보냈는데, 다른 말은 전혀 없이 다만 '문왕몰 무왕출 주공주공 소공소공 태공태공' 文王沒 武王出 周公周公 召公召公 太公太公이라 쓰여 있었다. 장인이 편지를 보고 마땅찮아 소매 속에 감추었다. 이때 한 문사가 있었는데 그는 김일손의 명성을 익히 들었던지라 그 편지를 보고 싶어 했다. 장인이 부끄러워 감추려 하다가 그가 계속 졸라대자 결국 편지를 꺼내 보여 주었다. 그 문사는 편지를 한참 동안 읽어 보더니, 소스라치게 놀라며 말했다.

"이 사람은 천하의 기재奇才입니다. 문왕文王의 이름은 창昌이요, 무왕武王의 이름은 발發입니다. 우리말로 신발 바닥을 창이라고 하고 족足을 발이라고 하니, '문왕몰 무왕출' 文王沒 武王出은 신발이 닳아 발가락이 삐져나온다는 뜻입니다. 주공周公의 이름은 단旦이요, 소공召公의 이름은 석奭이요, 태공太公의 이름은 망望이니, '주공주공 소공소공 태공태공' 周公周公 召公召公 太公太公은 아침마다 저녁마다 간절히 바라고 있다는 뜻입니다."

장인은 크게 기뻐하고 신발을 사서 보내 주었다.

김일손이 그의 처형제들과 함께 동당시東堂試*에 응시하는데, 초장初場에서 술 취해 자다가 아무것도 쓰지 않고 돌아왔고, 중장中場에서도 취해 자다가 또 쓰지 않고 돌아왔다. 종장終場 때가 되자 삼장三場의 시지試紙를 모

---

무재상武宰相   무관으로서 2품 이상의 관직에 오른 이에 대한 호칭.
동당시東堂試   식년시式年試 또는 증광시增廣試 때 대궐의 편전便殿 동쪽에 있는 동당에서 시험을 보인데서 연유하여, 이를 동당시라 하였다.

두 붙여 수십 폭을 이어 시험장에 들어갔다. 고관考官이 책문策問의 제목을 「중흥」中興으로 삼고 송宋의 고종高宗을 역대 중흥조와 나란히 놓자, 김일손이 그 시제試題를 거두어 말고서는 고관 앞에 나아가 말했다.

"송나라 고종은 한 귀퉁이에서 구차하게 안일만 도모하면서 어버이를 잊고 원한을 풀어 개돼지 같은 자들에게 화친을 구걸했는데, 어떻게 은나라 고종高宗(무정武丁) 및 주나라 선왕宣王*과 함께 나란히 중흥주中興主에 놓을 수 있습니까? 바로잡아 주십시오."

고관이 크게 부끄러워하며 그의 말대로 글을 고쳐 썼다. 김일손은 취기가 거나하게 오르자 일필휘지로 수십 폭을 내리쓰고 돌아왔는데, 해가 아직 기울지도 않았다. 장인이 그의 아들에게

"김 서방은 오늘도 또 아무것도 쓰지 않고 왔느냐?"
라고 묻자, 아들이 대답했다.

"오늘은 황당하고 어지러운 언사를 하며 더럽게 먹칠만 하고 왔는데, 무슨 말인지는 모르겠습니다."

방을 내거는 날이 되자 사람을 시켜 보고 오라고 하면서, 김일손은 그에게 다음과 같이 일렀다.

"너는 가서 맨 위의 첫째 번 이름만 보고 오너라. 그것이 내 이름이 아니거든 즉시 돌아올 것이요, 더는 볼 필요가 없다."

그 사람이 가서 방을 보니 과연 김일손이 첫째 번으로 올라 있었다. 처가에서는 크게 놀라고 그를 대접함에 비로소 공경을 다하였다.

김일손이 문장에 능했지만 매양 자신을 낮추고 그의 두 형을 높여, 두 형이 모두 급제한 뒤에야 이등으로 급제했다. 문장을 지을 때면 마음 속으로 글을 엮어 두었다가 먹을 벼루에 가득 갈아 일필휘지하여 바로 글을 지었다. 그

---

주나라 선왕(周宣王)   주나라 11대 왕. 여왕厲王의 아들. 여왕 때 쇠약해진 주周 왕조를 다시 부흥시킨 중흥주中興主로 일컬어진다.

뒤로는 다시 한 자도 고치는 법이 없이 상자 속에 던져 두었다가 몇 개월이 지난 후에 꺼내 보고는 고쳤다. 누군가 그 까닭을 묻자 다음과 같이 말했다.

"처음 초고를 잡을 때에는 마음 속에 아직 사심私心이 남아 있어 스스로 그 흠과 병통을 보지 못한다오. 오래 지난 다음에야 사심이 제거되고 공심公心이 생겨 비로소 그 문장의 잘잘못을 분명하게 알 수 있는 것이오."

그가 33세의 나이에 죽어 문장이 크게 이루어지지 못하였음은 참으로 애석한 일이다.

## 우리말의 관습적 쓰임 ❖ 253

무릇 사람들이 언어言語를 발함은 모두 성정性情으로 말미암는 것이다. 예로부터 몸이 아프거나 비통할 때면 반드시 부모를 부르게 되는데, 이는 천성에서 나오는 것이다. 중국 사람들은 '야야'爺爺라고 소리쳐 부르는데, 야야는 아버지를 뜻한다. 우리나라 사람들은 '아마'阿媽라고 소리쳐 부르는데, 아마는 어머니를 말한다. 어머니를 먼저 하고 아버지를 뒤로하는 습속은 중국의 정도正道를 잃어버린 것으로 몹시 부끄러운 일이다.

지금 무격巫覡들이 으레 '아왕만수'我王萬壽라고 부르는 것은 중국의 요동遼東 동녕위東寧衛에서 유래한 것이다. 고려 시대에 심왕瀋王*이 중국에 들어갔다가 우리나라에 죄를 지어 돌아올 수 없게 되자 원나라가 이에 심瀋 지방의 왕으로 책봉했다. 당시 왕을 호종하던 이가 수백 명이었는데, 이들 또

---

심왕瀋王　심양왕瀋陽王을 가리키는 것으로 보인다. 심양왕은 고려 말 원나라에서 고려의 세력을 견제하기 위해 심양瀋陽에 두었던 왕. 심양은 고려의 유민流民이 많이 살고 두 나라 교통상의 요지였으므로 고려 25대 충렬왕忠烈王 때 충선왕忠宣王을 심양왕에 봉했는데, 그 후 고려 조정과 외교권을 둘러싼 분쟁을 여러 차례 일으킨 바 있다.

한 모두 심潘 지방에 살며 귀국하지 못했으니, 지금 심양의 동녕위가 바로 그곳이다. 그곳 풍속에서는 아들을 낳으면 먼저 동어東語(우리나라 말)를 가르친다. 귀신에게 제사 지낼 때에 제일 먼저 '아왕만수'라고 축수하는데, 이는 그 근본을 잊지 않은 것이다. 지금 서반序班* 에 모두 동녕위 사람들을 쓰는 것은 그들이 동어를 잘 알기 때문이다.

또 지금 사람들이 집을 지을 때 달구를 들면서 소리를 같이 내어 힘을 모으는 것은 옛 사람들의 방아 찧는 노래와 같은데, 모두 '아왕성다고' 我王城多苦(우리 왕성에 괴로움이 많다는 뜻임)라고 한다. 이는 옛날 우리나라에서 성을 쌓을 때 백성들이 그 역사를 매우 괴롭게 여겨서 이러한 소리를 내게 된 것이다. 어떤 이는 '진시황秦始皇이 장성長城을 쌓을 때부터 비롯된 것이다' 라고도 하는데, 어느 것이 옳은지는 알 수 없다.

또 변성邊城의 샛길 각처에 있는 창고倉庫들을 순찰할 때 모두 "오모밀다 저자가라!" 吾謀密多猪子加羅라고 소리치는데, 이는 우리들이 도적을 방비하는 계책이 모든 면에서 치밀하니 너희 돼지 같은 도적놈들은 빨리 물러가라는 뜻이다. 우리말로 '거' 去를 일컬어 '가라' 加羅라고 한다.

성균관成均館의 재직齋直*으로 있는 소동小童이 유생儒生을 부를 때와 복강覆講·숙직宿直·음복飮福·권반勸飯·좌당坐堂 때 직일直日*을 부르는 소리는 크게 외치면서 길게 뺀다. 사람들은 그 의미를 알지 못하지만, 그 소리는 옛날부터 지금까지 조금도 변하지 않았다.

노수신盧守愼이 19년 동안 진도珍島에 귀양 갔다가 돌아와 태학재太學齋의 재직의 소리를 듣고 말했다.

서반序班　　관직명. 명나라 때 설치되었는데, 백관百官의 순서를 정하는 일을 맡았다. 외교를 관장하는 홍려시鴻臚寺, 회동사역관會同四譯官 등에 설치되었다.
재직齋直　　성균관에서 수학하던 이들이 머무는 방을 동재와 서재라 하는데, 재직은 각 방의 심부름이나 자질구레한 일들을 도맡아 하던 관비 소생의 남자 아이들을 말한다.
직일直日　　성균관에서 강회講會할 때 강설을 기록하던 사람. 강회 때 설치된 서안書案에 붓을 들고 동서로 나누어 앉아서 강설을 기록하였다.

"19년 동안 밖에 있다 돌아와 보니 인사人事 중에 변하지 않은 것이 없는데, 오직 태학의 재직 소리만은 변하지 않았구나."

## 유몽인 고조의 용력 ❖ 254

나의 고조의 휘는 유호지柳好池인데 용력이 남달리 뛰어났다. 나이 열예닐곱 살 무렵, 남이南怡와 더불어 서로 으뜸을 겨루며 약속했다.

"큰 나무 살촉을 써서 발바닥을 쏘아 발가락 하나도 까딱하지 않는 자가 갑甲이고, 움직이면 을乙이다."

그러고는 발을 뻗어 작은 창에 올려놓고 밖에서 활을 당겨 맞추었다. 남이는 조금도 발을 움직이지 않아 마치 나무 인형 같았는데, 고조는 발가락 하나를 조금 움직였다. 이로써 갑과 을이 나누어졌다.

현조玄祖*의 휘는 유지柳潰인데 사람을 알아보는 안목이 있었다. 남이南怡의 죽음이 좋지 못하리란 것을 남몰래 살피고, 고조高祖를 데리고 흥양興陽의 시골집으로 내려갔다. 남이가 죽자 서울로 돌아와 다시 무과에 급제하였다.

진도군珍島郡에서 원님을 지낼 때 그곳에 요괴가 있어 백성들을 병들게 했는데 석상을 세워 이를 진압했다. 이후로 고을이 맑고 태평하게 되었으니, 그 신비한 계책은 헤아리기가 어렵다. 고을 안에 깎아지른 산봉우리가 있어 매우 험했는데 일찍이 말을 채찍질하여 가파른 언덕을 내달리며 나는 듯이 오르내렸다. 현조가 격구하던 옛터가 지금까지 진도의 험한 언덕 위에 있다.

현조玄祖   고조高祖의 아버지, 즉 5대조五代祖.

## 제안 대군의 처세법 ❖ 255

제안 대군齊安大君은 안평 대군安平大君을 비롯하여 여러 군君들이 대부분 좋지 않게 죽는 것을 보고서는 짐짓 어리석은 체하여 환란을 피하고자 했다. 또 아들이 있으면 화를 부를까 두려워하여 평생 여색을 가까이하지 않으며 말했다.

"여자의 음부는 항문과 가까우니 더러워서 가까이 할 수 없다."

부인이 몰래 아리따운 여인으로 하여금 밤을 틈타 가까이하도록 했더니, 깨어난 뒤에 크게 화를 내며 그 여자를 매질했다. 이로부터 시중드는 여종들이 감히 가까이하지 못했다.

일찍이 어떤 태학太學의 진사進士가 집에 종이 부족해 직접 대장장이에게 칼을 구하러 갔는데, 대장장이는 제안 대군의 집 문 안에 있었다. 진사가 직접 문 안에서 쇠를 두드리는 걸 보고, 제안 대군이 "저 사람이 누구냐?"고 물었다. 대장장이가 "태학의 진사입니다"라고 대답했다. 당시의 선비들은 각기 절조를 지키는 데 힘써, 이름 있는 유생儒生은 권귀가權貴家의 문에 발을 들이지 않았다. 이에 유생을 처음 본 제안 대군은 귀하게 공대했다. 그를 불러들여 대등한 예로 대하고, 대청에 오르게 하고는 자리를 마주하고 앉았다. 여종에게 명하여 떡 벌어지게 음식을 차려 오게 하고 술을 권했다.

조금 뒤에 정1품의 군君 셋이 명함을 들이고 뵙기를 청했다. 유생이 대청에서 내려가고자 했으나, 제안 대군이 그러지 못하도록 하면서 말했다.

"내 손님을 내려가게 할 수는 없습니다."

여러 군君이 들어와 뜰 아래에서 절을 하니, 이에 섬돌 위에 자리를 마련해 주었다. 진사가 내려가 앉으려고 하자, 또 그를 만류하며 말했다.

"내 손님을 내려가게 할 수 없습니다."

진사는 황송하여 땀이 흘러내렸으며, 취해서 부축을 받으며 돌아갔다.

## 손순효의 간언 ❖ 256

연산군燕山君이 세자로 있을 때 광패狂悖한 징조가 이미 드러나자, 손순효孫舜孝가 강정 대왕康靖大王(성종)의 어탑御榻*에 올라가 귀에 대고 간절히 간하여 말했다.

"이 자리가 아깝사옵니다. 원컨대 빨리 이에 대한 계책을 세우소서."

군신들이 크게 놀라 모두들 말했다.

"말하는 바가 공적인 것이라면 공개적으로 말해야 하옵니다. 손순효가 어찌 감히 어탑에 올라가 귓속말을 할 수 있습니까? 청컨대 죄를 주옵소서."

임금이 웃으면서

"나이 든 신하가 내가 주색을 가까이한다고 하여 은밀하게 귀에다 대고 말한 것일 뿐이오."

라고 했지만, 끝내 그의 말을 따르지는 않았다.


## 박원종의 충직한 처신 ❖ 257

박원종朴元宗은 상으로 이루 보상할 수 없는 공과 임금도 떨게 할 만한 위엄이 있었다. 공희 대왕恭喜大王(중종)이 늘 인견引見하였는데, 일을 끝내고 나갈 때면 반드시 용상에서 내려와 그가 차비문差備門*을 나가는 것을 기다렸다가 용상에 올랐다. 박원종이 이 사실을 듣고부터는 매양 일을 끝내고 나갈 때면 반드시 옷자락을 걷어 올리고 달려가느라 엎어질 듯 숨을 헐떡거렸으

---

**어탑御榻** 임금 앞에 놓인 책상.
**차비문差備門** 임금이 거처하는 편전便殿의 앞문.

며, 문을 나선 후에야 그만두었다. 그가 말했다.

"신하로서 이처럼 융숭한 예우를 받고서 어찌 제대로 죽음을 맞이할 수 있겠는가!"

이로부터 부인을 가까이하는 일이 많았고 독한 술을 마셔서, 마침내 등에 등창이 났다. 시중드는 계집종으로 하여금 서로 번갈아 손톱으로 긁게 하면서 주색을 폐하지 않았으며, 등창이 날로 심해져 마침내 구제할 수 없었다고 한다. 서른여섯에 영의정이 되었고 마흔셋에 죽었다.

## 민반 집안의 예법 ❖ 258

동지同知* 민반閔泮의 부인 박씨는 박거소朴去疎의 딸이다. 소헌 왕후昭憲王后의 질녀이며, 평양군平陽君 박중선朴仲善의 여동생이며, 영의정 평성 부원군平城府院君 박원종朴元宗의 숙모다. 성품이 명민하고 예법이 있었다.

내 외가의 노비들은 일찍이 돌아가신 우리 어머니의 용모가 박씨와 흡사하다고 했다. 박씨가 부모를 위하여 묘 아래에서 시묘살이를 하던 중에, 제수로 쓸 두부를 잃어버렸다. 여종들이 서로 떠넘기고 소리 지르며 시끄럽게 싸우니, 박씨가 말하였다.

"가려 내기 어렵지 않은 일이다."

그러고는 여종들을 뜰 가운데 늘어앉히고 물을 가져다가 차례대로 입 안을 가시고 그릇에 뱉어 내도록 했다. 이에 음식을 몰래 먹은 자가 가서 낸 그릇에서 두부 찌꺼기가 나왔으니 감히 그 간악함을 숨길 수 없었다. 그 명철한 지혜가 이와 같았다. 박원종이 매양 박씨에게 와서 문안드릴 때면, 반

---

동지同知    동지중추부사同知中樞府事. 동지사同知事. 동지중추부사에 대해서는 218쪽 참조.

드시 시비侍婢에게 궁중에서 하는 대로 머리를 틀어 올리고 그를 대접하도록 했으니, 그 집안 예절이 이와 같았다.

동지 민반의 집은 구리개(銅峴) 여장리麗墻里에 있었는데, 나의 외숙부 민광세閔匡世가 그 집을 팔고 쌍문리雙門里로 이사하니, 좌랑佐郎 정사웅鄭士雄이 구리개의 집을 사서 살았다. 매일 밤 꿈에 한 늙은 재상이 흰 수염에 죽장竹杖을 짚고는 여종 산비山婢를 부르며 말했다.

"지금은 어떤 이가 내 집에 들어와 사느냐?"

이런 일이 자주 있어서 옛 주인이 누군가 물어 보니, 노인은 곧 민 동지였고 산비는 곁에서 모시던 종이었다. 정사웅은 매우 두려워 그 집을 팔고 떠났다.

민광세는 효성과 우애를 두루 갖추었으며, 집에 있을 때의 몸가짐이 고상한 선비와 같았다. 그 품행이 매우 뛰어나 세상 사람들이 미치지 못하는 바였는데, 평생 현달함을 구하지 않아 벼슬하지 않고 죽었으니, 애석한 일이다.

## 연산조의 허종과 이장곤 ❖ 259

허종許琮은 연산조燕山朝의 의정議政이다. 처음에 대간의 大諫議(대사간)가 되었을 때, 선왕先王(성종)이 장차 왕비 윤씨尹氏를 폐위하려고 하여 조정의 의론이 하나로 모아졌다. 허종이 새벽 일찍 계啓를 올리려고 대궐에 가다가 누이의 집에 들렀다. 허종의 누이는 경사經史에 박식하여 섭렵하지 않은 책이 없었으며『주자강목』朱子綱目에 가장 정통했다. 누이가 허종을 보고 말했다.

"공公은 어째서 근심스런 빛을 띠고 있으며, 또 어이해 이다지도 일찍 찾아왔소?"

허종이 대답했다.

"조정의 의론은 이미 폐비하는 쪽으로 정해졌습니다. 이 아우의 직책이 간장諫長(대사간)이어서 오늘 간언하는 일을 맡아야 하기에 걱정이 됩니다."

누이가 말했다.

"전대前代를 두루 살피건대, 아들이 임금의 자리를 잇게 되어 있는데 그 어머니를 질책하여 폐위하면 화가 그 일을 말한 사람에게 미치지 않았소? 절대로 가서는 안 될 것이오."

허종이 크게 깨닫고 도중에 거짓으로 말에서 떨어져 기절했다. 하리下吏가 정원政院(승정원)에 달려가 고하고, 의원을 부르고 약을 구해 가마에 태워져 집으로 돌아왔다. 조정에서는 그날로 새 간장諫長으로 이 모李某를 뽑아 끝내 그 일을 성사시켜 윤씨를 폐위하였다. 후에 연산군이 즉위하여 그때 간언했던 자들을 모두 죽였으니, 이 모의 죄는 멸족에 이르렀는데 허종은 면할 수 있었다.

당시 홍문관弘文館 교리校理 이장곤李長坤이 도망하여 조정에서 그를 급히 체포하고자 했다. 이장곤은 미복微服을 하고 걸어서 도망했는데, 몹시 지쳐서 길가에서 잠이 들었다. 뒤쫓던 서리가 자세히 살펴보니 짚신이 매우 컸다. 그는 이상하게 여기며

"발이 큰 것은 이장곤과 비슷한데 베옷과 초립을 보니 아니로군."

하고는 내버려 두고 갔다.

이장곤은 도중에 굶주려 더 이상 갈 수가 없었다. 때는 여름으로 시냇가에 사람이 눈 똥이 있었는데 반쯤 삭은 보리밥이 섞여 있었다. 이를 움켜쥐고 물에 씻어서 삼켰더니 눈이 떠지고 기력을 되찾았다. 기어서 민가에 이르러 숨어 지내며 백정의 사위가 되었다. 이장곤은 몸이 장대했지만 일은 잘 하지 못했다. 백정의 집에서 괴롭게 여기며 말했다.

"자네는 체구가 커서 옷감도 많이 드는데, 게을러터져서 아무 일도 하지

않으니 어찌할고?"

　연산군이 폐위되었다는 소식을 듣고서 이장곤은 장인에게 청하여 교생校生에게 홍의紅衣를 구해 달라고 했다. 장차 고을 원님을 만나려 하자 이웃 사람들이 비웃으며 말했다.

　"백정의 사위가 외람되게 고을 수령을 보겠다니, 무례하여 곤장을 맞고 싶은 게로군."

　드디어 고을 원에게 명함을 들였더니 고을 원이 허둥지둥 뛰쳐나와 그를 맞이하여 객관客館의 상석에 모시고 음식을 살펴보고 맛있게 마련해 올리니 고을 사람들이 매우 괴이하게 여겼다. 드디어 조정에 알려져 부르심을 받고 나는 듯 빠른 역마를 타고 서울로 돌아왔다. 후에 대관을 지냈으며 관직이 이상二相(찬성)에 이르렀다.

## 거짓으로 어리석은 체한 심의 ❖ 260

심의沈義는 심정沈貞의 아우로 문장에 능했다. 그의 형 심정의 행위가 불선不善한 것을 보고는 그와 더불어 시비를 따지고자 하지 않아, 드디어 겉으로 어리석은 체하며 언행을 망령되게 하였다. 그가 학문을 시작할 때에 친구에게 물었다.

　"무릇 사람이 문리文理가 트일 때는 어떤 징험이 있는가?"

　친구가 그 어리석음을 놀려 주려고 말했다.

　"문리가 트일 때면 '획' 하는 소리가 난다네."

　드디어 두문불출하고 글을 읽으면서 '획' 하는 소리가 들리면 그만두기를 기약했는데, 글을 읽은 지 5, 6년이 되어도 소리가 나지 않았다. 하루는 여종이 깨진 사기그릇에 불을 담아 부엌에서 나오는데 '획' 하는 소리가 났다. 심의가 드디어 볼기짝을 치면서 춤을 추며 말했다.
"나의 문리가 이제야 비로소 트였구나!"
이에 비로소 과거에 응시하여 급제했다.
그가 상중喪中에 심정과 더불어 산 아래에서 시묘살이를 하고 있을 때 홀연히 한밤중에 일어나 앉아 곡을 했다. 심정이 이유를 묻자 그가 대답했다.
"꿈에 부모님을 뵈었는데 부모님께서 말씀하시기를 '슬프구나! 어리석은 이 아이가 어떻게 살아갈 것인고? 아무 곳에 밭이 있고 아무개 종에게 자식이 있으니 네가 그것을 가지거라' 라고 하셨습니다. 이 때문에 통곡하는 것입니다."
심정이 가엾게 여기고 드디어 문서를 만들어 그에게 주었다. 이튿날 심정 또한 전답과 노복을 취하고자 하는 욕심이 들어 어리석은 아우를 속이고자 한밤중에 통곡을 했다. 심의가 깜짝 놀라 그 이유를 묻자 심정이 대답하였다.
"방금 내가 꿈 속에서 부모님을 뵈었는데 부모님께서 말씀하시기를 '슬프구나! 맏자식이 무엇을 가지고 제사를 받들겠는고? 아무 곳에 밭이 있으며 아무개 여종에게 자식이 있으니 네가 그것을 취하거라' 라고 하셨다. 이 때문에 통곡하는 것이다."
그러자 심의가 말했다.
"형님의 꿈은 참으로 춘몽입니다."
이웃에 사는 한 부인이 남편이 죽었는데 아직 장례를 치르지 못했다. 빈소에 흰 장막을 드리우고 이불과 요를 펴 놓고, 술과 안주를 보자기로 덮어 놓은 채 밤낮으로 곡을 하였다. 심의가 이에 온몸을 시커멓게 칠하고 몰래 이불 속에 들어가 누웠다. 과부가 여러 여종들을 이끌고 음식을 올리면서 곡을 하며 말했다.
"슬프구나! 혼령이시여, 지금 어디로 가시옵니까?"

심의가 이에 장막 안에서 시커먼 손을 드러내어 휘저으면서 말했다.
"내가 어디로 간단 말이오? 지금 여기에 있소."
부인과 여종들이 곡하기를 그치고 달아나자, 심의가 이에 안주와 과실을 거두고 담을 넘어 달아났다.
신광한申光漢이 심정의 별서別墅인 소요당逍遙堂에 다음과 같은 시구를 적었다.

낙엽은 가을 골짜기를 감추고      落葉藏秋壑
석양은 산의 절반을 비추네.      斜陽映半山*

대개 심정이 가사도賈似道나 왕안석王安石과 같음을 기롱한 것이다.* 심정은 이를 깨닫지 못했지만, 심의는 그것을 알고는 몰래 신광한에게 으름장을 놓았다.
"내가 우리 형에게 말하려고 하는데 그래도 괜찮겠소?"
그러자 신광한이 그에게 애걸하였다. 이 같이 하기가 여러 번이었는데 끝내 말하지 않았으니 그가 겉으로 어리석은 체했음을 알 수 있다.
그의 집안에 재앙이 일어나 붙잡혀 궁궐 뜰에서 심문을 받았는데, 곤장을 몇 대 내려치면 그때마다 미친 듯 소리 지르며 아무 말이나 지껄이자 이에 그를 풀어 주었다. 그가 어려서부터 겉으로 어리석은 체한 것이 곧 대궐

---

낙엽은 가을 ~ 절반을 비추네.  장유張維의 『계곡선생집』谿谷先生集 권3 「서소요당후서」書逍遙堂序後에는 이와 같은 시구를 써 준 사람이 박상朴祥이라고 서술되어 있다. 박상의 『눌재선생속집』訥齋先生續集 권2에 실린 「제소요당배율 사십운」題逍遙堂排律 四十韻을 확인해 보면 그의 원 작품에는 '半山排案俎, 秋壑鬪樽孟'이라고 되어 있음을 알 수 있다. 『눌재선생집부록』訥齋先生集附錄 권2에서는 『병진정사록』丙辰丁巳錄을 인용하여 박상의 시구가 심정 자신을 풍자한 것임을 알고, 심정이 뒤에 그 시구로 만든 편액을 불태워 버렸다고 하였다.
대개 심정이 ~ 기롱한 것이다.  추학秋壑과 반산半山은 송대宋代에 권력을 천단했던 가사도賈似道와 왕안석王安石을 각각 지칭한다. 위의 시구에서는 당시 조선에서 권력을 마음대로 휘두른 심정沈貞을 두 사람의 권신權臣에 빗대어 표현한 것이다. (『지봉유설』芝峯類說 권13 참조)

에서 곤장을 맞는 화를 면하게 해 주었으니, 이른바 '그 어리석음은 미칠 수 없다其愚不可及'*는 것이 아니겠는가?

### 유몽인의 누이 홍천민 부인의 박학다식 ❖ 261

금상今上(광해군) 초년에 임해군臨海君이 이미 죽자, 임금의 생모*를 제향할 곳이 없었다. 임시로 효경전孝敬殿의 행랑채에 안치해 두었는데 예관禮官들조차 감히 제사 지내자는 말을 하지 못했다. 이때 나의 조카 유혁柳湙이 예조 정랑으로 있으면서 여러 대신들에게 그 일에 대해 자문을 구했다. 나의 누이인 홍 대간洪大諫(홍천민) 부인을 방문하여 그 일에 대해 이야기하자, 부인이 말했다.

"예로부터 제왕이 생모를 봉하여 합당한 지위에 올리지 않은 적이 없었다. 한漢나라 문제文帝가 박 태후薄太后로 봉한 이래로 한漢나라 소제昭帝는 구익 부인鉤弋夫人으로 봉하였고, 한나라 애제哀帝는 공황 공후恭皇恭后로 봉했으며, 송宋나라 인종仁宗은 신비宸妃로 봉하였다. 빛나는 호칭으로 추존하여 올리지 않음이 없었는데 유독 한나라 선제宣帝는 생모를 봉하지 않았기에 이전의 역사에서 아름답게 여겼다. 지금 만일 옳은 일이라고 주장하면 아첨에 가깝고, 그른 일이라고 배척하면 반드시 사단師丹의 화禍*가 있게 될 것이다. 하물며 이처럼 행랑채에 봉안하는 일도 오히려 안 된다고 한다면 어찌 끝내 그 뜻을 이룰 수 있겠는가? 자네는 신중하게 행동해야 할 걸세."

---

그 어리석음은 미칠 수 없다其愚不可及 『논어』「공야장」公冶長에 "영무자는 나라에 도가 있으면 지혜롭게 행동하였고, 나라에 도가 없으면 어리석게 행동하였다. 그 지혜로움은 미칠 수 있지만, 그 어리석음은 미칠 수 없다."(甯武子, 邦有道則知, 邦無道則愚, 其知可及也, 其愚不可及也.)라는 구절이 있다.
임금의 생모 광해군과 임해군의 생모인 공빈恭嬪 김씨金氏를 일컫는다.

그 후 과연 추존하여 성릉成陵으로 봉하고 대비로 칭호를 주청奏請하였으니, 한결같이 부인의 말과 같이 된 것이다.

이에 앞서 소경 대왕昭敬大王(선조)이 성균관에서 선비들에게 시험을 보였는데, '정중鄭衆이 군사마軍司馬로 임명되어 사은숙배하다'(鄭衆謝拜軍司馬)*라는 것으로 글제를 삼았다. 응시자 천 여 명 가운데 태반은 환관宦官 정중鄭衆이라고 생각해 주지에서 벗어났고, 유자儒者 정중鄭衆과 환관宦官 정중鄭衆*이 달리 있다는 것을 안 사람은 백의 한둘도 안 되었다. 그리고 이들 역시 모두 역사서를 보고 안 것이다. 시험이 끝나자 나의 조카 유광柳洸이 부인을 방문하여 인사했다. 부인이 글제가 무엇이었냐고 묻고는, 이어서 말했다.

"후한에는 정중鄭衆이 두 사람 있었는데, 유자儒者일까, 환관일까? 필시 유자 정중이겠지?"

유광이 깜짝 놀라며 말했다.

"고모님께서 알고 계신 그 사실을 오히려 과거 시험장의 천 여 사람이 알지 못했으니, 참으로 부끄러운 일입니다."

이때에 온 조정의 사대부와 경상卿相이 모두 한漢나라에 사단師丹이 있었음을 알지 못했으니, 어찌 가소롭지 않을 수 있겠는가. 또 금상今上 초년에 조사詔使 웅화熊化가 왔는데 종사관 중에 어떤 이는 그것을 근심하여 우리나라에 화재가 나지 않을까 염려했다. 그 말을 들은 사람들이 무슨 뜻인지 알

---

사단師丹의 화禍     사단師丹은 한나라 사람. 애제哀帝의 어머니 정희丁姬가 공 황후共皇后로 승격된 뒤, 다시 공 황후에서 황태후皇太后로 승격되어야 한다는 논의가 있었는데, 이때 사단이 반대했다가 서인庶人으로 강등된 일이 있었다.

정중鄭衆이 군사마軍司馬로 임명되어 사은숙배하다鄭衆謝拜軍司馬     정중鄭衆은 후한後漢 사람으로 흉노에 사신으로 가서 선우單于에게 절하지 않았던 일 때문에 소무蘇武보다도 낫다는 평가가 있었다.

유자儒者 정중鄭衆과 환관宦官 정중鄭衆     유자 정중은 자가 중사仲師로, 역易과 시詩로 세상에 알려졌다. 장제章帝 때 대사농大司農이 되었다. 경학가經學家에서는 정 사농鄭司農이라 칭하고, 그 후의 정현鄭玄과 구별하여 선정先鄭이라 칭했다. 환관 정중은 대장군 두헌竇憲 등의 불궤不軌를 주벌하였다. 환관의 정치 독점이 그에게서 시작되었다고 할 수 있다.

지 못했는데 부인이 듣고서는 말했다.

"이 일은 『시인옥설』詩人玉屑에 보이니, '능화'能火의 뜻*을 취한 것이다."

얼마 지나지 않아 송도의 400여 집과 평양의 천 여 집에 열흘 동안 모두 화재가 있었으니, 부인의 박학함과 선견지명이 이와 같았다. 다만 선군께서 문자를 저술하지 못하도록 엄하게 명하여 평생 한 구절의 말도 세상에 전해지지 않았으니, 애석한 일이다.

## 홍천민 부인의 지인지감* ❖ 262

홍천민洪天民이 박응남朴應男과 더불어 막역한 친교를 맺어 서로 의형제로 자처하였다. 홍천민의 아내인 유씨柳氏가 창틈으로 몰래 박응남을 엿보고 말하였다.

"당신은 늘 박씨를 마음을 터놓고 사귀는 벗으로 여기시지만, 끝에 가서 당신을 저버릴 자는 박씨일 것입니다. 조심하십시오."

뒤에 과연 박응남에게 배척당하였다.

---

*'능화'能火의 뜻  여기에서는 웅화熊化의 '웅'熊이라는 글자를 파자破字하여 이에 연관시킨 것이다.
* 이 이야기가 〈만종재본〉에는 독립되어 있으나 〈청패본〉·〈도남본〉·〈이수봉본〉 등 여러 필사본에는 345화 〈박응남의 사람됨〉의 끝부분에 기술되어 있다. 이야기의 내용으로 미루어 보면 필사본의 기록이 타당한 것으로 판단되지만, 여기에서는 〈만종재본〉의 체재를 존중하여 우선 번역해 둔다.

## 허균에 대한 신흠의 평가 ❖ 263

역적 허균許筠은 총명하고 영특하였다. 나이 아홉 살에 능히 시를 지었는데 매우 아름다웠다. 여러 어른들이 이를 칭찬하며 말했다.

"이 아이는 훗날 응당 문장에 뛰어난 선비가 될 것이다."

유독 자형姉兄인 간의諫議 우성전禹性傳만은 그의 시를 보고 말했다.

"뒷날 비록 문장에 뛰어난 선비가 된다 할지라도 허씨 가문을 뒤엎을 사람은 반드시 이 아이일 것이다."

허균이 종사관從事官이 되어 원접사遠接使 유근柳根을 따라 의주에 갔는데, 당시 영위사迎慰使* 신흠申欽이 그와 날마다 만났다. 고서古書를 두루 읽고 하는 이야기를 들으니, 유·불·도 삼가三家의 책에 이르기까지 짚는 곳마다 시원하게 통하지 않음이 없었으니 당해 낼 사람이 없었다. 신흠이 물러나와 탄식하며 말하길

"이자는 사람이 아니다. 그 모습 또한 우리와 다르니, 필시 이는 여우·너구리·뱀·쥐 같은 따위의 정령일 것이다."

라고 했으니, 식자의 명감明鑑이 이와 같았다.

나도 당시 도사 영위사都司迎慰使*가 되어 중국 사신 주지번朱之蕃을 맞이하다가 이 말을 들은 적이 있다. 내가 비록 문장을 지극히 좋아하지만, 평생 한번도 서로 방문한 적이 없었다.

---

영위사迎慰使  중국 사신을 영접하는 관리로, 접위사接慰使·접반사接伴使·원접사遠接使·선위사宣慰使 등으로 불리기도 했다.

도사 영위사都司迎慰使  중국에서 사신이 올 때 도사都司가 따라오는 경우에는 3품 당상관을 별도로 보내 도사를 영접하게 했는데, 이를 일컬어 도사 영위사라 했다.

## 아동포살수와 조총 사용법 ❖ 264

서애西厓 유성룡柳成龍이 도체찰사都體察使*가 되어 여러 읍에 문서를 보낼 일이 있었다. 문서가 작성되자 역리驛吏에게 맡겨 보내도록 했다. 사흘이 지나 다시 그 문서를 회수하여 고치려고 하니 역리가 문서를 가지고 왔다. 상국이 그를 힐책하여 말했다.

"너는 어찌하여 문서를 받은 지가 사흘이 지나도록 아직까지 여러 읍에 나누어 주지 않았느냐?"

역리가 대답했다.

"속담에 '조선 공사는 사흘'이라고 합니다. 소인은 사흘 후에 다시 찾으실 것을 알았기에 오늘까지 늦추었습니다."

상국이 그에게 죄를 주려다가 이내 생각해 보고 말했다.

"이 말은 세상에 경계가 될 만하다. 나의 잘못이다."

드디어 그 문서를 고쳐서 역리로 하여금 배포하게 했다.

당시 왜적들이 여전히 국경 안에 남아 있어서 팔도에서는 날마다 군사를 훈련시키기에 힘썼다. 유성룡이 영의정으로 도훈련사都訓鍊事를 맡아 아동포살수兒童砲殺手를 설치하고 교습시켰다. 한 무사가 훈련도감訓鍊都監에 와서 면포 백 필을 얻어 준마 백 필을 사들일 것을 청하였다. 유성룡이 매우 이상하게 여기고 그 까닭을 물었다. 무사가 말하였다.

"면포 한 필이면 갓 낳은 망아지 한 마리를 살 수 있을 것입니다. 서너 해 잘 기르면 어린 군사들이 성장한 뒤에 쓰일 말로 충당하기에 족할 것입니다."

이에 유성룡의 안색이 좋지 않았다.

당시 왜적과 대치하고 있는 상황이어서 아동들을 훈련시켰지만, 칼과 창

---

도체찰사都體察使　　전란 때 의정대신議政大臣이 겸임하여 맡아 보던 군직.

을 휘두르고 찌르는 연습이 아이 놀음과 같은지라 간혹 몰래 비웃는 자도 있었다. 그런데 지금은 수십 년 동안 과거 시험을 보여 무사를 뽑음에 기예가 성취되었다. 근자에는 중국을 도와 누르하치를 정벌했는데, 우리 군사들이 제각기 화포를 잘 다루어 오랑캐가 두려워해 중국이 우리 군사에 의지하였다. 구천句踐의 태교법胎敎法은 진실로 병가兵家의 모범인 것이다.

예전에 임금의 수레가 영유永柔*에 머무를 때 과거 시험을 보여 200명의 무사를 뽑았다. 그때 조총이 시험 과목에 있었는데 응시자들이 총을 잡고도 다루는 법을 알지 못했다. 혹 군사들로 하여금 불을 붙이게 하여 포성이 갑자기 발하면 깜짝 놀라 손을 떼며 어찌할 바를 몰랐다. 당시 나는 사헌부 지평持平으로 감시관監試官으로 있었는데 이를 보고는 냉소하며 말했다.

"국가의 중대한 시험에서 어찌 군사들에게 불을 붙이도록 하여 인재를 뽑을 수 있겠는가?"

당시 무장 이일李鎰 또한 감시관으로 있었는데 홀로 말했다.

"지금 국가에서 조총으로 사람을 뽑은 지 10년을 넘지 않아 반드시 온 나라에 그 기예가 이루어짐을 볼 수 있을 것입니다."

지금 우리나라는 군사의 일은 치지도외하더라도 조총을 다루는 기예는 두루 퍼졌으니 빈말이 아니었다. 이 장군의 말이 징험된 것이다.

## 왜적에 대한 홍연의 판단 ❖ 265

익성군益城君 홍성민洪聖民이 홍연洪淵과 더불어 왜적을 방어하는 것에 대해 논란을 벌인 적이 있었다. 홍연이 말하였다.

---

영유永柔   지금의 평안남도 평원 지역에 있었던 현명縣名.

"왜적이 육지에 내리지 않았을 때는 오히려 수군으로 막을 수 있지만, 육지에 내린 다음에는 결코 우리나라가 버텨 낼 수 없을 걸세."

이에 익성군이 말했다.

"육지에 내린 왜적은 물을 떠난 고기와 같아서 제압하기가 쉽다고들 하는데, 어찌하여 자네의 말은 이와 다른가?"

홍연이 대답했다.

"절대로 그렇지 않네. 무릇 모든 일은 시험해 본 뒤에야 그 어려움을 아는 것이지."

임진왜란이 일어나자 우리나라가 혹 수군으로는 승리할 수 있었지만 육지의 전투에 이르러서는 패하지 않음이 없었으니, 홍연이 적을 헤아림이 명석하다고 하겠다.

홍연은 유신儒臣으로서 평시에 장수로 천거된 적이 있는 사람이다.

## 왜장 가등청정의 호협함 ✤ 266

왜장倭將 청정淸正(가등청정)은 관하管下*의 사람들을 엄하게 다스렸다. 관하에 어떤 사람이 청정에게서 잘못을 질책당하자 원망을 품었다. 청정이 진영에 이르자 드디어 몸을 날려 청정을 칼로 내리쳤다. 청정이 칼을 빼어 이를 막다가 손가락 하나를 다쳤지만 칼날이 몸까지 미치지는 않았다. 휘하의 사람들이 그를 붙잡아 목을 베려 하자, 청정이 급하게 소리를 지르며 제지하고는 말했다.

"내가 바야흐로 군사를 배치하고 위엄 있게 진영에 이르렀는데, 이 사내

관하管下   관할하는 이졸吏卒 또는 백성.

는 자그마한 체구의 필부로서 대장군을 대적하고자 했으니 사람됨이 일을 맡길 만하다. 그를 용서하여 큰 쓰임에 대비하도록 하라."

드디어 그를 임명하여 편장偏將으로 삼았다. 청정은 활달하고 호협하여 호걸을 압도하는 국량이 있었다. 평수길이 이러한 사람을 택해 한 방면을 맡겼으니 사람을 알아본다고 하겠다.

## 호랑이를 피한 백성 ❖ 267

배천(白川)* 백성이 가을철이 되어 벼를 베어 들판에 쌓아 놓고, 밤이면 들판 가운데 지어 놓은 막사에서 이를 지키고 있었다. 갑자기 지붕 위에서 올빼미 울음소리가 들리기에 그 백성은 놀라서 막사를 나와 쌓아 놓은 볏단 속으로 몸을 감추었다. 밤이 깊도록 잠들지 못하고 있는데, 커다란 호랑이 한 마리가 막사 아래에서 가만히 엿보다가 막사를 덮쳤다. 막사가 비어 있고 사람이 없자 성이 난 호랑이는 드디어 막사를 부수고 가 버렸다.

근래에 인천의 백성 또한 들판의 막사에서 벼를 지키고 있었다. 함께 있던 사람의 코 고는 소리가 우레와 같자 호랑이가 들을까 두려워서 홀로 빠져나와 쌓아 놓은 볏단 깊숙한 곳으로 들어가 있었다. 과연 호랑이가 코 고는 소리를 듣고 찾아와 막사에 있던 사람을 잡아갔다.

사람이 환란을 대비함에 있어 가장 귀함은 미리 방지하는 데 있다. 농부들도 이러하거늘 하물며 사리에 통달한 사대부에 있어서랴! 경계할 일이로다, 기미를 보고도 움직이지 않는 사람들이여!

---

**배천(白川)**   황해도黃海道 남동부에 있는 군으로, 강화군 교동도와 마주하고 있다.

## 우리나라의 복제服制에 대한 중국인들의 생각 ❖ 268

예전에 우리나라가 왜구에게 환란을 당했을 때 십만의 명나라 군사가 와서 구원하였다. 그때 중국인들이 품이 넓고 넉넉한 우리나라 사람의 옷을 보고 모두들 크게 비웃었다. 우리나라 사람들이 거동할 때마다 모욕을 당하는지라 매우 괴롭게 여겼다. 또한 넓은 소매와 큰 두루마기가 말을 타거나 활을 쏘는 데 적합하지 않아, 행재소行在所에서 여러 고을에 공문을 보내 의복 제도를 고치고자 했다. 당시에 나는 시강원侍講院 문학文學으로서 사서司書* 황신黃愼, 설서說書* 이정구李廷龜 등과 더불어 강학講學하는 일로 시랑侍郞 송응창宋應昌의 군문軍門에 함께 있었다. 중국의 유사儒士 여영명呂榮明이 우리나라가 의복 제도를 바꾸려고 한다는 소문을 듣고 매우 애석해하며 말했다.

"제가 중국에 있을 때 어떤 사람이 옛 기물과 옛 의복을 모으는 것을 본 적이 있습니다. 당신네 나라에서 날마다 쓰는 그릇 및 크고 작은 겉옷과 속옷의 제도는 모두 당나라 때의 제도를 본뜬 것이어서 자못 옛 사람의 풍모가 있습니다. 지금 중국의 의복 제도는 매우 좁고 또 사치스러우며 그릇 또한 옛것이 아니어서 당신네 나라의 예스럽고 소박한 제도에 미치지 못합니다. 각기 그 풍속을 따름이 마땅하지, 반드시 본뜰 것은 아닙니다."

그때 제독提督 이여송李如松 또한 우리나라의 의상을 보고서, 고제古制에 가까운 것을 아름답게 여겨 말했다.

"당신네 나라의 의복 제도가 이처럼 고제古制에 가까운데, 무슨 연유로 중국을 본받아 제도를 고치려고 합니까?"

대개 우리나라는 신라 때부터 모두 중국과 통하여 당나라의 예법과 제도를 배운 것이 많다. 그러므로 그릇이나 의복이 모두 당나라의 제도를 모

---

사서司書　　세자시강원世子侍講院의 정6품 관직으로 세자에게 경사經史와 도의道義를 훈도하였다.
설서說書　　세자시강원世子侍講院의 정7품 관직으로 세자에게 경사經史와 도의道義를 훈도하였다.

방하여 본뜬 것이 이와 같았는데, 우리나라 사람들이 몰랐던 것이다. 오직 중국의 고제古制에 박식한 사람이 알 뿐인데, 여영명과 이여송의 말이 그 이치를 얻었다.

## 우리나라의 진귀한 음식 ✤ 269

음식은 풍속과 달라서 중국 사람들이 좋아하는 것을 우리나라 사람들은 중히 여기지 않는다. 중국인은 차를 마심에 능히 일곱 주발까지 비운다는 말이 고서古書에 보인다. 통판通判* 왕군영王君榮이 나에게 한두 주발을 권했는데 매우 상쾌하여 기운이 충만해졌다. 그러나 서너 사발에 이르자 감당해 내지 못할 지경이었는데 왕군영이 권하기를 그치지 않았으니, 참으로 이른바 수액水厄이었다.

『가례』家禮에는 밀가루 음식과 쌀 음식이 나와 있는데 나는 일찍이 무슨 뜻인지 알지 못했다. 중국 사람이 밥을 먹을 때에는 밀가루 음식이 따로 구비되어 있어 밥과 함께 나온다. 소맥小麥(밀) 가루를 물에 반죽하여 지져서 익혔는데, 크기가 손바닥만 한 것을 십 여 장 정도 포개 놓았다. 밥을 먹을 때마다 그것을 권하는데 감당할 수 없을까 봐 걱정되었다.

이보다 더 심한 것도 있다. 우리나라 송유진宋儒眞과 이몽학李夢鶴이 반역죄로 죽었는데, 그 오체五體를 여러 고을에 나누어 주었다. 이때 서울에 있던 중국 장수가 그 인육을 베어 구워 먹으라고 명하고, 문안사問安使* 이충원李忠元에게도 먹기를 권하며 말하였다.

**통판通判**　중국 조정에서 군郡의 정치를 감독하기 위해 파견한 지방관.
**문안사問安使**　중국에 비정기적으로 보내던 사신으로, 애초에는 선위사宣慰使라 하였음. 청淸이 건국한 후에는 동지사冬至使로 통일하여 여러 가지 명목의 문안사는 보내지 아니하였다.

"이는 원수의 살점입니다. 중국 사람은 이것을 먹기를 꺼리지 않습니다."
그러고는 스스로 한 그릇을 다 먹고 애써 권하니, 이충원이 어쩔 수 없이 저민 고기 한 점을 먹었다.

자하젓으로 줄김치를 담근 것을 세속에서는 이른바 '감동해'感動醢라고 하는데 우리나라에서는 별로 쳐 주지 않는 것이다. 예전에 중국 사신이 해주海州를 지나다가 자하젓으로 담근 줄김치를 먹다가 울음을 삼키며 차마 먹지를 못하였다. 원접사遠接使가 괴이하게 여겨 까닭을 물어 보니 중국 사신이 말했다.

"나에게는 노모가 계시는데 만 리 밖에 사십니다. 이 맛이 참으로 진귀한지라 차마 목구멍으로 삼킬 수가 없군요."

원접사가 해주 관원을 찾아 그것을 진상하도록 하자, 중국 사신이 말하였다.

"감동을 이기지 못하겠소."

이러한 연유로 이를 이름 하여 '감동저'感動菹라 한 것이다.

어득강魚得江이라는 자는 강정 대왕康靖大王(명종) 때의 명신名臣으로 골계를 잘했는데 비방도 많이 받았다. 그의 친구가 자하젓으로 담근 줄김치를 보내니 어득강이 답장을 쓰기를,

"어찌 감동하지 않으리오!"

라고 했다. 친구가 또 답장을 썼다.

"공은 골계를 잘해 비방을 받는데도 오히려 경계하지 않는구려. 지금 이후로는 그만두는 것(權停)이 좋겠소."

자하紫蝦를 방언으로는 곤쟁이(權停)라고 했던 까닭에 그렇게 말한 것이다.

『예기』禮記 「내칙」內則 편에는 팔진미八珍味의 이름이 나오는데 노인을 봉양하기 위해 차리는 음식이다. 그런데 지금 그것을 먹어 보면 모두 진귀한

맛이 아니다. 지금 우리나라의 바다와 뭍에서 나는 음식물은 이루 다 기록할 수 없다. 산사람이나 중들이 먹는 소박한 것들 중에도 빼어난 맛이 있다. 두류산頭流山(지리산)의 중은 대나무 열매를 따서 밥을 짓는데, 누런 밤 가루와 곶감 부스러기를 넣고 불을 땐다. 팔미차八味茶를 내리는데 여덟 가지 맛이란 오미자에 인삼, 맥문동, 벌꿀을 더한 것이다.

개골산皆骨山(금강산)의 중은 당귀의 줄기와 잎 및 머루와 석청石淸을 취해 나무통 속에 담가 두었다가 목이 마르고 기운이 어지러울 때면 마음껏 마신다. 묘향산과 개골산의 여러 중들은 매년 가을 팔월이면 각기 기름간장과 밀가루를 가지고 깊은 골짜기에 들어가 송이버섯을 채취해 구워 먹는다. 송이는 일명 '송심'松蕈이라 하고, 또는 '송지'松芝라고도 한다. 소나무 아래의 썩은 솔잎 가운데서 돋아나는데, 큰 것은 주먹만 하며 어린 송이는 매우 예쁘게 생겼다. 중들이 무리 지어 힘껏 채취해 집채만큼씩 쌓아 둔 곳이 여럿이다. 열십 자로 줄기를 가르고 그 안에 밀가루에 갠 기름장을 넣고서 띠풀로 두루 묶으면, 『예기』에서 이른 바 대모敦牟*만 해진다. 그것을 진흙으로 싸서 장작을 쌓아 놓고 불을 때어 잘 익기를 기다렸다가 벌려 보면 향기가 온 골짜기에 가득 찬다. 여러 중들이 양껏 먹는데 그 맛은 천하의 진미다.

## 풍속에 따른 음식의 차이 ❖ 270

예전에 십만의 중국 병사가 우리나라에 오래 머물렀는데, 풍속이 다름을 서로 비난하며 비웃었다. 우리나라 사람들은 회膾를 즐겨 먹는데 중국인들은

---

대모敦牟   『예기』禮記 「내칙」內則 편에 나오는바, 서직黍稷(기장과 피)을 담는 그릇을 말한다. 〈만종재본〉의 '牧'은 '牟'의 오기다.

대부분 침을 뱉으며 추하게 여겼다. 우리나라 선비가 말했다.

"『논어』論語에 '회는 얇게 뜬 것을 싫어하지 않으셨다'*라고 했으며, 그 주석에 '소와 양, 물고기의 날것을 얇게 썰어서 회를 만든다'라고 하였다. 공자께서 맛보고 즐기던 것을 어찌하여 당신들은 잘못이라 하는가?"

중국인들이 말했다.

"소의 양과 처녑은 모두 더러운 것을 싸고 있는 것인데, 썰어서 회로 만들면 어찌 뱃속이 편안하겠는가?"

또 고기를 꼬챙이에 꿰어 구워서 핏방울이 뚝뚝 떨어지는 것을 보여 주자, 땅에다 내던지면서 말했다.

"중국인들은 고기는 잘 구워진 것이 아니면 먹지 않는다. 고기에 만일 피가 배어 있다면 이는 오랑캐들이나 먹는 것이다."

우리나라 사람이 말했다.

"회든 구운 것이든 고인이 좋아했고 고서에 많이 보이는데 무엇이 해롭겠는가?"

우리나라 사람이 밤에 어두운 방에 앉아 있는데, 중국인이 밖에서 문을 열고 들어와 냄새를 맡고는 '필시 고려인이 있는 게로군'이라고 하니, 비린내가 난다는 말이다. 우리나라 사람들이 물고기를 많이 먹기에 비록 스스로 그 냄새를 맡지 못해도 반드시 비린내가 나기 때문이다.

그러나 요좌遼左 사람들은 이(虱)를 잡아먹고, 형남荊南 사람들은 뱀을 잡아먹으며, 섬서陝西 사람들은 고양이를 잡아먹고, 남방 조사南方朝士는 사마귀를 즐겨 먹고, 천하의 사람들이 모두 두꺼비를 먹는데, 우리나라 사람들은 침 뱉지 않는 이가 없다. 요즘에 중국의 남쪽 지방 사람과 북쪽 지방 사람이 서로 공박하는데, 조정의 의론 또한 이에 따라 끌려갔다. 북쪽 지방 사

---

회는 얇게 뜬 것을 싫어하지 않으셨다  『논어』「향당」鄕黨 편에 "食不厭精, 膾不厭細"라 하였고, 이에 대한 주자의 집주에 "牛羊與魚之腥, 爲而切之爲膾"라 하였다.

람들이 두꺼비 먹는 것을 고쳤는데 이는 남쪽 지방 사람들에게서 시작해 천하에서 크게 금하게 된 것이다. 이에 '두꺼비가 변하여 게가 되었다'고 하여 게를 먹는 것 또한 금지했는데, 게는 중국의 옛 사람들이 즐기는 것인데 어째서 또 금지한단 말인가? 이것은 이른바 뜨거운 국에 데어서 찬 나물도 불어 먹는 것이고, 목이 멘다고 하여 아예 음식을 먹지 않는 격이니 너무 심한 것이 아니겠는가?

대개 두꺼비는 남만 사람들이 먹던 것으로 한유가 그것을 먹자 유종원이 이를 기롱하였다. 사마귀 또한 옛 사람이 풍자하던 것이었는데, 이것이 중원 땅에서 흘러 들어온 줄 어찌 알았겠는가? 대저 소의 양과 처녑과 이(虱)와 뱀과 고양이 또한 아울러 의당 먹는 것을 금해야 할 것이다.

## 긴맛과 토화 ❖ 271

만력萬曆 무술戊戌(1598)과 기해己亥(1599) 연간에 중국 장수가 경성에 많이 있었다. 남이신南以信이 예방 승지禮房承旨*로 있었는데, 한 중국 장수가 하인을 시켜서 승정원에 고하도록 하였다.

"바야흐로 봄철로 이 나라에는 긴맛이 많은데 맛이 무척 달고 비위脾胃에도 맞아 장군께서 맛보기를 원하십니다. 접대 도감接待都監에 말했으나 도감께서 굳이 꺼리며 내주지 않으니, 청컨대 국왕께 계를 올려 알려 주십시오."

남이신이 말했다.

---

**예방 승지禮房承旨** 육방六房의 일을 담당하는 6승지 가운데 하나인 우승지右承旨의 별칭. 예조禮曹와 그 부속 아문에 관련된 왕명의 출납과 보고를 맡아 처리하는 것이 주요 업무다.

"긴맛이란 것은 우리나라에 없는 물건인데 도감이 어디에서 찾아 올리겠느냐?"

그러고 나서 계를 올리려는 것을 막자, 하인이 크게 성내어 발을 구르며 말했다.

"이는 당신 나라에서 흔히 나는 물건인데 어찌 황당한 말을 하며 막으십니까?"

남이신이 말했다.

"만일 우리나라에서 나는 것이라면 어찌 감히 천장天將(명나라 장수)을 위해 작은 비용 쓰는 것을 아끼겠느냐! 단지 들어 본 적이 없는 것이기에 사실대로 말하는 것이다."

하인이 더욱 화를 내며 말했다.

"저잣거리에 허다하게 있는데 당신은 어찌 이리 속입니까?"

남이신이 말했다.

"만일 그렇다면 어째서 가져와서 나에게 보여 주지 않느냐?"

하인이 즉시 저자로 달려가서 작은 물건 하나를 가지고 와서 말했다.

"이것이 긴맛이 아닙니까?"

남이신이 자세히 살펴보니 바로 토화土花였다. 남이신이 크게 웃으며,

"우리나라에서는 이것을 토화라고 하니, 긴맛이라고 해서는 알 수 없지. 이것은 우리나라에 아주 흔한 산물이네."

라고 말하고는 도감으로 하여금 양껏 보내도록 했다. 그러고 나서 조정에 들어가 계를 올렸다.

## 수단과 각서角黍 ❖ 272

우리나라 사람은 수단水團을 각서角黍로 여기면서* 유두일流頭日에 그것을 먹는데, 몇백 년 동안 전해 오면서도 다른 이름은 없다. 내가 춘방 학사春坊學士*로 경략經略* 송응창宋應昌의 아문에 종군했을 때였다. 통판通判 왕군영王君榮이 나에게 각서角黍를 대접했는데, 그 모양은 소뿔 같았으며 찰밥에 대추 열매를 꿀과 함께 섞어서 덩어리를 만든 것이었다. 다 먹고 나서 차를 마시며 만드는 법을 물어 보았다. 나무를 파서 소뿔 모양으로 통을 만들고 그 속에 찹쌀, 대추, 꿀을 넣고 쪄서 덩어리를 만든다고 하니, 우리나라 정월 대보름날 풍속으로 먹는 약밥과 꼭 같은 것이다.


## 농어와 순채 ❖ 273

우리나라 사람은 순채蓴菜와 농어에 대해 그 진위眞僞를 자세히 알지 못한다. 대개는 입이 크고 비늘이 가늘며 크기가 큼직하여 세속에서 이른바 민어 만한 것을 농어라고 한다. 어떤 사람이 말했다.
"은구어銀口魚(은어) 또한 입이 크고 비늘이 가느니 곧 농어다. 옛날에 술사術士 좌자左慈가 소반 속에서 송강松江의 농어를 낚았는데,* 아가미가 셋이었다. 지금의 은구어도 아가미가 셋이다."

---

수단水團을 각서角黍로 여기면서    '수단'은 음력 6월 15일 유두날에 먹는 음식으로 찹쌀가루를 쪄서 반죽해 구슬처럼 만들고 얼음물에 넣어 꿀에 타서 먹는 음식이고, '각서'는 찹쌀을 댓잎이나 갈잎에 싸서 쪄 먹는 단오 음식으로 중국에서는 '종자'粽子라고 부른다.
춘방 학사春坊學士    춘방은 세자시강원을 말하며, 춘방 학사란 세자시강원에 속한 관원을 이른다.
경략經略    명나라 군대의 직위.

혹자는 말했다.

"요좌遼左 지방에는 은구어가 많은데, 요遼 땅 사람들이 그것을 추생어秋生魚라고 부르니 농어는 아니다."

중국 사신 양유년梁有年이 우리나라에 온 적이 있었는데, 그는 송강松江 사람이다. 민어民魚 같은 것을 보여 주자 그가 말하였다.

"진짜 농어다."

순채를 보여 주자 말했다.

"순채가 아니다. 중국에도 이러한 풀이 있는데 이름이 소수련小水蓮이다. 중국 사람들이 그것을 즐겨 먹는데, 진짜 순채는 육지에서 자라는 것으로 수초가 아니다."

내가 『문선』文選*을 살펴보니, 포조鮑照의 「무성부」蕪城賦에

"택규澤葵가 우물에 기대어 있네."(澤葵依井)

라고 했으며, 그 주註에,

"택규는 순채다. 순채는 맛이 매끄럽기가 아욱과 같으며 잎 역시 비슷한데 연못에서 자란다."

라고 되어 있었다. 또 고시古詩에 이르기를

"순채의 매끄러움이 은선銀線과 같다."(蓴滑如銀線)

라고 했으니, 우리나라에서 일컫는 것이 진짜 순채가 아니고 무엇이겠는가?

내 생각에 이름과 실질이 잘못 전해짐이 어찌 예나 지금이나 다름이 있겠는가. 중국 사신 양유년의 말은 잘못된 것이다.

---

술사術士 좌자左慈가 ~ 농어를 낚았는데　　좌자左慈는 중국 한나라 말기의 도술가. 『신선전』神仙傳에 "후한後漢 사람 좌자左慈의 자는 원방元放인데, 도술을 배워 육갑六甲에 정통해 귀신을 부렸다. 일찍이 조조曹操가 오강吳江의 농어鱸魚가 먹고 싶다고 하자, 즉시 쟁반에 물을 떠 놓고 낚시질하여 농어를 낚아 올렸다"라는 기록이 보인다.

『문선』文選　　중국 양梁나라의 소명 태자昭明太子 소통蕭統이 주대周代 이후 양대梁代까지의 시문詩文을 모은 책. 130여 명의 시부詩賦, 문장, 작자 미상의 고시古詩, 고악부古樂府 등을 수록했다. 수록 작품을 크게 부賦·시詩·문文의 세 가지로 나누어 30권으로 편집하였다.

## 예빈시의 선반과 정유길 ❖ 274

조정에서 시관試官을 임명함에 이미 낙점落点을 한 후에는 예빈시禮賓寺*에서 음식을 대접한 다음에 보냈으며, 복명하는 날에도 그와 같이 하였다. 그 음식이 형편없어서 젓가락을 댈 수 없는지라 시관들은 밥상을 대하여 예를 갖출 뿐이었는데, 박대립朴大立과 정유길鄭惟吉은 모두 남김없이 먹었다. 당시에 말하길

"정임당鄭林塘(정유길)은 선반宣飯*을 먹으면서 쥐똥을 제거하고, 박 판서朴判書(박대립)는 선반을 먹으면서 쥐똥도 골라 내지 않는다."
라고 했다.

예빈시의 밥에는 쥐똥이 절반을 차지하는데, 정유길은 순가락으로 먹으면서 걷어 내 없앴고, 박대립은 순가락으로 밥을 꼭꼭 눌러 듬뿍 떠서 쥐똥이 그 안에 있는 것도 알아채지 못했음을 말한 것이다.

정유길은 매양 잔치에 갈 때면 저녁밥을 먹지 않고 갔다. 집사람이 권하면 이렇게 말했다.

"친구가 나를 위해 음식을 갖추어 맞이하는데, 내가 만일 먼저 집안 음식을 배불리 먹으면 진수성찬을 보고도 젓가락을 대지 않게 될 것이다. 주인은 필시 내가 그 음식을 보잘것없이 생각한다고 여길 것이니, 또한 오만한 행동이 되지 않겠느냐?"

이 때문에 집주인이 음식을 차려 내면 좋고 나쁘고 가리지 않고 먹으니 주인들이 매우 좋아하였다.

옛날에 위魏나라 대부大夫가 "혹 술을 하사함에 저녁밥은 먹지 않고 대접하니, 혹 부족할까 염려해서다"라고 했으니, 혹 여기에서 그 뜻을 취한 것

---

예빈시禮賓寺　조선 시대 때 빈객賓客의 연향宴享과 종재宗宰의 공궤供饋를 맡아 보았던 관청.
선반宣飯　관아官衙에서 벼슬아치들에게 끼니 때 베풀던 식사食事.

인가?

## 김종서의 용맹 ❖ 275

김종서金宗瑞는 육진六鎭을 개척하면서 나라를 위해 그곳 백성의 원망을 도맡아 감당했다. 북도 백성들의 성품이 본래 사나우며 원망도 잘하고 변하기도 잘하는데, 김종서는 죽음을 무릅쓰고 한 몸으로 이를 감당한 것이다.

바야흐로 밤에 촛불을 밝히고 앉았는데 화살이 날아와 벽을 뚫었으나 김종서는 안색조차 변하지 않았다. 밥을 먹을 때마다 벌레 독을 넣어 그를 어지럽게 했는데, 김종서는 먼저 두 번 내린 소주를 서너 되 마시고 나서야 밥을 먹으니 벌레가 그 독을 퍼뜨릴 수 없었다. 육진이 다 이루어져 변방의 역사를 마치게 되자, 백성들이 비로소 그에게 쓰임을 받은 것을 기뻐했다.

## 닭죽과 자라탕 ❖ 276

이제신李濟臣, 김행金行, 김덕연金德淵은 어려서부터 서로 친하게 지냈다. 책상을 같이 하면서 별시에 응시할 공부를 했는데, 세 사람이 지은 책문策問이 한 권의 책을 이루어 '분주탑시책'焚舟榻試策이라는 이름으로 세상에 유행하였다.

김행과 김덕연은 자라탕을 즐겼는데, 이제신은 침을 뱉으며 말했다.

"저와 같이 흉하고 추한 물건을 어찌 선비가 입에 가까이할 수 있단 말인가? 사족士族으로 자라를 먹는 사람은 그 사람됨이 어떠한지 물어 볼 것도 없이 필시 오랑캐의 무리일 것이네."

김행과 김덕연은 눈을 깜박이며 말했다.

"반드시 골탕 먹이세."

김덕연은 별장을 가지고 있었는데 성산城山의 호숫가에 있었다. 약속하기를 아무 날에 성산에서 고기를 낚고 연꽃을 감상하자고 했다. 두 사람은 기일에 맞추어 즉시 이르렀고, 다른 손님들도 매우 많았다. 김덕연이 손님을 위해 점심을 마련하여 푹 삶은 닭죽을 내왔다. 생강과 산초를 넣어 큰 주발에 가득한데 좋은 향기가 코를 찔렀다. 세 사람이 먹고는 그릇을 다 비웠다. 김덕연이 이제신에게 공손하게 말했다.

"집이 가난하여 다른 반찬은 없으나 암탉이 기장을 쪼아 먹어 살이 쪘다네."

두 손님이 맛이 없다고 하지 않고 감사해하는데, 이제신이 말했다.

"내 평생 닭죽을 먹었지만 이처럼 맛있는 것은 없었네."

김덕연이 말하길 "더 드시지?" 하니, 이제신이 "한 그릇 더 주게나"라고 했다. 다시 한 사발을 내오게 하자 이제신은 "좋다!"라고 하며 단번에 그릇을 비웠다. 김행과 김덕연이 말했다.

"이 맛이 왕팔탕王八湯(자라탕)과 견주어 어떠한가?"

이제신이 손사래를 치며 말했다.

"맛 좋은 음식을 배불리 먹고 나서 어찌하여 추악한 얘길 하시오?"

김덕연이 말했다.

"자네가 먹은 두 그릇이 왕팔탕이 아니겠나!"

자리에 있던 모두가 손뼉을 치며 크게 웃었다. 이제신은 크게 놀라 거짓으로 땅에다 대고 왝왝거렸다. 이때부터 가장 즐기는 음식이 자라탕이 되었다.

## 생선회의 비밀 ❖ 277

어떤 서울 선비가 일이 있어 북도北道(함경도)를 향해 길을 가고 있었다. 덕원德源*에 이르러 시냇가에서 점심을 먹다가 한 무부武夫를 만났는데, 용모가 매우 아름답고 사람됨이 관대했으며 키도 컸다. 따르는 자들이 많고 안장과 말이 매우 호화스러웠는데, 그 사람 또한 시냇가에서 쉬면서 장막을 치고 식사를 하다가 함께 먹지 않겠느냐고 했다. 조금 있다가 무부의 종자從者가 생선회를 내왔는데, 깨끗하고 희며 얇기가 매미 날개 같은 데다가 초장 또한 맛있었다. 선비에게 함께 먹기를 권하여 각기 여러 그릇을 다 먹었다. 이튿날 문천文川의 들판에 도착했는데 무부가 먼저 이르러 장막 안에 앉아 있으니 장막 뒤에서 회를 내온 것이 전과 같아 함께 배불리 먹고 파했다. 고원高原에 도착해서도 또한 그와 같이 하였다.

선비가 소변을 보고자 하여 장막 뒤로 돌아 나오다가 뱀 머리와 껍질이 어지러이 흩어져 있는 것을 발견했다. 괴이하게 여겨 종자에게 물으니 종자가 말했다.

"주인님의 종이 시내의 다리 아래에 엎드려 있다가 풀잎을 따서 그것을 불어 소리를 내면 커다란 뱀이 다리 아래에서 나옵니다. 그 모가지에다 줄을 매어 당겨 잡아서 장막 뒤로 들어옵니다."

선비가 "어디에 쓰는가?"라고 묻자 종이 대답했다.

"약으로 쓰려는 것입니다."

따라가 보고자 했으나 종자가 꾸짖었다. 선비는 비로소 지난번의 회가 생선이 아니라 뱀임을 깨닫고 마침내 왝왝거리며 토했다. 무부는 음창淫瘡(매독)이 있었는데 이것이 아니라면 좋은 처방이 없었던 까닭이었다. 이로부

---

덕원德源    〈만종재본〉에는 '德原'으로 표기되어 있고, 여러 필사본에는 '德源'으로 되어 있다. 함경도에 있는 군명으로는 '德源'이 맞기에 필사본의 기록을 따랐다.

터 다시는 길을 함께 가지 않았다.

혹자가 말하길 "그 무부는 백유검白惟儉이다"라고 하였다.

## 김계우의 품성과 식성 ❖ 278

김계우金季愚는 공희 대왕恭僖大王(중종)의 재종 외숙이다. 벼슬살이에 있어 고관대작에 관심을 두지 않고 대각坮閣*과 청요직淸要職*을 모두 사양하고 나아가지 않았으며, 또한 왕래하며 교유하는 것도 즐기지 않았다. 관직은 공조 참판工曹參判에 이르렀다. 일찍이 정업원淨業院이 있는 산에 별장을 지으니 궁니宮尼가 들어와 임금께 아뢰어 청하였다.

"김 참판께서 정업원 지척에다가 집을 짓고 있으니 금하여 주시기를 청하옵니다."

임금께서 밤에 경회루에 행차하여 그를 부르도록 명했다. 이날 김계우는 친척집의 혼사에 위요圍繞*가 되어 갔었는데, 주량이 대단하지라 여러 손님들이 각기 큰 잔을 들어 헌수獻壽*한 것이 무려 수십 번이었는데도 취하지 않았다. 임금께서 말씀하셨다.

"듣건대 외숙께서 정업원 위에다 큰 집을 짓는다고 하는데 그렇습니까?"

김계우가 "그렇습니다"라고 대답하자, 임금께서 말씀하셨다.

---

대각坮閣　　사헌부司憲府와 사간원司諫院을 아울러 이르는 말.
청요직淸要職　　청환淸宦과 요직要職. 청환은 지위가 낮고 녹祿이 많지 아니하나 뒷날에 높이 될 좋은 벼슬인 간관諫官·시강侍講 따위를 가리키며, 세자시강원世子侍講院·홍문관弘文館 등에 속해 있었다.
위요圍繞　　혼인婚姻 때 가족으로서 신랑이나 신부를 데리고 가는 사람.
헌수獻壽　　회갑回甲·칠순七旬·팔순八旬 등의 잔치에 축하하는 의미로 술잔을 올리며 축수祝壽하는 일.

"사가私家의 형편이 넉넉지 않을 터인데 어떻게 노역의 비용을 충당하시오? 과인이 마땅히 그 역사役事를 도울 테니 외숙은 심려치 마시오."*

임금께서는 김계우의 주량이 대단하다는 말을 들었던지라, 여러 되들이의 팔면은종八面銀鐘을 가져오라 명하여 연거푸 스물다섯 잔을 내렸다. 김계우는 비로소 약간 취기가 올라 초헌軺軒*에 기대어 돌아가면서 말했다.

"평생토록 일찍이 취해 본 적이 없는데 오늘에 이르러 약간 취하는구나!"

임금께서는 단지 집 짓는 것을 금하지 않았을 뿐만 아니라, 뒤이어 공인들의 노역비를 넉넉하게 주었고, 기한에 맞추어 공사가 끝나 집이 완성되자 낙성연落成宴을 베풀어 주었다. 특별히 김안로金安老와 김근사金謹思 두 정승과 두 윤씨尹氏 국구國舅에게도 그 연회에 참석하도록 명하셨는데, 이들은 모두 김계우와 선대부터 친하게 지내 오던 족친들이었다. 그렇지만 그는 평생 동안 일찍이 부탁하거나 사례하지 않았으며 왕래하기를 매우 조용하고 겸손하게 했으며, 권세를 구하지 않았음을 상상할 만하다.* 집에 있을 때에 매양 초닷새 날이면 소 한 마리를 잡아 부인과 더불어 중당에서 걸상을 마주하고 앉아서 큰 은 쟁반에 잘 삶은 소고기를 저며 놓고 하루에 세 번씩 대작했는데, 커다란 잔을 사용하고 소반에 가득한 고기를 다 먹었다. 한 달에 항상 소 여섯 마리를 다 먹으며 다른 진미는 먹지 않았다. 부부가 각각 80까지 수壽를 누리고 죽었다.

벼슬살이에 있어 ~ 심려치 마시오.　이 대목은 〈만종재본〉에 없는 것으로 필사본에 의거 보충하였다.
초헌軺軒　종2품 이상의 벼슬아치가 타던 수레.
임금께서는 단지 ~ 상상할 만하다.　이 대목 역시 〈만종재본〉에 없는 것으로 필사본에 의거 보충하였다.

## 대식가 정응두와 김응사 ❖ 279

찬성贊成 정응두丁應斗는 먹는 양이 매우 컸다. 일찍이 농장에서 한가하게 지내는데 마을 노인이 홍시 200개를 큰 동고리에 담아 술 두 병과 여러 안주와 함께 찬성에게 올렸다. 정찬성은 두 병의 술과 안주를 다 먹고 그릇을 비우고는 앉아 한가하게 이야기를 나누면서 홍시를 집어 꼭지를 따고 입에다 던져 넣었는데 잠깐 사이에 다 먹어 치웠다. 빈 동고리를 마을 노인에게 던져 주자 노인이 인사하고 사례하며 말했다.

"제가 애초에 이것을 올릴 때는 대감께서 여러 날 잡수실 거리로 바치고자 한 것입니다. 이 자리에서 다 드실 줄은 미처 몰랐습니다."

그 마을에 이충의李忠義라는 사람이 있어 집안에서 철마다 제사를 지냈는데, 제사가 끝나면 찬성을 맞이해 대접하였다. 한 신위神位에 진설한 음식을 모두 찬성에게 올렸는데, 제기가 매우 커서 평소 사용하는 그릇의 세 배는 되었다. 과일 예닐곱 그릇, 유밀과油蜜菓 두세 그릇의 높이가 모두 한 자가 되었고, 떡과 적의 높이도 한 자였다. 국수 한 그릇, 어육탕 예닐곱 그릇, 기타 바다와 육지에서 나는 음식 몇 그릇, 밥과 술에 이르기까지 양껏 올렸는데 찬성은 즉시 그릇을 다 비웠다. 그 집안 사람 모두가 정찬성의 양이 크다는 것을 알고 음식을 매우 풍성하게 하려고 힘썼으며 세상에 보기 드문 장관으로 여겼다.

우리 마을에 사는 김응사金應泗라는 이는 의관醫官으로, 허리둘레가 열 아름이나 되었고 먹는 양 또한 대단히 컸다. 간의諫議 홍천민洪天民이 유생이었을 때 위병을 앓았는데, 김응사와 함께 절에서 지내면서 치료하였다. 김응사를 위해 두부를 큰 가마솥으로 하나, 밥 다섯 말, 탁주를 큰 동이로 하나를 마련하여 대접했다. 김응사는 단번에 그 음식을 모두 비우고 뒷짐을 지고 서성거리다가 하늘을 바라보며 탄식하여 말했다.

"요즈음 내 비위가 매우 약해졌구나."

## 대식가인 송생의 종 ❖ 280

송생宋生이라는 빈한한 선비가 있다. 집에 종이 부족해 다른 지방에서 사내 종 하나를 얻었는데, 나이가 17, 8세 가량 되었다. 잘 하는 일이 무엇이냐고 묻자 그가 대답했다.

"특별히 잘 하는 것은 없고 다만 땔나무를 잘 합니다."

송생은 집안사람을 시켜 새벽밥을 짓게 하고 그에게 가서 나무를 해 오라고 하였다. 그런데 그 종이 음식을 앞에 놓고도 먹지 않기에, 그 까닭을 물었더니 대답했다.

"저는 한 끼니에 한 말의 밥을 먹습니다."

송생이 장하게 여겨 한 말의 밥을 짓도록 명하고 국 한 동이에 수저를 갖추어 주었다. 종은 수저를 내던지고 주발을 숟가락으로 삼아 대번에 모두 먹어 치웠다. 종이 새끼줄을 구하기에 송생이 새끼줄 하나를 찾아 주었으나 굵은 새끼줄 오륙십 줄을 청하므로 이웃 마을에서 모아다 주었다. 종은 성문을 나서 산에 올라가서 손으로 큰 나무의 뿌리와 줄기를 뽑는데, 좌우에 있는 것을 모두 뽑아 마치 봄날 파를 캐듯이 했다. 그것을 쌓으니 산언덕만 했는데, 오륙십 줄의 굵은 새끼로 묶어 등에 지고 왔다. 성문이 좁아서 성 밖에 쌓아 두고 집에 실어 오는데, 길을 다 차지해 행인들이 지나다닐 수가 없었다. 고관대작들의 앞에서 호위하여 가는 군졸들이 벽제辟除하여 길을 열지를 못해 고삐를 돌려서 갔다. 송생이 아내와 더불어 말하였다.

"이 종이 비록 힘은 좋지만 먹이기 어려울뿐더러 제어하기는 더욱 어렵다."

마침내 그에게 가고 싶은 데로 가라고 했다. 후에 그가 어디로 갔는지는 알 수 없었다.

## 가래침을 먹은 탐식가 ❖ 281

서울에 음식을 탐하는 한 사내가 있었는데, 일이 있어 남양南陽의 개펄로 가게 되었다. 평소 남양에 굴젓이 많다고 들었는지라 그것을 맛보고자 마음먹었다. 그런데 주인집 대나무 통에 굴젓이 가득 있는 것을 보고서 굴젓은 가지와 잘 어울릴 것이라 생각해 가지를 찾았으나 얻지 못했다. 그러다가 행랑 아래를 보니 반쪽이 있기에 통 속의 굴젓을 가져다 가지에 얹어 먹었다. 조금 있다가 해소와 천식이 심한 주인집 노인이 한참 기침을 하다가 가래를 뱉으려고 대나무 통을 찾으니 없는 것이었다. 또 설사병을 앓아 항문이 빠진 어린이가 있어 그 어미가 가지를 반으로 잘라 그것으로 항문을 밀어 넣었는데, 지금 그 가지를 찾으니 간 곳이 없었다. 대개 이 나그네는 노인의 가래침을 굴젓으로 알고, 빠진 항문을 밀어 넣었던 가지에 이를 얹어 먹은 것이다.

아! 세상의 이익과 영달을 구하고 음식을 탐하여 구차하게 먹는 자가 저 대나무 통을 뒤져 가지를 먹는 것과 그 무엇이 다르겠는가?

## 행장이 단출한 서생 ❖ 282

한 서생書生이 나귀를 타고 하인 하나를 거느린 채 길을 가다가 시냇가에서 점심을 먹게 되었다. 한 관인官人이 준마를 타고 왔는데 실은 짐이 무거워 보였고 종복도 많았다. 관인의 종복들은 서생의 행장이 초라한 것을 보고 교만한 기색을 하였다. 서생은 작은 행탁을 열더니 조그마한 일산을 꺼내 펼치고 네 발 달린 붉은 소반을 내 음식을 차렸다. 소반에는 싱싱한 생선국과 구운 고기와 회, 두부와 소의 양을 넣은 순채탕 그리고 녹두와 밀가루로 만든 음식이 있었으며, 붉은 콩죽과 좋은 술도 약간 있었다. 그는 또 다른 붉은 소반에 똑같이 음식을 차려서 관인 앞에 올렸다. 음식을 다 먹고 나서 행장을 수습해 길을 가는데 하인 한 사람의 등짐도 되지 않았다.

며칠 동안 함께 길을 가며 가만히 살펴보니, 작은 표주박에 구멍을 뚫어 콩가루를 흘려보내 가는 가락을 만들고, 가늘게 밀어 꿀에 적셨다. 붉은 콩을 가루 내어 죽을 쑤고 양膓을 잘라 산초를 치며, 두부를 볕에 말려 소금과 산초를 뿌렸다. 물고기를 섞어 찐 밥에 종잇조각처럼 말린 순채와 솜을 포개 싼 건주乾酒(소주)가 있었는데, 그 술은 두터운 종이에 세 번 걸러 낸 것이었다. 기름장에 적신 순채를 잘라서 탕에 넣었다. 반침飯針으로 양식을 삼고,* 다리가 붙은 소반을 접어 얇은 구리로 된 그릇을 포개 놓았다. 이 같은 것들이 작은 행탁 하나도 다 채우지 못했다. 여러 기구가 화려하고 정갈했으며 검약함에 힘쓴 것이 남보다 나아 관원의 종복들이 매우 부끄러워하였다.

대개 중국은 은전을 사용해 천릿길도 나귀 한 마리로 길을 떠나며,* 온갖 기구가 길가의 점사에 갖추어져 있다. 우리나라의 경우 백릿길의 행장과 물자가 몇 바리의 짐으로도 부족하다. 서생은 비록 비루하고 자잘한 것 같지만 검약함에 힘써 풍속을 바로잡는 사람이라 할 것이다.

## 말은 지방에서, 자식은 서울에서 길러야 ❖ 283

오성 부원군鰲城府院君 이항복李恒福이 참으로 격언格言이 되는 말을 했다.

"준마가 서울에서 새끼를 낳으면 마땅히 외방外方에서 길러야 하고, 선

---

반침飯針으로 양식을 삼고　　미상.
천릿길도 나귀 한 마리로 길을 떠나며　　〈만종재본〉에는 '千里一里一驢'로 되어 있는데, 〈청패본〉과 〈고대본〉에는 '千里一驢'로 되어 있는바, 이를 따라 번역하였다.

비가 외방에서 자식을 낳으면 마땅히 서울에서 길러야 한다."

근래에 서울은 물자가 모자라 비록 좋은 말이 있어도 먹여 기를 수가 없으니, 준마의 재주를 이루고자 한다면 의당 외방에서 길러야 한다. 외방의 선비들은 공부에 힘쓰지 않아서 비록 재능 있는 자식이 있어도 성취할 수가 없으므로 그 아들을 성취시키고자 한다면 의당 서울에서 길러야 할 것이다.

내가 보건대 조정의 반열 가운데 무소뿔과 금은으로 띠를 한 높은 품계의 관리*는 모두 서울 사람인데, 이는 조정에서 사람을 등용함이 편벽되어서가 아니다. 근래 서울에서 나그네로 지내며 벼슬하는 고초가 옛날보다 심해 조정의 외방 출신 선비들은 오랫동안 서울에서 벼슬살이하려고 하지를 않는다.

아! 도성都城 십 리 안에 인재가 얼마나 되길래 조정에 가득한 높은 관리들이 모두 이 중에서 나온단 말인가? 지금 용렬한 자질*로 좋은 관직을 도모하는 자들이 서울을 버리고 어디로 갈 것인가? 그렇다면 외방의 선비들은 서울의 망아지에나 견주어질 것인가 보다.

## 임구가 일자무식인 연유 ❖ 284

임형수林亨秀는 정미년(1547, 명종 2)에 비명非命으로 죽었다. 그는 문자가 화를 초래한 것을 몹시 후회해 자손들에게 유학에 종사하지 말라고 계칙戒飭

---

무소뿔과 금은으로 띠를 한 높은 품계의 관리　　1품은 서각대犀角帶, 2품은 금대金帶, 3품은 은대銀帶를 착용한다.
용렬한 자질　　〈만종재본〉에는 원문이 '蘭茸'으로 되어 있고, 여러 필사본에는 '闌茸'으로 되어 있다. '闌茸'은 용렬한 자질을 뜻하는 말로, 한나라 가의賈誼가 「조굴원부」弔屈原賦에서 "闌茸尊顯兮, 讒諛得志"라고 한 것이 보인다.

하였기에, 그의 아들 구栒는 일자무식이었다.* 나라에서 임형수를 신원하면서 임구를 정산 현감定山縣監에 제수하였다. 감사는 학교에서 학문을 닦기를 권장하여 시부詩賦의 제목을 열읍列邑에 나누어 주어 유생을 장려하고자 했다. 제목이 밀봉된 채 겉봉에 '현감이 직접 열어 보라'고 쓰여 있기에 형리刑吏가 임구에게 손수 열어 보기를 청했다. 임구는 '부'賦 자를 '적'賊 자로 잘못 알고서 형리에게 물었다.

"어떻게 하여 군사를 모으는가?"

형리가 대답하길

"영각令角*을 불어서 모읍니다."

라고 하여, 토병土兵 수백 명을 모았다. 형리가 청하여 글을 보더니 물러나 엎드리며 말했다.

"적賊 자가 아니라 부賦 자이옵니다."

임구가 크게 놀라 말하길,

"어떻게 군사를 해산시키는가?"

라고 하자, 형리가 대답했다.

"다시 영각을 불면 군사가 해산됩니다."

임구는 몹시 부끄러워하며 영각을 불어 군사를 해산시켰다.

임구는 힘이 좋았다. 직접 말의 네 발을 매달아 놓고 뜰에서 발굽에 징을 박고 있다가 문 밖에 동관同官*이 왔다는 전갈을 받았다. 그는 매우 부끄

---

그의 아들 구栒는 일자무식이었다. 『조선왕조실록』에 실린 그의 죽음에 관한 기사에 의하면, 임형수는 죽을 적에 양친兩親에게 절을 올리고 그 아들을 돌아보며 말하기를, "내가 나쁜 짓을 한 일이 없는데 마침내 이 지경에 이르렀다. 너희들은 과거에 응시하지 말라" 하고, 다시 말하기를, "무과일 경우는 응시할 만하면 응시하고, 문과는 응시하지 말라"라고 했다고 한다. 그의 아들 임구의 이름은 이본에 따라 '구'柯와 '구'栒로 차이를 보인다. 실록에 의하면 정산 현감 임구가 글을 모른다는 이유로 파직되는 기사가 보이는데, 이름이 구栒로 되어 있기에 이를 따랐다.

영각令角   명령을 전달하는 뿔피리.
동관同官   같은 직위에 있는 관원을 이르는 말.

러워하며 말을 들어 마굿간에 넣어 놓고 손님을 맞이하였다.

## 유탁의 장생포곡과 유극신의 동동곡 ❖ 285

『고려사』高麗史「악지」樂志에 이르길

"고려 속악은 여러 악보를 살펴서 싣는다. 「동동」動動 및 「서경」西京 이하 24편은 모두 속어를 사용하였다."*

라고 하였는바, 이런 까닭에 사서史書에는 실려 있지 않다. 「장생포곡」長生浦曲도 그중에 있는데, 그 서문에서 다음과 같이 말했다.

"시중侍中 유탁柳濯이 전라도의 진장鎭將으로 나갔을 때 위엄과 은혜가 있어 군사들이 그를 따르면서도 두려워했다. 왜구가 순천부順天府 장생포를 노략질하자 유탁이 가서 구원했는데, 적이 멀리서 바라만 보고도 두려워하며 즉시 군대를 이끌고 돌아갔다. 군사들이 크게 기뻐해 이 노래를 지었다."

단지 서문만 있고 가사는 전하지 않는데, 유탁은 나의 선조다. 『고려사』高麗史 본전本傳에 이르길

"「장생포」 등의 곡을 직접 지었는데 악부樂府에 전한다."

라고 했다.

근래에 유극신柳克新이 「동동곡」을 지어 시정時政(당시의 정치)을 조롱했는데, 동동이란 북소리를 말한다. 유극신은 뜻있는 선비인데, 또한 말하고자 하는 바가 있었던가 보다.

---

고려 속악은 ~ 속어를 사용하였다.   이는 『고려사』 권71 '속악'조의 첫머리에 있는 말이다.

## 명나라 장수 양호가 들은 우리 민요 ❖ 286

명나라 장수 경리經理 양호楊鎬가 왜적을 방어하기 위해 왕경王京에 머물 때, 행군하여 청파靑坡 교외를 지난 적이 있었다. 이때 밭 가운데서 남녀가 호미로 김을 매며 일제히 노래를 부르고 있었다. 경리가 통역관에게 물었다.
"저 노래도 가락이 있는 것이냐?"
"모두 있습니다."
"들어 볼 수 있겠느냐?"
"우리나라 말로 지었지 문자文字(한문)로 지은 것이 아닙니다."
"접반사接伴使로 하여금 번역해 올리도록 해라."
그 가사는 다음과 같았다.

| | |
|---|---|
| 옛날도 이와 같았다면 | 昔日若如此 |
| 이 몸이 어찌 지탱했으리. | 此形安得持 |
| 수심이 실로 화하여 | 此心化爲絲 |
| 굽이굽이 맺혔구나. | 曲曲還成結 |
| 풀고 또 풀어 보려 하나 | 欲解復欲解 |
| 실마리 있는 곳을 모르겠네. | 不知端在處 |

경리가 이를 보고 좋다고 칭찬하며 말했다.
"내가 행군하여 지나가노라면 길가에 있는 사람들이 발끝을 돋우고 쳐다보지 않는 이가 없었다. 그런데 이 농부들은 모두 김매기를 그만두지 않았으니, 본업에 열심이었을 뿐만 아니라 그 노래의 가사 또한 매우 이치가 있으니 상 줄 만하다."
드디어 각각 청포靑布 한 필씩을 상으로 주었다.

## 금수촌의 사슴 사냥 노래 ❖ 287

전에 내가 북도北道(함경도)의 고원高原 금수촌錦水村에 피신한 적이 있었는데, 산수가 맑고 외져서 진실로 은자隱者가 은둔할 만한 곳이었다. 이웃에 조경趙瓊이란 이가 있었는데 나중에 여기汝璣라 이름을 바꾸었으며, 여러 차례 향시鄕試에서 높은 성적을 차지했다. 그는 산골 백성들이 사슴을 잡을 때 부르던 노래를 즐겨 불렀는데, 그 가사는 다음과 같다.

| | |
|---|---|
| 휴! 없구나. | 嚊無之兮 |
| 아이 말이 틀렸도다. | 兒言非兮 |
| 꽃은 나무 아래 떨어지고 | 花落樹底兮 |
| 부위芙衛를 펼치니 | 芙衛揮兮 |
| 문에 이미 들어갔네. | 門已入兮 |
| 벌(蜂)을 만나서 | 蜂乃接兮 |
| 큰길로 나오네. | 出大逵兮 |

또 다음과 같다.

| | |
|---|---|
| 휴! 없구나. | 譁無有兮 |
| 아이 말이 틀렸도다. | 兒言謬兮 |
| 벌을 매다니 | 懸其蜂兮 |
| 꽃 피어 바람에 나부끼네. | 花開飄風兮 |
| 돌아서네 돌아서네. | 回立回立兮 |

대개 북방의 사냥꾼이 사슴을 사냥할 때 먼저 집의 아이들을 시켜 새벽 해가 뜰 무렵에 산에 올라 사슴을 찾아 달리도록 한다. 사슴은 항상 새벽 이

슬에 풀을 먹고 물을 마시다가, 해가 나오면 곧 숲에 들어가 잠을 자기 때문이다. 사냥꾼은 사슴이 사람을 보고 놀라 달아날까 염려하여 거짓으로 나무꾼의 노랫가락을 지었는데, 그 말을 은유적으로 하여 동료 사냥꾼을 깨우치고 사슴으로 하여금 의심하지 않도록 한 것이다.

'호'嘑는 발어성發語聲이고, '없다'는 것은 사슴이 없다고 거짓으로 말하는 것이다. '아이 말이 틀리네'라는 것은 아이가 사슴이 있다고 하는 말이 틀리다는 뜻이고, '꽃이 나무 아래 떨어지네'라는 것은 사슴이 수풀 아래서 잠잔다는 의미다. '부위'芣蔚라는 것은 북방에서 우거牛車를 일컫는 말인데, 그물을 거짓으로 우거라 속여서 칭한 것이다. '문에 이미 들어갔네'라는 것은 사슴이 그물에 걸렸다는 말이고, '벌'(蜂)은 화살에 맞았다는 말이다. '큰 길로 나오네'라는 것은 사슴을 붙잡아 평지로 나와 살을 가른다는 말이다. '벌을 매단다'는 것은 활을 쏘는 것을 뜻하고, '꽃 피어 바람에 나부끼네'라는 것은 사슴이 일어나 달아난다는 말이다. '돌아서네'는 사슴을 잃고 돌아온다는 말이다.

나는 한가롭게 임하林下에서 살면서 인간 세상에는 아무런 뜻을 두지 않고 있다. 장차 금수촌의 사슴 잡는 노래나 부르면서 나의 여생을 마치려 하기에 이를 기록해 둔다.

## 오백 년 도읍지를 필마로 돌아오니 ❖ 288

진이眞伊(황진이黃眞伊)는 송도松都의 기생이다. 일찍이 송도에 우거하면서 옛 활터에서 잠을 자는데, 달빛이 은은히 비치고 행인도 없어 고요했다. 백마를 탄 한 장군이 말을 멈추고 머뭇거리면서 소매로 눈물을 닦더니 다음과 같이 노래하였다.

| 오백 년 도읍지를 필마로 돌아오니 | 五百年都邑地 匹馬歸來兮 |
| 산천은 의구한데 인걸은 간 데 없네 | 山川依舊 人傑何所之兮 |
| 두어라! 고국의 흥망을 물어 본들 어쩌리 | 已矣哉 故國興亡問之何爲兮 |

노래를 마치자 채찍을 휘두르며 갔는데 간 곳을 알 수 없었으니, 비로소 그가 사람이 아님을 알았다. 그 노래는 비장하여 여인네가 지을 수 있는 것이 아닌데, 요즘 사람들은 잘못 전하여 진이眞伊가 지었다고 한다. 이는 송도 사람이 한 말이다.

## 음률에 정통한 정렴 ❖ 289

북창 선생 정렴鄭磏은 음률音律을 알았다. 끈으로 술병을 매달고 두 개의 구리 젓가락 중 하나는 술병 속에 꽂고 나머지 하나로는 술병을 두드리며 단아한 곡조를 만들었는데, 오음육률五音六律에 맞지 않음이 없었다. 그의 부친 정순붕鄭順朋이 강원 감사江原監司가 되어 금강산을 유람하다가 마하연摩訶衍 암자에 이르렀는데 정렴이 따라갔다. 정순붕이 정렴에게 말했다.

"사람들이 네가 휘파람을 잘 분다고 말하던데 나는 들어 본 적이 없구나. 이러한 절경에 이르렀으니 한 곡조 불어 볼 만하다."

정렴이 대답했다.

"오늘은 고을 사람들이 이곳에서 많이 기다리고 있으니, 내일 비로봉에 올라가 불도록 하겠습니다."

이튿날 정렴이 비를 무릅쓰고 일찍 나가자, 중이 만류하며 말했다.

"오늘은 비가 와서 비로봉에 올라갈 수 없습니다."

정렴이 말했다.

"저물녘이 되면 갤 것이오."

드디어 명아주 지팡이를 짚고 갔는데, 저녁 무렵이 되니 과연 날이 갰다. 정순붕도 뒤따라갔는데, 산골짜기 사이에서 피리 소리가 들리는데 맑고도 커서 바위 골짜기가 모두 울렸다. 중이 놀라 말했다.

"산 깊고 외딴 곳에 웬 피리 소리인가? 소리가 맑고 웅장하니 필시 신선일 것입니다."

정순붕은 가만히 짐작하고 있었는데, 이르러 보니 과연 정렴의 휘파람 소리이지 피리 소리가 아니었다. 비록 손등孫登이 완적阮籍에게 들려준 소문산蘇門山의 휘파람 소리*일지라도 이보다 더 뛰어날 수는 없었다.

정렴은 산사에 거처하면서 병풍을 여러 겹 쳐 놓고, 세수하고 빗질하는 것도 폐한 채 지게문 밖을 엿보지도 않고 종일토록 묵묵히 무릎을 꿇고 앉아 있었다. 그때 절에 있는 한 중이 와서 문안을 드리자 정렴이 말했다.

"오늘 우리 집 종이 술병을 가지고 올 것이오."

조금 있다가 놀라며 말했다.

"애석하구려. 오늘은 마실 수가 없게 되었소."

잠시 후 종이 집에서 이르러 말했다.

"오늘 술병을 지고 오다가 고개에서 바위에 넘어져 깨뜨렸습니다."

## 피리를 잘 분 하윤침과 단산수 ❖ 290

하윤침河允沈이라는 이가 있었는데, 어떤 사람인지는 알 수 없으나 옥적玉笛

---

손등孫登이 완적阮籍에게 들려준 소문산蘇門山의 휘파람 소리  진晉의 완적이 소문산에서 손등을 만나 토론했으나 손등은 이에 응하지 않고 길게 휘파람만 불고 물러났는데, 완적이 고개 중간에 이르렀을 때 그 소리와 난새·봉새의 소리가 골짜기에 메아리치듯이 들렸다고 한다. (『진서』晉書 「완적전」阮籍傳 참조)

을 잘 불었다. 그가 일찍이 바다를 건너다가 역풍을 만나 섬에 정박하게 되었다. 열흘이 넘도록 머물렀지만 바람의 기세는 더욱 사나워졌다. 하윤침은 몹시 무료해 밤낮으로 옥적을 불며 시간을 보냈다.

한 뱃사람이 밤에 꿈을 꾸었는데, 풍채가 훌륭하고 키가 큰 백발의 신인神人이 나타나 말했다.

"내일 아침 내가 너희에게 순풍을 내줄 터이니 나를 위해 하윤침만은 남겨 두고 가야 한다. 만약 그렇게 하지 않으면 응당 무사히 바다를 건너지 못할 것이다."

그 뱃사람이 다른 이들과 은밀히 이야기해 보니 뱃사람 모두가 같은 꿈을 꾸었으며, 신인의 생김새나 그가 한 말 또한 똑같았다. 뱃사람들은 몹시 두려워서 함께 모의한 뒤 건량乾糧과 여러 물품들을 바위 동굴에 놓아 두고, 옥적 또한 훔쳐 내 함께 남겨 두었다.

이윽고 닻을 올리고 출발하려다가 뱃사람들은 거짓으로 놀라는 체하며 하윤침에게 말했다.

"건량과 물품 및 옥적을 바위 동굴에 두고는 잊어버리고 그냥 왔소. 속히 가서 가져오도록 하시오."

하윤침이 배에서 내리자 사람들은 힘을 모아 배를 저어 가 버렸다. 하윤침은 발을 동동 구르며 부르짖었는데, 그 뒤로는 그가 어찌되었는지는 알 수 없다. 지금도 뱃사람들이 왕래하다 그 섬을 지날 때면 안개 낀 아침 나절이나 달밤에 종종 옥적 소리가 들린다고 한다. 그래서 그 섬을 '취적도'吹笛島라 부른다.

또 가정嘉靖 연간에 단산수丹山守*가 있었으니, 종실宗室이었다. 그도 옥적을 잘 불어 명성이 높았는데, 일이 있어 해서海西(평안도)에 갔다가 날이 저

---

단산수丹山守   단산은 충청북도 단양丹陽의 옛 이름이고, '단산수'란 단양 고을의 원님이란 뜻이다. 〈강전섭본〉과 〈위창본〉에는 이름이 '수'穗라 주기注記되어 있는데, 『조선왕조실록』 연산군 8년 기사에 '종실 단산수 이수李穗'의 이름이 보인다.

물어 산골짝에 이르렀다. 도적 십여 명이 활과 칼을 차고 길을 가로막더니 물건을 빼앗고 단산수를 데리고 갔다. 산골짝으로 수십 리 들어가니 성대한 채막彩幕이 보였다. 수많은 무리들이 각기 공구供具*와 병기를 가지고 둘러서 호위하고 있는 가운데 대장 한 사람이 있었다. 그는 주관朱冠을 쓰고 비단 도포를 입었으며, 두 다리를 쭉 뻗은 채 붉은 의자에 앉아 있었다. 당시 해서 지방에 도적 임꺽정(林巨正)이 군사를 거느리고 횡행했으나, 관군이 그를 붙잡지 못해 종실이 해를 당한 것이다. 이른바 대장이라는 자가 바로 임꺽정이었다. 그의 졸개가 들어가 길 가는 사람을 붙잡아 왔다고 고하자, 임꺽정은 그를 땅에 꿇어앉힌 뒤 이름이 무엇이냐고 물었다. 그가 답하길,

"종실인 단산수요."

라고 하자, 임꺽정이 웃으며 말했다.

"네가 피리를 잘 분다는 단산수란 말이냐?"

"그렇소."

"네 행장에 옥적이 있느냐?"

"있소이다."

임꺽정이 측근을 시켜 술상을 차리도록 하니, 오른 음식이 모두 산해진미였다. 금 술잔을 들어 술을 권하더니, 옥적을 잡고 불어 보라고 명령했다. 단산수가 어쩔 수 없이 두세 곡을 불자 임꺽정은 처연한 얼굴로 눈물을 감추었다. 대개 조정에서 그를 체포하는 것을 심히 급박하게 하니, 비록 얼마간 목숨을 연장한다 하더라도 끝내 붙잡히지 않을 수 없음을 임꺽정 스스로 잘 알고 있었다. 그 때문에 슬픈 곡조를 듣자 비통한 마음이 솟아남을 어쩔 수 없었던 것이다. 곡이 끝나자 연거푸 네댓 잔의 술을 권하는데 단산수는 거절할 수가 없었다. 임꺽정은 기졸騎卒에게 명하여 골짜기 입구까지 호송

공구供具 　본래는 부처나 보살菩薩에게 공양供養하는 향香·화華·번개幡蓋·음식飮食 따위를 담는 그릇을 말하는데, 여기에서는 연회를 베풀 때 쓰이는 도구를 말한 것으로 보인다.

해 주도록 했다.

하윤침은 옥적을 잘 불었기 때문에 죽었고, 단산수는 옥적을 잘 불었기 때문에 살았다. 어찌하여 똑같은 옥적으로 생사가 달라졌단 말인가?* 그렇지만 단산수는 비록 배가 갈려 죽지는 않았으나 무릎 꿇는 것은 면하지 못한 채 살아났으니, 이 또한 옥적이 재앙이 되었던 것이로다.

### 귀신을 감동시킨 김운란의 아쟁 솜씨 ❖ 291

김운란金雲鸞이란 이는 성균관 진사였다. 진사시에 합격한 후 눈병을 앓아 두 눈을 모두 실명하였다. 본디 선비로서 음양 복서陰陽卜筮를 배워 판수 노릇 하는 것을 부끄럽게 여기고는 아쟁 타는 것을 배워 소일했는데, 그 솜씨가 입신入神의 경지에 이르렀다.

어느 달밤에 그는 병에 걸려 폐인이 되어 하늘의 해를 볼 수 없고, 다시 과거를 보아 대과大科를 치를 수도 없으며, 또한 음직蔭職으로 벼슬길에 나갈 수도 없고, 보통 사람처럼 선비들과 왕래하며 교제할 수 없음을 비통해하면서, 그 무한한 슬픔을 아쟁에 부쳤다. 곁에 남산 기슭의 옛 사당이 있어 그 담장에 기대서 서너 곡조를 연주했는데, 그 소리가 몹시 비통했다. 갑자기 사당 안에 있던 귀신들이 일제히 소리 내어 큰 소리로 곡을 하는데, 처량하게 흐느끼는 소리가 마치 물 끓는 듯 요란했다. 김운란은 크게 놀라 아쟁을 들고 달아났다. 대개 소리와 가락의 오묘한 솜씨가 귀신을 감동시켜서 그러했던 것이다. 김운란은 두 아들 극성克誠과 극명克明을 두었는데, 모두

---

단산수는 옥적을 ~ 달라졌단 말인가?　이 대목은 〈만종재본〉에는 없는 내용인데, 필사본에 의거해 보충해 넣었다.

글공부를 하여 과거에 급제했다.

## 만월대에서 통곡한 임제 ❖ 292

임제林悌가 젊었을 적에 송도松都 만월대滿月臺에서 노닐었는데, 유수留守가 술과 피리를 보냈다. 술잔이 몇 순배 돌고 피리 소리가 몹시 높아지자 임제가 피리 부는 사람에게 말했다.

"이 대臺의 주인은 내 친척도 아니며 옛 친구도 아닙니다. 지난날 이 집에 거처했을 때 집이 무척 넓고 온갖 기구가 다 갖추어져 있었는데 하루 아침에 모조리 사라지고 말았으니 또한 슬프지 않습니까?'

마침내 방성통곡을 하자 눈물이 흘러 속눈썹에 맺혔다.

군자가 이 말을 듣고 말했다.

"옛날 숙叔이 문득 일식日食에 곡을 하자, 소자昭子가 말하길 '숙이 장차 죽을 것이니, 곡할 바가 아닌데 곡을 하는구나'*라고 하였다. 지금 자순子順(임제의 자) 또한 곡할 바가 아닌데 곡을 하였는바, 그가 요절함이 또한 마땅하지 않은가?"

---

옛날 숙叔이 ~ 곡을 하는구나　숙叔은 춘추 시대 노魯나라 환공桓公의 아들이며, 소자昭子는 노나라 소공昭公을 말한다. 이 기사는 『춘추좌전』「소공昭公 21년 7월 조에 보이니, 해당 부분의 원문은 "於是, 叔輒哭, 日食注意在於憂災, 昭子曰: '子叔將死, 非所哭也.' 八月叔輒卒."이다.

## 조고 사간공의 뛰어난 활 솜씨 ❖ 293

사간공司諫公 조고祖考(돌아가신 할아버지)께서는 활을 잘 쏘아 종일토록 과녁을 쏘아도 한 개의 화살도 땅에 떨어지지 않았다. 조고께서 금산錦山에 있을 때 제비보다 작은 파랑새 한 마리가 지붕 위에 앉아 있었는데, 그 고을의 무사들이 모두 말했다.

"이 새는 활을 쏘면 즉시 솟구쳐 일어났다가 화살이 배 밑을 지나면 제자리에 돌아와 앉습니다. 종일 쏘아도 맞힐 수가 없기에 '도전복'倒箭籗(화살 집을 쏟아 엎음)이라 부르는데, 화살집 안에 있는 화살을 다 써도 맞힐 수 없다는 뜻입죠."

조고께서 한 번 쏘자 그 새는 과연 화살 위로 솟구쳐 일어났다가 다시 제자리에 돌아와 앉았다. 둘째 번 화살을 쏘자 새가 솟구쳐 날아올랐으나 '획' 하고 날아가는 화살에 맞아 떨어졌다. 사람들이 모두 기이하게 여기고 그 쏘는 법을 물으니, 대답하기를

"날아가는 새를 쏘는 법은 그 물체에 겨냥하는 것이 아니다. 미리 날아오를 공중 부근을 겨냥했기에 맞힐 수 있었다."
라고 하니, 사람들이 모두 탄복하였다.

조고께서는 활을 잘 쏘았기 때문에 질 좋은 화살대를 남쪽 지방에서 구하였다. 화살대는 모두 매우 좋은 것들로 누각에 보관해 둔 지가 7, 80년이 지났는데, 대나무가 오래 묵어 그 재질이 더욱 아름다웠다. 돌아가신 어머니께서는 일찍 과부가 되셨으며, 나의 여러 형들은 아무도 무예를 숭상하지 않아 그 화살대들이 혹은 붓대가 되거나 혹은 여자들이 베를 짜는 데 제공되기도 하면서 많이 흩어져 없어졌다.

우리 마을의 무사로 그 화살대를 얻은 자들은 무과에 합격하지 않는 이가 없었다. 그 때문에 앞 다투어 여종에게 후한 뇌물을 주거나, 혹은 함께 일을 꾸며 여종이 몰래 훔쳐 오게 하여 화살을 만들었다. 훈련원訓鍊院에서

그 화살을 쏘면 순풍이거나 역풍이거나 상관없이 모두 남소문동南小門洞*을 지났으며, 간혹 곧장 남산 아래까지 이르렀다. 우리 마을의 무사들이 방이 붙을 때마다 줄곧 좋은 성적으로 무과에 합격한 것이 모두 이 화살 덕분인데 우리 집안에서는 그 사실을 전혀 몰랐다. 초楚나라 문왕文王이 화살을 얻은 것*과 지장知莊이 좋은 화살을 빼놓은 것은 모두 활쏘기를 구차하게 하지 않은 것이다.* 기물은 그 재질이 좋음을 귀하게 여긴다 했는데, 이는 헛말이 아니다.

## 활쏘기의 명수 이몽린 ❖ 294

이몽린李夢麟은 활을 잘 쏘았다. 쏘았다 하면 명중했으니 온 세상에 당할 자가 없었다. 어떤 문사가 시사試射*를 하게 되었는데, 이몽린으로 하여금 팔에 팔찌*를 끼우고 손가락에는 깍지를 끼우며, 손바닥에는 갑匣을 끼우게 하고는 사청射廳으로 들어갔다. 깍지 낀 손가락으로 활을 잡고 팔찌 낀 팔로 시위를 당겼다. 같은 줄에 있던 사람들이 모두 웃자 문사가 말했다.

---

**남소문동南小門洞** 남소문南小門은 광희문光熙門을 가리키며, 한남동으로 넘어가는 버티 고개에 있었다. 남소문동은 지금의 장충동 지역이다.
**초楚나라 문왕文王이 화살을 얻은 것** 초나라 장왕莊王이 백분伯棼과 전쟁할 때, 초군의 사기를 돋우기 위해 여러 사람을 시켜 군대를 순찰하며 외치게 하기를, "우리 선왕 문왕께서 식국息國에서 승리하였을 때 화살 세 개를 얻었는데, 백분이 그 둘을 훔쳐 갔으나 이미 두 개를 다 써 버려서 적국에 화살이 없다" 하고 진격하여 승리했다. (『춘추좌전』「선공」宣公 4년 조 참조)
**지장知莊이 좋은 ~ 않은 것이다** 진晉나라 지장자가 초나라와 전쟁할 때 좋은 화살을 빼어 아껴 두자 그의 마부가 힐난했는데, 지장자는 적국에 가 있는 자기의 아들을 데려오도록 하기 위해서는 초나라 사람을 사로잡아야 했기에 화살을 쏘지 못하고 아낄 수밖에 없었던 것이다. (『춘추좌전』「선공」宣公 12년 조 참조)
**시사試射** 조선 시대 때 대신·고관·군사 등에게 활쏘기를 시험하던 일.
**팔찌** 활을 쏠 때, 활을 쥐는 쪽의 손을 걸어 매는 가죽 띠.

"그대들은 어째서 웃소? 이것은 이몽린이 묶어 준 것들이오."

그 문사는 다만 이몽린이 활을 잘 쏜다는 것만 알았지 좌우로 활 쏘는 법이 다르다는 것은 알지 못했으니, 진실로 배꼽을 움켜쥘 일이다.

이몽린이 늙어서는 강한 활을 감당할 수 없게 되자 나뭇가지로 활을 만들고 바늘로 화살촉을 만들어 벽에 앉은 파리를 쏘았는데, 백발백중이었다.

## 준마를 길들인 천연 ❖ 295

승려 천연天然이 나이 80세에 송화 현감松禾縣監을 찾아뵈었다. 현감은 새로 준마를 얻었는데 길들지 않아서 사람들을 보면 발로 차고 입으로 무는 것이 매우 심해 마구간에 매어 두었다. 사면에 나무로 울타리를 세워 막고 사람의 다리통만 한 동아줄로 좌우를 잡아 묶고는 목책木柵 틈으로 꼴과 콩을 던져 주었다. 그때마다 성내어 눈을 부릅뜨고 콧김을 내쉬니 사람들이 두려워하며 감히 가까이 다가가지 못했다. 천연이 그 말을 한번 보고는 감탄하며 말했다.

"이 말은 매우 빼어난 준마입니다. 하인들이 기르기에 겁을 내어 끝내 빼어난 자질을 펼치지 못하겠으니, 애석한 일입니다. 빈도가 비록 늙어 노쇠하지만 공을 위해 길들이고자 하는데, 한 시각을 넘기지 않을 터이니 허락해 주시겠습니까?"

이에 늘어선 목책을 뽑아 없애고 동아줄을 풀어 다만 굴레만 남겨 놓았다. 큰 몽둥이를 달라고 하자 어떤 사람이 손아귀에 쥘 만한 것을 주었으나 물리치고, 한 아름 되는 몽둥이를 가져다주자 비로소 받았다. 드디어 큰 소리를 지르며 그 몽둥이를 들고 굴레를 붙잡고 마당 한가운데로 말을 끌어 냈다. 이에 말은 포효하며 마치 호랑이가 내달리듯 용이 솟구치듯 날뛰었다.

천연은 단번에 뛰어올라 말 위에 타더니 몸을 숙여 얽어맨 굴레마저 풀어 주었다. 말은 앞으로 뛰고 뒤로 솟구치며 세 길 정도 뛰어오르더니, 왼편으로 드러눕고 오른편으로 돌아누워 사람으로 하여금 등에 붙어 있지 못하게 하였다. 천연은 여전히 양 무릎으로 말의 허리를 끼고 말이 구르고 기울이는 대로 따르며 끝까지 말 등에서 떨어지지 않았다. 말은 마음껏 내달려 험하거나 평탄한 길, 잡목이 우거진 길, 진펄의 깊고 얕음을 가리지 않고 넓은 들판을 네댓 번을 돌았다. 그러고 나서야 비로소 몸을 부르르 떨고 두려움으로 흔들어 대며 온몸에 땀을 흘리더니, 서라면 서고 앉으라면 앉아 오직 지시하고 부리는 대로 했다. 이에 마구간으로 돌려보냈는데 해가 아직 한 시각이 지나지 않았다. 이로부터 안장을 얹고 채찍을 들고 어린 하인에게 끌어 내게 하여도 고개를 숙이고 귀를 늘어뜨리며 감히 거역하는 기색이 없었다. 그리하여 끝내는 바람처럼 빠른 준마가 되었다.

## 고전의 다양한 서체 ※ 296

옛날 전자篆字에는 과두科斗·수로垂露·기자奇字·유엽柳葉·도해倒薤·곡두鵠頭 등의 글씨가 있었는데 각기 다른 서체다. 대개 상고 시대에는 먹과 붓이 없어 대나무에 옻칠을 해 글씨를 이루었다. 옻은 끈적끈적한 물질이라 획마다 머리는 크고 꼬리는 뾰쪽한 것이 올챙이(科斗)와 같았다. 무릇 점과 획을 끌다가 끊으면 그 끝이 반드시 맺히는데, 마치 이슬이 내린 듯(垂露)했다. 획이 교차되는 곳에 옻칠의 빛이 흐릿해져서 기이한 글자(奇字)가 되고, 그 획의 끝을 치면 도해倒薤가 되었다. 획의 머리에 점을 찍으면 곡두鵠頭가 되고, 획의 끝을 쳤는데 칠이 다 없어지면 희미해져서 마치 벼 이삭을 그린 것처럼 되어 수서穗書라 했다. 처음부터 물상을 본뜨고자 생각한 것은 아니었는데 간혹 절로 사물 형상과 비슷해진 것이다. 후에 이를 모방한 이들이 미루어 부연하고 억지로 끌어대어 거북·용·새·짐승·구름·이삭의 형태를 만들었는데, 모두 고법古法은 아니다.

상국相國 정유길鄭惟吉의 서법은 머리는 크고 꼬리는 뾰쪽하여 과두서科斗書 같았다. 애초에 정鼎씨 성을 가진 자가 있어 이 체를 처음으로 만들었는데, 대개 과두와 고전古篆을 본떠서 만든 것이다.* 그 체법이 무척 고아해서 지렁이나 가을철 뱀처럼 제멋대로 쓴 후대의 서체와는 다르니, 옛 사람들이 마음 썼던 것이 무엇인지 알 수 있다.

## 김구의 서법 ❖ 297

승지承旨 김구金絿는 절개와 지조가 있었다. 문장에 능했고 초서와 예서를 잘 썼는데, 일찍이 사마시의 생원과와 진사과에서 모두 장원을 차지했다. 시험관이 그의 시권詩卷에 비점批點을 찍으며 말했다.

"시는 이백李白이요, 부賦는 사마상여司馬相如요, 문은 사마천司馬遷이요, 필체는 왕희지王羲之로구나."

당세에 그의 재주가 중히 여겨짐이 이와 같았다. 매양 병풍에 글씨를 쓸 때면 반드시 먼저 의자에 앉아 검을 어루만지고 길게 휘파람을 불어 정신과 기운이 격양되기를 기다렸다가 문득 의자에서 내려와 붓을 휘둘러 글씨를 썼다. 처음에는 조자앙趙子昂이 쓴 「적벽부」赤壁賦를 임서臨書하고, 나중에는 장여필張汝弼(장필張弼)의 글씨를 임서했다. 그래서 그의 초서는 적벽부의 글자체로 장여필의 서리고 응축된 태態를 만들었다. 적벽부는 조맹부趙孟頫가

---

애초에 정鼎씨 ~ 본떠서 만든 것이다.    미상.

고려 충선왕忠宣王을 위해 써 준 것이다. 중국에는 이 본이 없고 우리나라에서만 전하여 새겼던 것이다.

김구는 초서를 쓸 때 사람들이 원숙하다고 칭찬하면 반드시 화를 냈고, 설익었다고 하면 기쁜 빛을 띠었으니, 장래에 나아갈 경지가 있다고 여겼기 때문이었다. 그는 늘 사람들에게 말했다.

"내가 변변치 못한 재주를 조금 가지고 있어 문과 글씨는 후세에 전해질 것이지만, 만약 나의 처신이 마땅함을 잃으면 반드시 후세에 악취를 남길 것이다. 의당 남보다 갑절은 삼가고 애써서 평생 좋지 못한 일은 하지 않아야 할 것이다."

마침내 기묘사화의 여러 현인들과 출처出處를 같이하여 김식金湜 · 김정金淨 · 기준奇遵이 화를 당할 때 김구 또한 사현四賢 중에 들었다. 당시 사람들이 애석하게 여겼다.

## 황기로가 초서 쓰는 법 ✢ 298

황기로黃耆老는 술 마시기를 좋아했고, 초서草書를 잘 썼다. 그의 글씨를 얻고자 하는 사람은 큰 잔치를 열어 황기로를 맞이했는데, 원근遠近의 손님들이 각기 하얀 비단이나 꽃무늬 종이를 천백 축千百軸씩 가지고 왔다. 황기로는 종이가 많을수록 더욱 재주를 보였고, 붓의 좋고 나쁨을 가리지 않았으며 자신의 집에서 좋은 붓을 가져가지도 않았다. 다만 먹을 서너 말 같게 하고는 주인집의 몽당붓을 거두어 모았는데, 아이들이 담장 위에 버린 붓이나 부녀자들이 언문 편지 쓰다 남은 것 따위를 모두 합하여 묶었다. 몇 자나 되는 긴 붓대를 사용했는데, 붓대의 끝 부분은 잘라 끈으로 매어 묶었다.

날이 저물도록 몹시 취하게 마시고 붓을 잡을 생각을 하지 않으나 모든 손님들은 그때까지 기다리고 있었다. 술에 대취하여 붉은 것과 푸른 것을 분간하지 못할 지경에 이르러서야 손으로 붓대 끝을 움켜잡았는데, 손가락은 쓰지 않았다. 먹을 묻혀 마음대로 붓을 휘두르는데, 한 번 붓을 휘두름에 능히 그림 수백 장을 그려 내 날이 기울기 전에 마쳤다. 용이 날고 호랑이가 웅크리며 귀신이 출몰하는 형태는 천변만화하여 무어라 형용할 수가 없다. 그의 서법은 대개 장욱張旭과 장여필張汝弼을 근본으로 했으나 신이하고 괴이함이 가히 헤아릴 수 없어 스스로 조화를 이루었다. 비록 중국에서도 수백 년 동안 이와 견줄 만한 이가 드문 것이다.

이때 은사隱士 성수침成守琛이 청송聽松이라 자호自號하였는데, 또한 글씨에 능한 것으로 일대一代에 명성이 있었다. 그는 황기로의 글씨를 헐뜯어 말하길,

"황기로는 필력은 남음이 있지만 스스로 옛것이 아닌 것을 만들어 내 세상을 속인다."

라고 했으니, 당시 성수침의 글씨를 높이 치던 이들은 황기로를 대개 배척하였다.

내가 일찍이 기로의 글씨 중 '무'無 자를 초서로 쓴 것을 보니 횡점이 대여섯 개와 종점 또한 대여섯 개 남짓으로 이루어져 있었다. 이것은 곧 옛 법식이 아닌데, 혹자들이 헐뜯음은 이 때문인가 보다. 지금 살펴보니 청송의 글씨는 대개 선우추鮮于樞의 글씨를 근본으로 하면서 조맹부의 송설체松雪體를 섞은 것이다. 황기로의 글씨는 미친 듯 내달리기를 자기 마음대로 하였으나 우리나라 초서 가운데 최고다. 청송의 글씨를 어찌 이에 견줄 수 있겠는가? 중국 사람은 청송의 글씨를 보고 산승山僧 야객野客의 글씨라고 했는데, 청송은 세속을 피해 은둔했던 사람이다. 중국 사람이 참으로 글씨를 알아본다고 하겠다.

청송은 개의 꼬리털이나 등의 털을 주로 이용하여 붓을 만들어 썼다. 대개 그 털의 뻣뻣함을 취한 것이지만 산인山人의 살림이 질박하여 붓을 마련

할 여력이 없었기 때문이기도 하다.

### 황기로의「후적벽부」글씨 ❖ 299

황기로黃耆老는 초서草書를 잘 썼다. 장여필張汝弼을 사모해 일찍이「후적벽부」後赤壁賦를 써서 부뚜막에 걸어 놓고 연기의 그을음을 쏘인 다음, 석합石盒을 만들어 거기에 넣고는 밭 가운데다 묻었다. 농부가 밭을 갈다 그 석합을 발견하고 매우 기이하게 여겨 관가에 고하였는데, 열어 보니 그을린 옛날 종이가 나왔고 그 끝에 '장여필서張汝弼書'라고 쓰여 있었다. 용이 뛰어오르고 봉황이 나는 듯했으나, 객기客氣가 많으며 붓끝이 서툴고 졸렬하였다. 고을 관리가 이를 알지 못하고 진짜 장여필의 글씨라 생각해 세상에 크게 퍼뜨려, 지금까지도 간행되어 난리를 겪고서도 없어지지 않았다. 가소로운 일이다. 황기로의 노련한 필체가 어찌 이 정도에 그치겠는가? 이는 단지 젊은 시절에 장난한 것일 뿐이다.

### 황기로의 초서 ❖ 300

이후백李後白이 송찬宋贊과 함께 조언수趙彦秀의 집에 갔다가 자리 모퉁이에 병풍이 있는 것을 보니 황기로黃耆老의 초서였다. 이후백이 조언수에게 말했다.

"우리 집에 새 병풍이 있으니 이것과 바꾸도록 합시다."

조언수가 물었다.

"왜 그러시오?"

이후백이 대답하길

"나는 평생 이 글씨를 싫어했으니, 내 병풍과 바꾸어 이를 불태워 버리고 싶소."

라고 하자, 송찬이 말했다.

"안 될 말입니다. 내가 전에 황생黃生의 집에 갔는데, 보니까 자리 위에 흰 비단과 화선지가 꽂혀 있고 밀쳐 둔 서안이 있었습니다. 황생이 두 장의 초서를 뽑아 내 저에게 보여 주더니, 또 빈 화선지 두 장을 꺼내 주며 나에게 모방하여 써 보라고 했소. 나 또한 조금은 붓을 놀릴 줄 아는지라 황생의 글씨를 본떠 썼습니다. 그러자 황생이 칭찬하며 말하길 '내 글씨를 구하는 것이 날마다 수백 장에 달해 피곤함을 견딜 수 없으니, 이것으로 대신 써야겠소. 평범한 안목으로야 어찌 분별할 수 있겠소?'라고 했습니다. 그러고는 시렁 위에서 고법첩古法帖과 자신의 글씨를 꺼내 둘의 자법字法을 비교하는데 모두 옛 사람의 서법이었으며, 한 글자도 스스로 만들어 낸 것이 없었소. 또 내 글씨를 가리키며, '아무 글자와 아무 획은 모두 죽어 있소. 무릇 글씨란 공력을 쌓지 않고는 잘 쓰기가 어려운 법이지요'라고 했습니다. 황생의 글씨는 쉽게 품평할 수가 없소."

이후백은 부끄러운 낯빛을 띠었다.

## 서예가 최흥효와 안평 대군 ❖ 301

최흥효崔興孝는 초서草書가 절묘한 경지에 이르러 안평 대군安平大君이 몸을 굽혀 그를 예우하였다. 안평 대군이 최흥효를 위해 흰 비단 여덟 폭을 준비한 뒤, 그의 글씨를 청했다. 최흥효가 대취한 채 외출했다가 돌아와서는 심부름꾼을 문 밖에 세워 두고 문지방에 다리를 뻗고 앉아 종에게 비단을 펼치게 하였다. 짙은 먹을 어지럽게 휘둘러 혹 점을 찍고 혹 문지르고 혹 내리긋고 혹 가로 그었다. 한 글자도 이루지 못하고 다만 먹물로 비단 두루마기만 더럽히더니 심부름꾼에게 주며 가져가라고 했다. 안평 대군이 그것을 보고 크게 놀라며 한편으로 노하였다. 이튿날 아침 최흥효가 안평 대군을 찾아뵙자 안평 대군이 매우 노한 기색으로 그를 바라보며 말했다.

"불녕不佞*이 그대의 필법이 높고 절묘함을 아껴서 흰 비단 여덟 폭을 준비해 그대의 글씨를 청하였소. 그런데 그대는 나를 업신여겨 글씨를 써 주지 않았을 뿐만 아니라 먹물로 비단만 더럽히고 끝내 한 글자도 이루지 않았으니, 불녕이 그대에게 죄를 지은 것이라도 있나 보오."

최흥효가 크게 놀라며 말했다.

"어제는 몹시 취해서 전혀 글씨가 어떠했는지 살피지 못했나이다. 청컨대 그것을 보여 주십시오."

안평 대군이 꺼내 보여 주자 최흥효는 부끄러워하며 사죄하기를 마지않았다. 드디어 그 비단을 펼쳐 점 찍고 뭉개고 가로 세로로 그은 획에 따라 초서를 완성했는데, 폭풍에 소나기가 내리고 용이 날고 호랑이가 뛰어오르는 듯한 형상이 붓 가는 대로 이루어졌다. 안평 대군이 매우 놀라고 크게 기뻐하며 감탄하기를 마지않았다.

최흥효가 이조의 낭관郎官이 되었을 때, 장헌 대왕莊憲大王(세종)이 친정親政하였는데,* 최흥효가 글씨를 단정하고 신중하게 써서 그날에 다 끝내지 못할 형국이 되자 다른 낭관에게 명하여 바꾸어 쓰도록 했다.

처음에 안평 대군은 최흥효의 글씨가 자신의 서법과 같은 것을 좋아해서 자주 그의 집을 찾았다. 최흥효는 안평 대군이 큰 화를 면할 수 없으리

---

불녕不佞    '재주가 없는 사람'이라는 뜻으로 상대방에게 자기를 낮추어 이르는 말.
장헌 대왕莊憲大王(세종)이 친정親政하였는데    이 대목은 성현의 『용재총화』에도 실려 있는데, 여기에는 '태종이 친정하였다'고 되어 있어 차이를 보이고 있다.

란 것을 알고 마침내 서법을 고쳐 괴이하고 험벽한 것을 숭상했다. 안평 대군이 이를 크게 애석하게 여겨 드디어 서로 멀어졌는데, 이로 인해 최흥효는 화를 면했다. 그 여덟 폭의 글씨는 지금까지 전하여 새겨져 병풍에 많이 남아 있으니, '붉은 말이 길을 가며 울부짖네'(紫騮行且嘶)* 등의 시가 이것이다.

## 그림과 문장의 본뜻 ❖ 302

옛날 중국에서 뛰어난 그림을 사 온 사람이 있었다. 큰 소나무 아래에서 어떤 사람이 얼굴을 쳐들고 소나무를 바라보고 있는 것으로, 신채神采(정신과 풍채)가 마치 살아 있는 듯했다. 세상 사람들이 천하의 기이한 솜씨로 여겼는데, 화사畵師 안견安堅이 말했다.

"이 그림이 비록 좋긴 하지만 사람이 얼굴을 쳐들면 목덜미에 반드시 주름이 잡히게 마련이다. 이 그림에는 이것이 없으니, 그림의 뜻을 크게 그르쳤다."

이로부터 결국 버려진 물건이 되고 말았다.

또 옛 그림 중 신묘한 필치라 일컬어지는 것이 있었는데, 노인네가 어린 손주를 안고 밥을 먹이는 그림이었다. 신채가 마치 살아 있는 듯했는데, 강정 대왕康靖大王(성종)이 그것을 보고 말했다.

"이 그림이 비록 좋긴 하지만 무릇 사람이 아이에게 밥을 먹일 때는 반드시 자신도 스스로 입을 벌리는 법이다. 이 그림에서는 입을 다물고 있으니, 화법을 크게 그르쳤다."

이로부터 마침내 버려진 그림이 되었다.

**붉은 말이 길을 가며 울부짖네**(紫騮行且嘶)　이는 이백의 악부시 「자류마」紫騮馬의 첫째 구절이다.

대저 그림과 문장이 무엇이 다르랴? 한번 본뜻을 그르치면 비록 비단 같은 문장과 수놓은 듯한 아름다운 글귀라도 식자는 취하지 않는다. 오직 안목을 갖춘 사람만이 이를 알 수 있다.

## 중국 사신 김식의 감식안 ❖ 303

강정 대왕康靖大王(성종) 때에 중국 사신 김식金湜이 우리나라에 왔다.* 김식은 대나무 그림을 잘 그려 세상에서 드물게 빼어난 화필畵筆이었다. 김식이 우리나라 고금의 대나무 그림 보기를 청하자 임금은 나라 안에서 널리 찾아 그에게 보여 주었다. 김식은 이들을 두루 보고는,

"이것은 모두 대나무 그림이 아닙니다. 삼대나 갈대라 할 것이지, 대는 아닙니다."

라고 말하며, 진짜 대나무 그림 보기를 청하였다.

당시 안견安堅이 그림에 뛰어나 곽희郭熙에 버금갔으며, 중국에서도 평소 그의 신묘한 솜씨에 탄복하였다. 임금은 안견으로 하여금 평생의 필력을 다해 대나무 그림 약간 폭을 각 체별로 그려서 진상하도록 했다. 이를 본 김식이 말하였다.

"이는 묘한 수법이긴 하지만 대는 아니고 갈대입니다."

임금 또한 평소 화법에 대해 알고 있었던지라 원유苑囿*로 하여금 대나

---

강정 대왕康靖大王(성종) 때에 ~ 우리나라에 왔다.    김식이 우리나라에 사신으로 와 그림을 그려 준 것은 세조 10년의 일로 『조선왕조실록』의 이해 5월 10일 조 기사에 "정사 김식金湜이 소죽 병풍素竹屛風을 그리고 아울러 시를 지어 그 위에 써서 박원형朴元亨에게 주니, 박원형이 아뢰었다. 임금이 화공畵工에게 명하여 그 그림을 모사해 채색하게 하고, 또 문신에게 명하여 운에 따라 화답하게 하였다"라고 한 것이 보인다.

원유苑囿    대궐에 있는 왕실 정원을 관리하는 사람.

무 분 하나를 가져오게 하여 빽빽한 잎을 모두 따 내고 성근 잎만 남긴 채 헌軒의 섬돌 위에 놓아 두도록 했다. 석양 무렵이 되자 안견에게 보이는 대로 그리도록 하고, 이를 김식에게 보여 주었다. 김식은 한번 보고는 매우 놀라 말했다.

"이것은 진짜 대나무 그림입니다. 중국의 묘한 그림일지라도 이와 견줄 만한 것은 드뭅니다."

임금은 이를 매우 기특하게 여기고는, 상방尙方*에서 하얀 비단을 내어 김식의 그림을 받아 경복궁景福宮에 보관해 두었다. 강감찬姜邯贊이 박연 폭포에서 용을 채찍질할 때 얻은 청룡靑龍 비늘 한 척隻과 더불어 지극히 귀한 보물로 문무루文武樓에 보관되어 있었는데, 후에 경복궁이 불탈 때 이 그림 역시 진귀한 보물들과 함께 모두 불타 버렸다.

### 이항복과 화가 김시 ❖ 304

오성 부원군鰲城府院君 이항복李恒福은 젊은 시절에 그림을 잘 그렸다. 김시金禔에게 그림을 배우고자 하여 산수·영모翎毛*·인물을 그린 종이 약간을 소매 속에 넣고는 김시와 가까운 사람에게 편지를 부탁했다. 김시에게 이르러 뵙기를 청하는데, 편지의 말이 분명하지 않아 대략 뵙고자 한다는 내용으로, 그림을 배우고자 한다는 말은 없었다. 김시는 편지를 받아 보고 그림을 구하러 온 사람으로 여기고는 귀찮아하는 기색을 밖으로 드러냈다. 오성은 그림 때문에 남에게 치욕을 당함을 스스로 한탄하고, 이내 그림 그리는 것

상방尙方    상의원尙衣院. 국왕과 왕비의 의복을 만들어 바치고, 궁중의 보화 등을 관장하는 관청.
영모翎毛    새나 짐승을 그린 그림.

이 천한 기예로서 배울 것이 못 된다는 것을 깨달아 끝내 소매 속에서 그림을 꺼내지 않았다.

조금 있으니 선비 이맹연李孟衍이 이르렀는데, 오성을 보자 정성을 다했다. 김시는 오성이 나이가 어림에도 불구하고 선비에게 공경을 받는 것을 보고는 조금 예모禮貌(예절에 맞는 몸가짐)를 갖추었다. 오성은 그 기색을 살피고는 더욱 비루하게 여겨 끝내 그림에 대한 말을 한마디도 하지 않고 하직하고 나왔으며, 이로부터 다시는 그림을 일삼지 않았다.

## 태의太醫 양예수의 신술 ❖ 305

양예수楊禮壽는 소경 대왕昭敬大王(선조) 때의 태의太醫*이다. 어린 시절 정호음鄭湖陰(정사룡)을 숙직하는 곳에서 만났는데, 호음이 「양절반씨역대론」陽節潘氏歷代論*을 읽고 있다가 그에게 물었다.

"너도 학문에 뜻이 있느냐?"

그러고는 자신이 읽고 있던 논論을 가르쳐 준 뒤, 책을 치우고 암송하도록 했다. 양예수가 입으로 줄줄 외우는데 편이 끝날 때까지 틀리는 곳이 없었다. 호음이 크게 놀라며 말했다.

"너 같은 재주로 문장을 배운다면 마땅히 의발衣鉢을 전해 줄 것이다."

양예수는 한미한 가문의 출신으로 녹봉을 받는 벼슬자리가 다급했던지라, 드디어 의과醫科에 응시하여 명의가 되었다. 그의 처방은 패술霸術*을

---
태의太醫    임금과 왕족을 치료하는 의원. 어의御醫.
「양절반씨역대론」陽節潘氏歷代論    원元나라 반영潘榮이 지은 「자치통감총요통론」資治通鑑總要通論을 말한다. 『통감절요』通鑑節要 앞에 실려 있다.
패술霸術    패자霸者의 술수라는 뜻인데, 여기에서는 강한 약을 써서 효과를 빠르게 보는 것을 뜻한다.

써서 온갖 병을 치료했는데, 신속하게 효험을 보는 것이 마치 신과 같았다.

어떤 여자가 출산 후에 심장병을 앓았는데, 미친 소리를 늘어놓으며 늘 '흰옷 차림의 어린 계집아이가 나타난다'라고 하며 그때마다 미친 짓을 하곤 했다. 양예수에게 그 까닭을 물으니, 그가 대답했다.

"귀신의 빌미가 아니오. 태兌는 소녀를 상징하고 폐肺는 흰 것을 숭상합니다.* 이는 바람의 나쁜 기운이 폐에 들어간 것이니, 오직 폐에 든 바람만 치료하면 병이 나을 것이오."

또 어떤 사람이 종양을 앓았는데, 문을 닫은 밀실 안으로 버들개지 같은 물체가 방 안 가득히 날아다니다 몸에 떨어지면 피부를 뚫고 들어와 곧 종기가 생겼다. 양예수에게 물으니, 그가 대답했다.

"이 병은 의서에는 나와 있지 않소. 필시 버들개지 같은 해충의 기운이 귀신을 끼고 사악한 짓을 하는 것이오. 벌레를 죽이고 사귀邪鬼를 쫓는 약제를 쓰면 즉시 효험이 있을 것이오."

양예수는 구변이 무척 좋았다. 어떤 사람이 와서 자신의 병에 대해 다음과 같이 말했다.

"한기가 도는 듯 하다가 금방 열이 나고, 피곤해 눕고 싶은 생각만 듭니다. 기운이 달리고 식은땀이 많이 나는데 날마다 점점 심해집니다."

그때는 봄에서 여름으로 바뀌는 시기로, 낮이 길어지고 입맛이 떨어지는 시절이었다. 그 병을 살펴보니 대개 굶주림에서 나온 것이기에 양예수가 말했다.

"새로 찧은 쌀로 밥을 지어 상추잎에 싸서 주먹만 하게 만든 뒤, 그 위에 구운 소어蘇魚(밴댕이)를 얹어 매일 한낮에 열다섯 덩어리씩 삼키면 틀림없이 나을 것이오."

---

태兌는 소녀를 ~ 흰 것을 숭상합니다.  태兌는 주역周易 팔괘의 하나로, 사람으로는 소녀, 방위로는 서쪽에 해당한다. 폐는 오행으로는 금金, 방위로는 서방에 해당한다.

이 말을 듣는 사람들이 배를 움켜쥐고 웃었다.


## 선조 때의 명의 名醫 안덕수 ❖ 306

안덕수安德壽는 소경 대왕昭敬大王(선조) 때의 노련하고 신령스런 명의名醫다. 나이가 늙고 병이 많아 사람들과 만나는 일이 드물었지만, 진맥하고 약을 처방함에는 백의 하나도 틀림이 없었다. 이름도 모르는 고질병일지라도 고치지 못하는 것이 없었다. 세상에서 말하길 양예수楊禮壽는 패도覇道를 써서 효과는 빠르지만 사람을 많이 상하게 하는 데 비해, 안덕수는 왕도王道를 사용해 효과는 느리지만 사람을 상하게 하지 않는다고 했다. 당시의 의론이 대부분 안덕수에게 돌아갔다.

어떤 사람이 사악한 귀신에게 빌미를 잡혀 고질병으로 심한 고통을 당한 지가 여러 달이었다. 안덕수가 약으로 치료하는데, 그 증상이 다섯 번 변했고 약의 처방 또한 다섯 번 바꾸었는데 모두 효험을 보았다. 밤에 어떤 사람이 꿈에 나타나 안덕수에게 말했다.

"나와 그 사람은 여러 대에 걸친 철천지원수다. 이미 상제上帝에게 고하여 그를 반드시 죽이겠다고 했으며, 병의 증상을 다섯 번 변화시켜 당신의 약을 피하려 했다. 그런데 당신이 약의 처방을 다섯 번 바꾸어 병을 치료했기에 내가 장차 그대를 이길 수 없게 되었다. 내일 그 증상을 여섯 번째로 변화시킬 것인데 당신이 만일 또다시 새로운 약으로 치료한다면, 나는 그 복수를 당신에게 옮겨 당신이 귀신의 빌미에 당하도록 할 것이다."

안덕수는 잠에서 깨어나 기이하게 여겼다. 얼마 안 있어 병자의 집에서 사람이 와서 병세를 묻자, 그 증상이 과연 여섯 번째 변해 있었다. 안덕수는 병을 핑계대고 사양했으며, 그 사람은 끝내 구원되지 못했다.

아! 사악한 기운이 사람에게 화를 끼칠 수 있지만 이는 반드시 사람의 영위榮衛*가 허한 틈을 타서 그 사악함을 드러내는 것이다. 사람이 능히 좋은 약으로 잘 막아 내면 사악한 기운이 그 틈을 탈 수 없는 것이다. 나는 고황이수설膏肓二豎說*에 깊은 의혹을 가지고 있으니, 의서를 살펴보면 고膏의 아래와 황肓의 위 또한 치료할 수 있는 약이 있다고 했다. 진秦나라의 명의 완緩* 또한 이수二豎가 화를 입을까 두려워했던 것인가? 애석하게도 안덕수는 하나의 꿈에 미혹되어 끝내 그 사람을 구원하지 않은 것이다.

## 경락과 도덕 문장 ❖ 307

일찍이 태의太醫에게 들으니 경락經絡이란 주리腠理*가 모여 있는바, 곧 우리 몸의 피부에 있는 빈틈이라고 한다. 이곳에는 침을 놓아도 피가 나지 않고 침을 깊이 찌르더라도 아프지가 않다. 벼룩·이·거머리가 사람의 피부를 빨면서 늘 피와 살을 찾는데 경락은 침범하지 않는다. 모기와 파리가 사람의 드러난 몸을 보고 윙윙거리며 날아와 모일 때도 경락에는 앉지 않는데,

---

영위榮衛　한의학에서 이르는 말로, 영榮은 피의 순환을 뜻하고, 위衛는 기의 흐름을 가리킨다.
고황이수설膏肓二豎說　고膏는 염통 밑, 황肓은 명치끝으로 침이나 약으로 고치지 못하는 곳이고, 이수二豎는 고와 황 사이에 숨은 병마를 말한다.
완緩　춘추 시대 진晉나라의 경공景公이 병이 들어 진秦나라 제후가 명의 완緩으로 하여금 치료해 주도록 했다. 완이 아직 이르지 않았을 때 경공의 꿈 속에 두 명의 아이(二豎)가 나타나 그 가운데 하나가 말하길, "그 사람은 명의인데 우리를 상하게 할까 두려우니, 어떻게 피할까?"라고 하자, 다른 동자가 말하길 "명치의 위, 염통의 아래에 거처하면 그인들 우리를 어찌할 수 있겠는가?"라고 했다. 완이 도착해 말하길 "이 병은 치료할 수 없습니다. 명치 위, 염통 아래에 있어 공격하는 것이 불가능하며, 이르는 것도 불가능하여 약을 쓸 수 없습니다"라고 했다. 경공이 "진실로 양의로다"라고 하고는 후하게 예를 갖추어 대접하고 진나라로 돌려보냈다. 경공은 열흘을 넘기지 못하고 죽었다. (『춘추좌전』春秋左傳 「성공」成公 10년 조 참조)
주리腠理　한의학에서 살갗과 살이 접하는 사이에 있는 틈을 말한다.

그곳에 피가 없다는 것을 알기 때문이다.

 지금 대저 도덕과 문장은 천지의 경락으로서, 피도 없고 살도 없는 부분인바, 세상의 벼룩·이·모기·파리 같은 자들이 와서 모이지 않는 것도 당연한 일이다.

### 무당과 의원의 믿을 수 없음 ❖ 308

성균관동成均館洞에 한 여자가 있었는데 나이 47세로 자녀가 없었다. 점쟁이에게 물어 보니 모두 평생 자녀가 없겠다고 해서 자못 그 말을 믿었다. 금년 사월에 배가 크게 부르고 뱃속에서 무언가 움직이는 것이 있었다. 의원에게 물으니 모두 다 '벌레의 독'이라고 해서 여의女醫로 하여금 약을 짓게 했는데, 여의는 임신한 것이 아닐까 염려해서 약을 지어 주지 않았다. 침술에 뛰어나다는 한 의원이 한 자 되는 은침銀鍼을 쥐고 그것이 움직일 때를 틈타 찔렀는데 적중하지 못했다.

 "뱀이나 거북 따위가 뱃속에 숨어 있으면서 침을 피하는 것이다."

 드디어 침이 다 들어가도록 마구 찔러대 침이 모두 구부러졌다. 여자는 통증을 이기지 못하고 밤낮으로 비명을 지르며 배를 갈라 벌레를 꺼내 달라고 애걸하다가 죽었다. 얼마 후 흘린 피가 윗도리에 가득하고 남자 아이가 바닥에 떨어져 우는데 온몸에 아무런 상처가 없었다.

 아! 점쟁이와 의원을 믿을 수 없음이 이와 같다. 천명이 있는 곳에는 사람이 죽이려 해도 할 수가 없으니, 어찌 기이하지 아니한가? 때는 만력 을묘년(1615, 광해군 7년)이다.

## 장수의 비결 ❖ 309

옛날에 특별히 장수를 누린 노인이 세 사람 있었다. 한 노인은 아내를 얻을 때 추한 여자를 얻으라 했고, 또 한 노인은 음식의 양을 헤아려 조절하여 먹으라 했으며, 다른 한 노인은 밤에 잘 때 머리를 덮지 말라고 하였다.

대개 남자는 미색美色을 좋아할 뿐 아니라 얼굴이 예쁜 여자가 있으면 반드시 그 음란함이 배가 되기 때문이다. 원기를 보호하려는 사람은 의당 먼저 예쁜 여자를 멀리해야 할 것이다. 그런 까닭에 양생서養生書에 이르길,

"상사上士는 방을 달리 쓰고, 중사中士는 침상을 달리하며, 하사下士는 자리를 달리한다."

라고 한 것으로, 옛 사람 또한 이를 경계하고 두려워했던 것이다.

근세에 송찬宋瓚은 90세의 수를 누렸는데 아내와 잠자리를 함께하지 않았다. 중년 이후로 밤에 잠옷을 입고 잤는데 그 길이가 발을 넘었으며, 작은 천 조각으로 조그만 잠방이를 만들어 아래를 싸고 잤다. 먹는 데에는 정해 놓은 양이 있었으며 식후에는 활을 당겨 과녁을 맞혔다. 팔십 구십이 되도록 변하지 않았으니, 근력을 강하게 하면서 음식을 소화시키기 위한 방법이었다. 여러 친구들을 견주어 살펴보면 여색을 좋아하고 술 마시기를 즐겨 하며, 음식을 먹으면서 양을 정해 놓지 않은 이들은 대부분 장수하지 못했다. 손꼽히는 술패들로 모임을 만들어 술을 마음껏 마시는 이들은 10년도 못 되어 서로 줄줄이 운명하였는바, 명백하게 거울로 삼을 수가 있는 것이다.

나는 본디 위장병이 있어서 신시申時(오후 3시에서 5시 사이) 이후에는 밥을 먹지 못하는데, 도헌都憲(대사헌) 남근南瑾이 말했다.

"그대가 음식을 먹지 않는 것이 마땅하네. 나도 간혹 기운이 늘어지거나 편치 않을 때면 으레 굶은 채 먹는 것을 물리친다네. 사람의 병이란 늘 음식에서 오는 것인데 하루 이틀 굶는다고 결코 죽지는 않네. 잠시 기운이 편안해지길 기다렸다가 먹는 것이 좋아. 그런 까닭에 평생 술을 좋아했는데

도* 지금 70세의 나이에 이른 것이네."

나 또한 그의 말이 옳다고 여겨서 늦은 시간에는 음식을 먹지 않는다.

근세에 첨지 박정립朴廷立이라는 사람 또한 평생 먹는 것을 절도 있게 하여 참외 한 개라도 세 조각을 내어 그 가운데 하나만 먹었다. 다른 음식도 이처럼 했는데, 83세의 수를 누렸다. 또 첨지 유조인柳祖認은 나이가 70세였는데, 엄동설한에도 털모자로 머리를 감싸지 않았다. 그 까닭을 물었더니 대답했다.

"어릴 적에는 머리를 감쌌으며, 두터운 털 달린 비단 모자가 다른 사람보다 배는 두꺼웠네. 그런데 꿈에 한 신인神人이 나타나 말하길 '네 비단 모자와 털 두건을 벗고 머리를 차갑게 하면 병이 즉시 나을 것이다'라고 하는 것이었네. 이때부터 머리를 차갑게 하는 방법을 배워 머리를 묘혈猫穴*에 두고 잤으며 낮에는 귀와 머리를 싸지 않았다네."

이상二相* 최황崔滉이 말했다.

"자네는 추위를 견디며 정수리를 드러내도 살가죽이 터지지 않는가?"

"서시西施와 옥진玉眞은 우윳빛처럼 고운 얼굴이었지만 아교가 굳어 부러질 만한 심한 추위라 할지라도 얼굴과 눈을 가린 적이 없었으니, 어려서부터 그리해서 습성이 되었기 때문이지요. 머리와 얼굴이 무엇이 다르겠습니까? 저 또한 습관이 되어 늘 그리하는바, 기이한 술책은 아닙니다."

내 나이 30세에 눈병을 앓았으며 간혹 이농耳聾 증상이 있었는데, 현적복玄積福이란 어른이 말씀하셨다.

"모두 두풍頭風으로 인해 생긴 것이네. 날마다 빗질을 천 번씩 하고, 절

---

술을 좋아했는데도   이 대목이 〈만종재본〉에는 '먹는 것을 절제하여 병이 적어'(節喫少病)라고 되어 있고, 〈국립중앙도서관본〉과 〈강전섭본〉에는 '술을 좋아했는데도'(愛酒而)라고 되어 있어 차이를 보인다. 여기에서는 후자를 좇아 번역하였다.

묘혈猫穴   '고양이 구멍'이라는 뜻으로 방의 북쪽 구석을 말하는 것으로 짐작되기도 하나, 자세한 것은 알 수 없다.

이상二相   의정부의 좌찬성左贊成과 우찬성右贊成을 이르는 말. 정승 다음 가는 자리라는 뜻이다.

대로 머리를 싸매지 말게. 머리를 차게 하면 즉시 효험이 있을 것일세. 나도 이런 증세를 두루 겪었는데, 나이 칠십이지만 모피로 머리를 보호하지 않는다네."

나는 그 말을 따라 날마다 빗질을 천 번 넘게 했으며 털이나 비단으로 머리털을 싸지 않았다. 만약 다시 머리를 싸면 전의 증세가 다시 나타났다. 지금까지 비록 이 때문에 눈물 콧물을 많이 흘리지만 다른 사람들을 따라 그 습관을 바꿀 수는 없었다.

전에 대부인께서 내가 겨울철에도 털모자를 쓰지 않는 것을 보고 처음에는 걱정했으나 끝내는 걱정하지 않으며 말씀하셨다.

"이 아이가 처음 급제했을 때는 눈이 내리고 몹시 추운 날이었는데, 털모자를 쓰지 않고 서교西郊에서 배표拜表*하였지. 그 당시 조정의 모든 관리가 갔는데, 송찬과 우리 아이만이 머리를 싸지 않았어. 그 후 송찬이 90세가 넘도록 살았으니 내가 걱정하지 않는다."

지금 조반朝班의 사대부 중 털로 귀를 감싸지 않는 이가 간혹 있는데, 대부분 내가 하는 것을 배운 것이라 한다. 대개 머리는 뭇 양기가 모이는 곳이기에 비록 싸매지 않아도 춥지 않은 것이다.

옛날 향산香山에 한천寒泉이 있었는데, 백낙천白樂天(백거이白居易)이 날마다 와서 머리를 감았으며 그 내용을 시로 읊은 것이 있다. 백낙천은 당시 나이가 팔십에 가까웠으며 86세까지 살다 죽었다.

**배표拜表**　임금이 중국中國 황제의 표문表文을 받던 일, 또는 그 의식儀式을 이르는 말.

## 유조생의 양생법과 선전관청의 면신례 ❖ 310

만력萬曆 병신년丙申年(1596)에 선전관宣傳官 유조생柳肇生이 친구들과 더불어 한가하게 대화를 나누다가 이야기가 양생養生의 방법에 미쳤다. 어떤 이가 말하였다.

"숨을 태胎에 멈출 줄 알면 오래 살 수 있다."

그러자 다른 사람이 말했다.

"숨을 들이마시고는 내쉬지 말고 기氣를 끌어들이기를 오래 하면서, 한 호흡의 시간이 구각晷刻*을 넘기면 장수할 수 있다."

선전관이 집에 돌아와 그의 첩과 약조하며 말했다.

"내가 한 번 숨을 쉬는 사이에 50을 세거라. 만일 내 호흡이 미치지 못하면 내가 너를 업어 줄 것이고, 내 호흡이 넘으면 네가 나를 업어 주어야 한다."

처음에는 대부분 50에 미치지 못했는데, 끝내는 50을 세고도 남음이 있었다. 두어 달이 지나자 100을 세어도 숨이 가쁘지 않게 되었다. 이 같이 하여 몇 달이 지났는데, 강을 건너다가 배가 부서져 물 속에 빠졌다. 이에 기氣를 막고 숨 쉬지 않은 채 강바닥으로 가만히 걸어가 언덕에 닿았다. 한 번도 물을 들이마시지 않은지라 물고기 밥이 됨을 면할 수 있었다.

훗날 유조생은 재상의 봉훈을 받았는데, 이때부터 선전관청의 면신허참례免新許參禮*에는 반드시 대궐 문루 기와 위에 있는 십신十神을 외우도록 했다. 단숨에 열 번을 외우지 못하는 사람은 참여를 허락하지 않았다. 이른바 십신이란 첫째 대당사부大唐師傅, 둘째 손행자孫行者, 셋째 저팔계猪八戒, 넷째

---

구각晷刻　본래 구晷와 각刻은 각각 해시계와 물시계를 이르는 말로, 여기에서 유래하여 구각이란 짧은 시간, 혹은 한 시각時刻을 뜻하게 되었다.
면신허참례免新許參禮　새로 출사出仕하는 관원이 재직在職 관원을 초청하여 음식을 접대하는 예. 이 예를 행한 후에야 동료 관원으로 인정받았다.

사화상沙和尙, 다섯째 마화상麻和尙, 여섯째 삼살보살三殺菩薩, 일곱째 이구룡二口龍, 여덟째 천산갑穿山甲, 아홉째 이귀박二鬼朴, 열째 나토두羅土頭이다.

## 신희남이 만난 장수한 유생 ❖ 311

신희남愼喜男이 생원 시절 반궁泮宮(성균관)에 거처하면서 하재下齋*의 유생과 친하게 지냈다. 유생은 당시 나이가 70여 세였다. 그 후 50년이 지나 신희남이 강원 감사가 되어 정선旌善을 지나는데, 그 유생이 명함을 들이고 뵙기를 청했다. 나이를 물으니 120여 세였다. 신희남이 매우 기이하게 여겨 그의 집을 방문하여 사례했다. 그가 거처하는 방은 단지 동쪽으로 작은 들창이 있어 햇볕을 받고, 그 맞은편 벽에 출입하는 문 하나가 있었는데, 매우 따뜻하고 고요했으며 바람이 없었다. 양생을 닦는 방법을 물었으나 보통 사람과 다른 점이 전혀 없었다고 한다.

## 철분이 함유된 물의 이득과 해 ❖ 312

예전에 나주 목사와 가까운 손님 중에 백발에 홍안인 사람이 있었다. 그가 일이 있어 나주에 들르자 목사는 관관館에 묵게 하고는 교방敎坊에 명을 내려 아리땁고 어린 기생을 뽑아 잠자리 시중을 들게 했다. 그 손님이 열흘을 묵

---

하재下齋 　성균관 동·서 양재의 맨 아래쪽 두 칸으로, 사학 승보생인 유학 20명이 거처하였다. 생원과 진사의 거처는 상재上齋라 했다.

고 떠남에 기생이 이별에 임하여 슬피 울며 잡은 손을 차마 놓지 못하고 눈물이 적삼을 적셨다. 여러 기생들이 그 기생을 조롱하여 말했다.

"네가 일찍이 많은 호남아들과 이별할 때도 이별을 애달파함이 이 지경에 이르지 않았는데, 지금 백발노인 한 사람 때문에 어찌 눈물을 이다지도 많이 흘리느냐?"

목사가 그 사실을 전해 듣고는 괴이하게 여겨 그 까닭을 캐물으니, 기생이 대답하였다.

"손님이 연로하시어 70세가 넘었지만, 먹고 마시는 것과 행동거지는 젊고 건장한 사람과 다름이 없었습니다. 달리 약을 복용하지는 않았으며, 다만 허리춤의 푸른 주머니 속에 네모난 쇳덩이가 들어 있었는데, 크기가 어린아이 주먹만 했습니다. 매일 저녁 한 사발의 물에 그것을 담가 두었다가 새벽에 마시고는 쇳덩이는 거두어 주머니 속에 넣어 두었는데, 하루도 거른 적이 없었습니다. 여자를 잘 다루는 것이 젊고 건장한 보통 사람과는 달랐습니다."

근세에 약을 복용해 양생을 하는 이들 가운데는 쇠로 만든 그릇에다 밤이면 물을 채워 두었다가 아침에 마시는 일이 있으며, 어떤 이는 미수眉壽까지 살기도 한다. 재상 홍연洪淵이 이 방법을 흠모해 쇳물을 마셨는데, 끝내는 천식을 앓다가 죽었다.

또 이욱李郁이라는 사람이 있었는데 음관蔭官으로 봉산군鳳山郡에서 고을 원 노릇을 한 지가 여러 해였다. 봉산군에는 철이 많이 나서 물에 철 성분이 많았다. 우물물을 길어 통에 담아 두고 시간이 지나면 통 밑바닥에 반드시 철 찌꺼기가 생겼다. 주민들 중에 풍담風痰·천식·해수·현기증 등의 병을 앓는 자들이 많아 이욱이 이를 근심하였다. 자석을 큰 덩어리 하나와 작은 덩어리 두 개를 구해다가 큰솥에 길어 둔 물에 담가 두었다가 무릇 관청에서 주식을 차리거나 차와 탕을 끓일 때면 모두 그 물을 사용했다. 여러 해가 지나 성사星使*가 봉산군을 지나게 되었는데 자석을 구하여 약제에 쓰려고 했다. 이욱이 하인을 시켜 솥 바닥에서 자석 세 개를 찾아 가장 작은 것을 올리도록 했는데, 솥의 물을 걸러도 자석이 보이지 않았다. 다시 잘 찾아보도록 했으나 자석 두 개는 보이지 않고 한 개만 가지고 왔을 뿐이었다. 자석은 벌집처럼 구멍이 나 있었으며 손만 대도 부서졌다. 큰 것은 삭아서 한 움큼도 되지 않았고 작은 것 두 개는 다 삭아 남지 않았으니, 대개 자석이 쇳물에 삭아서 그러했던 것이다. 이욱은 관직을 버리고 돌아와 반신불수가 되었으며, 1년 남짓 있다가 끝내 죽었다. 아! 철의 독이 어찌 능히 혹은 사람을 장수하게 하고, 혹은 사람을 병들게 하겠는가? 복용하는 방법에 좋고 나쁨이 있는 것이 아니겠는가?

또 들으니 개천价川* 땅에 철액鐵液이 많아 우물물을 마시는 사람은 병이 들어 일찍 죽는다고 하였다. 이춘란李春蘭이라는 이가 아들 다섯을 낳았는데, 시냇가에 집을 짓고 살면서 흐르는 냇물만 마시고 우물물은 먹지 못하게 하여 홀로 풍토병을 면했다고 한다.


## 기예가 전해지지 않는 연유 ❖ 313

무릇 사람들의 크고 작은 기예는 자신들이 업業으로 사사로이 독점하고 남에게 전해 주지 않는 법이다. 옛날 재경梓慶의 악기 틀(簴)과 윤편輪扁의 수레바퀴(輪)와 대마大馬*의 추구捶鉤*와 송宋나라 사람의 병벽광洴澼絖* 등이 다

성사星使 　임금의 명령으로 지방에 출장 가는 관원을 이르는 말.
개천价川 　평안도에 있는 고을 이름.
대마大馬 　관직명으로 대사마大司馬와 같은 뜻으로 쓰인다. 『장자』「지북유知北遊」편에 "大馬之捶鉤者, 年八十矣, 而不失豪芒."이라 하였다.
추구捶鉤 　달구어 두들겨 만든 허리띠.

그러한 것들이다.

우리나라 서울의 사면絲麵(실국수), 개성의 교면蕎麵(메밀국수), 전주의 백산자白散子*, 안동의 다식茶食*, 성주의 백자병柏子餠, 인동의 유피다래(油皮障泥)*, 의주의 누철 등자鏤鐵鐙子* 등은 모두 그 묘한 기예를 자신들만 사사로이 전수하고 다른 읍에는 전하지 않은 것이다.

옛날 용인현의 한 노복이 오이지(瓜菹)를 잘 담아 그 기법을 대대로 전하였는데, 이웃 읍에서 그것을 본받아 배우려고 했으나 전수받을 수가 없었다. 금천 현감衿川縣監이 용인에 특사를 보내 용인 현령에게 그 기법을 배울 수 있게 해 달라고 간청하자, 용인현의 노복이 뜰에 엎드려 말했다.

"우리 읍에는 다른 반찬이라곤 없고 오직 오이지 하나가 이름이 났을 뿐입니다. 지금 그 기법을 다른 읍에 전해 주신다고 하시니 죽음으로써 사양하고자 하옵니다."

현령은 억지로 전해 주게 할 수 없었다.

평산平山 사람으로 비루먹은 말을 치료할 줄 아는 이가 있었는데, 그 비방을 감추고 남에게 전해 주지 않았다. 태수 박엽朴燁은 위엄이 있어서 그 위세로 겁주었지만 그래도 그 묘법을 전해 받을 수 없었다.

여산礪山에 호산춘壺山春이라는 술이 있어 맛이 가장 뛰어났는데, 이웃

---

**병벽광洴澼絖**　 표백솜을 가리킨다. 송나라 사람과 표백솜에 대한 이야기는 『장자』 「소요유」逍遙遊 편에 보이니, "宋人有善爲不龜手之藥者, 世世以洴澼絖爲事. 客聞之, 請買其方以百金. 聚族而謀曰: '我世世爲洴澼絖, 不過數金. 今一朝而鬻技百金, 請與之.' 客得之, 以說吳王. 越有難, 吳王使之將, 冬與越人水戰, 大敗越人, 裂地而封之. 能不龜手, 一也. 或以封, 或不免於洴澼絖, 則所用之異也"라 하였다.
**백산자白散子**　 산자散子는 연례나 제례에서 필수 음식으로 쓰이는 과정류의 하나. 백산자는 산자의 한 종류로, 쌀로 만든 백당을 묻혀 눈처럼 희고 소담하게 만든 것이다.
**다식茶食**　 녹말, 송홧가루, 승검초 가루, 황밤 가루, 흑화자 가루 등을 꿀에 반죽해서 다식판茶食板에 박아 낸 과자菓子.
**장니障泥**　 말다래. 말을 탄 사람의 옷에 흙이 튀지 않도록 하기 위해 말의 안장 양쪽에 늘어뜨린 기구. 가죽 따위로 만든다.
**누철 등자鏤鐵鐙子**　 '누철'은 표면에 무늬를 새겨 넣은 철을 말하고, '등자'는 말을 탈 때 딛고 올라가는 제구를 말한다.

읍에서도 술 빚는 법을 배울 수 없었다. 그 고을의 여종이 무인 나준룡羅俊龍의 첩이 되었는데, 나준룡이 삭주朔州 태수가 되어 그 술 빚는 법을 삭주에 전수해 주었기에 지금 삭주의 술은 진한 향기가 호산춘과 똑같다.

아! 이웃 읍은 십 리 거리에 있었는데도 그 묘법을 흉내낼 수 없었고, 오직 이천 리나 떨어진 삭주에서 그 묘법에 통할 수 있었다. 이로 미루어 보건대 적송자赤松子의 술법을 가까운 시대에 살았던 장량張良이 전수받지 못하고 천 년 후에 여동빈呂洞賓(여조呂祖)이 배웠으며, 공자의 도를 문인 유약有若이 비슷하게 흉내내지 못했는데 천 년 후에 정자와 주자가 얻을 수 있었으니, 귀함은 심득心得에 있는 것이다. 어찌 지역이 다르고 시대가 멀다는 것으로 평계 댈 수 있으랴.

일설에는 송흠宋欽이 삭주를 다스릴 때 이 술을 빚었으며, 송흠이 여산 사람으로 그 술의 이름을 '송흠주'宋欽酒라 했다고 한다.*

# 명창 석개 ❖ 314

석개石介는 여성군礪城君 송인宋寅의 여종이다. 얼굴은 늙은 원숭이처럼 생겼고 눈은 좀대추나무로 만든 살같이 찢어졌다. 아이였을 때 지방에서 올라와 시종侍從의 역役에 충당되었다. 송인의 집안은 임금의 외척으로 세력 있는 부호였는지라 곱게 화장하고 화려하게 꾸민 미인들이 갖추어 좌우에서 응대하고 있었는데, 그 수를 이루 다 헤아릴 수 없을 정도로 많았다. 이에 석개에게는 나무통을 머리에 이고 물 길어 오는 일을 시켰다.

석개는 우물에 가서 나무통을 우물 난간에 걸어 놓고는 종일 노래만 불

---

일설에는 송흠宋欽이 ~ 했다고 한다.  이 대목은 〈만종재본〉에는 없으며, 여러 필사본에 있는 내용이다.

렀는데, 그 노래가 곡조를 이루지 못해 나무꾼이나 나물 캐는 아녀자들이 부르는 노래 같았다. 그러다가 날이 저물면 빈 통을 가지고 돌아왔다. 매를 맞아도 그 버릇을 고치지 않고 다음 날 또 그와 같이 하였다. 또 나물을 캐 오라고 광주리를 들려 교외로 내보냈더니, 광주리를 들판에 놓아 두고 작은 돌멩이를 많이 주워 모아 놓고 노래 한 곡을 부르면 돌멩이 하나를 광주리에 집어 넣었다. 광주리가 가득 채워지자 이번에는 노래 한 곡이 끝날 때마다 광주리에 있는 돌을 하나씩 들에 내던졌다. 가득 채웠다가 다시 밖으로 내던지는 것을 두세 차례 반복하다 날이 저물면 빈 광주리를 가지고 돌아왔다. 매를 맞아도 그 버릇을 고치지 않고 다음 날 또 마찬가지였다.

　여성군이 석개의 이야기를 듣고 기이하게 여겨 노래를 배우게 했다. 그녀의 노래는 장안에서 첫째가는 절창이 되었는데, 이는 근래 100여 년 동안 없었던 것이다. 석개는 수놓인 안장에 비단옷을 차려입고 날마다 권세 있고 귀한 사람들의 연회에 불려 갔다. 전두纏頭*로 받은 금과 비단이 집 안에 쌓여 마침내 부자가 되었다. 아! 세상만사가 모름지기 열심히 노력한 후에 이루어지는 것이니 어찌 석개의 노래만 그러하겠는가? 나태하게 지내며 굳은 마음을 세우지 못한다면 무슨 일인들 성취할 수 있겠는가?

　난리 후 석개가 해주海州의 행재소行在所에 갔는데, 세력 있는 집안의 사내종이 그녀의 말을 따르지 않자 그를 관가에 아뢰어 죄를 다스리려 하다가 살해당했다.* 그녀의 딸 옥생玉生 또한 창唱에 능하여 지금 제일가는 명창이 되었다.

---

전두纏頭　　가무하는 사람에게 노고를 위로하여 주는 상금.
난리 후 석개가 ~ 하다가 살해당했다　　이 대목은 〈만종재본〉에는 없는 내용으로 여러 필사본에 의거해 보충해 넣었다.

## 한 상국의 농사 ❖315

상국 한응인韓應寅이 신천信川 땅에서 상을 치르고 있었는데, 당시 왜구가 온 나라에 가득해 세가世家*가 모두 편안하지 못했다. 상국은 집안사람들을 이끌고 농사일에 힘쓰며 시비侍婢로 하여금 논에서 일하도록 했다. 4월 말에서 5월 초순경, 김매기를 두 번 끝내자 온 논에 가득한 벼가 푸른 구름처럼 일렁였다. 상국이 지팡이를 짚고 논 두둑을 살펴보고는 기뻐하며 돌아와 늙은 농부에게 자랑하여 말했다.

"우리 집 농사는 김을 두 번 매고 벌써 푸른 구름을 이루었으니 매우 기쁘오."

늙은 농부가 가서 보니 벼가 아니라 모두 강아지풀이었다. 대개 시비는 서울에서 태어나고 자라 일찍이 시골 구경을 한 적이 없었고, 일삼은 것이라곤 비단옷 입고 거문고를 타며 노래하고 춤추는 일뿐이었다. 하루 아침에 논에 몰아넣으니 김매어 없앤 것은 모두 좋은 벼이고, 가꾸어 기른 것은 모두 강아지풀이었던 것이다. 그런데도 온 집안이 농사일을 몰라 깨닫지 못했던 것이다. 신천 사람들은 이를 비웃었으며, 매번 잘못된 일을 볼 때면 반드시 '한 상국의 농사'라고 하였다.

아! 말세에 사람을 쓰는 것이 이와 비슷하다.

## 대송大松 옮겨 심는 법 ❖316

선왕조先王朝(선조) 때 나는 춘방春坊* 보덕補德*을 지냈다. 명나라 장군이 동

---

세가世家   여러 대를 이어 가며 나라의 중요한 지위에 있어 특권特權을 누리거나 세록世祿을 받는 집안.

관왕묘東關王廟*의 건립을 마치고 돌아간다고 고하자, 임금께서 경운궁慶運宮으로 오라 하여 만나 보았다. 나는 그때 어전御前에서 역관의 말을 전달하느라고 입시入侍하고 있었다. 명나라 장수가 말했다.

"제가 서둘러 본국으로 돌아가야 하기에 사당 뜰에 나무를 심지 못하고 돌아갑니다. 원하옵건대 제가 간 뒤에 아름드리 큰 소나무를 반드시 이곳에 심고 밟아 주십시오. 제가 가 버렸다고 해서 소홀히 여기지 마십시오."

임금께서 말씀하셨다.

"아름드리 큰 소나무를 옮겨 심는다면 말라 죽지 않겠소?"

그가 대답했다.

"중국에서는 아름드리 큰 소나무라도 문제없이 옮겨 심습니다. 나무 심는 좋은 방법만 터득한다면 백의 하나도 말라 죽지 않습니다."

임금께서 말씀하셨다.

"어떻게 하면 되오?"

그가 대답했다.

"나무 심는 법(種法)에 비록 '정월 소나무 오월 대나무'(正松五竹)라고 말하나 정월은 너무 일러 이월 초순이나 중순에 옮겨 심는 것만 못합니다. 먼저 소나무 가지에 표식을 해 놓아 사방의 방향이 바뀌지 않도록 할 것이며, 본래의 흙에서 세심하게 파내어 크고 작은 뿌리들이 상하지 않도록 하십시오. 옮겨 심을 땅은 깊게 파서 평평하고 넓게 만들고, 먼저 보리를 몇 말 깔아 놓습니다. 아름드리 큰 소나무를 전과 같은 방향으로 옮겨, 깔아 놓은 보리 위에 뿌리를 안착시킵니다. 뿌리는 끊어지거나 구부러지지 않게 하며,

---

춘방春坊　　조선조 세자시강원世子侍講院의 별칭. 세자시강원은 왕세자의 교육을 담당한 관청으로 태조 초기의 세자관속世子官屬을 개칭한 이름이다.
보덕補德　　조선조 세자시강원世子侍講院의 종3품 벼슬로, 뒤에 정3품이 되었다.
동관왕묘東關王廟　　중국 삼국 시대三國時代의 명장 관우關羽의 영靈을 모신 서울 동대문 밖의 사당. 임진왜란 때 관우의 영이 때때로 싸움터에 나타나 조선朝鮮과 명군明軍을 도왔다 하여 1600년(선조 33)에 명明나라 신종神宗의 칙령勅令으로 건립하여 2년 후인 선조宣祖 35년에 준공하였다.

뭉쳐 있는 것을 힘써 펴서 본래의 땅에 있을 때처럼 하고, 위아래와 가로세로로 뻗고 오그라진 것을 모두 전과 똑같이 합니다. 또 본래 있던 땅의 흙을 많이 취해 새 흙과 섞이지 않도록 하여 다집니다. 처음 다질 때는 그 흙을 두텁게 하고 단단하지 않게 다져야 하니, 뿌리를 상할까 염려해서입니다. 두 번째나 세 번째 다질 때부터는 흙을 얇게 하여 견고하게 다집니다.* 견고하게 하되 흙이 전에 팠던 흔적보다 더 위로 올라오지 않게 하며, 전의 자리에 이르면 그칩니다. 소나무의 뿌리 중 원래 드러나 있던 것을 땅속에 묻어 버리면 반드시 죽습니다. 다지기를 마치면 네 귀퉁이에 큰 나무 기둥을 세우고 굵은 새끼줄을 묶어서 큰 바람에도 뿌리가 흔들리지 않게 합니다. 그러고는 아침 저녁으로 물 주기를 그치지 않는다면 백 번을 옮겨 심어도 하나도 말라 죽지 않습니다."

임금께서 주서注書를 돌아보고 그것을 기록하라고 했다.

## 나무 심는 법 ❖ 317

어떤 손님이 나무를 잘 심었는데 나에게 와서 말했다.

"나무 심는 법은 매년 이월 초순과 중순 사이에 가지를 자르고 그 끝을 그을려 기氣가 새어 나가지 않도록 하고, 그것을 토란의 구근이나 푸른 무의 뿌리에 꽂아 놓았다가 땅에 심으면 모두 살아납니다. 또 한 방법은 성성한 나무의 큰 가지 중에서 작은 가지가 뻗어나 있는 것을 작은 가지가 난 것에서부터 위아래로 각기 두세 자쯤 되는 곳에서 자르고, 양 끝을 불로 그을

---

뿌리를 상할까 ~ 견고하게 다집니다.    이 대목은 〈만종재본〉에는 없는 내용으로 필사본에 의거해 보충해 놓았다.

립니다. 큰 가지를 땅에 가로로 묻고 작은 가지를 땅 위로 수직으로 나오게 하면 큰 가지는 뿌리가 되고 작은 가지는 줄기가 되어 반드시 살아납니다. 또 하나의 방법은 뽕나무의 오디를 모아 썩혀서 그 씨가 나오면 거름 밭에 심습니다. 1년이 지나 자라서 무성해지면 그 묘목을 다른 곳으로 옮겨 심는데, 능히 만 그루의 뽕나무를 이루는 데 3, 4년이 걸리지 않습니다. 무릇 새로 원림을 조성하려는 사람은 이 방법을 배우지 않으면 안 됩니다." *

## 사지에서의 잠의 유혹 ❖ 318

만력 갑인년甲寅年(1614)에 동해의 어부 20명이 한 배를 타고 바다 가운데로 나아갔다. 매우 먼 곳까지 나아가 거구어巨口魚를 낚던 그들은 거센 폭풍을 만나 배가 뒤집혀 바다에 빠졌다. 매우 먼 바다인지라 배를 댈 만한 모래섬도 없었다.

20명이 모두 헤엄치면서 갈매기나 물오리처럼 둥둥 떠서 바람을 따라 왔다갔다 물결 위를 떠다녔다. 혹은 물장구를 치기도 하고 혹은 가만히 쉬기도 했는데 팔다리와 몸이 다친 곳은 없었다. 배가 고프면 작은 물고기를 낚아채 먹었는데 배를 채울 만했다. 다만 밤낮으로 물결 위에 있노라니 모두 잠이 오고 정신이 혼미해져서 물밑으로 가라앉으면 놀라 깨어나 파도를 박차고 물 위로 솟아올랐다. 6, 7일이 되자 죽은 사람이 14명이고, 6명만이 살아남았다가 뜻하지 않게 낚싯배를 만나 생명을 구했다.

심하구나! 잠이 사람을 혼미케 함이여! 왜적을 피해 산에 들어갔을 때 왜

---

무릇 새로 ~ 안 됩니다.　〈고대본〉에는 이 다음에 "큰 가지를 그을리면 어찌 상처나 죽지 않겠는가? 서기序記에 이르길 '붉게 달군 쇠로 그것을 지진다'라고 하였다." (以大焦之 豈不損傷 序記云以紅鐵燒之)는 말이 추기되어 있다.

구가 코를 골며 자는 소리가 우레 같음을 본 적이 있다.


## 일기의 관찰과 예후 ❖ 319

선배 유자儒者가 말하길

"단지 '도덕을 따르면 길하고 패역悖逆을 따르면 흉하다'*는 것을 알 뿐이지, 어찌 오늘 맑고 내일 비 오는 것을 알겠는가?"

라고 했는데, 이는 고루한 유자의 말에 지나지 않는다. 만약 비바람의 징후를 미리 알지 못했다면 공부자孔夫子는 반드시 뗏목을 타고 바다를 떠다니려 하지 않았을 것이요,* 제갈 공명은 반드시 적벽赤壁에서 승리*할 수 없었을 것이고, 명나라 태조太祖는 필시 진우량陳友諒을 강 위에서 섬멸하지 못했을 것이다.* 또한 범려范蠡는 반드시 계연計然의 술수*를 공사 간公私間에 쓸 수 없었을 것이고, 백규白圭는 필시 풍년과 흉년, 홍수와 가뭄을 미리 점칠 수 없었을 것이다. 땅강아지와 개미는 틀림없이 길바닥의 고인 물에 흘러 떠다니고, 까마귀와 까치는 반드시 그 둥지에 틀어박혀 있으며, 원거鶢

---

**도덕을 따르면 길하고 패역悖逆을 따르면 흉하다**  『서경』書經에 나오는 말로, 「대우모」大禹謨 편에 "只知惠迪吉, 從逆凶"이라 하였다.
**공부자는 반드시 ~ 않았을 것이요**  본문의 '棄桴'는 '乘桴'의 오류다. 『논어』「공야장」公冶長 편에 "道不行, 乘桴浮于海, 從我者, 其由與!"라 하였다.
**적벽赤壁에서 승리**  중국 삼국 시대 촉蜀의 제갈 공명은 오吳나라와 연합하여 적벽에서 바람을 이용해 위魏나라 조조의 대군을 무찌를 수 있었다.
**진우량陳友諒을 강 위에서 섬멸하지 못했을 것이다.**  진우량陳友諒은 중국 원元나라 말기 인물로, 어부의 아들이라는 미천한 신분으로 서수휘徐壽輝의 휘하에 들어갔다가 서수휘를 죽이고 강서, 호광 일대에서 위세를 떨쳤다. 뒤에 명明 태조 주원장朱元璋과 싸우다 1363년 파양호鄱陽湖에서 패하여 죽었다.
**범려范蠡는 반드시 계연計然의 술수**  범려는 중국 춘추시대 월越나라의 재상으로, 월왕 구천句踐을 도와 오왕吳王 부차夫差를 죽여 회계會稽의 치욕을 씻게 한 인물이다. 계연은 범려의 스승으로, 범려는 계연의 계책을 써서 많은 부율를 축적했다.

원거鶢鶋*는 노나라 성문에 머물지 않았을 것이고 정읍鄭邑에서 까악까악 하고 울지 않았을 것이다.

예전에 내가 노강老江을 건널 때 해가 바야흐로 중천에 떠 있는데, 배 안에서 운기雲氣를 바라보던 이가 말했다.

"내일 이맘때 반드시 큰바람이 불 것이오."

내가 몹시 기이하게 여겨 그 까닭을 캐물으니 뱃사람이 대답했다.

"저 검은 구름이 낮게 날아 남쪽으로 가는 것은 오늘의 바람이요, 흰구름이 높이 날며 북쪽으로 가는 것은 내일의 바람입니다. 저 흰구름이 찢어진 솜처럼 휩쓸려 북쪽으로 가는 것은 내일 이맘때의 바람이 반드시 향할 바를 가리키는 것입니다."

내가 말없이 기억해 두었는데, 다음 날 오시午時(낮 11시~1시)에 이르자 과연 큰바람이 불었다.

만력萬曆 신묘년辛卯年(1591) 여름에서 가을로 바뀔 때 푸른 구름이 흩어진 모습이 마치 산악과 같았으며, 그 산 꼭대기에 나무가 여러 그루 있었는데 소나무와 잣나무의 모습이었다. 칠월에 큰바람이 불어 조운선漕運船을 침몰시킨 것이 기록할 수 없을 정도였고, 연해의 돛대들이 모두 부서져 일본으로 흘러 들어갔다. 그 이듬해 왜구가 크게 침략해 팔도가 어육이 되었다.

금년 경신년庚申年(1620) 여름 사이, 운기雲氣가 또 신묘년과 같아서 나는 옛날의 징험을 생각하고 매우 근심했다. 열흘이 되지 않아 큰바람이 불어 지붕을 날리고 바다의 배들이 모두 표류했으며 나라에서는 조세 일만 여 석을 잃었다. 이해 만력萬曆*과 태창泰昌* 두 황제가 붕어崩御하였고, 다음 해

---

원거鶢鶋　노魯나라 장무중臧武仲이 노나라 성문에서 제사 지내 준 해조海鳥를 말한다. 이 새가 노나라 성문에 와서 노닐자 장무중이 백성들을 시켜 제사 지내게 했다. (『국어』國語 「노어」魯語 참조)
만력萬曆　중국 명나라 제13대 황제인 신종神宗(1573~1620 재위)의 연호. 그의 이름은 주익균朱翊鈞, 시호는 현제顯帝.
태창泰昌　명나라 제15대 황제 광종光宗(1620년 재위)의 연호. 이름은 주상락朱常洛이며, 황제에 오른 지 한 달 만에 죽었다.

누르하치(奴酋)가 다시 일어나 요동을 함락하였으니, 하늘이 징후를 보임이 과연 헛된 것이 아니었다.

　내가 옛날 상喪중에 있을 때 검은 구름이 잔뜩 몰려들어 하늘을 뒤덮는 것을 보고 말하였다.

　"내일 오후에는 반드시 큰바람이 불 것이다."

　손님들이 모두 의아해하며 그 이유를 캐물었다. 이튿날 그 사실을 깜빡 잊어버리고 60리 밖에서 농사일을 살피다가 중도에 큰바람을 만나 감기에 걸려 며칠을 앓았다.

　내가 또 함경도 고원高原에서 난을 피해 살 때 그곳 바닷가에서 소금을 만들었는데, 날은 가물었지만 비가 올 징조가 있어 일을 맡아 하는 사람에게 말했다.

　"며칠 안 가서 비가 내릴 것이니 조심하거라."

　과연 큰비가 내려 열흘 동안의 공이 하룻밤 사이에 모두 무너졌다. 내가 알지 못했던 것은 아니지만 미리 대비할 수 없었던 것은 내가 아는 것이 정밀하지 못했기 때문이다.

　나의 형님 몽표夢彪는 하늘에 구름 한 점이 없는 것을 보고는 사흘 안에 필시 비가 오리라는 것을 알고 동자를 불러 급히 꽃나무를 옮겨 심도록 했다. 손님이 비웃으며 말했다.

　"이처럼 화창하고 하늘에서 땡볕이 내리쬐는데 꽃나무를 옮겨 심으면 어찌 말라 죽지 않겠소?"

　형님이 웃으며 말했다.

　"반드시 비가 올 터이니 자네들은 기억해 두게나."

　다음 날 과연 비가 내리니 손님이 크게 기이하게 여겼다.

　나의 친척 어른인 정신鄭愼은 천문天文과 역법曆法에 꽤 밝았다. 달이 필성畢星*을 범하는 것을 보고 상국 이산해李山海에게,

　"어느 날 반드시 비가 내릴 것이다."

라고 말했는데, 그날이 되니 비가 왔다. 이산해는 그의 아들 이경백李慶伯에게 도롱이와 삿갓을 씌워 보내 사례하였다. 내가 『여씨춘추』呂氏春秋\*를 살펴보니 옛날에는 영대靈臺에 올라가 운기雲氣를 바라보고 화복의 조짐을 앞서 알았다. 그러므로 『서경』書經에 이렇게 이르고 있다.

"별에는 바람을 좋아하는 것이 있으며, 비를 좋아하는 것이 있다."

예전의 문서를 상고해 보면 모두 근거가 있는데, 아래에 갖추어 기록해 둔다.

은하수에 별이 많으면 비가 많이 내리고, 별이 적으면 가뭄이 많이 든다. 수성水星\*이 바다에 들어가면 큰비가 내린다. 오성五星\*이 동남쪽에 있으면서 밝게 움직이면 비가 많이 내린다. 토성土星이 거꾸로 은하수에 들어가면 큰물이 진다. 은하수 안에 검은 구름이 돼지와 뱀의 모습으로 나타나고 중도에 끊어졌다가 다시 이어지면, 하루 밤낮으로 비가 온다. 검은 구름이 은하수를 지나가면 어떤 모양인지를 막론하고 모두 비가 많이 내릴 징후가 된다. 낮에 햇빛이 검붉게 빛나고, 밤에 달빛이 흰색이면 모두 다 비가 내릴 징조다. 열두 달의 절기 날\* 붉은 노을의 기운이 있으면 한 달 안에 많은 비가 내린다. 어떤 기운이 해와 달의 위아래로 넓게 퍼져 있으면 사흘 안에 큰 바람이 불고 큰비가 내린다. 밤에 북두칠성의 괴魁와 두斗\* 사이를 보았을

**필성畢星**　　별자리 28수宿의 하나로, 서방에 있으며 비를 일으킨다고 알려져 있다.
**『여씨춘추』呂氏春秋**　　중국 진秦나라의 정치가 여불위呂不韋가 빈객賓客 3천 명을 모아서 편찬한 역사서로 『여람』呂覽이라고도 한다. 도가道家 사상이 중요한 부분을 차지하나, 유가儒家·병가兵家·농가農家·형명가刑名家 등의 설說도 볼 수 있다. 또한 춘추 전국春秋戰國 시대의 시사時事에 관한 것도 수록되어 있어 그 시대를 알 수 있는 중요한 서적이다.
**수성水星**　　혹성 가운데 가장 작으며 태양에 가장 가까운 별을 말한다.
**오성五星**　　오행의 정精이라고 일컫는 다섯 별. 목성木星·화성火星·금성金星·수성水星·토성土星.
**열두 달의 절기 날**　　한 해를 24로 나누어 달마다 상순에 드는 것을 절기節氣라 하고, 중순에 드는 것을 중기中氣라 한다.
**괴魁와 두斗**　　북두칠성의 바가지 부분에 있는 네 개의 별을 '괴'魁라 하고, 자루 부분에 있는 세 개의 별을 '두'斗라 한다.

때, 검은 구름이나 채색 구름이 곁에 있으면 그날 밤에 비가 온다. 북두칠성이 젖으면 이날 밤이나 혹은 그 일이 있던 밤에 틀림없이 큰비가 내린다. ― 두보의 시에서, '바람이 불어오니 북두가 어두워지네'(風來北斗昏)라고 했다.〈원주〉―

흑색·황색·백색의 윤택한 빛을 띤 구름의 길이가 두 길 남짓하며 북두칠성을 두루 가려 흩어지지 아니하면, 사흘 안에 반드시 비가 온다. 만일 비가 오지 않으면 사람들이 안정되고 화해로움이 덜하게 된다. 북두칠성의 네 별 아래에 모두 구름이 없는데도 희미하고 엷으며 어두컴컴해, 유독 북두를 가리거나 혹은 위아래를 덮으면 닷새 안에 반드시 비가 온다. 밤에 북두를 점치고 아침에 해의 위아래를 점쳐서, 운기에 오색이 있거나 또 번개와 같은 형상을 하고서 희미하게 덮여 있으면 하루 안에 반드시 비가 온다. 여기에 응하여 내리는 비는 한 번에 그치지 않는다. 운기가 북두를 가리고 푸른 색이면 큰비가 오고 흑색이면 많은 비가 온다. 북두와 해의 위아래 기운이 물고기와 용, 비늘 껍데기 같으면 그날 밤에는 반드시 큰비가 내린다. 그렇지 않으면 다른 날에 급하고 빠른 폭우가 내린다.

유성이 동쪽에서 서쪽으로 향하면 내일 비가 내리고, 북쪽에서 남쪽을 향하면 내일은 주로 흐리지만 비는 내리지 않으며, 서쪽에서 남쪽을 향하면 그해에는 홍수와 가뭄으로 재해를 입을 것이며, 북쪽에서 동쪽을 향하면 연일 비가 내려 그치지 않을 것이며, 북쪽에서 서쪽을 향하면 주로 밭과 벼를 적시며, 흐릿하게 지나가면 강과 하천이 범람하며, 검은 불꽃이 일면 그해 안에 큰물이 난다.

운기가 띠 같거나 혹은 희거나 혹은 검은 것이 인묘寅卯의 방향이나 인묘의 시時에 있으면 갑을甲乙일에 반드시 비가 오고, 혹 진사辰巳의 시時나 방향에서 보이면 병정丙丁일에 비가 온다. 오미午未의 방향이나 혹은 시時에 보이면 해를 가리는 것이 있거나 혹은 무기戊己일에 비가 온다. 곤신坤申의 방향이나 시時에 보이면 경신庚申일에 비가 내린다. 유술酉戌의 방향이나 시時

에 보이면 임계壬癸일에 비가 온다. 왕상旺相*의 날에 비가 오면 장생長生할 것이고, 휴수休囚의 날에 비가 오면 만물이 시들고 마르니 징험할 만하다.

세속에서 이르길,
"구름이 동쪽으로 가면 비는 자취조차 없고, 구름이 서쪽으로 가면 비가 내려 진흙탕이 되며, 구름이 남쪽으로 가면 물이 못에 넘치고, 구름이 북쪽으로 가면 비가 넉넉하게 온다."
라고 한다. 또 다음과 같은 말도 있다.
"구름이 동쪽으로 가면 말(馬)과 더불어 통행할 수 있고, 구름이 서쪽으로 들어가면 비가 내려 쓸쓸해지고, 구름이 남쪽으로 들어가면 새가 재잘거리고 ―비가 개고 해가 나오며 새가 우는 것을 말한다〈원주〉―, 구름이 북쪽으로 들어가면 말의 굴레가 빠진다. 하늘에 구름이 없으면 사흘 동안 비가 내린다. 밤에 비가 오다 개면 다음 날 반드시 다시 비가 내리며, 석양에 묽은 햇무리가 서남쪽 하늘에 가득하면 오래지 않아 남풍이 불고 비가 온다. ―내가 서강에 있을 때 촌로가 지적하여 말했는데 과연 징험이 있었다.〈원주〉―"

갑자순甲子旬 묘시卯時* 초初에 검은 구름이 보이되 많지 않으면 오시午時에 반드시 서풍西風이 이른다. 붉은 구름이 많지 않으면 신시申時에 반드시 남풍이 이를 것이다. 검은 구름이 왕래하여 햇빛을 가리면 사시巳時에 비가 서북쪽 방향으로부터 온다. 푸른 구름이 한 줄기로 길면 미시未時에 비가 동쪽 방향으로부터 온다. 흰구름이 해를 가리면 진시辰時에 비가 서쪽 방향에

---

왕상旺相　　때를 얻는 것(得時)을 왕상旺相이라 하고, 때를 잃는 것(失時)을 휴수休囚라 한다.
묘시卯時　　하루 24시간을 12지지地支에 맞추어 배당한 12시의 다섯째 번 시를 말하니, 곧 오전 5시에서 7시 사이를 가리킨다. 이하 12시가 계속 나오는데, 이는 자子·축丑·인寅·묘卯·진辰·사巳·오午·미未·신申·유酉·술戌·해亥의 12지를 자정을 전후한 시각에서부터 두 시간씩 배당한 것이다.

서 온다.

갑인순甲寅旬에 검은 구름이 해를 가리면 사시巳時에 반드시 남풍이 이른다. 검은 구름이 얇게 드리워 해를 가리지 못하면 오시午時에 서풍이 이른다. 붉은 구름이 덩어리를 이루면 미시未時에 동풍이 이른다. 누런 구름이 조각조각 떠 있으면 유시酉時에 북풍이 이른다. 누런 구름이 사방에서 일어나면 오시午時에 비가 서쪽 방향에서 온다. 검고 얇은 구름이 해 주변에서 조금 일어나면 진시辰時에 비가 남쪽 방향에서 온다. 푸른 구름이 가닥을 이루면 미시未時에 비가 동쪽 방향에서 온다.

갑신순甲辰旬에 얇은 구름이 덩이덩이가 되어 이어지지 않으면 사시巳時에 북풍이 이른다. 푸른 구름이 조각조각 떠 있으면 오시午時에 남풍이 이른다. 누런 구름이 하늘에 가득하면 신시申時에 큰바람이 동쪽으로 이른다. 붉은 구름이 사방에서 일면 진시辰時에 남풍이 이른다. 검은 구름이 말(斗)과 같으면 진시辰時에 큰비가 북쪽 방향에서 온다. 흰구름이 가닥을 이루면 유시酉時에 비가 동쪽 방향에서 온다.

갑오순甲午旬에 푸른 구름이 사방에서 일면 미시未時에 남풍이 이른다. 흰구름이 조각을 이루면 오시午時에 북풍이 이른다. 누런 구름이 덩이를 이루면 신시申時에 서풍이 이른다. 붉은 구름이 해를 가리면 오시午時에 비가 북쪽 방향에서 온다. 푸른 노을이 이어지지 않으면 신시申時에 비가 동쪽 방향으로부터 온다.

갑신순甲申旬에 검고 얇은 구름이 하늘에 가득하면 진시에 북풍이 이른다. 붉은 구름이 둥글게 모이면 오시에 남풍이 이른다. 흰구름이 찢어진 솜 같으면 유시에 서풍이 이른다. 누런 구름이 덩이를 이루면 신시에 동풍이 이른다. 검은 구름 한 줄기가 해를 가리면 진시에 가랑비가 서쪽 방향으로부터 온다. 흰구름이 뾰족한 산봉우리처럼 해 가까이에서 일면 오시에 비가 남쪽 방향에서 온다.

갑술순甲戌旬에 푸른 구름이 해를 꿰뚫으면 진시에 서풍이 이른다. 검은 구름이 찢어진 솜 같으면 오시에 큰바람이 북쪽 방향에서 온다. 누런 구름이 줄기를 이루어 길게 이어져 끊어지지 않으면 신시에 동풍이 이른다. 흰구름이 조각조각 해를 에워싸면 미시에 서풍이 이른다. 검은 구름이 짙으면서도 부서져 서로 이어지지 않으면 사시巳時에 비바람이 북쪽 방향에서 온다. 붉은 구름이 덩어리져 움직이지 않으면 신시에 비가 서쪽 방향에서 온다.

높은 구름이면 다음 날 바람이 불고, 낮은 구름이면 오늘 바람이 분다. 높은 구름이 찢어진 솜 같고 길면 다음 날 종일 큰바람이 구름이 가는 방향을 따라 분다. 흐릴 때 구름이 띠를 이루고 윤색이 나면 곧 비가 내린다. 별이 물기를 머금은 것이 마치 물속에 있는 듯하면 머지않아 큰 장마가 진다.

유대정兪大禎이 일찍이 눈으로 보아 징험한 것이다.

## 대보름날의 풍년 점 ❖ 320

정월 보름날 농가에서는 달을 살펴 점을 치는데, 옛 기록에는 실려 있지 않다. 그런데 우리나라 백성들은 그해의 풍년을 점쳐 징험을 보인 것이 귀신 같았다. 창주滄洲 차운로車雲輅가 일찍이 「농가에서 달을 살펴 점친다」(農家候月)라는 근체시 율수 한 수를 지었는데, 다음과 같다.

| | |
|---|---|
| 농가의 정월 보름날에는 | 農家正月望 |
| 항상 달이 하늘에 오름을 살펴 점치네. | 常候月升天 |
| 북쪽에 가까우면 산골에 풍년이 들고 | 近北豊山峽 |
| 남쪽으로 기울면 해변에 풍년이 든다네. | 差南稔海邊 |
| 붉은색이면 초목이 타 들어갈까 걱정이고 | 赤疑焦草木 |
| 흰색이면 내와 못이 넘쳐 날까 두렵다네. | 白怕漲川淵 |

둥글게 가득히 짙고 누런색이라야 　　　　　　圓滿深黃黑
바야흐로 큰 풍년인 줄을 알겠네. 　　　　　　　方知大有年

차운로는 자가 만리萬里로 『주역』을 500번이나 읽고 『천행도설』天行圖說을 지었는데, 그 견해가 매우 심오했다. 대개 뜻과 이치는 송대 유학자와 비교해도 만리가 상세하니, 만리와 같은 이는 선배 현인이 밝혀 내지 못한 바를 드러냈다고 이를 만하다.*

## 때를 점치고 조수를 살피는 법 ❖ 321

무릇 때를 점치고 조수潮水를 살피는 것보다 일용日用에서 더 절실한 것이 없으니, 책자를 두어 잊지 않도록 기록해야 한다. 옛 사람은 묘안猫眼*으로 때를 점쳤는데, 어느 시에 다음과 같이 쓰여 있다.

묘아안猫兒眼 속에는 둥근 하늘이 정해져 있는데 　　猫兒眼裡定周天
자오子午시에는 바늘 드리우고 묘유卯酉시에는 둥글다. 　子午懸針卯酉圓
진술辰戌 축미丑未시에는 마치 달걀 같고 　　　　　辰戌丑未如鷄卵
인신寅申 사해巳亥시에는 행인杏仁*처럼 둥글다. 　　寅申巳亥杏仁圓

---

　차운로는 자가 ~ 이를 만하다.　〈국립중앙도서관본〉과 〈이수봉본〉에는 차운로의 『천행도설』의 내용이 도설圖說과 함께 추기되어 있는데, 여기에서는 생략하였다.
　묘안猫眼　묘아안猫兒眼 또는 묘정석猫睛石이라고도 하며, 규산염 광물 석영石英의 일종이다. 황록색에서 청색까지 여러 종류가 있으며, 대부분 반투명이다.
　행인杏仁　살구씨의 알맹이를 일컬으며, 약재로 쓰인다.

학예편　513

또 이규보李奎報가 조강祖江*에 있을 때 조수潮水가 들락날락하는 징후를 노래했는데, 그 시는 다음과 같다.

| | |
|---|---|
| 삼토三兔(묘卯) 삼룡三龍(진辰)의 조수요 | 三兔三龍水 |
| 삼사三蛇(사巳) 일마一馬(오午)의 때로다. | 三蛇一馬時 |
| 삼양三羊(미未)에 후猴(신申)가 또한 둘이요, | 三羊猴亦二 |
| 달 기운 뒤 다시 이와 같구나. | 月黑復如斯* |

풀이하는 사람이 말했다.

"무릇 조수는 1일부터 3일까지는 묘시卯時에 이르고, 4일부터 6일까지는 진시辰時에 이르며, 7일부터 9일까지는 사시巳時에 이르고, 10일만은 오시午時에 이른다. 11일에서 13일까지는 미시未時에 이르며, 14일부터 15일까지는 신시申時에 이른다. 보름 후에는 보름 전과 같으며 매월 한 바퀴 돌아 다시 시작한다."

밀물이 묘시卯時에 이르면 썰물은 유시酉時에 이르러 반드시 대칭이 된다. 사방의 바다에는 모두 밀물과 썰물이 있지만 유독 우리나라 동해에는 밀물과 썰물이 없는데, 선유先儒의 언급이 일찍이 여기까지는 이르지 못했다. 중국의 동해가 어찌 우리의 서해가 아니겠는가? 우리나라의 동해는 천하에서 지극히 깊은 곳이라서 밀물과 썰물이 미치지 못하는 곳인데, 선유들의 견문이 이에 미치지 못한 것이 아닌가?

---

조강祖江  한강과 임진강의 합류 지점부터 서해와 만나는 경기도 김포시 월곶면 보구곶리 유도 인근까지를 일컫는 말이다.
이 시는 이규보의 문집인 『동국이상국집』에는 보이지 않고, 서영보徐榮輔·심상규沈象奎가 펴낸 『만기요람』萬機要覽에 작자 미상의 「점조시」占潮詩라는 이름으로 등장한다.

## 점 占

옛날에 점을 잘 치는 사람은 비단 사람의 장수와 요절, 출세와 몰락, 길하고 흉함, 후회하고 인색한 것에 징험이 있음이 귀신 같을 뿐 아니라, 초목의 씨를 뿌리거나 그릇을 만드는 데 이르기까지 그 처음과 끝을 추구하여 오래도록 맞히는 것이 있었다.

어떤 사람이 질그릇 베개(瓦枕)를 사서 늘 책상 위에 두었다. 갑자기 한 손님이 문을 두드리며 만나기를 청하여 신을 거꾸로 신고 나가 황급히 맞이했다. 고금에 대해 토론하는데 박식하고 명민하기가 비길 데 없었다. 마침내 그가 사람으로 변한 요괴임을 알고서 잡으려 하자, 손님이 놀라 도망치며 쥐가 되어 책상 아래에 숨었다. 드디어 질그릇 베개를 들어 던졌으나 맞히지 못하고 베개 가운데가 깨졌는데, 그 베개에 다음과 같은 글이 쓰여 있었다.

'모년 모월 모일 모시에 이상한 손님을 만나 깨질 것이다.'

고려 왕이 중국에 들어갔다가 죽었는데 관으로 쓸 재목이 모자랐다. 혹자가 말했다.

"어느 절의 잣나무 대들보가 관을 만들기에 적합합니다."

그 대들보를 다른 목재로 바꾸어 놓고 빼내어 닦아 보니, 다음과 같은 글이 있었다.

'모년 모월 모일 모시에 고려 왕의 관이 될 것이다.'

이제신李濟臣이 서장관이 되어 연경에 갔다가 저잣거리에서 거울 하나를 샀다. 그 거울 상자에는 은銀 글씨로 다음과 같은 글이 쓰여 있었다.

'모 연호年號 모 갑자甲子 모월 모일에 만들어져, 200년 뒤에 이씨에게 돌아갈 것이다.'

그 거울 뒷면에 끈을 꿰어 묶은 곳에 은銀색 팔분八分 글씨로 '이'李 자가 쓰여 있었다. 이제신이 사고 나서 햇수를 계산해 보니 꼭 200년이었다.

해주海州의 산사에 향나무로 만든 부처가 있었는데 중국에서 왔으나 몇백 년이 되었는지는 알지 못했다. 만력萬曆(1573~1620) 연간에 이르러 어떤 손님이 말했다.

"내가 듣기에 부처의 뱃속에는 금은 등 여러 보화가 있다고 합니다. 꺼내 봅시다."

뱃속에 물건은 없고 단지 두충나무 이파리에 금빛 글씨로 다음과 같이 쓰여 있었다.

'이이李珥는 자字가 숙헌叔獻이고, 호는 율곡栗谷이며, 도명道名은 의암義庵이다.'

상국 율곡 숙헌공은 소시에 입산하여 호를 의암이라 했고, 파주에서 석담으로 옮겨 가서 살았던 사람이다. 그해에 이이가 죽었는데 오산 차천로가 이것으로 전傳을 지었다.

허암虛庵 정희량鄭希良이 전라도에서 노닐 때 아침 일찍 벗의 집에 찾아가 서실에 앉아 이야기를 나누고 있었다. 갑자기 대숲 가운데 있던 장죽長竹 세 개가 바람이 불지 않는데도 저절로 떨리는 것이 보였다. 주인이 괴이하게 여기고 정희량에게 물으니 정희량이 대답했다.

"오시午時에 틀림없이 어떤 관인이 와서 이 대나무를 잘라 갈 것이오."

과연 오시가 되자 관리가 와서 알현하는지라, 그 까닭을 물으니 대답했다.

"관가에서 쓸 일이 있어 긴 대나무를 찾고 있으니 허락해 주시기 바랍니다."

주인이 그 관리를 시켜 대나무 숲에서 스스로 선택하게 하니 관리가 세 개를 골라 베었는데, 곧 아침에 저절로 떨던 대나무들이었다.

한억령韓億齡은 점을 잘 치는 장님이다. 집안의 암소가 송아지를 낳은 사람이 있었는데, 송아지의 사주를 사람의 운명으로 속여서 한억령에게 점을 치게 했더니, 한억령이 말했다.

"이것의 수명은 네 살까지고, 응당 오형五刑*을 갖추어 죽을 것입니다. 사람이 비록 지극히 악하다고 해도 어찌 네 살에 오형을 범할 자가 있겠습니까? 반드시 육축六畜일 것입니다."

그 사람이 크게 놀라며 탄복했다. 훗날 4년이 지나자 집에 혼사가 있어서 그 소를 잡아 쟁반의 안주로 충당했다.

또 어떤 사람이 집안 종에게 박씨를 심게 했다. 떡잎 두 개가 땅에서 돋아나는 것을 보고 연·월·일·시의 다섯 조목*을 갖추어 김효명金孝命에게 물었다. 김효명은 장님 가운데 이름난 점쟁이였는데, 그가 말했다.

"이 박은 모년 모월 모일 모시에 죽어 미처 열매를 맺지 못할 것이오."

주인은 웃으며 믿지 않고, 상자 가운데 기록해 두었다. 여름에 이르러 박 넝쿨이 길게 뻗었는데, 마침 비가 내려 지붕이 새는지라 종을 시켜 지붕에 올라가 기와를 바꾸게 했다. 그런데 종이 손을 잘못 놀려 기와 한 장이 넝쿨 위로 떨어져 중도막이 끊어지고 말았다. 객이 깜짝 놀라 상자 속에 기록해 두었던 것을 보니 과연 그날이었다.

군자는 말한다.

"이 어찌 꼭 점치는 사람만이 할 수 있는 일이겠는가? 일이 형체를 드러내기 전부터 정해져 있는 것은 천명이니, 사람이 일마다 힘써 경영할 수 있으리오. 한밤중에 걱정하는 것 또한 부질없는 일 아니겠는가!"

---

오형五刑　　고려나 조선 시대 때 일반적으로 범죄자를 처벌하는 다섯 가지 종류의 형벌로 태형笞刑, 장형杖刑, 도형徒刑, 유형流刑, 사형死刑을 말한다.
다섯 조목　　연·월·일·시에 연호를 보탠 다섯 조목을 말하는 듯하다.

## 땅 속에서 나온 와전瓦塼의 예언 ❖ 323

양주楊州 송산리松山里에 횡금산橫琴山이 있는데, 산 아래에 인가의 옛터가 있다. 어떤 노인이 말했다.

"평난공신平難功臣*의 옛집인데 지어진 때는 알 수 없지만 주춧돌과 섬돌의 길이가 모두 수십 척입니다."

서얼 최연崔衍이라는 이는 죽은 대간大諫 최철견崔鐵堅의 아들로 죽은 나의 생질 최아崔衙의 서제庶弟*인데, 지금은 나의 조카 유숙柳潚의 얼녀孼女의 사위가 되었다. 상喪을 치르고 송산에서 시묘살이를 하면서 그 땅에다 집 지을 터를 잡으려 했는데, 꿈에 신인神人이 나타나 말했다.

"이 땅 속에는 은銀이 있는데 어째서 파내지 않는고!"

꿈에서 깨어나 기이하게 여기고는 땅을 파 보니 은銀은 보이지 않고 다만 이상한 벌레 한 마리가 있었다. 긴 다리에다 긴 뿔이 난 모습이 매우 사나워 보여 최연은 두려워하며 도로 덮었다. 그날 밤 꿈에 또 신인이 나타나 말했다.

"어째서 깊이 파 보지 않는고!"

더욱 이상하게 여기고 두어 자를 파니 벌레는 보이지 않고 와전瓦塼이 나왔는데, 양각으로 다음과 같이 새겨 있었다.

"부귀는 기댈 것이 못 된다. 이 주인은 양띠생 사람인데 빼앗아서 묻어 두노라. 양띠 해로부터 비로소 그 딸 옥玉에게 전해 주노라."

옥玉 자 아래에 한 글자가 빠졌고 초두(艹)만이 남아 있었다. 최연은 을미乙未생인데 딸 하나가 있었으며 처음 이름은 운영雲英이었다. 나의 외손녀 또한 어린아이인데 더불어 장난치며 놀다가 말한 적이 있었다.

---

**평난공신平難功臣**  역란을 평정하는 데 공훈을 세운 신하들에게 내린 칭호. 특히 1589년(선조 22) 정여립의 난을 평정한 공신들에게 이 칭호를 내렸다.
**서제庶弟**  서모에게서 난 아우.

"네 이름 운영雲英은 소리가 낮으니 옥영玉英으로 고치는 것이 마땅하다."

그 집안 사람들이 좋다고 하여 운영이라고 부르기도 하고 옥영이라고 부르기도 했다. 초두 밑에 빠진 글자는 아마도 영英 자일 것이다. 또 '덕원년'德元年이라 했고 그 위에 한 글자 빠져 있었는데, 이는 틀림없이 정덕正德*일 것이다. 지금 100년이 지났으니 때는 기미월己未月 미일未日에 해당한다.

『장자』莊子에 말하였다.

"그 아들에게 보호받지 못해 영공靈公이 빼앗아 묻는다."*

옛날에 이객異客들이 간혹 천백 년 전에 흥패興敗를 미리 추측함이 있었는데 부절을 맞춘 듯 꼭 들어맞으니, 신이한 일이로다!

## 김형의 신통한 점술 ❖ 324

김형金詗이 처음 생원生員이 되어 남쪽에서 올라와 태학太學에 기거했는데, 점술이 신묘해 한 시대에 이름을 떨쳤다. 종실宗室 사람 가운데 송사련宋祀蓮의 사위가 있었는데, 남부리南部里에 살았다. 김형이 점을 잘 친다는 말을 듣고 와서 묻자, 김형은 여러 말을 하지 않고 다만 붓을 적셔 다음과 같이 써 주었다.

| | |
|---|---:|
| 그리운 저 사람 | 有懷伊人 |
| 서북西北으로 떠나가네. | 一去西北 |
| 바라보고 슬피 우는데 | 瞻望歔唏 |

---

정덕正德  명나라 무종武宗의 연호로, 1506년에서 1521년에 해당한다.
그 아들에 보호받지 못해 영공靈公이 빼앗아 묻는다.  『장자』「칙양」則陽 편에 나오는 말로 앞의 167화 〈추측하기 어려운 풍수〉 참조.

바람은 맑고 달은 밝구나.　　　　　　　　　　　　風淸月白

　종실이 그 연유를 캐묻자 웃기만 하고 대답하지 않았다. 그해 가을 조정에서 의론이 크게 일어나 송사련의 거짓 공훈을 삭탈하고 안당安瑭*의 억울함을 풀어 주었다.
　예전에 송사련은 정승이었던 안당 집안의 종으로서, 변고가 있다고 무고해 안당을 죽이고, 첨지중추부사僉知中樞府事에 올랐던 것이다. 이때에 이르러 공훈을 삭탈하고 종실의 처를 도리어 안씨 집안의 여종으로 삼았다. 안당 집안의 자녀들이 그녀를 잡아 끌어다가 시중드는 여종으로 삼고, 가마 뒤를 따르게 했다. 남부南部에서 서북쪽의 장의동壯義洞으로 향하게 되었는데, 종실 집안에서 다른 여종으로 대신해 줄 것을 청했지만 허락하지 않았다. 종실은 가을바람이 불고 달빛 밝은 밤에 멀리서 아내를 바라보며 눈물을 떨구었으니, 한결같이 그 말과 같았다.
　김형이 과거에 급제한 뒤 죄에 저촉되어 장차 의금부에서 형벌을 받게 되었다. 함께 갇힌 죄수들이 모두 고문을 받고 김형의 차례가 되었다. 김형이 몰래 점을 쳐 보니 오시午時에 이르면 응당 은사恩赦가 있을 것이었다. 김형은 문득 측간에 가기를 청하여 일부러 오래도록 일어서지 않으니 옥졸이 서서 재촉했다. 오시가 되자 과연 특별히 그만두라는 명命이 있어 형벌을 면할 수 있었다.
　그 후 김형이 그의 당이모堂姨母(어머니의 사촌 자매)를 찾아뵈었다. 당이모의 집안은 가업이 매우 넉넉했는데, 한미한 친척이 여종을 보내 안부를 물어 왔다. 김형은 그쪽 집안과도 또한 인척간이었다. 김형이 안부를 묻자 여종이 대답했다.
　"마님께서 오늘 해산하여 딸을 낳았습니다."

안당安瑭　〈만종재본〉 및 여러 필사본에 모두 '안당' 安塘으로 표기되어 있는데, '안당' 安瑭이 옳다.

김형이 물었다.

"어느 시時에 낳았느냐?"

여종이 대답했다.

"아무 시입니다."

김형이 묵묵히 셈하여 보더니 당이모에게 말했다.

"이 딸아이는 반드시 귀하게 될 것입니다. 당이모 집안은 이 아이에 힘입어 끝내 큰 복을 받게 될 것이니, 원컨대 지금부터 거두어 기르십시오."

당이모도 본래 김형의 점술이 신묘한 것을 알고 있던 터라 즉시 사람을 보내 그 아이를 기를 것을 청하니 그 집에서 이를 반겨 허락하였다. 그 아이는 마침내 상국 유전柳琠의 부인이 되었고, 김형의 당이모는 종신토록 그녀의 봉양을 받았다. 당이모는 70세를 넘기고 죽었으며, 그녀가 죽은 지 몇 달 후에 유전 또한 죽었다.

김형이 감옥에 있을 때 이기李芑 또한 김안로金安老의 계략에 걸려 함께 잡혀 와 있었다. 김형이 그의 명을 점쳐 보고 그가 끝내는 상국이 될 것임을 알고는 드디어 그와 더불어 친교를 맺었다고 한다.

## 구의강의 점술 ❖325

이시경李蓍慶이 일찍이 구의강具義剛과 더불어 자리를 함께하고 이야기를 나누다가 점치는 일에 화제가 미쳤다. 구의강이 이시경으로 하여금 자신의 점술을 시험해 보게 했다. 이시경이 즉시 자리 밑에서 물건 하나를 취해 주먹 속에 쥐고 물어 보았다.

"내 손 안에 어떤 물건이 있는가?"

글자의 획을 계산하여 태괘兌卦*를 얻자, 구의강이 말했다.

"손 안에 귀 떨어진 바늘이 있구려."

처음에 이시경이 바늘 하나를 얻었을 때 귀가 떨어진 줄은 알지 못했는데, 꺼내어 살펴보니 과연 그러했다. 대개 '태'兑는 자그마한 쇠인데 손바닥 안에 쥘 만한 쇠는 바늘에 지나지 않고, 태괘兑卦의 형상*은 입이 터져 있어 그 뜻을 취한 것이다. 구의강은 점을 일삼지 않았는데도 우연히 적중한 것이었다. 이에 기뻐 날뛰며 스스로를 소강절邵康節(소옹邵雍)에 견주었다고 한다.

## 조위의 죽음과 점술 ✤ 326

조위曹偉는 명망 있는 선비로 호는 매계梅溪이다. 연산조에 연경燕京에 조회하러 가서 아직 돌아오지 않았는데 죄를 논하여 사형에 이르게 되었다. 장차 압록강을 건너 돌아오기를 기다렸다가 그를 죽이려 했다. 조위가 요동遼東에 있을 때, 음양 선생陰陽先生*에게 물으니, 선생은 조위에게 다음과 같은 글을 써 주었다.

천 층千層 물결 속에서 몸을 뒤척이며 나오고 　　　千層浪裏翻身出
밤에 바위 앞에서 잠드니 달빛 새롭구나. 　　　　夜宿岩前月色新

조위는 그 뜻을 깨닫지 못했다. 돌아올 때쯤에 논의가 조금 느슨해져서 변방으로 멀리 귀양 가게 되었다. 그가 유배지에서 죽자 고향으로 운구하여 선영에 장사 지냈는데, 조정에서 논의가 다시 일어나 부관참시剖棺斬屍를 당

---

**태괘兑卦의 형상**　　팔괘의 하나로 두 개의 양효 위에 하나의 음효가 있기에, 위가 터져 있는 형상(☱)이다.
**음양 선생陰陽先生**　　음양의 원리를 알아 점을 잘 치는 사람을 이른 말로, 〈만송본〉에서는 점친 이가 추원결鄒源潔이라 되어 있다.

했다. 시신이 땅 위에 드러난 지 사흘 밤을 겪고서 장사 지냈다. 그 시체가 놓여 있던 곳에 큰 바위가 있었다.

## 죽음을 예견한 박순 ❖ 327

상국 박순朴淳은 호가 사암思菴인데, 풍채와 위의가 청아하고 시원스러웠다. 선왕先王께서 그를 칭찬하여 다음과 같이 말했다.

"수월水月 같은 정신이요, 빙옥氷玉 같은 마음이로다."

그의 시 또한 맑고 아름다워 아낄 만했다.

성품이 여색을 좋아해 객청客廳의 협실에는 늘 시비侍婢를 두었다. 상국이 간의諫議 홍천민洪天民과 더불어 서로 마주하고 있었는데, 상국은 창窓을 등지고 앉았다. 시비가 창 안쪽에 있으면서 매양 바늘을 당길 때마다 은가락지를 낀 고운 손가락이 수시로 창 밖으로 나왔다. 상국은 그것을 보지 못했는데 홍천민은 자기도 모르게 웃음이 나왔다.

그는 어떤 일에 연좌되어 파직을 당하자 영평永平의 우두계牛頭溪로 물러나 한가로이 지냈다.

병이 들어 시비를 베고 누웠다가 갑자기 두려워하며 놀라 말했다.

"예전에 내가 중국 조정에 갔을 때 점쟁이에게 물었더니, 그 점괘에 이르길 '봉황鳳凰을 베고 죽으리라'고 했다. 지금 베고 있는 시비의 이름이 '봉'鳳이니, 내가 병에서 일어나지 못하겠구나."

바야흐로 병세가 위독해졌는데 침방 앞에서 호랑이가 개를 물어 갔다. 상국이 점을 쳐 보고 말하였다.

"내 사냥개가 갔으니 다가오는 인일寅日(호랑이 날)에 징험될 것이로다."

과연 인일에 죽었다. 그가 죽을 때 집안 살림이 매우 청빈해 꿀을 찾았으나 맛보지 못하고 죽으니, 이 말을 들은 사람들이 슬퍼하였다.

## 득실이 다른 점 ❖ 328

홍양興陽 사람 유충신柳忠信이 단시점방서斷時占方書*를 가지고 와서 나의 큰형님에게 주면서 말했다.

"내가 예전에 이 책으로 인해 남에게 곤욕을 치른 것이 만만치 않습니다. 다시는 이것으로 점을 치지 않으려고 이에 받들어 드리는 겁니다."

그 연유를 캐묻자 웃기만 하고 대답을 하지 않다가, 억지로 묻자 그제야 말했다.

"젊었을 적에 이 점을 고향 선생에게 배워 이 책을 가지고 서울로 올라와 길가의 객점에서 잤습니다. 주인의 처가 자색이 있어서 마음이 끌려 눈짓을 보냈습니다. 이 책으로 점을 치자 '아름다운 여인을 만나리라'는 점괘를 얻어 마음이 매우 기뻤습니다. 밤을 틈타 몰래 유혹했는데 주인의 처가 큰 소리로 외쳤습니다. 주인 영감이 몽둥이를 들고 쫓아와서 행장을 다 내버리고 달아났습니다. 이로부터 다시는 이 책으로 점을 치지 않았습니다."

큰형님이 책을 얻고는 마음 속으로 비웃었다. 상중喪中에 서산西山*에서 시묘살이를 하는데, 제사를 받드는 노복 허약대許若大가 언문을 조금 알기에 이 책으로 점치는 법을 가르쳐 주었더니 마을 사람들이 묻는 일에 대해 알아맞히는 것이 많았다. 명성이 온 마을에 퍼져 수백 리 안의 사람들이 날마

---

단시점방서斷時占方書　원문이 〈만종재본〉에는 '斷時占方書'라 되어 있고, 여러 필사본에는 '斷時占'이라고만 되어 있다. 단시점斷時占은 때를 점쳐서 판단한다는 의미로 여겨지며, 단시점방서斷時占方書는 때와 방위를 점쳐서 판단하는 책이란 뜻인 듯하다.
서산西山　지금의 경기도 가평군에 있는 산으로, 유몽인의 선산이 있던 곳이다.

다 술과 쌀을 가지고 와서 허약대를 대접했다.

점은 한 가지인데 얻고 잃음이 같지 않으니 가소롭구나!

## 두타비의 요행 ❖ 329

옛날에 돌乭이란 이름을 가진 한 상국이 있었는데 돌은 그의 아명兒名이다. 어린 시절 이웃 아이 두타비豆他非와 함께 죽마竹馬를 타고 놀았다. 돌이가 상국이 되었을 무렵, 두타비는 실명하여 점술을 배웠지만 재주가 짧아서 이름이 나지 않았다. 가난에 시달려 구걸하며 스스로 생계를 꾸리지 못하자 돌이가 이를 불쌍히 여겨 살길을 열어 주려는 생각에 몰래 서로 약조하여 말했다.

"내가 거짓으로 말을 잃어버린 것처럼 하고는 동문東門 밖 도장골(道藏谷) 몇째 번 소나무에 말을 매어 놓겠다. 너로 하여금 점을 치게 할 터이니 너는 마땅히 '말이 도장골 몇째 번 소나무에 매어 있다'라고 하거라. 내가 응당 수십 명을 시켜서 찾아오게 하겠다. 이와 같이 하면 명성이 나라 안에 자자하여 장안에 점을 치려는 자들이 너에게 몰려올 것이다."

드디어 약속한 대로 하여 과연 말을 도장골 소나무 숲 사이에서 찾을 수 있었다. 이로부터 명성이 크게 떨쳐졌다.

그때 마침 임금께서 옥대玉帶를 잃어버렸다. 두타비가 점을 잘 친다는 말을 듣고 나는 듯한 역말로 그를 불렀다. 두타비는 본디 능력이 없는 데다가 임금의 부름을 받게 되자 대답을 잘못해 재앙을 당하지 않을까 스스로 두려워했다. 옥대를 훔친 도적이 몰래 사람을 시켜 길에서 그를 맞이하게 했는데, 두타비는 말에 올라 안장에 기대 탄식하기를 "불가설이"不可說耳(말을 할 수 없을 따름이다)라고 했다. 마침 옥대를 훔친 자의 이름이 '불개'(火狗)였고 직업은 '서리'書吏였다. 우리말로 음이 비슷했기에 그 말을 듣고서 크게 놀랐다. 두타비에게 많은 뇌물을 주면서 '불가설이'라는 넉 자는 말하지 말고 다만 옥대가 뜰의 서쪽 돌계단 아래에 감추어진 사실만 말하여 자기가 죽음을 당하지 않도록 해 달라고 했다. 두타비가 그 말대로 하여 계단 아래를 파 보니 과연 옥대가 있었다. 임금께서 매우 기이하게 여기고 말씀하셨다.

"이 사람은 무함巫咸과 영분靈氛*에 짝할 만하다. 과인이 장차 다시 시험해 보리라."

드디어 측간을 가는 길에 큰 두꺼비를 보고는 내시를 시켜 돌로 눌러놓게 하고 물었다. "내가 무슨 물건을 얻었는지 말해 보거라. 맞히지 못하면 죽일 것이고 맞히면 크게 상을 내릴 것이다."

이때 상국이 곁에서 모시고 있었는데 두타비는 크게 근심이 되어 땅에 엎드러서 상국을 향해 말하였다.

"돌씨 때문에 두타비가 죽습니다."

돌이 상국이 헛된 명성을 만들어 자신을 사지死地에 이르게 했음을 스스로 한탄한 것이다. 그런데 임금만은 그 연유를 알지 못하고 다만 돌씨란 돌(石)이요, 두타비란 우리말로 두꺼비인 줄로 알아 그 말을 듣고는 크게 놀라 말했다.

"과인이 과연 두꺼비 한 마리를 잡아 돌로 눌러놓았으니, 이는 천하에 신묘한 점술이로다."

드디어 크게 상을 내렸는데 몇천백 금에 이르렀다.

아! 거짓 명성이 우연히 적중하여 실제 복으로 돌아갔는데, 한 번도 또한 다행이거늘 하물며 두 번에 이르렀도다. 이는 하늘의 뜻이지 인간의 일은 아니로다.

무함巫咸과 영분靈氛　무함巫咸은 황제黃帝 때의 신무神巫 계함季咸을 일컬으니, 그가 사람의 사생존망死生存亡과 화복수요禍福壽夭를 예언함에 그 연·월·일年月日의 기한이 신처럼 들어맞았다. 영분靈氛은 굴원屈原의 「이소」離騷에 등장하는 인물로, 길흉을 잘 알아맞히던 사람이다.

## 바둑의 고수 김철손·서천령·신구지 ❖ 330

바둑은 잔재주이지만 내기를 잘 하는 사람은 한 번에도 천금을 벌어들인다. 전주全州에 김철손金哲孫이라는 사람이 있었는데 절세미인인 첩을 두었다. 바둑을 잘 두는 한 왜인倭人이 그 첩을 좋아했는데, 김철손이 내기 바둑을 좋아하는 것을 알고서는 해와 별을 그려 구슬로 세공한 보배로운 안장 하나를 김철손에게 보여 주었다. 김철손이 바둑으로 내기하기를 청해 한 번 겨루어 이기고는 그 안장을 얻었다. 왜인은 소중한 보화를 더해서 안장을 물려 주기를 청하고, 만약 이기면 아름다운 첩을 달라고 청하였다. 김철손은 마음 속으로 쉽게 여기고 드디어 굳게 약속했는데, 세 번 겨루어 세 번 져서 마침내 첩은 왜인에게 돌아갔다. 왜인이 그 첩을 이끌고 배에 올라 떠나갔다. 첩이 왜 땅에서 원망하는 노래를 지어서 김철손에게 부쳤는데 그 노래는 다음과 같다.

| | |
|---|---|
| 전주 고을의 김철손아, | 全州地金哲孫 |
| 내기 바둑에 앞서지 말지니 | 與人奕賭莫爲先 |
| 천금 미인이 왜선에 실려 갔다. | 千金美姬載倭船 |
| 해와 별을 그리고 세공한 안장 하나를 | 畵日畵星一鈿鞍 |
| 첩의 얼굴 대신 보는구나. | 須替妾顔看 |

그로부터 100여 년 후에 서천령西川令이란 종실宗室 사람이 있었다. 바둑을 잘 두어 우리나라 제일의 고수였으며 세상에 적수가 없었다. 지금도 바둑 두는 사람은 절묘한 기법을 전하면서 '서천령의 수법'이라고 이른다.* 번番을 들기 위해 서울로 올라온 한 늙은 군사가 하도下道*에서 준마를 끌

---

지금도 바둑 ~ 이른다. 이 대목은 〈만종재본〉에 없는 내용으로 필사본에 의거해 보충해 넣었다.

고 올라와 뵙고는 말했다.

"공자께서 바둑을 잘 두신다고 들었습니다. 시험삼아 겨루어서 이기지 못하면 이 말을 맡기겠습니다."

세 번을 겨루어 두 번 져서 마침내 그 말을 내놓고 가며 말했다.

"청컨대 공자께서는 이 말을 잘 먹여 주십시오. 훗날 천경踐更*의 기한이 차면 응당 다시 겨루어 이 말을 돌려받아 갈 것입니다."

서천령이 웃으면서 말했다.

"좋도록 하게나."

이로부터 새로 준마를 얻은지라, 다른 말보다 두 배나 잘 먹여 기르니 매우 살쪘다. 훗날 늙은 군사가 기한이 차자 과연 다시 와서 바둑을 청했다. 서천령이 세 번 겨루어 세 번 졌다. 군사는 드디어 말을 찾아 돌아가면서 말했다.

"소인이 이 말을 사랑했으나 서울에 번을 들러 올라와 객지에서 잘 먹이기 어려울 것을 스스로 알았기에 짐짓 공자의 댁에 의탁하였습니다. 이제 공자께서 잘 길러 주셔서 병들고 피로한 말이 살지고 윤택하게 되었으니 감격을 이기지 못합니다."

서천령은 한편으로는 분하기도 하면서 한편으로는 기이하게 여겼다. 훗날 그 사람이 거처하는 고을에 인편으로 소식을 전했는데, 고을 사람들 또한 그가 바둑에 신묘한 줄을 알지 못했다. 어찌 절묘한 기예를 지녔으면서도 이름을 감추고 은둔한 사람이 아니겠는가!*

그로부터 50여 년 뒤에 신구지申求止라는 사노私奴가 있었다. 바둑에 신묘해 우리나라에서 으뜸이었는데, 절묘한 기예를 지녔으면서도 궁곤하게

하도下道  하삼도下三道의 줄임말로 서울에서 떨어져 있는 충청, 경상, 전라를 통틀어 일컫는 말.
천경踐更  병졸로 징발된 사람이 돈으로 사람을 사서 대신 보내는 것.
훗날 그 사람이 ~ 사람이 아니겠는가!  이 대목 역시 〈만종재본〉에는 없는 내용으로 필사본에 의거해 보충해 넣었다.

거처하고 먹을 것이 빈한하여 스스로 탄식했다. 당시 왕실의 외척 가운데 이량李樑이라는 사람이 있었는데, 권세로 일대를 흔들며 자칭 바둑 잘 두기로는 세상에 둘도 없다고 했다. 신구지가 이량을 만나고자 했으나 만날 수가 없었다. 그래서 먼저 40필의 면포로 붉은 옥돌과 호박으로 만든 갓끈을 샀다. 몰래 이량 집의 종들과 더불어 술잔을 나누며 서로 즐기면서 자주 반복하여 말했다.

"상공을 뵙고 싶으나 천한 노비라서 한번 인사드릴 기회가 없으니, 당신을 통해 이름을 통하고 싶소."

종이 말했다.

"상공께서는 귀한 손님이 많아 금초金貂\*로 관을 장식한 사람들이 밤낮으로 줄을 잇는다오. 다만 아무 날의 기제사 때는 빈객을 물리치고 한가하게 앉아 있을 것이니 그날 오는 것이 좋겠네."

그날이 되어 한가한 틈을 타서 찾아뵈니, 이량이 매우 기뻐하며 말했다.

"네가 진실로 바둑의 최고수라는 신구지이냐? 오늘은 한가하니 과연 한번 겨루어 보자꾸나."

신구지가 일부러 져 주자, 이량은 몹시 좋아하며 말했다.

"너의 재주가 이뿐이냐?"

훗날 또 와서 뵙고는 신구지가 말했다.

"소인은 다른 사람과 바둑을 두어 일찍이 진 적이 없었기에 우리나라에서 일컬어졌습니다. 이제 상국과 대국하여 짐으로써 앙앙불락하여 잠들 수가 없습니다. 귀중한 물건으로 고주孤注\*하기를 청합니다."

이량이 말했다.

---

금초金貂　　한漢나라 때 관冠에 달던 장식. 금으로 만든 장식인 금당金璫과 담비 꼬리로 장식한 관. 후대에 시종하는 신하가 이 관을 많이 썼으므로 장식을 매단 관인官人 또는 지위가 높은 근신近臣의 뜻으로도 쓰인다.
고주孤注　　도박에서 계속하여 잃을 경우 최후에 나머지 판돈을 모두 거는 것을 말한다.

"좋다. 내가 진다면 의당 네가 청하는 대로 할 것이지만, 네가 진다면 무슨 물건을 걸겠느냐?"

신구지가 대답했다.

"소인의 집안에는 대대로 전해 오는 호박으로 만든 영자纓子*가 있사오니 이를 바치고자 합니다."

신구지는 끝내 이량에게 패해 그 물건을 품에서 꺼내 이량에게 주었다. 이량은 매일 그 영자를 늘어뜨리고 빈객들에게 자랑하며 말했다.

"누가 신구지를 일러 바둑의 제일인자라고 하느냐? 종놈이 중하게 여기지 않는 재화가 없겠거늘, 내가 내기 바둑에서 이겨 이 영자를 얻었노라. 그 종놈의 기예는 거론할 만한 것도 못 된다."

어느 날 신구지가 다시 알현하니, 이량이 매우 기뻐하며 마침내 객을 물리치고 문을 닫더니 그를 보고 말했다.

"누가 너더러 동방에서 바둑의 일인자라고 하더냐? 이 갓끈을 돌려받을 생각이 없느냐?"

"도전하여 자웅을 결정할 것을 청합니다."

신구지가 거의 질 듯하다가 이긴 것이 거듭 세 판이었다. 이량은 멍하게 있더니 말했다.

"내 이제 너에게 졌으니 마땅히 너의 뜻에 따를 것이다. 어떤 물건을 원하느냐?"

신구지는 소매 속에서 한 묶음의 편지지 4, 50장을 꺼내더니, 그것을 이량에게 올리며 말했다.

"소인에게 미천한 딸이 있어 장차 혼인시키려 합니다. 원하옵건대 평안도 한 도에서 혼수를 구하고자 합니다."

영자纓子　벼슬아치의 갓에 갓끈을 다는 데 쓰는 고리. 모양은 두 끝이 길고 꼬부라져서 'S'자와 비슷하며 위 갈고리는 갓에 달고 아래 갈고리에 갓끈의 고를 꿴다. 보통은 은銀으로 만들고 종2품 이상은 도금鍍金한 것을 사용하였다.

이량이 말했다.

"그리 어려운 일이 아니지. 네가 원하는 대로 해 주마."

이량은 본래 편지 글을 쓰는 데 민첩했다. 일필휘지로 편지 4, 50장을 가득 메우더니 신구지에게 주었다.

신구지는 말과 노복을 갖추고서 평안도를 두루 돌아다녔다. 한 번 편지를 열읍列邑과 열진列鎭의 수령들에게 전하면, 그들은 모두 신발을 거꾸로 신고 달려 나와 맞이하였다. 큰 객사를 비우고는 그곳에 머물게 하고 공경하기를 마치 성사星使 대접하듯 하였다. 얻은 재화를 말 머리를 나란히 한 수레에 연이어 싣고 돌아와 저택을 짓고 밭과 노복을 사들여 졸지에 부가옹富家翁이 되었다.

[사회편]

〈성시도〉城市圖 (18세기 후반, 국립중앙박물관 소장)
도성의 전경을 그린 그림. 당시 사회의 다양한 삶의 모습을 생동감 있게 묘사하였다.

## 과거 응시법과 정유길의 서압署押

과거에 응시하는 법은 혹은, 사조四祖* 가운데 서얼이 있거나, 혹 자신이 공사公私의 천인이거나, 사관四館*에서 정거停擧*를 당했거나, 이름이 죄적罪籍에 올라 있거나, 혹 죄를 지어 변성명變姓名을 했거나 하면 과거 보는 것을 허락하지 않았다. 그리고 6품 이상의 선생先生*에게 서압署押*을 받게 하여 그것으로 증거를 삼았는데, 중세中世에는 이 법이 점점 해이해져서, 선생인 자는 선비들이 과거에 응시하는 것을 중히 여겨 알건 모르건 따지지 않고 모두 서명해 주었다. 선비 또한 벽으로 돌아앉아 과거에 응시하는 문안에 거짓으로 서명하는 이가 많았고, 사관에서는 따져 묻지도 않았다.

예전에 임당林塘 정유길鄭惟吉이 6품 관직에 새로 올랐다. 그의 서압署押은 위조하기에 가장 쉬워서 선비들 중에 흉내내는 이가 매우 많았다. 사관에서 모여서 의논하기를, 진위眞僞를 변별하여 과거를 정지시켜 폐습을 고치고자 했다. 그 문안을 취합하여 임당의 거소에 보내 진위를 따지도록 하니, 임당이 편지를 써서 다음과 같이 알려 왔다.

"모두 다 내가 한 것입니다. 혹은 앉아서 하고, 혹은 누워서 하고, 혹은 취기가 올랐을 때 하고, 혹은 졸면서 한 것이어서, 비록 똑같지는 않지만 모두 다 내가 서압한 것입니다."

사관이 편지를 열어 보고는 크게 웃었는데 그 웃음소리가 당을 떠들썩하게 했다. 이로부터 다시는 진위를 가리지 않았으며, 이 말을 들은 이들은 그가 훗날 재상이 될 것을 알았다.

---

사조四祖　아버지·할아버지·증조할아버지와 외할아버지를 통틀어 일컫는다.
사관四館　조선 시대 때 성균관成均館·예문관藝文館·승문원承文院·교서관校書館을 통틀어 일컫는 말.
정거停擧　유생이 잘못을 저질렀을 때 과거 응시 자격을 일정 기간 박탈하는 것.
선생先生　본래는 각 관아官衙의 전임자를 가리키는데, 여기에서는 조관朝官을 뜻하는 듯하다.
서압署押　합의 문서나 부서副書에서 본인의 성姓을 쓰고 그 밑에 표지하는 것으로, 왕이 하면 어압御押이라고 하였다.

## 과거 조목과 과문 학습 ❖ 332

선비를 뽑는 과거 조목에는 육경의六經義*와 사서의四書疑*가 있었다. 육경의는 절목節目이 상세하게 되어 있어서 인재를 얻을 만했다. 그렇지만 등록謄錄(베껴 쓴 답안)이 많아 선비들이 많이 흉내내어 본떠 절취했기 때문에, 어떤 과거에서는 한 명도 뽑지 못하고 모두 취하지 않았으니 다만 헛된 조목이었을 따름이다. 사서의는 과문科文이 가장 부패하였다. 과거에 응하는 이들이 그것을 짓거나 읽는 것을 치욕으로 여겼으며, 과장에 들어가서 서로 본떠 답습해도 보는 사람이나 보여 주는 사람이나 서로 꺼리지 않았다.

예전에 정유길鄭惟吉 · 이홍남李洪男 · 노수신盧守愼이 회시會試*공부를 함께 하기로 약속하고, 시詩 · 부賦 · 의疑 작품을 모두 백 편씩 갖추는 것으로 법식을 삼았다. 그런데 정유길과 이홍남은 모두 집안에 사정이 있어 약속대로 하지 못하고 오직 노수신만이 의疑 50편을 지었고, 시詩와 부賦도 그와 같이 지으니 당시 사람들이 모두 그의 인내심을 칭찬하였다.

그 뒤에 유근柳根은 우리나라 문장 읽기를 좋아해 암송한 의疑가 300편이 넘었는데, 오래지 않아 전시殿試*에 나아갔다. 평생 동안 일찍이 전시의 책문策文은 지어 본 적이 없었으나, 다만 300편의 의疑를 외운다는 것으로 해서 드디어 장원을 하였다.

아! 과거 문장이 비록 비루한 것이지만 밭 가는 이에게 수확이 있는 것과 같아, 공력을 기울이지 않고도 얻을 수 있는 사람은 없는 것이다. 그러나 머리를 조아리며 의를 외우는 데에서 선배의 기개가 다 떨어지는 것이다.*

---

**육경의六經義** 과거 문체의 하나로, 『시경』詩經 · 『서경』書經 · 『역경』易經 · 『춘추』春秋 · 『예기』禮記 · 『악기』樂記의 육경의 뜻을 설명하게 하였다.
**사서의四書疑** 사서, 즉 『논어』論語 · 『맹자』孟子 · 『중용』中庸 · 『대학』大學 중에서 어려운 대목을 뽑아서 논술하도록 하는 과거 문체의 하나.
**회시會試** 초시에 합격한 사람이 2차로 보는 시험.
**전시殿試** 회시에서 선발된 사람에게 임금이 친히 보이던 과거.

## 장원 급제와 낙방 ❖ 333

안자유安自裕가 진사시進士試에 응시해 '죽궁'竹宮이란 제목으로 부賦를 짓게 되었다. 때마침 폭우가 쏟아져서 안자유는 시관試官의 막사 뒤로 가서 비를 피했는데, 시관들이 서로 다음과 같이 말하는 것이었다.

"금일의 부는 '대저 가인은 어디에 있는가?'(夫何一佳人兮)라는 것으로 첫 구를 짓는 사람을 의당 장원으로 합시다."

안자유가 몰래 그 말을 듣고, 그때 이미 반나마 지어 놓은 초고를 즉시 찢어 버리고는 '대저 가인은 어디에 있는가?'라는 것으로 첫 구를 지었다. 그리하여 마침내 장원으로 급제했다.

후에 황락黃洛이 동탑同榻* 조정趙挺과 더불어 진사시에 응시했는데, '핍박에 못 이겨 누선에 오르다'(迫脅上樓船)라는 제목으로 시를 짓게 되었다. 조정이 황락에게 은밀히 말하였다.

"나는 '인생이란 문자를 알면서부터 근심이 시작된다'(人生識字憂患始)라는 것으로 첫 구를 시작하려 하네."

그러자 황락이 손바닥을 치고 웃으며 말했다.

"근래 젊은 선비들이 이백李白의 문장을 즐겨 읽으니 오늘의 시제는 요즘 세상에서 숭상하는 바에 꼭 맞는 것이네. 자네는 어찌하여 진부한 말로써 첫 구를 삼으려고 하는가?"*

조정은 붓에 먹을 적셔 쓰려고 하다가는 도로 그만두었다.

이때 고관考官들이 서로 말했다.

---

그러나 머리를 ~ 떨어지는 것이다.　　필사본에는 이 다음에 "마땅하도다! 그가 관직이 1품이요 나이가 74세인데도 날마다 권문가를 쫓아다니는 것이"(宜乎! 官一品, 年七十四, 日走權門也.)라는 대목이 추가되어 있다.
동탑同榻　　같은 스승 밑에서 함께 공부한 동창생. 동접同接.
황락이 손바닥을 ~ 삼으려고 하는가?　　이 대목은 〈만종재본〉에는 없는 것으로 필사본에 의거해 보충하였다.

"오늘의 시는 '인생이란 문자를 알면서부터 근심이 시작된다'라는 것으로 첫 구를 지은 사람을 마땅히 장원으로 합시다."

시험장에서 이 구절을 쓴 사람은 아무도 없었으며, 조정 또한 그 시험에서 낙방하고 말았다.

## 과장에서 이목의 구절을 취한 김천령 ❖ 334

이목李穆과 김천령金千齡은 문장으로 서로 명성을 다투었는데, 이목의 재주가 더 뛰어나 매양 과장에서 늘 장원할 것으로 여겼다. 하루는 과거 시험에서 제목이 「삼도부」三都賦*로 정해졌는데, 김천령이 이목에게 시문의 첫 구를 보여 달라고 청하자 이목이 말했다.

"나는 자잘한 말은 버리고 간략함에 힘쓰려 하네. 그 첫 구로는 '우禹임금은 십이산十二山을 정하고, 순舜임금은 구주九州의 지역에 제사 지냈도다'(夏奠十二之山 虞祀九州之域)*라고 하였다네."

김천령은 꺼림칙했지만 겉으로는 웃으며 말했다.

"오늘 시험에서 공은 마땅히 장원을 나에게 양보해야겠네. 고시관이 이 제목을 낸 것은 두 서울(장안과 낙양)과 삼도三都의 웅대한 문장을 보고자 함인데, 그대는 옛 구절을 답습하여 늙은 유생의 말이나 만들려고 하시는가?"

이목은 그렇다고 여기고 일필휘지로 다음과 같이 고쳐 썼다.

"오늘 저녁은 어인 밤이기에 하늘에서 비가 나부끼는가?"(今夕何夕 天雨䨳䨳)

---

삼도부三都賦  중국 진晉나라의 시인인 좌사左思가 삼국 시대 위魏·오吳·촉蜀 세 나라 도읍의 번화한 모습을 묘사한 부賦 작품.
우禹 임금은 십이산十二山을 ~ 제사 지냈도다  미상.

김천령은 돌아가서 이목의 앞 구를 취하고 언사言辭를 간략히 하여 제출했다. 이목은 백 여 구句가 되도록 많이 지었지만 수습할 수가 없어서 끝내는 김천령에게 굴복하고, 김천령이 장원을 하였다.

## 알성시에서 이홍남의 구절을 취한 정유길 ✣ 335

  임당林塘 정유길鄭惟吉과 이홍남李洪男은 글재주가 서로 우열을 다투었다. 알성시謁聖試*의 표문表文이 '『동국명신언행록』東國名臣言行錄의 편찬을 청하다'로 제목이 정해졌다. 이홍남이 먼저 첫 구를 지어
  "생각하면서 배우고 배우면서 생각하며, 말함에 있어 행동을 돌아보고 행동함에 있어 말을 돌아본다."(思而學 學而思 言顧行 行顧言)
라고 하였다. 임당은 마음 속으로 놀라며 두려웠으나 겉으로는 웃으며 말했다.
  "오늘의 글제는 고시관이 군자를 등용하고 소인을 물리치는 설說을 보고자 함일세. 그대가 나에게 장원을 양보해야 할 듯하네."
  이홍남은 성품이 가벼워서 곧장 고쳐서 '군자를 등용하고 소인을 물리친다'(進君子退小人)라는 것으로 첫 구를 삼았다. 임당은 이홍남이 버린 것을 가져다 첫 구로 삼아 마침내 장원을 차지했으며, 이홍남은 2등이 되었다.

**알성시**謁聖試     임금이 문묘에 제례를 올릴 때, 성균관 유생들에게 보이는 시험.

## 과거 글제를 바꾸자는 이유 ❖ 336

정현鄭礥과 박충간朴忠侃은 동창으로 과거 공부를 함께 했는데, 과장에 들어가 박충간이 제목을 바꾸자고 앞장서 주장했다. 시관試官이 허락하지 않자, 박충간이 말했다.
"정현이 대동접大同接*에서 지었던 것입니다."
시관이 정현을 불러서 물어 보자, 정현이 말했다.
"제가 과연 짓기는 했지만 이미 잊어버렸습니다. 박충관이 기억할 수 있을 것이니 그에게 물어 보십시오."
시관이 물었다.
"자네가 과연 지었다면 어째서 자네는 잊어버리고 박충관은 그것을 기억하겠는가?"
그러자 정현이 대답했다.
"제가 지어서 버린 것을 박충간은 매양 읽고 외웠기 때문에 저는 잊어버렸지만 충간은 기억합니다."
시관과 과거 응시생들이 모두 큰 소리로 웃으니 온 과장이 떠들썩하였다.

## 제목과 무관한 시권 ❖ 337

유영충柳永忠은 매양 과문科文을 지을 때마다 글제에서 벗어난 것이 많았다. 최철견崔鐵堅은 그와 같은 마을에서 살았는데, 새벽에 과장에 들어가 횃불

---
**대동접大同接** 본래 조선 시대에 성균관成均館에서 별시別試 응시자를 위해 특별히 베푼 시험을 말하는데, 여기에서는 과거에 대비하여 선비들이 무리 지어 글 짓던 것을 말하는 것으로 보인다.

아래에서 그를 불렀다.

"영충이! 영충이!"

유영충이 대답하자, 최철견이 말했다.

"너 지금 문장을 몇 구나 지었느냐?"

유영충이 말하길

"제목도 나오지 않았는데 어떻게 글을 짓겠느냐?"

라고 하자, 최철견이 말했다.

"네가 평생 제목을 보고 지은 적이 있더냐?"

과장에 있던 사람들이 모두 크게 웃었다.

태사공太史公은 말한다.

"제목이 나오지 않았는데도 먼저 글을 짓는 사람이 어찌 유영충뿐이랴!"

## 꿈에 보인 한 글자의 착오 ❖ 338

내가 회시會試에 고관考官으로 참가해 답안의 봉한 곳을 뜯었을 때였다. 뜯고 보니 외사촌 동생 홍조洪造의 아들 여명汝明의 이름이 들어 있었다. 몹시 기뻐 수시관首試官 월사月沙 이정구李廷龜와 연이어 서명하고 기쁜 소식을 알려 주려고 바삐 서두르느라 그만 잘못해서 '홍조고중가하'洪造高中嘉賀(홍조가 높은 점수로 합격했으니 축하하오)라고 써 보냈다. 여명은 소식을 받고 몹시 의아하게 여겼다. 그때 홍조는 원주原州에 있었는데, 자신이 진사가 되는 꿈을 꾸었다고 한다.

아! 한 글자의 착오가 백 리 밖에서 꿈으로 나타났으니, 어찌 기이하지 않은가! 그때가 만력 43년(1615) 3월이었다.

## 시관의 등급 매기기 ❖ 339

만력 임인년(1602, 선조 32)에 소경 대왕昭敬大王(선조)께서 반궁泮宮*에서 선비들을 시험하여 뽑았는데, 그때 내가 외람되게 시관試官으로 참여했다. 윤정尹綎의 논論이 어구에 결점이 많아, 수석 시관인 영의정 이덕형李德馨과 대제학 이호민李好閔 그리고 여러 고시관考試官들이 의논해 차상次上*으로 등급을 매기기로 했다. 참시관參試官*이 시권試卷을 읽은 뒤 붓을 들고 쓰려는데, 벼루에 먹물이 남아 있지 않아 글자가 분명하지 않았다. 그래서 다른 벼루를 가져와 붓을 적시려는데, 그것 또한 먹물이 말라 있었다. 아전에게 물을 가져오도록 명하였는데 한참이 지나도록 지체하며 오지 않았다. 또다시 참시관에게 명하여 읽도록 했는데, 좌우에서는 별다른 이의가 없어 전처럼 등급을 매겼다. 이윽고 물을 가지고 와 아전이 먹을 갈아 올리니, 영상이 좌상인 김명원金命元에게 물었다.

"좌상의 생각은 어떠하시오?"

그가 대답했다.

"제가 보기에는 합격을 시켜도 무방할 듯합니다."

영상이 말했다.

"좌상의 뜻이 이와 같으니, 삼하三下*로 쓰는 것이 좋겠소."

많은 사람들의 뜻이 이를 만족스럽게 여기지 않았는데, 참시관이 재빨리 먹을 흠뻑 묻혀 '삼하'三下라고 썼다.

---

반궁泮宮　　성균관의 별칭.
차상次上　　시문詩文을 평가하는 등급의 하나로, 넷째 등等 중 첫째 급級. 보통 상上·중中·하下·이상二上·이중二中·이하二下·삼상三上·삼중三中·삼하三下·차상次上·차중次中·차하次下·갱更·외外의 14등급으로 나누어 삼하三下 이상의 작품을 뽑는 것이 관례였다.
참시관參試官　　과거科擧 시관試官의 하나.
삼하三下　　시문을 평가하는 14등급 중 아홉째 등급. 곧 시문을 평評하는 등급 중에서 셋째 등等의 셋째 급級.

그 자리에 있던 모든 사람들이 크게 웃으며 말했다.

"하늘이 한 일이니 어찌하겠는가?"

아! 윤정尹維이 쓴 종이 한 장의 글과 참시관이 '삼三'이라고 그은 글자까지도 하늘에서 듣고 판단한다니, 하늘 또한 일이 많기도 하구나.

## 김홍도의 호기와 강극성의 글 솜씨 ❖ 340

나라에서는 매번 병년丙年*에 중시과重試科*를 열어 이미 과거에 오른 사람에게 다시 과거 시험을 보도록 했는데, 이는 문관文官들이 학업에 더욱 힘쓰도록 권장한 것이다. 김홍도金弘度는 과거 문장에 능했고 호기가 많았다. 중시의 과장에 들어가 글을 짓지는 않고, 글 짓는 사람들을 방해하여 짓지 못하게 하고, 짓는 이가 있으면 탁주를 적삼 소매에 적서 그것으로 뺨을 문질렀다. 혹자가 김홍도에게 글을 지으라고 권하면 김홍도는 자기 무릎을 가리키며 말했다.

"이 무릎은 남에게 굽히지 않은 지 오래되었소."

이는 그가 생원과와 문과에서 모두 장원으로서 다른 사람들의 절을 받았음을 말한 것이다. 손식孫軾이 바야흐로 초고를 짓느라 괴로이 읊조리고 있는 것을 보고, 김홍도가 젖은 소맷자락으로 그의 뺨을 문지르며 말하였다.

"손식아! 너도 글을 지을 줄 아느냐?"

그러자 손식이 부끄러워하며 그만두었다.

병년丙年　중시과를 보는 해로 10년마다 한 번씩 돌아온다.
중시과重試科　문과 당하관堂下官을 위해 설치한 과거로 10년에 한 번씩 실시했다. 이 시험에 합격한 사람에게는 성적에 따라 품계를 올려 주되, 정3품 당상관까지를 한계로 했다.

당시에 강극성姜克誠이 문장으로 명성이 매우 자자해 온 과장에서 그가 장원하리라고 기대했다. 김홍도가 큰 술잔으로 권하여 취하게 해, 강극성이 아침부터 저녁 나절까지 몹시 취해 있었지만, 취중에도 몰래 글을 구상하였다. 해가 장차 저물려고 하자 시권에 붓을 휘둘러 대책對策을 써 내린 것이 수천 자였다. 고시관이 당상에서 살피다가 강극성이 종일 술을 마시는 것을 보고 김홍도처럼 글을 짓지 않았으리라고 잘못 알았다. 막상 방이 내걸리자, 양응정梁應鼎이 1등이었고 강극성이 2등이었다. 고시관이 크게 놀라, 잘못 알았던 것을 한탄했다. 당시의 논의 또한 모두 그것을 애석해했는데 지금 살펴보면 양응정의 책문은 용과 호랑이를 붙잡는 듯한데 강극성이 지은 것은 자수로 무늬를 놓은 것과 같으니, 강극성이 양응정의 아래인 것이 마땅하다고 하겠다. 다만 취중에 구상하여 지은 것이 이와 같으니 그 재주의 빼어남은 상상할 만하다.

## 승부욕이 강한 이영 ❖ 341

한림 이영李嶸은 문장이 일찍 이루어져 13세에 진사 초시進士初試에 1등으로 합격했고, 21세에는 진사시에 2등으로 합격했다. 상중喪中에 있으면서 『소학』小學을 400번 읽어 그 문장이 더욱 나아졌다. 그런데 2등이 되어 이호민李好閔에게 져서 절을 하게 되자 마음이 늘 앙앙불락하였다. 그해에 별시別試가 있었는데 우연히 이호민과 함께 이름을 등록했다. 며칠 지나 시험장을 나누는데, 이영은 일소一所, 이호민은 이소二所였다. 이영은 이호민에게서 장원을 빼앗고자 하여 문에 들어서서 성균관에 이름을 올려 이호민과 시장을 같이 하였다. 마침 날이 저물어 야금夜禁 무렵이 되자 군졸이 시권을 거두어 가는데, 이영은 이미 표表는 썼으나 논論은 끝마치지 못했다. 횃불 아래에서 뒤쫓아 가면서 어지러이 초고를 써냈는데 문장의 뜻이 더욱 아름다웠으며 다음 날 책문策文은 더 잘 지었다. 성적이 나오고 보니, 이영은 표表가 이상二上, 논論은 상지하上之下, 책策이 상지중上之中이었고, 이호민은 오직 책策만이 상지상上之上으로 1등이었으며 이영이 2등이었다. 이영의 점수를 계산해 보니 세 글을 통틀어 18분分\*이었고 이호민은 9분이어서, 이영이 우등으로 장원을 차지했다. 당시에 모두 이영의 재주는 훌륭하게 여겼지만 이영의 이기기 좋아함은 결점으로 여겼다.

이영은 같은 해에 또 전시殿試에서 2등으로 급제해 한림이 되었는데, 당시 노직盧稙\*이 도승지都承旨로서 술과 음식을 마련하여 이영을 맞이했다.

이영이 취중에 술잔을 잡고 노직에게 말했다.

"사치士稚여! 지금 유성룡을 베지 않으면 나랏일을 다스릴 수 없소."

유성룡은 그 당시 가장 이름난 재상이었으며, 꼬집어 거명할 만큼 드러난 허물이 없었다. 노직과는 서로 잘 지내는 사이여서, 노직이 싫어하며 말했다.

"나이 젊은 사람이 어째서 지나친 말을 하는가! 오늘 밤은 단지 취하기나 하세."

이영이 뚫어지게 쳐다보더니 술잔을 내던지며 말했다.

"처음에 사치士稚를 괜찮은 사람이라고 여겼는데, 이제야 그 용렬함을 분명히 알겠구려."

좌중의 모든 이가 불쾌해하며 술자리를 파했다.

그해 이영은 역병에 걸려 죽었는데, 죽은 지 열흘이 지나자 집안사람의 꿈에 나타나 말했다.

"나는 다시 살아날 것이다."

분分   과거 시험이나 학교 시험의 성적을 평가하는 점수의 단위.
노직盧稙   〈만종재본〉에는 '노식盧植'으로 되어 있고, 그의 자 또한 '사아士雅'로 되어 있다. 그런데 여러 필사본을 참조하여 확인해 본 결과, 이름이 노직이며 자는 사치士稚인 것이 판명되어 이를 따른다.

이와 같은 일이 자주 있었으며, 온 집안 사람들의 꿈이 간혹 똑같기도 했다. 관을 열어 보니, 때는 여름철로 비대했던 몸이 모두 문드러져 악취가 사방에 가득했다.

이영이 죽을 무렵 의녀醫女를 아꼈는데 이름이 명장포命長浦였다. 김행金行이 우스운 소리를 잘했는데 그가 죽었다는 말을 듣고 탄식하여 말했다.

"명命이로구나. 이 사람이여!"(命矣夫斯人也)*

## 불선不善의 응보 ❖ 342

서얼庶孼 강문우姜文祐가 개명改名해 과거에 응시하면서 직강直講 차식車軾과 전적典籍 안해安海의 서명을 위조하여 찍었다. 안해가 언관言官*에게 고하고자 하니 차식이 만류하며 말했다.

"강문우는 지난 해에도 삭과削科*당했는데 지금 또 삭과시키는 것은 좋지 못하오. 차라리 내가 죄를 받을지언정 차마 고발하지는 못하겠소."

안해가 끝내 고발해 삭과시키고 과거에 응시할 수 있는 자격을 정지시켰는데, 이듬해 안해는 눈병에 걸려 실명했다. 사람들이 착하지 못한 일을 하여 그리된 것이라고 했으니, 차식을 덕이 있다 여기고 안해를 야박한 인물로 여긴 것이다.

---

명命이로구나. 이 사람이여!　　공자의 제자 염백우冉伯牛가 병이 들자 문병을 가서 "천명이로구나, 이 사람이 이런 병에 걸리다니!"라고 탄식한 바 있다. 여기서는 이에 빗대어 '명장포의 남편이 이 사람이로구나'라고 하여 넌지시 풍자한 것이다.
언관言官　　간관諫官. 국왕의 처사에 대한 간쟁과 논박을 관장하는 사간원의 대사간大司諫 이하 사간司諫 · 헌납獻納 · 정언正言을 통틀어 이르는 말.
삭과削科　　과거 급제를 말소하여 과방科榜에서 삭제하는 것.

## 재앙은 하늘이 되돌려 주는 법 ❖ 343

서얼 정번鄭蕃이 알성시謁聖試에 급제해 장원으로 창방唱榜*하게 되었는데, 대간이 논의하여 삭과削科했다. 정번이 도포와 홀笏을 내던지고 나가면서 말했다.

"사람이 착하지 못한 짓을 행하면 재앙이 반드시 그 자신과 후손에게 미치는 법이오. 언관言官으로 나의 급제를 취소시킨 자는 재앙이 자손에게 미칠 것이오."

그 대간에게 외아들이 있었는데 이듬해에 죽자 사람들이 모두 말했다.

"천도天道는 되돌려 주기를 좋아하니, 심히 두려운 일이다."

아! 지금 권신權臣에게 아부하는 이도 권신이 한번 패하면 정번과 같이 재주 있는 사람의 처지가 될 뿐 아니라, 자손에게도 많은 재앙이 미칠 것이니, 더욱 두려워해야 할 것이다.


## 신래와 관련된 풍습 ❖ 344

박광우朴光佑*는 과거에서 이등으로 급제하였다. 대궐 안에서 한 선생을 만나니 신래新來*라 부르며 명함을 들이라고 했는데, 명함을 거꾸로 하여 '우광박佑光朴이라 하였다.* 그러자 선생이 말했다.

창방唱榜　과거에 급제한 사람에게 증서를 주는 일. 대과 문·무과는 홍패紅牌를, 소과 생원·진사과는 백패白牌를 주었다. 방방放榜.
박광우朴光佑　〈만종재본〉에는 '朴光祐'로 표기되어 있는데 여러 필사본에는 모두 '朴光佑'로 되어 있다. 실록을 검색해 보면 명종 연간에 사간원 사간을 지낸 朴光佑라는 인물이 보이는데, 이와 동일 인물로 여겨져 필사본의 기록을 따르기로 한다.
신래新來　과거에 새로 급제한 사람을 이르는 말.

"자네는 2등으로 급제한 것을 한스럽게 여기지 말게나. 소동파蘇東坡도 이등으로 급제하였고, 남곤南袞도 2등으로 급제했지."

말을 마치고는 그로 하여금 물러가도록 했다. 박광우가 하인에게 선생이 누구냐고 물으니, 바로 수찬修撰 김일손金馹孫이었다.

내가 막 급제하여 유가삼일遊街三日* 할 때 선생 박홍로朴弘老를 만나니, 그가 말하길

"노신래老新來는 어디 갔다가 이제야 급제했소?"

하기에, 내가 대답했다.

"전에는 이등으로 급제할 것 같아서 참다가 지금에 이르렀습니다."

박홍로가 폭소를 터트리고는 말의 등자를 박차고 가면서 말했다.

"잡방기雜放氣 치우고, 신래는 물러가시오."

박홍로는 나와 같은 해에 진사가 되었으며 대과에는 일찍이 2등으로 급제했는데, 나는 이때 나이 31세로 장원 급제했던 것이다.

이름을 들일 때 명함을 거꾸로 하는 것, 물러나는(退) 것을 들인다고(進) 하는 것, 잡언雜言을 잡방기雜放氣라고 하는 것은 모두 예로부터 전해 오는 풍습이다. 훗날 박홍로는 이름을 홍구弘耈라 고쳤다.

---

명함을 거꾸로 하여 '우광박'佑光朴이라 하였다.　이는 과거에 새로 급제한 자가 행하는 면신례免新禮의 풍습과 관련되는 행위가 아닌가 짐작되나 자세한 것은 알 수 없다. 〈만종재본〉과 달리 여러 필사본에는 '光佑朴'으로 되어 있다.

유가삼일遊街三日　과거 급제자가 방방放榜 후 사흘 동안 광대를 앞세우고 풍악을 잡히면서 거리를 돌며, 좌주座主·선진자先進者·친척들을 찾아보는 일. 삼일유가三日遊街.

## 박응남의 사람됨 ❖ 345

우의정右議政 정지연鄭芝衍은 나이 45세가 되어 과거에 급제했다. 그의 친구 박응남朴應男은 이미 대사헌大司憲으로 있었는데, 기쁜 소식을 듣고는 달려와 만나 보았다. 재상이 먼저 초헌軺軒을 타고 찾아와 문안하자 집안사람들은 매우 기뻐하며 창틈으로 엿보았다. 박응남은 안부 인사도 하지 않고 축하한다는 말 한마디 없이 책상 위에 놓인 책 한 권을 집어서 볼 뿐이었다. 책 속에서 몇 마디 말을 끄집어 내어 정지연과 더불어 오랫동안 논란한 후 천천히 말했다.

"자네가 이제 급제를 했으니 능히 나라를 위해 목숨을 바칠 수 있겠는가?"

정지연이 말했다.

"재주 없는 사람이 늦게 급제하였으니 나라에 무슨 손해와 이익이 될 것이 있겠소?"

박응남이 눈을 부릅뜨고 바라보며 말했다.

"이 무슨 말이오? 조정에서 선비를 취함은 그 뜻이 있는 법이거늘, 그대가 나라를 위해 죽지 않는다면 그 누가 목숨을 바치겠소?"

그러고는 축하한다는 말 한마디도 하지 않고 가 버렸다. 그 사람이 속마음을 드러내지 않고 남을 제압함이 이와 같았다.

박응남은 신진新進 정탁鄭琢이 쓸 만한 인재라는 말을 듣고 그를 천거하여 한림이 되게 했다. 훗날 친구 집에서 정탁을 만나니 정탁이 박응남을 은근히 정성스럽게 대했다. 박응남은 한마디 말도 건네지 않고, 전혀 알지 못하는 사람처럼 하여 정탁이 매우 부끄러워했다. 그러나 친구들에게 주선한 것은, 처음부터 끝까지 모두 박응남의 힘이었다.

박응남은 평상시에 독서를 좋아했는데, 벽에 큰 글씨로 '10년 동안 책을 읽지 않을지언정 하루라도 소인을 가까이할 수는 없다' 可以十年不讀 不可一日

近小人라고 써 놓았다. 그 사람됨이 쉽게 대할 수가 없고 기세를 부려 자기 뜻대로 했기에 사람들이 모두 꺼리고 까다롭게 여겼다. 그렇지만 일을 행함에는 고인古人과 비슷한 점이 많았으니 또한 보통 사람은 아니었다.

홍천민洪天民이 박응남과 더불어 막역한 친교를 맺어 서로 의형제로 자처하였다. 홍천민의 처 유씨柳氏가 창틈으로 몰래 박응남을 엿보고는 말하길,

"당신은 늘 박씨를 마음을 터놓고 사귀는 벗으로 여기시지만, 끝에 가서 당신을 저버릴 자는 박씨일 것입니다. 조심하십시오."
라고 했는데, 후에 과연 박응남에게 배척당하였다.*

## 과장의 염치 ✣ 346

신응구申應榘가 말했다.

"유자儒者가 과거를 볼 때 비록 부득이하더라도 시권試券을 날이 저물어 제출하다가 군사軍士에게 능멸을 당하면 곧 선비의 기상을 손상시키는 일이다. 나는 늘 과장에 들어가 날이 저물어 군사가 재촉하면 즉시 시권을 접어 자루 속에 던지고 나왔다."

나의 스승 김운金雲은 힘써 공부했으며 선행을 좋아했다. 일찍이 회시會試의 강경講經에 응해 경전을 암송하는데, 한참 동안 강석講席에 앉아 있자 시관이 휘장 안에서 말했다.

"오랫동안 앉아 있으며 일어나지 않으니 자못 구차하구려."

---

홍천민洪天民이 박응남과 ~ 박응남에게 배척당하였다.　이 대목이 〈만종재본〉에서는 빠져 있고, 262화에 따로 분리되어 실려 있다. 여러 필사본에서는 이 대목이 여기에 함께 들어 있는데, 이것이 문맥에 자연스러운 듯해 필사본에 따라 번역해 둔다.

김운이 즉시 스스로 '불不 자'를 쓰고 나가니, 대관臺官이 애석하게 여겨 말했다.

"늙은 선비가 평생 구차한 일을 해 본 적이 없는데 구차하다는 말을 한번 듣게 되어 곧 일어나 나가 버리니 그 뜻이 높구나."

아! 마음이 득실得失에 얽매여 황금을 움켜쥐고 수치심을 잊은 이가 많으니, 이 두 사람은 진실로 세속을 경계하게 할 만하도다.

## 문무를 겸비한 남응운 ※ 347

옛날에 공헌 대왕恭憲大王(명종)이 서총대瑞蔥臺*에 친히 임하여 문무 관리들에게 말 타고 활쏘기와 시 짓기를 시험했다. 임금이 타는 말을 장전帳殿*에 매어 놓고 1등을 한 사람에게 상으로 주려 했으니, 문관과 무관에게 각각 한 필씩이었다.

이때 문관 남응운南應雲이 문무에 모두 매우 빼어난 솜씨가 아니었으나 두 시험에서 모두 1등을 했다. 절을 올리고 두 마리 말을 받아 좌우의 손에 각각 한 마리씩 끌고 나가면서 조정 사람들에게 자랑해 말했다.

"오늘날 문장으로는 정사룡鄭士龍·신광한申光漢이요, 활쏘기로는 이몽린李夢麟이니, 이들은 비단 한때의 제일이라고 칭할 뿐 아니라 오랜 세월이 지나도 견줄 사람이 없을 것이오. 그런데 오늘 모두 나에게 양보하고 말았으

---

'불'不 자　강경講經에서 성적을 매기는 순서는 '순順·통通·약略·조粗·불不'이 있었으니, 불은 '불통'不通의 뜻으로 불합격에 해당한다.
서총대瑞蔥臺　연산군이 창경궁 후원에 돌을 쌓아 만든 누대로, 높이가 100척이나 되고 1천 여 명이 앉을 수 있다고 한다.
장전帳殿　임시로 꾸며 만든 임금의 자리. 차일을 높이 치고 사방을 휘장으로 둘러막고 바닥을 높인 다음, 자리를 펴고 그 위에다 좌석을 꾸몄다.

니 문무를 겸비한 나의 재주가 어떻소?'

온 조정이 기이한 일로 여겼다.

## 무과의 문란상 ❖ 348

정덕正德 경진년(1570, 선조 3)에 무사 시험을 보아 천 명을 급제시키자 호사자好事者들이 이를 두고 말했다.

"무사가 소를 타고 가며 활을 쏘아 맞히지 못하자, 소를 멈추고 화살을 뽑아 다시 쏘았다. 시관소試官所에서 '저 응시자는 어찌하여 소를 멈추었느냐?'라고 전령하자 '소가 막 오줌을 누고 있습니다'라고 대답했다.

그때 묘당廟堂(의정부)에서 가장 꼴찌로 합격한 자를 불러

'지금 세상에서 무예가 너보다 못한 자도 있느냐?'

라고 묻자, 그가 대답했다.

'다음 시험에서 장원할 자는 저의 재주보다 못할 것입니다.'

당시 사람들이 모두 명대답이라고 하였다."

만력 계사년(1593, 선조 26)에 영유永柔 행재소에서 무사 200명을 뽑았다. 당시 나라의 금령禁令이 엄하지 않아 공사公私의 노비 가운데 시험에 응시하여 몰래 합격한 이들이 있었다. 판서判書 이항복李恒福이 집에서 손님과 앉아 있다가 종을 불러도 응답이 없자 말했다.

"고약하구나! 이놈이 필시 과거 시험장에 갔을 것이다."

당堂에 있던 모든 사람들이 폭소를 터뜨렸다.

그해 겨울에 지금 임금(광해군)이 동궁으로 황제의 명을 받아 전주全州에 나아가 있으면서 무사 500명을 뽑았다.* 그때 온 나라에 기근이 들어 굶주려 죽은 시체가 길을 가득 메웠으니, 남도南道에서는 과거 시험에 응시하는

이들이 쌀 다섯 되로 급제를 산 일이 비일비재하였다.

## 김온의 과거 급제 ❖ 349

김온金醞은 젊은 시절에 재주가 좋다는 명성이 있었으나 여러 차례 과거 시험에서 낙방했다. 45세의 나이가 되자 한숨을 쉬며 말했다.

"젊었을 적에 늘 과거에 급제하면 괴원槐院(승문원)을 거쳐 한림원에 들어가 승정원承政院 주서注書를 역임하고, 그 다음에 홍문관 남상南床*을 지내리라 마음먹었다. 그런 까닭에 불행히 장원으로 급제하여 참하參下의 청직淸職을 지내지 못할까 염려하였다.* 이제 나이가 들어서도 여전히 고단하게 지내며 여러 번 시험에서 급제하지 못하고 있으니, 비록 장원을 준다 하여도 또한 사양하지 않을 것이다."

후에 과거에 올라 병조 좌랑兵曹佐郞으로 마쳤다.

---

그해 겨울에 ~ 500명을 뽑았다.　이 대목이 〈만종재본〉에는 왕명으로 의주義州에서 군사를 뽑은 것으로 되어 있고, 여러 필사본에는 황제의 명에 따라 전주에서 군사를 뽑은 것으로 되어 있다. 『조선왕조실록』 선조 26년 11월 19일자 기록에서 병조 판서 이항복의 건의로 동궁이 전주를 남행南行할 때 시위하는 군사를 뽑은 사실이 확인되어 필사본의 기록을 따른다.
남상南床　홍문관弘文館 정자正字를 달리 이르는 말로, 정자가 홍문관의 남쪽 단상에 앉은 데서 유래한다.
장원으로 급제하여 ~ 못할까 염려하였다.　과거 시험에서 장원으로 급제하면 곧바로 6품 참상직參上職으로 발령이 나서 앞에서 말한 청직을 지낼 수 없음을 말한다.

## 강석講席에서의 소심증 ❖ 350

나급羅級이란 자는 남도 사람으로 생원生員이다. 경학에 매우 능했으나 겁이 많아 강시講試*에 잘 응대하지 못했다. 일찍이 과장에 들어가 시권試卷에 도장을 받았는데 그것을 거꾸로 말아서 봉封할 곳*이 시권의 맨 안에 있고, 끝이 밖에 있었다. 글을 초草하는데 시권의 끝에서부터 쓰고는 섬돌 아래에서 횃불에 비춰 읽으니, 그의 친구가 말했다.

"자네의 시권에는 어째서 첫 장이 없는가?"

나급이 깜짝 놀라 시관試官에게 하소연했다.

"선비의 기풍이 형편없어 저의 봉함을 찢어 가 버렸습니다."

조금 있다가 보니 이름을 적은 쪽지가 안에 있었다. 이에 다시 시관에게 하소연하여 봉한 것을 떼어 내고 다시 도장을 찍어 달라고 하자 시관들이 모두 크게 웃었다.

정사신鄭士信이 경서를 강하려고 강석講席에 있으면서 잠깐 사이에 청심원淸心元 두 알을 청하여 복용하더니, 다시 한 알을 청했다. 대간臺諫이 휘장 밖에 있다가 말했다.

"차가운 성질의 약을 두 알 복용한 것도 이미 지나치오. 만약 세 알째 복용한다면 반드시 사람이 상할 것이오."

정사신이 말했다.

"제가 집에 있을 때는 날마다 청심원을 이보다 서너 배는 복용합니다."

대간과 시관이 모두 크게 웃었다.

생원 김구金球는 말이 많고 겁도 많았다. 시험장에 들어가 시권을 대하자 '천'天 자가 생각나지 않았다. 그래서 친구에게 물었다.

---

강시講試   시관試官이 듣는 앞에서 글을 외어 바치는 시험.
봉封할 것   과거의 답안지 오른쪽 끝에 응시자의 성명·생년월일·주소·사조四祖 등을 쓰고 봉하여 붙인 것.

"천 자를 어떻게 쓰지?"

친구가 대답했다.

"일一 자 아래에 대大 자를 붙여 쓰네."

김구가 마침내 일壹 자를 쓰고는 아래에 대大 자를 쓰니, 글자 모양이 장대했다. 김구가 좌우를 둘러보며 말하길

"이는 천天 자가 아니라 중국 사신이 왔을 때 하는 산대山臺놀이의 대臺 자일세."

라고 하자, 사람들이 모두 폭소를 터뜨렸다.

박대립朴大立은 사서삼경을 모두 익숙하게 외웠으나, 겁이 많아 강석에 들어가면 그때마다 못하겠다고 말했다. 입으로는 줄줄 외우면서 매양 달아나려 하니 시관이 군사를 시켜 붙들어 잡고 외우도록 했는데, 암송을 마치고 일어나면 자리에 오줌이 흥건하였다.

임제林悌는 본래 겁이 없었다. 시험장에 들어가 한 선비가 맛 좋은 배를 전대에 가득 담아 둔 것을 보고는 그와 교분이 없으면서도 곧바로 전대 앞으로 가더니 마음대로 배를 꺼내 먹었다. 전대가 거의 다 비자 주인이 말했다.

"손님이 내 배를 먹더라도 이건 너무 지나치지 않소?"

임제가 말했다.

"내가 너무 심하게 겁을 먹었구려! 남의 배를 다 먹고 말다니."

그러더니 크게 웃고 가 버렸다.*

---

임제林悌는 본래 ~ 웃고 가 버렸다.    대목은 〈만종재본〉에는 없고 여러 필사본에 들어 있는 내용이다.

## 홍섬과 임형수

상국 홍섬洪暹은 벼슬길에 오른 지 얼마 안 되어 사화士禍에 걸려 궁전 뜰에서 형벌을 받아 곤장 150대를 맞고 남쪽 변방으로 유배 갔다. 공주公州 금강錦江에 이르자 길에 과거 시험 보러 서울로 가는 유생들이 있었는데, 홍섬이 들것에 실린 채 강가에 있다는 말을 듣고 모두 모여 바라보았다. 그 가운데 남쪽에서 온 한 유생이 있었는데 붉은 옷소매를 반쯤 걷어붙인 호탕한 이였다. 그가 와서 보더니 눈물을 흘리며 말했다.

"나는 서울에 홍섬이라는 이가 있어 당대에 이름난 훌륭한 선비라고 들었다. 무슨 죄로 이 지경에 이르렀는가? 이 어찌 군자가 과거에 응시할 때랴?"

그러고는 말 머리를 돌려 시험에 응시하지 않고 되돌아갔는데, 그 이름을 물으니 임형수林亨秀였다.

아! 사람이 명리名利를 바람은 물고기가 향기로운 먹이를 바라는 것과 같다. 낚시꾼이 미끼를 던지면 물고기들은 모두 놀라 흩어진다. 처음에는 결연히 갔던 놈들도 끝내는 마음이 변해 되돌아와 낚시에 걸림을 면하지 못하니, 다름 아니라 향기로운 먹이를 탐내서다. 홍섬은 조심하지 않았어도 끝내 재상의 지위에 올랐고, 임형수는 조심하지 않고 훗날 과거에 응시해 참혹한 재앙을 입었다. 명리가 사람을 속임이 향기로운 미끼가 물고기를 속이는 것과 무엇이 다르리오!*

---

명리가 사람을 ~ 무엇이 다르리오! 〈이수봉본〉과 〈고대본〉에는 이 다음에 "홍 상국은 형을 한 차례 받고 다시 형장 일곱 대를 더 받았는데, 대신이 계를 올려 형을 정지시키고 유배 보냈다. 그러니 150대를 맞았다고 말하는 것은 잘못 전해진 것이다"(洪相國受刑一次, 復加刑七個, 仍大臣啓停刑杖流, 而一百五十之說云然, 誤傳.)라는 내용이 추가되어 있다.

## 병조 낭관의 배행 서리 ✤ 352

낭관郎官*은 각기 서리를 두어 시중을 받았는데, 유독 병조 낭관을 모시는 서리가 가장 이익이 많았다. 그 자리를 구하는 자들은 입술이 타고 얼굴에 땀을 흘리며 발이 꺾이도록 다투어 먼저 차지하려고 했다. 전조銓曹*에서 병조 낭관을 주의注擬*할 때면 나이 어리고 용모가 아름다워 배리陪吏에 합당한 자들이 옷자락을 걷어 올리고 수풀처럼 빽빽이 늘어서서 임금님의 낙점落點*을 기다린다. 낙점이 내려지면 제일 먼저 달려간 사람이 그 자리를 얻었으며, 낭관 또한 먼저 도착하는 이에게 허여하였다. 만약 여러 아전이 일시에 한꺼번에 이르면 먼저 관을 벗어 문 안으로 던지는 이가 그 자리를 얻었으니, 이는 서리들 사이의 고사故事다.

예전에 전조에서 의망擬望*할 때 심우정沈友正이 수망首望에 들었고, 민몽룡閔夢龍이 부망副望에 들었다. 심씨 집은 남문南門 밖에 있었고 민씨 집은 태학太學(성균관)에 있었는데, 심씨에게 낙점이 되자 교활한 아전이 큰 소리로 속여 말했다.

"민 아무개가 낙점을 받았다."

모든 서리들이 태학을 향해 달려갔는데, 한 서리만은 남문을 향해 곧장 달렸다. 남문 누각 위에 또 한 교활한 아전이 있어 먼저 기다리며 바라보고 있다가, 붉은 옷을 입은 사람이 송현松峴에서 허둥지둥 달려오는 것을 보고

---

낭관郎官　　육조六曹의 정5품관인 정랑正郎과 정6품관인 좌랑佐郎의 자리에 있는 사람을 이르는 말.
전조銓曹　　조선 시대 때 문관의 전형을 맡아 보던 이조吏曹와 무관의 전형을 맡아 보던 병조兵曹를 이르는 말.
주의注擬　　관원을 임명할 때 문관은 이조, 무관은 병조에서 후보자 3인을 정해 임금에게 올리던 일.
낙점落點　　인사권이 있는 전조銓曹에서 후보자 3인을 갖추어 올리면 임금이 그 가운데 마땅한 사람의 이름 위에 점을 찍어 뽑는 일.
의망擬望　　수망首望·부망副望·말망末望 등 3인의 후보, 즉 삼망三望을 임금에게 추천하는 것. 임금은 그 가운데 1인에게 낙점落點하여 결정한다.

는 이에 누각에서 내려와 신발을 벗고 맨발로 달려갔다. 문에 들어가 이름을 아뢰어 들이고 쉬고 있자니, 한참 후에 서리들이 관을 벗어 들고 앞 다투어 문으로 들어왔다.

아! 어찌 소리小吏들이 관직 구하는 것만 그러하랴? 사대부들 또한 이와 같도다. 예전에 관직을 구하는 이가 일제히 전조銓曹의 판서를 알현했는데, 금초金貂*가 대청에 가득하여 모두 주뼛거리며 감히 먼저 말을 꺼내지 못했다. 한 음관蔭官이 마지막으로 와서 다른 손님보다 먼저 말을 꺼내고, 말을 마치자 즉시 하직 인사를 하고 갔다. 판서가 크게 기뻐하며 말하길

"마땅히 이와 같아야지."

하고는, 다음 날 그 사람에게 먼저 관직을 제수하였다.

아! 좌중에서 먼저 말을 꺼낸 자는 진실로 남문 누각의 아전이로구나.

## 이준경의 기지 ❖ 353

상국相國 이준경李浚慶이 감사監司가 되었을 때, 여러 재상들이 자기가 아는 사람을 위해 군관軍官직을 부탁하는 일이 무척 많아 매우 괴로웠다. 한 무사가 이름난 재상의 편지를 받아 가지고 왔다. 상국은 깊은 방에 문을 닫고 앉아서는 시중드는 이를 시켜 무사를 데려오되 곧장 통하는 길로 오지 말고 그 방을 빙 돌아 수많은 문들을 지나오도록 했다. 그를 만나 이준경이 물었다.

"이 방의 어느 곳이 남쪽인가?"

---

금초金貂    관冠의 장식물인 금당金璫과 초미貂尾. 한漢나라 때 시중侍中과 중상시中常侍 등의 고관이 착용한 데서 연유하여 고관대작을 이른다.

무사가 지나온 길이 헷갈려 잘못 대답하자, 이준경은 화를 내고 물리치며 말했다.

"아무개 상국이 천거한 무사는 동서남북도 분간하지 못하니, 부탁한 바를 따를 수 없다."

이후로 이준경은 자신의 뜻대로 사람을 쓸 수 있었다.

## 윤원형의 탐욕과 매관賣官 ❖ 354

윤원형尹元衡이 병조 판서를 지낼 때 어떤 무인武人 하나가 북도北道의 변장邊將 자리를 원하여 마침내 권관權管*을 허락해 주었다. 무인은 부임한 뒤 담비가죽 수백 장을 취해 그것을 전통箭筒에 넣어 윤원형에게 보냈다. 윤원형은 크게 화를 내며 말하길,

"나는 활을 쏠 줄 모르거늘 화살을 어디에 쓰겠는가!"

하고는, 다락에 던져두도록 했다. 얼마 지나지 않아 무인이 파직되어 돌아가면서 뵙기를 청하자, 윤원형은 성난 눈으로 그를 쳐다보았다. 그러자 무인이 말하길,

"전에 제가 임지에 있을 때 삼가 전통을 하나 바쳤는데, 합하閣下께서 보지 않으셨는지요?"

라고 하자, 윤원형이 말했다.

"나는 활을 쏠 줄 모르는데, 화살을 어디에 쓰겠는가? 다락 위에 버려두었네."

---

**권관權管**　변경邊境의 작은 진陣에 두었던 종9품 무관. 처음에는 그 능력의 유무를 가려 파견했으나, 나중에는 아무 기준 없이 파견했으므로 군졸과 변경에 끼친 해가 많았다.

무인이 말했다.

"전통 안에 있는 물건을 살펴보지 않으셨단 말씀입니까?"

이 말을 들은 윤원형은 비로소 의아한 생각이 들어 시비에게 명하여 그것을 가져오도록 했다. 열쇠로 열자마자 담비 가죽이 솟구쳐 나와 대들보까지 튀어 오른 뒤 자리 앞에 흩어졌다. 대개 털이 부드러운 담비 가죽을 통 안에 눌러 넣고 억지로 뚜껑을 닫았던 까닭에 뚜껑을 열자마자 저절로 솟구쳐 오른 것이다. 윤원형은 매우 놀라며 기뻐하고는 즉시 풍요한 고을의 수령으로 임명하였다.

윤원형이 권세를 잃은 뒤 어떤 사람이 그의 집을 빌려 잠시 거처했는데, 벽에 뒤집어 발라진 종이를 발견했다. 자세히 살펴보니, '벼 300석과 대선大船 한 척을 함께 바친다'라고 쓰여 있었다. 그가 사람들에게 재물을 받음에 대개 이 같은 경우가 많았던 것이다.

윤원형이 이조 판서로 있을 때 어떤 사람이 누에고치 수백 근을 납품하고 참봉參奉 벼슬을 구했다. 윤원형은 정무를 보느라 피곤하여 졸았는데, 낭관郎官이 붓을 쥐고 기다리다가 오래도록 이름을 부르지 않자 마침내 물었다.

"어떤 사람을 수망首望으로 할까요?"

윤원형은 놀라 깨어나 잠결에 대답하기를 '고치'高致라고 했는데, 고치는 누에고치(繭)의 속명이다. 하점下點을 받은 이조의 하졸下卒이 널리 고치라는 자를 찾았지만 찾을 수 없었는데, 한 곳에 이르자 먼 시골의 빈한한 선비로 고치高致라는 이름을 가진 이가 있었다. 그 사람에게 관직을 제수하였으나, 윤원형 또한 감히 그 진위를 따질 수 없었다.

일사씨軼史氏는 말한다.

"윤원형은 권세를 독점해 마음껏 재물을 탐하였는바, 이는 새삼 드러내 밝힐 것도 못 된다. 그런데 시명時命의 돌아가는 바는 비록 권신일지라도 또한 어찌할 수 없었으니, 기이하지 아니한가!"

## 정사룡의 호사豪奢 ❖ 355

청원군淸原君 한경록韓景祿은 선왕先王의 부마로 장안에서 제일가는 부자였다. 그는 예조 판서 정사룡鄭士龍이 동방에서 제일가는 부자라는 말을 듣고 가서 보고자 했다. 한경록이 연달아 찾아가서 명함을 들였다. 표문表門* 밖에는 창두蒼頭* 두 명이 서로 마주 보고 서 있었다. 칠사립柒絲笠을 쓰고 백저의白苧衣를 입었으며 청광대靑廣帶를 두른, 용모가 빛나는 어떤 자가 달려 나와 절한 뒤 명함을 받들어 소문小門 안에 있는 두 명의 종에게 전해 주었다. 두 종도 앞의 창두들과 마찬가지로 의관이 화려했다. 그들이 또 문 안에 있는 두 계집종에게 명함을 전해 주니, 짙게 화장하고 아름답게 꾸민 사람이 그것을 받들어 안으로 들였다.

판서가 미처 나오기 전에 부마가 멀리서 바라보니 정원 뒤에 긴 행랑이 30여 칸 있었는데, 지붕이 선봉船篷*으로 되어 있는 가건물이었다. 이것이 무슨 집이냐고 묻자, 창두가 대답했다.

"누대의 창고는 습기가 많고 쥐가 많기 때문에 임시로 집을 지어 무명을 이곳에 옮겨다 놓고 바람을 쐬이고 있습니다."

부마가 몇 동同(동이라는 것은 50필이다—원주)이나 되냐고 물으니, 창두가 말했다.

"먼저 이 가옥에 옮겨 놓은 것만 600여 동입니다."

부마가 물었다.

"누고樓庫에 있는 것은 또 얼마나 되느냐?"

"가옥으로 옮긴 것이 전체의 삼분의 일이 못 되며, 전부 얼마인지는 기

---

표문表門 　편액扁額을 걸어 표창한 문으로 주로 마을 앞에 세워 놓는다, 표려表閭라고도 한다. 여기에서는 아마도 정사룡 저택의 대문을 말하는 것으로 여겨진다.
창두蒼頭 　노복奴僕. 한나라 때 종들이 짙푸른 수건으로 머리를 싸맨 데에서 유래한 말이다.
선봉船篷 　배 위에 비바람을 막기 위해 띠 따위로 엮어서 덮은 것.

억할 수 없습니다."

부마가 창두와 시비 및 문지기를 보고 이미 자신의 집과는 비할 바가 아니라고 여겼는데, 또 무명의 수를 듣자 놀라 자신도 모르게 눈을 크게 떴다. 이윽고 판서가 나와 그를 마루 위로 맞이했다. 좌우에는 시비들이 수건, 비와 쓰레받기, 먼지떨이를 받들고 두 줄로 나뉘어 서 있는데 줄마다 각각 수십 명씩이었다. 판서가 말했다.

"합하께서 욕되게도 이곳에 강림하여 주셨으니, 저의 집에 있는 박주薄酒로 대접하기를 원하옵니다."

조금 있으니 머리를 두 갈래로 땋은 아리따운 여종이 진수성찬을 받들고 나왔는데, 순식간에 내온 상이 사방 한 길이나 되었다. 또 창두들이 각각 악기를 들고 동서로 부대를 나누어 외랑外廊에서 들어와 마루 아래에 열 지어 앉았고, 비단옷을 입은 미희美姬들이 거문고와 가야금 등의 여러 기구를 받들고 내문에서 나와 마루 아래에 열 지어 앉았다. 수륙水陸에서 나는 희귀하고 맛있는 음식들이 매번 술을 따를 때마다 나왔고, 상을 가득 채우고 있는 것들은 모두 금과 은으로 된 당화기唐畵器(중국에서 수입된 그림이 그려진 그릇)였다. 부마는 비록 술잔을 다 비울 수 없기도 했지만, 일부러 오래도록 머물러 앉아 진품珍品을 다 먹어 보고자 했다. 해가 저물자 셋씩 넷씩 짝 지어 나와 바치는데 나오면 나올수록 더욱더 진기한 음식이었다. 스스로 자신의 집과는 비할 수 없다는 것을 알고 하직 인사를 하고 물러 나왔다.

후에 사암思菴 박순朴淳이 낭관郎官이 되어 공적인 일로 판서에게 명함을 들이니, 판서가 익랑翼廊* 안에서 그를 인견해 보았는데, 그곳에는 욕석褥席과 휘장과 병풍과 서화들이 눈 가득히 찬란했다. 사암이 공문서를 바치자 판서가 손을 내저으며 말했다.

"잠깐 밀쳐 두시오. 내가 오래 전부터 공을 만나고 싶었으니, 조용히 한

익랑翼廊    문의 좌우에 잇대어 지은 행랑.

가한 시간을 가집시다."

그러고는 여종을 돌아보며 말했다.

"볼품 없는 술상일지언정 갖추어 올리도록 하여라."

잠시 후에 종들이 각각 음식물을 들고 나오는데 진수성찬이었다. 미리 기별하지 않았는데 준비해 낸 음식이 모두 동방東方에서는 일찍이 보지 못한 것들이었다. 판서가 술잔을 들고 권하며 말했다.

"오늘은 공적인 일은 하지 말고 문장의 모임을 가집시다. 근자에 지은 아름다운 시문을 듣고 싶소."

사암은 시골 사람인지라, 그 그릇과 풍류와 눈에 보이는 것이 모두 다 새로운 것이어서 한사코 사양하며 말했다.

"시골구석의 서생이 요행히도 과거에 급제했으나 어찌 감히 한 구절을 지어 합하의 청아한 안목을 더럽히겠습니까?"

은근히 바라보며 간절한 말로 청하자 비로소 한두 편의 시를 암송하여 들려주니 판서가 칭찬하기를 마지않았다. 사암은 본디 몇 잔의 술도 마시지 못하는지라 술상 물리기를 청했지만 판서는 계속 음식을 들이라고 명령하였다. 흐린 눈—호음湖陰(정사룡)은 한쪽 눈이 흐릿했기 때문에 이렇게 말한 것이다〈원주〉—으로 바라보며 즐거워 웃었으니, 언사가 정중하고 풍류가 취할 만했기 때문이다. 판서는 이내 여종을 시켜 먹을 갈게 하더니 첩牒을 꺼내 깊이 음미한 후에 사암의 운을 차운次韻하여 써 주었다. 스스로 가지가지의 음식을 먹으면서 그 모두를 사암에게 권했는데, 사암은 잘 먹지 못하는지라 대략 맛만 보고 물러 나왔다. 뒷날 다시 공적인 일로 찾아가 판서를 별실에서 보았는데, 그 기구器具가 모두 전에 보았던 물건들이 아니었고 선명하고 아름답기가 전보다 배는 더하였으며, 음식을 먹고 권하는 것이 모두 예전과 마찬가지였다.

훗날 판서는 동교東郊로 폐척廢斥당했는데, 당시의 의론이 그를 그르다고 여겼다. 그때 사암은 높은 위치에 있으면서 국정을 담당했는데, 그는 빙옥

氷玉 같은 사람인지라 스스로 살아가는 것이 담박해 정사룡과 더불어 의기가 서로 짝하지 않았지만 그를 흠모하고 감탄하는 감정을 늙을 때까지 버리지 않았다. 그래서 호음을 비방하는 자가 있으면 반드시 그를 비호하며 말했다.

"사람들이 모두 호음이 치부한 것을 불인不仁하다고 비방하지만, 호음은 스스로 가업을 일으켰지 남의 것을 빼앗거나 가렴주구하여 치부한 것이 아니오. 그의 문장 또한 동방에서 우뚝하니 모욕하는 것은 옳지 않소."

사람들은 사암의 말이 공평한 데서 나왔다고 여겼을 뿐, 젊었을 적부터 마음을 다해 정사룡을 사모했기 때문에 그렇게 말했다는 사실은 알지 못했다.

## 박원종의 호사를 흠모한 정사룡 ✤ 356

호음湖陰 정사룡鄭士龍이 처음 과거에 올라 정자正字가 되어 공적인 일로 공신功臣 박원종朴元宗의 집에 갔다. 박원종이 나와 그를 맞이하며 말했다.

"정자의 이름을 예전부터 들었는데 이제야 비로소 보게 되는구려."

이에 시비에게 명하여 작은 술상을 차리도록 했다. 말이 끝나기도 전에 곱게 단장한 수십 명이 줄지어 각기 수건과 불진拂塵*, 거문고 등을 가지고 나와 좌우로 나뉘어 섰는데 모두 분을 바르고 눈썹을 그렸다. 여러 남자 악공들은 각기 치고, 두드리고, 타는 도구를 가지고 긴 행랑을 지나와 섬돌 위에 줄지어 앉았다. 시비 두 명이 짙은 화장에 화려한 옷을 입고 다리가 높

---

불진拂塵  불자拂子라고 한다. 승려가 수행할 때 마음의 티끌이나 번뇌를 털어 내는 데 사용하는 불구佛具의 하나다.

은 상을 받들고 나와 올렸는데, 산해진미가 옥빛 찬란한 그릇에 담겨 있었다. 방장지식方丈之食*이 갖추어짐에 손이 미치지 못하는 바였는데, 상이 맷돌처럼 둥글게 돌았기에 마음대로 음식을 먹을 수 있었다. 술잔이 연이어 올려지고 고상한 음악이 함께 연주되었으며, 갑작스레 마련한 음식이 모두 특별한 진미였다. 호음이 마음 속으로 부러워하여 드디어 부귀의 맛을 알게 되었다.

호음은 봉록과 지위가 모두 성대하게 되자 주방 사람으로 하여금 아침저녁으로 반찬 이름을 쭉 써서 올리게 하고, 그 가운데 먹고 싶은 것을 점찍었다. 그 당시 공경과 재상의 집 중에서 유독 호음만 음식이 지극히 호사스러웠다. 내침을 당해 동교東郊에 살면서도 스스로 보양하는 것은 여전했다. 거처하는 방, 만 권의 서가 곁에 천 필의 베를 줄줄이 꽂아 두었는데, 간혹 그것을 비용으로 쓰더라도 곧바로 빠진 것을 충당해 놓았다. 밤에는 늘 앉은 채 잠자리에 들지 않고 새벽까지 이르렀다. 어쩌다 몹시 피곤하면 손바닥으로 이마를 받치고 책상에 기대어 잠깐 졸 뿐이었다. 어떤 사람이 그 까닭을 묻자 호음이 말했다.

"인생 100년에 잠자는 것이 반을 차지한다오. 나는 평생토록 밤에 잠자지 않았으니 만일 내가 100년을 산다면 200년을 사는 게 될 것이오."

군자君子가 말했다.

"호음이 벼슬길에 나온 처음에 문득 부귀에 마음이 녹아들었으며, 그가 부러워한 사람은 박원종이었다. 만 권의 책과 밤에 잠자지 않은 것은 그렇다 쳐도 천 필의 베는 무엇 하려고 그 옆에 두었는가. 그 뜻의 비루함이 이와 같았도다."

어떤 사람은 말했다.

---

방장지식方丈之食　　지극히 성대한 음식상을 이르는 말. 『맹자』孟子「진심장」盡心章 하편에 "食前方丈, 侍妾數百人, 我得志, 弗爲也"라는 말에서 유래함.

"그의 뜻이 비루했던 것이 아니다. 자신의 문집을 간행할 비용으로 삼고자 한 것이니, 이 때문에 서재에 둔 것이다."

## 동방의 부자 ❖ 357

생원·진사 시험에 처음으로 합격하면 삼 일 내에 200명 가운데 부유한 사람을 뽑아 '제마수회'齊馬首會*를 열도록 한다. 신사헌愼思獻은 가업이 자못 넉넉하여 함께 급제한 사람들이 그를 추대해 연회를 맡겼다. 200명이 창화당敞華堂에 모두 모였는데, 붉은 중국 모전毛氈으로 200좌座를 가득 진설하니 눈에 가득 붉은빛이었다. 200명은 선 채 자리에 앉지 않고 말했다.

"지금 국상 중이라 3년 안에 붉은 모전에 앉는 것은 예가 아니오. 치우라고 명하시오."

신사헌은 시비를 시켜 순식간에 붉은 모전을 모두 치우고, 즉시 그것을 흰 중국 모전으로 바꾸어 200좌를 마련했다. 그 후 자리를 정하니, 마루에 가득했던 사람들이 모두 낯빛이 변했다.

윤백원尹百源과 구엄具儼이 신사헌과 부유함을 견주었는데, 윤백원 등은 동복童僕이 수천 명이었다. 옛날에 탁황손卓王孫은 동복이 천여 명이었고, 정정程鄭과 석숭石崇은 모두 800여 명이었으니, 윤백원 등은 이들보다 두세 배 더 많은 것이다.

양기梁冀는 집 재산이 30여 만만萬萬이었고, 동현董賢은 집 재산이 43만만萬萬이었다. 그런즉 우리나라의 윤백원·구엄·신사헌·정사룡·청원군淸元

---

제마수회齊馬首會   본문의 내용을 보면 생원·진사시의 합격자가 함께 합격한 사람을 초청하여 베푸는 잔치를 이르는 말인 듯한데, 명칭의 유래는 확실치 않다.

君·박원종朴元宗 등의 무리가 비록 소방小邦에서 으뜸이라 할지라도 저들에 비한다면 다만 추위에 떨며 구걸하는 아이를 면했다 할 것이니, 또한 한 번의 웃음거리도 못 된다 할 것이다.

## 박계현의 호협한 기개 ❖ 358

참판 박계현朴啓賢은 이상貳相 박충원朴忠元의 아들로, 기개가 넉넉해 까다로운 예절에 얽매이지 않았다. 젊은 나이에 재상의 지위에 올라 아버지가 입었던 옷을 입고 아버지가 타던 수레를 타니, 일가의 영화가 비할 바 없었다.

이상이 그 아들을 불러 말했다.

"영공令公,* 이리 와서 바둑이나 함께 두세."

참판은 대부인이 이상을 위해 새로 지은 남색 비단 조의朝衣를 보더니 내기 바둑을 청했다. 이상이 지자 참판은 일어나 소변을 보겠다고 핑계 대고 안방으로 들어가 대부인에게 새 옷을 입어 보겠노라고 청하여 옷을 입고는 작은 문으로 나가 아버지 수레를 타고 달렸다. 부채로 멍에를 두드리자 하졸下卒들이 수레를 밀어 나는 듯이 길을 가니, 그 영화로움이 반의무斑衣舞*에 비길 만했다.

공헌 대왕恭憲大王(명종)이 중사中使*를 보내 조정의 신하들에게 술을 내렸는데, 참판이 술을 들어 한성 우윤漢城右尹에게 권하며 말했다.

---

영공令公 　종2품에서 정3품의 벼슬아치에 대한 존칭. 영감令監.
반의무斑衣舞 　반의무는 무늬가 있는 때때옷을 입고 추는 춤으로, 춘추 시대 초楚나라의 노래자老萊子가 색동옷을 입고 춤을 추어 양친을 기쁘게 했다는 고사가 있다. 여기에서는 화려하다는 의미와 부모를 기쁘게 했다는 두 가지 의미로 쓰인 듯하다.
중사中使 　궁중에서 심부름하는 내시의 별칭.

"그대는 어찌하여 좌윤左尹이 되지 않소?"

당시에 이상이 좌윤으로 있었기에 우윤이 말했다.

"장차 그대의 아버지는 어느 지위에 두려고 그러시오?"

참판이 말했다.

"노인을 판윤으로 옮길 수는 없을까?"

조정의 신하들이 크게 웃었다. 중사가 들어와 임금에게 그 말을 아뢰니 다음 날 특지特旨(특명)로 박충원을 판윤으로 삼고 우윤을 좌윤으로 삼았다.

## 황여헌의 부유한 귀양살이 ❖ 359

황여헌黃汝憲은 사소한 예법에 구애받지 않고 즐겨 호협하게 행동했다. 장죄贓罪에 걸려 먼 변방으로 귀양 가게 되었는데, 떠날 날이 임박해도 전혀 행장을 꾸리지 않았다. 집안 식구와 친척들이 모두 그를 위해 여러 물품을 싸기 시작하자, 황여헌이 그만두라고 하면서 말했다.

"그럴 필요 없다. 행장을 꾸려 줄 사람이 저절로 있을 것이니, 쌀 한 자루 옷 한 궤짝도 가져가지 않을 것이다."

길을 떠나자 어떤 선비가 장막과 거마와 종 등을 갖추고 와서 길 가고 유숙할 때 필요한 물자와, 변방에서 살아가는 데 필요한 도구 등을 빠짐없이 다 바치지 않음이 없었다. 유배지에 도착해서는 큰 집을 짓고 살림에 충당해 주니, 그 부유함이 서울 집과 한결같았으며 끝까지 조금도 쇠함이 없었는데 친구들 또한 그 연유를 알지 못했다.

## 윤현의 이재술 ❖ 360

윤현尹鉉은 이재理財에 뛰어났다. 호조 판서가 되었을 때 해진 돗자리와 청연포青緣布를 모두 창고 안에 쌓아 놓고 불시不時의 쓰임에 대비하니 사람들이 모두 비웃었다. 그 후 해진 돗자리는 조지서造紙署*에 보내 맷돌에 갈아 종이를 만들었는데 종이의 품질이 최고로 좋았다. 청연포는 예조에 보내 야인野人*의 옷고름을 만들었는데, 조각조각 잘라 내지 않고 한 필을 모두 적절히 쓰도록 했다. 태창太倉*의 곡식이 썩은 나머지 쥐똥이 반 나마 되었다. 중국 사신이 올 때에 관사館舍의 벽을 바르니 쥐똥이 있어 더욱 잘 붙었다.

그가 집안을 다스릴 때, 땔나무를 계속 대기가 어려운데 부엌일 하는 사람들이 무절제하게 사용해 걱정이었다. 이에 포백布帛(베와 비단)을 내어 와서瓦署*에서 불때는 장작을 사 오게 하고는, 불때는 여종에게 날이 무딘 도끼를 주었다. 불때는 여종은 얼굴에 땀을 흘리며 나무를 스스로 쪼개 써야 했으므로 장작을 황금처럼 아껴 마침내 낭비를 줄일 수 있었다.

문 앞에 밭이 30무畝* 있었는데 채소를 심지 않고 모두 기장을 심으니, 사람들이 괴이하게 여겼다. 그 밭을 마졸馬卒에게 맡겨 하루에 한 이랑씩을 베어 말먹이로 하게 해 한 달 만에 30무를 모두 베었다. 기장은 빨리 자라는 식물이므로 전 달에 베어 낸 것이 다음 달이면 다시 몇 자 자라나는지라, 마졸은 집 안을 벗어나지 않고도 싱싱한 꼴을 충분히 얻을 수 있었다. 하루

---

조지서造紙署   조선 시대에 종이 뜨는 일을 맡은 관청.
야인野人   옛날 압록강과 두만강 이북에 살던 만주족滿洲族을 일컫는 말.
태창太倉   조선 시대에 있었던 광흥창廣興倉을 달리 이르는 말. 광흥창은 벼슬아치의 녹봉 사무를 맡아서 관리하는, 호조에 딸린 관청.
와서瓦署   조선 시대에 왕실에서 쓰는 기와나 벽돌을 만들어 바치던 관아.
무畝   중국 주周나라의 주공周公이 처음 제정한 단위로 전답의 넓이를 측정하는 데 사용했다. 1무의 넓이는 시대가 흐르면서 많이 변했으며, 한국에서는 일제 강점기에 30평坪(99.174㎡)으로 표시된 사례가 있다.

는 그가 집안사람에게 말했다.

"올해는 목화가 매우 싸니 베 천 필을 내어 목화를 사 오너라."

목화를 사다가 누각 위에 쌓아 두어 들보를 가득 채웠으나 그것을 쓰지 않았다. 몇 년 지나지 않아 저자에서 목화가 매우 귀해지자 모두 팔아 곡식을 샀는데, 그 값이 열 배나 뛰어올라 수만 석을 살 수 있었다. 그가 집안사람에게 말했다.

"보거라. 치산을 하려면 의당 이처럼 해야 할 것이다."

나라에 있어서나 집안에 있어서나 재물을 관리함에 주도면밀함이 대개 이와 같았다.

## 자린고비의 치부법 ❖ 361

백만장자 고비高蜚는 충주忠州 사람이다. 성품이 인색하고 재화를 중히 여겨 재물을 간직하고 판매하는 것에 능해 수만에 이르는 재산을 모았다. 창고의 궤짝들을 봉하고 쪽지를 붙이는 것도 반드시 직접 하였고, 싸라기나 겨처럼 하찮은 것이라 할지라도 천금처럼 중히 여겼다. 한번은 멀리 갈 일이 있자 자신이 돌아올 날짜를 계산해 아내와 첩에게 양식을 내주는데, 말과 되까지 따져 준 뒤 창고를 모두 봉하고 떠나려 했다. 모든 것을 다 봉하고 나서 길을 떠나면서 보니 밀가루 몇 되가 담겨 있는 단지가 창고 밖에 있었다. 갈 길이 바빠 그것을 창고에 넣을 겨를이 없는지라 자신의 얼굴로 밀가루에 도장을 찍어 표시하고는 말했다.

"너희들이 혹시라도 이 밀가루를 먹어 얼굴 도장에 흠집이 나면 그 죄가 죽어 마땅할 것이다."

돌아올 무렵, 도중에 비를 만나 냇물을 건너지 못해 기약한 날보다 며칠이 늦어졌다. 아내와 첩은 양식이 다 떨어져 배고픔을 참을 수 없어 서로 상의하여 말했다.

"죽기는 마찬가지인데 차라리 먹고 죽읍시다."

드디어 그 절반을 먹고 절반은 남겨 아내가 음부로 밀가루에 도장을 찍었다. 고비는 돌아오자 창고에 봉해 둔 것은 살펴볼 겨를도 없이 먼저 밀가루 단지부터 살폈다. 좌우를 한참 쳐다보더니 말했다.

"내 수염이 이처럼 꼬부라졌느냐? 내 입이 옆으로 째지지 않고 위아래로 찢어졌느냐? 내 코가 입 가운데 있느냐? 너희들이 필시 밀가루를 훔쳐 먹은 것이렸다."

그러고는 몽둥이를 꺼내 들고 아내와 첩을 때렸다.

고비가 늙은 뒤에 마을 사람이 치부하는 술책을 배우기를 청하자 고비가 말했다.

"아무 날 성 위에 있는 솔숲 사이에서 나를 기다리시오. 그러면 내 가르쳐 드리겠소."

마을 사람들이 술과 안주를 준비해 장막을 펼쳐 놓고 그를 기다렸다. 고비가 도착하자 마을 사람들이 줄지어 고비에게 절을 하고 물었다. 고비가 보니 성 위의 소나무 한 가지가 멀리 성 밖으로 뻗어 있는데, 그 아래는 낭떠러지였다. 마을 사람으로 하여금 그 소나무에 올라가 가지를 붙잡고 몸을 늘어뜨린 다음 한 손은 놓고 한 손만으로 가지를 붙잡게 한 뒤, 좌우를 물리치고 은밀히 말했다.

"재물 지키기를 그 손이 나뭇가지를 잡고 있는 것같이 하면 충분할 것일세."

그러고는 한마디 말도 더 하지 않고 가 버렸다.

## 올공금 팔자 ❖ 362

    속담에 '올공금 팔자'兀孔金八字라는 말이 있다. 올공금이란 장고의 용두쇠*이고, 팔자란 음양 사주陰陽四柱를 말한다.
    예전에 전주의 한 장사치가 배에 가득 생강을 싣고 평양의 패강浿江(대동강)에 정박하였다. 생강은 남쪽 지방에서 나는 귀한 물건으로 관서 지방에서는 생산되지 않아 값이 매우 비쌌다. 한 배 가득 실린 값비싼 재화는 베천 필, 곡식 천 석에 해당되었다. 평양 명기 중에 침을 흘리는 기생이 매우 많았는데, 그는 한 아름다운 기생과 정을 통했다. 몇 년 사이에 배에 가득했던 재화를 모두 탕진하고 나자 기생은 그를 멀리하고 배척했다. 장사치는 고향집으로 돌아가고 싶었지만 빈손으로 돌아가자니 마을 사람과 친척들을 볼 낯이 없어 계속 그대로 머물러 있으면서 기생집의 머슴살이를 했다. 말을 먹이고 땔나무를 하느라 손발이 부르트는 것을 꺼리지 않고 일해 주면서 그 집에서 누더기 옷과 찬밥을 얻었다. 기생은 다른 남자와 함께 따뜻한 방에서 자는데, 장사치는 부엌에서 팔베개를 한 채 자면서 땔나무를 지펴 방을 데우는 일을 해야 했으니 그 괴로움을 견딜 수 없었다.
    하루는 장사치가 떠나겠다고 알리고 나오자 기생이 그를 가엾게 여겨 노잣돈을 줘야겠다는 생각이 들었지만 쌀 한 말, 베 한 자도 아까웠다. 집안에서 여러 해 동안 먼지 더미에 묻힌 채 쓰지 않는 물건을 찾으니, 부서져 썩어 가는 장고의 올공금 16매가 가장 알맞았다. 그것을 장사치에게 주면서 말했다.
    "길 가다 바꾸면 한 됫박 쌀은 될 것이오."
    장사치는 기쁘게 받아 들고 눈물을 훌쩍이며 작별하고 떠나왔다. 길에서 모래흙으로 올공금을 문질러 보니 옻칠한 색이 거울처럼 빛나 마음 속으

---

용두쇠     장구의 양쪽 마구리 가죽 테에 돌려 달아 줄을 연결하는 쇠로 만든 고리.

로 기이하게 여겼다. 황강黃崗* 저잣거리에서 팔려고 하니 값이 치솟아 백만에 이르렀다. 식자가 의아하게 여기고 자세히 살펴보더니,

"이는 진짜 오금烏金*이오. 금보다 값이 열 배는 비싸지요."

하고는 여비를 후하게 대 주고, 전주에 이르러 백만 금을 내주었다. 장사치는 옛 가업을 회복했을 뿐만 아니라 졸지에 동방의 갑부가 되어 오금 장자烏金長者라 일컬어졌다.

세속에서 이른바 '올공금 팔자'라는 것이 이것이다.

## 역관 이화종의 치부 내력 ❖ 363

이화종李華宗*은 중국어를 잘하는 뛰어난 역관이었다. 일찍이 연경燕京에 가서 반산盤山에 이르자, 때는 여름으로 푸른 진흙이 들판에 가득했는데 맑은 물 한 줄기가 진흙 덩이에서 졸졸 흘러나오는 것이었다. 이에 진흙을 파헤쳐 물을 고이게 한 뒤 손으로 떠서 마시고는 '들판 가득한 탁류 속에 어떻게 이처럼 맑은 물이 있을 수 있을까?' 하고 스스로 괴이하게 여겼다. 그 근원을 찾아가자 팔뚝만 한 큰 뼈가 있었는데, 그것을 씻어 행랑에 간직하고는 북경에 이르렀다. 시장이 열리는 날 그 뼈를 자리 앞에 놓아 두자 여러 상인들이 모여서 보았는데, 그 가운데 나이 많은 상인이 말했다.

"이 물건은 값이 얼마요?"

이화종이 대답하였다.

---

**황강黃崗**  황해도 황주黃州의 별칭.
**오금烏金**  적동赤銅. 검은빛의 쇠붙이.
**이화종李華宗**  1498년(연산군 4) 식년시式年試에서 역과에 합격해 중종 연간에 활동한 역관으로, 李和宗이란 인물이 『조선왕조실록』에 보이는데, 동일 인물이 아닌가 여겨진다.

"3만 금입니다."

그러자 상인이 화를 내며 말했다.

"장난하지 말고 바로 말해 보시오."

이화종이 대답했다.

"5만 금입니다."

그러자 상인들이 여전히 냉소하였다. 이화종은 비로소 그것이 지극히 귀한 것임을 알고 짐짓 말했다.

"어찌 값이 있겠습니까? 성 안의 재물을 다 끌어 와야 할 것입니다."

마침내 십만 금을 받고 팔았다. 나이 많은 상인이 기뻐하면서 가자 이화종이 뒤쫓아가 물었다.

"나는 그것이 귀한 것인 줄만 알지 어느 곳에 쓰이는 것인지는 모르오. 말씀해 주시오."

이에 상인이 톱을 가져다가 그 뼈의 위아래를 잘라서 가운데 토막을 쪼개자 밤톨보다 큰 붉은 구슬 하나가 나왔는데, 눈부신 광채가 온 뜰을 비췄다. 지극히 고르게 둥글어 평평한 판자에 놓아도 종일 구르며 멈추지 않았다. 상인이 말했다.

"이 구슬은 화룡火龍* 의 뼈마디 속에 들어 있는 것이오. 일전에 황후의 예복을 처음 만들었는데 매듭에 달아맬 둥근 구슬이 없어서 용주龍珠를 오십만 금을 걸고 천하에 널리 구하였으나 얻지 못했지요. 이제야 비로소 진짜를 얻게 되었소."

이화종은 10만 금을 얻어 갑부가 되었으며, 그 자손은 지금 거가대족巨家大族이 되었다.

---

화룡火龍　　온몸에 불을 둘렀다고 하는 전설의 신룡神龍.

## 천인 신석산의 치부 내력

신석산申石山이란 사람은 서울의 천인이었다. 봉표사奉表使*를 따라 연경燕京에 가게 되었는데 가난한지라 빈손으로 갔다. 요동에 이르러 밤중에 밖에서 대변을 보는데, 모래 속에 반짝반짝 빛을 발하는 것이 있었다. 대변을 다 보고 나서 나뭇가지로 모래를 헤쳐 보니, 마치 뿔처럼 생긴 몇 치 길이의 물건이 하나 있어 기이하게 여기고 전대 속에 간직했다. 옥하관玉河館*에 이르러 대들보 위에 그것을 매달아 두었는데, 한 관부館夫*가 그것을 자세히 보더니 상인 한 사람을 데리고 와서 함께 보면서 귀에 대고 비밀스럽게 속삭였다. 그 후 다시 여러 상인을 이끌고 드나들었는데 보고는 놀라지 않는 이가 없었다. 신석산은 그것이 어떤 물건인지 몰랐지만 값을 높여서, 사고자 한다면 백만 금은 주어야 한다고 했다. 상인이 그 값을 깎아 십만 금에 샀는데, 오히려 희색이 얼굴에 넘쳐흘렀다. 신석산이 그 물건을 팔고 나서 관부에게 가만히 물었다.

"애초에 그것이 보배인 줄은 알았지만 어째서 귀한지는 모르오."

"그것은 뱀의 뿔이지요. 황후께서 아들이 없어 태의太醫에게 물어 보니 뱀의 뿔 한 쌍을 얻어 차고 다니는 것이 실로 아들을 낳는 제일의 비법이라 했다오. 대궐에서 그 하나는 얻었는데 쌍이 되는 것을 구하지는 못하여 백만 금을 내걸고 사고자 했으나 응하는 이가 없었소. 이제야 그대 손에서 얻게 된 것이오."

신석산은 그 말을 듣고 싼 값으로 판 것을 후회했다. 십만 금으로 채색 비단을 샀는데 무거워서 다 운반해 올 수가 없었다. 드디어 계약서를 만들

---

봉표사奉表使　중국 황제에게 올리는 표문表文을 가지고 가는 사신.
옥하관玉河館　조선 시대 때 사신이 중국에 가면 묵던 숙소로 북경에 있다.
관부館夫　사신의 숙소인 관사의 제반 사무를 맡아보는 사람으로, 이들은 흔히 우리나라 상인과 중국 상인을 연결해 주는 일을 담당했다.

어 사신이 다녀오는 편을 통해 운반해 왔는데, 4, 5년이 지나도록 끊이지 않고 이어졌다. 마침내 서울 제일의 갑부가 되어 가문을 일으켜 문벌가가 되었으며, 자손 가운데는 관직이 절도사에 이른 이가 있다.

## 화포장의 횡재 ❖ 365

예전에는 중국을 뱃길로 왕래했다. 상사, 부사와 서장관 등이 각기 다른 배를 타고 각각 자문咨文*과 표문表文* 한 본本씩을 갖추어 뜻밖의 일에 대비하였다. 고려 때 상사 홍사범洪師範이 물에 빠져 죽자 서장관 정몽주鄭夢周가 홀로 중국에 도달했던 것이 이러한 경우다. 중국에 조회하러 가는 행차는 풍천豊川에서 배를 타고 적해赤海·백해白海·흑해黑海를 건넜는데, 수천 리 길에 많은 섬을 지나며 바람과 조수를 살펴 길을 취했다. 그런 까닭에 여행길에 필요한 것과 중국에서 무역할 물품을 각기 온 집안의 재물을 기울여 배에 가득 실었다. 풍천읍 수령이 타루악佗樓樂*을 크게 베풀어 전별餞別했는데, 배가 출발할 즈음에는 친구들이 배를 부여잡고 소리 내어 울면서 전송하였다. 지금까지 기악妓樂에는 타루악의 곡조가 전해 온다.

한 화포장火砲匠이 있어 중국에 조회하러 가는 행렬에 끼게 되었는데, 집이 몹시 가난해 행랑이 보잘것없어서 동행하는 이들이 손가락질하며 웃었다. 바다 가운데 한 섬에 이르러 배를 정박하고 땔나무를 하고 물을 길은

---

자문咨文　조선 시대에 중국의 육부六部, 특히 예부禮部와 왕래하던 문서를 말한다.
표문表文　우리나라 국왕이 중국 황제皇帝에게 올리는 글로, 황제의 생일이나 정조正朝, 동지冬至에 파견되는 사신使臣이 지니고 갔다.
타루악佗樓樂　중국으로 가는 사신의 배가 떠나는 모습을 나타낸 춤에 맞춰 부르는 배따라기와 비슷한 악곡인 듯하나, 자세한 것은 알 수 없다.

뒤, 순풍을 타고 배를 출발시키려고 하는데 배가 저절로 빙빙 돌면서 앞으로 나아가지 않았다. 배를 탄 사람들이 모두 말하였다.

"예로부터 배를 탄 사람 중 한 사람이라도 수액水厄이 있으면 사람들 모두 재앙을 입는다고 한다. 지금 우리 배 안에 반드시 수액을 당할 자가 있을 것이니 시험해 보자."

그러고는 한 사람씩 육지에 내리도록 했는데, 그때마다 배는 여전히 빙빙 돌았다. 그러다가 화포장이 육지에 내리자 배가 갑자기 빙빙 돌기를 그치며 쑥 나아갔다. 드디어 서로 상의해 양식과 의복, 솥과 칼 등 필요한 여러 기물을 갖추어 주고 억지로 그를 섬에 남겨 둔 채 떠나면서 약속했다.

"일을 마치고 돌아올 때 마땅히 이곳에서 당신을 맞이해 배에 태워 돌아가겠소."

마침내 서로 울면서 이별했다.

화포장은 혼자 섬에서 지내면서 풀을 엮어 초막을 지어 비바람과 추위와 더위에 대비하며, 조개를 줍고 낚시질을 해서 굶주림과 갈증을 채웠다. 스스로 외딴섬에서 마른 해골이 될 신세라고 생각하며 매일 밤 잠들지 못하고 소리를 듣기 위해 귀를 기울였다. 새벽마다 웬 소리가 들렸는데, 섬 안쪽 산이 들썩들썩하더니 산마루를 울리며 바다로 빠져나갔다. 또 해가 저물면 바다 한가운데에서 파도를 일으키고 골짜기를 진동시키며 섬으로 들어오는 소리가 들렸다. 몹시 이상하게 여기고 때를 기다렸다가 수풀 속에 숨어 살펴보니 큰 이무기 한 마리가 보였는데, 굵기는 커다란 대들보나 뗏목만 했고 길이는 몇백 자가 되는지 알 수 없었다. 이무기는 섬에서 곰이나 사슴, 돼지 등을 삼켰으며, 바다 가운데로 들어가서는 큰 물고기와 게딱지 등을 잡아먹었다. 이무기가 지나간 길에는 거대한 도랑이 생겨나 큰 배가 드나들 수 있을 정도였다. 화포장은 큰 칼을 새로 갈아서 길 가운데에 줄지어 세워 놓고 칼자루 위의 칼날까지 땅에 묻었다.

다음 날 저녁, 그 이무기가 과연 바다에서 돌아오다가 턱 끝에서부터 꼬리까지 모두 칼날에 찔려 찢어지면서, 진주와 옥돌, 야광주 따위가 땅에 쏟아져 나와 길에 가득했다. 며칠이 지나 비린내와 썩은 냄새가 코를 찔러 냄새를 따라가 보니, 큰 이무기가 수풀 속에 죽어 있었다. 그 배를 갈라 꺼내 보니 한 치나 되는 조승주照乘珠*가 부지기수였다. 풀을 엮어서 진주를 싸니 열 말 크기의 꾸러미가 열 개 남짓 되었는데, 해진 옷으로 덮어 두고 배가 돌아오기를 기다렸다.

거의 반 년이 지나 양식도 다 떨어져 갈 즈음, 갑자기 큰 배가 돛을 펼치고 바다에서 오더니 크게 외치는 소리가 들렸다.

"화포장은 탈 없이 지냈는가?"

배가 이르러 보니 중국에 조회하러 갔다가 돌아오는 배였다. 서로 손을 부여잡고 위로하고는 화포장을 맞아 배 위에 오르도록 했다. 함께 탄 이들은 이미 중국 남방의 금과 큰 조개, 화려한 비단 등을 얻어서 배에 가득 싣고 돌아가는 중이었다. 화포장이 말했다.

"여러분들은 모두 중국에서 값진 재물을 얻었는데 나는 홀로 텅 빈 산에서 고목나무처럼 지냈으니, 이 모두 운명이겠지요. 제가 무슨 면목으로 돌아가 처자를 보겠습니까? 섬에 있으면서 할 일이 없어 해변가의 둥근 돌을 주웠는데, 늙은 아내가 밥상이나 베틀을 괼 때 도구로나 쓸까 합니다."

마침내 풀로 엮은 꾸러미 십여 개를 들어 배에 올려놓았는데, 모두 해진 옷으로 덮여 있었다. 배에 탄 사람들이 몰래 비웃으며 그를 가련히 여겼다.

이윽고 돌아와 시장에 내다 파니 값이 수만에 이르러 집안의 재산이 누만금에 이르렀다. 자손들은 모두 명문가 벌족들과 혼인했고, 교분을 맺고 친근하게 지내는 사람들도 모두 당시의 귀족과 권세가들이었다. 그 집안의 부가 우리나라에서 으뜸이었다.


조승주照乘珠    환한 빛이 능히 수레를 비춘다는 보주寶珠를 말한다.

## 서얼 민산의 치부 내력 ❖ 366

민산閔山이란 이는 나의 외가 쪽 서얼로, 시정市井에 살면서 늘 종루 거리에서 한가하게 노닐었다. 어떤 사람이 망가진 초립을 쓰고 등에는 풀 망태기를 진 채 더덕더덕 기운 낡은 솜옷을 입고서 누각 주춧돌 위에 행장을 내려놓고 쉬고 있었다. 날씨는 바야흐로 비가 내리기 시작해서 길에는 사람들이 적었다. 민산은 그가 등에 진 짐이 매우 무거워 숨을 급히 몰아쉬는 것을 보고 몰래 살펴보니 망태기에 가득 찬 것이 모두 황금이었다. 이에 다른 곳으로 옮겨 가지 말라고 굳게 약속받고, 또 그를 집으로 데려가지도 않은 채 저자 여기저기에서 만 필의 베를 빌려와 길에서 서로 교환하고 갔다.

민산은 이로 인해 장안의 갑부가 되어 더불어 혼인하는 바가 모두 종실 사대부가였고, 자손은 모두 현달한 관리가 되었다. 지금 종루 거리에서 난전亂廛*를 금하는 것은 이 때문이다. 어떤 이는 해진 옷에 망가진 초립을 쓴 이는 신神이지 인간이 아니라고 한다.


## 무사와 환혼석 ❖ 367

아산현牙山縣 마을 가 큰 나무에 학이 둥지를 틀고 깃들여 있었다. 학은 알을 아직 쪼지 않고 품고 있었는데, 마을 아이가 그것을 가져다 놀다가 알을 쪼개니 이미 깃털이 나 있었다. 마을 노인은 아이를 꾸짖으며 둥지에 가져다 놓게 했으나 새 새끼는 이미 죽은 뒤였다. 암놈과 수놈은 알이 깨져 새

---

**난전亂廛**    조선 시대 때 전안廛案에 등록되지 않거나 허가된 상품 외의 것을 파는 가게. 전안은 시전에서 취급하는 물종과 상인의 주소, 성명을 등록한 행위자의 대장臺帳을 말한다.

끼가 죽어 있는 것을 보고 슬피 울기를 그치지 않았다. 한 마리가 둥지를 지키고, 한 마리는 멀리 나가 오지 않더니 3, 4일 만에 돌아왔는데, 한참 지나자 새끼가 다시 살아나 알에서 나와 일제히 울었다. 마을 노인이 기이하게 여기고 둥지에 가 살펴보니, 둥지 안에 푸른 돌이 있는데 밝게 빛나는 것이 예뻐서 가져다 상자에 넣어 두었다.

마을 노인의 아들은 무사였다. 종사관從事官으로 뽑혀 연경에 갔는데, 그 돌을 저자에 걸어 놓고 자랑하니, 호상胡商이 구경하고 기이해하며 말했다.

"당신은 이것을 어디에서 얻었소?"

"학 둥지에서 얻었습니다."

호상은 천 금에 팔라고 청하고는, 돈이 준비되지 않아 저자에서 구해 올 테니 열 겹으로 싸서 깊이 간직하고 기다려 달라고 말했다. 무사는 크게 기뻐하며 맑은 물을 가져다 깨끗이 씻고 모래로 때를 없앴다. 구관조의 눈처럼 볼록 튀어나온 자국은 거친 돌로 문질러 제거했다. 그리고 채색 비단으로 보자기를 만들어 거듭 싸고 무늬 있는 나무로 궤를 만들어 넣고 봉하여 자물쇠를 채우고는 그를 기다렸다. 호상이 값을 준비해 와서 궤를 열어 보고는 크게 놀라며 말했다.

"이 돌이 며칠 사이에 정기를 잃어 이제 쓸데가 없어지고 말았소. 벽돌 한 조각과 무엇이 다르겠소?"

무사가 말했다.

"무슨 말입니까?"

"이 돌은 서해의 유사流沙* 지역에서 나는 것으로, 환혼석還魂石이라 부르지요. 이것을 죽은 사람의 품 속에 놓아 두면 곧 소생한답니다. 지금 모래로 문질러 그 눈을 빼버려 신령한 정기가 사라졌으니 장차 어디에 쓰겠

---

유사流沙　　중국 서방에 있는 사막 지대. 『서경』書經 「우공」禹貢에 "약수弱水를 합여合黎에 이르게 하고 나머지는 유사流沙로 흘러 들어가게 한다" 하였고, 『산해경』山海經에 "서해西海의 남과 유사流沙의 가에 큰 산이 있는데 이름은 곤륜산崑崙山이며 그 아래는 약수가 감돈다"라고 하였음.

소? 애석하구려. 비록 그렇지만 멀리 떨어진 지역의 보배로서 인력으로 이르게 할 수 있는 것이 아니니, 가져다가 노리개로나 삼아야겠소."

그러고는 십 금을 주었다. 무사는 천금을 잃고 단지 십 금에 판 것을 여러 날 탄식하며 가슴 아파하다가 돌아왔다.

## 19년의 기한 ❖ 368

무릇 사람이 어떤 일을 함에는 의당 19년을 기한으로 해야 한다. 진 문공晉文公은 외방에 있은 지 19년 만에 진나라로 들어와 패자霸者가 되었고, 소무蘇武는 흉노족에게 잡혀 있은 지 19년 만에 한漢나라에 돌아와 인각麟閣*에 화상이 올려졌다. 장건張騫은 오랑캐에 들어간 지 19년 만에 돌아와 박망후博望候가 되어 이름이 천 년에 이르도록 전해졌으며, 범려范蠡는 19년 만에 천 금千金을 세 번 이루었고, 사마온공司馬溫公(사마광司馬光)은 19년간 낙양洛陽에 살다가 마침내 재상의 업을 이루었다.

우리나라에서는 노수신盧守愼이 19년간 진도珍島에 유배 가서 독서하며 문장을 이루어 조정에 들어와 정승이 되었다.* 유독 월왕越王 구천句踐만이 10년 동안 생민生民을 모으고, 또 10년 동안 그들을 가르쳐 19년에 1년을 더해 오吳나라에 원수를 갚았다.

대개 10은 음수陰數의 끝이고, 9는 양수陽數의 극치이며, 19년이란 윤달의 남는 날짜가 다하는 때다.*『주역』에서 효爻는 6개가 된 후에 변하는데, 세

---
인각麟閣    기린각麒麟閣의 준말. 중국 한나라 무제武帝 때에 기린을 얻고서 지은 각으로 선제宣帝 때에 곽광霍光 등 11인의 공신의 화상畵像을 각 위에 걸었다.
우리나라에서는 노수신盧守愼이 ~ 정승이 되었다.    이에 대해서는 앞의 246화 〈노수신의 독서벽과 귀양살이〉 참조.

번을 변하고 나면 19가 되며 무릇 일이란 세 번째에 이루어지기 때문이다. 요즘 사람들은 일을 함에 잠깐 하다가 금방 그만두기를 혹은 하루 만에 그만두기도 하고, 혹은 한 달 만에 그만두기도 하며, 혹은 1년을 하다가 그만둔다. 몇 년 이상을 참아 내지 못하고 일이 이루어지지 않는다고 원망하며, 이내 스스로 한계를 지우고 경박한 사람이 되고 마니, 슬픈 일이로다.

## 황린의 나무 심기 ❖ 369

황린黃璘은 판서 황림黃琳의 형으로, 과장에서 논책論策을 잘 지었는데 끝내는 중서中書(의정부)로 갔다. 양주楊州에 별장이 있었는데 작은 정자를 짓고 뜰에 손수 해송海松을 심었는데 그때 나이가 54세였다. 마을 사람들이 모두 만류하며 말하였다.

"해송은 더디게 자라서 수십 년으로 기약할 수 없습니다. 노년에 손수 심으실 것이 못 됩니다."

그러자 황린이 말했다.

"타사陀師가 절굿공이를 갈았고,* 우공愚公은 산을 옮겼는데,* 모두 늙었다고 해서 뜻을 바꾸지 않았지요. 사람의 일이란 기필期必(꼭 이루어지기를 기

---

19년이란 윤달의 남는 날짜가 다하는 때다.   윤달이란 음력에서 역일曆日이 계절과 어긋나게 되어 이것을 막기 위한 방법으로 간간이 끼워 넣은 한 달을 말한다. 음력 열두 달은 양력보다 약 11일이 짧아서 보통 3년에 한 달, 또는 8년에 석 달의 윤달을 넣지 않으면 안 된다. 예로부터 윤달을 두는 방법이 여러 가지로 고안되었는데, 그중 19년에 7개월의 윤달을 두는 방법이 19년7윤법十九年七閏法이라 하여 널리 쓰였다.
타사陀師가 절굿공이를 갈았고(磨杵成針)   절구의 공이를 갈아서 바늘을 만든다는 말로, 아무리 어려운 일이라도 참고 노력하면 언젠가는 반드시 성공한다는 것을 비유할 때 쓰인다.
우공愚公은 산을 옮겼는데   『열자』列子「탕문」湯問 편에 나오는 이야기로, 우공愚公이 나이 90에 집 앞의 태행산太行山과 왕옥산王屋山이 출입에 방해된다 하여 오랜 세월을 두고 열심히 딴 곳으로 옮기려 노력하여 결국 이루었다는 고사. 무슨 일이든지 꾸준히 노력하면 성공한다는 비유로 쓰인다.

약)하기 어려운바, 늙었다고 하여 스스로 한계 짓는 것은 옳지 않소. 하물며 내가 살았을 때 미치지 못할지라도 훗날 자손을 위한 계책은 될 것이니, 또한 나쁜 일은 아닐 것이오."

87세에 죽었는데, 해송의 굵기가 이미 아름드리가 되어 가을에 열매를 먹은 것이 여러 해였다.

대저 요즘 사람들은 늙기도 전에 뜻과 기개가 먼저 꺾이니, 비단 그 기세가 원대하지 않을뿐더러 일을 함에 오래도록 견디는 방법이 전혀 못 된다. 이는 또한 족히 세상 사람들의 게으름을 경계할 만하다.

## 이름을 밝히지 않은 선행 ❖ 370

가정嘉靖 을사년(1545, 명종 즉위년)에 사화士禍가 일어나 그 옥사에 걸려 역적으로 논죄된 이들은 골육지간이라도 돌봐 주지 못했으니, 나머지 사람에 있어서랴! 사람들은 모두 숨을 죽이고 어깨를 움츠린 채 바라만 보고도 피하기만 하였다.

대사간大司諫 이임李霖이 당시 옥사로 죽었는데, 그 처자들이 추위에 떨며 굶주렸으나 고할 곳이 없었다. 그런데 녹봉을 나누어 주는 사맹월四孟月*이 되면 매번 그 집의 담장 안에 녹미祿米 다섯 말, 김치 한 그릇, 장 한 그릇을 한밤중에 몰래 두고 가는 사람이 있었다. 주인집에서도 그 사람이 누구인지 몰랐고, 그 사람 또한 자신이 아무개라고 밝히지 않았다. 이 같은 일이 오랫동안 변함없이 이어졌으며, 사태가 진정된 뒤에도 양쪽 집안에서는 여

---

사맹월四孟月    사맹삭四孟朔. 춘하추동의 네 계절이 시작되는 첫 달, 곧 맹춘孟春, 맹하孟夏, 맹추孟秋, 맹동孟冬으로 이 달에 관리들의 녹봉을 주었다.

전히 알지 못했고 말해 주지도 않았다.

옛 사람이 이른바 '갚지 못할 자에게 덕을 베푼다'는 것이 바로 이러한 일일 것이다. 이 같은 일을 한 사람은 아마 그 후손이 잘 됐을 것이다.

## 역관 곽지원과 홍순언의 의로운 행동 ❖ 371

곽지원郭之元과 홍순언洪純彦은 역관의 거두로 모두 중국어를 잘 해 여러 차례 중국 조정에 다녀왔다.

곽지원이 연경燕京 가는 길에 한 사람을 만났다. 그는 사람들에게 빚을 져 전장田莊과 노비를 모두 빼앗기고 장차 유리걸식할 처지였다. 그가 울면서 호소하자 곽지원은 행탁을 뒤져 백은白銀 300냥을 찾아 그에게 주고는 이름도 묻지 않고 떠나갔다. 이 때문에 중국 사람들이 곽지원을 중히 여겨 큰길 옆에서 음료를 가지고 나와 영접하며 모두 "곽 영공郭令公이 오신다"라고 칭송하였다.

홍순언은 우리 마을 사람인데 사람됨이 영민하고 용모도 뛰어났다. 그가 중국에 갔을 때 그 역시 예전에 알고 지내던 이를 만났는데, 환란을 만나 가업을 망치고 처자까지 모두 팔아야 할 신세였다. 홍순언이 즉시 금金 500냥을 써서 그의 처자와 전장을 돌려받게 했다. 이 때문에 홍순언의 이름이 중국에 널리 알려져 이르는 곳마다 사람들이 그를 가리켜 반드시 '홍 노야洪老爺'라고 일컬었다.

나는 일찍이 중국에 세 번 다녀와서 역관들의 용태를 잘 안다. 그들이 만리 바깥에서 이역 땅을 밟으며 분주히 오가는 것은 국사를 위함도 아니고 공명功名을 위함도 아니다. 그들이 바라는 바는 단지 중국인들의 재화와 통하여 교역하는 이익을 크게 하고자 하는 것일 뿐이므로, 송곳날 같은 조그마한 이익도 정려鼎呂*처럼 소중히 여긴다. 그런데 이 두 사람은 의기를 떨쳐 다른 사람들이 하지 못하는 바를 능히 해 냈으니, 어찌 역관의 영웅일 뿐이랴. 옛 사람들에게서도 보기 드문 일이니, 아! 위대하도다.

## 서울의 물난리 ❖ 372

가정嘉靖 임인년(1542, 중종 37), 서울에 홍수가 져 대궐 안에 있는 냇물이 불어서 넘쳤다. 이때 홍문관 유신들은 목욕할 때 쓰는 그릇을 타고 출입하며 숙직을 했다는 이야기를, 외숙고부外叔姑夫인 동지同知 이조李調에게 들었다. 만력萬曆 임인년(1602, 선조 5), 내가 전한典翰*으로 대궐에서 숙직할 때 큰비를 만났다. 시어소時御所의 내와 도랑물이 불어 넘쳐 홍문관으로 밀려 들어와 서책이 다 젖고 흩어지는지라, 번갈아 숙직하던 사람들이 모두 책을 등에 지고 출입하였다. 정덕正德 경진년(1520, 중종 15)에도 홍수가 져서 삼강三江*이 넘쳐흘렀는데, 100년 동안에 이처럼 큰 수재가 난 적이 없었다.

만력 경진년(1580, 선조 13)에 나는 서호西湖*에 살고 있었는데, 큰 홍수가 갑자기 닥쳤다. 연로한 노인들이 말하길 정덕 경진년에 비해서는 한 길 정도 못 미치지만 수재의 처참함은 근래에는 없었던 것이라고 했다. 당시 밤섬(栗島)*에 살고 있던 백성들은 모두 뽕나무 위에 올라가 피신하고 있었는데, 뽕나무가 물에 반쯤 잠기자 울부짖다가 기진맥진하였다. 내가 이웃 사

---

정려鼎呂　구정九鼎과 대려大呂. 구정은 우禹임금이 구주九州의 쇠를 거두어 주조한 9개의 솥이고, 대려는 주周나라 종묘宗廟에 설치한 종鍾인데, 모두 천하의 보기寶器로 일컬어진 것이다.
전한典翰　홍문관에 소속된 종3품 관직.
삼강三江　조선 시대에 한강 주변의 서강·마포·용산 일대를 가리키는 명칭.
서호西湖　마포 일대를 가리키는 명칭.
밤섬(栗島)　지금의 서울 여의도동 서강 대교 부근 한강에 있는 섬.

람들에게 구할 것을 권했는데, 사람들이 두려워하며 감히 배에 오르지 못하는지라, 내가 직접 배를 밀어 보냈다. 한 무리의 호협한 이들이 새벽에 출발해서 정오에 이르렀는데, 뽕나무 위에 있던 사람들이 배 안으로 거꾸로 떨어져 배에 가득 타고 돌아왔다. 사람들이 모두,

"수재秀才*가 선행을 했으니 마땅히 음덕이 있을 것이오. 금년에는 반드시 귀한 아들을 낳을 것입니다."

라고 했는데, 이해에 약淪을 낳았다.

대개 홍수와 가뭄이 생기는 것은 또한 간지干支에 응하여 그러한 것이니, 쇠양지설衰穰之說*이 허탄한 것만은 아니다.

## 곤경에서 보여 준 절의 ❖ 373

대사헌大司憲 정협鄭協이 어린 시절 막 결혼해서 새 옷을 입고 벗과 함께 운곡 서원雲谷書院*에 갔다. 누원樓院에 이르러 거지 아이가 파리한 몸으로 추위에 떨며 거의 죽게 된 것을 보았다. 이에 새로 지은 비단 명주옷을 벗어 그에게 입혀 주고 가동家童으로 하여금 집에서 기르도록 했다. 사람들이 혹 비웃기도 하고 혹 기특하게 여기기도 했는데, 후에 그 아이는 집에 온 지 8년 만에 죽었다.

임진년 난리에 정협이 왜구를 피해 서산西山으로 갔다가 강화江華로 건너가려고 했다. 서산의 왜구가 날마다 쳐들어오므로 섬에 들어가 환란을 늦추

수재秀才    과거 합격자를 이르는 말인데, 후에는 선비의 존칭으로 쓰였다.
쇠양지설衰穰之說    인간의 덕에 따라 가뭄과 홍수가 온다는 설.
운곡 서원雲谷書院    1602년(선조 35) 충주 목사忠州牧使로 있던 정구鄭逑(1543~1629)가 이미 있던 서원을 새로 확장하여 지은 것이다.

고자 한 것이다. 나룻가에 이르러 보니 배는 작은데 타려고 다투는 사람들이 많았다. 신흠申欽·이수준李壽俊 등 여러 사족士族 백 여 명이 모두 건넜는데, 정협이 헤아려 보니 온 가족이 다 건널 수는 없을 것 같았다. 죽은 아우의 처자를 먼저 강화로 건너가게 하고 그는 처자와 함께 나룻가에 남았다. 적진과의 거리가 지척이었으나 다행히 화를 면했으니, 사람들은 그를 등백도鄧伯道(등유鄧攸)에 비유하였다.

갑오년(1594, 선조 27)에 온 나라 사람이 굶주림으로 죽어 가고 있을 때였다. 이수준李壽俊은 백미 50여 석을 모아 죽은 형의 처자를 비롯하여 여러 동생 식구들 100여 명과 함께 밥을 지어 먹었는데 모두 이수준에 의지해 입에 풀칠을 하였다. 이때 이수준의 외아들이 끝내 굶주림으로 병들어 죽었다.

아! 선비는 곤궁함에서 그 절의를 보이나니 정협과 이수준이 어찌 보통 사람이겠는가? 이들은 모두 나의 어릴 적 친구다. 이수준은 관직이 통정대부通政大夫에 이르렀으며, 지범志范이라고 자호自號했는데 범중엄范仲淹의 의장義庄*을 사모했기 때문이다. 난리 후에 아들을 낳았는데, 이름이 석기碩基다.

## 최운우 가족을 구해 준 선비 ❖ 374

만력萬曆(1773~1620) 연간에 관인官人 최운우崔雲遇라는 사람이 강릉江陵에 살았다. 늦은 봄 꽃과 버들이 아름답고 향기로우며 바람과 볕이 화창해 온 집안 사람이 양양襄陽 우암도牛岩島로 유람을 갔다. 장막을 펼치고 술잔과 음

---

의장義庄　의전義田, 의택義宅. 친척 가운데 빈한한 이를 구제하기 위한 농지를 말함. 범중엄이 같은 성씨인 사람은 시조로 따지면 모두 다 똑같은 자손이라고 하며 많은 재산을 내놓아 '의장'을 만들어 공동 소유로 했다는 내용이 『소학』小學에 보인다.

식 그릇을 늘어놓았으며 생황과 노래가 아울러 연주되었다. 술기운이 얼큰하게 오르자 그 흥취를 이기지 못하고 드디어 바다에 배를 띄우고 섬 아래로 빙 돌아 나갔다. 섬에는 기암괴석들이 이리저리 솟아 있었고 낚싯줄은 바람에 날리는데, 금빛 모래와 은빛 자갈이 깔려 있고, 백 길 밑바닥까지 환히 들여다보여 즐길 만했다. 그런데 조금 있다가 갑자기 한 줄기 회오리바람이 물 밑에서 거세게 솟아났다. 놀란 파도가 하늘에 치솟고 돛대와 노가 옆으로 기울어 배에 가득 탔던 사람들이 모두 풍이馮夷*의 굴 속으로 떨어지고 말았다.

최씨의 한 아들만 혼자 섬에 남아 있었는데, 몸이 편치 않아 함께 배를 타지 않은 것이었다. 부모 형제, 누이와 매형이 모두 바닷물 속으로 빠지는 것을 그는 섬 위 멀리에서 바라보며 가슴을 치고 발을 구르며 울부짖었다. 그러다가 바지를 걷어붙이고 바다에 뛰어들려고 하자 손님 가운데 선비 한 사람이 그를 만류하면서 말했다.

"그대는 수영을 배운 적이 없으니 죽기밖에 더 하겠소? 내가 구원해 드리리다."

그러고는 옷을 벗고 바다에 뛰어들어 최씨의 아버지를 붙잡아 꺼내고 어머니도 이끌어 내었으며, 그의 형과 아우 또한 구해 냈다. 한참 지나자 모두 살아났는데, 마지막으로 누이와 매형을 찾아보았으나 간 곳을 알 수 없었다.

이때부터 최생은 그 손님을 마치 천지부모天地父母처럼 대했는데, 오직 매형 집에서는 위급한 때에 아직 그 형체가 남아 있었는데 먼저 구해 주지 않았다고 원망하였다. 이 말을 들은 사람들이 비난하여 말했다.

"참으로 만족할 줄 모르니, 하늘에 맡기는 것이 옳았다."

---

풍이馮夷　　바다의 신인 하백河伯의 별칭.

## 살생을 금한 유조인 ❖ 375

근세에 유조인柳祖認이라는 이가 있었는데 살생을 하지 않았다. 상국相國 노수신盧守愼을 따라 한강漢江을 유람하며 물고기를 구경했다. 살아 있는 물고기를 잡아 동이에 가득 채웠는데, 유조인이 그것을 들어 강물에 던져 버리자, 자리에 가득한 사람들이 모두 대경실색했다.

일찍이 말을 타고 가다가 말이 살아 있는 벌레를 밟자 유조인은 말에서 내려 종에게 벌로 물 한 그릇을 마시게 했다. 그가 순천 군수順川郡守가 되었을 때 어떤 사람이 살아 있는 대합을 바치자 유조인은 차마 먹지 못하고 강물에 놓아주었는데, 대합은 바다에서 나는 것으로 강에서 바다까지 거리가 수백 리였으므로 고을 사람들이 크게 웃었다.

후에 익위사 사어翊衛司司禦*로 세자의 행차를 배행하였다. 큰 냇물을 건너가는데 문학文學 남이공南以恭이 노니는 물고기를 가리키며 말했다.

"노니는 물고기가 즐길 만하니 그물을 던지면 정히 좋겠구나."

유조인이 말했다.

"노니는 물고기가 즐길 만하다는 것은 그 뜻이 좋은데, 그물을 던지면 정히 좋겠구나라고 했으니, 그 말이 어찌 그리 인자하지 못하시오? 노니는 물고기가 그물에 걸리면 물 위에서 바라보는 사람은 그것을 가리키며 좋아 날뛰겠지만, 물 속에서는 삼족三族이 죽는 참상이 있을지도 모르지 않소?"

그 말이 비록 선禪에 가깝지만 그 마음은 또한 군자君子답다. 황산곡黃山谷(황정견黃庭堅)의 시에 "갖옷이 비록 따뜻하나, 여우와 담비가 참으로 애처롭다"(衣裘雖得暖, 狐貂正相哀.)*라고 했고, 소동파蘇東坡(소식蘇軾)의 편지글에서

---

익위사 사어翊衛司司禦    세자익위사 사어世子翊衛司司禦의 약칭. 세자익위사에 소속되었던 종5품 관직으로 좌익위左翊衛·우익위右翊衛 각 한 사람씩 두었음.
갖옷이 바록 ~ 참으로 애처롭다    이 구절은 「和外舅夙興三首」의 셋째 수로 전문은 다음과 같다. "暑逐池蓮盡, 寒隨塞鴈來. 衣裘雖得暖, 狐貂正相哀. 僧汲轆轤曉, 車鳴關鑰開. 不因朝鼓起, 來帙亂書堆."

는 "소와 양을 잡고 물고기와 자라를 살 발라 저미니 먹는 사람들이야 매우 맛있겠지만 죽는 것들은 몹시 괴로우리"*라고 하였다.

아! 유조인의 호생好生함이 이와 같은데도 그의 아들은 비명에 갑자기 죽었으니, 천도天道는 헤아릴 수가 없는 것이다.*

## 남사고와 정신의 당파에 대한 예언 ❖ 376

아계鵝溪 이산해李山海가 격암格庵 남사고南師古를 송송정宋松亭*에서 만나 마음을 터놓고 담소를 나누었는데, 남사고가 서쪽의 안령鞍嶺(안산)과 동쪽의 낙봉駱峯(낙산)을 가리키면서 말했다.

"훗날 조정에는 반드시 동서東西의 당黨이 생길 것입니다. 낙駱은 '각마' 各馬이니 마침내는 뿔뿔이 흩어질 것이고, 안鞍은 '혁안' 革安이니 변혁이 있은 후 안정될 것입니다. 또 도성 밖에 있으니 그 당이 때를 많이 잃겠지만, 반드시 시사時事의 변혁으로 인해 부흥할 것이나 마침내는 반드시 멸망할 것입니다."

**소와 양을 ~ 몹시 괴로우리** 소식의 「代張方平諫用兵書」의 한 대목이다.
**유조인의 호생好生함이 ~ 없는 것이다** 이 이야기가 여러 필사본에서는 뒤의 509화 〈상생을 즐긴 김외천의 응보〉와 함께 하나의 이야기로 기술되어 있다. 즉, 김외천이 살생을 즐기는 이야기 뒤에 살생을 금한 유조인의 이야기가 대비되어 있는 것이다. 그리고 필사본에는 "영광 태수와 같은 자는 진실로 유조인에게는 죄인이 된다."(若靈光太守者, 實柳祖認之罪人也)라는 대목과 함께 "김외천이 영광군에서 죽어 운구하여 영남嶺南 고향 집으로 돌아가는데 중도에서 풍우風雨를 만나 어두컴컴해져서 행로를 분별할 수가 없었다. 집에 돌아와 보니 관이 가벼운지라 그의 아버지가 의아해하며 관을 열어 보니 시체가 없었다."(畏天死於郡, 將柩櫬, 歸嶺南故郡, 中路風雨, 晦冥不卞行路, 歸家柩輕, 其父疑之, 啓柩視之, 無其屍矣.)라는 내용이 이야기 끝에 덧붙여져 있다.
**송송정宋松亭** 〈만종재본〉에는 '松亭'이라 되어 있는데, 여러 필사본에는 '宋松亭'으로 표기되어 있다. 『세조실록』 2년 6월 24일자 기사에 여러 대신들이 송송정宋松亭에 모여 활쏘기를 한 내용이 보이기에, 필사본의 기록을 따랐다.

그 후 서西라 이름붙인 당은 때를 잃은 적이 많았다. 공헌 대왕恭憲大王(명종)이 즉위할 때에 비로소 심의겸沈義謙 무리가 크게 일어났으며, 정철鄭澈이 정여립鄭汝立의 변란을 평정하고서 흥했고, 윤두수尹斗壽 무리는 파월播越의 변*을 만난 후에 흥하였으며, 또 약간의 사람들은 지금 임금(광해군)께서 즉위한 초년에 흥했다.

동東이라 이름붙인 자들은 남인南人·북인北人, 대북大北·중북中北·소북小北, 골북骨北·육북肉北으로 나누어졌으니, 남사고의 말이 모두 징험된 것이다.

죽은 정正* 정신鄭愼은 별자리 점을 잘 보았으며 천문天文을 볼 줄 알았는데, 그 말이 모두 적중했다. 일찍이 그가 다음과 같이 말했다.

"지금 동서東西의 당은 중국의 낙당洛黨·촉당蜀黨과 같지 않아 거처하는 지역으로 이름을 삼은 것인데, 일단 방위로 이름을 세웠으니 하늘의 운수와 관계될 것이다. 처음에는 동인의 논의가 극성하여 서인이 모두 휩쓸려 쓰러질 것이다. 이때에는 동방의 기운이 서방의 기운을 뛰어넘는바, 이에 동쪽의 왜구가 크게 이르게 되고, 우리나라의 기운을 내몰아서 압록강에 이르러서야 그칠 것이다. 이때에 이르러 서인의 논의가 크게 이겨 동인이 모두 휩쓸려 쓰러질 것인데, 서방의 기운이 동방을 뛰어넘었는바, 이에 천병天兵(중국 군사)이 서쪽에서 와 우리나라의 기운을 내몰아 동래東萊에 이르러서야 다할 것이다."

이 또한 확실한 논의라 할 것이다.

---

**파월播越의 변** 파월은 임금이 도성都城을 떠나 다른 곳으로 피란함을 말하며, 여기에서 '파월의 변'이란 임진왜란 때 선조가 의주로 피란한 것을 가리킨다.
**정正** 시寺·원院·감監의 장長과 종친부宗親府 등의 정5품 당하관의 직위.

## 삼척 성황신을 복위시킨 김효원 ❖ 377

선왕先王(선조) 초년에는 조정에 붕당朋黨이 없었다. 심의겸沈義謙과 김효원金孝元이 서로를 비방하고 배척하자, 이로 인해 동서東西의 당이 만들어지고 조정의 의론도 나뉘어 둘이 되었다. 선왕께서는 크게 노하여 심의겸을 내쳐 하도下道의* 방백方伯으로 삼았고, 김효원을 좌천시켜 부령 부사富寧府使로 삼았다. 이때 이이李珥가 글을 올려 말했다.

"두 사람이 진실로 죄가 있기는 하지만 김효원은 본디 병이 많은데 지금 북쪽 변방으로 간다면 반드시 죽을 것이옵니다. 이는 태평성대의 처사가 아닌 듯하오니, 다른 곳으로 옮겨 주시기를 청하옵니다."

임금께서 이를 윤허하시고, 드디어 효원에게 삼척 부사三陟府使를 제수하셨다.

삼척은 영동嶺東의 풍요로운 읍이지만 그곳에는 귀신이 많아서 앞뒤로 부사들이 많이 죽었다. 당시 전관銓官*이 모두 심의겸의 당이었기 때문에 김효원을 사지死地로 내친 것이다.

김효원이 삼척읍에 가자 고을의 아전들이 김효원을 관아에 거처하게 하지 않고 촌사村舍에 거처하게 했다. 김효원이 괴이하게 생각하고 그 까닭을 캐묻자, 아전이 대답했다.

"요물이 있어 요사이 몇 년 동안 많은 원님들이 악귀를 만나 죽었습니다. 그래서 관아를 폐쇄한 지 이미 오래되었습니다."

김효원은 명을 내려 억지로 관아를 청소하게 하고 거처하였다. 때는 춘분이 지난 시기였는데 관아에 거처할 권속들은 서울에 있으면서 감히 따라오지 못했다. 김효원 홀로 텅 빈 관아에 앉아 있다가 침실의 문을 잠그고 잠

하도下道 　서울에서 떨어져 있는 충청도·전라도·경상도를 통틀어 일컫는 말.
전관銓官 　조선 시대 때 문무관의 전형銓衡을 담당하던 이조吏曹와 병조兵曹의 관원을 말한다.

이 들었는데, 깨어 보니 문이 저절로 열려 있었다. 뜰 안에 한 점 푸른 불꽃이 보이더니, 왼쪽으로 돌면 반딧불처럼 작아졌다가 오른쪽으로 돌면 사발만큼 커졌다. 다시 왼쪽으로 돌더니 촛불만큼 작아졌다가 오른쪽으로 돌더니 동이만큼 커졌다. 이렇게 작아졌다가 커졌다가 하더니 끝내는 커다란 항아리만 해졌다. 조금 있다가 불꽃 한 점이 침실로 날아 들어왔는데, 처음에는 자그만하다가 나중에는 커져 뜰에 있는 것과 같았다. 그 불꽃이 침상으로 가까이 다가오자 김효원이 이불을 움켜쥐고 일어나 앉아 정색을 하고는 말했다.

"사람과 귀신의 길이 다른데 어찌하여 이처럼 괴롭히는고? 아마도 이유가 있을 것이다. 만약 원한이 있다면 자세히 말할 것이며, 그렇지 않다면 의당 썩 물러갈 것이다. 어찌 감히 인간을 업신여기는고!"

말을 마치자 불꽃이 천천히 사라져 가는데 어디로 가는 것인지 알 수 없었다. 이에 김효원은 침실 문을 굳게 잠그고 자는데, 꿈에 한 사내가 갑자기 문틈으로 들어오더니 아뢰었다.

"나는 이 고을의 성황신城隍神입니다. 이 고을이 생기면서부터 내 위판位版(위패)을 설치하고 산사山祠에서 제향을 해 왔습니다. 그런데 중년中年에 신라 왕의 삼녀三女라고 하는 요괴한 무당 귀신이 소백산에서 내려와 백성들을 현혹하며 괴이한 일을 하니, 간혹 징험됨이 있어 백성들이 미혹되었습니다. 이에 나를 배척하고 사당을 빼앗아 그의 제사를 받들고, 나의 위판을 철거해서 관청 안 시렁 위에 걸어 두었으니 욕됨이 이보다 심할 수 없습니다. 원께서 속히 그 신을 내치시고 나를 옛 사당에 돌아오게 해 주시면 이보다 더한 다행이 없을 것입니다."

말이 끝나자 잠에서 깨어났다. 날이 밝자 김효원이 일찍 자리에서 일어나 말을 준비하라고 재촉하였다. 고을 사람들은 원님이 간밤에 필시 죽었으리라 생각했는데 새벽까지 무사하자 모두들 신이하게 여기면서 물었다.

"어디로 가십니까?"

"성황당으로 간다."

대답을 마치고는 유생 몇 사람을 따르도록 했다.

사당 안으로 들어가 문을 열자 비단 휘장에 화려한 제의祭儀 물품들이 잘 갖추어져 있었다. 군졸들에게 명하여 모두 철거하라고 하자, 모두들 말했다.

"이 신의 영험하고 기이함은 비할 데가 없습니다. 이렇게 하시면 반드시 큰 재앙이 닥칠 것이옵니다."

모두들 눈만 크게 뜬 채 감히 앞으로 나서지 못하고, 어떤 이는 슬금슬금 도망쳐 숨기도 했다. 김효원은 유생 몇 사람에게 신위 판과 휘장 등의 집물을 철거하여 마당 가운데 쌓아 놓고 불태우도록 했다. 그 가운데 순금으로 만든 큰 비녀와 큰 방울 같은 것은 타지 않아 두들겨 부숴 조각내 버렸다. 그러고는 관청으로 돌아오니, 시렁 위에 과연 성황신의 위판이 있기에 하리下吏에게 명하여 사당에 안치하라 이르고, 정결한 희생과 술로 제사를 지냈다. 그날 밤 성황신이 다시 꿈에 나타나 감사를 표하고 떠났는데, 이때부터 고을 안에 재앙이 없어졌다.

그때 유생 가운데 이오李𪢮라는 이가 있어 그 사건에 참여해 직접 목격했는데, 지금은 평창 군수平昌郡守로 있으면서 그 일의 전말을 매우 자세히 말해 주었다고 한다.

## 사서史書를 믿을 수 없는 경우 ❖ 378

고려 왕씨王氏로서 왕통을 이었던 이는 모두 왼쪽 겨드랑이 아래에 금색 비늘이 세 개 있었다. 신우辛禑는 강화江華에서 죽었고 신창辛昌은 강릉江陵에서 죽었는데, 모두 이러한 표식이 있었다.

차식車軾이 고성 군수高城郡守로 있을 때 양사언楊士彦의 장인 이시춘李時

春을 만났다. 그때 그의 나이는 70세로 매양 이렇게 말했다.

"강릉에 살고 있는 나의 증조모는 나이가 90여 세인데 이렇게 말씀하셨다오. '내가 열두 살 때 강릉 땅에서 전조前朝의 왕이 처형당한다는 말을 듣고 가서 보았다. 형을 받기에 이르러 그가 사람들에게, 자기네 왕씨는 본래 용龍의 자손으로, 왼쪽 겨드랑이 아래에 반드시 세 개의 비늘이 있어 대대로 이를 표식으로 삼는다고 하였다. 마침내 옷을 벗어 사람들에게 보여 주었는데, 왼쪽 겨드랑이 아래에 과연 엽전 크기만 한 세 개의 금색 비늘이 있는지라 사람들이 모두 놀라고 비통해하였다.'"

세상에 전하기를, "고려 공민왕恭愍王이 후사가 없어 널리 어린 남자들을 선발해 도령都令이라 부르면서 궁중에 거처하게 했으며, 그 왕비는 신돈辛旽과 사통하여 두 아들 우禑와 창昌*을 낳았으니 왕씨가 아니다. 그런 까닭에 사서史書에서 신우辛禑와 신창辛昌이라고 쓰고 있다"고 한다. 강릉 사람들이 세 개의 비늘을 목도한 것으로 징험해 보면, 사관이 속인 것임을 알 수 있다. 어떤 사람은 권근權近과 정도전鄭道傳이 우리 조선 왕조에 아첨하느라 사실을 왜곡했기에 후세 사람들이 참과 거짓을 알 수 없는 것이라고 한다.

또 차원부車原頫의 「설원기」雪寃記를 살펴보면 다음과 같다.

"신숙주申叔舟와 성삼문成三問이 임금의 교지를 받들고 붙인 주註에서 이르길 '김부식金富軾이 간사하여 사사로운 원망으로 역사를 기술해 정지상鄭知常의 충정忠貞을 더럽혔다'라고 하였다."

『고려사』高麗史를 보면 '정지상의 무리가 악하여 간악한 짓을 하였다'라고 한 번뿐이 아니라 여러 번 쓰여 있다. 그런데 이러한 사필史筆이 모두 김부식에게서 나온 것인바, 그가 속이지 않았다고 어찌 믿을 수 있겠는가? 사서를 믿을 수 없음이 이와 같다.

---

두 아들 우禑와 창昌  원문에 '生二子禑昌'이라 하여 우와 창이 형제처럼 기록되어 있으나, 창은 우왕禑王의 아들이다. 여기에서 '두 아들 우와 창'이라 한 것은 이들이 모두 신돈의 혈통을 이어받은 자손이라는 점을 기록하느라, 이런 오류를 범한 것이 아닌가 한다.

## 형벌을 피해 은둔한 사람들 ❖ 379

가정嘉靖 을묘년(1555, 명종 10)에 왜적이 전라도를 노략질했는데, 수사水使 원적元績이 진도珍島에 진을 치고 있다가 패하여 죽었다. 당시의 여론은 윤원형尹元衡이 채수債帥*를 기용함으로써 군율이 흐트러져 군사를 잃었다고 비판했다. 원적은 어지러운 군중軍中에서 죽었기에 그 시체를 찾을 수 없었다.

우리 일가는 임진년에 왜적을 피해 이천伊川 고밀운古密雲으로 들어갔다. 고밀운은 이천의 북쪽에 있는데, 산이 깊고 지경이 외떨어져 인적이 드문 곳이다. 마을이 깊은 골짜기 사이에 있어 마치 무릉도원 같았다. 그 땅 사람들이 모두 말했다.

"원적이 군대를 잃고 형벌을 피해 여기에 숨어 살다가 나이가 거의 팔십이 되어 죽었습니다. 그의 아들이 삼년상을 마치고 무당을 불러 밤 제사를 지내고 간 지 겨우 4, 5년이 되었습니다."

대개 그 땅의 풍속이 매우 순박해 원적이 도망친 자라는 것을 알면서도 받아들이고 대우하는 것이 자못 정성스러웠기 때문이다. 옛날에 유안劉安과 요홍姚泓이 죄에 걸려 죽을 때, 사형에 처해져 그 몸이 동쪽 저잣거리로 보내졌다. 사적史籍에 실려 있는 것이 매우 명백한데도 그가 세상을 피해 신선이 되었다고 소설에 또한 쓰여 있다. 그러니 당시 몸을 빼내어 몰래 도망쳐 형벌을 피하며 깊고 험준한 곳에서 정신을 수양하고 수명을 늘리며 몸을 보양한 것이 원적元績과 같았는지 어찌 알겠는가? 이는 알 수 없는 일이로다.

---

**채수債帥**　채권자債權者의 총수總帥라는 의미로서, 뇌물을 바치고 장수가 된 사람을 기롱하여 이르는 말.

## 고변이 성행하게 된 연유 ❖ 380

이위빈李渭賓*이라는 이가 있었는데, 사람됨이 거만하고 촌스러웠다. 글도 익히지 않고 무예도 닦지 못했으면서 명류名流들 사이를 분주하게 다니면서 기세를 잘 부렸다. 난리 후에는 호서湖西(충청도) 지방을 낙척하여 떠돌다가 바닷가 맹곶(孟串)*이라는 곳에 살았다. 이웃 사람들의 요역徭役(나라에서 장정들에게 시키던 노역)을 잘 감싸 주어 따르는 이들이 백 여 호戶나 되었다. 엄연히 고을 안의 호걸이 되어서 매번 큰 요역이 있을 때면 그의 소리에 응하여 궐기한 사람들이 구름처럼 몰려들었기에 온 고을에서 그를 일컬어 '맹곶왕'이라 불렀다.

원수진 집에서 이위빈이 반역을 한다고 고변하여 서울에서 그를 국문했으나 실상이 없어 향곡무단鄕曲武斷*의 죄목으로 평안도 증산甑山*에 귀양 보냈다. 해진 옷에 파리한 말을 타고 거지꼴이 되어 함종咸從* 현령 민여임閔汝任을 뵙고자 청했다. 민여임은 그의 용모가 누렇게 떠 수척하고 행장도 낡고 누추한 것을 보고 희롱하며 말하길,

"지난날의 맹곶왕이 지금은 어찌 이리 고달프게 되었는가!"

라고 하니 이위빈이 부끄러워하는 기색을 지었다.

아! 인심이 착하지 못해 영화와 복록을 바라서 밥숟가락이 남보다 조금이라도 큰 것을 보면 문득 고변을 한다.

만력 갑오년(1594, 선조 27)에 진사進士 이철광李哲光 여종의 남편이 이철광

---

**이위빈李渭賓**　〈만종재본〉에는 '李渭濱'으로 되어 있는데, 여러 필사본에는 '李渭賓'으로 되어 있으며 실록에 '李渭賓'이라 기록되어 있기에 필사본의 기록을 따랐다. 이위빈의 옥사에 관련된 기록은 『선조실록』 31년 4월 28일조에 보인다.
**맹곶(孟串)**　충청도 당진의 서쪽 해안에 있는 지명.
**향곡무단鄕曲武斷**　향곡에서 권세를 부려 백성을 억압하는 죄.
**증산甑山**　지금의 평안남도 강서군江西郡 증산면甑山面 지역에 있었던 현명縣名.
**함종咸從**　지금의 평안남도 강서군江西郡 지역에 있었던 현명縣名.

이 반역을 한다고 고변하자, 무군사撫軍司*의 재상 이항복이 말하였다.

"내가 이철광을 잘 아는데 그는 모반할 재주와 기미가 없다."

과연 모반의 실상이 없어서 반대로 연좌되었다.

훗날 이질수李質粹가 온양溫陽 수령이 되었는데, 역옥逆獄과 관련해 체포된 이가 있으면 곧 벌겋게 달군 쟁기의 쇠 날을 두 넓적다리 사이에 끼워 거짓 자복을 받아 냈다.* 그리하자 죄인으로 체포된 자들 가운데 관아의 문에 들어서서 관청의 뜰이 보이기도 전에 스스로 역적이라고 칭하여 포승에 묶여 서울에 압송된 자들을 이루 다 기록할 수 없었다. 이로 인하여 그는 은비銀緋의 품계*에 오르게 되었다. 이로부터 악한 자들이 이를 부러워하며 본받아 학식이 있다고 하는 선비들도 서로 이어서 고변을 하였다.

## 사인사舍人司의 풍습 ❖ 381

기재企齋 신광한申光漢은 글재주가 일찍 이루어져서, 어린 시절에 시를 지어 선배들에게 바로잡아 주기를 청하여 사인사舍人司*에 들어간 적이 있었다. 사인舍人 윤금손尹金孫이 바야흐로 응향각凝香閣에서 아리따운 기녀와 함께 붉은 난간에 기대, 쟁반의 옥 모래를 연못에 있는 한 쌍의 채색 오리에게 장난삼아 던져 맞히기를 하고 있었다. 이때 젊은 아전이 그 시를 올리자 사인이 웃으며 말했다.

무군사撫軍司　임진왜란 때 두었던 왕세자의 행영行營으로, 임란 중에 설치되어 모병과 군사 훈련을 담당하였다.
이질수李質粹가 온양溫陽 ~ 자복을 받아 냈다.　이와 관련한 기사가 『광해군실록』 1년 1월 3일자 기사에 보인다.
은비銀緋의 품계　은 관자에 붉은 옷을 입는 품등으로, 당상관을 뜻한다.
사인사舍人司　의정부의 사인들이 집무하는 곳. 사인은 의정부의 정4품 벼슬.

"이 놀이가 매우 재미있어서 내 자네의 시를 살펴볼 겨를이 없다네."

기재는 마음 속으로 매우 부러워해 스스로 맹세하기를, 평생에 마땅히 사인이 되리라고 하였다. 훗날 과거에 급제했는데 때마침 신용개申用漑가 승상으로 있었으며, 신용개는 기재의 당숙부였다. 법에 마땅히 상피相避하도록 되어 있었기에 끝내 사인이 될 수 없어서 평생에 큰 한이 되었다.

사인사舍人司의 전해 오는 풍습에 전임자가 아니면서 잔치에 참여하는 것을 허락하지 않았다. 혹 전임자가 아니면서도 굳이 들어오는 이가 있으면 아전이 길을 막고 들이지 않았다. 판서 이상의李尙毅가 교외에서 객을 전별할 때에 사인舍人과 전임자들이 자리에 늘어앉아 술을 들고 있었다. 이상의가 말을 타고 그 앞을 지나가는데 사인이 아전을 보내 맞이하니 이상의가 사람을 시켜 사양하여 말했다.

"제가 몸이 편치 않기에 청컨대 아들놈으로 대신하고자 합니다."

대개 자신이 이 관직을 지낸 적이 없으며 그의 아들 이지완李志完이 이미 사인을 지낸 전임자였기 때문이다. 당시 사람들이 이상의가 법도에 맞는 말을 했다고 여겼다.

## 독서당의 아전과 노수신 ✥ 382

독서당讀書堂*의 늙은 아전이 독서당 관리에게 말했다.

"유생儒生은 비록 빈천할지라도 그들을 소홀히 대해서는 안 됩니다. 예

---

**독서당讀書堂**  조선 전기에 과거에 급제해 벼슬길에 나선 젊고 유능한 문신들을 위한 학문 연구 공간. 1426년(세종 8)에 세종의 명을 받아 재주와 덕행이 뛰어난 문신을 선정하여 장의사藏義寺에서 사가독서賜暇讀書를 하게 한 데에서 비롯되었다. 1517년(중종 12)에는 지금의 서울 성동구 옥수동玉水洞 한강 연안의 두모포豆毛浦에 독서당을 신축하고, '동호東湖 독서당'이라 하였다.

전에 제가 독서당에 있을 때 영외嶺外의 한 유생이 거친 베옷을 입고 어린 하인을 데리고 왔는데, 얼굴 모습이 형편없었고 풍채가 촌스러웠습니다. 독서당에 들어와 이리저리 돌아다니며 구경하자, 아전들이 그를 희롱하여 말했습니다.

'생원께서는 이제 서울에 과거 보러 오셨군요. 힘써 우리 독서당에 오십시오.'

그러자 유생이 대답하였습니다.

'먼 시골의 한미한 선비가 급제하는 것도 쉽지는 않을 터인데, 하물며 감히 독서당을 바라겠소?'

그해 독서당에 새로 선발된 선비로 사가독서를 받아 온 사람이 곧 전날 거친 베옷을 입고 왔던 한미한 선비였습니다. 그의 이름을 물었더니, 곧 노수신盧守愼으로, 그해에 장원을 하여 선발에 들었던 것입니다. 그러므로 아전은 항상 동료가 한미한 선비를 업신여기지 말도록 경계해야 합니다."

## 김홍도의 기개 ❖ 383

기묘사화己卯士禍* 후에 선비들이 모두 삼가고 단속하는 것을 꺼리고 방탕하고 제멋대로 하는 것을 상책으로 삼았는데, 그 뜻은 화를 피하려는 데 있었다. 김홍도金弘度가 과거에 급제하기 전, 강가의 정자에 우거하며 과업을 연마하고 있을 무렵이다. 바야흐로 날이 매우 더워서 그는 의관을 벗고 알몸으로 나무에 올라가 앉아 있었다. 그날은 독서당이 휴일인지라, 선비들이

---

기묘사화己卯士禍   1519년(중종 14) 11월에 남곤南袞, 홍경주洪景舟 등의 훈구 대신들이 조광조趙光祖·김정金淨·김식金湜 등 신진 사류新進士類에게 화를 입힌 사화.

바야흐로 배에다 기녀와 악공을 싣고서 독서당에서부터 유유히 강을 내려와 김흥도의 강가 정자를 방문했다. 알몸으로 나무에 올라간 사람을 보고 물어 그가 곧 김흥도임을 알았다. 이에 김흥도를 불러 배에 오르게 하자, 그가 관과 띠만을 착용하고 몸에 옷은 입지 않은 채 말하기를,

"관과 띠는 안 할 수 없지."

라고 하였다. 배 안의 사람들은 차마 볼 수가 없었는데, 김흥도는 곁에 사람이 없는 것처럼 태연했다. 과거에 급제해 독서당의 선발에 들었는데, 일과日課로 지은 바, 대책對策*의 직언과 곧은 말은 모두 당시에 매우 꺼리는 일에 저촉되는 것이었다. 독서당에서 함께 휴가를 받은 관원이 김흥도에게 술을 권하여 그가 취해 쓰러진 틈을 타서 그의 직론을 모두 지워 버렸다. 떠돌아 전해지는 그의 책편策篇에서 마지막 열 조목은 사람들의 머리카락을 곤두서게 만드는 것이었으니, 그 사람의 의기意氣를 가히 상상할 수 있다.

김흥도가 태어났을 때 어떤 신인이 꿈에 나타나 말했다.

"이 아이가 태어나면 이름을 귀갑歸甲이라 하라."

그가 갑산甲山에 유배 가서 죽자, 바야흐로 귀갑이라는 것이 '갑산에서 죽는다'는 말이었음을 알게 되었다. 슬픈 일이다.

## 승정원의 옛 관습 ❖ 384

승정원承政院*의 옛 관습에, 모든 승지承旨들은 도승지都承旨를 공경하여 감히 희언戱言을 하지 못했으며, 불경不敬한 자에게는 벌로 잔치를 벌이도록 하였다. 홍섬洪暹이 일찍이 명기名妓 유희兪姬를 은밀히 사랑했는데, 당시 유

---

대책對策　과거의 과목인 제술製述의 하나로 경의經義 또는 정치에 관한 문제에 대해 의견을 진술하는 것.

생인 송강宋康 또한 그 기녀와 매우 가깝게 지내며 정을 두었다. 홍섬이 도승지가 되고 이준경李浚慶이 동부승지同副承旨가 되었는데, 이때 송강이 죽자 홍섬이 탄식하며 말했다.

"나와 같은 해 같은 달 같은 일시日時에 태어났는데 먼저 죽는구나. 곤궁함과 영달함이 같지 않았으니 어찌 이상하지 않은가!"

이준경이 말했다.

"도승지 영공令公께서도 유희兪姬를 사랑하시고 송강 또한 유희를 사랑했으니, 단지 운명만 같을 뿐 아니라 행한 일 또한 같았습니다."

모든 승지들이 서로 돌아보며 얼굴빛이 변했고, 여러 아전들은 놀라서 눈을 휘둥그렇게 치뜨고 눈을 움직이며 예전에 없었던 큰 변고로 여겼다. 이에 벌칙으로 이준경의 집에서 잔치를 행하였는데 무릇 일곱 번을 한 후에야 그쳤다. 이준경이 말했다.

"비록 내가 이 일로 인해 집 재산을 다 기울인다 할지라도 이야깃거리가 매우 좋으니 말하지 않을 수가 없었다."

중세 이래로 기강이 차츰 무너지고 승정원의 옛 관습도 날로 쇠퇴해 지금은 다시 옛 시절의 일을 회복하지 못하니, 또한 세상이 변했음을 볼 수 있다.

## 홍문관 숙직 교대의 어려움 ❖ 385

홍문관弘文館*에서 차례로 돌아가면서 당직하는 것은 당나라의 영주瀛洲 18

승정원承政院 조선 시대 때 임금의 명령을 전달하고 하부의 보고·청원 따위를 임금에게 중계하는 일을 맡아 보았던 관아. 도승지는 이조, 좌승지는 호조, 우승지는 예조, 좌부승지는 병조, 우부승지는 형조, 동부승지는 공조를 맡았으며, 이를 이방·호방·예방·병방·형방·공방의 육방이라 했다. 육방의 승지는 모두 정3품 당상관堂上官으로 임명하였다.

학사*의 고사를 따른 것이다. 숙직하는 관원을, 위로 수찬修撰 이상은 상번 上番*이라 칭하고, 아래로 수찬 이하는 하번下番이라고 칭했다. 동료에게 청하여 당직을 바꾸고자 할 때는 반드시 서리書吏를 보내 말을 전한다. 동료로서 서울에 거주하는 이가 어떤 이는 남부에 살기도 하고, 어떤 이는 동성東城이나 청파靑坡, 또는 장의동莊義洞에 살기도 해 까마득히 먼 곳을 오가야 했다. 그 일을 맡은 서리는 비와 눈을 맞으며 진창길을 무릅쓰고 다니느라 신발이 벗겨져 맨발로 달리기도 하며, 땀이 흘러 옷을 적시며 동분서주하면서 헐떡대기를 소같이 하였다. 갑을 청하여 오지 않으면 을을 청하고, 장삼張三을 청하여 오지 않으면 이사李四*를 청해야 했다. 갑자기 병病을 핑계 대고 허락하지 않으면, 반드시 '내 아들놈이로다'라고 하면서 몰래 욕을 하였다. 날이 거의 저물어 대궐 문이 닫히려 하면 길가에서 내놓고 "내 아들놈이다"라고 욕을 했다.

　한 정자正字가 젊은 나이로 새로 등용되었는데 서리가 생각하기에 '그가 흥이 나서 반드시 올 것이다'라고 여기고 힘써 그에게 청했는데도 또한 허락하지 않자, 서리가 매우 성이 나서 욕을 하고 돌아오면서 말했다.

　"이놈은 참으로 천생 내 자식 놈이로다."

　예전에 강신姜紳이 숙직으로 갇혀 지낸 지가 40여 일이나 되었는데도 교대할 사람이 없었다. 대궐 안에 갇혀 지내는데 철이 이미 바뀌어서 그 고통을 견디지 못해 형인 강서姜緖에게 떼를 쓰며 청하였으나, 강서는 매일 취해 지내면서 오려고 하지 않았다. 그러다가 하루는 술에 취한 채 지나가자 강

---

홍문관弘文館　삼사三司의 하나로 궁중의 경서·사적·문서 등을 관리하고 왕을 자문하는 기구이다.
영주瀛洲 18학사　중국 당唐나라 태종太宗이 즉위하기 전에 어진 인재 18명을 초빙해 문학관 학사로 삼고 초상화를 그리게 한 다음, 찬을 짓게 하였다. 세상에서는 여기에 뽑힌 사람을 존경하며 영주瀛洲에 올랐다고 일컬었다.
상번上番　당직자 중 윗자리에 있는 사람.
장삼이사張三李四　장씨의 3남과 이씨의 4남이라는 뜻으로, 성명이나 신분이 분명하지 못한 평범한 사람들을 이르는 말.

신이 한편으로는 기쁘고 한편으로는 원망스러워서 말했다.

"어째서 형님은 집에서 매일 취해 지내면서 저를 이처럼 곤란하게 하십니까?"

강서가 짐짓 노한 척하며 말하길

"나는 너를 가련히 여겨서 왔는데 어찌하여 감히 나를 원망하느냐?"

라고 하고는 옷깃을 뿌리치며 달려 나가 버리니, 또 허다한 날을 꼼짝없이 숙직한 뒤에야 나올 수 있었다.

이성임李聖任이 한 달 넘게 숙직하면서 지내다가 하루는 이대해李大海에게 저물 무렵에 이르기를 청하였다. 아직 홍문관에 도착하지 않아 서리가 그를 기다리다가 대궐 문이 장차 닫힐 즈음에 "이 교리께서 오십니다"라는 말을 전했다. 이성임은 크게 기뻐하며 의관을 갖추고 나가 대궐문 안에 서 있다가 멀리서 이대해가 오는 것을 보고 꾸짖어 말했다.

"어찌해서 나를 이토록 괴롭히는 것이오!"

그러자 이대해는 대궐 문 안으로 발을 들여놓으려다가 다시 말을 타고 되돌아가 버렸다. 이성임은 감히 대궐 문을 나가지 못하고 다시 돌아가 숙직해야만 했다.

대개 예전에는 대궐에서 숙직함이 매우 엄해서 끝내고 나가는 사람은 거만하게 행동했고 새로 들어오는 사람은 애걸을 해야 했다. 요즈음에는 나가고 들어옴이 모두 기강을 잃어 비록 관직에서 파면되고 조정의 논책이 이어져도 오히려 태연하게 여기고 동요함이 없다. 기강에 관한 것에서도 또한 세상이 변했음을 알 수 있다.

## 객지 벼슬살이의 고달픔 ❖ 386

우리나라가 비록 가난하지만 평소에 관인官人에게는 각각 말과 종복을 주었는데, 난리를 겪은 뒤로는 공사 간에 모양새가 갖추어지지 못했다. 근래 이조吏曹에서 제관祭官을 차출하면 대부분 병을 핑계 대고 차출에 나아가지 않아 늘 사람이 부족할까 염려하여 으레 기한이 임박해서야 명첩命帖*을 내려 주었다.

습독관習讀官*으로 있는 한 관리가 능陵 제사의 집사執事로 차출되었는데, 날이 저물도록 오지 않았다. 마침 큰비가 내려, 재랑齋郞*이 능을 지키는 수복守僕을 시켜 산길에서 그를 맞이하도록 했는데, 종일토록 기다려도 관리가 오지 않았다. 날이 어두워질 무렵, 어떤 사람이 도롱이를 걸치고 삿갓을 쓴 채 등에 주머니 하나를 짊어지고 왔다. 수복이 그에게 물었다.

"제관이 날이 저물도록 오지 않습니다. 도중에 관원이 오는 것을 보지 못했습니까?"

그 사람이 말했다.

"마땅히 올 것이니 너는 기다리지 말거라."

홍살문 앞에 이르자 그 사람이 도롱이를 벗고 등에 진 것을 풀었다. 보따리를 열어 단령團領(관복)과 사모紗帽(관복을 입을 때 쓰는 모자), 신발과 허리띠를 꺼내 용모를 고치고 들어가니, 곧 관원이었다. 그가 말했다.

"이조吏曹에서 차출하는 명첩이 오늘 아침에야 이르렀습니다. 나는 먼 지방의 무관으로 서울에서 객지살이를 하면서 벼슬하고 있습니다. 오직 말 한 필과 종 하나가 있는데 어제 꼴을 장만하러 가서 모두 돌아오지 않았습

---

명첩命帖　관직의 임명 사실을 적은 종이쪽. 명첩名帖.
습독관習讀官　조선 시대에 훈련원, 사간원, 사역원, 관상감 및 전의감에 두었던 관원으로 각기 군사, 한어漢語, 의약, 천문학 관계의 서책들을 읽고 지식을 쌓는 것이 소임이었다.
재랑齋郞　묘묘廟·사社·전전殿·궁궁宮·능릉陵의 참봉을 통칭하는 말.

니다. 제사에 참여하지 않아 죄를 얻기보다는 차라리 등에다 짊어지고 걸어서라도 오는 것이 낫지 않겠습니까?"

이 말을 듣고는 측은하게 여기지 않는 이가 없었다.

내가 보니 중국에 갔을 때 한미한 관리들은 흔히 조복朝服을 한 채 길을 걸어 다니고 있었다. 두보가 나귀를 빌려 타고 궁궐에 조회하러 간 것* 또한 사치스런 일이거늘, 하물며 우리나라의 습독관에 있어서랴! 한미한 사람이 객지에서 벼슬살이하는 고달픔은 참으로 가련하다 할 것이다.

## 경차관을 풍자한 향교 시강생 ❖ 387

예전에 조정에서 군적軍籍을 다스릴 때에는 팔도에 경차관敬差官*을 나누어 파견해, 향교의 생도들에게 강강講을 시험하여 글을 잘 하지 못하는 사람은 강등시켜서 군액軍額으로 충원했다.

한 유생이 늙어서 턱과 얼굴에 수염이 가득했는데 글을 읽은 바가 없었기에 『유합』類合*을 끼고 강강에 응했다. 경차관이 그 책을 펴고 '취' 鷲와 '치' 鴟 자를 물었다. 유생이 '취' 자를 읽을 때면 얼굴에 가득한 수염이 모두

---

두보가 나귀를 빌려 타고 궁궐에 조회하러 간 것  두보의 고시 「핍측행」偪仄行에 "동쪽 집에서 내게 나귀를 빌려 주기로 했으나, 진창길이 미끄러워 감히 나귀 타고 천자께 조회할 수 없다네"(東家駒驢許借我, 泥滑不敢騎朝天)라는 구절이 있으니, 이를 지칭한 것이다.

경차관敬差官  조선 시대에 수시로 여러 임무를 띠고 각 도에 파견된 특명관. 3품에서 5품의 관원 중에서 뽑았으며, 왜구 방어 대책 등 군사적인 것에서부터 전곡田穀의 손실 조사 등 경제적 임무, 구황 등 재민災民 구제 업무, 옥사獄事·추쇄推刷·추국推鞫 등 다양한 임무를 담당하였다.

『유합』類合  기초적인 한자를 수량·방위 등 종류에 따라 구별해 새김과 독음을 붙여 만든 조선 시대의 한자漢字 입문서. 『훈몽자회』訓蒙字會 서문에 의하면, 조선 전기에 한문을 배우는 데는 먼저 『천자문』千字文을 읽고 다음에 『유합』類合을 읽었다고 한다. 저자는 서거정徐居正이라는 설이 있으나 확실치 않으며, 선조 때 유희춘柳希春이 이것을 증보·수정하여 『신증유합』新增類合을 편찬하기도 했다.

입으로 모였고, '치' 자를 읽을 때면 입으로 모였던 수염이 모두 펼쳐지며 사방으로 흩어져 그 우스꽝스런 모습이 보는 이들로 하여금 포복절도하게 했다.

한 경차관이 역마驛馬에 기생을 태우고 남원南原에 이르렀다. 남쪽 정자에 앉아서 향교의 생도들에게 강講을 시험하려고 책을 펴고서 물었다.

"이른바 정자程子는 남쪽의 정자亭子인가, 북쪽의 정자亭子인가?"

유생이 대답했다.

"남쪽 정자입니다."

경차관이 크게 웃으며 책을 던지고 기생의 무릎을 베고 누우면서 말했다.

"가거라. 군진軍陣의 보루에서 활집이나 베고 자거라."

유생이 발끈해서 정색을 하고 대답했다.

"하남河南의 정자程子\*가 남쪽 정자가 아니고 무엇입니까?"

경차관이 놀라 일어나 앉으며 말했다.

"자네 시를 지을 수 있는가?"

생도가 대답했다.

"시는 지을 줄 모르고, 다만 노래는 할 줄 압니다."

경차관이 말했다.

"노래를 지어 보아라"

드디어 노래를 지어 불렀다.

"이처럼 험난한 해에 군적은 무엇에 쓸꼬?

군적은 본디 그렇다 하거니와 경차관은 무엇에 쓸고?

경차관은 본디 그렇다 하거니와 비루먹은 역말에 태운 기녀는 무엇에 쓸고?"

---

하남河南의 정자程子    정자는 정주학程朱學의 기초를 세운 정호程顥·정이程頤 형제를 말하는데 그들이 하남 지방에 살았으므로 이렇게 말한 것이다.

경차관이 매우 기이하게 여기고 후하게 상을 주어 사례했다.

## 만호萬戶의 무식함 ❖ 388

내가 황해도 관찰사로 있을 때, 오예포吾乂浦 만호萬戶*가 있었는데 태학사太學士* 이정구李廷龜의 친족이었다. 이정구가 그를 위해 은근히 부탁의 말을 했다. 내가 순행하다가 그 진鎭에 도착하여 병서兵書에서 강강講을 시험했다. 『오자』吳子의 '군중에서 밤에 놀라 떠들썩하다'(軍中夜驚喧譁)라는 대목에 이르러 은근하게 물어 보았다.

"'훤화'喧譁란 무슨 뜻인가?"

두세 번을 물어도 만호는 대답을 못하고, 땀이 얼굴을 적시며 옷과 모자가 모두 떨렸다. 곁에 있던 심약審藥*이 그를 가련하게 여겨 몰래 말했다.

"이 행차가 출발하려 하면 하인들의 소리가 어떠하겠소?"

그때 내가 장차 출발하려고 호각을 세 번 불도록 명했다. 만호가 비로소 땀을 닦고 옷깃을 여미며 대답했다.

"사또의 행차에 세 번 호각을 분다는 뜻입니다."

무관들이 공부하지 않음이 이와 같으니, 가소로운 일이다.

---

만호萬戶   조선 시대에 각 도의 여러 진鎭에 딸린 종4품의 군직.
태학사太學士   홍문관 대제학의 별칭.
심약審藥   궁중에 바치는 약재를 조사, 감독하기 위해 각 도에 파견하는 관원으로 전의감典醫監·혜민서惠民署의 의원 중에서 선임하였다.

## 춘추 의리를 안 김성일의 처사 ❖ 389

김성일金誠一이 나주 목사羅州牧使로 있을 때의 일이다. 암행어사가 나주 사람 임식林植의 집에서 묵게 되자 임식이 몰래 관아에 통지하였다. 김성일은 관대冠帶를 바르게 하고 객사 대청에서 기다리면서 음식을 성대하게 장만해 임식에게 주고는 개인 집 음식이라 속여 어사에게 올리게 했다. 사람을 시켜서 말을 계속 전달하여 어사가 잠자리에 든 것을 확인한 뒤에야 비로소 의관을 벗고 자기 방으로 돌아갔다. 김성일은 강직하여 남에게 굽히지 않고 다스림 또한 으뜸이었는바, 일개 어사를 두려워한 것이 아니라 다만 신하로서 왕의 사신을 공경한 것이니 예의의 마땅함이 이와 같아야 한다.

김여물金汝岉이 또 순무어사巡撫御史*로서 나주에 들어갈 것이라고 미리 글을 보내어 김성일이 종일 객사에서 기다렸다. 김여물이 도중에 친척 집에 들어가 취하도록 술을 마시다가 야간 통금을 범하고서야 나주에 들어갔다. 김성일이 말했다.

"어사는 먼저 왕명을 선포한 후에 사사로운 친분에 미침이 옳으니, 어찌 감히 군주의 명을 초야에다 버리시오? 나는 변방의 신하로 날이 저물었으니 성문을 열 수 없습니다."

그러고는 아전에게 성문을 닫고 도랑의 다리(溝橋)를 치운 후 기다리라고 했다. 어사가 밤에 들어오다가 문이 닫히고 도랑의 다리가 치워진 것을 보고는 크게 놀랐다. 관문을 지키는 아전이 관사에서 열쇠를 받아와 관문을 열고 다리를 내린 후에야 들어왔다. 김여물이 들어와 관사에 자리잡고는 예방禮房과 병방兵房의 아전들을 모두 형벌로 다스렸다. 어떤 이가 말하길,

"옛날 주아부周亞夫가 천자를 들이지 않은 것*을 김성일이 본받은 것이

---

순무어사巡撫御史   조선조에 나라에 변란이나 재해가 있을 때 왕명으로 두루 돌아다니며 사건을 진정시키고 백성들을 위무하는 특사.

다."
라고 하고, 또 다른 이는 다음과 같이 말했다.

"임금의 사신이 하읍下邑에 이르렀는데, 신하의 예의가 감히 이 같을 수는 없는 것이다. 김여물이 형벌로 다스림은 체통을 얻은 것이다."

내가 논해 본다면 김성일이 옳았고 김여물이 그른 것이다. 『좌씨전』左氏傳에 이르길,

"임금의 명을 받아 강역疆域을 넘어 사행 간 이가 사명使命을 이르게 하지 않은 채 사사로이 술을 마시는 것은 불경한 처사다."

라고 했으니, 김성일은 춘추의 의리를 안 사람이라 할 것이다.

## 시관 이경운을 속인 박엽 ❖ 390

박엽朴燁이 함경남도 병마절도사로 있을 때 이경운李卿雲이 시관試官으로 오자, 박엽이 성대한 잔치를 베풀고 대접하며 말했다.

"내일 북산北山에서 큰 사냥을 하려고 하는데 사또께서도 참석하시지 않으시렵니까?"

이경운이 매우 기뻐하며 말했다.

"공께서 구경하길 허락해 주시지요."

박엽이 몰래 도훈도都訓導*에게 일러 두 살 된 어린 망아지에게 호랑이

---

주아부周亞夫가 천자를 들이지 않은 것   주아부는 한나라의 개국 공신인 주발周勃의 아들로, 기원전 154년에 오吳·초楚 등 7국의 반란을 진압한 명장이다. 주아부가 세류영細柳營에 주둔하고 있을 때, 문제文帝가 군문에 들어가려 하자 성문의 군사가 "장군의 명령 없이는 못 들어간다"라며 들이지 않았다. 이에 문제가 감탄하고는 주아부를 참다운 장군이라 칭찬한 바 있다. 『사기』 권57 「강후주발세가」絳侯周勃世家 참조.

도훈도都訓導   훈도訓導 중에서 최선임 훈도를 이르는 말. 훈도는 조선 시대 정9품 경관직京官職과 종9품 외관직外官職이 있는데, 여기에서는 지방 향교의 교육을 담당한 외관직을 가리킨다.

가죽을 씌워 호랑이 형상으로 만들어 수풀 속에 감춰 두고, 이경운을 모시는 아전에게는 어미 말을 타고 이경운을 따르도록 했다. 짐승을 포위하여 몰아갈 즈음 날이 저물려 하는데, 호랑이 가죽을 씌운 망아지를 숲 속에서 풀어놓으니, 망아지가 어미 말을 바라보고 달려서 곧장 이경운의 뒤를 향했다. 줄지어 선 병졸들의 부르짖는 소리가 산골짜기를 진동해서 이경운이 돌아보니 호랑이가 뒤를 쫓아오기에 말을 달려 급히 달아났다. 이경운을 모시는 아전도 말을 달려 뒤따르니, 어미 말이 향하는 곳으로 망아지 또한 바람처럼 질주했다. 이경운이 위험을 무릅쓰고 채찍질하여 달리다가 말에서 떨어져 다쳤다. 박엽이 말에서 떨어진 사람을 치료하는 데는 개똥이 상약上藥이라고 했는데, 그곳은 산야山野로 인가에서 멀리 떨어져 있기에 쉽게 구할 수가 없었다. 급히 사냥개를 죽여 배를 갈라 그 똥을 끄집어내어 물에 타 올리니, 이경운이 눈을 감고 한 그릇을 다 비웠다.

박엽이 이경운을 속인 것은 참으로 '그 방법으로 속일 수 있다'\* 라는 것이라 하겠다. 다만 불결한 것으로 욕을 보인 것은 너무 심하지 않은가? 시관試官 또한 임금의 명을 받든 사신인 것이다.

## 유구국에 왕칭이 없는 이유 ❖ 391

유구국琉球國\*은 왕王의 칭호가 없고, 다만 세자世子라 칭할 뿐이다. 대개 국왕으로 책봉함은 반드시 천자天子의 명을 받아야 하는 것인데, 유구국은 바다 멀리 있으며 파도가 몹시 험해 배가 통하기 어려운지라 조사詔使가 이르

---

그 방법으로 속일 수 있다　원문은 '可欺其以方'으로 『맹자』 「만장」萬章 상편에 나오는 구절이다. 여기에서는 이경운이 사냥을 좋아하기에, 그것을 이용해 속일 수 있었다는 뜻이다.
유구국琉球國　오키나와(沖繩)의 옛 이름으로 중국의 수隋나라·당唐나라 무렵부터 문헌에 보인다.

지 못하기 때문이다.

옛날에 조사가 유구국에 갈 때는 복건福建*에서 큰 배를 1년에 걸쳐 만들었는데, 그 배 한 척에 은 4만 냥의 비용이 들어갔다. 관 하나를 만들어 갑판 위에 두고 은패銀牌를 그 관에 박아 '천조 사신의 관'(天朝使臣之柩)이라고 썼다. 또 별도로 쓸 은 수백 냥을 관의 머리에 박아 두었다. 악풍惡風을 만나 배가 파선하려고 하면, 사신은 의관을 바로 하고 그 관에 들어가 누웠다. 대개 관을 마련하고 거기에 은을 박아 두는 이유는 정박한 곳에서 그 은을 사용해 관을 돌려보내 주도록 하기 위해서였다.

바다를 건너는 어려움이 이와 같았는지라, 국왕이 죽더라도 조사가 그 나라에 들어가 새 국왕을 책봉하지 못한 지가 수백 년에 이르렀다. 그 나라는 매우 빈곤하고 물산物産이 적었는데, 다만 황금과 파초로 만든 베가 많아 궁궐이 모두 황금으로 장식되어 있다.

이런 사실은 유구국에 갔던 조사의 일기에 실려 있다.

## 신말주와 신응담의 뛰어난 용력 ❖ 392

신말주申末舟는 신숙주申叔舟의 아우로 돌아가신 아버님의 외가 선조다. 과거에 급제해 청직淸職을 두루 지냈는데, 신숙주가 혜장 대왕惠莊大王(세조)을 도와 수훈首勳*에 봉해지자 신말주는 병을 핑계 대고 순창淳昌으로 돌아와 정자의 명칭을 '귀래'歸來라 하고 노년을 마쳤다. 신말주는 젊은 시절 날래

---

**복건福建**　중국 남동 대만臺灣 해협海峽에서 가까운 성省. 예로부터 해외 이주자가 많아, 화교 상인 출신지로 유명함.
**수훈首勳**　'으뜸 가는 공훈'이라는 뜻으로, 신숙주가 세조의 왕위 등극에 공을 세워 좌익공신佐翼功臣 1등에 오른 사실을 가리켜 한 말이다.

고 용맹이 빼어나 아홉 자 되는 높은 병풍으로 몸을 둘러싸 팔다리와 몸만을 간신히 들어가게 하고는 단번에 몸을 날려 그 병풍을 뛰어넘었다. 그의 노비 가운데 사작乍作이라는 이가 있었는데, 그 또한 병풍 밖에서 병풍 안으로 뛰어 들어오니 사람들이 모두 깜짝 놀라 눈이 휘둥그레졌다. 당시에 용맹으로 이름난 사람들 가운데 그같이 할 수 있는 이는 아무도 없었다.

그의 현손 신응담申應澹의 용맹 또한 짝할 이가 드물었다. 신장이 8척인 사람의 정수리에 1척 남짓한 높은 관을 씌우고, 그 관 위에 또한 1척쯤 되는 횡목橫木을 올려놓는다. 신응담이 우뚝 서서 움직이지 않다가 단번에 몸을 솟구쳐 그 나무를 뛰어넘으니, 세상에서 용맹하다고 일컬어지는 사람들 중 그 누구도 그에 미칠 수가 없었다.

그가 젊은 시절 서대문 밖 모화관慕華館*에서 기우제를 지냈다. 장안의 무녀들 중 나이 어린 이들을 뽑아 화려하게 단장시키고, 높다란 누각에 결채結綵*를 걸어 꾸미고 대열을 나누어 제사를 지내려 하니, 많은 도성 사람들이 가서 구경했다. 날렵하고 용맹한 협객 수십 명이 여러 창기들을 모아놓고 큰 못 가에서 성대하게 잔치를 열고 있다가 신응담의 용맹이 세상에서 으뜸이라는 말을 듣고 예를 다하여 그를 맞이했다. 신응담이 이르자 높은 소반에 큰 술잔을 올리고 진귀한 음식과 맛 좋은 술을 권했다.

각자 뛰어오르는 재주를 겨루는데, 어떤 이는 그 간격이 두어 길이 되는 두 섬들이 항아리를 뛰어넘었고, 어떤 이는 세 마리 또는 다섯 마리 소를 훌쩍 뛰어넘었는데 마치 나는 듯 했다. 신응담에게 청하여 말했다.

"당신은 소를 몇 마리쯤 뛰어넘을 수 있습니까?"

모화관慕華館    중국 사신을 맞이하는 관사. 1407년(태종 7) 송도松都의 영빈관迎賓館을 모방하여 서대문 밖에 건립, 모화루慕華樓라 하였다. 모화루 앞에 영은문迎恩門을 세우고 남쪽에 못을 파 연꽃을 심었으며, 1429년(세종 11) 규모를 확장·개수하고 모화관이라 개칭했다. 1896년(건양 1) 독립협회獨立協會에서 영은문 자리에 독립문을 세우고 이를 독립관이라 고쳐, 독립 정신을 고취하는 회관으로 사용했다.

결채結綵    색실, 색 헝겊, 색종이 등을 지붕이나 문 위에 내걸어 아름답게 장식하는 일. 임금의 행차나 중국의 칙사勅使를 맞이할 때 환영하기 위해 만들었다.

사회편  613

"여덟 마리는 넘을 수 있소."

이에 여덟 마리의 소를 나란히 세워 놓고 몸을 한 번 솟구쳐 뛰어올랐는데, 일곱 마리 소를 지나고 여덟 번째 소를 차니, 소의 척추가 부러져 쓰러졌다. 여러 협객들이 이를 보고는 눈빛이 동요하더니 드디어 줄지어 늘어서서 절을 올리고 맞이하여 앉힌 뒤, 용모와 자태가 빼어나게 아름다운 창기 두 명을 골라 올려 시중들게 하고는 그대로 머물러 유숙하기를 청했다. 장차 밤놀이를 하려고 하자, 신응담이 말했다.

"내가 우연히 여기에 온 것은 본디 그대들 때문이 아니오."

드디어 크게 취하여 옷깃을 떨치고 두 명의 창기를 끼고 함께 말을 타고 가 버렸다. 이틀 후 조보朝報*를 보니 '무뢰배 여러 명이 남의 집 겹지붕을 넘어 미녀를 훔치다가 대장에게 잡혔다'라고 했는데, 신응담은 연루되지 않았다. 신응담은 경학經學을 공부해 사서삼경을 모두 외웠으나, 이를 버리고 무업으로 과거에 급제해 지금은 4품 벼슬에 이르렀다.

## 무용武勇이 뛰어난 조막종·한적·안경무 ❖ 393

조막종趙莫從이란 사람은 장안의 협객으로 용맹이 매우 뛰어났다. 겨우 몸 하나만을 들일 만큼 비좁은 창이 높이 수어 길 되는 인가의 겹지붕 위에 있었는데, 조막종이 바깥에서 뛰어올라 몸을 눕혀 들어가니 마치 화살이 과녁을 꿰뚫는 것 같았다.

한적韓績이란 이는 우리 마을 사람이다. 숭례문崇禮門 남쪽에 수백 개의 벽돌 계단 위에 홍문紅門이 있는데, 한적이 아래에서 뛰어올라 그 문 안으로

---

**조보朝報**  승정원承政院에서 처리한 사항을 매일 아침에 기록하여 반포하는 관보官報.

들어갔다. 숭례문 안의 돌성(石城)에 돌로 만든 자그마한 두꺼비 머리가 밖으로 튀어나와 있어 그것으로 문루門樓의 해자와 통했는데, 발 반 쪽이나 겨우 디딜 수 있을 정도였다. 그 위로는 높이가 한 길 남짓 되는 벽돌로 쌓은 담이 있었는데, 아래로 깎아지른 듯한 돌성은 높이가 수십 길이었다. 한적이 그 두꺼비 머리를 딛고 몸을 늘어뜨린 채 길 가는 사람에게 "나 좀 살려, 나 좀 살려!"라고 소리치니, 나무하는 아이가 그 아래 땔나무를 쌓아 놓고 그가 떨어지기를 기다렸다. 그런데 한적이 크게 소리 지르더니 몸을 솟구쳐 누각 안으로 날아 들어가니, 길 가던 사람들이 모여 구경하다가 모두 감탄하며 혀를 내둘렀다.

또 가정嘉靖(1522~1566) 연간에 안경무安景務라는 이가 있었는데 세상에 보기 드문 용기를 지녔지만, 사람들 앞에서는 작은 용기만 약간 보였을 뿐 큰 용기는 자랑하지 않았다. 일찍이 손님과 큰 냇가에서 바둑을 두다가 손님이 냇물 가운데 자그마한 바위가 물결 위로 솟아 있는 것을 보고는 장난삼아 말했다.

"세상에서 당신이 매우 용감하다고 칭찬하던데, 저 바위에 뛰어올라 앉을 수 있겠소?"

대개 그 거리가 수십 길은 되었으며 지나치거나 미치지 못하면 깊은 물속에 빠질 것이 분명했다. 안경무가 웃으면서 말했다.

"내가 날개가 달린 것도 아닌데 어찌 감히 저 바위 위에 앉으려 하겠소."

손님들이 다투어 바둑을 마치고 안경무가 간 곳이 없어 돌아보니 이미 그 바위에 앉아 있는 것이었다.

또 높다란 누대가 깊이를 알 수 없이 깊은 못가에 임해 있었는데, 못의 빛이 검푸렀다. 어디선가 화살이 날아와 누대 서까래에 박히자, 사람들이 안경무에게 뽑으라고 했다. 안경무가 누대 안 방석에 앉아 있다가 위로 뛰어올라 그 서까래를 부여잡은 뒤 화살을 뽑아 들고 다시 누대 안으로 몸을 던지는데 마치 나는 새처럼 민첩했다. 이를 지켜본 모든 사람들이 혼비백산했다.

당시에 눈이 많이 내렸는데 어떤 사람들이 새벽에 종루 거리를 지나가다가 보니, 사람 발자국 몇 개가 소광통교小廣通橋에 있다가 중간에 끊어져 간 곳이 없더니 다시 대광통교에 이르자 몇 개의 발자국이 보이다가 중간에 끊겨져 간 곳이 없고, 종루의 용마루 위에 사람이 앉았던 흔적이 있었다. 당시 사람들이 모두 안경무의 발자국이라고 했지만, 그가 누구인지는 알 수 없었다. 대광통교와 소광통교는 떨어진 거리가 수백 보이고, 종루의 높이는 수십 길이다.

## 권절의 완력 ❖ 394

권절權節은 내 외가의 외선조外先祖다. 태어났을 때 양손의 여덟 손가락이 모두 나란히 붙어 있었다. 부모가 네 손가락 가운데를 각각 한 곳씩 갈라 두 개씩 서로 붙어 있도록 했다. 점점 자라면서 완력이 비길 데 없이 뛰어났다. 두 개의 맷돌을 들어 공처럼 가지고 놀면서 늘어서 있는 독 사이로 마구 던졌는데, 모두 열 길의 높이까지 올라갔으며 오르락내리락하면서 보였다 사라지는 것이 마치 나는 듯했지만 항아리는 깨지지 않았다. 개암이나 잣 또는 호두를 먹을 때마다 모두 두 손바닥을 서로 비벼서 부스러뜨려 알맹이를 빼냈다.

일찍이 산사山寺에 놀러 갔다가 중이 부엌에 앉아 나무를 때면서 두 손으로 땔나무를 당겨 자르는 것을 보았는데, 잘라진 곳이 마치 칼로 자른 듯했다. 권절이 그의 관冠을 쥐고 한 손으로 집 기둥을 들어 올리더니, 다른 한 손으로 그 관을 주춧돌 사이에 끼워 놓았다. 중이 두 손으로 기둥을 들어 올렸지만 관을 꺼내지 못하고 분하여 울었다. 권절이 다시 한 손으로 기둥을 들고 한 손으로 관을 꺼내 중에게 주었다.

권절이 아직 관례冠禮를 하기 전에 한 친족이 미녀를 데려와 대부인에게 문안 인사를 드리도록 했는데, 권절이 집 기둥을 들어 그녀의 치맛자락을 끼워 놓자 여자가 매우 근심하였다. 권절에게는 힘이 그와 비등한 누이동생이 있었는데, 그 기둥을 들어 치맛자락을 빼내 주었다.*

권절이 늙어서 사기 받침을 열 겹쯤 쌓아 놓고 한 손가락으로 튕겼는데, 손가락에서 피만 흐를 뿐 사기 받침이 부수어지지 않자 탄식하며 말했다.

"아! 나도 늙었구나. 젊었을 적엔 한 손가락으로 튕겨도 사기 받침이 온전한 것이 없더니, 이제는 사기 받침은 깨지지 않고 손가락에 피가 먼저 나는구나."

그가 문과에 급제해 관직이 감사에 이르렀다. 홍문관弘文館 교리校理*를 지낼 때, 하루는 잠저潛邸*에 있던 혜장 대왕惠莊大王(세조)이 큰 뜻이 있어 그의 집에 찾아왔는데, 권절은 거짓으로 미친 척함으로써 자신의 뜻을 보여 주었다.

---

**권절이 아직 ~ 빼내 주었다.**   이 대목이 여러 필사본에는 모두 맨 마지막에 기술되어 있는데, 여기에서는 〈만종재본〉의 체재를 따라 번역하였다.

**홍문관弘文館 교리校理**   홍문관弘文館은 조선 시대 삼사三司의 하나로, 궁중의 경서와 사적을 관리하며 문서를 처리하고 왕의 자문에 응했으며, 경연經筵의 관직을 겸하였다. 연산군 때 진독청進讀廳이라 고쳤다가 1506년에 다시 복구하였다. 교리校理는 홍문관의 정5품 관직으로 주로 문한文翰에 관련된 일을 담당했으며, 사헌부司憲府·사간원司諫院과 함께 삼사三司의 일원으로 간언諫言 활동에도 참여했다. 통칭 옥당玉堂으로 불렸다.

**잠저潛邸**   왕세자王世子와 같이 정상 법통正常法統이 아닌 다른 방법이나 사정으로 임금으로 추대된 사람이 왕위에 오르기 전에 살던 집, 또는 그 살던 기간을 말한다.

## 신현의 완력 ❖ 395

신현申晛은 자字가 경중擎仲으로 완력이 대단했다. 그의 선조 중에도 완력이 비길 데 없이 뛰어난 한 서생이 있었다. 그가 사랑하는 기생이 30리 밖에 살았는데, 늘 포시晡時*에 밥을 먹고 난 후 찾아가서 묵었다. 한번은 그가 길을 가다가 들판에 앉아 일을 보고 있는데 커다란 호랑이가 등 위에 올라탔다. 서생이 천천히 말하길

"늙은 놈이 내 등에서 무엇 하는 것이냐?"

라고 하고는, 손으로 뒤에서 호랑이의 꼬리를 움켜잡고 머리 위를 지나 거꾸로 내던지니 호랑이가 즉사했다.

신현은 재주가 노둔해 글도 잘 하지 못하고 또 무예도 즐겨 익히지 않았지만, 함께 노니는 이들은 모두 이름난 선비였다. 개암과 잣을 먹을 때면 손가락으로 껍질을 부스러뜨릴 뿐, 이로 깨트린 적이 없었다. 이각李覺은 몸이 비대해 체중이 수백 근이었는데, 신현은 그를 한 손바닥 위에 올려놓고 구슬을 놀리듯 했다. 친구 집 담장 밖에 집 짓는 데 쓸 커다란 재목 100여 개가 쌓여 있었는데, 그것을 담장 안으로 들여놓고자 했다. 대목 하나에 대여섯 사람의 힘이 필요하므로 이웃에 힘을 청하고자 하니, 신현이 말했다.

"내 자네를 위해 혼자서 날라 주겠네."

그러고는 담장 밖에서 목재를 들어 담장 안으로 던지는데, 마치 활로 화살을 쏘듯 하였다. 재목 머리의 뾰족한 부분이 뜰에 찧어 구덩이가 파였는데, 그 깊이가 모두 두어 자나 되었다.

조정에서 그가 용맹스럽다는 말을 듣고 뽑아서 선전관宣傳官으로 삼았다. 대가大駕*의 의장儀仗에는 교룡交龍을 그린 큰 깃발이 있었다. 반드시 건

포시晡時 　신시申時. 곧 오후 3시부터 5시까지의 시간.
대가大駕 　임금이 타는 수레.

장한 말에 힘센 군사 한 사람을 가려 뽑아 말을 탄 채 그 깃발을 받들도록 하고, 여섯 면을 모두 긴 밧줄을 사용하여 끌었다. 그 무게가 수백 근이 넘고 길이는 백 여 자나 되었는데, 신현이 한 손으로 그것을 휘두르니 깃발에서 바람 소리가 일었다.*

## 살인을 숭상하는 일본 풍속 ❖ 396

왜장倭將 평조신平調信에게 비첩婢妾이 하나 있었는데, 용모와 자태가 빼어나게 아름다워 평조신이 몹시 아꼈다. 집안의 종이 몰래 이 여종을 훔쳐 가자, 평조신이 크게 노했다. 그 종은 검술에 능해 적수가 없었으므로 검객劍客 5명을 선발하여 가서 목을 베게 했으나 오히려 모두 해를 입었다. 더욱 화가 나서 20명을 엄선해서 그들로 하여금 종의 목을 베도록 했으나, 이들 또한 모두 베임을 당했다. 평조신은 근심에 잠겼지만 뾰족한 계책이 없었는데, 휘하에 3년 동안 있으면서 별다른 재능이 없어 동료들에게 무시당하던 한 종이 자신이 가겠노라고 자청하였다. 평조신이 웃으면서 말했다.

"그 종놈은 용맹하고 사나워 당해 낼 자가 없다. 내가 5명을 뽑아 보냈지만 당할 수가 없었고, 20명을 뽑아 보냈으나 이 또한 모두 죽임을 당했다. 네가 내 집에 거처한 지 3년이 지났지만 남보다 뛰어나다는 칭찬이라곤 들어 본 적이 없다. 그러니 그만두어라. 네가 할 수 있는 일이 아니다."

그 무게가 ~ 소리가 일었다.   여러 필사본에는 이 다음에 "일찍이 선전관청에 들어갔는데 그 북쪽 방이 환관청宦官廳과 서로 등지고 있었다. 환관 몇 사람이 서로 이야기하기를 '임금 또한 신현이 글을 짓지 못한다는 것을 알고 있는가?'라고 하고, 또 말하길 '이번 가을의 감시監試에 신현 또한 응시할 것인가?'라고 하였다. 신현이 이 말을 몰래 듣고는 이로부터 다시는 과거에 응시하지 않았으며, 후에 관직이 현감에 이르렀다"(嘗入宣傳官廳, 其北室, 與宦官之廳, 相背, 有數宦官與語曰: "自上亦知申俔之不文?" 曰: "今秋監試, 申俔亦應乎云." 俔密聞之, 自此不復應擧, 後官至縣監.)라는 내용이 추가되어 있다.

그 종이 말했다.

"장군께서는 시험삼아 저를 보내 보십시오. 그 종놈의 목을 베지 못한다면 제가 마땅히 장군의 뜰에서 칼에 엎어져 죽어 스스로 사죄하겠습니다."

평조신이 자리에서 내려와 그 종의 손을 잡으며 말했다.

"만일 그렇게만 해 주면 내 마땅히 전 군대가 좌우에서 네 명령을 듣도록 할 것이다. 몇 사람과 함께 가고자 하느냐? 마땅히 용감한 군사 백 여 명을 뽑아서 너의 지시를 받도록 하겠다."

그 자가 말했다.

"시원찮은 놈 하나를 제거하는 데 어찌 많은 사람이 필요하겠습니까? 저 혼자 가겠습니다."

그러고는 검을 지니고 길을 떠났다. 그 종과 더불어 겨루어 진퇴를 두세 차례 하더니 드디어는 칼날을 마주쳐 종의 목을 베어 돌아왔는데, 자신도 한 군데 상처를 입었다. 평조신이 크게 기뻐하며 문에서 맞이하고 예우하며 말했다.

"네가 나의 집에서 거처한 지 3년이 되었건만, 천하를 기울일 만한 빼어난 재주를 가지고 있는 줄 내 알지 못했구나. 지금부터는 내 감히 무사의 관상을 보지 않겠다."

그러고는 상으로 수십만 금을 주었다.

그가 집에서 칼에 찔린 상처를 치료하고 있을 때, 포로가 되어 일본에 있던 우리나라 사람 급제及第 강항姜沆이 가서 병문안을 하니, 그가 말했다.

"이 나라 풍속에서는 죽음을 고상하게 여기니, 이 어찌 도리에 맞는 일이겠습니까? 이 나라에 살면서 조금 뛰어나다는 명성을 얻으면 목숨을 보전해 제 명에 죽는 이가 없습니다. 나는 당신 나라에 가서 살고 싶습니다. 당신 나라는 시서詩書를 배워 겸양의 도리를 지키면서 죽을 때까지 창칼을 휘두르지 않으니, 어찌 기쁘지 않겠습니까? 당신 나라에 가서 살고 싶습니다."

## 얼굴에 박힌 화살을 뽑는 법 ❖ 397

우리나라 사람은 외진 변방에서 태어나 비록 전적에 의거하여 글의 뜻은 대강 안다 하지만, 한단지보邯鄲之步*나 요동지시遼東之豕*와 무엇이 다르겠는가?

『좌전』左傳에 이르길,

"화살이 내 손을 뚫고 팔꿈치에 미쳤으나 내가 부러트리고 말을 몰았다."

라고 했는데, 나는 이를 화살을 뽑아 그 화살을 부러트렸다는 뜻으로 생각했다.

임진왜란 때 중국 병사 한 사람을 만났는데, 그가 얼굴에 나 있는 상처 자국을 가리키며 말했다.

"평양성 싸움에서 화살이 얼굴을 관통했지요. 뽑아서 버리려 했는데 피가 화살 구멍에서 쏟아져 나와 금방 현기증이 나 쓰러질 것 같았어요. 그래서 화살의 반 쪽은 부러뜨리고 나머지 반 쪽은 얼굴에 남겨 둔 채 죽기를 작정하고 싸워 왜놈 둘을 베었지요. 진중에 돌아와 그 화살촉을 뽑고 약으로 상처 구멍을 막아 죽지 않을 수 있었소."

대개 군사가 싸우는 법은 자고로 이러할 터이니, 진중에 임한 자들은 배워 두지 않으면 안 될 것이다. 내가 처음에 듣고는 기이하게 여겼으며, 이에 『좌전』의 기록이 거짓이 아님을 알게 되었다.

---

한단지보邯鄲之步　　연燕나라의 소년이 조趙나라의 서울 한단에 가서 그곳 사람들의 한아閒雅한 걸음걸이를 배우다가 아직 익숙하기 전에 고향으로 돌아와서, 서울 사람들의 걸음걸이도 제대로 배우지 못하고 이전의 걸음걸이도 잊었다는 고사. 본분을 잊고 남을 흉내내다 둘 다 잃음을 비유한다. 邯鄲學步.

요동지시遼東之豕　　옛날 요동에 살던 사람이 키우던 돼지가 머리가 흰 새끼를 낳자 기이하게 여겨 임금께 바치려고 가다가 하동河東에 이르러 흰 돼지 무리를 보고 부끄러워 돌아왔다는 고사로, 견식이 천박함을 비유한다.

## 지모가 비상한 유자광 ❖ 398

유자광柳子光은 감사 유규柳規의 첩 소생으로 남원南原에서 살았는데, 어려서부터 재기가 넘쳐흘렀다. 유규가 깎아지른 듯 빼어난 바위 하나를 보고는 유자광에게 이를 읊어 보라고 하자, 유자광은 즉시 붓을 들어 다음과 같이 썼다.

뿌리가 구천에 서리었으니 根盤九原
그 기세 삼한을 누르네. 勢壓三韓

유규는 이를 매우 기특하게 여기고는 훗날 크게 성취함이 있을 줄 알았다. 날마다 『한서』漢書를 한 대전大傳씩 읽고 요천蓼川에서 은구어銀口魚(은어)를 백 마리씩 잡게 하여, 이를 하루의 과업으로 삼게 했다. 유자광은 책 읽기를 미루지 않았으며, 고기를 잡는 데에도 그 수가 한 마리도 모자라지 않았다.

그가 장성하여 문장에 능하자 고을 사람들이 비웃어 말하길,

"네가 비록 문장에 능하다고 해도 서얼에게는 벼슬길이 허락되지 않으니 어찌하겠느냐?"라고 했다. 서민들 중에는 그에게 거만하게 굴며 몸을 낮추지 않는 이들이 많았다. 이때 강정 대왕康靖大王(성종)께서 왕비 윤씨尹氏를 폐위시키려 하자, 유자광은 상소를 올려 그 일의 불가함을 극력 간하였다. 연산군이 즉위한 뒤 과거 응시를 허락받자 벼슬길에 올라 병조 좌랑이 되었으며 여러 차례 승진해 고품대관高品大官에 이르렀다.

연산군이 정사의 도리를 잃자 성희안成希顔과 유순정柳順汀 등이 반정을 은밀히 논의하여 장차 거사하려고 했는데, 어떤 사람이 말했다.

"대사를 일으키면서 유자광에게 알리지 않는 것은 옳지 않습니다."

이에 역사力士를 뽑아 소매 속에 쇠몽둥이를 넣고 유자광을 만나 보도록 하면서 그에게 계책하였다.

"유자광의 장모는 대비전의 시녀가 되었다. 유자광이 우리의 밀의를 듣고 만약 들어가서 처자를 보겠다고 하면 즉시 쇠몽둥이로 쳐서 죽이거라. 처자를 보려하지 않으면 거사를 함께 할 수 있을 것이다."

역사가 유자광을 찾아가서 좌우를 물리치고 반정의 거사에 관해 이야기하자, 유자광은 크게 기뻐하며 안장을 급히 갖추고 출발하려고 했다. 역사는 그의 마음을 떠보려고 말했다.

"위태로운 일이라서 생사를 기필할 수 없습니다. 어째서 처자와 더불어 이별을 나누지 않으십니까?"

유자광이 말했다.

"전혀 그렇지 않네. 대사를 도모함에는 아녀자가 알아서는 안 되는 것이네."

그러고는 자신은 내실에 들어가지 않고 종을 시켜 커다란 유지油紙를 가지고 따르도록 명한 뒤 출발하였다.

네 명의 대신大臣이 모여서 회의를 하는데, 한 대신이 말했다.

"군사를 나눔에 전령패傳令牌\*가 없어서는 안 될 것이오. 속히 판자를 쪼개 패를 만들도록 합시다."

유자광이 말하길

"사정이 급박한데 판자를 쪼개어 패를 만들 겨를이 없소."

하고는, 즉시 유지를 조각내어 잘라 서명한 뒤 나누어 가졌다.

어떤 대신이 말했다.

"칠흑 같은 밤에 횃불이 없으니 속히 사람들에게 횃불 하나씩을 나누어 주도록 합시다."

유자광이 말했다.

---

**전령패傳令牌**　좌우 포도대장左右捕盜大將이 가지는 네모로 된 긴 패로, 명령을 전할 때 사용하였다. 한쪽 면에는 전령傳令, 또 한쪽 면에는 좌변 또는 우변 포도대장이라 쓰여 있었다.

"사정이 급박한데 횃불을 묶을 겨를이 없습니다. 대궐 문 밖 사복시司僕寺*에 짚더미가 산처럼 쌓여 있으니 횃불 하나로 이를 불사르면 대궐 안이 온통 환해질 것입니다."

그가 임기응변에 뛰어남이 이와 같았다.

거사가 이루어진 뒤 공을 논하여 봉훈封勳을 행할 때 조정에서는 공신들로 하여금 구사丘史*를 스스로 뽑도록 했다. 유자광은 수훈首勳에 속했는데, 남원에서 평소 자신을 업신여기거나 거만하게 굴며 몸을 낮추지 않았던 사람들을 모두 뽑아 노비로 삼았다.

유자광은 일찍이 주현州縣을 지날 때면 그 관사에서 제영시題詠詩를 많이 지었다. 점필재佔畢齋 김종직金宗直의 문하에는 명사들이 많았다. 점필재가 유자광의 현판懸板을 보더니 말하길,

"유자광이 어떤 놈이길래 감히 현판을 건단 말이냐?"

하고는, 하졸에게 명하여 현판을 부수어 버리도록 했다. 유자광은 이에 몹시 원한을 품었다. 점필재가 노산魯山*을 위해 「조의제문」弔義帝文을 짓고 그의 문인 김일손金馹孫이 주를 달았다. 유자광은 이 일을 폭로해 김일손 무리들을 거의 다 죽이고, 이것이 끝나자 이미 죽은 점필재의 무덤을 파고 관을 꺼내 시신의 목을 베니, 선비들 사이에는 이를 분하게 여기는 의론이 일었다. 이 일은 『매계집』梅溪集*에 실려 있다.

유자광은 사후에 자신 또한 이 같은 일을 당할 줄 미리 알았다. 그래서 자신과 모습이 닮은 이를 구해서 노비로 삼고 매우 후하게 대접했다. 그 노비가 죽자 유자광이 말하길,

"이 사람은 우리 집에 살면서 공로가 많았으니 마땅히 후하게 장사를 지

사복시司僕寺　고려 및 조선 시대 때 궁중의 여마輿馬·구목廏牧에 관한 일을 맡아 보았던 관청.
구사丘史　조선 시대 때 종친宗親·공신功臣들에게 내려주던 지방의 관노비官奴婢.
노산魯山　세조가 왕위를 찬탈한 뒤 단종端宗을 강등하여 노산 대군魯山大君으로 봉했다.
매계집梅溪集　조선 전기의 문신 학자인 조위曺偉(1454~1503)의 시문집으로, 매계梅溪는 그의 호다.

내 주어야 한다."

하고는, 자신의 비단 채색 옷을 다 벗어서 그에게 입힌 뒤 대부의 예로 장사 지냈다. 관의 안팎을 석회로 칠하고 무덤 위의 석물石物도 빠뜨림 없이 갖춰 주었다.

그러고는 자신이 죽을 즈음에 처자에게 은밀히 경계하였다.

"평장平葬을 하고 봉분하지 말 것이며, 희생이나 비석 등 어떠한 석물도 세우지 말아라. 그리고 만약 조정에서 사람을 보내 나의 무덤 자리를 묻거든 죽은 노비 아무개의 잘 꾸며진 무덤을 가르쳐 주도록 해라."

그가 죽자 처자는 그의 말대로 하였다.

그 후 조정에서는 유자광이 사림에게 화를 입히고 무고한 사람들을 죽였다는 의론이 일어났다. 그래서 장차 그의 무덤을 파고 관을 꺼내 시신에 형벌을 가하고자 하였다. 의금부에서 사신을 보내 유자광의 무덤을 물으니, 집안사람들이 속이고서 노비의 무덤을 가리켜 주었다. 무덤을 파고 시신을 꺼내 목을 베는데 수염과 얼굴 모습이 유자광과 흡사했고, 의복이 모두 재상의 품복品服이어서 참수하면서 의심하지 않았다. 그로 인해 유자광의 무덤은 처음부터 끝까지 아무런 우환이 없었다.

## 기지로 공훈을 얻은 선비 ❖ 399

연산조燕山朝에 한 판서判書의 아들이 있었는데 선비이면서도 그 행실이 패려궂고 망령되었다. 밤에 사청射廳* 앞 기생집에서 잠을 자고 있는데 한밤

---

**사청射廳**　 서울 동대문 밖 훈련원에 있었던 활 쏘는 장소로 본래 무과의 활쏘기 시험을 거행하거나 장교와 군졸들이 활쏘기 연습을 하는 공간이었는데, 일반 사대부들도 이곳에서 활쏘기를 했다.

중에 악소배惡少輩가 문을 밀치며 칼을 빼어 들고 들어왔다. 선비는 알몸으로 도망쳐서 훈련원訓鍊院 누각의 마루 아래에 숨었는데 악소배들이 뒤쫓아 갔지만 찾지 못했다. 잠시 후에 재상 십 여 명이 수십 명의 군졸을 거느리고 누각 위에 모여서 은밀히 반정反正의 계책을 모의하며 말했다.

"대사大事를 일으키고자 하면서 판서判書 아무개를 죽이지 않으면 일을 이루지 못할 것이다."

여러 사람들이 "옳습니다"라고 말했다.

판서 아무개는 바로 선비의 부친이었다. 선비는 숨을 죽이고 엎드려서 숨어 그 말을 듣고는 놀랍고 두려워 잠시 어찌할 바를 몰랐으나, 곧바로 누대 아래에서 몸을 빼어 나와 뜰에 꿇어앉아 말했다.

"소자의 부친은 여러 대감들께서 장차 거사를 일으키려 하는 것을 듣고 서둘러 오려고 했습니다. 그런데 마침 갑자기 곽란을 앓아서 일어나려고 하다가 도로 엎어진 것이 세 차례였습니다. 이에 소자를 시켜 먼저 의거에 참여하라고 명하셨습니다. 사태가 급박해 의관을 갖출 겨를이 없어서 알몸으로 오게 되었습니다."

여러 재상들이 크게 기뻐하며 그를 허락하였다. 일이 평정되고 논공행봉論功行封을 할 때 아무개 선비 부자가 모두 큰 공훈을 책봉받았다.

어떤 사람이 말했다.

"그 사람은 선비가 아니라 바로 서얼 구현휘具玄暉*다."

---

**구현휘具玄暉**  이긍익李肯翊의 『연려실기술』燃藜室記述 권6 「연산조 고사본말」燕山朝故事本末에는 "구수영具壽永은 임금의 음란한 행실을 인도하고 악을 퍼뜨린 죄가 있어 아울러 죽이려고 했는데, 그 족질族姪 구현휘具玄暉가 반정의 계획에 참여했으므로 구수영에게 달려가서 고하였다. 구수영이 훈련원에 나아가서 살려 주기를 애걸하니 박원종 등이 그를 용서해 주었다"라는 기사가 『음애일기』를 인용하여 기록되어 있다. 그리고 "구현휘는 곧 구수영의 동성同姓 서얼庶孼로 용력勇力이 뛰어났다."고 기술되어 있는데, 이 외에 구현휘의 자세한 인적 사항은 미상이다.

## 상국 장순손의 위엄 ❖ 400

홍춘경洪春卿이 홍문관弘文館의 정자正字*로 있을 때였다. 그의 어머니가 가마를 타고 길을 가고 있는데, 상국 장순손張順孫의 노비가 술에 취해 가마 뒤를 따라가던 여종을 희롱하다가 가마를 메고 가던 하인을 붙잡아 매질을 하니 부인이 크게 놀랐다. 홍춘경은 이 일이 상국의 집과 관련된 것인지라 형조에 고하지 못하고 상국相國의 집에 이르러 뵙기를 청했다. 상국이 그를 대하자 홍춘경이 사실대로 아뢰니, 상국이 말했다.

"몹시 놀라운 일이오."

시중드는 자를 불러 귀에 대고 말하는데 얼굴빛이 태연자약하였다. 홍춘경이 일어나 하직 인사를 하자 상국이 말하길,

"잠시 머무르시지요."

라고 하면서 한가롭게 이야기를 나누니, 홍춘경이 마음 속으로 몹시 괴이하게 여겼다. 하직 인사를 하고 나가다가 문 옆을 보니 이미 어떤 사람이 죽어 거적자리로 덮여 있었는데, 바로 그 종이었다. 상국이 목소리와 안색도 변하지 않은 채 귀에 대고 한마디하자 순식간에 이미 종이 죽음에 처해졌던 것이다. 그의 위엄이 이와 같았으니, 한 나라의 재상이 되기에 마땅하다 할 것이다.

---

정자正字　홍문관弘文館·승정원承文院·교서관校書館의 정9품 관직으로, 전적典籍이나 문장의 교정을 맡아 보았다.

## 역관 표헌의 염불담 ✤ 401

역관譯官 표헌表憲이 중국에 조회하러 가다가 두령斗嶺을 지나 고삼高三의 집에서 묵게 되었다. 고삼은 밤새도록 아미타불阿彌陀佛을 염불하는데, 찻물 담은 병을 벽 위에 매달아 두고 목이 마르면 그 찻물을 마셔 가며 염송하기를 그치지 않았다. 고삼이 표헌에게 말했다.

"동국 사람들은 불서에 대해 아는 것이 많다고 하니, 당신도 반드시 깨우쳐 아는 것이 있을 것입니다. 내가 아미타불을 염송하는 것이 전생과 후생에 이로움이 되겠습니까?"

표헌이 대답했다.

"그렇지 않습니다. 우리나라에 다음과 같은 이야기가 있습니다. 한 거사居士가 부처를 섬겨 모든 일을 끊어버리고 오직 염불만 일삼았습니다. 늘 한 방에 거처하며 매번 아미타불을 부르며 낮부터 밤까지 계속했는데, 이와 같이 한 지 여러 해가 되었습니다. 꿈에 한 신인神人이 나타나 스스로 아미타불이라고 일컫고는 문을 두드리며 거사에게 말했습니다. '네가 나를 생각함이 매우 근실하니, 내가 마땅히 너에게 복을 주겠다. 내일 관찰사가 네가 사는 고을을 지날 것인데, 너는 다리 아래 엎드려 있으면서 길생吉生이라고 10여 차례 계속해서 소리쳐 부르거라. 그가 반드시 복을 내릴 것이다.' 다음 날 거사는 그 말대로 종일토록 다리 아래에 엎드려 있었는데, 과연 관찰사가 그 다리를 지나갔습니다. 거사는 다리 아래 엎드려 있다가 큰 소리로 '길생'이라고 10여 차례 외쳤습니다. 관찰사는 크게 화가 나서 나졸에게 명하여 그를 붙잡아 오게 하고는 말하길, '나의 아명이 길생인데 네가 어찌 나를 업신여겨 내 이름을 10여 차례나 부르는 것이냐?' 하고는 큰 곤장을 써서 볼기를 80대나 때렸습니다. 거사는 기어서 돌아와서는 저 혼자 그 이유를 괴이하게 여겼는데, 그날 밤 또 꿈에 신인이 나타나 말했습니다. '네가 관찰사의 아명을 10여 번 부르다가 오히려 곤장을 80대나 맞았는데, 나를 어찌 너의 관찰사와 견줄 수 있겠느냐? 어찌하여 내 이름을 천만 번이나 부르며 밤낮으로 그치지 않고 여러 해 동안 계속하는 것이냐? 지금 이후로 다시는 내 이름을 부르지 말거라.' 하였습니다. 이로부터 거사는 크게 두려워하여 다시는 아미타불을 부르지 않았습니다."

고삼은 크게 놀라서 말했다.

"내가 당신의 가르침을 받지 못했다면 금생今生에 엄한 장형을 받을 뻔 했습니다."

이로부터 찻물 담은 병을 엎어 버리고는 밤새도록 편히 잠을 자며, 다시는 아미타불을 염송하지 않았다.

훗날 표헌이 다시 고삼의 집에 묵게 되었는데, 고요하여 염불 소리라고는 들리지 않았다.

표헌은 관직이 숭록崇祿*에 이르렀으며 지금 벌써 77세가 되었다고 한다. 젊어서부터 늙을 때까지 관서關西(평안도) 지방을 지나 북경에 이르도록 여러 기생들과 더불어 술 마시기를 즐겼으나 가까이한 기생은 한 사람도 없었기에, 사람들이 모두 이를 기이하게 여겼다.

## 김인복의 빼어난 입담 ❖ 402

김인복金仁福은 구변이 좋고 우스갯소리를 잘했다. 젊었을 때 길에서 지방의 어떤 한미한 선비를 만났는데 수정으로 갓끈을 하고 있었다. 그런데 그 갓끈이 매우 짧아 간신히 턱을 두르고 있었다. 김인복이 말을 멈추고 채찍을 들어 읍하며 말했다.

---

숭록崇祿　숭록대부. 조선 시대 때 종1품 문무관의 품계.

"아름답구려! 그대의 갓끈이여. 천하의 지극한 보배이니 내 집의 재화를 다 주고라도 그것을 사고싶소."

선비가 말했다.

"당신 집이 어디에 있소?"

"나의 집은 숭례문 밖 청파리靑坡里에 있소. 그대가 내일 동이 틀 무렵 배다리(船橋) 위에서 나를 찾되 '김인복의 집이 어디에 있소?' 하고 물으면 길 가는 사람 누군들 모르겠소."

드디어 약속을 하고 헤어졌다.

이튿날 아침 김인복이 아직 잠에서 깨어나지도 않았는데 선비는 이미 문에 이르렀다. 김인복이 나가 마루 끝에 앉더니 밭머리에 자리를 펴 선비를 앉게 하고는 말했다.

"우리 집에는 동성東城 홍인문興仁門 밖에 논이 있는데 한 말을 파종하면 해마다 벼 석 섬씩을 거둔다오. 또한 크고 힘센 소 한 쌍이 있는데 그 크기가 낙타봉만 하다오. 바야흐로 2, 3월 봄날이 되어 땅기운이 풀리고 샘물이 졸졸 흐르기 시작하면 날카로운 보습을 끼워 밭을 갈고 흙덩이를 깨뜨려서 물을 대어, 밭 하나당 올벼 열다섯 말을 심는 곳이 수십 군데 된다오. 가을 8월에 이르러 밭 가득 드리운 황금물결을 초생달 모양의 낫을 쥐고 베어 내 방아 찧어 까부르면 옥 같이 하얀 구슬이 날리는 듯하지요. 불을 때 밥을 지으면 그 기름진 윤기가 숟가락에 넘쳐흐르고 그 차진 맛이 혀에 감긴다오. 지금 그대가 앉아 있는 밭은 땅이 기름지고 비옥해 상추 심기에 딱 맞지요. 3, 4월이 바뀔 즈음에 개간하여 분뇨로 거름을 주고 비와 이슬이 적시면 파초처럼 커다란 이파리가 연하고 또 부드러운데, 그 파릇한 것을 붉은 소반에 넘치게 담는다오. 봄볕이 바야흐로 따뜻해져서 열 지어 있는 항아리에 흐르는 장醬은 달기가 꿀 같고 색깔은 말의 피처럼 붉다오. 인천仁川과 안산安山의 바다에서 그물로 밴댕이(蘇魚)를 잡아 시장에 내다 파는데, 그것을 사다가 굽고 그 위에 기름장을 바르면 그 향기가 코를 찌른다오. 이에 손바닥에 상추잎을 올려놓고, 올벼로 지은 밥을 숟가락으로 떠서, 달짝지근한 붉은 장을 끼얹고, 거기에 잘 구운 밴댕이를 올려놓는다오. 상추쌈을 싸는데 부산포에서 왜놈이 보따리를 묶듯이 하고, 양손을 모아 그 쌈을 들어 올리기를 혜임령惠任嶺 장사꾼이 짐바리를 들어 올리듯이 하고, 입술이 째질 만큼 입을 쫙 벌리기를 종루鍾樓에서 파루罷漏* 후 숭례문이 활짝 열리듯이 한다오. 이러한 때에 이 갓끈은 길이가 매우 짧아 그 끈이 끊어져 옥 구슬이 땅에 쏟아지게 될 것이오. 그러하니 우리 집에 비록 영안永安의 고운 베와 양호兩湖*의 종면綜綿과 관서關西(평안도)의 화려한 명주와 남경南京의 팽금彭錦과 요동遼東의 모단帽段이 일곱 칸 누각 위에 줄줄이 늘어져 있다 한들 내가 이를 살 수 없다오."

선비는 그 말을 듣더니 입이 헤벌어져 침이 흐르는 줄도 모른 채 떠났다.

김인복이 일찍이 담비 가죽 귀마개를 하고, 저잣거리를 지나다가 사헌부司憲府의 금리禁吏*와 마주쳤다. 금리가 그의 옷자락을 잡더니 시전 가게에 잡아 두고 관부에 보고하려고 하자, 김인복이 팔을 뿌리치고 주먹을 휘두르며 말했다.

"내가 너를 죽이고 말겠다."

금리禁吏가 말했다.

"나는 사헌부의 금란사령禁亂使令인데, 네가 나를 죽이고 어디로 가겠느냐?"

김인복이 말했다.

"너희 관부의 24감찰監察*을 나는 개가죽처럼 하찮게 여긴다. 두 지평持

---

파루罷漏　　조선 시대에 서울에서 통행금지를 해제하는 신호로 종각의 종을 서른세 번 치던 일.
양호兩湖　　호남(전라도)과 호서(충청도) 지방.
금리禁吏　　도성 안의 범법 행위를 단속하던 사헌부司憲府의 하급 벼슬아치.
감찰監察　　사헌부 소속의 정6품 관직으로 국고 출납, 사제祠祭, 조정 예회朝廷禮會, 과거科擧 등 모든 면에 걸쳐 감찰하여 기강을 세우고 풍속을 바로잡는 일을 맡아 보았다.

平*과 양 장령掌令*과 한 집의執義*와 한 대사헌大司憲*이 모두 우리 집안의 조카들이요, 심지어 개국공신開國功臣·정사공신定社功臣*·좌리공신佐理功臣*·좌명공신佐命功臣*이 모두 우리 집안의 훈벌勳閥이다. 내가 지금 주먹을 휘둘러 네 머리통을 박살내어 길 가운데 엎어져 죽게 하면, 네 집안 사람들이 나를 고소해서 가두어 놓을 테지. 그러면 성 안에 가득한 내 친구와 친척들이 각각 술병과 음식 소반을 가지고 와서 먹이며 위로할 것이다. 나는 취하여 옥에 드러누워 우레와 같이 코를 골면서 자고 있으면, 해당 관청에서 법조문을 살펴 그 마땅한 형률을 논할 것이다. 나는 훈신勳臣의 적장손嫡長孫이니 사형에서 감해서 법률에 따라 멀리 삼수갑산으로 귀양 갈 것이다. 그러면 경성의 친구들이 각각 기생과 악공樂工을 거느리고 나를 동교東郊에서 전별할 것이다. 나는 듯한 역마를 타고 귀양지에 도착하면 오랑캐 담비 가죽 이불을 덮고 잣죽과 백두산 사슴의 육포와 압록강의 물고기 회를 먹으며 지낼 것이다. 나라의 큰 경사로 왕세자가 탄생해 팔도에 귀양 간 자들에게 대사면大赦免이 내려 금계金鷄*가 여기저기 넘쳐 나면 풀려나 동교로 돌아오게 될 것이다. 돌아오되 동교東郊에 이르면 길가에 무덤이 줄줄이 늘어서 있는데, 그 연유를 물으면 대답하기를 '사헌부의 아전 아무개가 아무개

지평持平  사헌부 소속의 정5품 관직으로 정치 시비에 대한 언론 활동, 백관에 대한 규찰과 탄핵, 풍속 교정 등의 임무를 맡아 보았다.
장령掌令  사헌부 소속의 정4품 관직으로 제반 감찰監察 업무를 담당했다.
집의執義  사헌부 소속의 종3품 관직명.
대사헌大司憲  사헌부의 으뜸 벼슬로 종2품직이다. 문무백관의 기강을 바로잡고 임금의 잘못을 간하고 풍속을 바로잡는 일을 수행했다.
정사공신定社功臣  태조太祖 때 일어난 이른바 방석芳碩의 난을 평정한 공로로, 정종定宗 때에 의안 대군 義安大君 등 17명에게 내린 훈호勳號.
좌리공신佐理功臣  성종成宗 2년(1471) 신숙주申叔舟 이하 보좌공신 75명에게 준 훈호.
좌명공신佐命功臣  정종定宗 2년 제2차 왕자의 난 때 박포朴苞 등의 무리를 평정한 공으로 이저李佇 등 38명에게 내린 훈명勳名.
금계金鷄  사면의 조칙詔勅을 반포할 때 장대 끝에 매단 장식으로, 황금으로 닭의 머리를 꾸미고 입에는 붉은 기를 물렸다.

에게 피살되어 이곳에 뼈를 묻었다오' 할 것이다. 그렇다면 너는 죽고 나는 사는 것이니, 누가 이득이고 누가 손해겠느냐?"

금리가 크게 웃으며 말했다.

"내 지금 마땅히 관부에 고하지 않을 터이니, 그 이야기를 다시 한번 들려주게나."

## 김행의 재치 있는 입담 ❖ 403

김행金行은 구변이 뛰어났고 농담을 잘했다.

일찍이 잔치 자리에서 오이는 늙고 수박은 설익었으며, 대추는 익고 홍시는 작으며, 술이 물처럼 밍밍한 것을 보고는 김행이 탄식하며 말했다.

"금년은 풍년이라고 하겠구나. 대추의 크기는 홍시만 하고, 냉수가 오히려 술 맛이 있고, 오이가 그 수명을 수박에게 전하려 하는구나!"

김행이 서생으로 지내는 벗과 더불어 어떤 일에 대해 논의하는데, 그 벗의 마음이 울적하여 답답한 것을 민망히 여겨 이맛살을 찌푸리며 말했다.

"안타깝구려, 그대여! 유월 삼복三伏 한낮의 불볕더위에 붉은 직령直領*을 입고 절따마(털빛이 붉은 말)를 타고 종루 거리를 질주한다 해도 그 울적하고 답답함이 이보다 덜할 걸세."

이귀수李龜壽는 목소리가 가늘고 용모가 파리했는데, 김행이 말했다.

"슬프다, 귀수여! 굴원屈原의 모습으로 송옥宋玉의 목소리를 내니, 비록 공자나 왕손으로 부모가 구존하시고 형제가 무고無故하다 해도 오히려 그대를 위하여 울음을 울겠소."

**직령直領**   무관 윗옷의 하나로 깃이 곧게 되어 있다.

김행이 우계牛溪 성혼成渾과 마주하여 변론하는데 순환하듯 말이 계속 이어지자 우계가 말했다.

"세상 사람들이 그대의 무익한 변론을 병통으로 여기는데, 지금 늙어서도 이처럼 농담만 하시는가?"

김행이 말했다.

"해로울 게 무어 있소? 덕행은 자네이지만, 언어는 나일세."

## 어득강의 민첩한 말솜씨 ❖ 404

예전에 일본 사신 등안길藤安吉이 왔을 때, 강정 대왕康靖大王(성종)이 어득강魚得江에게 말했다.

"등(背)에는 안길 수가 없는데 어찌 등안길이란 말이 있는가?"

어득강이 곧바로 응하여 대답했다.

"배(腹)에 업힐 수가 없는데도 오히려 배어피襄魚皮란 이름이 있습니다."

배背는 우리말로 등藤이 되고 포抱는 안길安吉이 되고, 복腹은 배襄를 일컫고 부負는 업힌다(魚皮)는 뜻이니, 이 두 말은 진실로 하늘이 만든 대구이다.

어득강이 일찍이 밤중에 나가자 임금이 사람을 시켜 횃불을 들고 가서 그를 발로 차게 했다. 어득강이 거의 쓰러질 뻔하다가 일어나 말했다.

"불 켠자(不賢者)가 비록 차此더라도 넘어지지 않는다(不樂也)."

명화明火는 우리말로 '불 켜다'란 말이요, 축蹴은 '차다'라는 말이며, 낙樂은 낙落과 음이 같으니, 그 골계의 민첩함이 이와 같았다.

## 문장가와 도학 대가들의 당파성 ❖ 405

예로부터 문장가가 한 시대에 나란히 태어나 명성을 서로 다투고 반드시 깔보고 비방하고 헐뜯는 병통이 있다. 다만 문장가뿐만이 아니라 도학자들 또한 서로 거만하게 행동하여 그 폐해가 더욱 심하다.

한퇴지韓退之가 「송맹동야서」送孟東野序*에서 고금의 문장가들을 낱낱이 열거하면서 당시 사람으로는 다만 이고李翶와 장적張籍만 일컬었고, 유종원柳宗元에 대해서는 언급하지 않았다. 저 이고와 장적의 시문이 과연 유종원보다 높겠는가? 그 말이 공정하지 않음이 이와 같다.

소동파蘇東坡는 한 시대를 독보하여 세상 사람들 중 그와 알력이 있는 이가 없었지만, 오직 정자程子의 의리지학義理之學만이 그와 더불어 문하門下를 나누어 천하의 논의의 절반이 그에게로 돌아갔다. 소동파가 정자를 배척한 것*은 다만 오만하게 대한 것이 아니라 사실은 그를 꺼리는 마음에서 나온 것이다. 후에 정자를 떠받드는 주자朱子 같은 사람은 소동파를 배척하는 데 온 힘을 다했는데, 이 또한 무슨 마음이었던가? 소동파의 방달放達함은 비록 법도를 초월했지만, "신불해申不害와 한비자韓非子보다 심하다"라고까지 말함은 또한 원통한 일이 아니겠는가?

근세에 중국의 하대복何大復(하경명何景明)·이공동李空同(이몽양李夢陽)과 우리나라의 정호음鄭湖陰(정사룡鄭士龍)·신기재申企齋(신광한申光漢)는 한 시대에 나란히 태어나 재주와 명성이 서로 대등했다. 만일 맹동야의 용龍과 한퇴지의 구름과 같아서 상하上下 사방四方으로 서로 화합하지 않음이 없었다면 어찌 당대의 즐거움이 아니었겠는가? 그 둘이 서로 용납하지 못하고 꺼리며 이기

---

「송맹동야서」送孟東野序 　동야는 중국 당나라의 시인 맹교孟郊의 호.「송맹동야서」는 한유韓愈가 맹교의 불우함을 위로하고 격려한 내용으로, 대저 만물은 '평정을 얻지 못하면 운다'(不平則鳴)라는 명제 아래 고금의 불우한 문장가가 울음을 울었음을 열거하였다.
소동파가 정자를 배척한 것 　소동파는 촉당蜀黨의 영수였고, 정자는 낙당洛黨의 영수로서 서로 대립하였다.

려하여 흠을 잡아 후대의 공정한 논의를 기다리지 않은 것은 어찌된 일인가?

오직 왕엄주王弇州(왕세정王世貞)와 이창명李滄溟(이반룡李攀龍)이 이러한 것을 경계해서 서로 의지하여 형세를 이루고 서로 바꾸어 가며 칭찬하였다. 그렇지만 그들이 칭찬하며 이끌어 줌이 매우 지나쳤으니 이 또한 공정한 마음에서 나온 것은 아니다. 비록 저들이 이들보다는 낫다고 한들 어찌 후대의 정론定論이 없겠는가?

퇴계退溪 이황李滉과 남명南冥 조식曺植 같은 이는 모두 우리나라 유학의 으뜸으로서, 그 도학과 절의가 만고에 가장 뛰어났다. 나란히 태학太學에 종사從祀한다고 해서 대저 누가 안 된다고 말하겠는가. 그런데 서로 모순되는 논의가 많은 사람의 입에서 나오고 있으니, 이른바 양쪽 집안 자제들의 재주와 지혜가 낮은 것이 아니겠는가?

## 문장에 대한 최립의 자부 ❖ 406

동고東皐 최립崔岦은 문장에 있어서 남을 인정함이 적었다. 일찍이 질정관質正官*으로 연경燕京에 가게 되어, 이율곡李栗谷(이이)이 정철鄭徹과 함께 말고삐를 나란히 하고 방문하였다. 시인 이달李達이 술을 가지고 또한 이르러 셋이 앉아서 담소를 나누는데, 이달이 율곡을 보고 말했다.

"공께서는 별장別章*을 짓지 않으셨는지요?"

---

**질정관質正官**　조선 시대에 사신의 일원으로 중국에 보내던 임시 관직. 글의 음운音韻이나 제도·사물 등 특정 사안에 관한 의문점을 중국에 가서 질문하여 알아 오는 일을 맡아 하였다. 조선 초기에는 동지사冬至使·성절사聖節使 등의 정기 사행에 정규 사신의 일원으로 서장관書狀官 등과 동행했으나, 중기 이후에는 서장관이 질정관도 겸임하는 것이 관례가 되었다.

**별장別章**　이별에 임하여 석별의 정을 읊은 시문.

율곡이 소매 속에서 꺼내 보여 준 시는 다음과 같았다.

| | |
|---|---|
| 그윽한 뜻 홀연히 슬퍼지니 | 幽意忽怊悵 |
| 가을바람이 먼 숲에서 나오네. | 秋風生遠林 |
| 돌아가는 흥을 어찌 감당하리오. | 那堪抱歸興 |
| 지음知音과 이별함을 다시 만났구나. | 更値別知音 |
| 길은 멀고 내와 들은 광활한데 | 路夐川原濶 |
| 하늘은 높고 비와 이슬은 깊구나. | 天高雨露深 |
| 돌아오는 길 깊은 은혜에 보답하리니 | 回程報殊渥 |
| 나라의 경사로써 군주의 마음 움직이리라. | 邦慶動宸心 |

최립이 한번 훑어보고는 자리 곁에 밀쳐 두자 정철이 말했다.
"숙헌叔獻(이이의 자)의 시가 어떠하오?"
최립이 말했다.
"일전에 노盧 재상이 책문策文*을 잘한다는 것으로 임금의 물음에 받들어 답했으니, 대개 이 사람이 책문策文에 뛰어나기 때문이지요."
정철이 말했다.
"영공令公*이 지은 글은 성리性理에 근본이 있으니, 어찌 쉽게 말할 수 있겠소."
최립이 웃으며 말했다.
"학식은 내가 알지 못하나, 문장에 있어서야 어찌 내 경지를 바라볼 수 있겠습니까?"
그가 자부하고 거만함이 이와 같았다. 숙헌은 곧 율곡의 자字이다.

책문策文 　대과의 초시와 복시를 거친 합격자가 마지막으로 왕 앞에서 직접 치르는 과거 시험의 한 가지. 정치 현안의 여러 문제에 대한 대책을 답안으로 써 올리는 형식이다.
영공令公 　종2품에서 정3품 관원에 대한 존칭으로, 여기서는 율곡을 말한다.

## 문장가들이 결점을 수용하는 자세 ❖ 407

문장가들 중에는 혹 자기 글의 결점을 말해 주면 기뻐하며 즐겨 듣고 고치기를 흐르는 물처럼 하는 사람이 있는가 하면, 혹은 벌컥 화를 내고 스스로 잘못된 점을 알면서도 일부러 고치지 않는 사람이 있다.

고봉高峰 기대승奇大升은 자신의 문장을 자부하며 다른 이에게 굽히려 하지 않았다. 그가 지제교知製敎*로서 왕명에 따라 교서를 지어 바쳤는데, 승정원의 승지承旨가 찌(標)를 붙여 그 잘못된 점을 지적하자 화를 내며 아전을 꾸짖고는 한 글자도 고치지 않았다.

유근柳根이 도승지都承旨를 지낼 때 이호민李好閔이 지어 올린 글이 있었다. 유근이 여러 군데 찌를 붙여 고칠 것을 청하자, 이호민은 어떤 것은 고치고 어떤 것은 고치지 않았다. 그런데도 아전을 보내 재삼 고칠 것을 요구하고 또 '합歃' 자에 찌를 붙여 무슨 글자인지 물었다. 이호민은 이를 보고 냉소하며 말하길,

"유근이 읽은 것이라곤 우리나라 시문詩文뿐이요, 『문선』文選*은 읽지 않았단 말인가?"*
라고 하고는 붓을 들어 다음과 같은 주를 달았다.

"『문선』의 부賦에 '들을 들이마시고 산을 내뿜었다'(欲野噴山) '풍수灃水를 들이마시고 호수鎬水를 토해 냈다'(欲灃吐鎬)*라고 했으며, 합歃은 흡吸의

---

지제교知製敎   조선 시대 때 국왕의 교서敎書 등을 작성하는 일을 담당한 관직. 집현전이나 홍문관 등의 관원이 겸임하는 경우와 6품 이상의 관원을 뽑아서 겸임시키는 경우가 있었는데, 전자를 내지제교, 후자를 외지제교라 하였다.
냉소하며 말하길 ~ 않았단 말인가?   이 대목은 〈만종재본〉에는 없는 것으로 필사본에 의거하여 보충해 넣었다.
『문선』文選   중국 양梁나라의 소명 태자昭明太子 소통蕭統이 엮은 시문집. 주대周代 이후 양대梁代까지의 시문詩文을 모은 책으로, 130여 명의 시부詩賦와 문장, 작자 미상의 고시古詩와 고악부古樂府 등을 수록하였다.

고자古字입니다."

또 아전을 보내 고칠 것을 청하자 이호민이 화를 내며 꾸짖었다. 유근이 매우 부끄러워하고는 이로부터 비록 새로이 출사한 선비의 졸렬한 문장일지라도 또한 감히 고칠 것을 청하지 않았으니, 화를 낼까 봐 두려워해서였다. 유근이 상국 심희수沈喜壽와 더불어 태학사太學士(대제학)로 있을 때 사람들 중에 간혹 잘못된 점을 지적하는 이가 있으면 문득 화를 내며 노기를 띠니, 사람들이 더불어 말하면서 감히 지적하지를 못했다.

정사룡鄭士龍은 대개 시를 지으면 사람들에게 보여 주었으며, 누군가 혹 잘못된 점을 말해 주면 그때마다 기꺼이 허심탄회하게 받아들이고 고치기를 흐르는 물처럼 하였다. 또 지은 글이 있으면 대부분 이퇴계李退溪(이황)에게 보여 주었다. 퇴계가 혹 잘못된 점을 지적해 주면 정사룡은 즉시 붓을 들어 고치면서 조금도 어려워하는 기색이 없었으며, 퇴계 또한 그가 거스르지 않음을 아름답게 여겼다. 일찍이 정시庭試에서 퇴계가 등왕각滕王閣을 제목으로 한 배율排律* 20운韻을 짓고는 호음의 시를 보자고 청하니, 호음은 자기가 초한 것을 보여 주었다. 퇴계가 그것을 읽다가,

달빛이 처마 빈 곳에 비춰 들어 새벽에 앞서 훤하고　　納月簷虛先曉白
바람이 성긴 주렴에 스며드니 가을 못 미쳐 서늘하구나.　透風簾薄未秋凉

라는 귀절에 이르러서 무릎을 치면서 감탄하며 말했다.
"오늘 시험에 그대가 장원이 되지 않으면 그 누가 되겠는가?"

---

풍수를 들이마시고 ~ 토해 냈다　　이 대목은 『문선』에 실려 있는 반고班固의 「동도부」東都賦와 장형張衡의 「서경부」西京賦에서 따온 것이다. 〈만종재본〉에는 '欲野噴山'이라고 되어 있는데, 『문선』에는 '欲野歊山'이라고 되어 있다. 『문선』의 주에서 "說文曰: '歊啜也, 歊吹氣也'"라고 하였으며, 歊은 '噴'과 같은 자라고 하였다. 또한 '欲禮吐鄂'가 장형의 『서경부』에는 '欲禮吐鎬'라고 되어 있다.
배율排律　　한시의 한 형식으로 오언五言이나 칠언七言의 대련對聯을 여섯 개 이상 늘어놓은 시.

자신의 시는 소매에 넣고 끝내 내놓지 않았으며, 시권 또한 제출하지 않고 돌아갔다.

## 눈동자를 뽑힌 무인 ❖ 408

한준겸韓浚謙이 젊은 시절 양화도楊花渡*를 건너는데, 건너려는 사람들이 배를 먼저 타려고 다투어 힘이 약한 사람은 오를 수가 없었다. 어떤 무인이 말채찍을 잡고 서서 배에 오르내리는 것을 제멋대로 하였다. 한 젊은 천한 사내가 기를 쓰고 배에 오르는데, 무인이 말채찍을 잘못 휘둘러 그의 왼쪽 눈을 상하게 하여 눈동자가 튀어나와 배에 떨어졌다. 천한 사내는 항거하지 않았으며 또한 힐책하는 말 한마디도 하지 않고 눈동자를 강물에 씻더니 눈자위에 집어넣었다. 무인이 미안해하며 사죄해 마지않았는데, 배가 건너편 언덕에 닿자 천한 사내가 먼저 내려 언덕 가에 섰다. 무인이 뒤따라 내려서 말을 타려고 하자 천한 사내가 무인을 낚아채더니 땅에 메치고는 그의 가슴에 올라타서 왼쪽 눈동자를 뽑았다. 무인이 싸우려고 했으나 힘이 부쳐서 그냥 헤어져 갔다.

한준겸이 직접 보고서 나에게 말해 준 것이다.

아! 제멋대로 하기를 좋아하다가 화를 당하는 것이 어찌 다만 눈동자가 뽑히는 데 그치겠는가? 사람들은 의당 경계해야 할 것이다.

---

양화도楊花渡   지금의 양화 대교와 성산 대교가 있는 마포구 합정동 한강 가에 있던 나루.

## 오만한 목사 아들의 말로 ❖ 409

어떤 한미한 서생으로 이름이 알려지지 않은 자가 있었는데 홍주 목사洪州牧使의 아들이었다. 그의 아버지가 많은 주군州郡을 돌아다녀 그 서생은 어려서부터 배우지를 않고 온 성城의 향응을 자주 누려 뜻이 교만하고 입맛에 맞는 것만 찾았다. 또한 아랫사람을 꾸짖어 자신을 받들게 하는 데 익숙했다.

새로 홍주洪州에 이르니 수륙水陸의 진미가 큰 상에 차고 넘쳤는데, 관아 부엌의 아전을 잡아들여 뜰아래에서 신문하였다.

"이 상의 음식을 보아라. 나더러 어디에 젓가락을 대라고 하는 것이냐?"

아전이 대답했다.

"우리 고을에는 다른 특이한 산물이 없습니다. 물에서 나는 물고기와 온갖 종류의 새우와 산에서 나는 노루, 사슴, 산돼지, 꿩 등을 모두 갖추었습니다. 소인이 어찌 감히 새로 부임하신 사또의 아드님을 업신여겨 음식 품등을 낮추거나 올리겠습니까?"

서생은 듣지 않고 장杖 50대를 치도록 명했다.

그 후 아버지가 죽자 영락하여 가난하고 천하게 되었다. 해진 옷에 쓰러져 가는 말을 타고 어린 종 하나를 데리고 먼 길을 가는데 공교롭게도 비를 만나 길이 진창이었다. 말이 진흙에 빠지는데 어린 종의 힘으로는 지탱하기가 어려웠다. 누런 진흙탕으로 떨어지려고 하는 찰나에 홀연히 길 가던 사람 하나가 고삐를 잡고 빼내 주었다. 서생이 마음으로 그를 고맙게 여겨 얼굴을 살펴보니 지난날 홍주 관아의 뜰에서 매를 맞았던 아전이었다. 서생은 사례하려고 했지만 마음과 얼굴이 모두 부끄러워서 짐짓 모르는 척하고 사례하지 않고 떠나갔다.

아! 무릇 사람이 스스로 힘쓰지 않고 부형의 권세를 빙자하여 스스로 잘났다고 여기다가는 끝내 진흙탕에 빠지지 않을 자가 적을 것이다. 경계할지어다.

## 완력을 믿다 낭패 당한 중 ❖ 410

정읍井邑·용안龍安·함열咸悅 세 읍 사이의 드넓은 터에서는 매년 중원일中元日*이면 호남 모든 도에서 힘깨나 쓰는 사람들이 양식을 싸들고 와서 씨름을 겨루는 놀이가 벌어졌다. 한 중이 완력이 뛰어나 모든 도의 사람들을 모두 굴복시켰는데 하루 종일 싸웠으나 더불어 대적할 사람이 없어 드디어 씨름판을 휩쓸고 끝냈다.

어떤 서울 서생이 그 모습을 보고는 장하게 여겨 친분을 맺고 가는 곳을 묻자, 서울로 향한다고 하였다. 서생은 그와 함께 길을 가면서 그에게 의지해 뜻밖의 일에 대비하고자 했다. 갈림길에 이르렀는데 한 길은 서울로 향하고 다른 한 길은 경상도로 향했다. 그때 어떤 젊은 유생이 나타났는데, 비쩍 마르고 섬약해 보였으며 삼척동자만을 데리고 경상도 길을 향해 가고 있었다. 서생과 중은 서울 길을 취해 북쪽으로 올라가는데, 그 유생이 말을 멈추고 소리쳤다.

"중놈아, 이리 오너라."

중이 그를 업신여겨 응대하지 않고 가자, 유생은 더욱 화를 내며 외쳤다.

"중놈아, 네가 감히 오지 않는 것이냐?"

그러고는 동자를 시켜 귀를 잡아끌고 오게 했다. 중이 석장錫杖으로 동자의 넓적다리 사이를 내리치니 한 길쯤 뛰어올랐다가 떨어졌다. 동자가 울부짖자 유생이 더욱 화가 나서 소리쳤다.

"중놈아, 네가 감히 오지 않겠다는 것이냐?"

중이 드디어 고함을 지르며 나아가자, 서생은 '이 중이 반드시 저 철없는 유생을 콩가루 내겠으니 내가 마땅히 힘써 화해시켜야겠다'라고 생각하

---

중원일中元日   음력 7월 보름인 백중날의 별칭. 중원中元이란 도가道家에서 온 용어임. 도교에서는 천상의 선관仙官이 1년에 세 번 사람의 선악을 살피는데 그때를 원元이라 한다. 1월 15일이 상원上元, 7월 15일이 중원中元, 10월 15일이 하원下元으로 이를 합쳐 삼원三元이라 하고, 이때에는 초제醮祭를 지낸다.

였다. 그런데 중이 유생과 마주치자 유생은 그를 휙 잡아채서 땅바닥에 엎어 놓고 발로 그 목을 밟고는 석장을 빼앗아 마음대로 두들겨 팼다. 중은 감히 손발 한번 써 보지 못하고 다만 땅을 움켜쥐고 얼굴을 조아릴 뿐이었다. 서생이 급히 달려가 싸움을 말리며 말하였다.

"이 중은 나와 여러 날 동행했는데 마음씨가 매우 좋은 사람입니다. 우연히 당신에게 실례한 것이니, 저를 봐서 용서하시기 바랍니다."

서생이 애걸하자 유생이 말했다.

"처음에는 죽이려 했으나 어진 벗 때문에 네 목숨을 살려 주마. 앞으로는 삼가 힘을 믿고 남을 능멸하지 말거라."

중이 쩔뚝거리며 한 발로 달아나면서 말했다.

"내 평생 당할 상대가 없었는데 오늘 파리한 한 유생에게 졸지에 곤욕을 당할 줄은 생각지도 못했습니다. 선비님이 아니었다면 길가의 마른 해골이 될 뻔했습니다. 자고로 싸움은 교만함에서 패하고 근심은 소홀함에서 생기는 것이니, 저의 과실입니다."

## 만용을 부리다 횡사한 중 ❖ 411

구성龜城 굴암사窟岩寺*에 한 중이 있었는데 자못 완력이 있었으며 씨름을 잘해 스스로 자신과 겨룰 사람이 없다고 여겼다. 북도北道(함경도)에서 온 어떤 나그네가 건장한 말 한 마리에 미역을 싣고 지나다가 그 절에 투숙하고 있었는데, 남루한 옷을 입었으며 얼굴빛이 검었다. 중이 그를 보고 오만하게 굴면서 말했다.

---

구성龜城 굴암사窟岩寺　구성은 지금의 평안북도 구성군龜城郡 지역이며, 굴암사는 미상.

"나그네는 나와 씨름을 할 수 있겠소? 내가 지면 내 나그네에게 베 열다섯 단을 줄 테니, 나그네가 지면 말에 싣고 있는 미역을 내게 주시오."

나그네가 말했다.

"나는 씨름을 할 줄 모르오. 또 길을 오느라 피곤하고 굶주렸는데 어찌 다른 사람과 겨룰 힘이 있겠소?"

중이 그래도 계속해서 싸움을 걸었지만 나그네는 끝내 응하지 않았다.

이튿날 아침 나그네가 말을 몰아 문을 나서자 중이 낮은 담장에 기대어 나그네를 손가락질하며 말했다.

"겁쟁이 나그네야! 내가 무서워 씨름도 하지 못하는구나. 물에 빠져 썩어 죽을 나그네야!"

나그네가 화가 나서 말을 나뭇가지에 매어 두고 다시 들어와 중에게 말했다.

"내 스님과 힘을 겨루고 싶지 않았는데 스님이 나더러 물에 빠져 썩어 죽을 인간이라고 하니 가만히 있을 수가 없구려. 나와 더불어 자웅을 겨루어 보시지요. 스님은 내게 안다리 걸기를 하겠소, 바깥다리 걸기를 하겠소, 나에게 배지기를 하겠소, 들어 치기를 하겠소? 당신이 잘 하는 것으로 하시오."

그러더니 드디어 한 손바닥으로 중의 배를 들고 한 손바닥으로는 등을 잡아채서 어깨 위에 가로로 들어 올렸다. 중은 마치 개구리처럼 사지를 쭉 뻗었다. 나그네가 말했다.

"내가 지금 당신을 땅바닥에다 내동댕이쳐 순식간에 죽게 해 줄까? 아니면 당신으로 하여금 두세 달 신음하며 앓다가 죽게 해 줄까? 네가 원하는 대로 해 주마."

중이 대답하지 않자, 나그네가 말했다.

"순식간에 죽도록 할 것이지만, 관대히 하여 마땅히 네가 두세 달 고생하다가 죽게 해야 옳을 것이야."

드디어 주춧돌 사이에 내던지니, 중의 어깨뼈가 반쯤은 으스러졌다. 나그네는 소매를 털고 가면서 말했다.

"나는 단지 분을 풀고자 했을 뿐, 너의 베 열다섯 단을 욕심낸 것은 아니다."

그러고는 말을 몰아 갔는데, 중은 두세 달 후에 죽었다.

## 임해군과 순화군 ❖ 412

임해군臨海君은 개, 닭, 거위, 오리, 비둘기 등을 기르기를 좋아해 그 수가 각기 수천 마리였고, 소비되는 곡식도 날마다 수십 석이 되었다. 매양 집안 종을 시켜 쌀가게 있는 곳으로 몰고 가서 땅에 떨어진 곡식을 먹이게 했는데, 혹 한 마리라도 잃어버리면 열 배를 징수했다. 종이 이를 믿고 잔학하게 행세하여 저자 사람들이 눈을 흘겼다. 오리 중에는 사철 알을 낳는 것이 있어 이를 '사절압'四節鴨이라고 불렀는데, 이 오리만도 수백 마리였다.

임해군의 아우 순화군順和君은 성품이 잔인하여 살생殺生을 좋아했다. 그는 풍병風病을 앓았는데 사람을 해친 것이 헤아릴 수가 없었다. 순화군이 오리를 날마다 50마리씩 며칠 동안 훔쳐 가자, 임해군이 그를 미워했지만 감히 말하지는 못했다.

그의 상실相室\*이 말했다.

"형님의 위엄이 온 나라 안에 떨쳐 모든 사람들이 두려워하며 떠는데, 저 순화군은 아우이면서 어찌하여 감히 날마다 이처럼 오리를 훔쳐 갑니까? 어째서 친히 가서 타이르지 않으십니까?"

임해군이 알았다 하고 가마를 준비하라 명하여 가니, 순화군이 문에서

---

상실相室　세력 있는 집안에서 제반 사무를 맡아 보던 사람을 일컫는 칭호. 가신家臣.

맞이하였다. 당堂 위에서 절을 하고는 말했다.

"형님께서 이처럼 불초한 저에게 왕림해 주시니, 시비로 하여금 술잔을 올리고 진수성찬을 한 상 내오라 하였습니다."

임해군이 말을 꺼내지도 못하고 있는데, 순화군이 먼저 청하며 말했다.

"이 아우는 집이 가난해 탈 만한 준마가 없습니다. 형님께서 연철총連錢驄*을 가지고 계시는데 귀가貴家에서는 그 말을 하예下隷들이 타고 다닌다 들었습니다. 대량피大琅皮*와 황동黃銅 안장을 갖추어 저에게 주십시오."

임해군이 머뭇거리며 다른 말로 얼버무리려고 하자, 순화군이 무릎 아래에서 보검을 꺼냈는데 칼날이 햇빛에 번쩍거렸다. 그러고는 칼을 두세 번 어루만지며 한사코 청하니, 임해군이 부득이 응낙을 하고 물러 나왔다. 결국 오리를 돌려 달라는 말은 감히 꺼내지도 못하고, 도리어 연철총에 보배로운 안장까지 더하여 주고 말았다.

임해군이 패하게 되자, 포졸砲卒이 문을 박차고 궁을 에워싸는데 수많은 가축이 모두 굶주려 죽거나 사냥개에게 잡아먹혔다.

순화군이 사람 죽이기를 그치지 않으니, 선왕께서 그를 국문國門 밖에 여러 차례 가두었다. 그는 문자를 대강 알았는데, 하루는 직접 글을 써서 지키는 아전에게 보여 주었다.

| | |
|---|---|
| 높이 우뚝 솟은 외로운 집에 | 高聳獨家 |
| 팔방에서 바람이 길게 몰아치니 | 八風長吹 |
| 얼어 죽을 것이 틀림없으리라. | 凍死丁寧 |

지키는 아전이 아뢰자 임금이 불쌍히 여겨 놓아 주었는데, 석방된 이듬

---

**연철총連錢驄** 둥글고 어룽어룽한 돈 같은 점이 박혀 있는 말.
**대량피大琅皮** 미상.

해에 죽었다.

## 한명회와 전림의 잔혹한 성품 ❖ 413

한명회韓明澮는 성품이 잔학해 무릇 노복奴僕 하졸下卒들에게 죄가 있으면 기둥에 매달아 놓고 그때마다 활을 쏘았다. 그 까닭에 그 집 뜰에는 기둥 하나가 세워져 있었다.

그때 군관軍官으로 있던 전림田霖이 명령을 어겼다. 한명회가 전림을 그 기둥에 매달아 놓고 활을 쏘려고 하다가, 술을 거나하게 마신 탓에 앉은 채로 졸았다. 전림은 그가 잠든 틈을 타서 매어 놓았던 줄을 끊고 도망쳤다. 한명회가 깨어나 앞에서 시중들던 여종에게 쫓아가 전림을 잡아 오라고 하였다. 그녀가 잡아 오지 못하자 그녀를 또 기둥에 매달고 쏘려고 했다. 전림이 담장 밖에 숨어 있다가 이를 듣고는, 옷깃을 풀어헤치고 가슴을 드러낸 채로 뜰에 들어와 말했다.

"처음에 장군이 사람을 활로 쏜다는 말을 듣고 겁이 나 도망하여 담장 밖에 숨어 있었습니다. 장군께서 저 때문에 무고한 사람을 죽이려 하는 걸 알았습니다. 제가 죽음을 겁내어 도망했으니 용감하지 못한 것이요, 연약한 여종에게 저 대신 죽음을 당하도록 했으니 의롭지 못한 일입니다. 청하옵건대 장군께서는 저를 쏘십시오. 저는 마땅히 옷깃을 헤치고 화살을 받을 것이요, 사양하지 않겠습니다."

한명회가 그를 의롭게 여기고 용서했으며, 마침내 그를 등용해 심복으로 삼았다.

전림의 성격도 몹시 잔학하였다. 당시 해랑도海浪島*에 도적 떼가 살면서 바다에 출몰해 해서海西(황해도) 지방의 걸림돌이 되었다. 조정에서 전림을 장수로 삼아 장차 이들을 정벌할 것을 명했다. 전림에게는 과부가 된 누이동생이 있었는데, 단지 아들 하나만 두었다. 전림이 그 아들을 군관으로 삼기를 청하자 누이동생이 울면서 말했다.

"내게 오직 이 아이 하나만 있을 뿐인데, 만일 단 한 번이라도 군법에 걸리면 엄한 오빠의 성품으로 보아 결코 너그럽게 용서해 주지 않을 것입니다. 지금 세상에 이 아이 말고도 오빠의 심복이나 조아爪牙*로 합당한 사람이 어찌 없겠습니까? 원컨대 누이동생을 생각해서 조금만 봐 주십시오."

전림이 그 말을 따르지 않고 말했다.

"이것은 나랏일이니, 사사로이 할 수 없다."

드디어 그를 군관으로 임명하여 함께 갔는데, 해랑도에 이르러 과연 조카가 군령을 어기자 전림이 명을 내려 그를 끌고 오게 해 목을 베었다. 이로부터 온 군대가 놀라 떨며 모두 사지로 달려가기를 집으로 돌아가는 것같이 했으니, 곧장 해도海島에 이르러 적의 소굴을 소탕하고 돌아왔다.

한명회는 정강이가 아픈 병을 앓았는데, 병이 정강이뼈 사이에 들어 있어 통증을 감당할 수가 없었다. 스스로 살 수 없으리라 헤아리고는 말했다.

"죽기는 마찬가지이니, 차라리 내 스스로 정강이뼈를 잘라 이 벌레를 죽인 뒤에 나도 죽으리라."

이에 돌계단 위에 다리를 펴고 앉아 종으로 하여금 큰 돌로 정강이를 부러트리도록 했다. 종이 감히 하지 못하자 한명회가 크게 노하여 활을 당겨 쏘려고 하니, 종이 할 수 없이 큰 돌을 들어 쳐서 뼈를 부러트렸다. 뼈가 빠개져 골수가 흐르는데, 한명회가 손으로 뼛속을 더듬어 엄지손가락만 한 큰 벌레 한 마리를 찾아 냈다. 곧 솥에 기름을 붓고 팔팔 끓였는데도 벌레가 여

---

**해랑도海浪島**　　중국 동북쪽과 우리나라 서북쪽 요해遼海의 남쪽에 있는 섬. 연산군 때 그 섬에 우리나라 사람이 많이 들어가 산다는 이야기를 듣고 중국에 요청하여 이점李岾, 전림田霖, 조원기趙元紀 등을 파견, 요동 사람 64명과 우리나라 사람 48명을 데리고 왔다.
**조아爪牙**　　원래는 손톱과 어금니라는 의미로 매우 쓸모가 있는 사람을 비유한다.

전히 죽지 않았다. 기름이 다 탄 연후에야 벌레가 비로소 죽었으며, 한명회 또한 죽었다.

## 이숙남의 강퍅한 성품 ❖ 414

이숙남李叔男은 이름난 장수로 지조가 청렴하여 관직에 있을 때 털끝만치도 흐트러짐이 없었다. 다만 성질이 매우 사나워서 노복이 죄를 지으면 그 즉시 활로 쏘았다. 말 등에 종기가 나자, 말을 부리는 노비의 등에 즉시 칼을 대어 말 등에 난 종기 크기만큼 벗겨 내며 말했다.

"말과 사람이 다를 게 뭐가 있느냐?"

하루는 시어鰣魚(준치)를 먹는데 가시가 많고, 특히 등뼈가 더욱 억세었다. 이숙남이 잘게 씹지 않고 삼키다가 등뼈가 목구멍에 가로걸리고 말았다. 그러자 즉시 활시위를 가져다가 그 줄을 초에 담근 뒤, 손으로 한 끝을 잡고 다른 한 끝은 목구멍에 삼킨 뒤 손으로 잡아당겼다. 그러자 고기 등뼈가 시위 줄에 걸려 나오는데, 살점이 조각조각 떨어져 붉은 피가 줄줄 쏟아졌다. 물로 양치질을 하면서도 얼굴색 하나 변하지 않았으며, 곧바로 다시 그 고기를 다 먹어 치웠다.

─시어鰣魚는 우리나라에서는 이른바 진어眞魚(준치)라고 한다. 중국에서 우리나라로 온 형개邢玠가 군문경략軍門經略이 되어 접반사接伴使에게 준치를 대접했는데, 맛이 매우 뛰어났다고 한다. 우리나라의 진어와 비슷하지만 진어는 아니라고 세상에서 말한다.─〈원주〉

# 바닷가 땅을 개간하려다 실패한 호남 선비 ❖ 415

　호남에 호기로운 선비 아무개 씨가 있었는데, 도량이 확 트였고 생업의 기반 또한 헤아릴 수 없이 많았다. 많은 논이 호남에 있었는데 해마다 수백 석石을 파종해 가을이면 수확이 거의 수만 석에 이르렀다. 그 성대한 부가 호남에서 으뜸이었으나, 스스로 '백 석을 파종하는 땅이건만 호남 여기저기 흩어져 있고 그 사이에 산과 내와 구릉이 많은지라, 문호門戶가 아득히 펼쳐진 장관을 얻을 수가 없다. 누추하고 번쇄한 내 형편이 부끄럽구나'라고 한탄하고는 그 땅을 모두 팔아 포단布段 백만 필을 마련했다.
　황해도의 황주黃州와 봉산鳳山 사이에 갈대밭이 수백 리에 이르도록 한없이 펼쳐져 있는데, 높고 넓은 제방을 쌓아 논으로 만들면 그 이익이 수천 배가 될 거라는 소문을 들었다. 이에 호남의 구업舊業을 버리고 해서海西(황해도) 지방으로 들어가 바닷가에 화려한 누각을 짓고 천 마리의 살진 소를 끌어다 그 땅을 개간하였다. 수레로 돌을 실어 나르고 흙을 쌓아올려 높은 제방을 만드니 둘레가 수백 리나 되었다.
　바야흐로 한여름이 되자 푸른 곡식이 구름처럼 들판에 가득하고 파릇한 모가 허공에 넘실대는데, 바라봄에 그 끝이 보이지 않았다. 그런데 장마가 여러 달 져서 불어난 냇물이 산을 에워싸고 언덕을 넘어 밀려왔다. 물에 떠 내려온 커다란 바위가 제방을 한 번에 무너트리자, 붉은 물줄기가 개간한 땅 위로 콸콸 쏟아져 흘러 온 들판의 벼가 모두 겹겹의 어지러운 물살 속으로 들어가 넓고 큰 바다와 한 물줄기를 이루고 말았다.
　선비는 각건角巾을 쓰고 깃털 부채를 들고서 화려한 난간에 기댄 채 눈을 부릅뜨며 크게 웃더니 말했다.
　"내가 지금 집안의 재산을 탕진한 것은 분명하지만, 장대한 물결이 이루는 장관은 천하에 둘도 없는 것이로다!"
　아! 대저 사람이 큰 것을 좋아하여 더할 것만 구하고 만족하여 그칠 줄을 모르는구나. 끝내 호남의 수만 금 재화를 모두 날리고 하나의 소금밭으로 만들었으니, 속담에 '달아나는 사슴을 쫓다가 잡은 토끼를 잃는다' 라 함은 이를 두고 이르는 말이다.

## 보성 사람의 사기술 ❖ 416

보성寶城 사람으로 서울에 온 자가 있었다. 스스로 양태洋汰*라고 칭하면서 저자에서 금전을 빌리려 했으나, 먼 곳에서 온지라 아는 사람이 드물어 아무도 빌려 주려 하지 않았다. 그는 저자에 재화를 비축해 둔 사람이 있다는 말을 듣고 찾아갔다. 달마다 이자를 배로 계산하여 갚겠다고 청해 계약서를 만들면서 다음과 같이 약속했다.

"내가 사는 곳에 득녕得寧 벌판이 있는데 논이 몹시 비옥해 200석을 씨 뿌려 경작할 수 있습니다. 이 땅을 전당을 잡힐 것이니 무명 천 필만 빌려주십시오. 모월에 2천 필로 갚겠습니다. 때를 넘기면 관가에 송사하여 법률로 다스리십시오."

시장 사람이 기꺼이 허락했는데 훗날 기일이 지나도 갚지 않았다. 시장 사람이 보성으로 내려가 그를 찾으니 보성 사람들이 배를 움켜쥐고 크게 웃으며 말했다.

"이곳에는 본디 그런 사람이 없소. 득녕得寧이라는 것은 바다 이름이니, 만약 그곳에 씨를 뿌린다면 비단 200석에만 그치겠소. 양태는 생선 이름이니, 바다에나 대고 물어 보시구려."

---

양태洋汰   양탯과의 바닷물고기로 몸의 길이는 50cm 정도이고 아래위로 넓죽하며, 등은 어두운 갈색, 배는 흰색이다. 머리가 크고 꼬리는 가늘다. 장대·장태·낭태 등으로도 불린다.

시장 사람은 빈손으로 돌아왔다.

옛날 여불위呂不韋*는 『춘추』春秋를 차용하였고, 양웅揚雄*은 『주역』周易을 흉내냈으며, 왕통王通*은 『논어』를 모방했고, 왕망王莽*은 『주례』를 모방하였으며,* 궁예弓裔는 불서佛書를 지었는데, 이들은 모두 이 같은 부류이다.

## 해녀의 위험 ❖ 417

우리 집에 있는 궁매宮梅라는 이름의 여종이 순천順天에서 왔는데, 다음과 같은 이야기를 해 주었다.

"해변에 살면서 헤엄을 잘 쳐 벗들과 짝을 지어 바닷속에 들어가 전복을 따곤 했습니다. 바다 밑에 이르면 여름에는 춥고 겨울에는 따뜻하여 비록 쩍쩍 얼어붙는 엄동설한이라도 발가벗은 몸으로 물에 뛰어들 수 있습니다.

---

**여불위呂不韋** 진秦나라 양책陽翟 사람. 본디 거상으로서, 장양왕莊襄王이 즉위하기 전에 초楚나라에서 질자質子로 고생하는 것을 진나라로 돌아가게 한 공이 있어 장양왕이 즉위하자 승상으로 발탁되고 문신후文信侯로 봉해되었다. 그가 사통하여 낳은 진시황이 즉위한 후 태후太后와 간통한 죄를 두려워하여 자살하였다. 『여씨춘추』呂氏春秋는 그의 찬撰이라 하나 실은 그가 재상 때 문객을 시켜 지은 것이다.
**양웅揚雄** 서한西漢 추군鄒郡 성도城都 사람. 자는 자운子雲. 어렸을 적부터 학문을 좋아했고 사부辭賦에 뛰어났다. 왕망王莽 때 대부가 되었다가 죄에 연루되어 자살하였다. 『역경』과 『논어』를 모방해 『태현경』太玄經을 지은 바 있다.
**왕통王通** 수隋나라 강주絳州 용문龍門 사람으로 당대의 시인 왕발王勃의 조부. 관직을 버리고 고향으로 돌아가 강학교서講學敎書를 업으로 삼았다. 그의 저술로 알려진 『문중자』文中子는 『논어』論語를 모방하여 대화체의 형식으로 되어 있다.
**왕망王莽** 한漢나라 효휜 황후孝元皇后의 책모로서, 평제平帝를 죽이고 한조漢朝를 빼앗아 즉위하여 신新나라를 세웠으나 내치와 외교에 실패해 재위 15년 만에 광무제光武帝에게 망하였다. 그는 주나라 시대의 정전법井田法을 모방해 토지 개혁을 단행했는데, 이는 『주례』周禮의 제도를 시행하고자 한 것으로 평가되는바, 여기에서 『주례』를 모방하였다 함은 이를 지칭한 것이 아닌가 여긴다.
**왕망王莽은 『주례』를 모방하였으며** (강전섭본)에는 이 다음에 "권근이 『예기』를 찬술하고"(權近纂禮記)라는 대목이 추가되어 있다.

물 속에 들어갈 때는 표주박을 차고 칼을 지니고 들어갑니다. 바닷속에 들어가 오랫동안 숨을 쉬지 못하면 가슴과 배에 표주박을 대고 때때로 물 위에 떠올라 숨을 쉬는데, 코에서 나는 소리가 마치 휘파람 소리 같습니다. 칼에는 방울을 매다는데, 바닷속에 포악한 물고기가 많기 때문입니다. 물고기는 쇠붙이를 무서워하여 사람이 물에 뛰어드는 것을 보면 이빨을 쩍 벌리고 다가오다가도 방울 소리를 들으면 놀라 두려워하면서 달아납니다.

내 친구 하나가 바다 밑에 깊이 들어가 큰 전복을 많이 따서 반드시 두 배의 값을 받고 팔았으며, 관가에 바쳐도 벌을 받지 않았습니다. 무릇 전복은 따면 반드시 열 개를 채워 한 꿰미를 이루고 열 꿰미가 한 첩을 이루는데, 그 숫자를 채우지 않으면 관가나 개인이나 모두 사가지 않습니다. 그 친구가 바다에 들어갔는데 커다란 물고기가 입을 쩍 벌리고 다가오다가 방울 소리를 듣고 물러나 달아났습니다. 친구가 이미 전복 아홉 개를 땄으나 두려운 마음에 다시 들어가지 못하자, 그 부모가 말했습니다.

'전복 하나만 더 따면 바야흐로 한 꿰미를 채울 텐데, 추운 것이 두려워 들어가지 않는구나. 이래서야 관가에서나 개인이 필요로 하는 것을 댈 수 없지 않느냐? 네가 이처럼 게으르니 어찌 살아가겠느냐?'

친구가 화를 내며 말했습니다.

'아까 바닷속에 들어갔다가 무서운 것을 보아서 감히 들어가지 못하는 것이에요. 제가 어찌 추운 것이 싫어 그러겠습니까? 부모님이 저를 게으르다고 나무라시니 죽음인들 사양하겠습니까?'

드디어 방울 소리를 내며 들어갔는데, 얼마 지나지 않아 파도가 소용돌이치면서 물거품이 위로 떠올랐습니다. 그 친구는 큰 물고기에게 잡아먹혀 끝내 나오지 못했지요."

권준權俊* 이 순천 부사로 있을 때 한 어부를 바다에 들어가게 한 일이 있다. 그런데 큰 악어가 그의 옆구리를 깨물어 내장이 밖으로 나왔다. 그는 바다 밑에서 악어와 싸우다 간신히 배를 부여잡고 올라왔지만 며칠 만에 죽었다.

　옛날에 또 어떤 어사가 변방을 순찰하는데 수사水使 장수희張水禧가 잠수부에게 전복을 따 오도록 해서 소반에 가득 놓고 즐기고 있었다. 오래지 않아 잠수부가 허겁지겁 돌아와서 뱃머리를 부여잡고는 올라오지 못한 채 입을 딱 벌리고 웃었다. 뱃사람이 살펴보니 그의 허리 아래가 이미 물고기에 물려 떨어져 나갔는데, 마치 도끼로 자른 것 같았다.

　아! 바다란 헤아릴 수 없는 곳으로, 어룡魚龍의 근심은 산중의 호랑이나 표범의 근심보다 심한 것이다. 그런 까닭에 월越나라 사람들이 몸에 문신을 새기는 것은 보기에 아름답고자 한 것이 아니라 어룡을 겁주기 위해서였다. 대저 사람이 한 소반의 음식을 위해 예측할 수 없는 깊은 물 속에서 죽음을 무릅쓰니, 저 전복을 따는 사람들이 무슨 죄가 있겠는가? 전복을 따 오라 시키는 자의 죄로다. 어찌 심히 가련한 일이 아니겠는가?

## 개똥이 된 생금 ❖ 418

한양에 가난한 선비가 있었는데 이름을 한장군韓將軍이라 하였다. 설에 낙산동駱山洞에서 친족에게 세배를 하고 밤에 인수교仁壽橋를 지나는데, 개천 가운데 빛이 번쩍이는 게 금처럼 보이는 것이 있었다. 말 모는 종에게 물었다.

　"너도 그 빛을 보았느냐? 틀림없이 생금生金일 것이다."

　종이 말했다.

**권준權俊**　선조 연간에 활동한 무장으로 『실록』에 그 이름이 여러 번 보인다. 순천 부사와 충청도 수군절도사 등을 지낸 것이 확인되며, 『선조실록』 36년 4월 28일자 기사에는 왜적을 정벌한 사람들에 대한 표창이 논의되는데, 그의 이름이 올라 있다.

"보았습니다. 제가 듣기에 생금은 쉽게 숨어 버리기에 이를 얻는 사람들은 반드시 잠방이를 벗어 그것을 덮는다 합니다."

선비가 말에서 내려 잠방이를 벗고 물에 들어가 그것을 잡아 종에게 주지 않고 가슴에 품고 돌아가니 옷이 모두 얼어붙었다. 집에 도착해 보니 금은 보이지 않고 개똥이 있을 뿐이었다. 선비가 탄식하며 말했다.

"복 없는 놈에게는 생금도 개똥이 되는구나."

다음 날 밤 다시 냇가에 가서 살펴보니, 긴 행랑의 등잔 불빛이 창틈으로 새어 나와 물을 비추고 있었다.

## 재상가 서녀 진복의 일생 ❖ 419

진복珍福은 재상가 측실의 딸인데 그녀의 행동이 추잡했으므로 누구의 딸인지는 밝히지 않으련다. 어미가 자식을 사랑하여 껴안고 있자 재상이 이를 가엾게 여겨 무당과 판수들에게 점을 치니 모두들 말했다.

"부모가 이 아이를 사랑하여 기르는 것은 마땅치 않습니다. 남에게 주어 딸로 삼아 다른 집에서 기르게 하는 것이 좋습니다."

당시 장안 직조리織組里에 한 노파가 살고 있었는데 집안의 재산은 상당히 넉넉했으나 자식이 없었다. 그녀는 절일節日 때마다 늘 철에 처음 나오는 산물을 갖추어 재상의 측실을 대접하며 자못 정성스럽게 왕래하였다. 측실은 그녀에게 무당 판수가 했던 말을 다 말해 주고 자신의 딸을 할미의 집으로 피하여 살게 하고 싶다는 의향을 밝혔다. 그러자 할미는 흔연히 허락을 하고 더욱이 그 딸을 양녀로 삼아 가업을 모두 전해 주고 싶다는 말까지 하였다. 측실은 매우 기뻐하며 굳게 약조를 하고 딸을 할미에게 넘겨주었다. 이팔청춘이 되자 진복의 자태와 낯빛은 더욱 아름다워졌으며, 할미는 마치

자기가 낳은 친딸처럼 사랑했다.

할미의 집안에는 친척들이 많았다. 그들은 모두 할미가 자식이 없고 재산 또한 많기 때문에 자신들의 자녀를 할미의 후사로 들이기를 바랐다. 그런데 할미가 친척의 아들을 후사로 택하지 않고 권세를 좇아 다른 성씨의 딸을 후사로 삼은 것에 분노하였다. 그래서 백방으로 이를 깨뜨릴 계책을 생각했는데, 달콤한 말로는 이미 할미의 허락을 받을 수 없었는지라 진복의 마음을 동요시켜 할미가 그녀를 미워하게끔 할 계책을 세웠다. 하루는 친척 중에서 구변이 좋은 자가 조용히 진복에게 말했다.

"전날 승정원 주서承政院注書*로 있는 나이 젊은 한 문관이 낭자의 집 문 앞을 지나다가 낭자가 문에 기대 서 있는 것을 보고 머뭇거리며 떠나지를 못했네. 그는 '이 집에 있는 이가 뉘 집 딸인가? 참으로 절세 미인이로다. 천금을 들여서라도 그녀를 첩으로 삼고 싶은데, 만약 허락한다면 급히 날을 정해 말과 노복을 보내 맞이하겠다'라고 말했네. 그런데 대고모님은 본디 재물을 탐하는 성품이라 신랑의 좋고 나쁨은 가리지 않고 낭자를 장사꾼의 아들과 혼인시키려 한다네. 낭자는 본디 재상가의 딸인데 어찌 장사치의 부인이 될 수 있겠는가? 이제 낭자도 시집갈 나이가 되었으니, 의당 빨리 계책을 세워야 할 걸세."

낭자는 이 말을 듣고 몹시 부끄러워 대답할 수가 없었다. 그렇지만 구변 좋은 사람이 여러 날 동안 왕래하며 은밀히 유혹하니 자기도 모르게 마음이 동하지 않을 수 없었다. 또 마음 속으로 자신의 모친이 문관의 측실이 되어 부귀를 누리는 것을 부러워하고 있었던지라, 드디어 그 구변 좋은 자의 말을 믿었다. 조금 지나 주서注書가 보낸 노복과 말이 이미 문 밖에 와 기다리고 있었다.

---

**승정원 주서承政院注書**　　승정원承政院에 둔 정7품의 관직으로, 정원定員은 2원員으로 1원은 약방藥房을 관장하고, 1원은 사초史草를 쓰는 일을 맡아 보았다.

진복은 새로 화장을 한 뒤 아름다운 옷으로 갈아입고 저녁을 틈타 밖으로 나가 가볍게 말에 올라탔다. 구불구불한 거리를 몇 구비 지나 사통팔달의 거리를 내달려 어느 한 곳에 이르니, 높다란 대문이 활짝 열려 있었다. 널판장 앞에서 말을 내리니, 구변 좋은 자가 그녀를 이끌고 안으로 들어갔다. 큰 뜰을 지나자 높다란 집과 큰 연못이 나타났다. 푸른 연꽃이 붉은 난간을 빙 둘러 피어 있었으며 텅 비어 인적이라곤 없었다. 집 안에는 병풍과 장막이 빙 둘러져 있었는데, 구변 좋은 자가 그녀를 이끌어 병풍 속에 앉혔다. 조금 있으니 긴 수염이 덥수룩하게 나고 베옷에 맨발 차림인 한 사람이 들어와 진복을 껴안고서 마음껏 못된 짓을 하였다. 그러고는 이내 그녀를 버려둔 채 달아나 버렸는데, 단 한 사람의 시중꾼도 없었다. 구변 좋은 자를 불렀으나, 그 또한 간 곳을 알 수 없었다.

진복은 깊은 규방의 처자로 귀하게 생장하여 뜰을 나서 본 적이 없었으니, 장안의 천 갈래 만 갈래 지나온 저잣거리의 길을 어찌 알 수 있으리오. 물어 보려 해도 사람이 없고, 돌아가려 해도 길을 알 수 없는지라 길가에서 방황하며 눈물만 흘릴 뿐이었다.

하늘이 밝아 오자 이웃집 사람에게 물었다.

"이 집이 누구의 집입니까?"

"사헌부司憲府요."

사헌부에 수염 긴 사람이 있느냐고 묻자, 그는 바로 사헌부의 먹자(墨尺)*라는 것이다. 마침내 집을 찾아 돌아오니 해가 이미 한낮이었다. 할미 집에서는 크게 놀라 말했다.

"내가 우리 상국 나으리 댁에 할 말이 없게 되었다."

그 후 재상집에서는 그 일에 대해 듣고는 진복을 딸로 여기지 않아 쫓아

---

먹자(墨尺)  사헌부司憲府에 딸린 사령使令의 하나. 역적의 집 대문에 먹칠을 하여 역적이 된 것을 알리는 일을 맡아 하였다.

내 할미 집에 줘 버리고는 그녀가 하고 싶은 대로 하도록 했다. 진복은 이미 자신의 몸을 더럽혔으니 부모에게 용납되지 않으리란 것을 스스로 깨닫고 마침내 몸을 내팽개쳐 음부淫婦가 되었다. 그리하여 평생토록 짝도 얻지 못했으며, 결국 천하고 가난하게 살다 죽었다.

　진복에게는 여동생이 있었는데 그녀는 무장武將에게 시집을 갔다. 재상 집에서는 혼인이나 빈객을 접대하는 모임이 있을 때마다 매번 그녀가 참석하도록 허락했다. 그렇지만 진복은 배척하여 그 자리에 함께 끼일 수가 없었으며 감히 마루에 올라 부녀자들과 가까이할 수도 없었다.*

　아! 진복은 한때의 음부이니, 마음가짐을 한번 잘못 먹어서 종신토록 수치스럽고 욕된 삶을 산 것 또한 마땅하다고 하겠다. 다만 사람의 시기심과 사특한 마음이 사람을 이처럼 헤아릴 수 없는 곳에 빠뜨릴 수 있으니, 이를 두려워하지 않을 수 있겠는가.


## 남녀 간의 정욕 ❖ 420

남녀 사이에는 큰 욕정이 존재한다. 성인이 예법을 만들어 내외의 분별을 두었는데, 그 화를 막아 방지하고자 한 것이 주밀하였다. 열 살 때부터 자리를 같이하지 않을 것이며, 길은 함께 가지 않을 것이며, 밤길에는 등잔불을 밝힐 것이로되 등잔불이 없다면 행차를 그칠 것이다. 비록 형제나 생질甥姪처럼 가까운 친척 사이일지라도 서로 대면할 때는 절도가 있다. 혹은 문지방을 넘지 말아야 하고, 혹은 왼쪽 문짝을 닫아 두어야 하며, 혹은 문을 반

---

진복에게는 여동생이 ~ 수도 없었다.　이 대목은 〈만종재본〉에 없는 것으로 필사본에 의거해 추가해 넣었다.

쯤 열어 두고 말을 나누어야 하는데, 이는 옛 제도이다. 우리나라에서는 규방의 범절을 중하게 여겨 사족士族 가문의 문지방 안은 외부 사람이 엿보기 어려운 바다.

얼마 전에 한 고문성족高門盛族에게 부인이 새로 시집왔는데 자태와 용모가 절세미인이었다. 한 장사꾼이 능단綾緞을 팔려고 바깥문 옆에서 여종들과 값의 고하高下를 따지고 있었는데, 부인이 중문中門에서 그것을 몰래 엿보았다. 장사꾼은 일부러 질질 끌며 빨리 값을 정하지 않고 눈길을 던져 그녀를 몰래 훔쳐보니 진실로 절대 미색이었다.

이로부터 장사꾼은 침식을 전폐하고 백 가지로 계책을 내어 국법을 범하고자 하였다. 부인에게는 유모가 있었으며, 유모에게는 얼굴이 못난 딸이 있었다. 장사꾼은 능단 몇 단을 유모에게 주며 딸을 달라고 하니 유모가 이를 허락하였다. 장사꾼은 유모에게 후하게 사례하고 이어 채색 비단 5, 6필을 안주인에게 바치며 말했다.

"전해 오는 말에 여종의 지아비는 노복과 같다고 하니, 청하옵건대 집안 소제하는 일은 저에게 맡겨 가동家僮처럼 부려 주십시오."

주인집에서는 부끄러운 일이라 하며 재삼 사양했지만, 장사꾼은 억지로 이를 진상하였다. 그 후로 장사꾼은 거듭 유모와 딸에게 더욱 정성스럽게 했으며, 장사해서 번 재물을 다 써도 아까워하지 않았다. 유모가 이를 무척 괴이하게 여기고 그 이유를 힐문했다.

"불초 여식이 장부의 마음에 차지 않을 터인데 이처럼 정성스럽게 대접하는 것은 무슨 까닭이오?"

장사꾼은 겸손해하며 다른 말로 얼버무렸다. 그러더니 한참 있다가 곁에 있는 사람을 물리치고는 유모의 귀에 대고 말했다.

"전에 바깥문에서 비단을 팔면서 중문 안에 있는 한 여인을 잠깐 보았는데 진실로 절대가인이었습니다. 그가 누구인지는 모르겠지만 이후로 마음이 타는 듯한 열병이 생겨 잠시도 마음 속에서 떨쳐 버릴 수가 없습니다. 이 마음을 이루지 못한다면 마침내는 저자에서 말라 죽는 신세를 면치 못하겠기에 이러한 혼례를 치르게 된 것입니다."

유모가 놀라 손으로 입을 가리더니 말했다.

"망령된 말 말게나. 그분은 우리 집의 소군少君*이시네."

장사꾼은 짐짓 놀란 체하며 말했다.

"내가 잘못했소. 내가 잘못했소. 원컨대 장모는 입을 다물고 누설하지 마시오."

그 이후로도 진상하는 능단이 더욱 많아졌으며, 보내 주는 물품 또한 더욱 후하였다. 유모는 그것을 거절하고자 했지만 재화에 욕심이 생긴 데다, 장사꾼이 은밀하게 그 일을 점점 더 확고하게 도모하는지라 마침내 고개를 끄덕거리며 승낙하였다.

한 달이 채 지나지 않아 부인의 지아비가 산사로 글공부를 하러 가게 되자, 부인과 유모가 함께 묵었으며 여러 시비들은 밖에서 묵었다. 유모가 거짓으로 취한 체하면서 머리에 커다란 둥근 두건을 쓰고 옷을 벗은 뒤 부인의 이불 속으로 들어와 부인을 껴안으며 말했다.

"어여쁘기도 하지 우리 딸, 이러니 서방님께서 사랑하지 않고 배기시겠나."

장난스레 남녀 사이에 하는 행동을 하면서 한참 동안 부인의 마음을 돋우니, 부인이 말했다.

"우습구려. 늙은 유모는 그만두게. 어찌 이처럼 미친 짓을 한단 말이오. 혹 노망들어 그러는 것이 아니오?"

두 번 세 번 밀쳐 냈지만 장난이 길어질수록 부인에게 요구하는 것이 더욱 심해졌다. 잠시 후 유모가 몸을 빼어 나가면서 말했다.

"소변보고 다시 오리다."

---

소군少君　본래는 제후의 부인을 일컫는 말인데, 여기에서는 안주인을 의미하는 말로 쓰였다.

유모는 장사꾼에게 밖에서 기다리고 있다가 알몸에 커다란 둥근 두건을 써서 자신의 모습을 하고는 곧장 이불 속으로 들어가 자신이 했던 것처럼 껴안으라고 미리 일러두었다. 부인은 이 사실을 알지 못하고 유모인 줄로만 여기고 그가 장난하는 대로 맡겨 두어 장사꾼은 마침내 마음껏 간음하였다. 이로부터 새벽이면 돌아가고 밤이면 들어가 내외가 서로 응접하였는데, 집안사람 가운데 어떤 이가 이 사실을 알고서 은밀히 부인의 시아버지에게 알렸다. 시아버지는 관인官人이었다. 이 말을 듣고 깜짝 놀라서 몰래 엿보니 장사꾼이 밤중에 후원의 북쪽 담을 넘어 들어왔다. 다음 날 시아버지는 집안의 노비 4, 5명에게 명령했다.

"오늘 밤 웬 소도둑놈이 북쪽 담을 넘어 들어올 것이다. 너희들은 담장 밑에 큰 구덩이를 파 놓고 몽둥이를 들고 몰래 엿보고 있다가 그 도적놈을 쳐서 구덩이에 던져 묻어 두었다가 오경의 파루罷漏가 울리면 먼 산에 갖다 묻도록 하여라. 만약 말이 새어 나가면 너희들이 대신 죽게 될 것이다."

밤이 깊으니 과연 도적이 후원의 북쪽 담을 넘어 들어오다 밑에 파 놓은 큰 구덩이에 빠졌다. 노비들은 그 도적을 몽둥이로 때려죽인 뒤 묻어 두었다가 파루 종이 치기를 기다려서 먼 산으로 가져가 묻어 버렸다. 그리고 유모와 유모의 딸을 들판에서 함께 죽였는데, 외부 사람들은 아무도 그 사실을 알지 못했다. 서생 부부는 예전처럼 지내면서 끝내 그 사실을 깨닫지 못했다.

남녀의 정욕이란 몹시 두려운 것이로다. 눈 깜짝할 사이에 한번 얼굴을 본 뒤로 끝내 마음을 제어하지 못해 유모로 하여금 부인을 팔도록 하고 그 계책을 이루었다. 이는 다름이 아니라 여자가 몸단속을 단단히 하지 못하여 막고 방비함에 예법을 잃어 남자가 의외의 일을 도모하게 한 것이다. 그러니 이 어찌 부인 된 사람의 경계할 바가 아니겠는가?

## 나쁜 꾀로 처녀를 능욕한 김생 ❖ 421

김생金生이란 사람은 젊었을 적에 방탕하였다. 길에서 양갓집 여자가 문 안에 서 있는 것을 보았는데, 용모가 빼어나게 아름다워 어떻게 한번 해 보려고 했지만 기회를 얻지 못했다. 하루는 온 집안 사람들이 교외에서 주연을 베풀고 노는데, 그 여자만 남아 집을 지키고 있었다. 김생은 사람을 시켜 사헌부司憲府 아전의 의관을 입게 하고는, 자신을 잡아 그 집 문 안에 던져 넣으면서 다음과 같이 말하도록 시켰다.

"이놈은 법을 범한 자다. 너의 집에 맡겨 두는데, 만약 이놈을 놓치면 너의 집이 대신 죄를 받을 것이다."

집 안에는 아무도 없고 오직 그 처자만 있어 다른 곳으로 도망가 버릴까 두려웠다. 김생이 거짓으로 도망쳐 나갈 것처럼 하자, 처자가 허물이 자신의 집에 미칠까 두려워서 김생의 옷을 잡아끌어 밀실에다 가두어 두고 지켰다. 이에 김생은 드디어 그 욕심을 채울 수 있었다.


## 꾀를 내어 사통한 박엽 ❖ 422

의주 부윤義州府尹 박엽朴燁이 젊었을 적 난리를 만나 나그네로 동서東西를 전전하다가 한 곳에 이르렀다. 주인집 부인의 자태가 아름다운 것을 보고 마음에 기뻐하며 서로 눈길을 주고받았다. 조금 있으니 주인집 장부가 들어오는데 나이가 젊고 잘생겼는지라, 박엽은 자신의 계획이 쉽지 않을 것을 알았다.

밤이 지나 새벽이 될 무렵, 외양간에 들어가 소의 고삐를 풀고 외양간의 문을 열었다. 송곳으로 소의 볼기를 찌르자 놀란 소가 외양간 문을 나가 덜

그럭거리는 소리가 났다. 주인이 묻기를

"이것이 무슨 소리요?"

라고 하자, 박엽이 말했다.

"소가 외양간 문을 밀치고 달아났소."

주인이 옷을 집어 들고 소를 뒤쫓았다. 소는 이미 송곳에 놀란 터라 주인이 쫓아오는 것을 보고는 더욱 멀리 달아났다. 박엽은 이에 계획을 실행하여 주인집 부인과 곡진한 정을 나눌 수 있었다. 날이 밝자 주인이 이슬을 흠뻑 맞아 옷이 모두 젖은 채 소를 끌고 돌아왔다.

## 부인을 유혹하려다 실패한 이생 ❖ 423

이생李生이라는 자는 용모가 빼어나고 재기 또한 풍부했다. 새문(新門: 서대문) 밖에서 한 양갓집 젊은 부인과 마주쳤는데, 친척들과 서교西郊에서 잔치를 벌여 놀다 돌아오는 길이었다. 이생은 한번 보고는 즉시 부인이 나라에서 으뜸가는 미인임을 알았다. 동자를 시켜 그 가족을 알아보라 하고 사람을 통해 끈을 대도록 했는데, 이로부터 심신心身이 안정되지가 않았다.

그 이웃 노파에게 후하게 음식을 대접하고, 술과 음식을 마련해 친구인 김생金生을 맞이하여 좌객坐客으로 삼아 밤에 사온리司縕里에 모였다. 양갓집의 젊은 부인은 천한 기생과 달라 쉽게 건드릴 수 있는 것이 아니었다. 기묘한 계책을 세워 유혹해 등불 아래에 이르게 하여 보니, 빼어나게 아름답고 자태가 풍만하여 멀리서 바라보면 선녀 같고 다가가 바라보면 꽃 같아 인간 세상에서 일찍이 본 바가 아니었다. 술잔이 몇 차례 돌지 않았는데, 갑자기 밖에서 소리쳐 부르며 퉁탕거리는 소리가 들리더니 수십 명이 창을 쥐고 와 말하였다.

"사람을 죽인 옥사獄事가 일어났다."

그러고는 그 집을 살피더니 그 남편을 잡아갔다.

젊은 부인과 이웃 노파는 정신없이 달아나고 이생 또한 급히 피해 숨었으니, 계획한 일을 성사시킬 수 없었다. 그러나 남녀 간의 욕정이란 몹시 두려워해야 할 것이다.*

## 용력으로 부인을 구한 전덕여 ❖ 424

융경隆慶(1567~1572) 연간에 한 관인官人이 남쪽 지방의 현감을 제수받았다. 관인이 먼저 임지로 가고 아내는 추분秋分을 기다려 고을로 가는데, 오직 약한 아들 하나가 수행했다. 가마를 오르내리는 사이에 한 중이 몰래 곁눈질하여 보고는 사모하는 마음이 생겨났다. 그 뒤를 따르면서 혹은 여종을 희롱하고, 혹은 가마꾼을 능멸하는데, 약한 아들이 이를 꾸짖었으나 저지할 수는 없어 애만 태웠다. 날이 저물어 시골 주점에 묵었는데, 중이 장막을 걷고 곧바로 들어오자 여종들은 바람처럼 도망쳤으며 가마꾼들은 기가 꺾여 가까이 다가가지 못했다.

내금위內禁衛* 전덕여全德輿*는 서울 사람으로 힘이 매우 뛰어났는데, 마

---

그러나 남녀 간의 ~ 할 것이다. 〈천리대본〉에는 이 다음에 "瞥眼間, 一見其面, 終不制其心, 能使媒嫗賣之, 以逞其計, 無他, 女子藏身不密, 防閑失儀, 男子有意外之圖, 婦人者所可戒"라는 내용이 추가되어 있는데, 이는 앞 420화 〈남녀 간의 정욕〉의 끝부분과 똑같은 내용이기에 번역은 생략하였다.

내금위內禁衛 왕의 측근에서 호위를 맡던 군대로, 1407년(태종 7) 10월에 설치하였다. 내시위內侍衛와 함께 왕의 측근에서 입직入直과 숙위宿衛를 담당했는데, 선조 이후에는 내삼청內三廳·금군청禁軍廳·용호영龍虎營 등에 귀속되어 왕의 친병親兵 구실을 하였다.

전덕여全德輿 〈만종재본〉에는 '全德興'으로 되어 있고, 여러 필사본에는 '全德興'로 되어 있어 차이를 보인다. 『선조실록』 11년 4월 2일자 기사에 '도총 경력 전덕여全德輿'란 이름이 보이므로 필사본의 기록을 따랐다.

침 친상을 당해 이웃집에 거처하고 있었다. 여러 사람들이 모두 그에게 권유하여 말했다.

"당신이 아니면 이 도적놈을 감당할 수 없습니다."

전덕여가 분을 참을 수가 없어 팔뚝을 걷어붙이고 나아갔는데, 중이 부인을 껴안고 있었으며 부인은 혼비백산하여 기절한 상태였다. 전덕여가 중을 올라타 양손을 밟고 가슴을 깔고 앉았다. 중이 발로 전덕여의 머리를 차서 피가 흘러 땅바닥에 낭자하였다. 전덕여가 왼손으로 그자의 턱을 치고, 오른손으로는 가랑이를 잡아 찢자 중은 땅바닥에 나뒹굴어 죽었다.

전덕여는 힘이 빼어났지만 겁이 많아서 매번 무시武試를 볼 때 자기 이름이 불리면 자신도 모르게 오줌을 싼다고 한다.

## 승지 부인의 원수를 갚은 강자신 ❖ 425

한 서생이 산사에 들어가 글을 읽는데 시일이 오래되자 함께 거처하는 절의 중과 친해졌다. 그런데 그 중은 매일 아침 한 사발의 밥과 향로로 부처를 공양한 뒤 겸하여 한 승지承旨 부인의 명복을 비는 것이었다. 서생이 그 연유를 물었으나 대답하지 않았다. 훗날 또 전처럼 명복을 비는 소리를 듣고 또 캐물으니, 중은 서생과 이미 친밀해진 사이인지라 드디어 연유를 모두 말해주었다.

"애초에 아무개 승지와 알고 지냈습니다. 뵙고자 하여 찾아갔는데 승지는 마침 숙직인지라 집에 돌아오지 않았으며, 날이 저물어 문 밖의 곁방에서 묵었습니다. 때는 여름으로 달빛이 대낮처럼 밝았는데, 욕정을 이길 수 없어 곧장 안채로 들어갔습니다. 합문閤門이 닫혀 있지 않은 채 여러 여종들이 서로 뒤엉켜 잠들어 있었습니다. 침상 위에 한 부인이 몸을 드러낸 채 누위 있는데 옥 같은 살결이 탐나서 잠든 틈을 타 범하였습니다. 그러고는 문 밖의 곁방으로 돌아와 처음처럼 누워 있는데, 잠시 후 안채에서 여종을 불러 목욕물을 들이라는 소리가 들렸습니다. 나는 새벽이 되기도 전에 달아났다가, 날이 밝은 후 그 집 문 앞을 지나니 온 집안에 곡소리가 났습니다. 이웃 사람에게 묻자, 부인이 어젯밤 목을 매 자결했는데 무슨 일 때문인지 모른다는 것입니다. 매양 절개 있는 부인이 나 때문에 죽었다는 생각이 들어 종신토록 제향하려는 것입니다."

서생은 이 말을 듣고 간담이 찢어지는 듯 견딜 수 없는 고통을 느꼈다. 당장 그를 꺾어 죽이고 싶었지만 힘이 약해 도리어 해를 당할까 두려웠다. 그래서 그 중을 꾀어 함께 나가 놀자면서 높은 봉우리를 가리키며 말했다.

"이 봉우리는 기이하여 구경할 만하군요. 함께 올라가 구경합시다."

함께 산꼭대기에 올라가니, 천 길 낭떠러지 아래가 몹시 험해 사람의 발길이 이르지 못할 곳이었다. 서생이 중에게 농담하여 말하길,

"나와 스님 중 누가 더 키가 클까요?"

라고 하자, 그가 웃으며 말했다.

"수재秀才께서 어찌 감히 저와 견줄 수 있겠습니까?"

서생이 재 보자고 청하니 중이 등지고 서서 키를 재려 하였다. 드디어 서생이 팔을 떨쳐 절벽으로 밀어 버리자 중은 천 길 낭떠러지 아래로 떨어져 죽었다.

군자는 말한다.

"서생이 중을 죽인 것이 통쾌하기는 하지만, 그 죄를 성토하여 바른 법으로 죽이지 못한 것이 애석하다."

서생의 이름은 강자신姜子愼으로, 훗날 파주 목사坡州牧使를 지냈는데, 강석덕姜碩德의 조카다. 승지 부인의 성씨는 전하지 않는다.

## 퇴계와 남명의 여색에 대한 대화 ❖ 426

　퇴계退溪 선생이 남명南溟 조식曺植 선생과 한가로이 앉아 있었는데, 퇴계가 말했다.
　"술과 여색은 사람이 좋아하는 것인데, 술은 그래도 참기가 쉽지만 여색은 가장 참기 어렵소. 소강절邵康節의 시*에 '여색은 사람으로 하여금 기욕嗜慾(좋아하고 즐기려는 욕심)에 빠지게 한다네'(色能使人嗜)라고 했으니, 이 또한 참기 어려움을 말한 것이겠지요. 그대는 여색에 있어 어떠신지요?"
　남명이 웃으면서 말했다.
　"저는 여색에 있어서는 전쟁터의 패장敗將이라 하겠으니, 묻지 않는 것이 좋겠소."
　퇴계가 말했다.
　"나는 젊었을 적에는 참고자 해도 참을 수가 없었는데, 중년 이후로는 제법 참을 수 있게 되었으니 정력定力* 때문인 듯하오."
　이때 송익필宋翼弼 또한 자리에 있었는데, 그는 지체는 낮지만 문장을 잘하였다. 송익필이 말하길,
　"보잘것없는 제가 일찍이 읊은 시가 있으니, 대인大人의 가르침을 받고 싶습니다."
라고 하고는, 그 시를 외웠다.

　　옥 술잔에 맛 좋은 술은 전혀 그림자 남기지 않는데　玉盃美酒全無影
　　눈처럼 흰 뺨에 엷은 노을은 살며시 흔적을 남기는구나．雪頰微霞乍有痕

---

**소강절邵康節의 시**　　소강절은 송대의 성리학자 소옹邵雍을 말하니, 강절은 그의 시호다. 여기에 인용된 시의 제목은 「남자음」男子吟으로 『격양집』擊壤集 권11에 실려 있는데, 전문은 다음과 같다. "欲作一男子, 須了四般事. 財能使人貪, 色能使人嗜. 名能使人矜, 勢能使人倚. 四患旣都去, 豈在塵埃裏?"
**정력定力**　　선정禪定으로 번뇌를 끊은 마음의 힘.

그림자가 없거나 흔적을 남기거나 모두 즐길 만하지만　無影有痕俱樂意
즐거움 경계할 줄 안다면 은총일랑 남기지 마소서.　　　樂能知戒莫留恩

그 뜻이 깊고 절실해 퇴계가 읊고 좋다고 칭찬하니, 남명이 웃으면서 말했다.
"이 시는 정히 전쟁터의 패장에게 경계가 되겠군요."

## 처녀의 연정을 거절한 정인지 ❖ 427

하동 부원군河東府院君 정인지鄭麟趾는 어렸을 적에 엄친을 여의었다. 홀로 된 어머니를 모시고 가난하게 살았는데, 문장을 일찍 성취하였고 용모는 옥과 같았다.

늘 바깥채에 거처하면서 밤늦도록 책을 읽었는데, 담장을 사이에 둔 이웃집에 한 처자가 있었다. 용모가 빼어나게 아름다웠으며, 대대로 높은 벼슬을 한 명문거족이었다. 그 처자가 틈새로 훔쳐보니, 한 미소년이 낭랑한 목소리로 글을 읽고 있었다. 마음으로 사모하여 밤에 담장을 넘어와 그를 가까이하고자 했다. 하동이 정색을 하고 거절하자 그 처자가 소리를 질러 알리려 하였다. 하동이 거절하기 어려움을 알고 온화한 말로 달랬다.

"그대는 고관 집 딸이며 나는 아직 아내가 없는데, 집이 가난하고 모친께서 홀로 계신지라 혼처를 구해도 응하는 사람이 없소. 비록 장가들어 아름다운 아내를 얻고자 해도 그대 같은 이를 얻기는 매우 어려울 것이오. 내 만약 어머님께 고하고 친척과 의논하면 어머님께서도 틀림없이 기뻐하며 허락하실 것이니, 그런 연후에 백 년의 기쁨을 도모해도 될 것이오. 지금 만약 한번의 정욕을 이기지 못한다면 그대는 몸을 그르친 처자가 될 것이고,

내 마음 또한 유쾌하지 않을 것이오. 또 그대가 다른 사람에게 시집간다 해도 평생의 한으로 남을 것이니, 잠시 참음만 못하오. 내일 부모님께 고해 양가의 혼사를 이루도록 합시다."

처자가 매우 기뻐하며 약속을 하고 갔다. 하동은 이튿날 어머니께 알리고 다른 집으로 옮겨 가고, 마침내 그 집을 팔아 단절하였다. 처자는 마음에 상처를 입고 죽었다.

## 심수경의 거문고 곡조에 반한 궁녀 ❖ 428

상국相國 심수경沈守慶은 젊은 시절 풍채와 거동이 아름다웠고 음악을 많이 알았다. 일찍이 청원군淸原君* 집의 바깥채에 숨어 우거한 적이 있었는데, 가을밤 달이 중천에 뜨면 연지蓮池 가에서 거문고를 탔다. 나이가 젊고 자태가 고운 한 궁녀가 안에서 나와 절을 올렸다. 상국이 그녀를 맞이해 자리에 오르도록 하니, 그녀가 말했다.

"첩은 텅 빈 궁을 홀로 지키고 있습니다. 안에서 그대의 고상한 거동을 바라보고는 마음으로 늘 흠모해 왔습니다. 지금 단아하고 맑은 거문고 가락의 운치가 매우 고상한 것을 듣고 감히 부끄러움을 무릅쓰고 나와 절을 올립니다. 다시 한 곡조 듣기를 원하옵니다."

상국은 두어 곡조를 타고는 이내 거문고를 안고 나왔으며, 이로부터 다시는 그 집에 거처하지 않았다. 그 궁녀는 상사병으로 노심초사하다가 끝내 병들어 죽었다.

청원군淸原君   확실하지는 않지만 〈정사룡의 호사〉에 나오는 한경록韓景祿이 아닌가 여겨진다. 중종의 둘째 딸인 의혜 공주懿惠公主의 남편으로 선조宣祖의 고모부다. 1546년(명종 1) 을사사화乙巳士禍에 참가해 위사공신衛士功臣 2등, 청원 부원군淸原府院君에 봉해졌으나 여러 번 탐학한다는 탄핵을 받았다.

## 재물과 운수 ❖ 429

범려范蠡가 19년 사이에 세 차례 천금을 모았다가 세 차례 흩은 것은 어째서인가? 『주역』周易의 효爻는 6에 이르러 변하니, 6년 후에는 인사人事가 마땅히 변한다. 재물은 많은 사람들이 얻고자 하는데, 6년 모은 것을 사람이 스스로 흩어 버리지 않으면 하늘이 일부러 흩어 버린다. 하늘이 흩어 버림에는 화가 반드시 사람에게 미치니, 사람이 스스로 흩어 버리는 것이 낫다. 범려는 지혜로운 선비로서 하늘과 사람의 이치를 깊이 꿰뚫어 보았으니, 삼육은 십팔이요 십구는 삼육 뒤에 있기 때문이다.

옛 사람이 이르길,

"기름을 쌓아 두면 불이 나고,* 고기를 쌓아 두면 초상이 난다."

라고 했으니, 모두 이러한 이치인 것이다.

옛날 유영경柳永慶이 영의정이 되었을 때 팔도에서 보내온 고기가 누각에 가득 찼다. 죽은 사슴 한 마리를 누각 밖 대들보 위에 매달아 두었는데, 한밤중에 그 사슴이 크게 울부짖어서 온 집안이 떨며 놀랐다. 그해에 멸족의 화를 당했으니, 기이하지 아니한가?

## 권세가 김안로의 최후 ❖ 430

김안로金安老는 권세를 매우 심히 부렸고, 악惡을 쌓아 화禍가 가득 찼다. 그

---

**기름을 쌓아 두면 불이 나고**　이 말의 원문 '積油生火'는 『박물지』博物志에 보이는데 "積油萬斤, 則自然生火. 泰始中, 武庫火, 積油所致也"라 하였다.
**금부도사**禁府都事　의금부도사義禁府都事. 조선 시대에 의금부에 속한 종5품 관직으로 임금의 특명에 따라 중죄인을 신문訊問하는 일을 맡아 보았다.

가 아들 김시金禔를 위해 초례醮禮를 치르면서 장막을 펼쳐 놓고 친우를 맞아 잔치를 베풀었다. 그때 갑자기 솔개 한 마리가 장막으로 날아 들어와 김안로의 사모紗帽를 낚아채 잔치 자리 위에 떨어뜨려 놓으니, 사람들이 괴이하게 여겼다.

조금 지나 금부도사禁府都事*가 나졸들을 거느리고 와서 그 집을 에워싸고 "임금님 명령이다"라고 하면서 김안로를 잡아갔다. 좌중의 지위 높은 귀한 손님들이 꿩이 날고 토끼가 흩어지듯 담장을 넘어 달아났다. 미처 숨지 못한 이들은 화망禍網에 걸려 대부분 귀양 가거나 죽었다.

김안로가 일찍이 연경燕京에 갔을 때 유명한 점쟁이에게 자신의 운명을 점쳤는데,

"갈원葛院에 이른 그날 쥐를 보고 놀라리라."

라고 하였다. 이때에 이르러 귀양을 가다가 갈원역葛院驛에 이르러 사약을 받으니, 그날이 12간지 중에 자일子日에 해당했다. 바야흐로 그가 사약을 마실 때 입이 쓴지라 밤을 구해 먹었는데, 한 어린아이가 그 밤을 보고 먹으려고 하니 이 광경을 본 사람들이 비통해하며 눈물을 흘렸다.*

## 불효로 천벌을 받은 신응주 일가 ❖ 431

역관 신응주申應澍는 역관 판사判事 신연申涎의 아들이다. 그는 여러 차례 연경에 조회하러 갔었고 관직이 정2품에 이르렀으며, 장사로 집안을 일으켜 가업도 넉넉하였다.

---

바야흐로 그가 ~ 눈물을 흘렸다.  〈야승본〉에는 "또는 약을 가지고 간 금부도사가 경자생庚子生이라는 말도 전한다."(又賫藥禁府都事, 庚子生云矣)라는 대목이 추가되어 있다.

신연이 나이 80이 되자 가업을 꾸릴 수 없게 되었다. 아들에게 의지해 생계를 꾸렸는데, 신웅주와는 다른 집에서 거처하였다. 신웅주는 평소 효성이 옅었고, 그의 아내는 사납고 악하기가 비할 데 없었다. 신웅주는 매양 제철에 나는 음식이 생기면 소반에 음식을 담아 그 아내로 하여금 아버지에게 가져다 드리도록 했는데, 아내와 여종은 사사로이 몰래 딸에게 먹였다. 그러고는 아내가 신웅주를 속여 빈 그릇을 보여 주며 말했다.

"아버님께서 음식을 남기지 않고 다 잡수셨습니다."

신웅주는 그 말을 믿었다. 매양 맹월孟月이 돌아와 녹봉을 받으면 이를 나누어 부모에게 주었는데, 아내가 몰래 흰쌀 한 말을 덜어 내고 모래 여러 되를 섞었으며, 다른 일도 모두 이와 같이 했다.

신연이 하루는 아들 집을 들렀는데, 해가 긴 철이라 식사한 지가 오래되었다. 신웅주가 마침 갈 곳이 있었던지라 아내에게 말했다.

"날이 늦었으니 빨리 술과 밥을 갖추어 올리시오."

신웅주가 집을 나서고 난 후, 신연은 밥이 나오기를 기다렸다. 날이 저물어서야 며느리가 대접하지 않고 싶어함을 알고 지팡이에 의지해 집에 돌아오니 허기가 심했다. 신웅주가 이 사실을 알고 나무라자, 아내는 가슴을 치면서 말했다.

"만약 그런 일이 있다면 하늘이 흐려지고 천등 번개가 칠 것입니다."

다음 날 신웅주는 밖에 나갔고, 아내는 딸과 여종과 함께 모두 죽사장竹肆庄에 있었다. 갑자기 검은 구름이 사방에서 몰려들더니 큰비가 퍼부었다. 온 마을이 어두컴컴해져 대낮인데도 칠흑 같았다. 신웅주의 집에서 때려 부수는 소리가 들리더니, 조금 있다가 큰 벼락이 세 번 쳤다. 하늘이 찢어지고 땅이 갈라지는 듯하더니 말짱하게 날이 개었다.

이웃 사람들이 그 집에 들어가 보니 아내·딸·여종 세 사람이 머리를 나란히 하고 모두 죽어 있었다. 그런데 지붕 위의 기와는 가지런히 붙어 있어 어느 한 조각 부서진 곳이 없었다. 나라 안에는 말들이 떠들썩하게 일어나 모두 신응주의 불효와 아내를 단속하지 못했음을 허물하였다. 삼성三省*이 합좌合坐하여 그의 죄를 추국推鞫해 신응주는 마침내 장형杖刑*을 받다 죽었다.

아! 하늘과 사람의 이치는 그 사이에 조그마한 차이도 없다 할 것이니 방자하게 악을 행하지 말 것이다. 상제上帝가 너에게 임하고 있으니, 두려워해야 하리라. 신응주가 비록 내 집안의 서얼 출신이지만, 그 일이 매우 기이한지라 부득불 대서특필하여 세상을 경계하는 것이다.

어떤 이는 다음과 말했다.

"죄는 세 사람에게 있고, 신응주는 실상을 알지 못했던 까닭에 벼락이 그에게는 미치지 않은 것이다."

## 임식과 서익의 지나친 사의私誼 ❖ 432

만력(1573~1620) 초에 임식林植은 상중喪中이어서 나주에 있었다. 이때 무장현감茂長縣監으로 있던 서익徐益이 조문했는데, 임식이 가난해서 제사 쌀이 모자란다고 말하자 서익이 고개를 끄덕였다. 그런 지 며칠 지나지 않아 서익이 백미 300석을 말에 실어 상가에 보냈는데, 임식은 어려워하는 기색 없이 사양하지 않고 받았다. 두 사람은 서로 막역한 사이로 허여했고 도량이 매우 컸으며, 호협하여 죄를 두려워하지 않음이 이와 같았다. 서익이 반역 아들*을 낳은 것도 마땅한 일이다.

---

**삼성三省** 강상죄인綱常罪人을 추국推鞫하는 세 아문衙門, 곧 의정부議政府·사헌부司憲府·의금부義禁府를 통틀어 일컬음. 또는 삼성추국三省推鞫의 약어略語로도 쓰이니, 즉 삼성이 합좌合坐하여 강상죄인을 추국하는 것을 말한다.

**장형杖刑** 오형五刑의 한 가지로 대형장大刑杖으로 죄인의 볼기를 치는 형벌. 60·70·80·90·100의 5등급이 있었다.

## 의금부 종의 죽음 ❖ 433

내가 젊은 시절 금천衿川* 시골집에서 책을 읽고 지낼 때였다. 봄날 한강의 얼음이 단단하지 않아서 행인들이 많이 빠져 죽었다. 한 의금부義禁府* 종이 등에 쌀을 지고 강을 건너는데 얼음이 꺼져서 몸의 절반만이 얼음 위에 걸쳐 있게 되었다. 같이 가던 이가 말했다.

"등에 지고 있는 짐을 풀어 버리면 살 수 있네."

의금부 종이 말했다.

"당신이 나보고 이 짐을 버리라고 하는가? 이 짐을 버리고 산다면 살아서 당할 고통이 죽는 것만 못할 것이오."

얼마 안 있어 물에 빠져 죽고 말았다.

의금부 종이 쌀을 귀중하게 여기고 죽음을 가볍게 여긴 것은 영릉零陵에서 슬프게 빠져 죽은 백성*과 비슷하지 않은가? 그 어리석고 비루함은 말할 것도 없지만, 의금부 종의 노역이 사람으로 하여금 살고자 하는 뜻이 없게 만드니 참으로 한심스런 일이다.

---

**반역 아들**　칠서지옥七庶之獄의 한 사람인 서익의 서자 서양갑徐洋甲을 가리킴. 칠서지옥에 대해서는 331쪽 '서양갑의 옥사' 주 참조.

**금천衿川**　지금의 서울특별시 금천구衿川區와 구로구九老區를 비롯, 경기도 안양시安養市, 광명시光明市 지역의 일원에 있었던 현縣의 이름.

**의금부義禁府**　조선 시대의 사법 기관. 조선 초기에는 경찰 업무만 담당하다가 기능이 확대 강화되어 형옥刑獄을 다스리는 일까지 겸하게 되었다. 주로 왕족王族의 범죄, 국사범國事犯·반역죄 등의 대옥大獄, 부조父祖에 대한 자손의 죄나 주인에 대한 노비의 죄 등의 강상죄綱常罪 등 중죄인을 처결하는 특별 재판 기관이다.

**영릉零陵에서 슬프게 빠져 죽은 백성**　영릉零陵은 중국 호남성湖南省 남부에 있는 영주시永州市의 옛 이름. '영릉零陵에서 슬프게 빠져 죽은 백성'은 미상.

## 금강산의 대설大雪과 산신령

금강산은 산이 험하고 땅이 북쪽에 가까워 큰눈이 많이 내려, 매양 한겨울이면 꽁꽁 얼어붙고 쌓인 눈이 산을 덮고 골짜기를 평지로 만든다. 산에 다니는 사냥꾼들은 대부분 썰매(雪馬)를 타고 다니는데, 긴 판자때기를 양 발에 신고 높은 산봉우리를 달리는 것이다. 그건 마치 네 마리 말이 끄는 수레가 넓은 거리를 달리는 듯하다. 유점사楡岾寺의 탑은 높이가 열 길인데 탑 꼭대기에 달린 뾰쪽한 쇠가 썰매에 부딪혀 기울어졌으니 쌓인 눈의 깊이를 상상할 수 있다.

고성군高城郡은 금강산 아래에 있는데, 가정嘉靖(1522~1566) 연간에 큰눈이 산을 덮어 산에 길이 없어진 지가 여러 달이나 되었다. 태수가 밤에 꿈을 꾸니, 한 신인神人이 관아의 문을 엿보며 말했다.

"나는 월출봉月出峰의 산신령이오. 적조암寂照菴의 중이 눈에 막혀 음식을 못 먹은 지 이미 닷새가 되었소. 태수가 그를 살려 주기 바라오."

꿈에서 깨어나 기이하게 여기고는 사냥꾼을 불러 마른 양식을 싸서 썰매를 타고 월출봉을 찾아가도록 했다. 적조암의 중을 부르니 그가 깊은 눈 속에서 대답하는 것이었다. 마침내 눈을 뚫고 양식을 주었는데, 중은 굶은 지 이미 닷새째였다.

## 수해를 방비한 이명준과 수해로 죽은 강중룡

가정嘉靖 을사년(1545)에 흉년이 들어 서울과 외방外方의 백성들이 많이 굶주려 죽었다. 당시 사람들의 속담에,

"을사년 굶주린 까마귀가 빈 뒷간을 엿본다."

라는 말이 있었다. 이는 사람이 굶주리니 닭과 개 또한 굶주려 뒷간에 남아 있는 똥이 없음을 이른 것이다.

만력萬曆 을사년(1605)에는 물난리가 나서 동해의 갈매기들까지 바람에 밀려와 영서嶺西 지방의 산골짜기 수백 리 밖에 두루 퍼져 사람들이 손으로 많이 때려잡았다. 이 당시 서원 현감西原縣監 이명준李命俊은 문과 장원 출신이었는데, 관아에 앉아 있노라니 바닷새가 정원 나무에 날아와 앉는 것이었다. 이명준이 고을 아전에게 말하였다.

"바닷새가 까닭 없이 산골 고을에 이르니, 머지않아 틀림없이 홍수가 날 것이다."

그러고는 고을 아전들에게 일러 수해에 대비하도록 했다. 얼마 안 있어 영동嶺東과 영서 지방에 큰물이 졸지에 밀려들어 오대산 한 귀퉁이가 무너져 내렸으며 많은 백성들이 떠내려가 죽었다.

한 처자가 누각 위에 앉아 닭과 개를 지붕 위에 태운 채 위태롭게 물살에 떠내려가며 구해 달라고 외쳤다. 강가의 사람들이 배를 저어 갔더니, 물속에 구멍을 잃은 뱀들이 누각에 가득해 베를 짠 것처럼 그녀의 몸을 휘감고 있었다. 뱃사람이 두려워 감히 접근하지 못하고 배를 돌려 돌아왔다.

무인武人 강중룡姜仲龍은 전임 현감인데, 헤엄을 잘 쳐서 물을 두려워하지 않았다. 강 위에 관재棺材가 떠내려 오는 것을 보고는 헤엄쳐 가서 연이어 네댓 개의 널판을 건져 내고 지쳐서 잠시 쉬고 있는데, 큰 널판 하나가 물살 중간에 있는 것이 보였다. 그의 첩이 가져오라고 졸라대는데, 물은 얼음처럼 차가웠고 물살은 몹시 빨랐다. 강중룡은 널판을 끼고 오다 강 언덕에 이르지 못하고 빠져 죽었다. 결국 그 널판을 쪼개 관을 만들어 시신을 거두었다.

이명준은 물난리가 날 것을 미리 알아 수해에 대비하였고 강중룡은 재물을 탐내다 죽음에 이르렀다. 이는 다름이 아니라 글을 읽은 것과 그렇지 아니한 것의 차이다.

## 굶주림으로 기가 막혀 죽은 사연 ❖ 436

만력 47년 기미년(1619, 광해군 11)에 우리나라 팔도에 흉년이 들어 곡식이 매우 귀해서 굶어 죽은 시체가 줄을 이었다.

다섯 명의 중이 물건을 팔려고 저자에 가는 길에 마을에 들어가 아침밥을 지어 먹으려고 했다. 저택에 딸린 집들이 모두 비어 있고 바깥 행랑채에도 사람이 없는 것을 보고 중들이 문을 두드리자 한참이 지나서야 안에서 응답하는 소리가 났다. 중들이 다섯 사람의 양식을 내주자, 문 안에서 그것을 받으면서도 얼굴은 내보이지 않았다. 해가 기울어 시장도 장차 파하려 하기에 중들이 밥을 달라고 재촉했더니, 잠시 후 문 안에서 녹색 비단에 꽃무늬가 그려진 옷을 문 밖으로 내던지며 말했다.

"우리는 선비 집안이오. 이웃집에 기거하던 종들은 굶어 죽거나 흩어져 도망가고 부인네와 아녀자 일곱 사람만 남았는데, 입에 곡식을 넣어 보지 못한 지가 5, 6일이나 되었소. 밥을 보자 스스로 참을 수 없어 남김없이 다 먹고 말았소. 청컨대 이 옷으로 보상하고자 하오."

중들이 서로 돌아보며 측은하게 여겨 굳이 사양했는데, 저들도 받아 달라고 고집하며 가지고 들어가지 않는지라 마침내 옷을 가지고 저자에 내다 팔았다. 시중의 쌀값이 매우 뛰어서 단지 쌀 다섯 말을 얻었는데, 두 말로 술과 음식을 사서 다섯 사람이 함께 먹었다.

한 중이 말했다.

"다섯 사람의 밥값이 비단옷보다 못하고, 저 선비 집 여자들은 굶주려도 고할 데가 없으니, 어찌 나머지 세 말을 돌려주지 않을 수 있겠소?"

모두 그에 응하여 좋다고 하였다.

다시 그 집을 찾아가 문을 두드리니 응답이 없었다. 들어가 살펴보니 늙은이와 어린아이 일곱 명이 머리를 나란히 하고 죽어 있었다. 대개 오랫동안 굶주렸으면 먼저 죽으로 창자를 적셔 주어야 죽지 않을 것인데, 5, 6일

동안 굶주린 데다 갑자기 밥을 먹었기 때문에 기氣가 막혀 죽은 것이다. 슬픈 일이다.

## 굶주린 도적 ❖ 437

같은 해에 서울 저자에 쌀이 귀한지라, 경성의 한 선비가 수백 리 밖에 나가 쌀을 한 짐 사서 싣고 왔다. 산마루에 이르렀을 때 장검을 찬 웬 사람이 나타나 맞으며 말 앞에서 절을 했다. 선비가 말했다.
"너는 누구냐?"
"길 가는 사람입니다."
"길 가는 사람이 무엇 때문에 절을 하는 것인고?"
"저희 무리가 먹을 것이 없어 굶주렸습니다. 쌀을 얻어 가고자 합니다."
선비가 미처 응대하지 못하자, 하인이 말했다.
"반 짐만 나누어 주겠소."
"식구가 많아 반 짐으로는 부족합니다. 한 짐 다 주십시오."
선비가 고개를 끄덕이고 모두 다 주니, 그 사람이 또 말했다.
"쌀이 무거워 지고 갈 수 없습니다. 말도 함께 빌려 주시지요."
산 하나를 돌아 나가자 말을 돌려주면서 말했다.
"쌀을 베풀어 주셔서 진실로 고맙습니다. 길을 호위하여 전송해 드리겠습니다."
몇 리를 가서 골짜기 아래에 이르자, 또 몽둥이와 병기를 든 사람들 수백 명이 나타나 길을 막았다. 선비를 호송하던 사람이 말했다.
"선비님께서 우리에게 쌀 한 짐을 베푸신지라, 장군께서 나더러 이분의 행차를 호송하라 하셨소."

그래서 선비는 아무런 탈 없이 돌아올 수 있었다.

대개 흉년이 들어 백성들이 곤궁해지자 양민들이 서로 모여 도적이 된 까닭에 사람은 해치지 않고 재물만 빼앗았던 것이다.

그 후에 어떤 행상行商이 길에서 도적을 만났는데 도적이 행상에게 도리어 쫓김을 당했다. 행상은 배불리 먹었지만 도적은 굶주려 있었던지라, 배가 고파서 길에 고꾸라지자 행상이 승세를 타 도적을 몰았기 때문이었다. 이후로 도적의 무리들이 점점 흩어지게 되었으니, 이 또한 가엾은 일이다.

## 여종 덕분에 도적을 잡은 나주 목사 ❖ 438

가정嘉靖(1522~1566) 연간에 나주 목사羅州牧使가 있었는데, 그 사람의 성명은 잊어버렸다. 임기가 차서 돌아가는데 수레에 싣고 가는 재화가 몹시 많아 수십 리에 뻗쳐 이어지니, 간악한 도적들이 욕심을 냈다. 목사는 길가에 있는 원院*의 주점에 묵으면서 다른 나그네들이 같은 집에 묵지 못하도록 했다. 도적의 무리들이 서로 모의하여 거짓으로 사기沙器그릇을 진상한다고 칭하고 억지로 같은 객관에 함께 들인 것이 백 궤짝 가까이 되었다. 진상을 담당한 아전이란 자가 사람과 말이 가까이 오지 못하도록 훈계하면서 말했다.

"진상하는 공물인 사기그릇이니, 하나라도 깨트리면 마땅히 그에 해당하는 값을 치러야 할 것이오."

이에 나주 목사의 종복從僕들은 감히 가까이 다가가지 못했다.

날이 저물어 갈 무렵, 한 여종이 그 궤짝 옆에서 오줌을 누다가 갑자기 방귀를 한번 뀌었는데, 잠시 뒤에 두 사람이 낄낄거리며 웃는 소리가 궤짝

---

원院  고려와 조선 시대에 출장한 관원들을 위해 각 요로要路와 인가가 드문 곳에 둔 국영 숙식 시설.

안에서 흘러나왔다. 여종은 재빨리 달려가 주인에게 그 사실을 아뢰었다. 주인은 몰래 나주의 아전을 불러 모의하였다.

"한 궤짝 안에서 두 사람의 웃음소리가 났으니, 백 궤짝 속에 200명이 숨어 있을 것이다. 반드시 그들이 깊이 잠들었는지 확인하고 모두 사로잡아야 할 터인데, 어떤 계책을 써야 하겠느냐?"

늙은 아전이 앞으로 나와 귀에 대고 말했다.

"소인이 거짓으로 취해 술주정을 부리며 담당 아전이라는 자들에게 시비를 걸겠습니다. 그러면 대인大人께서는 짐짓 화를 내시며 저와 아전의 무리를 아주 단단하게 결박하십시오. 저들은 가벼운 죄로 결박당하는 것이기에 반드시 순순히 받아들이고 감히 항거하지 않을 것입니다. 그런 다음 사람들을 모아 궤짝을 쌓고, 다시 단단히 묶어 놓고 활을 쏘면 그 자리에서 사로잡을 수 있을 것입니다."

드디어 그 계책을 썼더니 괴수와 졸개들은 순순히 결박당하고 저항하지 않았다. 또 사기그릇이 담긴 궤짝을 묶으면서 말했다.

"내 마땅히 사기그릇을 모두 부숴 버리고 서울에 가서 죗값을 치를 것이다."

궤짝을 모아 놓고 활을 쏘았더니, 백 개의 궤짝이 뜰에서 높이 뛰어오르고 피가 땅바닥에 흘러내렸다. 2백 명이 모두 사로잡혔는데, 괴수를 결박하여 읍邑에 고하고 저자에 기시棄市*하였다. 방백方伯*이 이 사실을 조정에 보고하자 목사는 품계가 한 등급 높아졌고, 그 여종은 베 500필을 상으로 받았다.

---

기시棄市　　죄인의 목을 베어 죽이고 그 시체를 시가市街에 버려두는 것을 이른다.
방백方伯　　관찰사觀察使의 별칭.

## 개구멍, 쥐구멍을 통한 도둑질 ❖ 439

조윤희曹胤禧가 감찰監察*이 되었는데, 사섬시司贍寺*에서 대관臺官*에게 청하여 관아의 한쪽 편을 트고 장막을 쳐서 창고 밑에 측간을 지었다. 조윤희가 측간에 갔더니 쥐구멍에 나뭇가지가 있는데 거기에 실이 매여 있었다. 마음 속으로 이상하게 여겨 그 나뭇가지의 실을 끌어당기니 창고 속에서부터 나오고 있었다. 실 끝에는 노끈이 매어져 있고 노끈 끝에 명주가 매여 있는데, 머리와 꼬리가 서로 이어져 있으면서 끊이지 않아 4, 50필疋에 이르는 것이었다.

대개 창고지기가 창고가 열린 틈을 타서 창고에 들어가 붙여서 이어 놓았다가 관아가 파한 뒤에 낚아 내리려고 했던 것이었다. 간사한 계교가 매우 교묘했는데, 드디어 대장臺長*에게 고해 신문한 뒤 엄한 형벌로 다스렸다.

한 선비가 시험장에 들어가 개구멍에 오줌을 누는데 구멍 속에 실이 매인 나뭇가지가 있었다. 나뭇가지를 끌어당겨 종이 한 장을 얻었는데, 실 끝에 해서楷書로 쓰인 한 편의 시문試文이 매여 있었다. 그 문장이 몹시 좋았으므로 이를 취하여 써서 마침내 괴과魁科*에 합격했다. 이는 글을 빌려 줄 사람이 시험장에 들어간 사람과 서로 약속했던 것인데, 마침내 다른 사람이 뜻밖에 이를 취한 것이다.

아! 사람의 마음이 교활하고 악해 쥐 같은 무리들의 훔치려는 모략이 이와 같구나! 담당 관리는 엄한 형벌로 준엄하게 다스려 간교함을 징벌하기를 그만두어서는 안 될 것이다.

---

감찰監察　사헌부司憲府의 정6품 벼슬. 국고 출납, 사제祠祭, 조정 예회朝廷禮會, 과거科擧 등 모든 면에 걸쳐 감찰하여 기강을 세우고 풍속을 바로잡는 일을 맡아 보았다.
사섬시司贍寺　조선 시대에 저화楮貨 제조와 지방 노비의 공포貢布에 관한 일을 맡아 보던 관청.
대관臺官　사헌부의 대사헌大司憲 이하 지평持平까지의 관원에 대한 통칭.
대장臺長　사헌부의 장령掌令과 지평持平을 가리키는 말.
괴과魁科　과거에서 문과文科의 갑과甲科를 이르는 말.

## 박대립의 매서운 성품 ❖ 440

박대립朴大立이 막 급제해 광주廣州 교수敎授*가 되었는데 청할 바가 있어 광주 목사를 뵈었다. 목사는 문관으로 명망이 있었는데, 박대립의 관직이 하찮은 것을 업신여겨 자신은 술잔을 잡지도 않은 채 대립에게 술을 먹였다. 그 잔이 무척 컸으나 박대립이 사양하지 않고 모두 마셨으니 무릇 여덟 그릇이었다. 목사가 말했다.

"한 방울도 남기지 않고 다 마시다니, 광문廣文*의 일이구면."

박대립은 조금도 부끄러워하지 않고 한마디 간청의 말도 하지 않고 물러났다. 혹자는 그의 도량이 크다는 것을 알았는데, 훗날 박대립은 관직이 높은 품계에 이르렀으며 목사는 지위가 더 오르지 않았다.

박대립은 한겨울에도 베옷을 입었고, 여름에는 얼음을 쪼개 두건에 싸서 모자 속에 넣었다. 함경 감사가 되었을 때 윤우신尹又新이 판관判官이 되어 박대립의 의자 아래 엎드러 있는데, 의자에서 물방울이 뚝뚝 떨어지는 것이 보였다. 처음에는 땀이려니 여겼는데 나중에는 앉아 있는 데로 줄줄 흘러내리는 것을 보고 괴이하게 여겨 물으니, 박대립이 웃으면서 말했다.

"나는 더위를 견디지 못해서 여름만 되면 반드시 얼음 수건을 착용한다오."

박대립이 관직이 높아지고 나이가 들자 손님을 대해서도 거리낌 없이 방귀를 뀌곤 했다. 나이가 지긋한 한 음관蔭官이 말했다.

"사람들이 방귀를 뀌면 반드시 악취가 나는데, 상국의 방귀는 향긋한 냄

---

교수敎授　조선 시대에 서울의 네 곳에 설치된 사학四學에서 유생들을 가르치던 종6품 벼슬.
광문廣文　당나라 천보天寶 9년에 국자감國子監에 광문관廣文館을 증설해 박사博士·조교助敎 등의 직을 두고 국자감 학생 중에 진사 시험 준비하는 자를 거느렸다. 정건鄭虔이 광문廣文 박사博士에 임명되었는데 당시 사람들이 냉관冷官(보수도 적고 지위도 낮은 보잘 것 없는 벼슬)이라고 여겼다. 이후 명청 이래로는 유학儒學·교관敎官을 두루 칭하게 되었다.

새가 나니 어째서 그렇습니까?"

박대립이 버럭 소리를 지르며 꾸짖어 말했다.

"비루한 자로군. 이 무슨 말인가? 옛날에 불을 비는 아이(乞火之兒)*가 태위太尉에게 아첨하면서 발 냄새가 향기롭다고 했다는 이야기가 있는데, 지금 다시 자네 같은 자를 보게 되는구먼."

음관은 대단히 부끄러워하며 달아났다. 그가 강직하여 아첨하는 것을 좋아하지 않음이 이와 같았다.

### 차운만 할 줄 아는 김영남의 시법 ❖ 441

참의參議 김영남金穎男은 시 짓기를 좋아해 일생 동안 지은 것이 헤아릴 수 없이 많았다. 다만 차운次韻*에 의지해 시를 지으면 능히 하나의 운으로 수십 수를 지어도 군색하지 않았지만, 차운을 하지 않으면 문장을 이루지 못했다.

판서判書 서성徐渻이 이를 기롱하여 말했다.

"그대의 시운詩韻은 진실로 일개 나주羅州 공생貢生*의 칼(枷)과 같구려."

"무슨 말씀입니까?"

"나주에 한 공생이 있었는데, 열한 살 되던 해에 인신印信(도장)을 위조한

---

불을 비는 아이(乞火之兒)　원문 '乞火之兒'는 걸화인乞火人이라고도 하여 남에게 추천받음을 말함. 당나라 두목杜牧의 시 「기최균」寄崔鈞에 "自慙婦門士, 誰爲乞火人"이라는 시구가 있다.
차운次韻　시를 지을 때 다른 사람이 쓴 시의 운자를 그대로 따라 짓는 것을 말함.
공생貢生　조선 시대 지방 관청에 속한 이속吏屬으로 수령守令의 심부름 등을 맡아 했던 이를 이르는 말. 공생은 대개 경상도, 전라도 지역에서 일컫던 명칭이고, 경기와 영동 지역에서는 통인通引, 황해도와 함경도 지역에서는 연직硯直이라고 불렀다. 대개 이서吏胥의 자제들이 자원하였고 공노公奴의 자제들도 자원했다.

죄를 범했는데, 스무 살에 이르도록 옥사가 판결 나지 않았소. 처음에는 짧은 칼을 차고 있었는데, 해마다 키가 점점 자라매 해마다 그 칼도 점점 길어졌지요. 앉거나 누우며 기거할 때마다 항상 칼에 의지하는지라 마치 맹인이 지팡이에 의지하는 것 같았소. 임진왜란이 터지자 사또가 옥문을 열고 죄수를 풀어 주었소. 공생은 칼 속에서 성장하다가 하루 아침에 갑자기 칼을 벗게 되니, 전후좌우에 의지할 데가 없어 걸을 수가 없었답니다. 지금 영공슈公의 시는 운으로써 칼을 삼은 격이라 그것을 풀어 버리면 엎어져서 걷지 못할 것이오."

많은 사람들이 크게 웃으면서 격언格言으로 여겼다.

## 이항복의 해학 ❖ 442

상국 이항복李恒福은 애마벽愛馬癖이 있었다. 영의정으로 있을 때 외청外廳에서 손님과 마주 앉아 있는데, 부인이 안에서 여종을 시켜 말을 전했다.

"말에게 먹일 콩이 다 떨어졌는데, 한 마리 말을 먹이기에는 넉넉하지만, 두 마리 말을 먹이기에는 부족합니다. 어떻게 하면 좋겠습니까?"

라고 하자, 상국이 정색을 하고 말했다.

"말먹이 콩의 많고 적음을 대신과 의논하도록 하려는 것이오?"

나라의 법에 삭직당한 이는 비록 대신일지라도 급제及第라 칭했다. 상국 이덕형李德馨이 영의정으로 있다가 삭직당해 급제라고 칭해졌는데, 이 상국이 좌의정으로 당시의 비난을 받게 되자, 말했다.

"나의 동접同接은 이미 급제했는데, 나는 어느 때에나 급제하려나?"

벼슬에서 물러나 동교東郊에 거처하고 있을 때 어떤 백성이 와서 그를 뵙고는,

"신역身役* 때문에 살 수가 없습니다."
라고 하자, 상공이 말했다.

"나는 호역戶役* 때문에 살 수가 없네."

그 당시 상국이 호역護逆(역적을 비호함)한다는 탄핵을 입었는데, 그 음이 호역戶役과 같았던 것이다.

그가 해학을 잘하는 것이 이와 같았다.

## 임제의 협기 ❖ 443

임제林悌는 협기 있는 사람이다. 젊은 시절 친구와 함께 한 마을을 지나는데, 마을에 있는 재상집에서 큰 잔치를 열어 손님들을 대접하고 있었다. 주인과는 평소 아는 사이가 아니었는데, 임제는 친구에게 말했다.

"내가 전에 이 집 주인과 오랜 친분이 있었으니, 자네도 나를 따라 이 잔치에 참석하겠는가?"

친구가 좋다고 하자, 임제가 말했다.

"자네는 잠시 문 밖에 서서 기다리게. 내가 먼저 들어가 자네를 맞이하도록 하겠네."

친구는 그 말대로 문 밖에 서 있었다. 임제가 들어가 주인과 손님의 인사를 나누고 말석에 앉아 묵묵히 한마디 말도 하지 않고 있었다. 술이 세 차례 돌자 손님들 중 어떤 사람이 주인의 귀에 대고 물었다.

"주인께서 저 사람을 아십니까?"

---

신역身役    나라에서 성인 장정에게 부과하던 군역과 부역.
호역戶役    집집마다 부과되는 부역.

주인은 모른다고 하고는, 여러 손님들에게 묻기를
"저 사람이 당신들의 친구입니까?"
라고 하자, 손님이 모두 아니라고 하였다. 말을 마치고 주인과 손님들이 서로 돌아보며 냉소를 지으니, 임제가 그제야 입을 열어 말했다.
"여러분께서 저를 비웃는 것입니까? 저를 비웃을 일이 못 되지요. 저보다 더 비웃을 만한 사람이 있으니, 오랫동안 문 밖에 서서 내 입만 쳐다보면서 술과 음식을 기다리고 있는 자입니다."
이에 주인과 손님들이 크게 웃고는, 임제와 더불어 이야기를 나누었다. 이야기가 끝나기도 전에 그가 호걸스러운 선비임을 알고는 즉시 문 밖에 있는 손님을 불렀다. 저녁이 다하도록 즐겁게 술을 마시고는 파했는데, 문 밖에 있던 손님은 임제가 주인과 진짜로 친분이 있는 줄로만 알았지, 당돌하게도 좌석에서 자신을 팔았던 사실은 끝내 알지 못했다.

## 겁이 없는 임제* ❖ 444

임제林悌는 본래 겁이 없었다. 과장科場에 들어가 한 선비가 맛 좋은 배를 전대에 가득 담아 둔 것을 보고는 그와 교분이 없으면서도 곧바로 전대 앞으로 가더니 마음대로 배를 꺼내 먹었다. 전대가 거의 다 비어 버리자 주인이 말했다.
"손님이 내 배를 먹더라도 이건 너무 지나치지 않소?"
임제가 말했다.

---

겁이 없는 임제　앞의 350화 〈강석講席에서의 소심증〉 뒷 부분에 이 이야기가 그대로 수록되어 있는데, 여기에서는 〈만종재본〉의 체재를 존중하는 의미에서 그대로 번역해 둔다.

"내가 너무 심하게 겁을 먹었구려! 남의 배를 다 먹고 말다니."
그러더니 껄껄 웃고는 가 버렸다.

## 정원의 사치 ❖ 445

수재秀才* 윤희굉尹希宏은 유사儒士다. 성품이 트이고 고아했으며 수석水石을 좋아했다. 쌍문리雙門里 남쪽 산기슭에 살았는데, 산에 있는 바위를 깎아서 산 모양을 만들고 푸른 이끼를 입혔으며, 그 사이에 기이한 꽃과 향기로운 풀을 심어 놓았다. 산골의 샘물을 끌어들여 못을 만들고 연꽃을 심으니, 자못 맑고 깨끗해 아름다운 임천林泉(숲 속의 샘)의 풍취가 있었다. 장안의 사대부들이 많이 찾아와 감상했는데, 그는 술자리를 베풀어 그들을 대접했다.

윤희굉의 친구 성택선成擇善이 술을 마시다가 희롱삼아 말했다.

"내 집에 괴석怪石이 있는데 무척 크고 심히 빼어나지. 저절로 기이한 모습을 이루어 인위적인 기교를 더할 필요가 없다네. 날마다 도끼질하고 사람의 힘을 빌려 아로새긴 자네 집의 것과 비교할 수가 있겠는가? 자네가 만일 달라고 한다면 내가 줄 터이니 수레와 말을 준비해 보내시게나."

윤희굉은 크게 기뻐하며 마음껏 즐기고 술자리를 파하였다. 다음 날 경조京兆*에 편지를 보내 관청의 수레와 소를 빌린 뒤 그것을 명례리明禮里 성택선의 집으로 보냈다. 성택선은 웃음을 짓더니 남산의 잠두봉蠶頭峰을 가리키며 말했다.

"이것이 내 집의 괴석이라네. 힘이 있거든 자네 마음대로 싣고 가게나."

---

수재秀才　아직 벼슬하지 않은 젊은 선비를 일컫는 말.
경조京兆　경조京兆는 천자天子가 계시는 땅이라는 뜻으로, 본문에서는 서울을 지칭하는 것으로 보인다.

윤희굉의 종이 멍하니 바라보다가 빈 수레를 몰고 돌아갔다.

이 당시 나이 어린 유사儒士 김두남金斗南이 윤희굉의 집 앞에 이르러 돌을 깎아 만든 산을 보고 싶다고 청했는데 문지기가 사절했다. 김두남은 성을 내며 붓을 꺼내 그 문에 시를 썼다.

| | |
|---|---|
| 그대 집 명승 장안에 이름 떨쳐, | 君家名勝擅長安 |
| 날마다 와 노니는 이 모두 고관이로다. | 日日來遊盡達官 |
| 산석山石 구경을 어찌 나만 물리치는가? | 山石豈能偏拒我 |
| 문 앞에서 발길 돌리려니 유관儒冠이 부끄럽구나. | 到門還愧着儒冠 |

그 시가 장안에 널리 전송되니 윤희굉이 크게 한탄했다. 아계鵝溪 이산해李山海가 이 시를 듣고 말했다.

"시는 좋은데 어조가 좋지 못하니, 끝내 유관을 면치 못할 것이다."

김두남은 재주 있는 사람이었으나 끝내 급제하지 못했다.

내가 중국에 갔을 때 부호와 귀인들의 이름난 정원을 많이 보았는데, 모두 바다의 기석奇石을 배와 수레로 천 리 밖에서 운반해 온 것이었다. 석회로 발라 동천洞天과 깊은 골짜기를 만들었는데, 아래에서 위까지 트여 있고 그 위에는 화려한 정자와 별원別院이 줄지어 세워져 있었다. 거기에 먼 곳에서 자라는 기이한 나무와 요상한 꽃들을 잡다하게 심어 놓고, 진짜 소나무와 향단香壇*을 구부려서 가지와 잎을 뻗도록 해 병풍이나 담장, 문호門戶 및 사자가 웅크리고 앉아 있는 모습을 만들어 놓았다. 겨울에는 토굴을 수백 간間이 되도록 파서 그 화초를 간직해 두니, 겨울철을 이어서 길이 봄날이 되도록 하는 것이 이루 기록할 수가 없을 정도다. 이들은 모두 완물상지玩

---

**향단香壇**　　본래 부처에게 향불을 피워 공양하는 대臺를 일컫는 말인데, 여기에서는 향나무를 지칭하는 것인 듯하나, 확실치 않다.

物喪志\*의 무익한 것으로 유익함에 해가 되니, 사치스럽고 화려함으로 서로 각축하며 이기고자 힘쓰는 바인 것이다. 대개 그 물력物力의 웅대함이 비록 사가私家에서도 그러하였는바, 윤희굉이 구구하게 자질구레한 힘을 써서 초당草堂의 즐거움으로 삼은 것을 사람들이 또한 완상하며 칭찬하니 이 어찌 크게 비웃을 일이 아니겠는가?\*

## 눈 오는 날의 즐거움 ❖ 446

이춘영李春英, 윤길원尹吉元, 남이영南以英 세 사람이 눈 오는 날 성호선成好善의 집 벽재碧齋에서 이야기를 나누었다. 이춘영이 눈 내릴 때의 흥취 가운데 무엇이 가장 즐거울지 각자 생각을 말해 보자고 제안하며 먼저 말했다.

"뜻 맞는 동지 두세 사람과 더불어 강변 누각에 모여 앉아 화로를 끼고 느긋하게 술잔을 기울이면 그 즐거움이 어떠할까?"

윤길원이 말하였다.

"절세미인과 더불어 갖옷을 걸치고 이불을 끼고 앉아 청루靑樓 위에서 대작하면서 백설白雪\*의 곡조를 높이 부른다면 그 즐거움이 어떠할까?"

이춘영이 말했다.

"동자에게 맛난 술을 짊어지고 따르게 하고, 평소 즐겁게 지내던 벗과 함께 얼어붙은 강에서 설마雪馬를 타고 달리면 그 즐거움이 어떠할까?"

완물상지玩物喪志  하찮은 물건에 집착하여 큰 뜻을 잃다.
김두남은 재주 있는 ~ 일이 아니겠는가?  이 대목은 〈만종재본〉에는 없는 것으로 〈이수봉본〉에 의거해 보충해 넣었다.
백설白雪  백설은 대략 ① 춘추 시대 사광師曠이 지었다는 악곡의 명칭, ② 뜻이 고상한 시사詩詞를 비유하는 말, ③ 송나라 양무구楊无咎가 지었다는 눈을 노래한 사곡詞曲의 명칭이라는 세 가지 뜻이 있다. 여기에서는 눈을 노래한 사곡명을 지칭한 것으로 보인다.

성호선이 말했다.

"나의 즐거움은 그대들과는 다르다네. 세 길이나 눈이 쌓인 천산天山에서 담비 가죽으로 만든 갓옷을 입고, 10만의 날랜 기병을 거느리고 좌현왕左賢王을 내쫓는다면* 그 즐거움이 어떻겠는가?"

이에 이춘영 등이 서로 돌아보고 술잔을 잡으면서 말했다.

"우리들이 각기 즐거운 바가 있으나 모두 칙우則優의 호방하고 장쾌한 즐거움에는 미치지 못하겠네."

칙우는 성호선의 자字를 말한다.


## 이호민·한준겸·이항복의 장수 자랑 ❖ 447

이호민李好閔·한준겸韓俊謙·이항복李恒福이 소싯적에 함께 중학中學*에 놀러 갔다. 태복시太僕寺*에 마른 짚이 산더미처럼 쌓여 있어 거의 만 여 묶음이나 되는 것을 멀리서 바라보고 한준겸이 말했다.

"나는 이 짚을 가져다 한 마리 길들지 않은 말을 먹여서 그것이 다 떨어질 때를 기다릴 것이니 수명이 얼마나 되겠는가?"

이호민이 말했다.

"나는 이 짚을 가늘게 잘라 베갯속에 넣고 그것이 다 없어질 때를 기다릴 것이니 수명이 얼마나 되겠는가?"

---

천산天山에서 담비 ~ 좌현왕左賢王을 내쫓는다면  천산은 지금의 중국 신강성 동북부 지역에 있는 험준한 산이고, 좌현왕은 흉노족 가운데 귀족의 봉호封號를 이르는 말이다. 한대에 좌현왕이 10만의 기병을 거느리고 이광李廣을 포위했으나 이광이 천산에서 이를 격파한 사실이 있다. 여기에서는 이에 비유하여 외적을 맞아 대군을 지휘하여 쳐부수는 용맹을 말한 것이다.

중학中學  서울 중부에 있던 사학四學의 하나.

태복시太僕寺  사복시司僕寺의 별칭으로 조선 말기 왕의 거마車馬와 조마調馬 등의 일을 맡아보던 관청.

이항복이 말하였다.

"나는 내 발이 저릴 때마다 저 짚을 손톱만큼씩 잘라 침을 묻혀 코끝에 붙여서 그것이 다 떨어질 때를 기다릴 것이니 그 수명이 얼마나 되겠는가?"

이에 한준겸 등은 박장대소하며 말했다.

"우리들의 수명이 모두 수백 년은 넘을 것이지만 자상子常(이항복의 자)의 수명처럼 억겁을 지나도 끝이 없는 것에는 못 미칠 것이네."

세속의 사람들이 발이 저리면 풀을 잘라 침을 묻혀 코끝에 붙였는데, 그렇게 하면 발 저림이 곧 나았기 때문에 그렇게 말한 것이다.

## 말을 잘해 상을 탄 목수 ❖ 448

송천松川 양응정梁應鼎이 군郡의 수령이 되어 관아를 수리하였다. 목수는 집 대들보 위에서 큰 도끼를 사용하여 나무를 깎고 있었고, 송천은 손님과 더불어 마주 앉아 그 아래에서 함께 술을 마시고 있었는데, 상 가운데에 해송자海松子*가 있었다. 송천이 어린 하인을 불러 그것을 뜰 가운데에 심으라고 하면서 말했다.

"후일 이 소나무가 크게 자라면 마땅히 베어 내 관棺을 만들어라."

손님이 송천에게 말했다.

"그 소나무가 크게 자라 열매를 맺으면 나는 마땅히 그 열매를 따서 심고, 그것이 크게 자라기를 기다렸다가 내 관의 재목으로 쓰겠소."

그러자 대들보 위에 있던 목수가 도끼를 놓고 뜰로 내려와 엎드려 절을 하였다. 송천이 그 까닭을 물으니 목수가 말했다.

해송자海松子   해송의 열매. 해송은 소나뭇과에 속하는 상록 침엽 교목으로 곰솔이라고도 한다.

"훗날 두 합하閤下*께서 돌아가신 뒤에 소인은 마땅히 두 분 합하閤下를 위해 그 관을 만들겠습니다."

두 사람이 손바닥을 치며 크게 웃고는, 송천은 곡식 다섯 석을 가져오라 명하여 그 말에 대해 상을 주었다.

아! 인간 수명의 길고 짧음이 어찌 사람의 입에 달려 있겠는가?

옛날에 이호민李好閔과 한준겸韓俊謙 및 이항복李恒福이 사복시司僕寺의 짚을 보고 각기 자신들의 수명을 비유하여 말했는데, 그중 항복이 자신의 수명이 가장 길고 무궁할 것이라 하였으나 다른 두 사람보다 먼저 죽었으니* 또한 목수와 같은 부류라 하겠다.*

## 시삼절時三絶 ※ 449

김계휘金繼輝・강극성姜克誠*・정현鄭礥・홍천민洪天民은 모두 병술丙戌(1526) 생으로 네 사람이 계禊를 만들었다. 강극성의 집은 남문 밖 연지蓮池 부근에 있었는데 달밤에 그곳에서 모였다. 모두 집이 가난해 술과 안주가 시큼하고 보잘것없었다.

김계휘가 말했다.

"나는 하루에 한 마리씩 새끼 낳는 소를 갖고 싶다."

---

합하閤下　합문閤門 아래라는 뜻으로 정승의 지위에 해당하는 사람을 높여 이르는 말.
항복의 수명이 ~ 먼저 죽었으니　이항복의 생졸 연대는 1556~1618년이고, 이호민은 1553~1634년이며, 한준겸은 1557~1627년으로 세 사람 중 이항복이 가장 먼저 죽었다.
옛날에 이호민李好閔과 ~ 부류라 하겠다.　이 대목은 〈만종재본〉에는 없는 것인데, 필사본에 의거해 보충해 넣었다.
강극성姜克誠　〈만종재본〉에는 강구수姜龜壽(1528~?)로 되어 있으며, 여러 필사본에는 강극성으로 되어 있는데, 생년生年을 따져 보면 강극성이 맞다.

정현이 말했다.

"나는 빚지 않아도 저절로 술이 생기는 술독을 갖고 싶다."

강귀수가 말했다.

"나는 먹지 않고 입지도 않는 예쁜 첩을 얻고 싶다."

당시 사람들이 모두 이를 삼절三絶이라 했는데, 김계휘가 시를 지어 말했다.

| | |
|---|---|
| 풍류는 강백실姜伯實(강극성)이요 | 風流姜伯實 |
| 온화한 마음씨는 홍달가洪達可(홍천민)라. | 蘊藉洪達可 |
| 경서景舒(정현) 또한 시에 능한데 | 景舒亦能詩 |
| 오직 나만이 재주 없는 자로구나. | 惟我無才者 |

## 집염執髥 ❖ 450

근세에 수염 긴 장부가 있었다. 집이 조금 넉넉해 술과 음식을 갖추어 손님들을 접대하더니, 아내와 몰래 약속하였다.

"내가 상객上客을 보면 위의 수염을 잡고, 중객中客을 보면 가운데 수염을 잡고, 하객下客을 보면 아래 수염을 잡을 것이니, 당신은 세 등급으로 나누어 술과 음식을 갖추어 접대하시오."

방 안에서 몰래 한 약속이건만, 외부인 중에 이를 들은 사람이 있었다.

하객이 와서 장부가 아래 수염을 잡자 아내가 술과 안주를 형편없이 준비해서 대접하였다. 석 잔의 술이 돌자 주인이 말하길,

"집이 가난해 술과 안주의 맛이 보잘것없습니다." *

하고는 즉시 내가게 했다. 후에 그 일을 아는 이가 이르렀는데 주인이 아래 수염을 잡으니 객이 말했다.

"청컨대 그대는 그 손을 조금만 위로 올려 주십시오."

주인이 대단히 부끄러워하였다. 그러므로 요즈음 사람들이 술 마시는 것을 '집염'執髥(수염을 잡음)이라고 말한다.

## 냉차를 잘못 안 촌백성 ※ 451

전라도 영암 군수靈岩郡守가 관아에 앉아서 백성들의 가을 환곡을 받으니, 온 고을 사람들이 모두 모였다. 그때 날씨가 더웠던지라 군수가 소리쳐 말했다.

"냉차를 내오너라."

차를 올리자 단숨에 한 그릇을 비웠는데, 외딴 촌마을의 한 백성이 우러러보며 부러워했다. 그는 냉차가 어떤 것인지 알지 못하고 매우 맛있고 귀한 음료수가 아닌가 여겼다. 백성이 창고에 환곡을 다 들이고 난 뒤에 관아 뒤로 가서 냉차를 구해 마셔 보니 곧 시원한 숭늉 물인지라 크게 웃고는 돌아갔다.

얼마 뒤에 제독 교수提督敎授*가 왔는데 제독은 문관文官이었다. 향교의 사람이 제독이 왔다고 소리쳐 전하니, 촌백성은 제독이 곧 중국의 이李씨와 동董씨 두 제독* 같은 걸로 잘못 알고는 떼지어 모여들어 바라보았다. 고을

---

집이 가난해 ~ 맛이 보잘것없습니다.　　몇몇 필사본에는 이 다음에 "'존객을 대접하기에 부족하니 내가라고 하겠습니다'라고 하자, 객이 말하길 '이 술과 안주는 모두 맛이 좋으니, 가득 따르고 내가지 마시지요'라고 하였다. 주인이 웃으며 말하였다. '이는 또한 나를 놀리는 말이군요'"(不宜餉尊客, 命撤之. 客曰: "此酒食俱美, 請滿酌勿撤." 主人笑曰: "此亦笑我之言也.")라는 내용이 추가되어 있다.

**제독 교수提督敎授**　　제독提督은 교육을 감독·장려하는 관원으로, 1586년(선조 19)에 팔도에 한 사람씩 두어 관하 각 향교의 학사를 감독케 하다가 1592년(선조 25) 겨울에 폐지하였다.

**이李씨와 동董씨 두 제독**　　제독은 중국의 군대를 거느리는 장수를 일컫는 명칭이고, 여기에서 이씨는 이여송李如松, 동씨는 동일원董一元을 가리키는바, 이들은 임진왜란 때 우리나라에 왔던 장수들이다.

사람에게 물어 보니 곧 향교鄕校 훈도訓導\*를 일컫는 별칭이라고 했다. 촌백성이 크게 웃으며 말했다.

"이는 냉차와 같은 것이로구나."

### 파주의 귀머거리 안씨 ❖ 452

파주坡州에 포복절도할 일이 있었다. 안安씨 성을 가진 양반붙이가 있었는데, 귀가 먹은 벽창호였다. 그는 사람들의 말을 들으면 늘 웃음을 터뜨렸는데, 그 웃음은 대개 그 말이 무엇을 이르는 것인지 알지도 못한 채 매양 먼저 웃기부터 하는 것이었다.

향리鄕里에 마침 계 모임이 있어 노소가 무리지어 많이 모였는데 안씨 또한 그곳에 갔다. 한 친구가 안부를 물었다.

"요즈음 평안하시오?"

안씨는 알아듣지 못한 채 대답했다.

"저자는 사람만 보면 욕을 하는데 이유가 무엇이지?"

친구가 이에 큰 소리로 말했다.

"정말로 내 자식이라고 부르면 어찌하려는가?"

그러자 웃으며 답했다.

"그 말은 괴이할 것이 없지."

자리에 있던 사람들이 모두 박장대소했다.

---

훈도訓導    선조 때 교육을 장려, 감독하려고 팔도에 한 사람씩 둔 종9품의 벼슬아치.

# 네 가지 속담의 유래 ❖ 453

속담에 시작은 거창하게 했다가 끝에 움츠러드는 것을 '정번鄭蕃의 정재인呈才人'*이라 하고, 헛된 생각을 하다 실제 일을 망치는 것을 '유함兪涵의 빛깔 좋은 말'이라 한다. 또한 겉에는 있는데 속이 비어 있는 것을 '장기張杞의 자줏빛 저고리와 붉은 치마'라 하고, 싹은 갑甲에게서 비롯되었는데 재앙은 을乙에게 옮겨진 것을 '활인서活人署 별좌別坐*의 파관罷官이다'라고 한다. 어째서 그러한가?

예전에 정번은 서얼로서 문장에 능해 알성시謁聖試에 장원 급제하였다. 당일에 방방枋榜*하자 정번은 정재인을 택해 비단옷을 입히고 말 머리에서 소리치게 하며 의기양양하게 길을 갔다. 그런데 노상에서 대간臺諫이 과거 급제를 취소했다는 말을 듣고는 정번은 입을 다물고 아무 소리도 못하고 기가 꺾인 채 가고 말았다. 그런 까닭에 시작은 거창하게 했다가 끝에 움츠러드는 것을 '정번의 정재인'이라 하는 것이다.

유함兪涵은 실제로는 학문이 매우 깊어 능히 사서삼경을 암송했으나 겁이 많아 응강應講은 잘하지 못했다. 강석講席에 들어가서 칠대문七大文*을 보니 모두 익히 암송했던 것이어서 급제를 점칠 만했다. 이에 가만히 '아무개 집에 청삼靑衫이 있고 아무개 집에는 복두幞頭가 있으니, 그것들은 모두 쉽게 빌릴 수 있을 것이다. 다만 빛깔 좋은 말이 얻기 어려운데 일찍이 아무개가 백마를 탔는데 청삼 입은 데에 잘 어울렸다는 소리를 들었으니 이를 빌려 달라고 하면 어찌 내게 빌려 주지 않겠는가?'라고 생각했다. 정신이

**정재인呈才人**　궁중의 연회에서 가무를 연행하던 재인才人.
**활인서活人署 별좌別坐**　활인서는 도성 안에 거주하는 병든 사람의 치료를 맡아 보던 관청이고, 별좌는 여기에 소속된 종5품의 벼슬이다.
**방방枋榜**　합격 증서를 수여하는 일을 이르는 말.
**칠대문七大文**　강경시講經試에서는 사서삼경에서 각각 한 대문大文을 뽑아 암송하게 하였는바, 이를 이르는 말이다.

빠져 묵묵히 이런 것들을 생각하고 있을 즈음, 휘장 안에 있던 시관試官이 큰 소리로 외쳤다.

"응강생應講生이 어찌 이리 오랫동안 잠잠한가?"

이에 휘장 밖에 있던 대관臺官이 군사를 시켜 끌고 나가도록 하였다. 유함은 이미 정신이 아득해 자신이 주해했던 것도 기억해 내지 못하고 한 자도 대꾸하지 못한 채 나왔다. 이런 까닭에 헛된 생각을 하다 실제 일을 망치는 것을 '유함의 빛깔 좋은 말'이라 하는 것이다.

이정준李挺俊의 처가에 여종이 있었는데 이름이 순화舜華로 자태가 고왔다. 이정준이 몰래 사통했는데, 그 처를 두려워하여 하고 싶은 대로 마음껏 다 하지는 못했다. 이정준의 친우 중에 장기張杞라는 이가 있었는데 한미한 처지였다. 그를 불러 같이 기숙하며 장 생원이 순화를 가까이한다고 소문냈다. 그러고는 순화의 자줏빛 저고리와 붉은 치마를 장기의 몸 위에 덮어두고 자신은 이불 속에 순화를 숨겨 두고 잤다. 이런 까닭에 겉에는 있는데 속이 비어 있는 것을 두고 '장기의 자줏빛 저고리 붉은 치마'라고 하는 것이다.

만력 을해년(1575) 겨울에 사인舍人*이 밤에 응향각凝香閣에서 잔치를 베풀었다. 밤이 깊어 잔치가 끝나자 기생이 집에 돌아가는데, 마침 중학中學의 유생이 길가에서 소변을 보고 있었다. 유생은 아름다운 기녀가 밤에 혼자 가는 것을 보고 길을 막고 희롱하였다. 기생이 옷깃을 뿌리치고 가다가 옷이 찢어졌다. 기녀가 화가 나서 사인에게 달려가 하소연하니 사인이 노하여 말했다.

"중학에는 숙직하는 관리가 없기에 유생으로 하여금 노상에서 횡행하게 하는가?"

마침내 패를 발하여 이조 좌랑을 불러들였다. 패초牌招*를 받은 이조의

---

사인舍人　　의정부의 정4품 관직으로 검상檢詳(정5품), 사록司錄(정8품)과 함께 의정부의 실무를 담당했다.
패초牌招　　임금이 승지를 시켜 신하를 부르던 일.

아전은 그 책임이 좌랑에게 돌아갈까 두려워서 거짓으로 말했다.

"낭관이 활인서에 부정을 조사하러 갔다가 날이 저물어 성곽 문이 닫혀서 돌아오지 못하였습니다."

낭관은 이를 사실로 하기 위해 파루를 기다렸다가 활인서를 조사하였다. 마침 별좌가 숙직하지 않았는지라 그를 파면했다. 당시 사람들이 이를 두고 말했다.

"중학 유생이 기녀를 희롱했는데 활인서 별좌가 관직에서 파면되었다."

이런 까닭에 싹은 갑에게서 비롯되었는데 재앙은 을에게 옮겨진 것을 '활인서 별좌의 파관이다'라고 하는 것이다.

## 심희수와 중국 소녀의 재치 있는 문답 ❖ 454

상국 심희수沈喜壽는 중국어를 할 줄 알았다. 중국 땅에 가서 한 곳에 이르니, 주인집에 머리를 두 갈래로 땋은 한 여자 아이가 문 앞에 서 있었다. 상국이 물었다.

"네 나이가 몇이냐?"

그 여자 아이가 대답했다.

"신조항新造炕입니다."

상국은 다시 물어 보려고 하다가 여자 아이에게 비웃음을 당할까 염려되어 곰곰이 생각해 보았다. 새로 만든 구들(新造炕)은 반드시 축축히 물기가 흐를(濕流水)것인데, 습류수濕流水의 음은 십육 세十六歲와 비슷했다.* 그

---

습류수濕流水의 음은 십육세十六歲와 비슷했다.   습류수濕流水의 중국어 음은 shīliúshuǐ이고, 십육 세十六歲의 중국어 음은 shíliùsuì이다.

래서 상국이 그 말에 답해 말하였다.

"네 나이가 십육 세냐?"

여자 아이가 웃으면서 고개를 끄덕였다.

## 창녀의 나이 ❖ 455

중국에 한 양한적養漢的* 이 있었는데, 요동遼東과 계림薊林을 왕래하면서 나이 어린 손님을 많이 만났다.

어떤 나그네가 그 나이를 묻자 십칠 세라고 하니, 나그네가 말했다.

"내가 갑년甲年에 네 나이를 물었더니 십칠 세라고 했고, 을년乙年에도 네 나이를 물었더니 십칠 세라고 했다. 사람의 삶이 너처럼 길 수 있다면 누군들 어찌 신선이 되지 않겠느냐?"

양한적이 손바닥으로 나그네의 뺨을 치며 말했다.

"내 나이 칠십으로 여태껏 십칠 세라고 말해도 아는 이가 없었는데, 지금 네놈 때문에 들통이 났다."

나그네가 말했다.

"창녀가 나이를 숨기는 것은 온 천하가 똑같구나."

어찌 창녀뿐이랴! 조정의 사대부도 또한 그러하다.

---

양한적養漢的  창녀, 혹은 정부情夫와 사통하며 사는 여인을 이르는 말.

## 삼반상三反常 ❖ 456

사람이 늙으면 상정常情에 반하는 일이 세 가지 있다. 울 때는 눈물이 나오지 않고 웃으면 눈물이 나오는 것이 상정에 반하는 첫째요, 밤에는 잠이 없고 낮에 잠이 많은 것이 둘째요, 어릴 적 일은 잊지 않고 중년中年과 근년의 일은 잊어버리는 것이 셋째다.

[ 만물편 ]

〈호작도〉虎雀圖 (조선 후기, 고판화박물관 소장)
예로부터 호랑이와 까치는 악을 물리치고 상서로움을 불러온다고 믿어져, 소나무와 함께 판화로 그려진 경우가 많았다.

## 치우기와 별똥별 ❖ 457

만력萬曆 5년(1577) 정축丁丑에 치우기蚩尤旗*가 출현했는데, 빛깔은 황적색이고 하늘과 나란히 길게 뻗쳤다. 가을부터 나타나 겨울이 되도록 사라지지 않았는데, 그해 겨울에는 짙은 안개가 연일 이어져 천지가 어두컴컴하였다. 혹자가 말했다.

"치우기가 안개가 되어 흩어진 것이다."

만력 24년(1596)에 별이 중국 땅 무령현武靈縣 민가에 떨어졌는데, 그 크기가 다섯 곡斛*들이 솥만 했다. 그것이 떨어질 때 환한 빛이 달빛과 같아 온 들판을 밝게 비췄으며, 오래 지난 뒤에야 어슴푸레한 색깔이 밖에서부터 안으로 먹어 들어가, 끝내는 하나의 푸른 돌을 이루었다. 어리석은 백성이 관아에 고할 줄을 몰라서, 지현知縣(중국 현의 으뜸 벼슬아치)이 가장 뒤늦게야 소식을 듣고는 그 백성을 장형杖刑에 처하고 고을 백성들을 동원하여 커다란 막대기를 이용해 현의 뜰에 가져다 놓았다. 지금도 무령현武靈縣에는 낙성석落星石이 있다.

만력 36년(1608)에 큰 별이 서방에서 떨어졌는데, 광채 나는 빛이 화분火盆과 같았으며 어느 곳으로 떨어졌는지는 알 수 없었다. 그 남은 빛이 온 천하에 뻗쳤다가 흩어진 것이 몇백 굽이나 되는지 알 수 없었다. 석양이 비추자 굽이굽이가 모두 햇무리 같았는데, 오래 지나서야 사라졌다. 혹자는 천구天狗라 하고 혹자는 왕시枉矢*라고 하는데 『성경』星經*을 살펴보니, 이른

---

치우기蚩尤旗  살별이라고도 한다. 긴 꼬리를 가지고 있기 때문에 옛날에는 전란 · 역병疫病 · 천재지변 등의 흉조를 예고하는 것으로 간주되었다.
곡斛  10말의 용량.
왕시枉矢  별 이름. 큰 유성流星과 비슷한데 뱀처럼 구불구불 움직이며 검푸른 빛으로 깃털이 나 있는 듯하다.
성경星經  동양에서 최초로 편찬된 천문 역학서로 일월日月 · 오성五星 · 삼원三垣 · 이십팔수二十八宿의 도상과 이의 위치를 보고 길흉을 점치는 법을 기록한 책. 이 외에 '성경'은 별자리의 위치를 기록한 책을 통칭하는 뜻으로도 쓰였는데, 여기에서는 무엇을 말하는지 확실치 않다.

바 비성飛星(별똥별)이라는 것이었다.

## 일식의 재앙과 문장가의 죽음 ❖ 458

만력萬曆 43년(1615, 광해군 7) 3월 초하루에 일식이 있었다.

개성 유수開城留守 조진趙振이 점을 쳐 보고 말했다.

"오늘 일식은 규성奎星* 분야分野*에서 일어났다. 예로부터 일식이 규성 분야에서 일어나면 문장에 뛰어난 선비가 반드시 죽었다. 사령운謝靈運과 범엽范曄이 죽을 때에도 또한 이러한 변고가 있었다. 지금 첨지僉知 차천로 車天輅의 병세가 위독하니, 이 재앙에 응한 것이 아니겠는가?"

차천로는 얼마 지나지 않아 죽었다.

아! 차오산車五山(차천로)은 문장의 거장巨匠이었다. 수백 년 동안 그처럼 기이한 재주를 가진 이가 없었는데, 평생 불우하게 지내며 걸핏하면 견책을 당하더니 끝내는 궁핍하게 지내다가 죽었다. 그렇지만 그의 죽음에는 일식이라는 재앙이 따랐다.

『장자』莊子에 이르길,

"하늘의 소인이 인간 세상의 군자요, 인간 세상의 소인이 하늘의 군자로다."*

라고 했으며, 한퇴지韓退之(韓愈)가 말하였다.

---

규성奎星　이십팔수宿 가운데 열다섯째의 별. 초여름에 보이는 중성中星으로 문운文運을 담당한다.
분야分野　중국 전토全土를 스물여덟 개의 별자리에 따라 나눈 해당 구역을 일컫는다.
하늘의 소인이 ~ 하늘의 군자로다.　이는 『장자』의 「대종사」大宗師 편에 나오는 말로, 자공이 기인畸人에 대해 묻자 기인이란 인간 세계에서는 기이하지만 하늘의 도에는 어울리는 사람이다(子貢曰: "敢問畸人?" 曰: "畸人者畸於人, 而侔於天.")라고 한 대목 뒤에 이어지는 말이다.

"하늘에서 얻고 사람 세상에서 잃는다면, 무엇이 해로우랴!"

## 임진왜란과 재앙의 징후 ❖ 459

만력 신묘년(1591, 선조 24)에 한효순韓孝純이 표문表文을 받들고 연경에 조회하러 갔는데, 중국 사람이 말했다.

"무기고의 병기가 여러 해 동안 갈지 않았는데도 요 몇 년 사이에 광채가 열 배나 환히 나서, 마치 새로 숫돌에 갈아 놓은 것 같습니다. 이는 천하의 군사를 움직일 징조이니 식자들 중에 이를 근심하는 이들이 많습니다."

이듬해가 되어 우리나라에 과연 왜란이 있어 중국이 천하의 군사를 움직여 구원하였다.

신묘년에 우리나라 군기시軍器寺의 연못 물이 저절로 끓어 넘치더니 솟구쳐 올라 담장을 넘었다. 늙은 아전이 이를 근심하며 말하였다.

"지난 을묘년(1555, 명종 10)에도 이러한 변고가 있더니 남쪽 변방에 왜란이 일어났다."

임진년(1592, 선조 25)이 되어 과연 크게 왜란이 일어났다.

가야산 해인사 팔만대장경의 옻칠한 판목 하나하나가 모두 땀을 흘렸는데, 이듬해에 과연 역병疫病이 발생했다. 제독 동일원董一元이 왜적을 정벌하기 위해 성주星州에 군사를 주둔시키고 새로 관왕關王(관우의 소상)을 만들었는데, 소상塑像에서 저절로 땀이 나오더니 땅바닥까지 흘러내렸다. 모든 군사가 이를 두려워했는데, 한 달이 지나지 않아 과연 사천泗川에서 패배하였다.

사물이 경계警戒를 보임이 어찌 헛되이 응하여 나타난 것이겠는가?

## 백두산의 비경 ❖ 460

북도北道(함경도)에는 웅장한 산악과 거대한 산줄기가 많다. 하늘에 닿고 바다에 잠겨 멀리 뻗친 것이 수천 리로, 남해에 이르러 끝나는 것은 모두 백두산에서부터 온 것이다.

내가 일찍이 삼수군三水郡 소농보小農堡에서 노닐다가 장경령長慶嶺에 올라서 바라보니 백두산이 호胡 땅 안에 있었는데, 우리나라 경계와 거리가 겨우 며칠 길이었다. 산의 형체가 희디희어서 마치 눈이 쌓인 듯 얼음을 깎아놓은 듯 걸출하게 우뚝 솟아 뭇 산들을 굽어보고 있었다. 가파른 여러 봉우리들이 땅에 박혀 있으면서 좌우 전후를 둘러싼 것은 마치 어린아이들이 존엄한 어른을 모시고 있는 듯하여 감히 어깨를 나란히 견주지 못하였다.

그 산의 한 줄기가 우리나라 지경으로 뻗쳐 북도의 여러 산이 되었다. 천리 사이에 뾰족한 산봉우리는 하나도 없이 긴 산마루가 곧장 뻗쳐 있는데, 산마루 위는 모두 무릎까지 빠지는 습지이며 철령鐵嶺 남관南關을 지나야 비로소 가파르고 험준해져서 뫼 봉우리를 이룬다.

이곳 변방 땅의 사람들은 몰래 호胡와 물자를 통하면서 백두산을 내왕하기를 마치 이웃집 가듯 하는데, 국인國人*을 대해서는 죽더라도 비밀을 누설하지 않는다. 유독 호승胡僧이 변방의 군졸을 따라가서 보고 그 살핀 바를 자세히 전하여 기록한 것이 있다. 이 산의 발치에는 큰 강이 둘러 있는데, 배가 없으면 건널 수 없으나 헤엄을 잘 치는 사람은 자맥질해 갈 수 있다.

산에는 큰 바람이 많이 불어 티끌과 흙먼지가 뒤섞여 날려 양쪽 언덕을 묻는다. 물을 덮은 뻘기가 날실과 씨줄처럼 얽혀 있어 사람이 이곳을 밟고 지나가면 마치 뗏목을 탄 것처럼 어지럽고 출렁거린다. 파도가 부딪쳐 일어

---

국인國人   여기서 국인國人이라 함은 앞의 '이곳 변방 땅 사람들'(邊人)에 상대적으로 쓴 말로 여겨짐. 국인은 우리나라 행정이 미치는 곳의 사람을 말하며, 백두산 변방 부근의 사람은 거기에서 벗어나 있음을 뜻하는 것이 아닌가 한다.

나는 거품이 바람에 빚어져 돌로 변했기에, 그 돌에는 마치 벌집처럼 구멍이 많다. 수많은 물새가 뻘기 위에다 알을 까는데, 토호土胡들이 주워서 가져가 껍질을 쪼개 옹기에 담고 소금에 절여서 아침 저녁 반찬으로 쓴다.

중국 땅에 노략질을 하러 가는 호胡들이 이 산을 지날 때면 산신을 두려워하여 으레 구름무늬 비단 한 필을 전부 산의 나무에 걸고 기도하며 빌고 간다. 호胡들은 감히 그 비단을 가져가지 못하고 눈비에 썩도록 내버려 둔다. 그 산에 들어가면 산허리에 큰 못이 있는데, 못의 이쪽에서 저쪽 사이가 눈에 가득 들어온다.

기후가 따뜻해져 갈 양이면 천하의 긴 깃을 가진 새들로 황새·고니·기러기·갈매기·수리같이 빗속에서도 날고 물에서 자는 무리들이 형양衡陽에서부터 날아서 위우羙羽로 돌아가려다가 모두 이 못에 와서 모인다. 물결치는 소리가 어지럽게 요란하고 그 날개가 하늘을 가리며 그 소리는 뇌성 같다. 초가을에 이르러 차가운 바람이 불기 시작하면 날개를 퍼덕이며 남쪽으로 가는데, 이때부터 텅 빈 못이 된다.

북산北山의 나무는 옛 사람들이 일컬은바,

"북도의 모든 산에는 하늘을 찌르고 해를 가리는 나무들이 천 길 백 아름으로 즐비하게 늘어서 있으며, 거대한 짐승이 그 안에서 태어나고 자란다."

라고 했으니, 그 기이한 모습과 기괴한 형상들을 어찌 다 기록할 수 있으랴?

## 별유천지 묘향산 ❖ 461

내가 일찍이 듣건대 우리나라 산천은 험하고 깊어서 사람의 발자취가 이르지 못해 진秦나라 사람의 무릉도원 같은 곳이 한두 곳이 아니라고 한다.

유독 묘향산妙香山 북쪽은 오랜 세월 동안 인연人煙(사람의 기척)이 통하지 않았다. 가정嘉靖(1522~1566)·융경隆慶(1567~1572) 연간에 어떤 백성이 작은 송아지를 짊어지고 길도 없는 골짜기로 들어갔다. 관리가 그를 도망친 백성으로 여기고 극구 캐물었다. 그가 말하길, 아주 깊은 곳에 비옥한 들판이 있는데 소와 말이 이를 수 없는 곳이어서 반드시 사람이 송아지와 망아지를 짊어지고 들어가야 이것들을 키워서 쓸 수 있다고 했다. 관가에서는 군관을 시켜 그 백성을 따라가 길을 알아 두게 했는데, 험한 곳에 올라 지나다가 수일 만에 길을 잃었다. 그 백성이 끝내 가르쳐 주지 않자 관가에서는 화가 나 그를 죽였다고 한다.

천계天啓(1621~1627) 2년 내가 송천사松泉寺를 유람하다 한 승려를 만났는데 법환法環이라는 이로, 이런 이야기를 했다.

젊었을 적 묘향산 향로봉香爐峰에 올라가 북쪽을 바라보았더니 험한 산으로 막히고 푸른 바다 아득한 너머가 있었는데 혹자가 말하기를 고향산古香山으로 별세계라고 하였다. 옛날에 사람이 살던 곳인데 지금도 또한 세상에서 은둔하는 사람이 숨어 있다고 한다. 법환이 이 말을 듣고 기뻐서 드디어 소나무 껍질과 잣나무 잎을 싸서 식량으로 삼아 아무것도 의지할 데 없는 빈 터를 찾아 들어갔다. 삼나무와 전나무가 하늘까지 치솟아 있어 해와 달도 볼 수 없었다. 푸르고 울창한 숲 속에 토끼 발자국, 원숭이 길도 하나 없었으며, 주위가 고요해 새 울음소리 하나 들리지 않았다. 이따금 혹 약초 캐는 길을 따라갈 수 있도록 표시가 있었다. 북쪽으로 가면서 8일 동안을 노숙했지만 인가라고는 볼 수 없었다.

한 곳에 이르니 산비탈에 의지해 있는 조밭이 있었다. 그런데 나무를 모두 베어 내지 않고 다만 나무껍질을 빙 둘러서 두어 자 벗겨 내, 나무를 그 자리에서 말라 죽게 하고는 땅을 파고 어지러이 널려 있는 나무 사이로 조를 심은 것이었다. 또한 도랑이나 두둑을 만들지 않았는데도 조 이삭이 마치 말 꼬리처럼 늘어졌다. 나무를 베어 내 높은 시렁을 만들고 그 위에 조를 쌓았는데 곳곳마다 마치 천석 만석 곳간이 있는 것 같았다. 바위 위에 터를 잡고 골짜기를 끊어 큰 절을 세웠는데 단청이 찬란히 비치고 방이 모두 따뜻하며 중들 100여 명이 그곳에 거처하고 있었다. 소나 말, 수레가 없어서 내지 사람과는 서로 왕래하지 못했다. 다만 소금을 수천 리 밖에서 사 와야 했기에 약초 캐는 길을 따라 돌아오는 길을 표시할 따름이었다. 소금을 운반할 때에는 세 번 굽고 열 번 햇볕에 말려 상수리나무 잎으로 거듭 깔고 긴 노끈으로 묶었다. 물 속에 던진다 해도 물이 스며들지 않았으며 이를 등에 져서 가져오기 때문에 소금이 금만큼 귀했다.

무릇 김치를 담그고 국을 끓일 때에는 모두 초목에서 나오는 신 즙을 취해 맛을 냈다. 풍토가 매우 추워서 창과 복도를 이중으로 하지 않으면 편안하지 못했다. 쌓아 둔 조가 죽 늘어져 있고 사람들은 모두 장수하여 백 살이 넘었으니, 참으로 별천지요 인간 세상과는 다른 별세계였다는 것이다.

예전에 만호萬戶 황유黃裕가 이 말을 듣고는 여연閭延과 무창茂昌의 지경을 찾아갔다. 사월인데도 얼음과 눈이 남아 있어 얼어붙은 진흙에 다리가 빠졌으며, 정강이만큼이나 큰 여항어餘項魚(열목어)를 얼음을 깨고 잡았다. 손에 닿는 대로 잡아서 나무에 걸어 두었는데 며칠이 지나 돌아오는 길에 가져오려고 가 보니 아무도 가져간 사람이 없었다. 토지의 비옥함이 내지에 비해 열 배나 되었다.

대저 이 고향산古香山이라는 곳은 아마도 여연閭延·무창茂昌과 가까운 지역으로 풍토가 비슷해서 그런 것이 아니겠는가. 법환은 한 달 남짓 머물다 돌아왔는데, 음식에 소금기가 없어서인지 돌아올 때 무척 수척해져서 뼈가 드러나 보였으며, 황유는 각기병이 있었는데 얼음 진창에 빠졌다 나온 뒤로는 평생토록 이 병이 없었다.

## 공주 관아의 목란수 ❖ 462

공주公州 관아 뜰에 나무 한 그루가 있는데, 향기가 강렬하고 잎이 넓었다. 꽃의 색깔은 엷은 자줏빛이었고 가지와 줄기가 모두 아름다웠다. 관아의 아전들이 아끼고 보호하여 북돋아 심었으나 예로부터 그 이름이 무엇인지는 알지 못했다. 만력 무오년戊午年(1618)에 명나라에서 표류해 온 사람들이 공주를 지나갈 때 어떤 이가 그 나무 이름을 물었더니, 모두들 '목란수木蘭樹*라고 하였다. 나무를 재배하고 심는 방법을 물었더니, 이에 말하기를 "꺾어서 심으면 살지 않는 경우가 없다"라고 했다. 이로부터 공주 사람들이 비로소 목란木蘭인 것을 알았다.

아! 목란은 중국의 아름다운 나무인데, 그것이 처음부터 자생한 것인지 다른 곳에서 옮겨 심은 것인지, 아니면 전조前朝에 배로 중국과 통할 때에 강남江南 지방에서 옮겨 온 것인지는 알지 못한다. 뜰 가운데 서 있으면서 수많은 세월을 지내왔는데도 우리나라 사람들은 익히 보면서도 알아보지 못했던 것이다. 대저 세상에 드문 아름다운 선비*가 집 앞뜰에 서 있는데도 이를 알아보지 못하는 사람들을 어찌 한정할 수 있으랴! 우리나라 사람들의 눈은 한낱 고깃덩어리인가 아니면 밀랍이란 말인가! 오직 중국 사람만이 그 나무를 알아본단 말인가!

**목란수木蘭樹** 모감주나무, 혹은 염주나무라고도 불린다. 잎은 어긋나며 1회 깃꼴 겹잎(一回羽狀複葉)이고 작은 잎은 달걀 모양이며 가장자리는 깊이 패어 들어간 모양으로 갈라진다. 꽃은 7월에 피고 꽃잎은 4개가 모두 위를 향하므로 한쪽에는 없는 것 같다. 열매는 꽈리같이 생기고 3개로 갈라져서 3개의 검은 씨가 나온다. 씨로 염주를 만들기도 한다.
**선비** 이 부분이 〈만종재본〉에는 '木'으로 되어 있는데 여러 필사본에는 '士'로 되어 있다. 문맥상 '선비'로 보는 것이 중의적 의미를 담고 있다고 여겨 필사본의 기록을 따라 번역하였다.

## 후목설朽木說 ❖ 463

우리 마을에 사는 참판參判 정엽鄭曄\*이 「후목설」朽木說을 짓고는 항상 스스로 좋은 작품이라 칭찬했는데, 내가 아직 보지 못했었다.

내가 의관醫官 원응진元應辰의 집을 빌려 살 때 그 벽 위에 작은 종이 한 장이 붙어 있었는데, 거기에 다음과 같이 쓰여 있었다.

"밤중에 어떤 물체가 별똥별 광채와 같은 빛을 발해서 내가 이를 매우 기이하게 여겼는데 아침에 보니 곧 썩은 나무였다. 아! 썩은 나무는 더러운 물건인데 밤이 되면 희미한 광채를 내니 대낮에 누가 능히 그 썩은 나무를 분별하랴."

내가 처음에는 의관의 작품이라 여기고 심히 기이하게 생각했는데, 정시회鄭時晦(정엽)의 작품인 줄 알고 나자 그다지 기이하게 여겨지지 않았다.


## 백색 인간과 전란의 징후 ❖ 464

문관 이현배李玄培가 진주 목사晉州牧使로 있을 때 한 어부가 뱅어를 올렸는데, 몸 전체가 빙설氷雪 같았다. 이현배의 첩이 그것을 구워 먹었다. 그 달에 임신하여 아들을 낳았는데, 머리카락이 모두 하얗고 피부는 마치 옥 같았으며 눈동자는 엷은 황색에 흰빛이었다. 나이 10여 세가 되자 스승에게 학문을 배웠는데 자못 총명하고 글을 잘 지었다. 여러 아이들과 더불어 자주 내 집 뜰에서 놀았는데 환한 대낮에는 사물을 보는 것이 매우 분명치 못했다. 감히 우러러 해를 쳐다보지 못하고 늘 머리를 숙이고 땅을 바라보며 다녔

---

정엽鄭曄    〈만종재본〉에는 '鄭燁'이라 되어 있는데, 〈동양문고본〉의 '鄭曄'이 옳다.

다. 같은 또래 아이들이 밤에 그 집에 들어가 보면 어두운 방에 앉아서도 능히 종정도從政圖*의 가는 글자를 쓰고 있었는데 추호의 틀림이 없었다. 식자識者들이 우려하였는데, 그것이 전란의 징후가 됨을 알았기 때문이다. 나이 열셋에 죽었는데, 이듬해에 왜적이 우리나라를 크게 어지럽혔다.

내가 또 만력萬曆 기유년(1609, 광해 11)에 연경燕京에 조회하러 가면서 요좌遼左 지방의 우牛씨네 별장에 들렀다. 주인에게 며느리가 있어 나이가 열아홉이었는데 안색과 머리, 손발이 모두 백설처럼 하얀 것이 이현배의 아들과 똑같았다. 주인이 말했다.

"이 며느리는 밤에는 사물을 실 터럭까지도 분별할 수 있지만, 낮에 걸으면서는 가까스로 뜰과 문 정도만 살필 수 있어서 층계를 오르내릴 때에 걸음을 제대로 못 걷고 넘어지기 일쑤입니다."

10년이 지나 누르하치의 변이 있었다. 대개 백색白色은 서방西方의 금색金色으로, 전란의 징후가 된다고 하는데 과연 그러하다.

## 바다에서 만난 거인 ❖ 465

지봉芝峯 이수광李睟光이 안변 부사安邊府使로 지낼 때 그 지역의 한 백성이 바다에서 표류하다가 돌아온 일이 있었다. 그가 말했다.

"일찍이 세 사람이 함께 작은 배를 타고 바다로 고기잡이를 나갔습니다. 그때 장풍狀風*을 만나 곧장 서쪽으로 밀려 갔는데 7일 밤낮을 잠시도 멈추

---

**종정도從政圖**　민속놀이의 하나로 벼슬 이름을 일종의 말판 놀이로 만들어 놓은 것이다. 벼슬 이름을 품계와 종류에 따라 구별해서 따로 표기해 놓고, 오각형으로 깎은 윷을 놀려 말을 써서 영의정까지 먼저 간 사람이 이기도록 되어 있다. 주로 양반집에서 관직 체계를 자녀들에게 가르치고 관직 진출을 위한 향학열을 높이기 위해 이 놀이를 장려하였다. 승경도陞卿圖.

지 않았습니다. 문득 한 곳에 이르러 언덕에 배를 대고 잠이 들었는데 세찬 파도 소리가 점점 가까이 들리기에 눈을 떴습니다. 한 거인이 허리 아래는 물에 잠기고 허리 위만 물 위에 드러나 있었는데, 키가 30길이나 되었고 머리와 얼굴과 사지가 지극히 웅대해 비할 바가 없었습니다. 세 명의 어부가 배를 저어 피하고자 했으나 이미 뱃전이 들려 뒤집히려 해서 창황히 도끼를 들어 그 팔을 내려찍었더니 거인이 배를 버리고 산으로 올라갔습니다. 우리 세 사람은 배를 이끌고 도망쳤는데, 돌아보자 거인이 산 위에 서 있었습니다. 하늘에 닿을 듯 우뚝 솟은 모습이 마치 산악山岳 같았는데 어느 지역의 사람인지 알 수 없었습니다. 세 사람은 다시 서풍을 만나 우리나라 남해안의 강진康津 갯벌에 배를 대어 돌아왔습니다."

일찍이 듣건대 『동국통감』東國通鑑에,

"어떤 여자가 죽어 바다에 떠 있었는데 그 음호陰戶가 일곱 자였다."

라고 했다. 대개 바다 밖에 거인국이 있으니 아마도 방풍씨防風氏\*·장적長狄\*·교여僑如\*의 후예일 것이다.

장풍狀風　　초목에 상해를 입히는 세찬 바람.
방풍씨防風氏　　고대 중국 남쪽 관흉국貫匈國에 살고 있다고 알려진 괴인종. 『산해경』에 따르면, 이 사람들은 인간의 모습이기는 하지만 가슴에 커다란 구멍이 뚫려 있다고 한다. 그 유래에 대해서는 옛날 우禹 임금에게 살해당한 방풍씨防風氏의 신하가 주군의 뒤를 따라 가슴에 구멍을 뚫어 죽은 적이 있었는데, 우가 이를 슬퍼하여 불사의 약으로 소생시킨바, 그의 자손들이 번영해서 방풍씨가 되었다는 이야기가 전해진다.
장적長狄　　중국 춘추春秋 시대에 활동한 적족狄族의 일파. 일명 장적長翟이라고도 하며, 키가 백 척에 달했다고 한다.
교여僑如　　고대 중국 남쪽에 부남국扶南國을 이루고 살았다고 전해지는 부족명. 교진여僑陳如. 『석문기』釋文紀 권19 참조.

## 열세 살 이여송의 의주 유람 ❖ 466

김한영金漢英은 의주義州 관아의 병사다. 홍천민洪天民이 도사 영위사都司迎慰使가 되었을 당시에 어린아이로서 척후의 일을 하였다. 홍천민의 아들 홍서봉洪瑞鳳이 다시 도사 영위사가 되어 의주에 이르자, 김한영이 홍서봉에게 말했다.

"옛날에 돌아가신 영공令公(홍천민)께서 영위사가 되셨을 때, 이성량李成樑이 검산참장黔山參將으로 도사都司를 대신해 명나라 사신 허국許國을 모시고 압록강에 이르렀습니다. 그때 이성량의 아들과 조카가 모두 머리를 묶은 어린아이였는데, 압록강을 건너와 의주를 두루 돌아보고 갔습니다. 그 아들이 곧 이여송李如松으로 나이가 열셋에 용모가 빼어나게 아름다웠습니다."

임진왜란 당시에 이여송이 제독提督으로 십만 병사를 거느리고 왔다. 평양의 왜적을 격파하고는 우리 선왕先王(선조宣祖)을 알현하고 말하기를,

"제가 어렸을 때 일찍이 귀국의 땅에서 노닌 적이 있습니다."

라고 했는데 사람들이 그 말을 믿지 않았다. 그런데 지금 김한영의 말을 들으니 과연 그러하다 하겠다.

## 중국 창기에게 쫓겨난 안정란 ❖ 467

안정란安廷蘭은 이문학관吏文學官*으로 중국 말을 잘해서 중국에 간 것이 여러 차례다. 작은 모자를 쓰고 검푸른 도포道袍를 입고 운혜雲鞋(구름 문양을 한

---

**이문학관吏文學官**　외교 문서나 관용 공문官用公文인 이문吏文을 다루던 승정원承政院 소속의 관원. 중종中宗 19년(1524)에 두었으며 뒤에 한리학관漢吏學官으로 고쳤다.

신발)를 신고는 중국 사람의 모습을 하였다. 서너 명의 중국인과 함께 양한養漢 관창官娼의 집에 들어가서 스스로 섬서陝西 지방의 장사꾼이라고 일컫고는 창녀에게 자기를 청했다. 관창은 외국인에게는 스스로 비싼 값을 부르고 받아들이지 않았기 때문이다. 안정란은 말을 조금 더듬거렸다. 그러나 중국은 팔방의 지방 말들이 같지 않아서 비록 같은 나라 사람일지라도 또한 서로 소통되지 않는 것이 많았기 때문에 창녀들이 안정란을 의심하지 않고 창가에서 술과 안주를 마련해 대접하였다. 상을 마주하고 앉아 있다가 안정란의 귀에 동그란 구멍이 뚫려 있는 것을 유심히 쳐다보더니 비로소 의심하여 말했다.

"당신의 귀가 늘어지고 구멍이 있는 것을 보니 고려인이 아닙니까?"

안정란이 대답했다.

"내가 어렸을 때 부모님이 나를 지극히 사랑해 여자 아이 옷을 입히고 치마를 두르게 하고 양쪽 귀를 뚫어 귀고리를 달아 여자 아이 모습으로 꾸미고는 희롱하셨소. 이 때문에 귀에 두 개의 구멍 자국이 있는 것이오."

창녀들이 웃으며 그 말을 믿었다. 술잔을 들어 서로 권함에 이르러 안정란이 잔을 쥐었는데, 손톱이 술잔에 잠겼다. 중국 사람은 잔을 잡을 때 으레 두 손가락을 사용하여 술잔 바깥쪽을 쥐어서 손톱이 술잔 속으로 들어가지 않는다. 이런 까닭에 창녀들이 안정란이 술잔 잡는 것을 보고는 크게 놀라며 말하였다.

"술잔 잡는 것이 정말로 고려 사람이구나!"

그러고는 손바닥으로 안정란의 등을 치면서 매우 화를 내며 내쫓았다.

## 절부가 없는 호광湖廣 지방 ❖ 468

만력萬曆 기유년(1609, 광해 1)에 내가 성절사聖節使*로 연경燕京에 이르렀다. 그때 판서判書 윤방尹昉 또한 사명使命을 받들어 관관에 머물러 있으면서 말했다.

"중국의 호남湖南과 광동廣東 지방 바닷가 아주 외진 곳에는 장기瘴氣*가 많아서, 부녀자들이 처음 시집가면 남편은 반드시 나병에 걸려 부스럼이 몸에 두루 퍼지는데 온갖 약이 효험이 없어 죽는다고 합니다. 그런데 다시 다른 사람에게 시집가면 끝까지 병을 앓지 않기 때문에 그 지방의 처자들은 반드시 다른 지방 사람들에게 속이고 시집가서 그 부스럼이 전염되기를 기다린 후에 다시 제 지방의 남자에게 시집갑니다. 그렇게 하지 않으면 그 지방 사람들이 감히 장가들지 않기 때문에 그 지방에는 절부節婦(절개를 지키는 부인)가 없습니다. 여자만 유독 그러하고 남자는 그렇지 않다고 합니다*."

내가 듣고는 괴이하게 생각되어 허탄한 말로 여기자 윤방이 말했다.

"내 말을 믿지 못하겠으면 한서반韓序班에게 물어 보시오."

그에게 물었더니 과연 거짓이 아니었다. 한서반은 복건福建 사람이다.


## 호전적인 일본인의 풍속 ❖ 469

왜인들은 성질이 급하며 죽이고 베는 것을 숭상해, 대저 눈만 흘기는 일이 있어도 그때마다 칼을 집는다.

---

**성절사聖節使**　조선 시대에 중국 황제 또는 황후의 생일을 축하하기 위해 보내는 사신.
**장기瘴氣**　습기가 많고 더운 지방에서 생기는 독기.
**여자만 유독 ~ 않다고 합니다.**　이 대목은 〈만종재본〉에는 없는데 필사본에 의거해 보충해 넣었다.

풍성감豊城監이란 이가 있었는데 종실宗室 사람이다. 8, 9세 때 포로로 잡혀 일본에 들어갔다가 나이 스물이 넘어 돌아왔다. 언어와 행동거지가 모두 본국의 옛 습성을 잊어버리고 한결같이 왜인과 똑같았으며, 병기를 사용해서 치고 찌르는 모습 또한 그들과 똑같았다.

여름철에 낮잠을 자고 있었는데 친척이 그를 놀리느라 종이 침으로 그의 코를 찔렀다. 풍성감이 놀라 일어났는데, 눈은 감은 채로 자신의 허리춤을 더듬다가 칼이 없자 드디어 눈을 뜨고는 크게 웃으며 말했다.

"왜놈들 풍속에는 앉으나 누우나 칼을 풀어 놓지 않고 있다가 조금이라도 그 뜻에 거슬리면 즉시 칼을 뽑아 찌른다. 그렇기 때문에 비록 부부간이라도 한방에서 자지 않으니 뜻하지 않은 일이 생길까 걱정해서다. 지금 만약 내 칼이 허리에 있었더라면 아마도 내 친척이 죽었을 것이다."

사람들이 모두 그 말을 듣고는 혀를 내둘렀다.

그 후 풍성감은 역모의 반란에 죽었으니, 일본의 풍속이 교화하기 어려운 것임을 짐작할 수 있겠다.

## 전령 비둘기 ❖ 470

예전에 배로 중국과 교통할 때에는 사신使臣이 큰 바다를 건너 등주登州와 내주萊州*에 도달했는데, 거센 파도를 헤치고 가기에 생사를 기약하기 어려웠다.

조정의 신하로서 사명使命을 받은 사람은 집안사람들과 사별死別하는 것

---

등주登州와 내주萊州　중국의 산동반도에 있는 지명으로 산동성山東省 일대를 말한다. 황해를 가로질러 중국으로 갈 때 가장 가까운 거리에 있다.

처럼 집안일을 처리하고 떠났다. 대부분 집에서 기르던 집비둘기를 배 안에 가져와 기르며 집에 서신을 전했다. 편지를 비둘기 발에 묶어서 날려 보내면 비록 천 리 먼 곳이라도 하루도 안 되어 도착하는지라, 집안사람들이 편지를 받고 안부를 알았다. 얼마 뒤 돌아와서 날짜를 헤아려 보면 하나도 어긋남이 없었다.

대개 비둘기가 주인을 그리워하여 둥지로 돌아옴은 마치 바다제비가 집에 소식을 전하는 것과 같다.

## 갈매기에 대한 감흥과 시 ❖ 471

김치金緻가 좌천되어 제주 판관濟州判官이 되어 갈 때 추자도秋子島에 정박하였다. 물과 하늘이 서로 맞닿아 있고 동서남북 사방으로 시야가 다하는 곳이 각기 천 여 리였는데, 갈매기가 하늘을 뒤덮은 것이 끝없이 이어져 실로 장관이었다. 뱃사공에게 물었더니 그가 대답했다.

"갈매기가 이처럼 많은 것은 몇 년 만에 보는 드문 일입니다. 이와 같으면 반드시 큰바람이 일어납니다."

대저 갈매기는 강과 바다의 짝이니, 이백李白이 시로 읊었다.

> 갈매기가 날아오는구나.　　　　　　　　　　　白鷗兮飛來
> 길이 그대와 더불어 서로 친하리라.*　　　　長與君兮相親

황산곡黃山谷(황정견)은 시에서 읊었다.

---

\* 갈매기가 날아오는구나 ~ 서로 친하리라.　이백의 고시 「명고가송잠징군」鳴皐歌送岑徵君의 마지막 연이다.

강남 들판의 물은 하늘보다 푸른데　　　　　　　江南野水碧於天
그 가운데 갈매기 있어 나처럼 한가롭구나.*　　中有白鷗閑似我

우리나라 사람이 읊은 시가 있다.

명사십리 해당화 붉은데　　　　　　　　　　　明沙十里海棠紅
갈매기 쌍쌍이 성긴 비에 날아가네.　　　　　　白鷗兩兩飛疎雨

　　나는 갈매기를 사랑해 남은 삶 동안 갈매기를 따라 노닐고자 한다. 집에 갈매기 울음소리를 잘 내는 젊은 첩이 있는데, 내가 때때로 강과 바다가 그리워도 갈 수 없으면 그에게 갈매기 소리를 내도록 시켜 웃곤 한다. 지금 김공金公의 말을 들으니, 갈매기가 어찌 그리도 많이 떼를 이루는가? 목현허木玄虛(목화木華)의 「해부」海賦에
　　"날개를 퍼덕이며 움직이자 우레 소리를 이루는구나"(翻動成雷)
라고 했는바, 또한 그 많음을 싫어한 것인가 보다.


## 매 새끼 잡는 법 ❖ 472

　　수리와 매는 모두 사나운 새인데, 매는 깊은 절벽 인적이 이르지 않는 곳에 깃들여 산다. 꿩과 토끼를 잡으면 털과 깃을 제거하고 돌 틈 사이 차가운 시냇물에 담가 두는데, 한여름에도 상하지 않아 새끼에게 먹인다. 새끼에게

---

강남 들판의 ~ 나처럼 한가롭구나.　황산곡의 고시 「연아」演雅의 마지막 연이다.

며느리발톱과 부리가 생기기 시작하면 어미가 새끼에게 고기를 주는데, 여러 새끼들에게 오히려 낚아채이게 될까 하여 반드시 둥지 위아래를 선회하면서 고기를 던진다. 그러면 새끼 가운데 날래고 힘센 놈이 고기를 많이 얻어먹고 먼저 날아오를 수 있으므로, 새끼 중에 남보다 힘센 놈이 잘 자라게 된다.

땔나무꾼이 바위틈에 이르러 매가 멀리서 날며 아직 돌아오지 않았는지를 엿보고는 그 고기를 훔친다. 매가 혹 그것을 알면 그의 얼굴을 움켜쥐어 상처를 입힌다. 새끼를 잡으려고 하는 자 또한 틈을 타서 절벽에 사다리를 놓고 둥지에 올라가 새끼를 잡아 행등行縢*을 써서 묶어 온다. 매가 돌아와 둥지에 새끼가 없는 것을 보면 뱀이나 살무사, 너구리나 성성이 등에게 해를 입었다고 의심해 이듬해에는 둥지를 옮기고 다시는 돌아오지 않는다. 사람들이 만약 나뭇가지에 신을 걸어 두면 매는 사람들이 가져가 기른다는 것을 알고 이듬해에 또 와서 깃들여 살기 때문에 사람들이 해마다 새끼를 얻을 수 있다고 한다.

## 미끼로 수리 잡는 법 ❖ 473

한 촌사람이 친구들을 모아 놓고 개를 삶아 소반에 담으려 하는데 수리 한 마리가 내려와 음식 만드는 사람을 움켜쥐고는 머리와 얼굴에 상처를 냈다. 한 손님이 말하였다.

"이놈을 잡기는 아주 쉽겠군."

---

**행등行縢** 행전行纏. 바지를 입을 때 무릎 아래쪽을 간편하게 하기 위한 것으로 헝겊으로 소맷부리처럼 만들고 위쪽에 끈 둘을 달아서 돌려 맨다.

그리고는 작은 돌을 주워 개의 창자 속에 집어넣고 잘라 한 광주리를 채웠다. 그것을 밭 가운데에 놓아 두고 엿보니, 수리가 밭에 내려와 그것을 쪼더니 금방 다 먹어 치웠다. 건장한 사내종으로 하여금 큰 몽둥이를 들고 나아가게 하니, 수리가 날개를 푸드덕거리며 솟구쳐 날아오르려 했으나 땅에서 한 길도 채 오르지 못했다. 마침내 몽둥이질 한 번에 죽으니, 자리에 있던 모든 사람이 통쾌해했다.

## 끈으로 수리 잡는 법 ❖ 474

내가 어사御史가 되어 강계江界에서 압록강鴨綠江으로 배를 띄워 갔다. 강변을 보니 나무가 있는데 두 가지가 마주하여 솟아 있었고, 다른 한 가지에 곁가지가 두 개 있어 그 사이를 가로지르고 있었다. 뱃사공에게 물으니 그가 대답했다.

"호인胡人(만주 사람)들은 수리의 깃털을 가지고 화살을 만드는데, 수리의 깃털은 가을이 되면 뻣뻣해집니다. 그래서 여름부터 곁가지 두 개를 솟아 있는 가지 사이에 가로질러 놓아 둡니다. 날아서 지나가는 수리가 반드시 가로지른 가지 위에 앉는데, 앉는 것이 익숙해진 뒤에는 의심하는 마음이 없습니다. 가을이 되면 가로지른 가지 위에 줄을 늘어뜨려 잡습니다."

## 소쩍새와 두견 ❖ 475

우리나라 사람들은 소쩍새(鼎小鳥)를 두견杜鵑이라고 한다. 우리나라 사람들이 두견을 많이 읊었는데, 『황화집』皇華集*에 있는 중국 사신들의 시에는 전후에 봄의 경물景物을 읊은 것 중에 한 구절도 두견에 대해 언급한 것이 없다. 사람들이 모두 말하였다.

"두견은 촉나라 새이니, 송나라 때 변경汴京 천진天津에서 울자, 소요부邵堯夫(소옹邵雍)가 그것을 근심했다."

우리나라는 땅이 추워서 두견새가 없는 것이 분명하다.

두성령杜成令*이 그림을 잘 그렸는데, 중국 화공畵工의 백금도百禽圖를 얻어서 그것을 모사하던 중에 두견을 보았다. 그 모습이 늙은 새(老鳥)와 같고 우리나라의 소쩍새와는 같지 않아서, 우리나라 사람들의 의심이 혹 풀리기도 하였다. 중국 사신 주지번朱之蕃이 왔을 때 마침 소쩍새가 울자, 접반사가 물었더니 그가 말했다.

"중국에도 역시 이것이 있는데, 이 새는 원금怨禽이지 두견이 아닙니다."

소쩍새는 생김새가 작은 비둘기 같은데 양 날개가 조금 붉다.

## 수리를 물리친 두루미 무리 ❖ 476

어떤 사람이 본 일이다.

수리가 두루미의 새끼를 낚아채니 새끼를 잃은 두루미가 하늘 한복판에서 빙빙 돌며 크게 울부짖는 소리를 내지르자 뭇 두루미가 하늘을 가득 메웠다. 새끼를 잃은 두루미가 먼저 수리를 따라가 수리가 밭 가운데에 떨어지자 뭇 두루미들이 수리를 포위해 둥근 진陣을 만들었다. 수리가 성난 눈

---

『황화집』皇華集　중국 사신들과 우리 접반사接伴使 일행이 수작酬酌한 시를 모은 책으로 1450년(세종 32)부터 1633년(인조 11)까지 23회에 걸쳐 간행되었다.
두성령杜成令　조선 초기의 화가 이암李巖을 일컫는다.

으로 며느리발톱을 펼치고 위협했지만 수많은 두루미들이 눈을 부릅뜨자 감히 앞으로 다가서지 못했다.

한참 후에 무리 중에서 유달리 큰 두루미 한 마리가 바깥으로 나와 활보闊步하며 다가서더니 몇 바퀴를 돌았다. 그리고 홀연 바람이 몰려오고 소낙비가 급히 쏟아지는 듯한 형세로, 길고 뾰족한 부리를 치켜세워 한 번 쪼자 수리는 가슴을 하늘로 향한 채 쓰러졌다. 뭇 두루미들이 다투어 달려와 수리를 쪼아 그 살을 다 찢어 먹은 후에야 일제히 날아올라 흩어졌다.

## 귀신처럼 말을 잘 본 성자항 ❖ 477

성자항成子沆은 문관인데 말의 상相을 잘 보았다. 그의 사위 판관判官 안진安溱이 좋은 말 한 필을 사서 매우 아끼며 갑절로 잘 먹여 기르니 살지고 윤택하며 나는 듯이 달렸다. 그 말을 끌고 뜰을 지나가는데 성자항이 한번 보고는 말했다.

"이 말은 등뼈의 털이 거꾸로 솟아 있고 창자와 횡격막이 분리되어 있으니, 넉 달도 못 되어 반드시 죽을 것이네. 속히 시장에 팔되 반값만 받아야지 만약 그 값을 다 받는다면 이는 사람을 속이는 것이니 옳지 않네. 만일 그래도 두고 기른다면 본래의 값을 잃을 뿐만 아니라 먹여 기른 공도 헛되게 될 걸세."

안진이 매우 괴이하게 여겨 말했다.

"제 말이 살지고 윤택하며 나는 듯이 달려 하루 종일을 가도 한 번도 거꾸러짐이 없으며, 아침 저녁으로 먹는 꼴과 콩이 조금도 줄어들지 않습니다. 그런데 겉이나 속에 무슨 병이 있다고 반값만 받고 팔아야 합니까?"

그 후 넉 달이 되자 과연 병도 없이 거꾸러져 죽었다.

성자항이 일찍이 마루에 앉아 있다가 담장 밖에서 나는 말 울음소리를 듣고서 말했다.

"이 말은 아무 병이 있으니 몇 달이 지나지 않아 반드시 죽을 것이다. 주인에게 말해 주거라."

훗날 그 말이 과연 죽자 주인이 와서 사례하였다.

무릇 한 번 보면 그 재주와 일의 성패를 알지 못함이 없었고 그의 말이 반드시 적중하니 귀신과 같았다.* 어떤 종실 사람이 좋은 말을 사서 성자항에게 보이고자 했는데, 성자항이 별당에 있었다. 별당 문이 좁아서 말을 들이기가 어렵자 문 밖에 세워 놓고 몇 번 울게 하니, 성자항이 말했다.

"굳이 그 모습을 볼 것도 없소. 그 소리를 듣건대 오래지 않아 반드시 죽을 터이니 속히 그 말을 돌려주고 재화를 낭비하지 마십시오."

종실 사람이 웃고서 믿지 않았는데 며칠이 지나지 않아 죽었으니 매우 괴이한 일이다. 그 신통함이 이와 같아서 세상에서는 그를 백락伯樂에 견주었다.

## 살인죄로 처벌받을 뻔한 선비 ❖ 478

선비 장 아무개(張甲)라는 이가 한성漢城 남부에 살고 있었는데, 밤에 어떤 자가 사람 둘을 죽여 문 앞에 버렸다. 장 아무개는 국법에서 살인에 관한 옥사는 반드시 먼저 가장 가까운 이웃을 국문鞫問하여 엄한 형벌로 똑같이 다스리고, 후에 진범을 법률에 따라 처벌한다고 생각했다. 선비는 자기 집이 먼저 그 화를 받게 될까 두려워 은밀히 노비를 시켜 두 시체를 말 한 필에

---

무릇 한 번 ~ 귀신과 같았다.  이 대목은 〈만종재본〉에는 없는 내용인데 필사본에 의거해 보충했다.

싣고서 교외의 외진 곳에 버리도록 했다.

　이에 노비가 오고五鼓*에 도성 문이 열리자 길을 나섰는데 마침 짙은 안개가 도성 십 리 사방에 가득 꼈다. 산골짜기를 향해 가는 도중 아직 이르기도 전에 안개가 홀연히 걷히고 동방이 밝아 왔다. 도로에 행인들이 늘어나자 당황한 노비는 말을 버린 채 허둥지둥 달아났다. 얼마 지나지 않아 말이 스스로 집을 찾아서 두 시체를 실은 채 돌아왔다. 원수진 사람이 뒤를 쫓아 문에 이르러 그 시체를 얻었다. 이에 옥에 갇힌 선비가 참혹한 형벌의 고통을 이기지 못해 거짓 자백을 하려고 하는데, 마침 진범이 잡혀 사건이 끝날 수 있었다.

## 주인을 죽인 소 ❖ 479

　내 집에 말석末石이라는 아이종이 있었다. 성품이 어리석어 나이 스무 살이 넘었는데도 자신이 태어난 해가 언제인지도 알지 못했고, 셈은 열을 헤아리지 못했다. 가령 그 나이를 물으면,

　"제 나이가 작년에는 열일곱이었고, 금년은 열여섯입니다."

라고 말했다. 할 수 있는 것은 단지 나무하는 일이었는데, 나무 열 단을 셈하지 못하는지라 다만 힘으로 경중을 헤아려 지고 왔다. 온 집안 사람들이 이를 비웃으며 그 연유를 물었다.

　아이종은 어릴 적에는 용모가 단정하고 성품이 영리해 또래 아이들 가운데 빼어났었다. 아버지가 들에 나가 김을 매면서 그에게 복분자를 따 오라고 했다. 바야흐로 여름인지라 붉은 열매가 숲에 가득한데 벌거숭이 몸으

---

오고五鼓　　5경更에 치는 통행금지 해제를 알리는 북소리. 파루罷漏.

로 광주리를 가지고 복분자를 땄다. 마을 소가 그 숲에 매어 있었는데 무르익은 열매가 소 아래쪽에 많이 있어서 기어가서 열매를 따는데, 소가 놀라 그를 치받아서는 뿔 위에 올려놓고 날뛰었다. 아이가 10여 길이나 높이 올랐다가 땅에 떨어졌는데 까무러친 채 깨어나지 못했다. 소는 더욱 화가 나서 고삐의 새끼줄을 잡아당겨 끊고는 치받고 날뛰었다. 네댓 차례나 그리하니 배 안팎의 피부가 세 군데나 찢어지고 창자와 내장이 땅에 쏟아졌는데 길이가 수십 척이나 되었다. 피가 도랑을 가득 채웠고, 까마귀가 다투어 쪼아 댔다. 나무꾼이 달려가 알려 주어 그 아버지가 와서 그를 보니 기절한 지가 오래였다.

드디어 개울 위로 안고 와서는 그 창자를 씻어 뱃속에 넣고 몇 리 밖에서 말총*을 구해 찢어진 곳을 꿰매었다. 또 장유醬油·전초全椒·생지황 등을 먼 마을에서 구해 잘 섞어 여러 그릇을 만들어 입을 벌려 먹이니 밤이 되자 소생했다. 몇 달이 지나자 찢어진 피부가 아물고 피부에 살이 돋아 다시 온전해졌다. 그러나 이때부터 정신이 갑자기 혼미해져서 이와 같이 어리석어졌다.

몇 달 뒤에 소 주인이 소를 끌고 들판에서 풀을 먹이고 있었는데 날이 저물어도 돌아오지 않았다. 집안사람들이 가서 찾아보니 소가 또 그 주인을 치받아서 주인이 죽은 채 숲 속에 엎어져 있었다. 까마귀와 솔개가 내장과 눈을 다 쪼아 먹었고 마을의 개가 그 살을 찢어 놓았다. 마침내 그 소를 나무 그루터기에 묶어 네 다리를 잡아매고 큰 도끼로 그 목을 잘랐다고 한다.

아! 지난번에 어린아이가 산열매를 탐내도록 하지 않았다면 틀림없이 내장을 꿰매는 우환을 당하지 않았을 것이요, 또 소 주인으로 하여금 어린아이의 내장이 터졌을 때 소를 죽이도록 했더라면 필시 까마귀와 솔개에게 내

---

말총　〈만종재본〉에는 '鬐'라고 되어 있는데 필사본에는 '鬉'으로 되어 있다. 여기에서는 말총으로 상처를 꿰맨 것이 더 자연스럽게 여겨져 필사본의 기록을 따라 '말총'으로 번역하였다.

장을 쪼아 먹히고 마을 개에게 살을 찢기는 참혹한 일은 없었을 것이다. 물성物性이 한결같지 않은지라 헤아릴 수 없는 재앙이 혹 먹여 기르는 가축에도 숨어 있을 수 있으니, 삼가지 않을 수 있겠는가?

## 누르하치의 호탕함 ❖ 480

누르하치(奴兒哈赤)는 오랑캐(여진족)의 추장으로, 부락을 합병하니 원근遠近에서 복종하며 따라 그 위세가 사막沙漠에 떨쳐 더불어 다툴 자가 없었다. 만력萬曆 연간에 홀온호아忽溫胡兒가 큰 개를 길렀는데, 그 크기가 두세 살 된 말과 같았고 건장하고 민첩하기 짝이 없다는 말을 듣고 누르하치가 은 500냥을 써서 그 개를 샀다. 양쪽 경계 사이가 큰 강으로 막혀 있었는데 그 개가 강을 건너기 전에 밤을 틈타 도망쳐 옛 주인에게로 돌아갔다. 또다시 은 200냥을 주어서 옛 주인에게 강 건너로 그 개를 보내달라고 하였다.

이에 누르하치가 사냥대회를 크게 열고 그 개를 풀어 짐승을 쫓게 했더니, 잠시도 수레 아래를 떠나지 않고 큰 돼지와 사슴을 잡은 것이 다섯 마리였다. 누르하치는 안장에 기대 크게 웃고는 사냥을 마치고 돌아와 말했다.

"내가 귀중한 재화를 써서 이 개를 데려온 것은 잠시 한때의 유쾌한 볼거리를 마련해 그 사나운 재주를 시험하고자 함이었다. 물건에는 각기 주인이 있거늘 내가 어찌 오래도록 소유할 수 있겠는가?"

그날로 개를 홀온호아에게 돌려보내고, 아울러 은 700냥도 말한 대로 주자 오랑캐들이 모두 탄복했다. 대개 신이한 물건은 자기 주인이 아니면 복종하지 않는데, 만일 그 개가 다시 밤을 틈타 도망쳐 돌아가면 오랑캐들에게 비웃음을 살 것이었기 때문이다. 그 호탕함이 대략 이와 같았다.

## 항아리를 뒤집어쓴 개 ❖ 481

가정嘉靖 을사년(1545, 명종 즉위년)에 나라에 원통한 옥사가 있었다. 저잣거리에 시체가 많이 버려져서 여항閭巷의 남녀들이 공포에 떨었고, 평소 깜깜한 밤에는 텅 빈 집을 두려워했다.

첨지僉知* 이의李顗의 집 장독대에서 밤중에 소리가 났는데 은은히 들려오는 것이 항아리가 우는 것 같았다. 그 모양을 살펴보니 온통 흰 빛깔에 꼬리와 허리가 짧았으며 주둥이가 길어 서너 자 정도 되는데, 빙빙 돌며 이리저리 헤매면서 울어 댔다. 온 집안의 여종과 남종들이 놀라고 두려워서 감히 다가가지 못했으며 어떤 물체인지 알 수 없기에 모두들 말했다.

"필시 원귀가 요사를 떠는 것이다."

이의는 무사武士였는데 드디어 그 주둥이를 쏘니 '쨍' 하는 소리가 나며 깨져 조각이 나더니 흰 개가 몸을 빼어 달아났다.

대개 몇 척이나 되는 기다란 흰 항아리에 간장을 담갔는데, 마을 개가 장독대 안에 몰래 들어와 머리를 항아리 입구에 들이밀었다가 항아리 입구에 두 귀가 걸려 다시 빼내지 못했던 까닭이다. 온 집안 사람들이 손뼉을 치며 크게 웃었다.

일찍이 『태평광기』太平廣記*를 보니 거기에도 이런 일이 있었으니, 예나 지금이나 무엇이 다르랴!

---

첨지僉知    첨지중추부사僉知中樞府事의 약칭. 첨지중추부사는 조선 시대 중추부中樞府의 정3품 관직.
『태평광기』太平廣記    중국 송宋나라의 이방李昉 등이 태종太宗의 칙명으로 977년에 편찬한 책으로 500권의 방대한 분량이다. 한漢나라부터 오대五代에 이르기까지의 각종 고사를 신선·여선女仙·도술·방사方士 등 내용별 92개 항목으로 나누어 수록했다.

## 사람을 잡아먹는 개 ❖ 482

노령蘆嶺*은 전라도 장성長城 땅에 있다. 노령 아래에서 어떤 사람이 사냥을 업으로 삼아 집에서 수십 마리의 개를 길렀다. 하루는 크게 취해 집에 돌아왔는데 집안사람들은 모두 밭에 나가 있었다. 그가 화로 앞에 엎어졌는데 옷자락이 화롯불에 닿아 불이 붙었다. 그 불길이 뻗어 온몸을 태우고 살이 타는 냄새가 집 안에 가득하자 개 여러 마리가 모여들어 다 뜯어 먹었다. 집안사람들이 돌아와서 이를 보고는 놀라고 가슴이 아파 여러 마리의 개를 때려죽였는데 대여섯 마리가 도망쳐 산 속으로 들어갔다. 이 개들은 이미 인육의 맛을 본 터라, 노령 숲 속 길목을 지키고 있으면서 사람을 잡아먹었다. 사람이 혼자 지나가는 것을 보면 즉시 떼지어 나와 덥석 물고 숲 속으로 끌고 들어가 먹는 짓이 날마다 계속 되었다. 고을 사람들이 이를 근심해 무리를 모아 그 개들을 다 죽여 없앴다.

## 호랑이를 잡아먹는 맹수 ❖ 483

한 선비가 산사에서 독서를 하고 있었다. 그 산사는 거찰로서 높이 솟은 행랑과 넓은 뜰이 있었고 앞의 형세가 넓게 트여 있었다. 여러 중들과 함께 달밤에 한가롭게 이야기를 나누고 있었는데 한밤중이 되려 할 즈음에 하늘을 찢고 땅을 뒤흔드는 듯한 큰 소리가 멀리서부터 들려왔다. 그러더니 크기가 소만 한 큰 호랑이가 훌쩍 뛰어 넘어와 곧바로 행랑으로 들어가 몸을 숨기

---

**노령蘆嶺** 전라북도 정읍군 및 정주시와 전라남도 장성군 북이면의 경계를 이루는 고개로 일명 '갈재'라고도 한다. 예로부터 노령산맥을 가로질러 호남평야와 전남평야의 두 곡창 지대를 잇는 주요 교통로다.

는 것이었다. 여러 중들이 놀라고 두려워 어찌할 바를 몰랐는데, 조금 있다가 몸집이 언덕만큼 어마어마한 맹수가 호랑이를 쫓아 행랑 앞에 이르러 호랑이를 물어뜯었다. 호랑이는 감히 대항하지 못했고, 큰 맹수는 마치 고양이가 쥐를 깨물 듯이 호랑이를 씹어 먹고는 돌아갔다. 호랑이는 머리를 숙이고 꼬리를 흔들면서 몸집의 반이 그 맹수의 입에 들어가 있어 네 다리가 땅에 닿지도 못했다. 그 맹수의 걸출하고 웅대함은 형용할 수가 없었는데 무슨 맹수인지는 알 수 없었다고 한다.

또 함경도의 보장堡將\*이 산 속을 수색하는데 갑자기 커다란 호랑이가 미친 듯이 달려오더니, 두려워하며 달아나 급히 바위 굴로 들어가 숨는 것이었다. 조금 뒤에 크기가 개만 한 맹수가 한 마리 나타났는데 온몸이 푸른 색이었고 눈은 금방울 같았다. 호랑이를 쫓아왔다가 잡지 못하자 우두커니 서 있다 둘러보고는 갔는데, 그 모습이 그림에서 본 사자와 같았다고 한다. 이 맹수 또한 어떤 짐승인지 상세히 알 수 없다.

내 생각에 선비가 본 것은 표범이 아닌가 싶다. 고서를 보면 표범은 커다란 맹수로 능히 호랑이를 잡아먹을 수 있다고 한다. 보장堡將이 본 것은 필시 산예狻猊(사자)일 것이다. 고서를 보면 산예는 사자로 서역西域에서 나는데 그 소리를 들으면 호랑이와 표범도 두려워하여 엎드리며, 하루에 능히 삼천 리를 갈 수 있다고 한다. 어찌 서역의 사자가 우리 함경도에 우연히 왔을 리가 없다고 어찌 단정하겠는가? 알 수 없는 일이다.

**보장堡將**　　변방 보루의 수비를 담당한 장수를 일컫는 말.

## 나무 위에 푸른 털이 걸려 있는 이유 ❖ 484

한유韓愈의 시에 "습지 기슭에 푸른 깃털이 떨어져 있네"(幽乳翠毛零)*라는 구절이 있다. 이는 비취 새의 날개가 아니라 어산魚山 속에 살고 있는 기이한 짐승의 털을 말한 것이다.

우리나라에는 심산거악深山巨岳이 많다. 산승山僧들은 흔히 높은 나무 위에 걸려 있는 길이가 몇 자나 되는 푸른 털을 보는데, 이는 커다란 짐승이 그 어깨와 등을 비비면서 생기는 갈기와 수염이 붙어 있는 것이라고들 알고 있다. 그런데 내 생각에는, 산 속에 눈이 많이 쌓일 때 나무가 반 이상 묻히는데, 눈이 녹은 후에 올려다보면 짐승의 털이 나무 위에 그대로 남게 되기 때문에 그런 것이다.

내가 금강산에 머물고 있을 때 그곳에 살고 있는 중에게 들으니, 대부분 다음과 같이 말했다.

"봄여름에 풀이 길게 자랄 때 진흙에 빠졌던 짐승 발에 묻어 있던 흙이 푸른 풀에 묻게 되는데, 발에 밟혀 뭉개진 모양은 그 크기가 우리나라의 포백척布帛尺*으로 계산해서 한 자 반을 넘는다. 지름은 길이가 비슷한데 앞뒤가 약간 뾰족한 모양이다. 그 짐승의 털 빛깔은 푸르고 길이는 말 꼬리만 하며 굵기는 가는 새끼줄 같다. 짐승들이 이빨로 나무껍질을 벗겨 낼 때 그 털이 빠져 나무 허리 위에 걸쳐 있게 된다. 키가 큰 사람이 발돋움하여 도끼 자루로 그것을 끌어당기려고 해도 높아서 닿지가 않는다. 산 속에서 살며 늙어 간 중도 그 형체를 한 번도 보지 못했기에 그것이 어떤 짐승인지 알지 못한다."

---

습지 기슭에 ~ 떨어져 있네(幽乳翠毛零)　이 시구는 『한창려집』韓昌黎集 권2 「답장철」答張徹에 보인다.
포백척布帛尺　베, 비단 등 옷감의 길이를 잴 때 쓰는 자. 일명 침척針尺으로도 불렸으며, 쇠로 주조하여 은으로 장식하거나, 대나무로도 만들었다. 현대의 연구 성과에 따르면 포백척 1척의 길이는 대략 46.73cm였으리라고 한다.

### 호인이 만난 백두산의 괴이한 짐승 ❖ 485

신립申砬이 북도 병사北道兵使가 되어 호인胡人에게 잔치를 베풀어 음식을 대접했다. 그 가운데 늙은 호인이 평생 사냥을 생업으로 삼아서 호 땅의 금수에 대해서 많이 알고 있었다. 신립이 물었다.

"당신은 젊어서부터 산에서 사냥을 했을 텐데, 호 땅에는 어떤 기이한 짐승이 있소?"

그가 대답했다.

"젊었을 때 사슴을 쫓아 백두산에 들어갔는데 짐승 하나가 마치 거인과 같았습니다. 사람처럼 서서 걸어 다녔으며 키가 수십 척이나 되고 온몸이 긴 털로 뒤덮여 있었습니다. 풀어헤친 머리가 어깨까지 닿았는데 그 모습이 모질고 사나워 보였습니다. 등에는 새끼를 업고 있었는데 그 키가 십 여 척이나 되었습니다. 달아나던 사슴이 앞으로 지나가는 것을 보더니 펄쩍 뛰어 사슴을 잡아채서는 다리를 찢어 등에 업은 새끼에게 먹였습니다."

호인은 땅에 엎드려 몸을 숨겨 목숨을 건질 수 있었다고 했다.

그 짐승은 아마도 야차夜叉*의 부류가 아닌가 한다.

### 문화 유씨와 호랑이의 인연 ❖ 486

문화文化의 장교將校*로 유씨柳氏가 있었는데, 이름은 알지 못한다. 옛날에 한 방백方伯이 안악安岳에서 출발해 신천信川에 도착하자, 현령이 유씨를 시

---

야차夜叉   산스크리트 야크샤Yaka의 음역으로 '약차'藥叉라고도 쓴다. 초자연적인 힘을 지닌 사나운 귀신을 이르는 말로 널리 쓰이며, 불교에서는 불법을 지키는 신으로도 되어 있다.
장교將校   조선 시대에 각 군영軍營이나 지방 관아에 속했던 하급 무관의 통칭.

켜 안부를 묻게 한지라 밤을 무릅쓰고 길을 갔다. 신천과 문화 사이의 산마루는 수목이 울창하고 길이 매우 후미진 곳이었다. 그곳에서 호랑이가 길을 막고 입을 벌린 채 서 있었다. 유씨는 나아가기도 해 보고 물러나기도 해 보았으나 호랑이가 끝내 떠나지 않고 가는 곳마다 앞길을 막았다. 유씨는 스스로 벗어날 수 없겠다고 여겼다. 때는 새벽달이 막 떠오를 때였는데, 자세히 보니까 호랑이 입 속에 어떤 물체가 가로놓여 있었다. 호랑이는 엎드리기도 하고 일어나기도 하면서 발로 그 입을 가리켰다. 유씨는 죽음을 무릅쓰고 나아가 타일러 말했다.

"내가 지금 네 입 속에 있는 물건을 꺼내 줄 테니, 네가 나를 물지 않겠느냐?"

호랑이는 머리를 끄떡이며 일어나 절하고 입을 쫙 벌렸다. 유씨는 팔을 걷어붙이고 입 속의 물건을 찾아서 빼냈는데, 기다란 쇠 비녀였다. 호랑이는 꼬리를 흔들면서 일어나 절을 하며 감사해하는 모양을 하고는 떠났다. 방백이 안악에 도착했을 때 기생이 객사에서 나와 집에 밥을 먹으러 가다가 호랑이에게 잡아먹혔는데, 긴 쇠 비녀는 바로 그 기녀의 머리 장식이었던 것이다.

그런지 얼마 지나지 않아 유씨의 부친이 죽어 장사 지내려 하는데, 어떤 호랑이가 묘혈을 가로막고서 마치 하지 못하게 꾸짖는 듯했다. 그러더니 다른 산으로 가서 땅을 움켜쥐고는 묘혈을 파라는 듯이 하였다. 이에 전의 묘혈을 버리고 호랑이가 움켜쥔 곳을 새로 택해 장사 지냈다. 그 후 유차달柳車達을 낳아 승상이 되었으니, 지금 문화文化 유씨柳氏는 유차달의 후손이다.

## 노승과 얼룩 호랑이 ✤ 487

김제군金堤郡의 한 노승이 호랑이 새끼 한 마리를 얻어 길렀는데, 자라고 나니 한 살 된 송아지만 하였다. 노승이 귀여워하여 데리고 놀면서 '얼룩이'(斑童)라고 불렀고, 호랑이는 늘 사람들과 친하게 놀았다. 하루는 노승이 산으로 나무하러 갔는데 동자가 울면서 달려와 아뢰었다.

"얼룩이가 으르렁거리며 달려들어 붙잡으려고 하는 게 마치 나를 물려는 것 같아요."

노승이 몹시 괘씸하게 여기고 칼을 들고 쫓아가니 호랑이가 두려워하며 달아났다. 뒤쫓아 가 칼을 내리쳤는데, 미치지 못하고 발뒤꿈치만 잘렸을 뿐이었다. 호랑이가 놀라 달아난 뒤로는 제멋대로 행동하면서 다시는 사람에게 길들지 않았다.

그 후로 마을에는 호랑이로 인한 우환이 많아졌다. 사람을 만나기만 하면 잡아먹었는데, 그 발자국을 살펴보면 발뒤꿈치가 잘려 있어 얼룩이가 한 짓이라는 것을 알 수 있었다. 대개 처음에는 사람과 더불어 친하게 지냈는데, 혀를 날름대고 어금니를 갈면서 잡아먹고자 한 것*은 본바탕이 그러한 데다 쉽게 제압할 수 있는 때를 자세히 살피기 위함이다. 얼룩이가 남원南原 둔덕리屯德里에 들어가 권농勸農*이라고 부르는 소리를 듣고는, 그 집을 찾아가 문 밖에서 기다리다가 사람 소리를 흉내내어 불렀다.

"둔덕 권농아, 둔덕 권농아!"

권농이 문을 열고 내다보다가 잡혀갔다. 이로부터 마을에서는 밤중에 '둔덕 권농'이라는 소리가 들리면 그 호랑이가 온 것을 알았다.

---

**어금니를 갈면서 잡아먹고자 한 것** 원문은 '磨牙'인데 이는 어금니를 날카롭게 갈아 잡아먹을 틈을 엿본다는 뜻이다.
**권농勸農** 조선 시대 각 방이나 면에 딸려서 농사를 장려하는 유사有司.

## 호랑이와 멧돼지의 싸움 ❖ 488

홍천洪川 백성이 산에 들어가 땔나무를 하고 있는데, 갑자기 산을 요동시키고 골짜기를 뒤흔드는 소리가 들렸다. 숨을 죽이고 산봉우리에 올라가 바라보니 큰 호랑이와 큰 멧돼지가 싸우고 있었다. 멧돼지는 모퉁이를 등지고 있으면서 몸을 반쯤 바위에 감춘 채 양 이빨을 드러내고 호랑이와 맞서고 있었다. 호랑이가 잠시 물러섰다가 다시 앞으로 나왔다 하면서 백 여 차례나 싸움을 걸어 보았지만, 멧돼지는 여전히 험한 곳을 차지한 채 요지부동이었다. 그러자 호랑이가 마치 포기한 듯 멀리 가 버렸다. 멧돼지가 나와서 사방을 돌아보고는 동굴로 돌아갔다.

호랑이는 이에 뒤쪽 고개에서 풀을 뜯어 둥글게 호랑이 모습을 만들더니, 한 다리에 그것을 끼고 나머지 세 다리로 걸어와 몰래 바위 굴에 이르렀다. 멧돼지가 방심하고 있는 틈을 타 갑자기 큰 소리를 지르며 호랑이 모습의 풀 더미를 멧돼지 앞에 던졌다. 멧돼지는 그 풀 더미가 호랑이인 줄 알고 이빨을 드러내고 그것을 공격하느라 자기도 모르게 바위 굴을 벗어나 호랑이와 맞닥뜨렸다. 이에 호랑이가 멧돼지 등 뒤에 올라타 목을 물어 죽였다.

이를 지켜보던 홍천 백성은 무리를 모아 멧돼지를 빼앗아 먹었다. 호랑이가 비록 으르렁거리면서 울타리를 치받았지만 사람들은 태연자약하게 고기를 씹어 먹었다. 이를 본 객이 말했다.

"호랑이만 포악한 것이 아니다. 호랑이보다 더 포악한 것은 사람이다."

## 암곰과 함께 산 인제현 백성 ❖ 489

가정嘉靖(1522~1566) 연간에 강원도 인제현麟蹄縣 백성이 산에 들어가 나무를 하다가 검은 곰을 만났다. 곰이 그 백성을 밟아 눌러서 그는 꼼짝 못하고 누워 있어야 했다. 한참 후에 위를 올려다보니 곰의 음부가 마치 여인의 그것과 같아서 손톱으로 긁어 주었다. 곰은 한참 동안 무척 좋아하며 벌떡 드러누운 채 백성을 잡고 놓아주지 않았다. 그래서 결국 곰과 함께 남녀의 즐거움을 나누고 말았다.

곰은 그를 매우 사랑해서 굴 속으로 데려가더니 큰 돌로 보루를 쌓아 우리처럼 만들어 그를 가두었다. 그리고 매번 밖에 나갈 때마다 집채만 한 큰 바위를 들어 그 입구를 막아 놓았다. 곰은 작은 풀을 뜯어 와 깔개를 만들고 산중의 온갖 과일을 따다 주었는데, 진기한 것들이 요기를 할 만했다. 며칠을 지내자 곰이 또한 신령한 동물인지라 사람의 말을 알아들어서 백성이 말했다.

"내가 집에서 살 때는 쌀밥과 기장밥, 생선과 고기를 먹었고 명주와 마와 면으로 만든 옷을 입었다. 봄여름으로 옷이 다르고 밤에 잠잘 때는 요와 이불이 있었다. 살아 있는 날것을 먹지 않으므로 삶고 익히는 솥이 있었고, 싱겁게 먹지 않아 소금과 간장으로 맛을 냈으며, 칼로 잘라 먹었다. 이러한 여러 가지 물건이 없으면 나는 병들어 죽고 말 것이다. 바라건대 제발 나를 이곳에서 내보내 살아 돌아가게 해다오. 이대로 바위 굴 속에서 말라 죽지 않게 해 다오."

이후로 곰은 마을 집에 들어가 메조·백미·술독·장독을 훔쳐 왔다. 사람처럼 서서 머리에 이고 오기도 하고, 소나 말처럼 지고 오기도 했다. 명주옷, 비단 윗옷, 비단 이불, 채색 이불, 가마솥 등 온갖 물품들을 가져오지 않는 것이 없었다. 인간 세상의 크고 작은 도구들을 모두 쓸 수 있게 되어 마치 부잣집처럼 풍족했다. 날마다 사슴, 돼지, 노루, 토끼 및 민간의 닭, 개, 소, 양 등의 고기를 가져다주었는데 한 번도 떨어진 적이 없었다. 다만 칼과 같은 예리한 물건만은 주지 않았다. 백성은 굴 속에서 곰을 아내삼아 살면서, 굶주림과 추위를 면했을 뿐 아니라 재화를 넉넉하게 장만할 수 있었다.

가볍고 따뜻한 옷을 입고 침상에서 이불을 덮고 잤으며, 기름진 곡식을 배불리 먹었다. 맛 좋은 탁주에 취하며 진기한 음식을 가득 벌여 놓고 불에 익혀서 먹었다.

오직 문을 여닫는 것은 곰만이 할 수 있어 집으로 돌아갈 희망이 끊어졌는데, 3년을 살면서 곰이 자신을 믿어 의심하지 않음을 알고 따뜻한 말로 달랬다.

"나와 네가 비록 다른 부류이나 이미 부부가 되어 애정이 무르익어 서로 의심하지 않는다. 그런데도 저 바위 문을 날로 더욱 견고하게 닫아 출입을 마음대로 하지 못하니, 내 마음이 울적하고 답답하다. 네가 나다닐 때 문을 막아 놓지 않는다 해서 내가 어디로 가겠느냐?"

이로부터 곰은 나가면서도 문을 막아 놓지 않았고, 오래 있다가 돌아와도 백성이 굴을 떠나지 않으니 차츰 그를 믿었다. 백성은 기회를 타 달아나고자 했지만 곰이 뒤쫓아 와 잡을 것이 두려웠다. 그래서 곰이 멀리 나가 돌아오지 않을 때 도망하려고 곰에게 거짓으로 말했다.

"내 집은 춘천春川 청평산淸平山 아무 마을에 있고 부모 형제들이 모두 살아 있었는데, 소식이 끊어진 지 이제 3년이 되었다. 편지 한 통 전하여 살았는지 죽었는지 알아보고 싶은데 네가 이 편지를 전해 줄 수 있겠느냐?"

곰이 머리를 끄덕였다. 이에 봉한 편지 한 통을 주어 보내고, 곰이 멀리 갔으리라 짐작되자 몰래 달아나 집으로 돌아왔다. 집안사람들은 처음에 그 백성을 잃었을 때 산에서 나무하다가 호랑이 밥이 되었다고 여기고, 처자식들은 이미 상복을 입고 삼년상을 마친 상태였다. 그가 나타나자 모두 놀라 달아나며 귀신으로 여겼다. 백성이 자초지종을 모두 이야기한 뒤에야 서로 붙잡고 통곡했다.

곰이 돌아와 굴을 보니 백성이 없는지라 온 산을 두루 돌아다니며 미친 듯 울부짖고, 산 가까이 있는 마을을 죄다 부쉈다. 이 같이 사나흘을 밤낮없이 찾아다니더니, 마침내 음식을 끊고 스스로 죽었다. 백성은 우마牛馬를 준비해 굴 속에 쌓여 있는 재화와 그릇붙이를 가져와 마침내 부자가 되었다.
　내 처가의 여종 남편으로 원주原州의 향리인 김윤金允이라는 이가 있는데, 이 이야기를 듣고는 부러워했다. 그가 산에 갔을 적에 암곰이 음부를 드러내 놓고 누워 있는 것을 보고 범하려 했더니, 곰이 놀라 일어나 핥아서 뼈가 드러나 죽었다. 혹은, 곰이 김윤을 굴 속에 가두어 놓고 살을 비벼 대어 뼈가 드러나자 약을 발라 새살이 돋아났는데, 다시 핥으니 드디어 뼈가 드러나 죽었다고도 한다.

## 호랑이를 떠메고 간 보은 좌수 ❖ 490

옛 사람들의 만록漫錄*은 스스로 경험한 것을 책으로 쓴 것이기에 허무맹랑한 말이 아니다.
　보은현報恩縣에 향임鄕任 좌수座首*가 있었는데, 산에서 사냥하다가 호랑이 한 마리가 쓰러져 누워 있는 것을 보았다. 소리쳐 불러도 움직이지 않고 돌멩이를 던져도 움직이지 않으며, 몽둥이로 치고 가까이 다가가도 움직이지 않았다. 이에 화살과 칼, 창으로 시험해 보려 하자 좌수는 털과 가죽이 상하는 것을 아깝게 여겨 그만두게 했다. 사리에 밝은 이가 말했다.
　"호랑이는 죽을 때 반드시 산골 물에 꼬리를 두고 산 쪽으로 머리를 둡니다. 이렇게 하지 않으면 죽은 호랑이가 아니지요."
　좌수는 그 말을 듣지 않고, 활로 쏘지도 칼로 찌르지도 않은 채 사냥꾼에게 마주 들게 하여 몇 리를 갔다. 그런데 호랑이가 머리를 들고 사방을 둘

---

만록漫錄　일정한 형식이나 체계 없이 느끼거나 생각나는 대로 쓴 글. 만필.
향임鄕任 좌수座首　향임은 향리鄕吏의 악폐를 방지하고 수령을 보좌하는 향소鄕所의 임원이다. 좌수는 향임 중에서 나이가 많고 덕이 높은 사람으로, 수령이 임명한다.

러보더니 몸을 솟구쳐 뛰어가 버렸다. 이웃 고을 사람들이 이 이야기를 전하고 웃으며, 비웃을 만한 일이 있으면 꼭 '보은 좌수가 호랑이 떠메고 간다'라고 하였다.

또 나의 조카 간의諫議 유숙柳潚의 집 여종이 고양이를 좋아해서 품에 품었는데 물리쳐도 나가지 않아 억지로 밀어 냈다. 그러자 고양이가 젖을 물고 오래도록 놓지 않았다. 이에 독기가 온몸에 퍼져 팔다리에 모두 누런 부스럼이 났다. 조카가 의서醫書를 보고 박하薄荷를 사용해 독기를 멈추게 했는데, 이미 부스럼이 하반신까지 내려가 피부가 다 벗겨졌다.

또한 6월 13일에 대나무를 심으면 뿌리를 옮겨도 대부분 죽지 않는다고 한다.

나는 이 세 가지 이야기를 듣고 괴이하게 여기며 믿지 않았다. 그런데 옛 기록을 보니 호랑이가 개를 먹으면 취하고, 고양이는 박하를 먹으면 취한다고 하였다. 또 이르길,

"6월 13일은 죽취일竹醉日이어서 대나무를 옮겨 심어도 말라 죽지 않는다."

라고 했다. 그렇다면 사람만이 술에 취하는 것이 아니라 사물들 또한 취하는 바가 있는 것이다.

남해에 죽도竹島가 있는데 뱀이 많아 풀을 베는 사람은 반드시 두터운 가죽신에 버선을 신고 들어간다. 또 남쪽 지방에서는 죽순을 기를 때 죽순이 금방 자라 대나무가 되는 것을 싫어하여 간혹 항아리를 덮어 놓는다. 그렇게 해야 죽순이 길게 자라나도 오래도록 연하기 때문이다. 간혹 장맛비를 여러 날 맞으면 죽순이 큰 뱀이 되어 독을 가득 채운다고 하니, 옛 기록에 이른바 '죽순이 뱀이 된다'는 것 또한 징험이 된다고 하겠다.

## 여우 고개 ❖ 491

한강의 남쪽, 청계산淸溪山의 북쪽에 과천果川 관사官舍가 있다. 관사 뒤편에 산으로 오르는 큰길이 나 있는데, 이름을 여우 고개*라고 한다.

옛날에 어떤 과객이 이 길을 지나다가 몇 칸짜리 초가를 보았는데, 집 안에서 무언가를 두드리는 소리가 들렸다. 과객이 안을 들여다보니 머리가 허연 노인이 소가죽 위에 앉아 바야흐로 나무를 깎아 소의 머리를 만들고 있었다. 과객이 선 채로 바라보다가 물었다.

"이것을 만들어 어디에 쓰시렵니까?"

"쓸데가 있소."

이윽고 소의 머리가 완성되자 과객에게 주면서 말했다.

"머리 위에 한번 써 보시지요."

또 소가죽을 집어 주면서 말했다.

"한번 입어 보시지요."

과객은 장난으로 여기고 관冠을 벗고서 소머리를 머리에 쓰고, 발가벗은 몸에 소가죽을 입었다. 노인이 말했다.

"벗으시오."

과객이 벗으려고 했으나 벗겨지지 않고, 그대로 한 마리의 큰 소가 되어 버렸다.

노인은 그를 외양간에 매어 놓았다가 다음 날 타고서 시장으로 갔다. 바야흐로 농사철로 일이 많을 때였던지라 비싼 값으로 팔리게 되었다. 과객은 큰 소리로 저자에서 소리쳤다.

"나는 사람이지 소가 아니오!"

그간의 사실을 다 갖추어 말했으나, 소를 사려는 사람들은 그의 말을 이

---

여우 고개   지금 서울시 사당동에서 과천시로 가는 길목에 있는 남태령南泰嶺을 말한다.

해하지 못했다. 어떤 이가 말했다.

"이 소는 집에다 송아지를 두고 왔나, 아니면 뱃속에 우황이 들었나? 어찌 이리 시끄러운고!"

노인이 높은 값을 매겨 50단端의 베를 받고 팔면서, 소를 산 사람에게 말했다.

"이 소를 끌고 무밭 가까이는 가지 마십시오. 이 소는 무를 먹으면 곧바로 죽습니다."

소를 산 사람은 그 소를 타고 집으로 갔다. 무거운 것을 짊어지고 먼 길을 가거나, 보습을 메고 땅을 갈다가 피곤해 숨을 헐떡이면 그때마다 채찍질이 가해지니 그 고통을 견딜 수 없었다. 분노하여 아무리 하소연하고자 해도 주인은 또한 알아듣지 못했다. 만물 중 최고의 영장인 인간이 본래의 형체를 잃고 가축으로 변하고 만 것을 스스로 비감하여 죽으려 했으나 죽을 수도 없었다. 그 집의 말구유는 문 가까이에 있었는데, 가동家童이 무를 씻어서 광주리에 가득 채워 가지고 문으로 들어왔다. 과객은 무를 먹으면 반드시 죽을 거라던 노인의 말을 생각하고, 입으로 광주리를 쳐서 무를 땅에 떨어뜨린 뒤 재빨리 몇 개를 먹었다. 무를 먹자마자 소머리가 저절로 떨어지고 소가죽도 저절로 벗겨져 완연히 발가벗은 사람의 몸이 되었다. 주인이 놀라 묻자 과객은 자초지종을 자세히 이야기해 주고 다시 여우 고개를 찾아가 보았다. 초가는 없고 다만 바위 아래에 베 몇 필만이 있었으니, 여우 고개란 이름은 이로부터 비롯된 것이다.

군자는 말한다.

"이 말이 비록 허탄한 것에 가깝지만 족히 실제의 이치를 깨우쳐 줄 만하다. 세상 사람들이 혼탁한 시대를 만나면 나아가야 할 바를 잃고 사특한 곳에 빠지는 이가 몹시 많다. 사람 같지 않은 사람에게 자기 자신을 팔아 소처럼 부림을 당하게 되는데, 그때 비록 천 마디 만 마디 말로 자신을 변명하고자 해도 사람들이 반드시 믿어 주지 않는 것이다. 슬프도다!"

## 물성物性의 신이함 ✤ 492

족제비는 황서黃鼠라고 하는 것으로 굴 안에서 새끼를 기른다. 암컷과 수컷이 먹이를 구하러 굴 밖에 나갔을 때, 큰 뱀 한 마리가 굴 속으로 들어와 새끼 네 마리*를 모두 삼켜 버렸다. 배가 부른 뱀은 숲 속에서 똬리를 틀고 있었다. 돌아온 족제비 두 마리가 슬피 울부짖더니, 잠시 후 큰 두꺼비를 이리 몰고 저리 몰아 뱀 앞에 이르렀다. 두 개의 나뭇가지를 맞대어 두꺼비의 배를 양쪽에서 끼고는 두꺼비 꼬리를 뱀의 입 쪽으로 향하게 하였다. 족제비들이 두 개의 맞댄 나뭇가지 끝을 입으로 물고 단단하게 조이자, 두꺼비가 뱀 입에 서너 차례 오줌을 갈겼다. 그러자 뱀은 꿈틀대더니 죽었고, 족제비는 뱀의 배를 갈라 네 마리 새끼를 꺼내 핥아 주었다.

아! 동물 또한 보복하여 눈앞에서 통쾌하게 원한을 풀 줄 아니, 단지 새끼를 아끼는 천성이 같을 뿐 아니라 상극相剋하는 사물의 성질 또한 알 수 있음이 신령스러운 것이다. 사람이 꿩을 사냥하고 살펴보니, 꿩은 일찍이 화살 맞은 상처 부위를 송진으로 메워 놓은 것이었다. 또 물고기를 잡고 보니, 물고기가 일찍이 작살을 맞은 흔적이 있는데, 상처 구멍을 송진으로 가득 채운 것을 알 수 있었다. 또 멧돼지가 화살을 맞고도 죽지 않았는데, 이 또한 송진을 발라 화살 구멍의 상처를 아물게 한 것이다. 물성物性이 또한 신령하여 스스로 약을 써 치료하는 법을 아는 것이요, 아마도 만물의 본성이란 또한 산 것을 잘 살도록 해주는 하늘의 이치인 것이다.

---

네 마리    원문에는 '서너 마리'(三四子)라고 되어 있는데, 이 단락의 끝 부분에 '네 마리'라고 되어 있어 글의 호응을 위해 원문과 다르게 번역하였다.

## 호인들의 금수 사냥법 ❖ 493

호인胡人들은 담비와 족제비를 잡으려고 모두 덫과 함정을 사용하므로 온 산에 빈 곳이 없는데, 이를 이름 하여 '식산'飾山이라 한다.

그들이 담비를 잡는 방법은 이렇다. 해마다 겨울에 얼음이 얼 때, 계곡 위에 외나무다리 하나를 가로질러 놓고 그 다리 위에 올가미를 매달아 놓는다. 담비가 다리를 따라 물을 건너다가 올가미에 걸리면 얼음물에 매달려 얼어 죽게 되므로, 호인이 그것을 취한다.

사슴을 잡는 방법은 이렇다. 사슴이 왕래하는 지름길을 찾아 함정을 설치한다. 사슴의 다리 하나가 올가미에 걸리면 그 끝에 묶어 둔 한 길 남짓한 긴 장대 때문에 사슴이 솟구쳐 뛰어 달아나려 해도 숲의 나무에 장대가 걸려 골짜기 일대를 벗어나지 못한다. 호인이 그것을 취한다. 또 높다란 나무의 가지 끝을 땅에까지 구부려서 함정 속에 넣고 덫의 고리를 젖힌 뒤 거기에 올가미를 묶어 놓는다. 사슴이 지나다가 일단 나무를 밟으면 덫이 작동해 나무가 튕겨져 솟구치고 사슴의 한쪽 다리가 나무 끝에 거꾸로 매달리게 되므로, 호인이 그것을 취한다.

여우를 잡는 방법은 겨와 쭉정이를 많이 모아 요로要路에 펴 놓고 향기로운 먹이를 그 위에 뿌려 놓는다. 여우는 의심이 많은지라 먹이를 먹고 싶으면서도 덫이 있을까 두려워서 발로 먹이를 헤쳐서 점점 깊이 들어가다가 다 지나가도록 함정과 덫이 없어야 비로소 먹이를 먹는다. 이튿날 다시 그렇게 해 놓고, 또 이튿날에도 그렇게 해 놓아 열흘쯤 지나면 여우는 아무것도 없다고 믿고는 마음을 놓고 의심하지 않는다. 그런 뒤에 호인들이 쭉정이 속에 덫을 안 보이게 감추어 놓고, 먹이를 덫의 고리에 매달면 반드시 잡을 수 있다.

## 악창을 치유하는 장함초獐숨草 ❖ 494

 큰 뱀이 산노루를 휘감아 노루가 거의 죽게 되었으나 스스로 풀지 못하고 있었다. 한 산승山僧이 지나가다가 이를 불쌍히 여겨 석장錫杖을 휘둘러 뱀이 풀게 해서 노루가 살아났다. 그 후로 매일 밤마다 큰 뱀은 중이 거처하는 곳 문 밖에 똬리를 틀고 있었다. 중이 조심하여 피했으나, 하루는 밤에 문을 나서다가 잘못해서 그 뱀을 밟아서 뱀에게 정강이를 물렸다. 온몸이 부어오르고 독을 이기지 못해 거의 죽게 되자 절의 중들이 따로 초막을 지어 절 밖의 산 옆으로 옮겨 놓았다. 중은 고통으로 기절하여 인사불성이 되었는데, 홀연히 노루 한 마리가 풀을 물고 나타나 상처에 대고 문지르자 잠시 후에 소생했다. 노루는 이 같이 여러 번 되풀이하였다. 중이 눈을 떠서 보니 지난날 뱀에게 재앙을 당했던 노루였다.
 중은 점점 나아졌는데, 그 풀을 살펴보니 네모난 줄기에 잎은 참깨 종류 같았으나 무슨 풀인지는 알 수 없었다. 대개 속명으로 참깨(眞荏)라고 하는 것은 방언으로 호마자胡麻子인데 마치 흰 이(白虱)처럼 생겼다. 그 즙을 취하면 향기로운 기름을 만들 수 있고, 또 벌레의 독을 제거할 수 있다.
 그 뒤에 장계군長溪君 황정욱黃廷彧이 악창惡瘡을 앓아 벌레가 생겼는데, 재 가루를 바르자 금방 효험이 있었다. 황정욱이 자세히 캐묻자, 의원이 말했다.
 "부평富平 아람산阿藍山에 줄기가 모나고 잎이 참깨처럼 생긴 풀이 있는데, 그 재가 벌레를 죽일 수 있어 악창을 주로 치료합니다."
 황정욱이 효험 보았던 것은 아마도 노루가 물고 왔던 풀인가 보다.
 은혜에 보답하고 원수에 보복함이 동물에게도 있으니, 어찌 사람에게만 있는 일이라 하겠는가? 또 약을 써서 병을 치료하는 것 역시 미물에게도 타고난 지각이 있기 때문이다. 근자에 어떤 사람이 보니까 화살 맞은 꿩, 창에 찔린 돼지, 작살 맞은 물고기 등이 모두 송진으로 그 상처를 메워 나았다고 한다. 옛날에 어떤 뱀이 풀을 머금고 와 상처를 치료하였다 하는데, 지금 노루가 물고 온 풀은 이름을 알 수 없으니, 의당 '장함초障숨草'라 칭해야 할 것이다. 이 풀은 산마다 자라지 않는 곳이 없는데, 특히 습지에서 잘 자란다. 가지와 잎은 사방으로 나고 가지 끝에 옅은 홍색의 작은 꽃이 많이 피며, 모습이 연밥의 껍질과 같다.

## 짐승의 독기 ❖ 495

내가 일찍이 살펴보니, 고양이가 홰대 아래에서 닭을 지키고 있으면 닭이 저절로 떨어졌고, 구멍에서 쥐를 지키고 있으면 쥐가 스스로 나왔다. 대개 독기에 현혹된 것인데, 늘 이를 이상하게 여겼다.

얼마 전에 김영남金穎男이 전라 도사全羅都事*로 있을 때 잠시 절에 묵고 있었다. 밤에 밖에 있는 뒷간에 가다가 갑자기 정신이 혼미하고 어지러워 땅에 쓰러져 기절하였다. 종자從者가 업고 들어왔는데, 한참 뒤에야 깨어났다. 이튿날 살펴보니 뒷간 밖에 호랑이가 웅크리고 앉았던 곳이 있었으며, 또 꼬리를 흔들었던 흔적도 남아 있었으니, 그곳은 땅이 쓸려 먼지가 없었다. 이에 호랑이 독기가 엄습했던 것임을 깨달았다.

동지同知 권희權憘가 상중에 시묘살이를 하고 있었는데, 밤에 밖에 나가 뒷간에 갔다가 갑자기 정신이 혼미해져 땅에 쓰러진 채 깨어나지 못했다. 종이 부축해 들어오니, 잠시 후에 깨어났는데 그 이유를 알지 못했다. 아침에 살펴보았더니 눈 속에 호랑이가 무언가를 낚아채 웅크리고 앉아 꼬리를

---

전라 도사全羅都事　도사都事는 조선 시대에 주로 관리의 감찰과 규탄을 맡아 보는 종5품의 벼슬로, 관찰사와 함께 지방을 순력하며 규찰하는 임무를 맡았다.

흔들었던 자취가 있었다. 호랑이의 독기가 부지불식간에 기를 빼앗고 정신을 잃게 하는 것이 이와 같다.

혹자는

"호랑이 독이 아니라 창귀倀鬼* 때문이니, 산야에 살면서 이보다 근심스러운 것이 없다."

라고 했으며, 속담에 다음과 같은 말도 있다.

"시골에 살면서 세 가지 두려운 것이 있으니, 뱀과 호랑이, 그리고 고을 원이다."

## 용이 되어 하늘에 오른 잉어 ❖ 496

첨지僉知 박배근朴培根*은 참판 양응정梁應鼎의 장인이다. 나주羅州 용진산湧眞山* 아래에 살았는데, 큰 못을 파 물고기를 기르고 화려한 정자를 지어 거처하였다. 이웃 노인이 잉어를 보내 오기에 그것을 못에 놓아주었는데, 정자 위에서 손님을 대할 때면 늘 그 잉어가 못 밖으로 얼굴을 내밀고 입을 벌름거려서 박 공은 언제나 먹을 것을 던져 주었다. 이같이 한 지 5, 6년이 지나면서부터 잉어는 물 깊은 곳으로 몸을 감추고 밖으로 나오지 않았다. 그런 지 여러 해가 되자 박 공이 물가에서 꾸짖어 말했다.

---

**창귀倀鬼**　먹을 것이 있는 곳으로 호랑이를 인도한다는 악귀.
**박배근朴培根**　〈만종재본〉에는 '知根培'로 되어 있고, 여러 필사본에는 '朴培根'으로 되어 있어 차이를 보인다. 한편 『문과방목』에는 양응정 장인의 성명이 '박중윤' 朴仲尹으로 나와 있어 또 다른 차이가 있는데, 『중종실록』 17년 6월 19일조에 첨정 박배군에 관한 기사가 보이기에 여기에서는 일단 필사본의 기록을 따랐다.
**용진산湧眞山**　『신증동국여지승람』 나주목 조에는 용진산湧珍山으로 되어 있다. 현재는 행정 구역상 광주시 광산구에 속한다.

"잉어야, 다시 나오거라. 예전에 내게서 먹이를 얻어먹은 것이 5, 6년인데, 몇 년 전부터 모습을 감추고 나오지 않으니 용이 되어 하늘에 오르고자 함이 아니냐? 만약 다시 보게 되면 당장 활로 쏘아 버리겠다."

이때부터 못의 물이 깊고 맑아지면서 낙엽이 밑바닥에 가라앉지 않고 반드시 물가로 떠내려갔고, 물기슭은 바람과 비에 씻겨 몇 년 사이에 모두 백사장을 이루었다. 하루는 박 공이 정자 위에 한가히 앉아 있는데, 삼대 같은 빗줄기가 세차게 쏟아지고 사나운 바람이 나무를 뽑았다. 홀연히 한 물체가 못 속에서 기둥을 타고 올라오는데, 입술을 벌렸으며 솟은 코와 양 뿔이 높았다. 몸 전체가 붉은 비늘로 덮여 있고, 삐쭉삐쭉한 발톱이 우뚝 솟았으며, 백발의 길이가 한 길 남짓했다. 꿈틀거리는 한 마리의 큰 용으로, 길이는 10여 자가 되었다. 구름이 사방에서 모여들고 번갯불이 번쩍이더니 잠깐 사이에 몸을 솟구쳐 하늘로 올라가 사라졌다. 긴 행랑채의 기둥 수십 개가 휘두르는 긴 꼬리에 맞아 부서져 텅 비어 하나도 남지 않았다.

## 흥양읍의 아기 장수 ❖ 497

흥양읍興陽邑*은 바다 가운데 있어 마치 도서島嶼와 같다. 그곳에는 기이한 일들이 많았는데, 혹자는 용이 그렇게 하는 것이라고 말한다.

흥양 고을에 사는 유충서柳忠恕는 나의 친족이다. 집에 있던 한 여종이

---

흥양읍興陽邑   전라남도 고흥군高興郡 지역에 있었던 현명縣名. 본래 장흥부長興府의 고이부곡高伊部曲이었는데, 고려 충렬왕忠烈王 11년(1285)에 고흥高興으로 고쳐 현縣으로 승격되었다. 조선 세종世宗 23년(1441)에 장흥부의 속현인 두원현荳原縣으로 옮기고 보성군의 속현인 남양현南陽縣을 합해 흥양현으로 고쳐서 현감縣監을 두었다. 고종高宗 32년(1895)에 군郡으로 승격되었다가, 1914년에 행정 구역 개편에 따라 고흥군高興郡이 되었다. 고흥 유씨의 발상지인 이곳엔 저자 유몽인의 세거지가 있었다.

낮에 행랑 모퉁이에 앉아 있는데, 갑자기 비바람이 몰아치고 천둥 치는 소리가 산악과 집 대들보를 뒤흔들었다. 한참 동안 어두컴컴하더니 여종이 온데간데없어졌다.

여종 자신도 모르게 어떤 물체가 여종을 끼고 갔는데, 다만 큰불이 앞을 가로지르고 검은색이 바다를 갈랐다. 지나쳐 가는 곳의 지붕 꼭대기가 갑자기 끊어졌는데 굽어보니 푸른 파도가 아래에 있었다. 여종은 이미 섬 가운데 떨어져 있어 마치 잠자다 깨어난 것 같았다. 그 후 태기가 있어 아들을 낳았는데, 용모가 빼어나게 아름다웠고 머리에는 두 개의 육각肉角이 돋아나 있었다. 아기는 한 달이 되자 걷기 시작했고 두어 달이 지나자 양쪽에 구레나룻이 자랐다. 그 준수하고 기이함이 범상치 않아 온 집안 사람들이 두려워하며 혹 재앙이 가장家長에게 미칠까 걱정했다. 이웃 친척들이 모여 키우지 않기로 의논했으니, 애석한 일이다.

그해에 용 두 마리가 싸우더니 한 마리가 죽어 바다 섬에 떠올랐다. 유충례柳忠禮가 그 용의 뿔을 얻으니 희기가 옥 같았는데, 대사헌大司憲 윤인서尹仁恕가 그곳에 귀양갔다가 빼앗아 가지고 왔다.

## 보령 바닷가에 출몰하는 용마 ❖ 498

공홍도公洪道(충청도) 수영水營은 보령保寧 바닷가에 있다. 그곳에는 '영보永保'라는 정자가 있는데 그 형세가 푸른 바다를 내려다보고 있다. 흰 용마龍馬가 간혹 바다 위에 나와 노닐었는데, 파도 위로 뛰어올라 넓은 물결을 달리기를 평지를 가듯 하였다. 치달리는 모습은 마치 번개가 지나가는 듯 바람처럼 빨랐으며, 그 갈기와 꼬리는 말과 꼭 같았는데 서리와 눈처럼 희었다.

그곳 민간에 전해오는 이야기가 있다.

"용이 나타나면 고을에 경사가 있으며, 수사水使는 반드시 은상恩賞을 입는다."

옛 기록을 살펴보건대, '추雛*'는 초楚나라 연못에 사는 용인데 항우項羽가 능히 제어하여 탔다'라고 했으며, 또 '못의 말이 언덕으로 뛰어올랐다'라고 했다. 또 이르기를 '용마가 끈을 가지고 장난치다가 고삐를 매게 된다'라고도 했으니, 만약 지금의 이 용마에 고삐를 매어 몰 수 있는 사람이 있다면 어찌 지상의 천리마가 되지 않겠는가?

## 황룡과 백룡의 싸움 ❖ 499

중 천연天然이 일이 있어 해서海西(황해도)의 은율殷栗을 지나고 있었다. 대낮인데다가 구름도 없었는데 문득 하늘을 쳐다보니 황룡과 백룡이 동쪽과 서쪽에서 각각 갑자기 일어나더니 서로 만나 허공을 가로지르며 싸우는 것이었다. 언뜻 나아오는가 하면 언뜻 물러나기도 하며, 언뜻 내려갔다가 언뜻 올라가기도 하는데, 밝은 햇살에 비늘이 찬란하게 빛을 발했다. 한참 시각이 지난 뒤 뜬구름이 사방에서 몰려드는데, 마치 골짜기로 흘러드는 물과 같았다. 우르릉 쾅쾅 벼락이 치고 번갯불이 번쩍이더니 노끈 같은 굵은 빗줄기가 쏟아지고 이어서 우박도 쏟아졌다. 한참 뒤에야 서로 몸을 숨기며 싸움을 그치고 흩어지니, 날씨가 환히 개며 하늘이 밝아졌다. 이에 용이라는 것이 날아다니는 사물로 반드시 구름을 따라 움직이는 것이 아니며, 용이 움직이면 구름이 절로 따르는 것임을 알 수 있었다.

한유가 이르길,

---

추雛　항우項羽가 타고 다녔다는 명마.

"이미 용을 말하고, 구름이 그것을 따른다."*

라고 했는데, 이는 참으로 장쾌한 말이다.

## 악룡을 물리치는 법 ❖ 500

만력萬曆 무오년(1618) 여름 오월에 길이가 열 길이나 되는 큰 배가 내다 팔 소금을 가득 싣고 경강京江 용산龍山에 정박하였다. 그런데 갑자기 큰바람이 일어 모래를 날리고 폭우가 내리면서 우레가 치고 강 물결이 거슬러 이는 것이었다. 조금 있자 적룡赤龍이 허리를 펴서 배 위에 가로 걸치더니 머리를 숙여 강바닥에 감추었다. 꼬리가 물 위에 조금 나왔는데, 끝이 뭉툭하고 넓었으며 허리는 굵기가 배만 했으며 길이는 수십 척이나 되었다. 강 물결을 한바탕 철썩이자 물결이 설산雪山처럼 일어나 배에 가득한 소금이 물결을 따라 흩어졌다. 배가 엎어진 지 며칠 안 되어 다시 뒤집어졌으므로, 뱃사람들이 모두 선주를 나무라며 말했다.

"자고로 항해하는 사람은 바다 신에게 비는데, 이 배의 주인은 비용 조금 드는 것에 인색해서 함께 배를 탄 사람들의 말을 듣지 않았다. 매번 섬의 성황당城隍堂을 지날 때면 모든 배들이 제를 지냈는데 이 배만은 그렇게 하지 않았다. 그런 까닭에 전에도 해룡이 쫓아와 잠두蠶頭 아래 이르러 배를 등에 졌다 엎어 버려 많은 뱃사람들이 죽었는데 이번에 또 배에 가득한 소금을 잃고 말았다."

용산 사람들이 모여서 구경하면서 혀를 내밀었다. 옛 속담에

---

이미 용을 말하고, 구름이 그것을 따른다   한유韓愈의 「잡설」雜說에 나오는 말로 "『주역』에 '구름이 용을 따른다'라고 했으니, 이미 용을 말하고 구름이 그것을 따른다고 한 것이다."(易曰: '雲從龍', 旣曰龍, 雲從之矣.)라고 했다.

"용의 성품이 사람의 재화를 탐내어 좋아한다."
라고 했는데, 거짓이 아닌가 보다.

우리나라 사람으로 왜구에게 포로로 잡혀간 사람들이 남만南蠻과 교역하는데, 그 배는 거북의 껍질같이 위에 덮는 널판이 있었다. 큰 물결이 세게 쳐서 덮쳐도 배 안으로 들어오지 못했으며, 바다의 큰 물결 속에서도 출몰할 수 있었으니, 마치 구멍을 막은 바가지와도 같아 한번도 가라앉은 적이 없었다. 배 안은 어두워 칠흑 같았으며 등불이 없으면 대낮에도 물체를 볼 수 없었다. 불이 있는 방에는 채소밭이 있어서 뱃사람들이 처자식과 함께 배 안에서 늙어 죽도록 살 수 있었다.

바다에는 용과 뱀이 많아서 건드리면 모두 배를 해쳤다. 그 크기는 서로 비슷한데, 뱀은 구불구불 다녔고 용은 곧바로 다녔다. 용의 모습도 동일하지 않아 어떤 것은 뿔이 있고 어떤 것은 없으며, 어떤 것은 날개가 있고 어떤 것은 말처럼 생겼다. 용과 뱀이 배 안에 이르면 늙은이 젊은이 할 것 없이 모두 징을 두드리고 닭 털을 태워 냄새를 피웠다. 용과 뱀이 그 냄새를 맡으면 코를 찡그리며 머리를 쳐들고 달아났다.

## 바다에 출현한 용 ❖ 501

홍양興陽 풍안동豊安洞은 곧 내가 새로 개간한 농지가 있는 곳이다. 만력 계축년(1613) 7월 13일에 마을 사람 지석동池石同과 우좌수禹左守가 들에 있는 높은 시렁 위에서 벼를 지키고 있었다. 날이 저물어 갈 무렵, 폭우가 쏟아지고 갑자기 우레가 쳤다. 마치 천 개의 횃불을 늘어놓은 것 같은 거센 불꽃이 천관산天冠山 절도絶島 사이에서부터 먼 바다까지 뻗쳐서 천지를 진동시키며 다가왔다. 화염 가운데 검은 물체가 허공을 가로질러 있었는데 강한 바람이 그것을 몰았다. 이에 두 개의 시렁이 바람에 뽑혀 공중을 선회하면서 올라가 바람을 따라 떠올랐는데, 몇천만 길이나 되는지 알 수 없었다.

두 사람은 각기 시렁 위에 있다가 바람을 따라 떠올라 정신이 아득해졌다. 이윽고 바람이 잠잠해지자 두 시렁이 중천에서 돌면서 떨어졌다. 천등산天登山 꼭대기 수많은 산봉우리의 빽빽한 숲 사이에 떨어졌는데, 풍안에서는 수십 여 리나 되는 곳이어서 밤새 걸어야 갈 수 있었다. 우좌수는 오른쪽 팔뚝을 다치고, 지석동은 몸 전체에 다친 곳이 없었다.

아침에 보니 바다 동쪽에서부터 큰 산이 잘리면서 골짜기처럼 길게 뻗었는데, 너비가 모두 4, 50척이요 길이는 수십 리 되는 것이 서쪽 바다로 들어갔다. 그 사이의 지나간 땅에는 백 아름쯤 되는 거목이 날카로운 칼에 베인 아욱처럼 되어 있었고, 휩쓸고 지나간 자리에는 남아 있는 것이 없었다.

바닷가 노인들도 모두 무슨 까닭인지 알지 못했는데, 혹자는 말하길

"용이 노해서 거처를 옮겨 갈 때는 땅으로 가지 하늘로 가지 않는다."

라고 했으며, 혹자는 말했다.

"용이 다닐 때에는 반드시 하늘로 오르는바, 이는 용이 아니라 악어 등속이 한 짓이다."

## 어린 홍섬의 지혜 ❖ 502

상국相國 홍언필洪彦弼이 친상을 당해 무덤 아래 여막廬幕(초막)에 거처했는데, 어린 아들 홍섬洪暹이 따라갔다. 여름철에 홍언필이 나무 그늘 아래에서 잠을 자다가 눈을 떠 보니, 홍섬이 알몸으로 누워 있는데 뱀이 그 배 위를 지나가고 있었다. 홍섬은 뻔히 쳐다보면서 꼼짝 않고 있더니 뱀이 다 지나가기를 기다렸다가 일어나 달아났다. 홍언필이 기특하게 여기고 그 까닭을

묻자, 홍섬이 대답했다.

"뱀이 지나갈 때에 만약 몸을 움직였다면 뱀이 반드시 저를 물었을 것입니다. 뱀이 이미 저를 사람으로 여기지 않고 돌이나 나무로 여기니, 나 또한 스스로 사람이 아니라 목석처럼 있으면 뱀이 물지 않을 것입니다. 이에 가만히 쳐다보면서 움직이지 않았습니다."

홍언필이 듣고는 기특하게 여기고 훗날 반드시 대성할 것을 알았는데, 홍섬은 뒷날 홍언필을 이어 상국이 되었다.

## 호랑이를 삼킨 뱀 ❖ 503

양양부襄陽府는 동쪽으로는 큰 바다에 가깝고 서쪽으로는 험한 고개가 인접해 있으며, 기암괴석으로 된 첩첩 산봉우리에 초목이 무성하다.

만력 18년(1590) 어떤 마을 아낙네가 산에 들어가 뽕을 따다가 멀리서 큰 호랑이가 뛰어오는 것을 보았다. 이에 높은 나무 위로 올라가 피하자 호랑이가 나무 아래에서 지키고 있기에 끝내는 호랑이 먹이가 되겠구나 생각했다. 잠시 후 큰 소리가 산을 울리며 골짜기를 진동시키더니 거센 바람이 몰아닥쳤다. 호랑이가 미친 듯이 돌아보고 어찌할 바를 모르더니 허겁지겁 달아났다. 수십 걸음도 채 못 갔는데 커다란 뱀이 바람처럼 뒤쫓더니 호랑이를 삼키고는 동해로 들어갔다. 그 뱀이 지나간 숲속의 나무들이 꺾이고 부러졌다.

그해에 부사가 된 윤경기尹慶祺가 직접 그 아낙에게 들은 이야기다.

## 보성군 나군지의 뱀을 죽인 중 ❖ 504

전라도 보성군寶城郡에 있는 나군지羅君池는 깊고 넓어 많은 샘들이 모이는 곳이다. 해마다 혹 고기를 잡거나, 혹 목욕을 하다가, 혹 물을 건너다가 번번이 큰 뱀에게 끌려 들어가 죽는 사람의 수가 이루 헤아릴 수 없을 정도여서 고을 사람들의 근심거리였다. 힘이 세고 의기가 있는 한 중이 천관산天冠山에서 와서 손에 푸른 보자기를 들고 벌거벗은 몸으로 그 못에 들어갔다. 그러자 마을 사람이 급히 소리쳤다.

"이 못에는 큰 뱀이 있으니, 선사님 제발 들어가지 마십시오!"

중이 말했다.

"내가 그 때문에 왔소이다."

드디어 못 속으로 들어가 하늘을 향해 두 손을 쳐들고 서 있으니, 많은 마을 사람들이 나와 구경하였다. 조금 있자 회오리바람이 불면서 물결 가운데가 갈라지더니 큰 뱀이 이르렀다. 뱀은 먼저 꼬리로 중의 허리를 동여 감더니 입을 딱 벌리고 다가왔다. 중은 두 손을 물 밖으로 내어 뱀이 동여맬 수 없도록 하고는, 푸른 보자기로 급히 뱀의 머리를 감쌌다. 그리고 두 손으로 목을 강하게 조이자 뱀이 꼬리를 풀고 늘어졌다. 몸통의 길이가 수십 척이었고 굵기는 대들보만 했는데, 중이 뱀의 대가리를 깨물고 두개골을 부수니 한참 뒤에야 죽었다. 그 뱀을 끌고 육지로 나와 보니 이마 위에 검은 글자로 '나군'羅君이라 쓰여 있었다. 이로부터 뱀의 우환이 없어졌는데, 중은 위아래 이가 모두 상했다. 지금 보성 사람들은 그 못을 '나군지'羅君池라고 부른다.

뱀이 사람을 물면 사람이 반드시 죽을 뿐 아니라, 사람이 뱀을 물어도 뱀 또한 곧 죽는다. 그런즉 사람의 독이 뱀 못지않은 것이다.

## 구렁이를 이기는 해동청과 멧돼지 ❖ 505

큰 구렁이 한 마리가 절벽을 올라가 송골매 둥지로 들어가서 새끼들을 다 먹어 치웠다. 송골매가 하늘을 맴돌면서 무리들을 이끌고 와서 송골매 무리가 허공에 가득 했으나, 구렁이가 몹시 커서 대적할 수가 없었다. 구렁이도 꼼짝을 않고 있었는데 송골매 한 마리가 날개를 떨치며 멀리 날아가더니 한참 만에 푸른 새를 한 마리 데리고 왔다. 그 새는 제비보다는 크고 비둘기보다는 작았다. 푸른 새가 하늘에서 날개를 늘어뜨리며 내려오더니 곧바로 구렁이 머리에 내려앉았다. 조금 있자 구렁이의 큰 턱이 나무 위에 떨어지더니 땅에 축 늘어져 죽었다. 푸른 새는 날개를 펄럭이며 동쪽으로 갔는데 향한 곳을 알 수 없었다. 식자가 말했다.

"해동에 이름난 매가 있으니 해동청海東靑이라 부른다. 그 용맹은 백송골白松鶻\*보다 더하니, 이른바 매 중의 왕이라고 한다."

대저 멧돼지가 뱀을 잡아먹으니, 뱀과 돼지는 상극이다. 나무에 매달려 있는 큰 구렁이를 돼지가 머리를 쳐들고 물고자 했으나 물 수가 없었다. 돼지는 나무 아래에서 죽은 체하고 누워 밤낮을 계속하여 일어나지 않았다. 몹시 배가 고파진 구렁이가 돼지를 깨물고자 하여 나뭇가지에 매달린 채 꼬리를 뻗어 멧돼지의 몸을 감더니 시험삼아 끌어당겨 보았다. 땅에서 한 길 남짓 들렸는데도 돼지는 여전히 움직이지 않았다. 그러자 구렁이가 비로소 나무에서 내려와 돼지를 칭칭 감았다. 이에 돼지는 구렁이 꼬리를 물고 바위와 나무가 무성한 숲 속으로 질주하니 구렁이의 비늘과 껍데기가 모두 벗겨졌다. 멧돼지는 마침내 구렁이를 조각조각 잘라 내어 실컷 씹어 먹었다.

---

**백송골白松鶻** 맷과의 하나로 몸은 흰색이고 등허리의 깃에 V 자 모양의 얼룩무늬가 있다. 매 종류 가운데 몸이 큰 편이며, 성질이 굳세고 날쌔어 사냥하는 데 쓴다.

## 뱀 고기를 먹은 산골 백성 ❖ 506

어리석고 무식한 한 산골 백성이 남의 집에서 품팔이하며 살았다. 바야흐로 봄날 역질을 앓다가 한 달 만에 일어나 산에 나무하러 갔는데 산불이 났다. 그런데 어디선가 달콤한 향기가 바람결에 풍겨 왔다. 그 향내를 찾아 골짜기로 들어가니 불타고 난 잿더미 속에 큰 구렁이가 죽어 있었다. 하얀 살점이 반쯤 벌어져 있고 향기로운 냄새가 산을 진동시켰다. 병을 앓다가 막 일어난 터라 백성의 입에서는 자신도 모르게 침이 줄줄 흘러나왔다. 사방을 둘러보니 마침 사람이 보이지 않았다. 이에 나뭇가지로 젓가락을 만들어 구렁이의 살갗을 헤쳐 보니 눈처럼 희었다. 맛을 보니 참으로 진미인지라, 집에 돌아가 소금과 장을 가져다가 수풀 사이에 몰래 감춰 두고는 남의 눈에 안 띄는 곳에서 며칠 만에 다 먹었다.

그 뒤 얼마 지나지 않아 뺨 위가 가렵더니 종기가 나 호리병만 하게 부었다. 바늘로 종기를 따 보니 속에 다른 것은 없고 붉은 이가 네댓 되 나왔다. 이에 소금과 기름으로 씻고서 나았다. 이후로 종신토록 몸에 이는 없었는데, 단지 얼굴색이 누렇고 붉게 달아오른 기운이 있었을 뿐이다.


## 뱀술의 효능 ❖ 507

은진恩津과 석성石城 사이에 사는 한 선비가, 고을의 유사有司*를 맡아 장차 마을 사람들과 강신연講信燕*을 할 때 쓰려고 술 한 독을 빚었다. 열흘이 지

---

유사有司　　어떤 기구의 사무를 맡아보던 사람.
강신연講信燕　　향약 때 여러 사람이 모여서 술을 마시며 약법이나 계를 맺는 모임을 강신講信이라고 한다. 강신연은 이때 벌어지는 잔치를 말하는 듯하다.

나자 발효되어 감미로운 향내가 코를 찔렀는데, 누런 기름이 한 치 가량 항아리 표면에 떠 있었다. 드디어 주머니에 담아 술 거르는 틀에 올려놓으려는데, 항아리 안에 있던 어떤 물체가 표주박에 닿는 것이었다. 꺼내 보니 서까래만 한 큰 뱀이 항아리 속에서 똬리를 틀고 죽어 있었다. 온 집안 사람들이 놀라고 두려워하며 더럽다고 침을 뱉고는, 술을 반절쯤 도랑에 부어 버리다가 곧 후회하고 약으로 쓰기 위해 다른 그릇에 담아 두었다.

그때 문득 문 밖에서 양식을 구걸하는 소리가 들려 나가 보니 문둥병에 걸린 남자로, 얼굴에 가득 무르익은 앵두 같은 붉은 종기가 나 있었다. 그래서 그 술을 표주박에 가득 따라 주었다. 그 표주박은 열 잔은 족히 담을 만한 것이었는데, 거지가 모두 비우자 선비가 말했다.

"네가 한 바가지 더 마실 수 있겠느냐?"

"그러하옵니다."

다시 주었더니 벌컥벌컥 다 마시고는 남기지 않았다. 거지는 지팡이를 끌고 시내를 건너다가 취하여 시냇가에 쓰러져 잠이 들었다. 하룻밤을 자고 나니 온몸의 부스럼이 문드러지고, 붉은색에 털이 달린 두세 치 가량의 벌레가 상처를 헤집고 나와 땅에 쏟아졌다. 꿈틀거리며 기어 나온 것이 거의 두세 되는 되었다.

거지는 술이 깨자 선비에게 가서 이 사실을 고하고 남은 술을 구걸했다. 선비가 이에 비로소 연유를 이야기하고 항아리를 기울여 남김없이 다 주었다. 한 달이 지나자 걸인이 찾아와 사례했는데, 지난날의 부스럼이 모두 벗겨지고 새 얼굴이 되어 있었다. 이로부터 이 병을 앓는 사람이 있다는 말을 들으면 뱀술로 치료하는데, 반드시 효험을 보았다.

## 복수를 할 줄 아는 뱀 ❖ 508

무인 박명현朴命賢이라는 사람이 있었다. 만력 기축년(1589)에 큰 못 가에서 한가로이 노니는데, 유별나게 큰 가물치가 마름 사이에 숨어 있었다. 잡고 싶었지만 그물이나 작살 같은 도구가 없어서 허리춤을 더듬어 보니 활촉을 깎는 칼이 하나 있는데 작고 좁았다. 장대 끝에 그 칼을 매달아 칼날이 다 들어가도록 찌르니 물고기가 몸을 돌려 뛰어올라 칼을 부러뜨리고 달아났다.

그런 지 17년이 지난 을사년(1605)에 박명현이 법을 범하여 충군充軍*되어 돌아가다 무료해서 전의 그 못가를 한가롭게 거닐었다. 말을 버드나무 그늘에 매어 놓고 말채찍을 들고 서 있는데, 갑자기 못 속에서 물결 소리가 거세게 일어났다. 놀라서 돌아보니 큰 뱀 한 마리가 두 귀를 펼치고 대가리를 쳐들고 물을 가르며 물가를 따라 급하게 곧장 그의 앞으로 달려오는 것이었다. 박명현이 피하고자 했으나 형세가 이미 급박했다. 그는 본디 용력勇力이 있었으나 창졸간에 칠 만한 것이 없어서 들고 있던 말채찍으로 대가리를 치니 뱀의 기세가 조금 꺾였다. 박명현이 몸을 돌려 달아나면서 채찍질을 멈추지 않았고, 아이종들도 큰 바위를 들어 치니 뱀이 축 늘어져 죽었다. 굵기가 몇 아름이나 되었으며 길이는 10여 척이었는데, 대가리 양쪽에 귀가 있었다. 어떤 이가

"뱀 쓸개는 말려서 약으로 쓸 수 있습니다."

라고 하여 뱀의 배를 갈라 보니, 대가리 아래에 혹처럼 불룩 튀어 나온 것이 있었다. 칼로 그곳을 가르자 쇳소리가 나서 꺼내 보니, 박명현이 기축년에

---

충군充軍 죄를 범한 자를 강제로 군역軍役에 복무시키는 제도로서, 조선 시대 형벌의 일종이다. 그 신분의 높낮이나 죄의 경중에 따라 처벌이 다르니, '장杖 1백에 충군充軍', '장 1백에 변원 충군邊遠充軍', '장 1백에 수군 충군水軍充軍', '장 1백에 극변 충군極邊充軍' 등과 같이 죄인에게 100대의 장杖을 때린 다음, 정군正軍이 아닌, 천역賤役인 수군水軍이나 국경 지대를 수비하는 군졸로 보내던 일을 말한다.

찔렀던 활촉 깎는 칼이 절반이 부러진 채 그 속에 박혀 있었다.

세속에 이르길 '가물치는 뱀과 교미한다'라고 하고, '가물치는 뱀이 된다'라고 하기도 하며, 또 '뱀은 능히 복수할 줄 안다'라고도 한다. 이 뱀은 17년이 지난 뒤에 전의 원수에게 보복했으니, 그 독함이 심하다고 하겠다. 그렇지만 뱀은 영물이다. 칼날을 몸 속에 감추어 두고 17년이라는 오랜 세월이 지난 뒤에도 그 칼의 주인을 알아보고 복수하려 했으니, 또한 신령스럽고 괴이한 일이다.

## 살생을 즐긴 김외천의 응보 ❖ 509

영광靈光에 큰 연못이 있는데, 넓은 벌판에 아득히 뻗쳐 있어 둘레가 몇 리이며 깊이는 몇 길이나 되는지 헤아릴 수 없었다. 해마다 여름에서 가을로 넘어갈 때면 장맛비가 크게 내려 바다와 물결이 통했는지라 바닷물고기들이 헤엄치고 다녔다. 물이 빠지면 곧 연못이 되어 그 안에서 물고기가 자랐기에 고을 사람들은 배를 저으며 그물을 던져 바닷고기를 많이 잡을 수 있었다.

태수太守 김외천金畏天은 무인武人으로, 그 연못에서 고기잡이를 성대하게 하여 기이한 장관을 만들려고 했다. 무릇 고기를 잡음에 쓴맛 나는 나무 열매를 상류에서 비비면 물고기들이 모두 물 위에 떠올라 죽으니, 그물질하지 않고도 고기를 취할 수 있다. 태수는 고을 안에 영을 내려, 모든 백성 중 관아에 소장訴狀을 바치러 오는 사람들은 모두 그 열매를 따다 바치게 하였다. 몇 달 지나자 열매가 백 여 가마니에 이르렀다.

이에 꽃 피는 좋은 시절이 되자 연못가에 장막을 치고 많은 손님을 청해 큰 잔치를 베풀었다. 어부들을 모아 놓고 물놀이를 펼치고 쓴 열매를 쌓아 두고 상류에서 비비게 하니, 식자들이 모두 말했다.

"하늘이 주신 생물을 함부로 죽이는 것은 상서롭지 못합니다. 원컨대 태수께서는 그물이나 낚시로 잡는 것으로 만족하실 일이지, 물고기를 모두 잡아 버리는 것은 옳지 않습니다."

태수는 그 말을 듣지 않았다. 쓴 열매의 즙을 널리 퍼뜨리니 물을 따라 흘러 내려와 연못 물의 색깔이 변했다. 잠시 후 어린 물고기들이 맨 처음 뜨더니 알도 떠올랐는데, 작은 것은 손가락만 했고 큰 것은 손바닥만 했다. 한 자 되는 것, 한 길 되는 것, 수레만큼 큰 것, 더 크기로는 초헌軺軒만 한 것들이 잇따라 물 위에 떠올랐다. 그 광경을 보고 있던 사람들이 서로 돌아보며 눈들이 휘둥그레졌다. 마지막으로 떠오른 물고기는 크기가 사람만 하며 벌거벗은 여자 같았다. 피부는 눈처럼 희었고 머리털을 풀어헤치고 있었다. 이에 큰 연못이 텅 비어 완전히 씨가 말랐다. 이때부터 바람과 구름이 일고 번개가 치며 비가 내려 온 연못이 깜깜해지더니, 수십 일이 지나도록 개지 않았다.

그해에 태수가 그 고을에서 죽어 영남嶺南 고향으로 운구해 돌아가는데 도중에 비바람을 만나 어두컴컴해져서 길을 분간할 수가 없었다. 집에 돌아오니 관이 매우 가벼운지라, 그의 아버지가 의아해하며 운구를 열어 보니 시체가 없었다.

## 정지승과 회계곡의 거북 ❖ 510

시인 정지승鄭之升은 일생 동안 산수를 사랑해 온 집안 식구를 이끌고 용담龍潭 회계곡會稽谷에 살면서 스스로 회계산인會稽山人이라 호를 지었다. 시냇가 아름다운 곳에 몇 칸 되는 정사精舍를 짓고 당호를 '총계당叢桂堂'이라 하고는 독서하며 스스로 즐겼다.

어느 날 홀연 큰 거북이 집 앞에 왔는데, 높이와 너비가 모두 4, 5척이나 되었다. 정지승의 아들 정회鄭晦와 정시鄭時 등이 늘 그 거북을 타고 다녔으며, 왕래함에 있어 거북이 가는 대로 맡겨 두어도 뜰 울타리 안을 떠나지 않았다. 때때로 깊은 골짝 숲 사이에 흰 기운이 떠서 움직이면 정지승이 말했다.

"우리 집 늙은이가 저곳에 숨은 것이 아니냐?"

그리고는 동자를 시켜 가서 찾아오라고 하면 과연 거북을 껴안고 돌아오는 것이었다. 이같이 지낸 지 몇 년 후에 정지승이 온양溫陽으로 옮겨 가 살게 되면서 회계 어른들에게 거북의 소식을 물어 보았으나 모습을 전혀 볼 수 없다고 했다.

## 거북을 죽인 응보* ❖ 511

장흥長興의 어부가 수레만 한 큰 거북을 얻어 부府에 바쳤다. 부사 박상朴祥이 기이하게 여기고 관아 동헌에서 기르며 완상거리로 삼았다. 한 객이 말했다.

"제가 들으니 바다에 사는 거북의 뱃속에는 야광주가 많다고 합니다. 배

---

**거북을 죽인 응보**　〈만종재필사본〉과 〈국립중앙도서관본〉에는 이 이야기의 첫머리에 "만력 병신丙申 (1596) 연간에 큰 거북 한 마리가 선천宣川 어부의 그물에 걸렸는데, 어부가 그것을 찔러 잡았다. 그 크기는 여러 섬들이 큰 솥과 같았고, 앞발 둘은 새의 날개와 같았으며 뒷발 둘은 자라 같았고 꼬리는 흩어진 머리카락이 엉겨 붙은 것 같았다. 태수가 사내 여러 명을 시켜 짊어지고 오게 했더니, 며칠간 살아 있다가 찔린 상처가 도져서 죽었다. 그 고을을 지나던 성사星使가 그 모습을 그렸는데 매우 특이했다. 내가 그 뼈를 얻어 점치는 데 써 보니 영험한 감응이 있었다."(萬曆丙申間, 有大龜出宣川漁人網中, 漁者揭之. 其大如數石巨釜, 前兩足如鳥翼, 後兩足如鼈鼇, 尾如散髮而凝. 太守使數夫擔荷而至, 活數日, 病瘡而死. 星使過邑者, 圖其形, 甚異焉. 余得其骨, 用之卜筮, 有靈應.)라는 대목이 추가되어 있다.

를 갈라 취하시지요."

　박상의 첩 옥생玉生은 이름난 기생이자 명창인 석개石介의 딸인데 그녀 또한 노래를 잘하는 것으로 장안에 이름나 있었다. 그녀가 박상에게 거북을 죽여 야광주를 꺼내 가지자고 졸랐으나, 박상은 말했다.

　"영물을 죽여서는 안 된다."

　옥생이 몰래 그 객을 시켜 거북의 배를 가르게 했지만 아무것도 없었다. 그런지 몇 달 지나지 않아 집에 재앙이 이어져, 옥생의 두 아들과 박상의 어머니, 그리고 거북의 배를 가르자고 부추긴 객과 칼을 잡았던 요리사 등 잇따라 죽은 자가 다섯이었다. 고을 사람들이 모두 거북을 죽인 응보라고 말했다.

　내가 「귀책전」龜策傳*을 살펴보니, 민가에서 큰 거북을 얻어 죽인 자가 죽었다고 했는데, 과연 헛된 말이 아니다.

## 잉어의 보은 ❖ 512

　예안禮安에 최씨崔氏 성을 가진 한 향리가 있었다. 사또의 명을 받아 손님의 음식 지공을 담당했는데, 장차 반찬거리를 장만하다가 큰 잉어 한 마리를 얻었다. 수염이 길고 눈이 붉어 생김새가 무척 특이했는데, 두 눈에서 눈물이 흐르는 것이 마치 사람이 눈물을 떨구는 듯했다. 향리가 매우 불쌍히 여겨 주방에 주지 않고 직접 호수에 놓아주었다. 잉어는 빙빙 맴돌면서 세 번을 돌아본 후에 갔다.

　그날 밤 꿈에 한 장부가 문틈으로 들어오더니 말하였다.

---

**귀책전龜策傳**　사마천의 『사기』 「열전」의 한 편으로, 고대 점복에 관한 여러 기사를 수록하고 있다.

"저는 호남의 잉어입니다. 당신이 저를 살려 주신 은혜에 감사해서 오늘 들어가 잉태하여 당신의 아들이 될 것입니다."

말을 마치더니 보이지 않았다. 향리가 놀라 깨어나 기이하게 여기고는 아내에게 말했다.

"내가 잉어를 놓아준 것은 실로 큰 물고기가 죄도 없이 죽는 것이 가엾기 때문이었지 보답을 바라서가 아니었소. 내 꿈이 무척 이상하오. 내가 듣기에 잉어는 영물이라 하니, 혹 신의 도움이 있을지 어찌 알겠소."

이날 밤 과연 아내는 임신했고 사내아이를 낳아 이름을 윤호胤湖\*라 하였다. 장성하자 수염이 자라 배꼽까지 닿았고, 생김새가 장대하고 훌륭했으며 말솜씨가 뛰어났다. 끝내 초야에서 떨쳐 일어나 무과에 급제하였고, 북쪽 오랑캐를 정벌하는 데 큰 공을 세워 관직이 정옥頂玉\*에까지 이르렀다. 나이 80세가 넘어 죽었다.

## 홍어의 후손인 유극신 ❖ 513

진사 유극신柳克新의 친구가 유극신에게 말했다.

"내가 들으니 자네는 홍어의 후손이라 하던데 정말인가?"

유극신이 웃으며 말했다.

"우리 외가에 예로부터 그런 말이 있으니 터무니없는 말만은 아닐세. 옛날 현조玄祖(5대조) 이전에 팔십 넘은 할머니가 계셨는데, 병이 깊어 한 달이

---

윤호胤湖　〈만종재본〉에는 '澈湖'로 되어 있고, 몇몇 필사본에는 '胤湖'로 되어 있다. '호수에서 얻은 자식'이라는 뜻의 이름이 더 적당하다고 여겨 필사본의 기록을 취하였다.

정옥頂玉　당상관堂上官이 망건에 다는 옥관자로, 관리의 계급을 표시하는 구실을 했다. '정옥에 이르렀다'는 것은 곧 정3품 이상의 관직을 지냈다는 뜻이다.

넘도록 누워 계셨다네. 하루는 자손과 시비에게 말씀하시길, '내가 오랫동안 병으로 누워 있자니 무척 답답하고 괴로워 목욕을 하고 싶구나. 조용한 방에 목욕물을 갖추어 주려무나. 온 집안에 경계하여 삼가 엿보지 말라고 하거라. 만일 엿보면 불길한 일이 생길 것이다'라고 하셨네. 그래서 목욕 도구와 향기로운 목욕물을 준비해 별실에 두고는 문을 굳게 닫고 다른 방에서 기다렸다네. 첨벙대며 출렁이는 물소리가 한 시각이 지나도록 그치지 않아서 온 집안 식구들은 할머니가 다치실까 걱정되었다네. 그래서 들어가 보려고 하면 할머니가 들어오지 말라고 꾸짖으셨다네. 한참 후에 문을 밀치고 들어가 보니 할머니의 온몸이 거의 홍어로 변해 있었다는 걸세. 그래서 집안사람들이 모여서 상의하길, '비록 이물異物이 되었지만 아직 생기가 남아 있는데 염하여 장사 지내는 것은 편치 않은 일이다'라고 하며, 완전히 변하기를 기다린 후에 바다에 놓아주었다 하네."

## 인어人魚 ❖ 514

김담령金聃齡이 흡곡현翕曲縣\*의 고을 원이 되어 일찍이 봄놀이를 하다가 바닷가 어부의 집에서 묵은 적이 있었다. 어부에게 무슨 고기를 잡았느냐고 물었더니, 어부가 대답했다.

"제가 고기잡이를 나가서 인어人魚 여섯 마리를 잡았는데, 그중 둘은 창에 찔려 죽었고 나머지 넷은 아직 살아 있습니다."

나가서 살펴보니 모두 네 살 난 아이만 했고, 얼굴이 아름답고 고왔으며

---

**흡곡현翕曲縣**   강원도 최북단 지역으로 남쪽으로는 강원도 통천군通川郡과, 북쪽으로는 함경도 안변군安邊郡과 경계를 이룬다.

콧대가 우뚝 솟아 있었다. 귓바퀴가 뚜렷했으며 수염은 누렇고 검은 머리털이 이마를 덮었다. 흑백의 눈은 빛났으나 눈동자가 노랬다. 몸뚱이의 어떤 부분은 옅은 적색이고, 어떤 부분은 온통 백색이었으며, 등에 희미하게 검은 무늬가 있었다. 남녀의 음경과 음호 또한 사람과 똑같았으며, 손가락과 발가락이 있고 그 가운데에는 주름 무늬가 있었다.

이에 무릎에 껴안고 앉히자 모두 사람과 다름이 없었으며, 사람을 대하여서도 별다른 소리를 내지 않고 하얀 눈물만 비 오듯 흘렸다. 김담령이 가련하게 여겨 어부에게 놓아주라고 하자, 어부가 매우 애석해하며 말했다.

"인어는 그 기름을 취하면 매우 좋아 오래되어도 상하지 않습니다. 오래되면 부패해 냄새를 풍기는 고래 기름과는 비할 바가 아니지요."

김담령이 빼앗아 바다로 돌려보내니 마치 거북이처럼 헤엄쳐 갔다. 김담령이 무척 기이하게 여기자, 어부가 말했다.

"인어 중에 커다란 것은 크기가 사람만 한데 이것들은 작은 새끼일 뿐이지요."

일찍이 들으니 간성杆城에 무식한 어부가 인어 한 마리를 잡았는데 피부가 눈처럼 희어 여인 같았다. 희롱하여 음란한 짓을 하자 인어가 다정히 웃기를 마치 정이라도 있는 듯이 했다. 드디어 바다에 놓아주니 갔다가 다시 돌아오기를 세 차례나 반복한 후에 떠나갔다고 한다.

내가 일찍이 고서를 보니,

"인어는 암수의 모습이 마치 사람과 같아 바닷가 사람들이 암컷을 잡으면 못에 가두어 기르며 더불어 교합하는데, 마치 사람과 같다."

라고 하여 웃은 적이 있는데, 우리나라에서 이를 다시 보게 될 줄 어찌 알았으랴!

## 뱅어와 초식草食 ❖ 515

동해에 작은 물고기가 있는데 몸 전체가 희다. 바람결에 파도를 따라 해안으로 밀려오면 그곳에 사는 주민들이 잡아서 먹는다. 우리나라 북도北道(함경도)의 중들은 그것을 '초식'草食이라고 이름붙이고 거리낌 없이 먹는다.

한 객승客僧이 북도에 들어갔는데 그곳에 사는 중이 뱅어국(白魚羹)을 한 사발 가득 주기에 괴이하게 여기고 물었더니, 그 중이 대답하길

"북쪽 지방에서는 이것을 초식이라 부르며 채소처럼 먹습니다."

라고 했다기에, 내가 듣고 매우 웃었다.

두보가 지은 「백소」白小라는 시*를 보니 다음과 같다.

| | |
|---|---|
| 백소는 무리로서 천명을 받는바 | 白小群分命 |
| 천연스러운 두 치 물고기라네. | 天然二寸魚 |
| 가늘고 작아 물에 젖는 종류로 | 細微霑水族 |
| 풍속에서는 뜰의 채소로 대한다네. | 風俗當園蔬 |

그 주에 이르길

"『빈퇴록』賓退錄*에 이르길 『정주도경』靖洲圖經에 따르면 그곳의 풍속이 상중喪中에 있는 사람은 젓갈·술·고기를 먹지 않지만, 생선은 채소로 간주한다고 한다. 지금 호북湖北 지방의 백성들이 대개 그렇게 하며 이를 어채魚菜라고 일컫는다."

---

「백소」白小라는 시    이 시는 오언 율시로 시의 전문을 소개하면 다음과 같다.
"白小群分命, 天然二寸魚, 細微霑水族, 風俗當園蔬, 入肆銀花亂, 傾箱雪片虛, 生成猶拾卵, 盡取義何如?"
『빈퇴록』賓退錄    '빈퇴록'이라는 책은 송대 조여지趙與峕와 명대 조선정趙善政이 지은 두 가지가 있는데, 여기에서는 조여지의 것을 가리킨다. 조여지의 『빈퇴록』은 그가 사는 마을의 풍속과 자신이 견문한 기이한 일들을 기록한 필기 잡록이다.

라고 했으니, 우리 북방의 풍속과 더불어 고금古今이 똑같다 하겠다.


## 두려움의 다양한 대상 ❖ 516

코끼리는 쥐를 두려워하고 뱀은 돼지를 두려워하며, 지네는 닭을 두려워하고 닭은 무소뿔을 두려워한다. 모든 짐승들이 호랑이를 두려워하는데, 호랑이는 표범과 큰 곰을 두려워한다. 사람에 이르러서는 김덕장金德章은 닭을 두려워하고, 정시회鄭時晦는 쥐를 두려워하며, 이세휴李世休는 누에를 두려워하고, 박경발朴敬發은 고양이를 두려워한다. 닭·쥐·누에·고양이야 두려울 것이 뭐 있겠는가?

　사람 중에 이보다 더욱 놀랄 만한 것이 있으니, 내가 어렸을 적에 본 것이다. 어떤 여인이 우리 집 늙은 여종에게 무척 다급하게 빚 독촉을 했다. 늙은 여종 집에 검은 사기그릇이 있었는데 그 여인이 그것을 한번 보자마자 양 소매로 눈을 가리고 달음질쳐 나갔다. 얼굴색이 흙빛으로 변하고 온몸을 덜덜 떨다가 한참 뒤에야 진정이 되었다. 그 여인에게 물으니 대답했다.

　"저는 평소 검은 사기그릇을 두려워합니다. 한번 보기만 하면 즉시 기운이 빠지지요."

　드디어 빚 받는 것을 포기하고 가서 다시는 오지 않았으니, 이는 매우 괴이한 일이다.

　예전에 간장을 두려워하는 사람이 있다고 하여 내가 믿지 않았는데, 검은 사기그릇을 두려워하는 사람을 보고는 비로소 그것이 거짓이 아님을 알았다.

## 쥐 떼에게 물려 죽은 고양이 ❖ 517

보성寶城 바다 가운데에 작은 섬이 있는데, 쥐가 많아서 '서도'鼠島라고 불렀다. 호사가好事家가 고양이 몇 마리를 가지고 가 섬에 풀어놓았더니, 크기가 고양이만 한 쥐들이 모여들어 물었다. 고양이는 처음에는 확고하게 이기려고 다투었지만 끝내는 견디지 못하고 달아나 숨었는데 구멍을 찾지 못해 아침이 다하기 전에 다 죽고 말았다.

아! 쥐가 두려워하는 것으로 고양이만 한 것이 없다. 고양이가 한번 소리를 지르면 여러 쥐들이 모두 꼼짝 못하는 것이 마땅한 이치인데, 저들의 무리가 많고 이쪽이 적음에 이르러서는 끝내 잡히고 마는 것이다. 군자가 소인을 공격함에 있어서도 반드시 먼저 그 많고 적음을 살핀 후에야 가능한가 보다.


## 바위 속의 구리 잔 화석 ❖ 518

안동安東에 산성山城이 있는데, 참판 박이서朴彛敍의 아들 박로朴簹가 부사를 지낼 때 산의 바위를 깎아 수축하느라 큰 바위 하나를 정으로 쪼갰다. 그러자 바위 속에 구리 잔 네 개가 있었다. 그 모양이 지금 민간에서 늘 사용하는 연기燕器*와 같았으며, 모두 잘 다듬어져 있어 아낄 만했다. 세 홉들이 크기로 바위 속에 박혀 있었는데, 구리가 닿은 곳의 바위는 안팎이 갈아 놓은 듯 반드럽고 윤이 났다. 박로가 그중 두 개를 얻고, 나머지 두 개는 잃었다.

---

**연기燕器**　연기燕器는 원래 일상생활에서 몸을 편안하게 하는 도구를 말한다. 본문에서는 일상에서 흔히 볼 수 있는 잔과 비슷하다는 의미로 쓰였다.

천지가 처음 나누어질 때 솟구친 것은 산이 되었고 흐른 것은 물이 되었으며, 뭉쳐진 것은 돌이 되었다. 그런데 지금 이 구리 잔은 선천先天의 고물古物일 듯한데 그 모양새가 오늘날의 것과 다르지 않음은 어찌된 것인가? 모르겠거니와 흙이 되고 바위가 되는 것이 반드시 태곳적 옛날이 아니라 중고中古 시대에 만들어진 것인가? 아니면 옛 사람이 무덤 속에 넣어 둔 것이 흙으로 변했다가 바위가 된 것인가? 어떤 이는 말하길

"석회는 오랜 세월이 지나면 바위가 된다."

라고 하니, 석회 속에 감추어져 있던 것이 바위 속의 물건이 되었는지도 모를 일이다.

세속에 전하길 명천明川 칠보산七寶山에서는 바위 속에서 조개를 얻었다고 하는데, 알 수 없는 일이다. 또 호인의 땅과 이어지는 백두산 아래에는 물거품이 바람에도 흩어지지 않고 돌을 이루어 돌의 모습이 벌집처럼 생겼다고 한다. 그렇다면 흙이 변해 돌이 되는 것이 반드시 선천 시대에 이루어진 것은 아닐 것이다.

구리 잔을 얻었던 때는 만력萬曆(1573~1619) 천계天啓(1605~1627) 연간이었다고 한다. 그 이듬해에 박로는 물에 빠졌다가 죽음을 면해 살아났고, 또 이듬해에 박이서는 중국에 사신으로 갔다가 바다에 표류해 돌아오지 못했다.

## 흉가를 사서 거부가 된 유극량 ❖ 519

고려가 멸망한 직후, 송도松都에 빈집 한 채가 있었다. 모두들 귀신이 많다고 해서 거기에 사는 것을 불안해했다. 한 상인이 싼값으로 그 집을 사서 살면서 얼마간 세월이 지났는데, 매양 방아를 찧을 때면 쟁그랑 하는 쇳소리가 담장 벽 사이에서 은은히 들려왔다. 드디어 그 벽을 허물고 보았더니 이

중으로 쌓은 벽 속에 금은보화가 기둥과 처마까지 채우고 있는데, 몇백 겹이나 쌓였는지 알 수 없었다. 그리고 '중관中官 아무개가 모년 모월 모일에 감춰 둔다'라는 글씨가 쓰여 있었다.

대개 고려가 망할 때에 환관이 뿔뿔이 달아나 숨었는데, 환관은 권세가 있고 총애를 입어 보화가 많았다. 난리가 나자 보물을 이중벽에 감추어 두었으나 병화를 입어 다시 집으로 돌아오지 못해서 그 집이 비게 된 것이다. 그 집에 들어간 사람들은 이 쇳소리를 듣고 귀신이 그러는 줄로만 여기고 두려워하며 그곳에 사는 것을 불안해한 것이다. 상인은 보화를 얻고 집을 일으켜 송도에서 제일가는 부자가 되었다.

어떤 이는 이 상인이 충신 유극량劉克良이라고 한다.

## 흉가를 사 갑부가 된 김뉴 ❖ 520

김뉴金紐는 문장에 능했다.* 서울의 한 고가故家가 값이 5천 필匹이 나갔지만 요사스런 도깨비가 많이 들어가 사는 사람은 반드시 죽었다. 장안에 재물이 많은 사람들이 모두 두려워하며 그 집을 사려고 하지 않았다. 김뉴가 헐값으로 그 집을 샀다. 자신이 먼저 시험해 보고자 하여 집안 식구들은 따라오지 못하게 하고 혼자서 그 집에 들어가 갔다. 배리陪吏와 구졸丘卒들에게는 집 밖에서 기다리라 하고, 등잔불을 밝히고 혼자 앉아 있었다. 한밤중이 되자 흰 옷을 입은 중 7명이 문을 밀치고 들어왔다. 김뉴가 큰기침소리

---

김뉴金紐는 문장에 능했다.    여러 필사본에는 이 다음에 "서거정徐居正을 대신해 대제학大提學을 지낸 사람이다."(代徐居正, 爲大提學者也.)라는 내용이 첨가되어 있다. 그러나 김뉴는 대제학을 지낸 사실이 없으며, 〈이수봉본〉에서도 "金紐官參判, 本不得爲大提學, 此誤也"라고 하여 그 오류를 지적하고 있기에 여기에서는 그 내용을 빼고 번역하지 않았다.

를 한 번 내자 7명이 모두 달아나는데, 창틈으로 엿보니 섬돌 위 대나무 숲 속으로 들어가는 것이었다.

김뉴는 서리書吏를 불러 등불을 켜고 술을 데우게 하여 날이 밝기를 기다렸다. 날이 밝자 여러 하인들에게 명해 삼태기와 삽을 가지고 대숲 밑을 파게 하였다. 그곳에서 은 부처 7구가 나왔는데 크기가 모두 아이만 했다. 김뉴가 말하였다.

"막중한 재화를 사사로이 가질 수 없으나, 만약 대궐에 다 바친다면 아첨에 가까울 것이다."

그리하여 두 개를 호조에 바쳐 국가의 비용에 쓰도록 하고, 나머지는 모두 궁핍한 친구들을 구휼하는 데 썼다. 또 술과 음식을 가득 준비하도록 명하여 큰 잔치를 열고 손님들을 대접했으니, 그런 잔치가 서너 차례 이어졌다. 그러고도 재화가 남았는지라 집안 살림에 보탰다.

또 장안에 팔려고 내놓은 수백 칸이나 되는 빈집이 있었는데, 도깨비가 많아 사람이 살지 못했다. 그곳에 거처하는 사람은 죽는다는 말을 듣고 헐값으로 그 집을 사들였다. 여러 해 동안 쌓인 흙먼지가 누대 위까지 덮었는데 사람 허리가 빠질 정도였다. 종으로 하여금 널빤지와 삽으로 소제하게 했더니, 그 속에 신주神主(위패) 세 좌坐가 묻혀 있었다. 신주의 분을 칠한 판면과 자획이 모두 분명했기에 자손을 찾아 돌려주었다. 이로부터 두 집 모두 요사스런 재앙이 없어졌고, 그 부유함이 장안의 벼슬아치들 가운데서 으뜸이었다.

[ 보유편 ]

〈연당(蓮堂)의 여인〉 (신윤복, 『여속도첩』女俗圖帖의 일부, 국립중앙박물관 소장)
긴긴 여름날 장죽을 물고 생황도 불어보지만 온갖 상념들을 떨쳐버리지 못하는 여인의 모습이다.
보유편에 실린〈선비보쌈〉은 조선 시대의 홀로 된 여인에 얽힌 특별한 사연을 전해 준다.

## 백광훈과 조룡대

백광훈白光勳은 시를 잘 짓고 초서를 잘 써서 호남에서 제일간다는 명성이 있었다. 그가 부여현을 지날 때, 현감이 배를 나란히 대어 술과 기녀와 악사를 싣고 와 그를 초청했다. 그가 도착하고 보니, 평범한 선비로 체구가 작고 풍채도 변변치 않았다. 기녀 가운데 이름이 장본將本이라고 하는 이가 우스갯소리를 잘했는데, 그녀가 말했다.

"일찍이 백광훈의 명성이 산보다 크다고 들었는데, 지금 보니 조룡대釣龍臺일 뿐이로구나."

조룡대는 부여의 백마강白馬江에 있는데, 소정방蘇定邦이 백마를 미끼로 하여 용을 잡은 곳이라고 해서 붙여진 이름으로, 덩그러니 작은 바위 덩어리에 불과할 따름이다. 이런 까닭에 당시 사람들은 기녀의 말이 그 용모를 잘 형용했다고들 했다.

백광훈의 절구絶句 한 수가 당시 널리 알려졌는데, 다음과 같다.

| 첩첩 청산에 강물만 부질없이 흘러가는데 | 青山重疊水空流 |
| 금궁金宮 아니면 옥루玉樓가 있었겠지. | 不是金宮即玉樓 |
| 전성했던 시절 지금은 물을 길 없고 | 全盛至今無處問 |
| 달 밝은 밤 강물 위 외로운 배에 기대어 섰네. | 月明潮落倚孤舟 |

내가 보기에는 그의 시 또한 조룡대라고 하겠다. 그의 아들 진남振南은 진사로서 아버지의 재능을 이어받아 초서에 능했지만, 시는 조금 떨어졌다.

## 서얼 구현휘와 중종반정 ❖ 522

구현휘具玄暉는 서얼庶孼이다. 선대의 집이 경강京江에 있었는데, 한 중이 지나가다가 말했다.

"이 집 자손 중에 첩의 아들이 있을 것인데, 반드시 군君으로 봉해질 것이다."

현휘가 구씨 집의 측실에게서 태어났는데, 질탕하여 얽매임이 없었다. 그는 서얼 허상許磌·민휘발閔輝發·민휘창閔輝昌·허총許聰·허청許聽 및 사족士族 윤희평尹熙平 등과 교우를 맺고, 장안의 호협객豪俠客이 되어 사람들을 때려 다치게 했다. 길거리의 사람들이 감히 말하지 못하고 서로 눈짓으로 알려 줄 뿐이었다.

폐조廢朝(광해군) 때에 구현휘가 법을 위반해 장차 죽임을 당하려다가, 사형에서 감해져 절도絶島에 유배 가게 되었다. 그때 조정의 기강이 문란해져서 유배를 당한 이가 사제私第\*에 그대로 머물러 있곤 했다. 구현휘는 유순정柳順汀·박원종朴元宗 등과 교우를 맺고 훈련원에 모여 거사에 관해 의논했다.

거사를 일으킬 당시 허총과 허청은 이름난 재상의 첩 소생이었다. 훈련원에 귀천貴賤이 함께 모여 밤에 횃불을 밝히고 있다는 소리를 듣고 재상은 큰일이 벌어질 것이라고 생각해서 드디어 허총과 허청을 빈 사당祠堂에 가두고 굳게 자물쇠를 채워 두었다. 나머지 호협객들은 모두 훈련원에 모였는데, 다만 민휘발만은 어디에 있는지 알 수 없었다. 그 집에 가서 물었더니 집안사람들 또한 향방을 알지 못했는데, 민휘발이 홀연 훈련원 누각 아래에서 알몸으로 나타나 무릎을 꿇었다. 그는 바로 그날 밤 훈련원 앞에 있는 창가娼家에서 자다가 악소배惡少輩들에게 쫓겨 알몸으로 숨어 있었던 것이다.

사제私第   개인 소유의 집.

여러 호협객들이 그를 보고 크게 기뻐하며 즉시 군사의 푸른색 옷을 벗겨 그에게 입혀 주었다. 드디어 의거를 일으켜 공희 대왕恭僖大王(중종)이 보위寶位에 오르자, 공훈에 대한 상을 크게 베풀었다. 여러 호협들은 모두 녹훈錄勳되어 군으로 봉해졌으나 허총과 허청만은 이에 끼지 못하였으니, 이들은 항상 개연히 벗들에게 말하곤 했다.

"만일 우리 집 어른께서 우리를 사당에 가두지 않으셨다면 우리의 훈공이 어찌 제군만 못하였겠는가?"

윤희평은 진사로 무과에 응시하여 등과했는데, 녹훈되어 군으로 봉해졌다.

## 권람의 족자에 쓴 '위천조어도' 시* ❖ 523

매월당梅月堂 김시습金時習은 세상을 피해 중이 되어 호를 설잠雪岑이라 했다. 일찍이 서울에서 노닐 때 재상 권람權擥의 집을 지나다가 '시 배우는 중'이라고 자칭하고서 뵙기를 청했다. 권람은 그를 서재에서 기다리게 해 놓고 오래도록 나오지 않았다. 김시습이 벽에 걸려 있는 족자 그림 '위천조어도'渭川釣魚圖를 보고 짙은 먹으로 절구 한 수를 썼다.

비바람 쓸쓸히 낚싯돌에 뿌리는데 　　　　　風雨蕭蕭拂釣磯
위천의 새와 물고기 모두 기심機心을 잊었구나.　　渭川魚鳥盡忘機

---

김시습의 '위천조어도' 시　　186화 〈김시습의 위천조어도渭川釣魚圖 시〉에 비슷한 이야기가 보이는데, 한명회가 '위천조어도'를 얻어 명인名人의 시를 구하고자 하니, 모두들 김시습이 아니면 쓸 사람이 없다고 해 김시습이 쓴 것으로 되어 있다.

| 어찌하여 늘그막에 새매 같은 장수가 되어 | 如何老作鷹揚將 |
| 백이숙제로 하여금 고사리 뜯다 굶어 죽도록 했는가? | 終使夷齊餓採薇 |

다 쓰고 나서 사라져 버렸다.

권람이 나와서 보고는, "아깝도다, 매월당이 왔었구나" 하고는 사람을 시켜 뒤쫓도록 했지만 찾을 수 없었다. 어떤 이는 권람이 아니고 한명회韓明澮라고도 한다.

## 표류하다 죽은 이서룡 ❖ 524

이서룡李瑞龍은 무인으로 무과에 합격해 선전관宣傳官에 제수되었다. 밤에 잠을 자다가 가위눌려 소리를 지르며 온몸에 땀을 흘리자 그의 아내가 불러 깨우니, 이서룡이 말했다.

"꿈에 큰 바다를 건너다가 풍랑을 만났는데 배가 위아래로 요동쳐서 넘어지고 자빠지며, 좌우의 뱃전으로 구르고, 이물에서 고물로 휩쓸려 온몸이 중심을 잃어 가눌 수가 없었소. 이 때문에 소리를 지른 것이오."

얼마 지나지 않아 정의 현감旌義縣監으로 나가게 되었는데, 바다를 건너다 폭풍을 만나 표류하여 정처 없이 떠내려갔다.

1년 남짓 지나서 또 대정 현감大旌縣監 양수진楊秀津이 임기를 마치고 돌아오다, 폭풍을 만나 남해로 떠내려가 절도絶島에 정박하게 되었다.

나무를 찍어 내고 쓴 글이 있어 읽어 보니 이렇게 적혀 있었다.

"모년 모월 모일에 정의 현감 이서룡이 바다를 건너다 태풍을 만나 돛대는 꺾이고 돛은 떨어져 나가 배 안에서 갈고리를 찾았으나 돛을 걸 수 없었다. 이 때문에 먼 바다까지 표류해 왔는데, 양식과 식수가 떨어져 한 배에 탄 백 사람이 물고기 배에 장사 지내게 되었다. 본국 사람으로 이곳을 지나는 이가 있거든 부디 돌아가 고향 사람에게 알려 주시오."

주변을 살펴보니 은대銀帶\*가 떨어져 있었고, 혁대革帶가 불에 타고 남은 자투리가 있었다. 너무도 굶주린 나머지 허리띠의 가죽을 구워 먹은 것이다.

## 체구가 작아 살아난 이근 ❖ 525

이근李謹은 경성의 선비로 키가 매우 작아 보기만 해도 놀랄 지경이었다. 만력 임진년(1592)에 왜구들에게 붙잡혀 진영陣營에 끌려갔다. 진영의 장수가 한참 동안 쳐다보더니 말했다.

"이는 사람도 아니고 귀신도 아니니, 이런 놈을 잡아다 무엇에 쓰겠느냐? 빨리 죽여 버려라."

그 곁에 있던, 포로로 잡혔다가 귀화한 오랑캐가 장수를 속여 말했다.

"이놈은 키가 작은데 우리나라 관습에는 이런 놈을 써서 편전片箭\*을 쏘게 합니다. 편전이 반 자밖에 안 되기 때문입니다."

장수가 매우 특이하게 여겨 아랫사람을 시켜 편전을 찾아오게 했다. 잠시 후 한 병졸이 편전을 받쳐 이근에게 주고 쏘게 하자, 이근이 말했다.

"이것을 쏘는 데는 반드시 통아筒兒\*가 있어야 합니다. 통아가 없이 긴 활에는 맞지 않습니다."

은대銀帶　　은으로 만든 허리띠.
편전片箭　　짧고 작은 화살. 이 편전의 사거리는 일반 장전長箭의 두 배나 되고 적중률과 관통력이 좋다.
통아筒兒　　편전은 화살 길이가 짧기 때문에 직접 활시위에 걸어 쏠 수 없으므로, 통아라고 하는 통 안에 넣어서 쏜다.

장수가 포로를 대장에게 바치도록 했다. 대장은 판교板橋의 성채에 있었는데, 산꼭대기에 있는 성채는 금빛 병풍과 비단 휘장이 둘러쳐져 위엄이 있고 휘황찬란했다. 갑졸甲卒이 이근을 앞으로 데려가 보이면서 말했다.

"사로잡은 포로가 편전을 잘 쏘니 군중에 두고 쓰시기 바랍니다."

대장이 매우 기뻐하며 포로를 바친 자에게 상으로 편비偏裨의 관직을 내리고, 이근은 막하幕下에 있도록 했다. 때마침 전군이 진영을 옮기게 되어 이근도 따라갔는데, 지키는 군사가 잠시 방심한 사이에 길가 풀숲에 엎드려 있다가 몸을 빼어 달아날 수 있었다.

중국의 악양현岳陽縣에 거구의 사내가 있었는데, 키가 엄청나게 커서 제독장군提督將軍 유정劉綎이 군중에 두고 위용을 갖추는 데 썼다. 군사들 앞에 서 검을 짚고 서면 거구의 사내라도 머리가 그의 배꼽에 닿았으며, 한 끼니에 쌀 한 말을 먹었다. 평생 자신에게 맞는 여자가 없어 늘 홀아비로 지냈다. 산해관山海關에 이르러 후한 값을 치르고 신붓감을 구했는데, 달족獺族의 창기가 있어 한 번 교합했더니 바로 죽어 버렸다. 유정을 따라 왜를 정벌하러 가다 우리나라에 왔을 때 사람들이 모두 놀라서 물었다. 그는 먼 조상 중에 키 큰 사람이 하나 있기는 하지만 할아버지와 아버지는 보통 사람과 다를 바가 없었는데, 유독 자신과 여동생만 체구가 커서 상대할 사람이 없다고 했다. 그는 활과 말을 다루지 못했고, 힘쓸 줄도 몰랐다. 몸이 무거워 제대로 걷지도 못하고 말을 타지도 못해, 언제나 수레에 앉아 군대의 위용을 갖추는 데 쓰일 뿐이었다. 이 같은 이가 두 사람이었는데, 한 사람은 고생하다 길에서 쓰러져 죽고, 한 사람은 병들어 죽어 가면서 유정을 원망했다. 이는 쓸모없는 것을 쓸모 있게 활용해 허황된 꾸밈으로 적을 겁주려는 것이었다.

아! 이근은 체구가 작아 왜인들 틈에서 살아날 수 있었고, 악양의 사내는 체구가 커서 유정의 군대에서 병들어 죽었다. 나뭇가지 하나도 편히 여기는 뱁새와 구만 리 하늘도 덮는 대붕이 저마다 본래의 분수가 있는 것이니, 뉘라서 크고 작음을 구별해 알 수 있으리오? 가을 터럭도 크다고 할 수 있고, 태산도 작다고 할 수 있는 것이다.*

## 불상을 훼손한 하경청의 죽음 ❖ 526

하경청河景淸은 호조 산원算員의 아들로, 젊은 시절 문장을 익혀 유생 송구宋耉와 사귀었다. 송구의 조부 송거宋鐻가 안주安州의 대관大官으로 있어서 하경청은 송구를 따라 묘향산 보현사普賢寺에 가서 글을 읽었다. 이때 진무사鎭撫使*인 거부巨富가 면포 천 필, 백미 200석, 비단 수백 필을 내어 보현사에서 수륙무차회水陸無遮會*를 크게 열었다. 깃발을 걸고 차일을 치고 진기한 음식을 펼쳐 놓고 오색으로 오려 만든 꽃을 불상 앞에 꽂으니, 7, 8자 가량 되는 금불상이 장식에 가려질 정도였다. 하경청이 한밤중에 몰래 탁자 뒤로 가 승려들이 공양간에서 쓰는 칼을 가져다 불상의 눈을 파내고, 코를 베고, 얼굴을 깎아 냈는데, 승려들은 알지 못했다. 다음 날 아침, 진무사 내외가 의관을 정제하고 불전 아래에서 손을 모으고 있다가 위를 쳐다보니 불상이 훼손되어 있었다. 모든 승려들이 경악하여 휘둥그레지며 어찌할 바를 몰랐다. 모두들 재를 정성스럽게 올리지 못해 여래가 변하여 꾸짖음을 보이이는 것이라고 여겼다. 함께 눈물을 흘리며 수륙회를 마치니, 이루 헤아릴

---

가을 터럭도 ~ 있는 것이다.　　『장자』莊子「제물론」齊物論에 "천하에 가을 짐승의 털끝보다 더 큰 것이 없고, 태산은 작다고 할 수 있다. 어려서 죽은 아이보다 장수한 자는 없고, 팽조도 일찍 죽었다고 할 수 있다."(天下莫大於秋毫之末, 而大山爲小, 莫壽於殤子, 而彭祖爲夭.)라는 구절이 있다.
진무사鎭撫使　　조선 시대에 진무영에 속한 으뜸 벼슬.
수륙무차회水陸無遮會　　승속僧俗과 노소귀천老少貴賤을 가리지 않고 누구나 자유롭게 참여해 법문을 듣고 잔치를 열어 물건을 베푸는 법회를 '무차대회'無遮大會라고 한다. '수륙재'는 '수륙무차평등재의'水陸無遮平等齋儀라고 하여 물과 육지의 모든 고혼孤魂에게 평등하게 공양을 올리는 의미로 여는 법회다.

수 없이 든 비용이 끝내 수포로 돌아가고 만 것이다. 평안도 전역에서 원근의 승려와 속인들이 모두 왔다가 헛되이 돌아가니, 진무사에 대하여 욕하고 꾸짖지 않는 이가 없었다.

뒤에 하경청은 성균관 진사시에 합격했으나, 문文을 버리고 무武로 나아가 무과에 합격해 무관직을 얻었다. 병란을 만나 떠돌다가 평안도 순안현順安縣에 우거했는데, 백성들에게 너무 가혹하게 거두어들여 관가에 빚진 사람들이 활을 당겨 쫓아냈다. 하경청은 몰래 한 백성의 오두막집에 숨어 있었는데, 백성들이 밤을 틈타 그 집을 포위하고 집에 불을 지르니 빠져나오지 못하고 커다란 항아리를 엎어 놓고 그 아래에 들어가 있다가 결국은 타 죽었다. 보현사의 승려로 그 사실을 아는 이들은 모두 불상을 훼손한 데 따른 재앙이라고 하였다.

비록 도道가 다르다 할지라도 존중하고 공경하는 바가 있어야 할 것이니, 정부자程夫子는 앉을 때 불상을 등지지 않았던 바, 어찌 소견이 없어서 그러했겠는가? 내가 중국에 갔을 때 절을 유람하니, 과거에 응시하러 서울로 가는 선비들이 모두 불상 앞에 늘어서서 절을 하는 것이었다. 내가 괴이하게 여기고 그 이유를 물었더니, 모두들 말했다.

"중국의 선비들은 불상을 보면 절하지 않는 이가 없는데, 이는 이 나라의 풍속입니다."

우리나라에서 유학으로 이름난 이들이 모두 불상을 훼손하고 승려를 욕보이면서 불교를 물리친다고 일컬으니, 중국의 풍속과는 다르다. 승려들이 하경청이 불타 죽은 것을 가지고 인과응보라고 입에 올리는데, 반드시 그런 것이라고 할 수는 없겠으나 저 하경청이 어찌 불교를 물리칠 줄 아는 자라고 하리오.

## 혜성의 출현과 선조의 죽음 ※ 527

만력 35년(1607) 소경 대왕昭敬大王(선조)께서 병환을 앓으신 지 이미 여러 달이 되었다. 이때 혜성彗星이 자미원紫微垣*에 출현해 상태성上台星에서부터 중태성中台星을 거쳐 하태성下台星*에 이르러 희미해지더니 사라졌다. 임금께서 일관日官을 시켜 모든 징후를 살펴 계啓를 올리도록 했다. 그런데 유사有司는 '옥체玉體가 편치 않으니, 국상國喪이 있을 것이다'라는 한 조목만은 빼 버리고 아뢰지 않았다. 임금께서는 학문이 고명高明하셨는데 좌우에게 말했다.

"이 불길한 징후가 장차 내 몸에 있을 것이니, 내가 아마도 일어나지 못할 것이다."

이듬해 임금께서 승하하시니, 당시 영의정 유영경柳永慶이 사사賜死되었고, 좌의정 허욱許頊이 삭출당했으며, 우의정 한응인韓應寅은 파면에 그쳤다. 하늘이 상象을 보임에 어찌 조응됨이 없으리오.

## 전림의 용맹 ※ 528

이시애李施愛가 난*을 꾸밀 때 전림田霖을 두려워하여 자객을 시켜 그를 죽이려고 했다. 그런데 떠돌이 중인 자객은 전림의 얼굴을 본 적이 없었다. 당

---

**자미원紫微垣** 옛 사람들은 북극성을 옥황상제라고 생각해서 그 주변을 임금이 사는 궁궐이라는 뜻으로 자미궁이라고 했다. 그리고 자미궁의 담을 자미원이라고 불렀는데, 따라서 자미원에 있는 별은 궁궐을 지키는 장군과 신하다.
**하태성下台星** 북극의 북두칠성과 인접한 대능좌의 상태성, 중태성, 하태성을 합해 삼태성이라고 한다. 삼태성은 영의정, 좌의정, 우의정과 비유되어 삼공의 지위를 가리키기도 한다.

시 전림은 군관으로 대장 한명회韓明澮를 따르고 있었는데, 자객이 비수를 가지고 진중陣中에 들어오자 한명회가 하졸을 시켜 그를 결박하도록 했다. 온갖 형벌을 다 하며 심문했는데, 자객이 한마디도 하지 않자 한명회가 말했다.

"전림아, 네가 가서 심문하도록 해라."

자객은 그 말을 듣고 그제야 전림인 줄 알아채고는 한번 힘을 주어 벌떡 일어나 묶었던 끈을 조각조각 끊어 버리고 군졸의 칼을 빼앗아 전림을 쳤으나 적중하지 않았다. 전림이 주먹을 뻗어 자객의 머리를 부수어 버리자 그가 탄식하고 죽으면서 말했다.

"아! 내가 전림에게는 미치지 못하는구나."

한번은 전림의 등에 종기가 났는데 그 크기가 말(斗)만 했다. 맨몸으로 바위에 문지르자 피가 흘러 땅에 떨어졌는데, 얼굴빛이 태연했고 종기는 저절로 나았다. 학질을 앓게 되자 전림이 말하기를,

"장사가 어찌 일개 학귀瘧鬼 때문에 괴로워하겠는가?"

하고는, 칼을 짚고 다리를 쭉 편 채 의자 위에 앉아 있었다. 조금 지나자 온몸이 오한으로 떨리면서 거의 가눌 수 없게 되자, 칼을 내던지고 의자에서 내려와 베개 위로 엎어졌다. 항간에서는 이를 두고 말했다.

"전림의 용맹이 학귀를 만나 무릎을 꿇었도다."

---

이시애李施愛의 난亂   1467년(세조 13)에 이시애가 아우 이시합李施合과 함께 지방 세력을 배경으로 일으킨 난. 북도北道의 수령을 남도 사람으로 임명하는 것이 부당하다고 하여 난을 일으켰다. 이시애는 북청北靑 싸움에 패하자 길주로 도망하여 남은 무리를 거느리고 여진 땅으로 옮겨 갔으나 허유례許有禮의 계교로 형제가 사로잡혀 난이 평정되었다.

## 한 노인의 문자 가르치는 법 ❖ 529

한 노인이 세 딸에게 모두 문자를 가르쳤다. 큰딸이 머리에 갓을 쓰고 나와서는

"저는 '안'安 자입니다."

라고 하자, 노인이 "잘했다"라고 했다. 둘째 딸은 아들을 안고 나와서는

"저는 '호'好 자입니다."

라고 하자, 노인이 "잘했다"라고 했다. 막내딸은 나이가 아주 어린데, 알몸으로 몸을 기울인 채 한쪽 다리를 들고 서서 말하기를,

"저는 '가'可 자입니다."

라고 하자, 노인이 가만히 보고 나서 말했다.

"입 구口 자가 조금 기울어져 있지만, 그래도 역시 '가'可 자다."


## 선비 보쌈 ❖ 530

정덕正德 연간(1506~1521) 전에 한 지방 유생이 과거에 응시하러 서울에 왔다. 친구를 방문하고는 여사旅舍로 돌아가는데 밤은 이미 인정人定*이 지났다. 구리개(銅街)*에 이르렀을 때 장부 네 명이 이문里門*에서 나와서는 유생을 발로 차 땅바닥에 넘어뜨렸다. 그러고는 가죽 자루를 덮어 씌운 다음

---

인정人定　종을 쳐서 통행을 금지하는 일. 매일 저녁 이경二更에 종각鐘閣의 종을 스물여덟 번 쳐서 인정을 알렸다.
구리개(銅街)　지금의 명동 성당에서 을지로 1가에 걸쳐 있는 지역. 이 일대는 야트막한 언덕을 이루었기에 '동현' 銅峴이라고도 불렸다.
이문里門　주로 도적을 방비하기 위해 마을 입구에 세운 문. 이려里閭라고도 한다.

대여섯 번 돌려 묶고는 말했다.

"네 만약 한마디라도 하면 쳐 죽일 것이다."

그러고는 짊어지고 달려가는데 어디로 가는 건지 알 수 없었다. 구불구불한 골목길을 숱하게 지나더니 한 곳에 이르러 자루를 열고 유생을 꺼내 놓았다. 담장은 높고 웅장하며 행랑이 빙 둘러 있는 곳이었다. 옷을 벗겨 목욕을 시키고는 새 옷으로 다 갈아입히더니 한 방 안으로 들여 넣었다. 그 방은 능화지菱花紙로 발라져 있었으며 이불과 요 등 잠자리가 지극히 화려했다. 조금 지나자 한 젊은 미인이 시비의 부축을 받고 나왔다. 의복이 곱고 깨끗했으며 용모가 세련되었는데, 안색은 조금 초췌해 보였다. 유생은 그녀와 더불어 동침을 하였다. 밤이 다하여 파루罷漏*를 알리는 북소리가 둥둥 울리자 미인은 일어나 나갔다. 창 밖에서 또 네 명의 장부가 가죽 자루를 가지고 오더니 유생을 그 안에 담아 짊어졌다. 다시 구리개에 내려놓고 사라졌는데, 어디로 간 것인지는 알 수 없었다. 유생은 정신이 몽롱하여 어느 길로 해서 누구 집으로 들어가 어떤 사람과 잔 것인지 알 수 없었다. 그렇지만 마음 속으로는 늘 잊지 못했다. 이듬해 유생은 다시 과거에 응시하러 서울에 왔다. 매일 밤 인정 때가 되면 구리개에 와서 일부러 서성거려 보았지만 끝내 가죽 자루를 다시 만날 수는 없었다.

대개 이 당시 개가를 금지하는 법*이 시행된 지 얼마 안 되어서 사족의 집에서 좋지 못한 짓을 한 것이라고 한다.

---

**파루罷漏** 통행금지의 해제. 오경五更에 종각의 종을 서른세 번 치고 성문을 열어 사람들이 통행할 수 있도록 했다.
**개가를 금지하는 법** 개가 금지의 법은 조선 시대 사회에서만 시행된 조처로, 개가한 여자의 자손은 문·무과 및 생원·진사 시험에 응시할 수 없도록 하였다. 조선 초기부터 여러 차례 논란을 거쳐 1477년(성종 8) 조신회의朝臣會議를 거쳐 금법禁法으로 확정되어 시행되었다.

## 이항복을 구한 익재의 혼령 ❖ 531

상국相國 이자상李子常의 이름은 항복恒福이고, 호가 필운弼雲인데 백사白沙라고도 했다. 갓 태어나서 돌도 채 되지 않았을 때 유모가 안고 우물가에 갔다가, 땅바닥에 내려놓고는 앉아서 깜빡 졸았다. 상국이 기어가서 거의 우물에 빠지려 할 때, 유모의 꿈에 백발노인이 보였는데 풍채가 좋고 키가 컸다. 노인은 지팡이로 유모의 정강이를 때리면서 말했다.

"어째서 아기를 돌보지 않느냐?"

매우 아파 놀라 깨어난 유모가 달려가 아기를 구했는데, 정강이의 통증이 여러 날 가서 매우 이상하게 여겼다. 그 뒤 집안에 제사가 있어 선조 익재益齋 이제현李齊賢의 영정影幀을 사당 안에 걸어 두었다. 유모가 이를 보고 크게 놀라 말했다.

"전날 내 정강이를 때린 사람이 꼭 이렇게 생겼다."

아! 익재는 전 왕조의 어진 재상이었다. 그의 영령英靈이 3, 400년이 지난 뒤에도 사라지지 않고 어린 후손을 위태로운 지경에서 구해 줄 수 있었으니, 어찌 다만 그 신령神靈만이 유달리 영험해서 그러했겠는가? 필운이 평범한 아이와는 달라서 신명의 도움을 이르게 한 것임을 또한 알 수 있다. 아, 기이한 일이로다!

## 백발노인과 삼척 부사의 죽음 ❖ 532

옛날에 고려 공양왕恭讓王이 삼척에서 죽었는데, 이때부터 삼척에는 귀신의 재앙이 있어 백발노인이 나타나기만 하면 고을 수령이 반드시 죽었다. 윤변尹忭이 부사를 지내다 병들어 누워 있을 때, 관찰사 송기수宋麒壽가 삼척부에 들어와 죽서루竹西樓 연근당燕謹堂에 머물렀다. 기일을 맞아 깨끗이 재계하고 문서들을 물리친 채 혼자 앉아 있는데, 한 백발노인이 창을 열고 들여다보며,

"부사인 줄 알았더니 감사로군!"

하고는 이내 문을 닫고 가 버렸다. 송기수가 "당신 누구요?"라고 했으나 아무런 대답이 없이 적막하기만 했다. 이에 시종들을 불러 시동과 기녀가 대청 밖에서 대답하자, 송기수가 말했다.

"너희들은 어디에 있었길래 바깥 사람이 감히 당돌하게 들어오는 것이냐?"

"바깥 사람이 들어온 적은 없습니다. 소인들은 모두 대청 밖을 떠나지 않았습니다."

"아까 그 노인은 누구란 말이냐?"

"노인을 본 적 없습니다."

송기수는 그제야 그가 사람이 아니라는 것을 깨닫고는 매우 놀랍고 두려워 찰방察訪을 불러 말했다.

"오늘 당장 강릉으로 가야겠다. 행장이 꾸려지지 않아도 날이 저물기 전에 출발할 것이다."

결국 한밤중에 출발해 우계역羽溪驛*에서 묵었다. 아침에 길을 떠나 도중에 삼척 사람을 만났는데, 그가 말에 땀이 나도록 달려오더니 말했다.

"부사의 병세가 위독하오니, 청심원을 얻고자 합니다."

행차가 강릉에 채 닿기도 전에 삼척에서 문서가 왔는데, 부사가 죽었다는 소식이었다. 이때부터 이 고을에 부사로 오는 이들이 연이어 죽었고, 그들이 죽을 때는 반드시 백발노인이 나타났다.

우계역羽溪驛    우계는 지금의 강원도 강릉시 옥계면玉溪面 지역에 있었던 현명縣名.

## 박형 아들의 혼령 ❖ 533

박형朴泂은 숙淑이라 개명했는데, 힘써 이학理學을 공부해 후진을 가르쳤으며, 귀신에 대한 일을 믿지 않았다. 그의 아들이 아홉 살에 죽자, 선영 아래에 묻어 주었다. 장사를 마치고 돌아오는데, 산굽이를 돌아 나오기도 전에 홀연 아이의 목소리가 들려왔다. 무덤에서 종의 이름을 부르며,
"석아, 삽 가지고 가야지."
라고 해서 살펴보았으나 아무도 없었는데, 삽 가져오는 것을 잊었던 것이다. 가서 삽을 가지고 돌아왔다.


## 부안 백성의 충견忠犬 ❖ 534

정유년(1597, 선조 30) 난리에 부안扶安 백성이 왜구를 피해 풀숲에 엎드려 있었는데, 식구는 모두 도망가 숨고 개 한 마리만 그를 따라왔다. 왜구가 풀숲을 뒤지다가 그 사람을 붙잡아 찔러 죽여, 시체를 들판에 버렸다. 개는 슬피 울며 시체를 지켰는데, 까마귀·솔개·여우·살쾡이가 가까이 다가오면 매번 짖어서 쫓아 버렸다. 7, 8일을 이렇게 하면서 잠시도 떠나지 않았는데, 사람이 와서 시신을 거두었다.


## 의금부 여종과 절교한 구영준 ❖ 535

구영준具英俊은 대사헌大司憲 구수담具壽聃의 아들이다. 구수담은 당시 명망

있는 재상이었으며, 당시 의론이 그에게 의지하고 힘입었다. 구영준은 의금부의 여종을 매우 사랑하여, 어려서부터 배움을 게을리 하였고 남들의 비웃음과 모욕도 개의치 않았다.

의정議政 이준경李俊慶은 구수담의 벗인데, 영준을 보고 심하게 꾸짖어 말했다.

"너는 명문가의 자제로 앞길이 매우 창창하다. 지금 듣자 하니 남의 비웃음과 모욕도 개의치 않고, 의금부의 어린 여종과 사랑에 빠져 나졸邏卒* 들과 더불어 네 부친의 아문衙門에서 섞여 논다고 하니, 자식으로서 행할 바가 아니다."

구영준이 부끄러워하며 불민함을 사죄하고 말했다.

"이제부터는 마땅히 상국의 가르침을 따라 절대로 다시는 왕래하지 않겠습니다."

다음 날로 여종에게 발길을 끊었다. 훗날 상국에게 인사를 올리자, 상국이 물었다.

"너는 지금도 전에 한 말을 실천하고 있느냐?"

영준이 대답했다.

"소생이 상국의 말씀을 중히 여겨 마침내 그와 관계를 끊었습니다. 그러나 매양 일념으로 그리워하여, 밤새 잠 못 이루다가 시 한 구절을 얻었습니다."

상국이 "들어 보자꾸나"라고 하니, 그 시는 다음과 같다.

| | |
|---|---|
| 백년해로 하자던 약속 깨뜨리매 | 割破百年偕老約 |
| 밤새 흘린 피눈물 배를 띄우겠네. | 終宵紅淚欲容舟 |

---

나졸邏卒　　조선 시대 포도청의 하급 병졸. 관할 구역을 순찰하고 죄인을 체포하는 일을 맡았는데, 의금부에도 금부 나졸이 있었다.

상국이 크게 칭찬하며 말했다.

"사내라면 응당 이래야지."

구영준은 음관蔭官으로 벼슬이 직장直長에 이르렀다. 그는 손톱이 한 개 빠져 있었는데 어떤 이가 이유를 물었다. 그는 아버지 구수담이 갑산甲山에 유배를 가서 사사賜死 되었는데 사약을 받을 때에 양 손으로 땅을 움켜쥐다가 자기도 모르게 손톱이 빠졌다고 했다.

아! 구영준이 처음에는 비록 욕망을 좇아 법도에 어긋난 짓을 했지만 끝내 어른의 가르침을 받들어 뉘우치고 선한 데로 옮겼다. 이는 군자도 어렵게 여기는 바이니, 기록할 만하다.

## 김종택의 처 조씨의 절행 ❖ 536

성주星州의 선비 김종택金宗澤의 처 안의安義 조曺씨는 본래 지방 현사賢士의 후예로, 평소에 행실이 정숙했다. 남편 종택이 장腸에 병이 나자 조씨가 애태우고 근심하며 백방으로 낫게 하려 했지만 효험이 없었다. 어떤 이가 시변尸汴이 장을 치료하는 데 좋은 약이 된다고 했다. 조씨는 시변을 얻을 수 없어 산 사람의 피로서 혹 대신할 수 있지 않을까 생각하고 다리를 찔러 피를 내어 남편을 속이고 먹게 했다. 병이 조금 차도가 있는 듯하자 다시 다리를 베어 내 살째로 삶아 올렸다. 이와 같은 일이 거듭되자 남편이 이상하게 여기고 캐물으니, 곧 다리에는 이미 살점이 남아 있지 않았다. 이에 부부가 손을 맞잡고 눈물을 떨구자 보는 이들 가운데 코끝이 찡해지지 않는 사람이 없었다. 남편의 병이 마침내 낫고 조씨의 다리 또한 완전히 회복되니, 지금까지 영남 우도 전체가 다투어 칭송하고 있다.

급박한 지경에 처해 의로운 결단을 내린 이를 고금을 통틀어 어찌 한정할 수 있으랴? 그러나 고통을 참으며 다리의 살을 베어 내는 일을 두 번 세 번 반복했으니, 지극한 정성에서 나온 것이 아니라면 누가 이와 같이 할 수 있으랴? 한 번의 절행을 행한 부인에게 견주어 보더라도 더욱 어려운 일이라고 말할 수 있다.

## 선산 선비 김욱의 효행 ❖ 537

선산善山의 선비 김욱金頊은 성품이 지극히 효성스러웠다. 아홉 살에 아버지가 죽자 몸에서 상복을 벗지 않고 입에 고기를 대지 않은 채 삼년상을 마쳤으며, 홀어머니를 섬기는 일에도 한결같이 정성스러웠다. 어머니가 일찍이 등창을 앓자 김욱이 입으로 빨아 내 어머니는 오래도록 살면서 천수를 다 누리고 죽었다. 김욱은 손가락을 자르고, 변을 맛보았으며, 또한 밤에 몸을 씻고 하늘에 기도를 드렸는데, 눈이 내리는 혹독히 추운 날씨에도 조금도 마음을 게을리 하지 않았다. 상을 당하여 곡哭하고 벽용擗踊*하면서 보내드리는 데 마지막 예를 다하였는데, 이때 김욱의 나이 또한 이미 64세였다. 드디어 자신이 병이 들어 죽게 되자 사람을 시켜 등에 업게 하고는 사당에 인사를 드렸는데, 눈은 거의 보이지 않는 상태였다. 마침 우렛소리가 크게 들리자, 김욱이 울부짖으며,

"어머니께서 놀라지 않으실까?"

라고 말하고는 숨을 거두었다.

근래에 마을마다 효자라고 일컬어지는 이가 많고 그 자손과 집안에서 그들을 오래도록 기리고 널리 전한다. 김욱과 같은 이는 자손이 영락했으며 세

---

**벽용擗踊** 부모의 상사를 당하여 가슴을 두드리고 땅을 구르며 통곡하는 것을 말한다.

월이 오래되었는데도, 말하는 이들이 탄식하고 지나가는 이들이 그곳을 가리키며 지금까지 칭찬하여 효자 마을이라고 한다. 아, 훌륭한 일이로다.

## 사윗감을 잘못 고른 판서 신공제의 부인 ❖ 538

정언각鄭彥慤은 집이 매우 가난했으나, 어렸을 때 글을 잘 지어 '기동'奇童이라고 일컬어졌다. 판서判書 신공제申公濟의 데릴사위가 되어 여러 번 과거에 응시했으나 급제하지 못했다. 마흔이 되도록 포의布衣로 지내며 먹고 입는 것을 모두 판서 부인에게 의지하므로 부인이 이를 괴롭게 여겼다.

판서가 작은딸의 사윗감을 고르려 했으나 마땅한 사람을 구하기가 어려웠다. 정언각에게 서로 알고 지내는 이 가운데 어진 인재를 추천하라고 했더니, 정언각이 말했다.

"제 친구 원손元遜이란 사람은 명문세족으로, 재주 있다는 이름이 있고 성품도 단아한 데다 용모는 옥과 같습니다. 지금은 비록 가난하지만 어찌 오래도록 가난하겠습니까?"

판서가 말하기를,

"괜찮겠네. 빨리 매파를 보내 길일을 잡도록 하세."

라고 하자, 부인이 말했다.

"그렇지 않습니다. 재주는 믿을 만한 것이 못 됩니다. 처음에 정 진사鄭進士(정언각)가 '기동'이라 반드시 일찌감치 큰 명성을 이루리라 여겨 가난함을 개의치 않고 사위로 맞아들였습니다. 그런데 반평생을 가난으로 초라하게 보냈으며 부귀를 기약할 수 없습니다. 둘째 사위인 유생柳生─나의 할아버지인 휘諱 충관忠寬이다.〈원주〉─은 가계가 매우 풍족하고 마음이 무척 너그러우며, 벗과 더불어 독서하매 그 집안에서 다 받들어 사흘에 소를 한 마리씩 잡습니다. 이 사람이 비록 급제하지 못할지라도 나는 걱정이 없습니다. 지금 원생元生이 비록 재주 있다고 하지만 또다시 정 진사처럼 된다면 그 고통이 나에게 있을 터이니, 어찌하겠습니까?"

마침내 원생을 맞아들이지 않고 윤필상尹弼商의 손자인 희로希老를 취하였다. 바야흐로 혼례를 치를 때 승문원 정자正字인 정언각의 친구가 공사公事를 아뢰려고 판서의 집에 왔다가 혼례가 막 시작될 즈음이라 명함도 전하지 못하고 언각의 처소에 머물러 있었다. 신랑이 도착하는 것을 멀리서 바라보고는 그가 크게 놀라 말했다.

"자네의 장인 상국공께서 어디에서 굶어 죽은 시체를 데려오셨는가? 훗날 골짜기에 엎어져 죽을 자가 반드시 이 사람일 것이네."

정언각이 크게 웃으며 말했다.

"이 사람은 동방의 갑부일세. 자네가 굶어 죽을지언정 이 사람은 굶어 죽지 않을 것이네."

훗날 윤희로는 학업을 폐하고 여색으로 몸을 망쳐 30채나 되는 저택과 수많은 노비, 만 이랑이나 되는 좋은 밭을 전부 팔아먹었다. 그리고 세족世族의 노비들이 사는 행랑채에 기숙하며 추위와 굶주림에 시달리다 죽었다. 원손은 뒤에 이름을 혼混으로 개명하고 관직이 1품에 이르렀으며 92세까지 수를 누리다 죽었다.

부인은 종실 호산군湖山君의 딸로 비단옷을 입고 자랐으며, 또 경상卿相에게 시집와서 일생 동안 부귀를 누리고 가난의 고통을 겪어 본 적이 없었다. 부인이 판서의 말을 따르지 않아 마침내 사랑하는 딸의 일을 그르쳤으니, 탄식할 일이다. 그렇지만 빙인월승冰人月繩*은 어둠 속에서 일찍 정해지는 것이니, 부인인들 운명을 어찌하겠는가?

---

빙인월승冰人月繩　　혼인을 매개하는 월하노인月下老人과 빙인冰人의 끈. 여기에서는 혼인의 인연이라는 의미로 풀이된다.

윤희로가 성품이 어리석고 학업을 폐하자, 어떤 사람이 그에게 말했다.

"자네는 어째서 판서에게 응패두鷹牌頭* 자리를 구해 보지 않는가? 꽤 한가하고 녹봉도 많다네."

윤희로가 크게 기뻐하며 정언각에게 물어 보자, 언각이 말했다.

"응패두가 한가하고 녹봉이 많기는 하나 묘패두猫牌頭만은 못하니, 어찌 장인어른께 묘패두 자리를 구하지 않는가?"

윤희로가 더욱 기뻐하며 판서에게 가서 묘패두 자리를 구하자 판서가 크게 웃으며 말했다.

"필시 정 진사가 자네를 속인 것일세."

## 뱀을 쪼아 먹은 학 ※ 539

해서海西 지방의 한 농부가 독충의 독으로 배가 부풀어 오르는 병을 앓아 그 고통을 이기지 못했다. 바야흐로 여름철이어서 배를 드러내고 나무 아래 누워서 해를 쳐다보는데, 숨이 차서 헐떡거리며 거의 끊어질 듯했다. 커다란 학 한 마리가 나무 위에서 내려다보다가, 그 농부의 뱃속에서 무언가 꿈틀거리며 움직이자 곧바로 내려와 부리로 쪼아 뱃가죽을 뚫고 끄집어 냈다. 독충은 이미 커다란 뱀의 머리로 자라 있었는데, 학이 한 번에 쭉 빨아서 삼켜 버렸다. 그 사람은 기력이 되살아나 평시와 같아졌다.

---

응패두鷹牌頭　매를 놓아 사냥할 수 있는 신표를 가진 사람들의 우두머리. 패가 없는 사람이 매를 놓으면 사헌부에서 규찰하여 함부로 매사냥하는 것을 금하였다.

## 화복에 관한 낭설 ❖ 540

홍양興陽 지방의 한 백성이 역병으로 죽어 산에 장사 지냈다. 마을 사람이 밭에 갔다가 들으니 무슨 소리가 무덤에서 은은히 새어 나오는데, "사람 살려! 사람 살려!" 하는 것이었다. 마을 사람이 그 집으로 달려가 알리려고 하자 어떤 이가 말리며 말했다.

"속담에 이르지 않았소? 죽었다가 다시 살아난 사람을 보고 그 집에 알려 주면 도리어 그 죽음을 받게 된다오."

마을 사람은 겁에 질려 그만두었다. 다음 날 또 그 소리가 들렸으며, 사흘이 지난 후에야 잠잠해졌다. 그 집의 아들들이 나중에 이 이야기를 듣고는 무덤을 파 보았다. 관 뚜껑이 열려 있고, 교포絞布*가 풀어져 있었으며, 수의壽衣가 풀린 채 시신이 엎어져 있었다. 아들들이 매우 슬퍼하며 관아에 고발하여 마을 사람은 장형杖刑을 받았다.

아! 촌사람의 무지함이 너무 심하구나. 화복禍福에 관한 낭설이 어리석은 백성을 그르침이 심하도다.


## 총명한 화류계의 왈짜 최생 ❖ 541

최생崔生은 문관 최계훈崔繼勳의 아들인데, 이름이 무엇인지는 밝히지 않으련다. 그는 무리들 가운데 뛰어나게 총명했는데, 배움에 힘쓰지 않고 늘 기생집을 멋대로 돌아다녔다.

최계훈이 이를 근심하여 말했다.

---

교포絞布   시신을 묶는 베.

"『통감』通鑑을 열다섯 장씩 가르치고 매일 아침 암송을 시킬 터이니, 학업에 힘쓰거라. 한 글자라도 틀리면 피가 나도록 회초리를 칠 것이다."

최생은 종일 취해서 기생집에 누워 있다가 한 번 슬쩍 보고는 외웠는데, 한 글자도 틀림이 없었다. 최계훈이 스무 장을 더 보태며 말했다.

"내일 아침까지 외우도록 해라. 한 글자라도 빠뜨리면 반드시 매를 들 것이다."

최생은 여전히 기생집에서 취하여 지내기를 전과 같이 했다. 다음 날 아침, 외우기를 다그치자 최생은 다섯 손가락으로 그 글자들을 한 번씩 써 보더니 곧 암송에 들어갔는데, 입술이 마치 물 흐르듯 움직였다. 최계훈이 책을 펴 놓고 보는데 눈이 오히려 따라가지 못할 정도였다.

하루는 서교西郊의 모화관慕華館에서 무예를 뽐내는 장場을 열어 말 달리기와 활쏘기를 시험했는데, 장안의 명기名妓들이 모두 가서 구경하였다. 명기들이 노상에서 최생을 보고는 절하며 매우 정성스럽게 안부를 묻자, 일행 중 한 기생이 웃으며 말했다.

"너희들은 어찌하여 귀신 탈바가지\*같이 생긴 자에게 정성을 다하는가?"

기녀들이 말했다.

"이는 서울에 있으면서 종루鐘樓를 모르는 격이니, 저이는 소수복小受福이 총애하는 남자일세."

소수복은 장안의 으뜸가는 기녀였기에 많은 기녀들이 우르르 몰려가 최생을 구경하였다. 최생은 늘그막에 이르러서야 후회를 하고 그 아들을 가르쳐 끝내 문장을 성취하도록 했다.

---

귀신 탈바가지　　원문은 '몽기'蒙倛. 마귀나 귀신을 쫓는 신으로, 마귀나 질병을 쫓는 행사에서 그 탈을 쓴다. 눈이 넷인 것을 방상方相이라 하고, 눈이 둘인 것을 몽기라고 한다.

## 심봉원의 양생법 ❖ 542

심봉원沈逢源은 서른 살에 병에 걸려 폐인으로 산 지가 거의 10년이었다. 늘 탁자강卓子康(탁무卓茂)·유문요劉文饒(유관劉寬)의 사람됨을 흠모하고, 스스로 원기元氣를 약하게 받고 태어났다고 여겨 욕망을 줄이고 심기를 안정시키며 힘써 원기元氣를 길렀다. 옷을 입을 때면 반드시 양兩의 단위*까지 따졌고, 음식을 먹을 때면 반드시 숟가락 수를 헤아렸다. 거동을 할 때도 기운을 잘 조절하고 분산했는데, 각기 일정한 법도가 있었다. 생사와 우환의 일은 화기和氣를 손상시킨다고 해서 집착하지 않았고, 약을 쓰지 않고서도 진실로 기쁨에 이를 수가 있었다. 말년에는 신기神氣가 보통 사람보다 나아졌으며, 읽은 책을 전혀 틀림이 없이 기억해 낼 만큼 총명했다. 나이 일흔여덟이 되어서야 생을 마쳤다.

## 이백 시의 호탕한 기상 ❖ 543

이백李白은 비록 호탕하고 얽매임이 없었으나, 감흥이 생기면 반드시 서소西笑*의 뜻이 있었다. 그의 시詩에 다음과 같은 것*이 있다.

---

**양兩의 단위** 한 냥兩은 24수銖에 해당하며, 현재의 단위로는 대략 0.05mg에 해당하는 극소량의 단위이다.
**서소西笑** 서쪽, 즉 장안을 향해서 웃는다는 뜻으로 포부와 선망의 마음이 실려 있음. 『환담신론』桓譚新論에 "사람들은 장안이 즐거운 곳이라고 들으면 문을 나서면서 서쪽을 바라보며 웃고, 고기 맛이 좋다는 것을 알면 푸줏간을 앞에 두고 크게 입맛을 다신다."(人聞長安樂, 則出門向西而笑, 知肉味美, 則對屠門而大嚼.)라고 하였다.
**그의 시詩에 다음과 같은 것** 여기 실린 시구는 「남릉별아동입경」南陵別兒童入京의 일부이다.

| | |
|---|---|
| 회계會稽의 어리석은 아내 주매신을 경멸하였나니* | 會稽愚婦輕買臣 |
| 나 또한 집을 떠나 서쪽으로 진秦 땅에 들어가노라. | 余亦辭家西入秦 |
| 하늘을 바라보고 한바탕 크게 웃고 문을 나서나니 | 仰天大笑出門去 |
| 나 같은 이들 어찌 궁벽한 촌사람이리오. | 我輩豈是逢蒿人 |

그 다음에 아래 시*가 실려 있다.

| | |
|---|---|
| 몸을 솟구치매 삼천三天*이 가까움을 알겠고 | 騰身轉覺三天近 |
| 발 들고 돌아보니 만봉萬峯이 아래에 있구나. | 擧足回看萬峯低 |

이 시들은 모두 같은 시기에 지어진 것이다. 이러한 기상을 보건대, 어찌 오래도록 가난하고 천하게 살 사람이겠는가? 오래지 않아 과연 한림학사翰林學士가 되었다.

## 만향당 기문에 부친 뜻 ❖ 544

아계鵝溪 이산해李山海가 평해平海에 귀양 가 있을 때, 세자를 책봉했다는 소

---

회계會稽의 어리석은 아내 주매신을 경멸하였나니　한漢나라 주매신朱買臣의 아내는 집이 가난하고 어려워지자 남편을 버리고 달아났다. 그 뒤 주매신이 회계會稽 태수가 되어 그 고을을 지나갈 때 스스로 부끄러움을 이기지 못해 목매어 죽었다고 전해진다.
아래 시　이 시의 제목은 「병산승」別山僧으로 이 작품은 『이태백문집』李太白文集 권12에서 위의 작품 「남릉별아동입경」 뒤로 둘째 번에 실려 있음. 원문에서 '하편'下篇이라 함은 같은 문집의 뒷부분을 말하는 것으로 보인다.
삼천三天　도교의 최고 이상향으로, 삼신三神이 기거하는 천외선경天外仙境. 청미清微·우여禹余·대적大赤을 일컫는다.

식을 듣고 다음과 같은 시를 지었다.

어질고 효성스럽고 영명함 남달리 빼어나시어 　　　仁孝英明逈出倫
어린 나이에 크나큰 덕성 봄볕처럼 따사롭네. 　　　沖年德宇藹陽春
태평성대의 구가謳歌 진실로 우리 세자께 해당되니 　　謳歌允屬吾君子
역수曆數가 응당 위대한 성인에게 돌아가는 법이라. 　　曆數應歸大聖人
법전法殿*에서 외람되이 영광스런 명 받고 　　　　　法殿濫叨承榮命
일찍이 외람되이 조정의 관료로 참여했네. 　　　　　虛御曾竊厠僚賓
늙은 신하 잠시나마 죽음을 늦추고 싶음은 　　　　　老臣願緩須臾死
거리에서 격양가가 울려 퍼지는 시절을 직접 보고 싶음일세. 親見康衢擊壤辰

그 후 참소하는 사람이 있어 끝의 두 구를 두고 악언惡言이라고 했는데, 주상에게까지 알려지자 아계가 즉시 그 구절을 다음과 같이 고쳤다.

이내 몸 봄바람 속의 제비가 되어 　　　　　　　　此身願化東風燕
대궐로 날아들어 임금께 문안을 여쭙고 싶네. 　　　飛趁龍樓問寢晨

또 내가 승지承旨를 지낼 때 박승종朴承宗도 승지로 있었는데, 그가 나에게 말했다.

"나에게 선친께서 남기신 허름한 초막이 있는데 난리를 겪고도 그대로 남아 있어 뜰에 국화를 심어 놓았소. 내가 생각하건대, 사람의 처신 중에 만년에 이르도록 지조를 지킴이 가장 어려운 것 같소. 한치규韓稚圭(한기韓琦)의 '황화만절'黃花晚節이라는 구절*에서 취하여 '만향당'晚香堂이라 당호堂號를

법전法殿　　　임금이 백관百官의 조하朝賀를 받는 정전正殿.

붙였는데, 그대가 나를 위해 기문記文을 써 주기 바라오."

내가 생각해 보니, 근자에 소인배들이 참언을 꾸며 동궁東宮을 위태롭게 만들고자 하여 동궁의 형세가 날이 갈수록 고립되고 있었다. 오늘날 사대부로서 만년에 이르도록 지조를 보존함은 반드시 동궁을 도와 보호하는 데 있었다. 이런 까닭에 기문 가운데 은연중에 이러한 것을 언급했으니, 다음과 같다.

"대저 사람들은 아름답게 소문이 나면 향기롭다고 하는데, 진실로 일찍 소문이 나면 그 소문이 오래가지 못한다. 옛날에 이윤伊尹은 일흔에 탕왕湯王에게 나아가 태갑太甲을 도와 재상이 되었으니, 이것이 만년의 향기이다. 강태공姜太公은 여든에 문왕文王을 보좌하고 아흔에 무왕武王을 도와 왕업을 이루었으니, 이 또한 만년의 향기이다. 동원공東園公, 기리계綺里季, 하황공夏黃公, 녹리 선생甪里先生은 수염과 눈썹이 하얗게 쇠었는데 나아가 한漢나라 왕실을 안정시켰으니,* 이 또한 만년의 향기가 아니겠는가?"

박승종은 석봉石峰 한호韓濩에게 글씨를 쓰게 하여 벽에 걸어 두었다.

그 후 소경 대왕昭敬大王(선조)께서 승하하시고 서양갑徐羊甲이 난을 일으켰는데, 박승종이 당시 병조 판서로 있으면서 그 일당인 박명현朴命賢·민열도閔悅道 등의 목을 베었다. 나는 비로소 편지를 보내어 축하하며 다음과 같이 말했다.

"전에 내가 합하閤下를 위해 만향당에 기문을 지으면서, 이윤伊尹·강태공姜太公·사호四皓 등의 일을 끌어다 썼는데, 정히 오늘에 이르러서야 그 뜻이 드러났습니다. 합하께서 능히 나의 말을 이루었군요."

---

'황화만절'黃花晚節이라는 구절    한치규韓稚圭 의 시「구일수각」九日水閣의 한 구절이다.
동원공東園公, 기리계綺里季 ~ 왕실을 안정시켰으니    동원공東園公·기리계綺里季·하황공夏黃公·녹리 선생甪里先生은 중국 진시황秦始皇 시절에 섬서성 상현商顯 동쪽에 있는 상산商山의 깊은 산중에 은거한 고사高士로 수염과 눈썹이 모두 희었기 때문에 상산사호商山四皓라 일컫는다. 천하를 통일한 한나라 유방이 사람을 보내 초청했으나 부름에 응하지 않고 더욱 깊은 산 속으로 숨어 버렸다.

대개 인심이 덕 있는 사람에게로 돌아감은 마치 모든 골짜기의 물이 바다로 흘러 들어가는 것과 같으니, 반역의 무리들이 틈을 타 거짓을 꾸민다 한들 어찌 이루어지리오?

## 곡소리가 닮은 부자 ❖ 545

이이첨李爾瞻의 부친이 가까이한 여자가 있어 아들을 낳았는데, 마음 속으로 자신할 수 없어 자기 아들인지를 스스로 가려 내지 못했다. 부친이 죽어 초상을 치를 때 이이첨이 안뜰에 내려와 벽용擗踊하며 자리에 엎드려 한참 동안 곡哭을 하는데, 문 밖에서 갑자기 곡소리가 들려왔다. 돌아가신 아버지의 곡소리와 매우 비슷해 이이첨은 당황스러워 분간이 되지 않았다. 마음 속으로 이상하게 여겨 곡을 멈추고 귀 기울여 듣고 있는데, 호상護喪하던 친척이 밖에서 들어와 말했다.

"평소에 엄친嚴親께서 측실에게 아들이 있다고 이른 적이 없었는데, 지금 어떤 이가 초상이 났다는 소식을 듣고 문간 앞에서 곡을 하고 있으니 어떻게 처리할까요?"

이이첨이 통곡하면서 대답했다.

"아무 말 말고 속히 불러들여 나와 함께 안뜰에서 나란히 부복俯伏하게 하세요. 이제야 비로소 돌아가신 아버님께서 낳은 사람이 틀림없음을 알겠으니, 그 곡소리가 매우 닮았습니다."

## 갑자계와 유숙의 선견지명 ❖ 546

나의 조카인 부제학副提學 유숙柳潚은 갑자생甲子生으로, 여러 문무文武 관료들과 함께 동갑계同甲契를 만들려고 하였다. 김응서金應瑞 또한 갑자생이었는데, 당시 동갑인 재신宰臣들이 그가 계에 참여하는 것을 허락하려 하자 유숙이 큰 소리로 물리치며 말했다.

"이 사람을 보건대 조만간 반드시 역적이 될 것이니, 계를 함께 할 수 없습니다."

여러 재신들이 굳이 참여시키려 하자, 유숙이 말했다.

"만약 그리한다면 차라리 내가 계에서 나가겠습니다. 결코 김경서金景瑞—개명한 이름이다⟨원주⟩—와는 모임을 같이 할 수 없습니다."

그때 이괄李适이 그 말에 찬동해 끝내 허락하지 않았다.

지금 와서 김경서金景瑞가 부원수副元帥로서 오랑캐에게 항복했으니, 유숙의 말이 과연 징험된 것이다. 사대부가 재신을 대함에 역적이라고 일컫기 어려운 법인데 유숙이 강직하게 바로 배척했으니, 과연 선견지명이 있었던 것이다.


## 전란의 굶주림과 식인 ❖ 547

만력 갑오년(1594) 전란으로 이리저리 떠돌며 굶어 죽은 시체가……*. 개성開城의 어떤 백성이 한 살배기 아이를 안고 있다가 길가에 놔두고 밭에서 푸성귀를 캐고 있었는데, 두 사람이 아이를 껴안고 달아났다. 그들을 끝까지

---

굶어 죽은 시체가……    원문에 이하 아홉 자 가량을 알아볼 수 없다.

추격하여 산골짜기로 들어가니 아이는 이미 뜨거운 물에 던져져 푹 삶아져 있었다. 그 사람들을 결박해 관아에 들어가 실상을 아뢰는데, 감히 죽은 아이를 안고 관아에 들어갈 수가 없어서 관아의 문 옆에 두었다. 죄인들이 자백하지 않자 죽은 아이를 증거로 삼고자 하여 나가 보니 뼈만 남아 있었다. 관리가 그 연유를 캐묻자 나졸들이 대답했다.

"소인들이 며칠 동안 굶주려 참을 수가 없던 차에 아이가 삶아져 있는 것을 보고는 죽음을 무릅쓰고 먹었습니다."

기근이 극심해 사람이 본성을 잃고 죽음 또한 두려워하지 않는데 수오지심羞惡之心을 어찌 말할 수 있겠는가! 참으로 이처럼 먹을 것이 없어지면 사람의 도리가 없어지는 것이다. 슬프도다! 차마 말로 옮길 수가 없구나.

## 박예수와 이이첨의 교우 ❖ 548

박예수朴禮壽는 박인수朴仁壽의 아우다. 형제가 모두 동지同知 신응구申應榘의 종인데, 둘 다 비단을 파는 시전市廛의 부상富商이었다. 박인수는 그 생업을 그만두고 성리학性理學을 공부해 공경公卿과 선비들 사이에서 노닐었다. 박예수는 비록 배우지는 못했으나 형을 본받기 좋아하여 닮고자 하지 않은 것이 없었으며, 그 역시 공경公卿이나 선비들에게 정성을 다했다. 공경과 선비들도 그를 박인수에 버금가는 사람으로 대우하고 자못 예를 갖추어 대했다.

이이첨李爾瞻은 젊은 시절 박인수와 사귀며 마음을 서로 허락했으며, 박예수 또한 그들을 따라 노닐었다. 이이첨에게 얼제孽弟*가 있었는데, 별장

---

얼제孽弟    '서얼'庶孽이라 할 때 '서'庶는 모계가 평민 출신이며, '얼'孽은 모계가 천민 출신인 경우를 이르는바, 여기에서 '얼제'孽弟라 함은 천출 아우를 일컫는다.

을 하나 사서 그곳에 살았다. 박예수는 일찍이 시장 사람에게 비단 500필을 빌려 주었는데, 그 사람이 오랫동안 갚지 않다가 그 별장을 팔아서 박예수에게 갚았기에 문서가 박예수의 소유로 있었다. 그런데 시장 사람이 그 별장을 다시 이이첨의 얼제에게 팔았다. 그 때문에, 박예수가 관아에 소송을 하려 했다. 하루는 얼제가 문서를 가지고 와서 보이는데, 이이첨이 살펴보니 곧 이중으로 매각한 위조문서였다. 얼마 후에 박예수와 대화를 나누다가 별장을 두고 다투는 일에 이야기가 미치자 박예수가 소매 속에서 문서 하나를 꺼냈다. 채무를 갚고자 판 것으로 각기 본디의 문서가 있어 사정이 불을 보듯 분명하였다. 이이첨이 아우에게 말했다.

"이 문서를 보니 잘못은 너에게 있다. 별장을 마땅히 박예수에게 돌려주고, 그 값은 속여서 판매한 그자에게 받도록 하여라."

박예수가 말했다.

"그렇게 할 수는 없습니다. 제가 선비님과 다투려 했던 것이 아니라 흑백을 명확히 밝혀 선비님에 대한 나의 충심을 말하고 싶었을 뿐입니다. 이미 선비님과 마음으로 허여했거늘 이까짓 문서가 무슨 소용이 있겠습니까?"

드디어 소매 속에 있던 문서를 꺼내 화롯불에 던져 버리고 갔다. 이이첨의 얼제는 결국 별장을 잃지 않았으며, 박예수는 스스로 비단 500필을 버린 것이었다. 야사씨野史氏는 말한다.

"박예수는 시정의 장사치로서 자기를 알아주는 이를 위해 비단 500필을 버렸고, 이이첨은 나이 어린 서생으로, 장사치로 하여금 그의 천한 아우를 위해 비단 500필을 버리도록 했다. 지기知己로 허여함에 귀천을 논하지 않음은 동방에서는 전혀 찾아볼 수 없었던 바인데, 두 사람이 그것을 능히 하였으니 두 사람은 고인의 풍모를 지녔도다."

## 중국에서 구해 온 대책문 ❖ 549

학관學官 임기林芑는 문장에 능한 선비다. 그의 아버지 또한 학관으로 문장을 잘했는데, 연경에 갔다가 중국의 대책문對策文을 얻어 와서는 하충何忠이 지은 것이라고 말했다. 그 뒤에 사람들이 중국에 가서, 과거에 응시해 지은 대책문을 구해 온 것이 책으로 엮을 정도였는데 끝내 하충의 대책문은 찾아볼 수 없었다. 대개 이를 본 사람들은 임기의 아버지 자신이 지은 것인데 이를 널리 전하기 위해 우리나라 사람들을 속인 것이라고 한다. 혹은 "임기가 지은 것이다"라고 하는데, 어느 말이 옳은지 알 수가 없다. 대개 그 문체가 우리나라 사람의 문장과 비슷하니, 중국인이 지은 것은 아닌 듯하다.


## 개주 수암사의 석비 ❖ 550

개주盖州* 수암사崱岩寺*의 석비에는 다음과 같이 적혀 있다.

"만력 무오년(1618)에 하늘에 순시성旬始星*이 나타나고, 기미년(1619)에 건이建夷*가 군대를 거느리고 이곳에 이르렀는데, 병사들을 일찍 후퇴시키지 못해 고생하며 굶주리다가 죽었다. 오랑캐 추장은 기미년생이었다. 홍무 27년(1394)에 성의백誠意伯 유기劉基가 이 비를 세웠으니, 지금부터 60년 전의 일이다.

개주盖州　명明나라 홍무 9년에 개주위盖州衛를 설치했는데, 지금의 요녕성遼寧省 개현盖縣이다. 청淸나라 강희 3년에 개평현盖平縣이라 고쳤다.
수암사崱岩寺　수암은 개주盖州 근방에 있는 지명으로 확인되며, 수암사는 미상.
순시성旬始星　별 이름으로 재앙의 징조를 드러낸다고 한다. 『문선』文選의 장형張衡 작품 「동경부」東京賦에 "欃槍旬始, 群凶靡餘"라 한 것이 보인다.
건이建夷　만주족. 건 땅의 오랑캐.

| | |
|---|---|
| 오랑캐 이씨(奴李)가 해와 달을 속였으나 | 又女木子欺日月 |
| 팔우산하八牛山河*는 쇠처럼 견고하다네. | 八牛山河堅似鐵 |
| 관왕의 사당 앞 산마루에서 바라봄에 | 關王廟前嶺山看 |
| 비린내가 진동하니 모두 사람들이 흘린 피 때문일세. | 腥膻流盡終人血 |

진이보鎭夷堡 앞의 강물 가운데에서 요姚를 얻고서* 광효廣孝가 웃으면서 쓴다."

이 말은 십삼제十三帝로 징험되니, 지금부터 200년 전의 일이다.

'우녀'又女는 '노'奴 자다. '목자'木子는 바로 항장降將 이영방李英芳이다. '염'閻 자·'고'古 자와 '염'閻 자·'수'修 자는 곧 오랑캐의 성姓이다. '광효'는 중 도연道衍이니, 성조 문 황제成祖文皇帝 때의 사람이다. 홍무洪武에서 천계天啓까지는 모두 황제가 열다섯인데, 건문建文을 뺀 것은 연호를 바꿨기 때문이다. 또 정통正統과 천순天順을 하나로 합쳐서 열세 황제가 되었다. 앞의 두 비석을 경략經略 웅정필熊廷弼이 요동성으로 옮긴 것은 기미년이다.

〈원주〉 태조太祖에서 천계天啓까지 연호로 계산하면 열여섯 황제*인데, 건문建文 연호를 제외하고 또 정통正統·천순天順을 합쳐서 하나로 하면 모두 열네 황제가 된다. 여기서 열세 황제라고 한 것은 잘못 쓴 것 같다.

---

**팔우산하八牛山河** 팔우八牛는 주朱를 파자한 은어隱語로서, '팔우산하'八牛山河란 주씨朱氏의 명明나라 천하를 의미한다.
**강물 가운데에서 요姚를 얻고서** 무슨 뜻인지 자세하지 않다.
**태조太祖에서 천계天啓까지 ~ 열 여섯 황제** 이 시기의 연호는 홍무洪武·건문建文·영락永樂·홍희洪熙·선덕宣德·정통正統·경태景泰·천순天順·성화成化·홍치弘治·정덕正德·가정嘉靖·융경隆慶·만력萬曆·태창泰昌·천계天啓 등 모두 열여섯이다.

## 중국과 우리나라 역수의 유사함 ❖ 551

요堯 임금 원년 갑진甲辰에서 홍무洪武 원년 무신戊申까지는 총 3,785년인데, 단군 원년 무진戊辰에서 우리 태조 원년 임신壬申까지가 모두 3,785년이다. 요 임금과 단군, 주周 무왕武王과 기자箕子, 옥고沃高와 위만衛滿, 송宋과 고려高麗, 대명大明과 본조本朝는 시기가 같다.

## 윤춘년의 박학다식함과 기이한 행동* ❖ 552

윤춘년尹春年은 박학다식해 외가서外家書*에 널리 통하였고, 문장에 마음을 기울였으며, 유아儒雅*한 것으로 자부하였다. 학관 박지화朴枝華는 현사賢士로서 그를 가장 허여하였다. 세상에서 윤춘년이 윤원형尹元衡에게 빌붙은 것을 두고 헐뜯는 말이 많았는데, 유독 박지화는 그의 심사心事를 깊이 이해하여 다음과 같이 말했다.

"윤춘년은 평생 드러난 과오가 없었으며 당시 유림의 종장이었다. 그런 까닭에 윤원형이 그에게 의지해 중망을 얻어 사류에 빌붙었는데, 윤춘년 또한 그를 배척하지 못해 죄에 연루됨을 피할 수 없었을 따름이다. 윤원형과 함께 일을 하여 현인을 죽이거나 나라에 해악을 끼친 일 같은 데 이르러서는 단연코 그러한 일이 없다."

윤춘년이 죽은 뒤 3, 40년 동안 조정의 의론이 한번도 그를 받아들인 적이

---

윤춘년의 박학다식함과 기이한 행동    이 이야기는 이희령李希齡(1697~1776)의 필기 잡록 『약파만록』藥坡漫錄에 일부 내용이 축약된 채 전재되어 있으며, 『어우야담』에서 인용했음을 밝혀 놓았다.
외가서外家書    유학의 경서와 『사기』史記 외의 모든 서적.
유아儒雅    풍치가 있고 우아하다.

없었는데, 박지화만이 그를 높이 평가하고 매양 선인善人으로 인정했다.

우리 집안이 윤춘년의 집안과 혼사를 맺었기에 나는 어릴 적부터 윤춘년에 관한 일을 익히 들어 왔다. 윤춘년은 평소 거처함에 부인을 멀리하고 혼자 서실에 머물면서 경전을 깊이 연구했으며, 방 안에 앉아 있으면서도 바깥의 일을 능히 알았다. 어떤 사람이 햇과일을 보냈는데, 집에 아직 도착하기도 전에 윤춘년이 먼저 말했다.

"아무개 집에서 햇과일을 보내올 것이며, 그 수는 몇 개일 것이다."

잠시 뒤에 하인이 이르렀는데 과연 그러하였다. 세수를 하면 늘 향기가 풍겨 집안사람들이 번번이 기이하게 여겼다.

그의 어머니는 죽어서 뱀의 정령이 되었으니, 커다란 뱀이 빈소에서 나와 그 방을 떠나지 않았다. 복服을 마치고 조정에 나아갈 때, 길에서 보니 말 안장 밑에서 커다란 뱀이 머리를 내밀고 엿보고 있었다. 윤춘년은 놀라 말에서 내려 시전市廛으로 들어가며 하졸에게 죽이지 말라고 명했다. 집으로 돌아와 별실에 안치하고 신좌神座를 만들어 그 자리에 의상을 드리워 놓고 제사 지냈다. 재상으로 승진해서는 조복朝服의 안팎이 모두 능단綾緞이었는데, 한번도 입지 않고 모두 신당神堂에 걸어 두었다. 간혹 스스로 신의 말을 하며 밤에 제사를 지내기를 무당과 같이 하였으며, 그렇게 하지 않으면 끙끙 신음하며 몸이 편치 않았다. 당시에 그 사실을 아는 이들은 모두 그 사람됨이 요망하다고 여겼다. 윤춘년은 참판 이택李澤과 더불어 혼사를 하였는데, 이택이 만년에 그 집에 요망한 일이 많다는 말을 듣고는 늘 혼사 맺은 것을 후회했다.

우리나라 사람들 중에는 악부樂府에 능통한 사람이 없는데 윤춘년이 홀로 음률에 정통하였다. 그가 이택에게 말했다.

"나는 음률을 잘 아는데 영공令公의 음은 각성角聲입니다."

호음湖陰 정사룡鄭士龍과 더불어 음률을 논한 적이 있는데, 호음이 대부분 그의 견해를 따랐다.

윤춘년이 제자백가를 널리 통했음은 『전등신화』剪燈新話에 붙인 주석에서 알 수 있다. 간이簡易 최립崔岦이 젊은 시절 글을 지어 윤춘년의 처소로 나아가 바로잡아 줄 것을 청하자 윤춘년이 종이 뒤에 비점을 찍었는데, 글자를 놓은 것이 법도에 맞았고 자구를 고친 것 또한 타당하였다고 한다. 최립은 문장에 있어서 구차하게 허여하지 않는 사람이니, 윤춘년의 문장이 평범하지 않음을 알 수 있다.

## 어리석은 아이와 지혜로운 아이* ❖ 553

내가 『박물지』博物志*에서 본 이야기이다.

한 걸옹乞翁이 어린아이를 데리고 옷 보따리를 짊어지고* 길을 떠났다. 여름철이라 베옷을 빨아 강가에서 햇볕에 말렸다가 걷어서 다시 지고 갔다. 날은 뜨겁고 눈은 침침하여 길가의 나무 그늘에서 곤히 잠들었다. 이때 모기 한 마리가 걸옹의 대머리를 물자 그 아들이 버럭 화를 내며 말하였다.

"네놈이 어찌 우리 노인네의 피를 빨아 먹느냐?"

아들이 커다란 몽둥이를 들어 내려치니, 모기는 날아가 버리고 그 아비는 즉사했다. 후에 어떤 사람이 시를 지어 이르기를, "똑똑한 사람의 원수가 될지언정 바보의 부모는 되지 마라."(寧爲智者讐, 無爲愚者親.)라고 했다.

근래에 어떤 촌부村夫가 또한 여름날 저녁에 문지방 위에 발을 걸쳐 놓고 이내 잠이 들었는데, 뱀 한 마리가 잠방이 속에 들어가 똬리를 틀고는 나

---

『박물지』博物志 　중국 진晉나라의 장화張華가 지은 책. 원본은 흩어지고 지금 전하는 것은 후대의 사람들이 여러 가지 책에서 장화가 남긴 글을 모으고 다른 이야기를 섞어서 모두 열 권으로 엮은 것이다.
옷 보따리를 짊어지고 　이 부분이 원문에는 '부강'負襁으로 되어 있는데, 『박물지』 권50에 실려 있는 원문을 확인해 보면 '의낭'衣囊으로 되어 있기에 이에 의거해 번역하였다.

오지 않았다. 잠에서 깨어나 생각해 보니 화를 피하기가 어려울 듯했다. 옆에 열 살 먹은 어린 아들이 누워 있기에, 자는 아이를 흔들어 깨우고 물어보았다.

"이를 어찌하면 좋겠느냐?"

아이는 재빨리 일어나 귀에 대고 소곤거렸다.

"움직이지 말고 가만히 누워 계세요."

아이가 즉시 우물가로 뛰어갔다. 개구리 한 마리를 잡아 와서 기둥에 부딪쳐 소리를 내게 하자 뱀이 듣고서는 똬리를 풀어 스르륵 옷 밖으로 나와, 드디어 해를 면할 수 있었다.

아! 이 둘은 똑같은 사람이고 똑같은 아이인데, 몽둥이를 든 어리석음과 개구리를 잡아 온 지혜로움의 차이가 어찌 하늘과 땅만큼 크지 않으랴? 아이의 똑똑함과 어리석음뿐만 아니라, 아비가 이런 자식을 두는가 저런 자식을 두는가 하는 운수 또한 관련이 있을 터이다.

## 웅덩이의 괴물 ❖ 554

연산連山에 내 별장이 있다. 평야 가운데에서 시냇물이 두 개로 갈라져 흐르고 그 사이에 작은 웅덩이가 있는데, 넓이가 몇 무畝 되지 않았고 깊이도 한 길이 안 되었다. 둠벙 가운데 작은 구멍이 있는데 늘 괴이한 것이 나타나 사람을 꾀서 끌고 들어가는 것이 한두 번이 아니었다. 남자를 보면 여자가 되고 여자를 보면 남자가 되어서 유혹했다.

한 중이 이 웅덩이를 지나가다 행장을 풀어 놓은 채 웅덩이에 들어가서는 나오지를 않았다. 마을 사람들이 가서 찾아보니 몸이 절반쯤 그 구멍에 들어가 있었으며, 죽은 지가 오래되었다. 또 마을의 한 아이가 여러 아이들과 그 웅덩이에서 멱을 감다가 물 속으로 자맥질해 들어갔는데, 오래 지나도록 나오지 않았다. 아이들이 달려가 그 부모에게 알리자 가서 구했는데, 아이의 머리가 구멍에 박힌 채 죽은 듯했다. 꺼내어 땅 위에 눕혀 놓자 한참 있다가 되살아나서 말했다.

"어떤 백발노인이 버드나무 숲 아래에 있다가 꾀어서 따라 들어갔는데, 애초에 물이 있다는 것조차 몰랐습니다."

어떤 이는 말하기를, 늙은 자라 등속이 변환變幻한 것이라고 한다.

## 학관 홍춘수의 망기술望氣術 ❖ 555

학관學官 홍춘수洪春壽는 제자백가에 두루 통달했다. 어떤 이가 부모를 위해 장사 지낼 산을 택하려고 하자 홍춘수가 말했다.

"상고시대에는 산천이 죽 이어져 하나로 되어 있었기에, 조물주가 주재한 물의 흐름과 산세의 기운이 매우 온전하였다. 저 우 임금이 큰 물줄기를 터서 산과 하천을 갈라놓으니, 천지의 원기가 흩어져 온전하지 못하게 되었다. 지금은 산천의 자리가 하늘의 조화를 상실했는데, 무엇으로 길흉을 분별하겠는가? 이른바 청조靑鳥*와 금낭錦囊*의 설은 모두 그 말단에 힘쓰는 것이니 믿을 것이 못 된다."

그러고는 높은 곳에 올라 멀리 바라보며 말했다.

"아름답구나! 산천의 기운이여, 울울창창하도다."

곁에 있던 한 선비가 이 말을 듣고는 말했다.

청조靑鳥　　청조술靑鳥術. 즉 묏자리를 정하거나 집을 지을 때 치는 점.
금낭錦囊　　금낭술錦囊術. 즉 신선술神仙術을 일컫는다. 서왕모西王母가 비단 주머니에 신선에 대한 책을 넣어 두었다는 것에서 유래.

"그대의 말이 비록 고상하지만 실용에는 적합하지 않소. 하물며 바라볼 기氣라고 하는 것도 없는데, 누가 그 기의 아름다움을 볼 수 있단 말이오?"

## 귀신의 곡소리가 부르는 죽음 ❖ 556

고산현高山縣에 내 선조의 묘가 있는데, 묘의 남쪽에 거사로 지내는 노인이 살았다. 노인 부부의 나이는 모두 일흔이었는데, 아내가 먼저 죽자 뒷산에 장사 지냈다. 만력 신축년辛丑年(1601) 8월 3, 4일 아침부터 갑자기 곡소리가 들리기 시작하더니 집 뒤까지 가까워졌는데, 바로 자기 아내의 목소리였다. 거사는 다음 날이 추석 차례를 지내는 날이라서 가까운 귀신이 필시 감응한 것이라고 생각했다. 다음 날 제수를 갖추어 북신사北辰寺에 들어가 흠향했다. 여러 중들이 술을 권하여 날이 저물어 돌아오다가 호랑이에게 잡아먹혀 죽고 말았다.

그 일이 있은 뒤에 유성군儒城君 유희서柳熙緒는 전란을 겪은 뒤에도 옛집이 여전히 남아 있었는데, 그 집은 경성의 남산 기슭에 있었다. 매일 저녁 여자의 곡소리가 산골짜기에서 들려오더니 점점 집 뒤의 솔숲까지 가까워졌다. 곡소리인 듯도 하고 말소리인 듯도 했으나, 무슨 말인지는 알 수 없었다. 이렇게 몇 해가 지났는데, 임진란 때 왜적에게 죽은 혼일 것이라고 생각했다. 그 후에 유희서는 적에게 죽고 10년 사이에 일가족이 차례로 죽었다.

## 이백의 죽음에 대한 의문 ❖ 557

이백李白이 죽자 청산青山에 장사를 지냈는데, 그 일은 『이백집』李白集 서문에 보인다. 그런즉 세속에서 이른바, '달을 잡으려 강물에 뛰어들었다가 고래를 타고 하늘로 올라갔다'고 하는 이야기는 어디에서 나온 것인가? 청산은 산 이름이다.

## 차팔제의 사기술 ❖ 558

차천로車天輅가 영북嶺北(마천령 이북 지방)으로 유배 갔을 때 한 관비와 사사이 정을 통하였다. 그 관비가 아들 하나를 낳아 이름을 팔제八蹄라 했다. 차천로는 의심하여 자기의 소생이 아니라고 여겼다. 그 아이가 자라서는 스스로 차씨 성姓을 쓰면서 문자도 조금 익혀서 날마다 문권文券을 만들어 남을 속이는 것으로 호구지책을 삼았다.

경성에 와서는 시장 사람에게 두 명의 종을 팔면서, 하나는 이름이 석불石佛이고 하나는 석산石山인데, 이 종들이 모두 과천에 있다고 했다. 시장 사람이 차팔제車八蹄를 시켜 그 집을 안내하도록 하니, 과천 고개 아래에 이르러 말하였다.

"종놈의 집이 이 고개 너머에 있네."

그러고는 금방 돌아오겠다 말하고 수풀 속으로 들어갔다. 오래도록 돌아오지 않아 시장 사람이 불러 보았지만 대답이 없었다. 이미 꿩이나 토끼처럼 달아나 버린 것이었다. 시장 사람은 혼자 고개를 넘어가 석불石佛과 석산石山에 대해서 물었지만 애초에 그런 사람은 없었고, 다만 돌미륵 하나가 청계산 석봉石峯 언덕에 있을 뿐이었다. 차팔제車八蹄가 이름 붙인 것은 대개 이를 가리킨 것이었다. 시장 사람은 맥이 풀린 채로 그냥 돌아갔다.

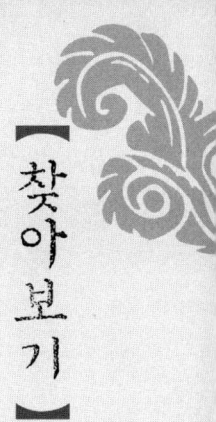

# 찾아보기

# 인명—Index

## ㄱ

가도賈島 379
가등청정加藤淸正 63, 76, 77, 78
가사도賈似道 433
가의賈誼 461
가지加地 150
갈홍葛洪 162, 167
감덕甘德 110
강감찬姜邯贊 485
강극성姜克誠 544, 692
강남덕江南德 42, 43
강문우姜文祐 546
강복성康復誠 65
강서姜緖 603
강석덕姜碩德 666
강신姜紳 603
강양군江陽君 367
강자신姜子愼 666
강정 대왕康靖大王(성종) 84, 222, 427, 444, 483, 622, 634
강종경姜宗慶 413
강중룡姜仲龍 676
강태공姜太公 801
강항姜沆 620
강헌 대왕康獻大王(태조) 28, 288
강홍립姜弘立 53, 66
거원蘧瑗 349
건문 황제建文皇帝 322
경공景公 489
경정 공주慶貞公主 269
경제景帝 89
경종庚宗 227, 351
계림군桂林君 193
계연計然 505
계옥桂玉 110
계찰季札 245
고경명高敬命 230, 385, 386

고비高蜚 570
고삼高三 628
고양겸顧養謙 295
고종高宗(무정武丁) 422
고치高致 560
고형산高荊山 273
고황제高皇帝 409
공덕장孔德璋 405
공민왕恭愍王 47, 371, 595
공부孔鮒 108
공부자孔夫子 505
공빈恭嬪 김씨金氏 434
공양왕恭讓王 787
공용경龔用卿 306
공자孔子 108, 113, 350, 375, 499
공정 대왕恭靖大王(정종) 28, 48, 289
공치규孔稚珪 405
공헌 대왕恭憲大王(명종) 91, 130, 179, 194, 551, 567, 591
공황 공후皇恭后 434
공희 대왕恭僖大王(중종) 124, 427, 455, 777
곽광霍光 581
곽월郭越 58
곽이상 61
곽이후 61
곽재우郭再祐 58
곽준郭䞭 60, 61
곽지원郭之元 584
곽치허郭致虛 188, 189, 197
곽태허郭太虛 213
곽해郭解 114
곽희郭熙 484
관우關羽 502
관중管仲 342
관홍장冠紅粧 110, 111
광묘光廟(세조) 248
광무제光武帝 393
광성자廣成子 60

광천위光川尉 325
광해군 76, 208, 434
교일기喬一琦 52, 66
구수담具壽聃 789, 791
구양수歐陽修 341
구엄具嚴 566
구영준具英俊 789, 791
구의강具義剛 521
구익 부인鉤弋夫人 434
구천句踐 439, 581
구현휘具玄暉 626, 776
굴원屈原 266, 526, 633
궁매宮梅 652
궁예弓裔 264, 652
궉풍운 101
권가술權可述 124
권겹權韐 340, 341
권근權近 349, 595
권두문權斗文 71
권람權擥 250, 777, 778
권련權璉 418
권벽權擘 339
권오복權五福 356
권응인權應仁 148, 333
권절權節 616
권준權俊 653
권희權憘 745
귀석貴石 130, 131
귤지정橘智正 64
기대승奇大升 381, 638
기리계綺里季 90, 801
기순祁順과 당고唐皐 306
기왕箕王 91
기자箕子 126, 808
기자헌奇自獻 50
기준奇遵 478
김경서金景瑞 66, 803
김계문金繼文 239, 240
김계우金季愚 455, 456
김계휘金繼輝 412, 692
김구金絿 477, 554
김규金戣 384
김근사金謹思 456
김뉴金紐 770
김담령金聃齡 764
김대섭金大涉 337
김덕연金德淵 452
김덕장金德章 767
김두남金斗南 688
김득신金得臣 196
김륜金輪 169, 170
김명원金命元 542
김무량金無良 213
김부식金富軾 595
김새金璽 197
김생金生 36
김성일金誠一 352, 609, 610
김수金睟 58
김수온金守溫 346
김시金禔 140, 485, 671
김시습金時習 48~50, 168, 318, 345, 777
김식金湜 478, 484
김안로金安老 376, 377, 456, 521, 670
김억령金億齡 207
김여물金汝岉 54, 609
김영남金穎男 683, 745
김예종金禮宗 137
김온金韞 553
김외천金畏天 759
김용金容 239
김우서金禹瑞 243, 244
김욱金頊 792
김운金雲 550
김운란金雲鸞 471
김위金偉 276
김윤金允 738
김응사金應泗 457
김응서金應瑞 803
김응하金應河 51, 66
김의동金義童 128, 129
김의원金義元 186
김인복金仁福 629, 631

김인후金麟厚 82
김일손金馹孫 418, 421, 422, 548, 624
김자겸金自兼 207
김정金淨 93, 478
김제갑金悌甲 71
김제군金堤郡 734
김종서金宗瑞 452
김종직金宗直 346, 624
김종택金宗澤 791
김천령金千齡 538, 539
김천일金千鎰 36
김철손金哲孫 527
김충金沖 239
김치金緻 718
김칭金偁 155, 156, 157
김탁金琢 207
김평손金平孫 331
김한영金漢英 714
김행金行 452, 546, 633, 634
김형金泂 519, 520
김홍도金弘度 543, 544, 600, 601
김환金丸 194
김효명金孝命 517
김효원金孝元 592, 594
김흠金欽 322

### ㄴ

나급羅緞 554
나세찬羅世纘 390
나옹懶翁 198, 199, 200
나준룡羅俊龍 499
남곤南袞 93, 94, 145, 146, 548
남궁두南宮斗 191, 192
남근南瑾 491
남사고南師古 178, 179, 194, 590
남성신南省身 378
남응운南應雲 551
남이공南以恭 589
남이南怡 425

남이신南以信 447, 448
남이영南以英 689
남효온南孝溫 90
노기盧杞 114
노동盧仝 309, 310
노래자老萊子 567
노령蘆嶺 729
노수신盧守愼 50, 317, 413, 414, 424, 536, 581, 589, 600
노신래老新來 548
노응항露凝香 144
노인魯認 69
노직盧稷 152, 153, 244, 545
녹리 선생甪里先生 90, 801
녹훈錄勳 777
논개論介 36
누르하치奴兒哈赤 40, 52, 66, 80, 439, 507, 712, 727

### ㄷ

단군 91, 808
단산수 471
달마達磨 62
대간大諫(홍천민) 434
대원군帶原君 윤효전尹孝全 287
대학경戴鶴經 27
덕개德介 337, 338
덕천가강德川家康 64
도간陶侃 57
도신道信 62
도연道衍 807
동원공東園公 90, 801
동윤洞允 220
동일원董一元 705
동현董賢 566
두목杜牧 383
두목지 379
두보杜甫 316, 326, 327, 328, 332, 342, 344, 375, 766

두성령杜成令 722
두이간豆伊間 195
두타비豆他非 525, 526
두헌竇憲 435
등백도鄧伯道(등유鄧攸) 587

민열도閔悅道 801
민응시閔應時 395
민제인閔濟仁 138
민효열閔孝悅 395, 396
민휘발閔輝發 776
민휘창閔輝昌 776

ㅁ

마귀麻貴 73, 113, 797
마원馬援 401
말석末石 725
말진末眞 379
맹상군孟嘗君(전문田文) 114
맹자孟子 47, 341, 342, 419, 420
명원군明原君 231
명제明帝 215, 325
목공穆公 325
목조穆祖 399
몽석夢錫 38, 40, 41
몽표夢彪 327
몽현夢賢 39, 40, 41
무왕武王 399, 421, 801, 808
무정가無定價 149
무정개武貞介 148
무제武帝 581
무함巫咸 526
문 황제文皇帝 321
문수文殊 209
문왕文王 421, 474, 801
문왕文王 희창姬昌 399
문익성文益成 109
문정왕후文定王后 194, 205
문천상 46, 47
민 한림閔翰林 391
민광세閔匡世 429
민기문閔起文 240
민몽룡閔夢龍 375, 557
민반閔泮 395, 396, 428
민산閔山 579
민여임閔汝任 597

ㅂ

박강朴薑 112
박거소朴去疎 428
박경발朴敬發 767
박경신朴擎新 358
박계금朴繼金 104
박계현朴啓賢 567
박광우朴光佑 183, 184, 547
박광전朴光前 414
박대립朴大立 451, 555, 682, 683
박로朴簬 768
박망博望(장건張騫) 70, 581
박명현朴命賢 758, 801
박배근朴培根 746
박상朴瑺 761
박상의朴尙義 190, 191, 287
박순朴淳 523, 562
박승종朴承宗 51, 54, 800, 801
박엽朴燁 195, 253, 498, 610, 662
박예수朴禮壽 804, 805
박원종朴元宗 427, 428, 564, 567, 776
박원형朴元亨 484
박응남朴應男 436, 549
박응서朴應犀 331
박응순朴應順 287
박이상朴二相 314
박이서朴彛敍 768
박인수朴仁壽 123, 804
박정립朴廷立 167, 492
박제생朴悌生 242
박지화朴枝華 123, 324, 328, 808
박청朴淸 112

박충간朴忠侃 107, 540
박충원朴忠元 313, 567
박치의朴致毅 208, 331
박치인朴致仁 331
박형朴泂 789
박홍로朴弘老 548
반고盤古 330, 341
반석평潘碩枰 125, 126
방덕룡方德龍 65
백광훈白光勳 775
백규白圭 505
백낙천白樂天(백거이白居易) 389, 493
백락伯樂 724
백발노인 225, 496, 787, 788, 812
백분伯芬 474
백사림白士霖 60
백아伯牙 343
백유白瑜 296
백유검白惟儉 455
백이 401
백이 숙제 318
백진남白振南 224, 775
번쾌樊噲 89, 342
범려范蠡 505, 581, 670
범엽范曄 704
범중엄范仲淹 587
보우普雨 199, 205, 221
복희 황제 86
복희씨伏羲氏 176, 313

ㅅ

사단師丹 435
사령운謝靈運 704
사마상여司馬相如 477
사마온공司馬溫公(사마광司馬光) 581
사마장경司馬長卿(사마상여司馬相如) 343
사마천司馬遷 279, 317, 341, 477
사작乍作 613
산비山婢 429

상산사호商山四皓 90
상진尙震 86, 87
서거정徐居正 307
서경덕徐敬德 132
서성徐渻 683
서수휘徐壽輝 505
서시西施 492
서양갑徐羊甲 331, 801
서영보徐榮輔 514
서왕모西王母 336
서원군西原君 367
서익徐益 331, 339, 385, 673
서천령西川令 527
석개石介 500, 762
석숭石崇 566
선수善修 202
선왕宣王 422
선우單于 369, 408
선우추鮮于樞 479
선제宣帝 581
선조宣祖 76, 118, 283
설契 342
섭이중聶夷中 406
성박成博 32
성산월星山月 136, 137, 138
성삼문成三問 595
성수익成壽益 174
성수침成守琛 118, 246, 479
성여학成汝學 342, 360
성이成怡 32
성자한成子漢 32
성자항成子沆 32, 723
성조 문 황제成祖文皇帝 807
성조成祖 322
성진선成晉善 340
성택선成擇善 687
성현成俔 114, 163, 164, 416
성호선成好善 394, 689, 690
성혼成渾 206, 634
성희안成希顔 622
세조世朝 49, 84, 100, 218, 248, 305, 396, 484,

612, 617, 624, 784
세종 48, 51, 118, 194, 195, 222, 482, 599, 613, 722, 747
소강절邵康節(소옹邵雍) 522, 667
소경 대왕昭敬大王(선조) 101, 167, 179, 259, 351, 435, 486, 488, 542, 783, 801
소공召公 421
소동파蘇東坡 402, 548, 589, 635
소무蘇武 435, 581
소사籬史 325
소세양蘇世讓 285, 307, 347
소순흠蘇舜欽 321
소옹邵雍 174
소요부邵堯夫(소옹邵雍) 722
소자昭子 472
소자첨蘇子瞻 389
소정방蘇定邦 775
소제昭帝 434
소진蘇秦 330
소통蕭統 450
소헌 왕후昭憲王后 428
손등孫登 468
손숙오孫叔敖 130
손순효孫舜孝 427
손식孫軾 543
송강宋康 602
송거宋鑛 781
송경宋璟 252
송구宋耉 781
송기수宋麒壽 185, 787
송사련宋祀連 519
송언신宋言愼 232
송옥宋玉 633
송유진宋儒眞 443
송응창宋應昌 442, 449
송익필宋翼弼 667
송인宋寅 94, 95, 232, 499
송일宋馹 231, 232
송찬宋贊 167, 480, 491
송흠宋欽 499
수석水石 124

숙손표叔孫豹 227
숙제 401
순舜 538
순舜 임금 342
순화군順和君 218, 645, 646
순회 세자 235
순회 세자자順懷世子 빈嬪 233
신공제申公濟 117, 793
신광한申光漢 185, 319, 376, 433, 551, 598, 635
신구지申求止 528, 530
신대연愼大淵 64, 65
신돈辛旽 47, 595
신립申砬 55, 732
신막정申莫定 261, 269
신말주申末舟 612
신민愼敏 79
신벌申橃 123, 167
신불해申不害 635
신비宸妃 434
신사헌愼思獻 566
신석산申石山 575
신수을愼守乙 80
신숙申熟 281, 314
신숙주申叔舟 247, 595, 612
신술호申湴滸 36
신식申栻 335
신여가申汝檟 66
신여독申汝檳 66, 67
신여량申汝樑 337
신연申涎 671
신용개申用漑 599
신우辛禑 47, 594, 595
신우안申友顔 258
신응구申應榘 123, 550, 804
신응담申應澹 36, 613
신응락申應洛 36
신응렴申應濂 36
신응수申應洙 36
신응주申應澍 671, 672, 673
신응창愼應昌 79, 81
신응하申應河 36

신종神宗 502
신창辛昌 594, 595
신학명愼鶴鳴 64
신현申晛 618, 619
신호申濩 196
신흠申欽 341, 437, 587
신희남愼喜男 495
심봉원沈逢源 798
심상규沈象奎 514
심수 공주沁水公主 325
심수경沈守慶 333, 334, 669
심안도沈安道 78
심우영沈友英 331
심우정沈友正 557
심의겸沈義謙 591, 592
심의沈義 431
심정沈貞 94, 431, 432, 433
심통원沈通源 87
심희수沈喜壽 639, 698


ㅇ

아난阿難 133
악의樂毅 342
안견安堅 483, 484
안경무安景務 615
안당安瑭 520
안덕수安德壽 488
안록산安祿山 248
안세헌安世憲 154
안자晏子 342
안자유安自裕 537
안장安璋 223
안정란安廷蘭 714, 715
안진安溙 723
안평 대군安平大君 426, 481
안평중晏平仲(안영晏嬰) 113
안해安海 546
안현安玹 223
안회顔回 176

안효례安孝禮 187
애제哀帝 215, 434, 435
애태타哀胎駝 113
야소耶蘇 215
약論 586
양기梁冀 566
양대운陽臺雲 387
양대축梁大軸 170
양사언楊士彦 594
양수진楊秀津 778
양예수楊禮壽 486, 487, 488
양웅산梁熊山 140
양웅揚雄 652
양원楊元 38, 65
양유년梁有年 450
양응룡楊應龍 80
양응정梁應鼎 201, 544, 691, 746
양자운楊子雲 343
양조楊照 368
양호楊鎬 72, 76, 392, 464
어득강魚得江 444, 634
어무적魚無跡 356
어숙권魚叔權 301, 382, 383, 384
엄광嚴光 393
엄무嚴武 229
업산業山 128, 129
여공呂公(여문呂文) 88
여동빈呂洞賓(여조呂祖) 162, 167, 499
여록呂祿 356
여불위呂不韋 508, 652
여산呂產 356
여수呂須 89
여씨呂氏(여후呂后) 88
여영명呂榮明 442, 443
여왕厲王 422
여진인呂眞人 164
여후呂后 89, 356
연산군燕山君 169, 231, 266, 427, 551, 573
영공靈公 349
영랑永郞 91
영무자 434

영분靈氛 526
영척甯戚 342
예양豫讓 122
예종睿宗 149
오겸吳謙 207, 381
오광吳廣 88
오상吳祥 86, 87
오세五歲 49, 50
오언관吳彦寬 207
오원伍員 114
오헌吳憲 52
옥생玉生 500, 762
옥진玉眞 492
완적阮籍 468
완창군完昌君 285
왕군앙王君昂 252
왕군영王君榮 443, 449
왕망王莽 183, 652
왕발王勃 310
왕세정王世貞 310, 311, 636
왕안석王安石 392, 433
왕유王維 93, 366
왕장王嬙 408
왕통王通 652
왕희지王羲之 418, 477
요堯 808
요순堯舜 398, 404
요숭姚崇 252
요흥姚泓 596
우공愚公 582
우맹優孟 130
우성전禹性傳 437
우禹 538, 595
우禹임금 85
우전優旃 130
우좌수禹左守 751
우홍적禹弘績 332, 333
우희虞姬 90
운로雲輅 29
웅정필熊廷弼 807
웅화熊化 435

원사안元士安 259, 260
원손元遜 793
원욱元彧 285
원응진元應辰 711
원적元績 596
원제元帝 408
원철圓哲 202
원혼元混 167
월산 대군月山大君 255
위령공 288
위만衛滿 808
위백양魏伯陽 177
유강兪絳 226, 227
유경심柳景深 240
유광柳洸 36, 435
유규柳規 622
유극량劉克良 770
유극신柳克新 35, 328, 330, 394, 463, 763
유근柳根 307, 343, 350, 351, 386, 437, 536, 638, 639
유기劉基 806
유대경劉大慶 290
유대수兪大修 226
유대정兪大禎 512
유동립柳東立 224
유몽웅柳夢熊 27, 112
유몽인 27, 112, 113, 206, 308, 327, 339, 340, 341, 356, 425, 524, 747
유몽표柳夢彪 216
유몽학柳夢鶴 35, 328, 330
유문요劉文饒(유관劉寬) 798
유사종柳師從 228
유성룡柳成龍 56, 84, 415, 438, 545
유성柳惺 224
유숙柳潚 217, 228, 378, 518, 739, 803
유순兪洵 107
유순정柳順汀 622, 776
유신庾信 310
유안劉安 596
유약有若 499
유여굉柳汝宏 69, 70

유영경柳永慶 224, 295, 670, 783
유영충柳永忠 540, 541
유운봉柳雲鳳 65
유은柳溵 45
유인숙柳仁淑 121
유자광柳子光 622, 623, 625
유전柳㙉 116, 521
유정劉綎 39, 40, 61, 62, 63, 64, 66, 73, 78, 80, 82, 188, 780
유조柳調 167
유조생柳肇生 494
유조인柳祖認 492, 589, 590
유종원柳宗原 341, 447, 635
유주柳澍 45
유지柳潰 425
유진동柳辰仝 98, 99, 117, 148, 149
유차달柳車達 733
유철柳澈 195
유충관柳忠寬 117, 222
유충례柳忠禮 748
유충서柳忠恕 747
유충신柳忠信 524
유충홍柳忠弘 44, 46
유탁柳濯 112, 463
유택柳澤 305
유함兪涵 696
유해劉海 79, 81
유향劉向 343
유혁柳湙 290, 291, 351, 434
유호지柳好池 425
유희경劉希慶 372
유희서柳熙緖 281, 813
유희兪姬 601, 602
유희춘柳希春 83
윤결尹潔 165, 166, 353
윤경기尹慶祺 753
윤계선尹繼善 361
윤관尹瓘 402
윤근수尹根壽 189, 340
윤금손尹金孫 598
윤기삼尹起三 32

윤길원尹吉元 689
윤돈尹暾 330
윤두수尹斗壽 591
윤량尹良 125
윤방尹昉 716
윤백원尹百源 566
윤변尹忭 787
윤섬尹暹 289, 358
윤우신尹又新 289, 682
윤원형尹元衡 91, 559, 596, 808
윤인서尹仁恕 748
윤임尹任 127, 193
윤정尹綎 542, 543
윤춘년尹春年 354, 808, 810
윤편輪扁 497
윤필상尹弼商 84, 85, 114, 794
윤해尹瀣 32
윤현尹鉉 569
윤호胤湖 763
윤효전尹孝全 287
윤흥충尹興忠 127
윤희굉尹希宏 687
윤희로尹希老 794, 795
윤희평尹熙平 776, 777
의성군義城君 119
의신장倚新粧 245
이각李覺 618
이거李蕖 167
이경류李慶流 235
이경백李慶伯 508
이경운李卿雲 610
이경李庚 227
이경준李慶濬 235
이경희李慶禧 267, 268
이고李翶 635
이곡李穀 302
이괄李适 803
이광의李光義 170
이귀李貴 206
이귀수李龜壽 633
이규보李奎報 341, 358, 514

이근李謹 779
이기李墍 521
이달李達 368, 369, 636
이덕유李德裕 351
이덕형李德馨 72, 73, 412, 542, 684
이람李覽 284, 312
이량李樑 206, 529, 530
이마두利瑪竇(마테오리치) 215
이맹연李孟衍 486
이명준李命俊 676
이목李睦 210, 538, 539
이몽린李夢麟 474, 551
이몽양李夢陽 635
이몽학李夢鶴 443
이문민李文敏 229
이반룡李攀龍 636
이백李白 344, 355, 378, 384, 404, 477, 483, 537, 718, 798, 814
이번신李潘臣 192
이사균李思均 315
이사종李士宗 134, 135
이사호李士浩 330
이산보李山甫 180
이산해李山海 92, 180, 192, 193, 353, 507, 590, 799, 688
이상履常 60
이상의李尙毅 599
이색李穡 304, 341
이서룡李瑞龍 778
이성계 332, 399
이성량李成樑 714
이성석李聖錫 312
이성임李聖任 604
이성중李誠中 377
이세휴李世休 767
이수광李睟光 368, 712
이수례李壽禮 110
이수李穗 469
이수준李壽俊 252, 587
이숙남李叔男 649
이숙李俶 178

이순신李舜臣 65, 79, 236, 257
이승李昇 330
이시경李蓍慶 521
이시애李施愛 400, 783
이시춘李時春 594
이양원李陽元 276
이어李琈 118
이여송李如松 412, 442, 714
이영李嶸 544, 545
이영방李英芳 807
이예순李禮順 207
이오李墺 594
이옥견李玉堅 118
이완李浣 296
이욱李郁 496, 497
이원李遠 384
이원여李元輿 258
이원익李元翼 60, 164, 165
이위빈李渭賓 597
이윤伊尹 183, 801
이율곡李栗谷(이이李珥) 83, 636
이의李艤 728
이이李珥 206, 516, 592
이이첨李爾瞻 35, 255, 802, 804, 805
이일李鎰 439
이임李霖 583
이임보李林甫 248
이자건李自堅 98, 99
이자춘李子春 399
이자화李自華 99
이장곤李長坤 368, 430
이재영李再榮 190
이정구李廷龜 351, 442, 541, 608
이정남李挺男 67
이정면李廷冕 361
이정준李挺俊 697
이제李瑅 118
이제신李濟臣 87, 380, 452, 453, 515
이제현李齊賢 787
이조李調 585
이주李冑 300, 302

이준경李浚慶 167, 314, 319, 558, 602, 790
이준경李俊耕 331
이준민李俊民 109, 365
이지李芷 72
이지번李之蕃 91, 92, 179
이지완李志完 599
이지함李之菡 179, 181, 182
이진李震 111, 162
이질수李質粹 598
이집중李㠎中 275
이천군伊川君 110, 111
이천년李千年 169
이철광李哲光 266, 597
이춘란李春蘭 497
이춘영李春英 361, 689
이충원李忠元 258, 355, 443
이충의李忠義 284, 457
이충작李忠綽 30
이탕개湯尼介 380
이탕개泥湯介 83
이택李澤 216, 809
이하李賀 171, 172, 173
이항복李恒福 313, 316, 358, 460, 485, 552, 598, 684, 690, 692, 787
이행李荇 307, 347
이현배李玄培 711
이호민李好閔 542, 544, 638, 639, 690, 692
이홍남李洪男 390, 391, 536, 539
이화李華 170
이화종李華宗 573
이황李滉 636
이효원李孝源 361
이후履厚 60
이후백李後白 379, 380, 381, 480, 481
이홍남李洪男 361
이희보李希輔 307, 347
인종仁宗 434
일선一善 188, 205
일타홍 139
임구 461, 462
임기林芑 806

임꺽정(林巨正) 470
임서林㥠 224
임식林植 609, 673
임억령林億齡 352
임제林悌 135, 472, 555, 685, 686
임해군臨海君 218, 434, 646, 645
임형수林亨秀 397, 408, 461, 556
임환林懽 224
임홍국林興國 66, 67

ㅈ

자공子貢 350
자사子思 108
자우子羽(담대멸명澹臺滅明) 113
자장子長(사마천司馬遷) 70
장건張騫 581
장기張杞 696, 697
장녕張寧 306
장량張良 499
장무중臧武仲 506
장본將本 775
장비張飛 114
장수희張水禧 654
장순손張順孫 627
장순張巡 60
장언구張彦球 266
장여필張汝弼(장필張弼) 477, 479, 480
장왕莊王 130, 474
장욱張旭 479
장유張維 433
장응두張應斗 319
장의張儀 330
장자 341
장자방張子房(장량張良) 114
장적張籍 635
장제章帝 435
장창張蒼 162
장헌 대왕 세종 222
장헌 대왕莊憲大王(세종) 48, 482

찾아보기 829

적송자赤松子 499
전덕여全德輿 664
전림田霖 647, 783
전분田蚡 114
전영달全穎達 248, 249
전우치田禹治 182, 183, 184, 185
전횡田橫 58
정건鄭虔 332
정경세鄭經世 296
정광필鄭光弼 35
정굉鄭宏 326
정구鄭逑 586
정기원鄭期遠 178, 190
정도전鄭道傳 284, 595
정도丁度 355
정렴鄭磏 122, 174, 175, 177, 178, 350, 467
정령위丁令威 162, 297
정몽주鄭夢周 46, 576
정문부鄭文孚 218, 296
정백창鄭百昌 246
정번鄭蕃 547, 696
정사룡鄭士龍 221, 307, 315, 317, 345, 347, 384, 349, 354, 359, 382, 392, 551, 561, 564,, 566 639, 635, 809
정사신鄭士信 554
정사웅鄭士雄 429
정상의鄭象義 332
정생鄭生 37, 40
정순붕鄭順朋 122, 121, 177, 467
정시鄭時 761
정시회鄭時晦(정엽) 711, 767
정식鄭湜 224, 225
정신鄭愼 507, 591
정언각鄭彦慤 222, 223, 793, 794
정여립鄭汝立 591
정엽鄭曄 711
정원경鄭元卿 272
정유길鄭惟吉 362, 392, 393, 451, 477, 535, 536, 539
정응두丁應斗 457
정인지鄭麟趾 668

정자당鄭自堂 387, 388, 389, 390
정자程子 499, 607, 635
정작鄭碏 122, 176, 177, 350, 373
정정程鄭 566
정종영鄭宗榮 376
정중鄭衆 435
정지상鄭知常 595
정지승鄭之升 325, 335, 337, 348, 760
정지연鄭芝衍 549
정척鄭惕 112
정철鄭澈 363, 591, 636, 637
정탁鄭琢 277, 549
정현鄭礥 352, 540, 692
정현鄭玄 435
정현조鄭顯祖 199
정협鄭協 586
정사룡鄭湖陰 486
정회鄭晦 761
정희량鄭希良 169, 170, 173, 174, 223, 516
정희왕후貞熹王后 199
정희丁姬 435
제갈 공명 342, 505
제갈량諸葛亮 114
제안 대군齊安大君 426
조경趙瓊 465
조고趙高 359
조광조趙光祖 94, 114, 193
조막종趙莫從 614
조맹부趙孟頫 418, 477, 479
조사수趙士秀 392
조순祖純 203, 204
조식曺植 95, 118, 636, 667
조신曺伸 32
조언수趙彦秀 392, 480
조원기趙元紀 173, 174
조위曺偉 522
조윤희曺胤禧 681
조자앙趙子昂 477
조정趙挺 167, 537
조조曹操 320, 450, 505
조존세趙存世 232, 393

830

조종도趙宗道 60
조진趙振 704
조해趙亥 359
조헌趙憲 55, 56, 57, 58
조휘趙徽 302, 303
종랑終娘 256, 257
종요鍾繇 418
종자기鍾子期 343
좌사左思 538
좌자左慈 449
주공周公 183, 421, 569
주발周勃 89, 356
주아부周亞夫 89, 609
주원장朱元璋 505
주자朱子 499, 635
주지번朱之蕃 295, 306, 307, 311, 437, 722
주희朱熹 382
중종 32, 124, 193, 213, 367, 427, 455, 573, 583, 599, 600, 669, 714, 746, 776, 777
증서曾西 342
증자曾子 342
지공指空 199
지석동池石同 751
지장知莊 474
지정智正 68
지행智行 205
직직稷 342
진 문공晉文公 581
진기경陳耆卿 237, 238
진린陳璘 65, 79, 316
진복珍福 655, 657, 658
진복창陳復昌 397
진승陳勝 88
진시황秦始皇 424, 652, 801
진여의陳與義 344
진우량陳友諒 505
진유격陳遊擊 73
진이眞伊(황진이黃眞伊) 132, 466
진평陳平 89

ㅊ

차식車軾 28, 29, 184, 354, 546, 594
차운로車雲輅 310, 340, 341, 512
차원부車原頫 595
차천로車天輅 310, 340, 516, 704, 814
차팔제車八蹄 814
창昌 595
채무일蔡無逸 374
채세영蔡世英 141, 142, 143
채수蔡壽 141, 374
채정선蔡禎先 343
척부인戚夫人 90
천로天輅 29
천연선사天然禪師 201
천연天然 475, 476, 749
청원군淸原君 669
청정淸正(가등청정) 440
최경창崔慶昌 365, 368, 369
최계훈崔繼勳 796, 797
최관崔瓘 100
최립崔岦 295, 340, 636, 637, 810
최아崔衙 35, 242, 518
최연崔演 168, 518
최영경崔永慶 114, 414
최영崔塋 371
최운부崔雲溥 178
최운우崔雲遇 587
최인범崔仁範 357, 358
최철견崔鐵堅 518, 540, 541
최치원崔致遠 161, 301
최항崔恒 222
최홍윤崔弘胤 100
최황崔滉 492
최홍효崔興孝 481, 482
추원결鄒源潔 522
충렬왕忠烈王 423
충선왕忠宣王 418, 423, 478

찾아보기 831

ㅌ

탁자강卓子康(탁무卓茂) 798
탕왕湯王 801
태갑太甲 801
태조太祖 105, 505, 807

ㅍ

팽월彭越 356
편작扁鵲 353
평수길平秀吉(풍신수길豊臣秀吉) 56, 57, 78, 441
평조신平調信 619, 620
평행장平行長 78, 216
포조鮑照 450
표헌表憲 628
풍성감豊城監 717

ㅎ

하경명何景明 635
하경청河景淸 781, 782
하세국河世國 53
하윤침河允沈 468, 469, 471
하응림河應臨 366, 367
하충何忠 806
하황공夏黃公 90, 801
한경록韓景祿 561
한고조漢高祖(유방劉邦) 88
한극겸韓克謙 36
한남군漢南君 118
한명회韓明澮 318, 647, 648, 778, 784
한무외韓無畏 187, 188, 189
한백륜韓伯倫 367
한비자韓非子 635
한서반韓序班 716
한순韓恂 367
한신韓信 114, 342, 356
한씨韓氏 36

한억령韓億齡 516
한유韓愈 196, 308, 341, 379, 389, 414, 418, 447, 731, 749
한응경韓應庚 296
한응인韓應寅 501
한적韓績 614
한주韓澍 110, 111
한준겸韓浚謙 251, 640, 690, 692
한치규韓稚圭(한기韓琦) 800
한퇴지韓退之(한유) 391, 635, 704
한호韓濩 801
한효순韓孝純 705
항우項羽(항적項籍) 90, 114, 356, 749
행산杏山 297
향이香伊 155
허관許寬 44
허균許筠 188, 189, 216, 341, 437
허봉許篈 337, 338, 357
허상許磉 776
허씨許氏 44
허약대許若大 524
허양許兩 269
허욱許頊 783
허원許遠 60, 114
허종許琮 429
허척許隻 252
허청許聽 776
허총許聰 776
현소玄蘇 57
현적복玄積福 492
현종 332
현종玄宗 355
형개邢玠 649
형양滎陽 229
혜가慧可 62
혜능慧能 62
혜장 대왕惠莊大王(세조) 49, 84, 100, 612, 617
혜제惠帝 322
호광胡廣 279
호산군湖山君 794
호승胡僧 706

홀온호아忽溫胡兒 727
홍가신洪可臣 337
홍경신洪慶臣 337, 338, 364, 371, 372
홍귀달洪貴達 231
홍난상洪鸞祥 353, 387
홍도紅桃 37, 40, 41
홍사범洪師範 576
홍서봉洪瑞鳳 112, 291, 714
홍섬洪暹 34, 392, 393, 556, 601, 752
홍성민洪聖民 177, 439
홍순언洪純彦 584
홍언필洪彦弼 752
홍연洪淵 439, 496
홍유손洪裕孫 90, 91, 100, 101
홍이상洪履祥 353
홍인경洪仁慶 112
홍인도洪仁度 112
홍인서洪麟瑞 128
홍인弘忍 62
홍정弘正 188
홍조洪造 541
홍중성洪仲成 229
홍지성洪至成 91, 101, 411
홍천민洪天民 104, 279, 416, 436, 457, 523, 550, 692, 714
홍춘경洪春卿 104, 279, 627
홍춘년洪春年 104
홍춘수洪春壽 812
환공桓公 343, 472
황건중黃建中 263, 264
황경중黃敬中 287
황계윤黃繼允 264
황기로黃耆老 478, 480
황대임黃大任 233, 234, 235
황락黃洛 537
황린黃璘 265, 582
황림黃琳 582
황백룡黃伯龍 419
황봉黃鳳 42, 43
황산곡黃山谷 718
황수신黃守身 33

황순黃順 151
황신黃愼 442
황여헌黃汝獻 317, 568
황유黃裕 709
황정견黃庭堅 84, 589
황정욱黃廷彧 329, 744
황제黃帝 60, 407, 526
황천뢰黃天賚 27
황철黃轍 186, 187
황패黃覇 217
황희黃喜 33
회음후淮陰侯 342
후직后稷 342
휴정休靜 61, 188, 322
흥안군興安君 118

# 서명·작품명—Index

## ㄱ

『가례』家禮 123, 245, 443
『강목』綱目 381
「개성부역원」開城府驛院 134
『계곡선생집』谿谷先生集 433
『계원필경』桂苑筆耕 301
「계집종을 애석히 여김」(惜婢) 338
『고려사』高麗史 463, 595
「고문삼십육수독수기」古文三十六首讀數記 196
『고문진보』 전집前集 406
『고문진보』 후집後集 405
『고문진보』古文眞寶 108, 418
「곡례」曲禮 393
「곤의」坤儀 216
「공손추 하」公孫丑 下 342
「공야장」公冶長 434
『공총자』孔叢子 108
『광해군실록』 79
『광해군일기』 288
「국사」國史 265
『국어』國語 413, 506
「궁중행락사」宮中行樂詞 344
「귀책전」龜策傳 762
『근사록』近思錄 123

## ㄴ

「남명훈」覽冥訓 183
「남수가 비바람에 뽑힌 것을 탄식하며」(枏樹爲風雨所拔歎) 316
「내칙」內則 444, 445
「노어」魯語 506
『논어』論語 350, 413, 419, 434, 446, 446, 505, 536, 652
「농가에서 달을 살펴 점친다」(農家候月) 512
『눌재선생집부록』訥齋先生集附錄 433

『능엄경』 133

## ㄷ

「단가행」短歌行 320
「단묘」壇廟 76
단시점방서斷時占方書 524
『당음』唐音 301
「대우모」大禹謨 505
『대학』大學 83, 123, 132, 536
「도서」道書 326
「도화마부」桃花馬賦 359
『동국명신언행록』東國名臣言行錄 539
『동국여지승람』 335
『동국이상국집』東國李相國集 358, 514
『동국통감』東國通鑑 713
「동동」動動 463
「동동곡」 463
『동문선』東文選 357
「동이전」 126
동정서망초강분洞庭西望楚江分 354
「동혼의」銅渾儀 216
「둔리전」 130
「등왕각서」滕王閣序 355

## ㅁ

「마원전」馬援傳 401
「마제」馬蹄 308
『만기요람』萬機要覽 514
〈망천도〉輞川圖 93
『매계집』梅溪集 624
『매월당집』梅月堂集 50
「맹상군전」孟嘗君傳 279
『맹자』孟子 342, 536, 565
「명경수」明鏡數 169
『명사』明史 368

「몽유태진원부」夢遊太眞院賦 356
「무성부」蕪城賦 450
「무학부」舞鶴賦 344
『문선』文選 450, 638
「文長老見和 多至九首 每篇皆警策遲鈍 勉强備數奉入耳」 358

ㅂ

『박물지』博物志 810
「방언탄」方言嘆 297, 299
「백룡부」白龍賦 346
「백마강부」白馬江賦 138, 139
「백소」白小 766
「백이열전」伯夷列傳 317
『병진정사록』丙辰丁巳錄 433
「봉수이도독표장조춘작」奉酬李都督表丈早春作 344
「부독서성남」符讀書城南 389
「북산이문」北山移文 405
「북풍」北風 405
분주답시책焚舟楊試策 452
「비상」非相 113
『빈퇴록』賓退錄 766

ㅅ

『사기』史記 71, 266, 279, 317, 341, 342, 351
『사명집』四溟集 324
「산중송객시」山中送客詩 366
『산해경』山海經 580
『삼강행실』三綱行實 32, 34, 55, 333
『삼강행실도』三綱行實圖 34
『삼국지』 126
「삼도부」三都賦 538
『사마방목』 32
「삼원명경수」三元明鏡數 170
「삼현주옥」三賢珠玉 174
「상전가」傷田家 406
「서경」西京 463

『서경』書經 29, 47, 505, 508, 536, 580
「서소요당후서」書逍遙堂序後 433
「선조실록」 288
「설원기」雪寃記 595
『성경』星經 703
『소미통감』少微通鑑 418
「소요유」逍遙遊 498
『소창기』小窓記 216
『소학』小學 123, 544
『속이담』續耳譚 216
『송계만록』松溪漫錄 148
「송고한상인서」送高閑上人序 196
「송기」宋記 312
「송료부」松醪賦 321
「송맹동야서」送孟東野序 635
「송은숙」送殷淑 404
「순자」荀子 113
「습장」隰萇 406
『습재집』 339
『시경』詩經 29, 347, 350, 376, 405, 406, 536
「시인옥설」詩人玉屑 436
「식화지」食貨志 375
「신루기」蜃樓記 319
「신루북헌기」新樓北軒記 394, 395
『신선전』神仙傳 450
『신증동국여지승람』 76, 134
『십구사략』十九史略 312, 383, 418, 421
『십구전사』十九全史 412

ㅇ

「아방궁부」阿房宮賦 383
「악기」樂記 536
「악지」樂志 463
『안분당집』安分唐集 348
「애강남부」哀江南賦 310
양관곡陽關曲 399
「양절반씨역대론」陽節潘氏歷代論 486
「어우야담」 342, 404
「엄광열전」嚴光列傳 393

「여도팔폭」輿圖八幅 216
『여람』呂覽 508
『여씨춘추』呂氏春秋 508
『역경』易經 536
『열녀전』烈女傳 343
『열자』列子 582
「염부」鹽賦 82
「영허부」盈虛賦 82
『예경』禮經 34
『예기』禮記 132, 345, 393, 444, 445, 536
『예문지』藝文志 301
『예부운략』禮部韻略 355
「오산가」鰲山歌 397
『오자』吳子 608
「완적전」阮籍傳 468
「우공」禹貢 580
「우론」友論 216
「운명론」運命論 227
「운산」雲山 326
『원명사류초』元明事類鈔 322
「월식」月食 309
「위인구천서」爲人求薦書 308
「위정」爲政 419
위천조어도渭川釣魚圖 318, 777
「유경숙손숙통열전」劉敬叔孫通列傳 351
『유합』類合 606
「이륜행실」二倫行實 32
『이백집』李白集 814
「이소」離騷 526
「이소경」離騷經 266
「익주부자묘비문」益州夫子廟碑文 310
「인간훈」人間訓 284
『임천집』臨川集 392

ㅈ

「자경부봉선현영회」自京赴奉先縣詠懷 342
「자류마」紫騮馬 483
「자산사」 335
「자서」自敍 71

『자유편』自牖篇 312, 313
『자치통감』資治通鑑 368, 382
『자치통감강목』資治通鑑綱目 382
「장문부」長門賦 343
「장생포」 463
「장생포곡」長生浦曲 463
『장자』莊子 288, 308, 384, 411, 419, 497, 519, 704
「재유」在宥 384
「적벽부」赤壁賦 477
『전국책』 183
『전국책』戰國策 「초책」楚策 110
『전등신화』剪燈新話 810
「절효편」節孝篇 296
「점조시」占潮詩 514
「정주도경」靖洲圖經 766
「제물론」齊物論 419
「제소요당배율 사십운」題逍遙堂排律 四十韻 433
「제천주즙부」濟川舟楫賦 357
「제형산현문선왕묘신학당정류재」題衡山縣文宣王廟新學堂呈陸宰 375
「조굴원부」弔屈原賦 461
『조선왕조실록』 104, 110, 111, 112, 152, 155, 167, 207, 208, 266, 281, 288, 343, 462, 469, 484, 553, 573
「조의제문」弔義帝文 624
『종리호로』鍾離葫蘆 417
「좌씨전」左氏傳 610
「좌전」左傳 621
「주례」 652
『주례』周禮 183
『주역』 513, 581
『주역』周易 170, 175, 177, 652, 670
「주자강목」朱子綱目 429
「중용」中庸 536
「지리지」 126
『지봉유설』芝峯類說 433
『지봉유설』芝峰類說 368
「지북유」知北遊 497
「지정집」止亭集 94
『진서』晉書 468
「진심장」盡心章 565

「진책」秦策 183

## ㅊ

『참동계』參同契 177
『천문유초』天文類抄 310
「천수」泉水 347
「천연시권」天然詩卷 202
『천원보력』天元寶曆 57
『천주실의』天主實義 215
「천중기」天中記 301
「천하여지도」 216
『천행도설』天行圖說 513
『초사』楚辭 266, 309, 411
「촌야」邨夜 328
「춘수」春睡 321
「춘추」春秋 536, 610, 652
『춘추좌전』春秋左傳 406, 472, 474, 489
「충신전」忠臣傳 55
「취하여 부르는 노래」(醉時歌) 332
「치농주」治聾酒 353
「칙양」則陽 288

## ㅌ

『탁이기』卓異記 322
「탕문」湯問 582
「태백」泰伯 411
『태평광기』太平廣記 391, 728
「토황소격문」討黃巢檄文 301
『통감』通鑑 797

## ㅍ

『패관잡기』稗官雜記 301
「패풍」邶風 347, 405
「풍마인」風馬引 337
「풍아風雅」 375

『풍악록』楓岳錄 91

## ㅎ

『하곡집』 339
『하서전집』河西全集 83
「학이」學而 350
『한비자』韓非子 413
『한서』漢書 89, 126, 130, 341, 375, 622
「한식」寒食 369
「한신열전」 342
「항우부도오강부」項羽不渡烏江賦 356
「향당」鄕黨 446
『호음집』湖陰集 359, 384, 393
「황소격」黃巢檄 301
『황화집』皇華集 295, 306, 721
『회남자』 183, 284
회풍檜風 406
「효무본기」孝武本紀 266
「효자전」 34
「후목설」朽木說 711
「후적벽부」後赤壁賦 480
『후한서』 126, 393, 401
「희공」僖公 406

## 지명·국가명—Index

### ㄱ

가가도可佳島 40
가수嘉樹 170
가야산 705
가평加平 283
가평군 524
간于 땅 347
간성杆城 68, 178, 765
갈원葛院 671
갈원역葛院驛 671
감숙성甘肅省 338
갑산甲山 337, 601, 791
강계江界 721
강남구 174
강릉江陵 104, 168, 178, 352, 587, 594, 788
강서 505
강서군江西郡 597
강원도 329, 399, 400, 735
강진康津 713
강화江華 586, 594
강화군 441
강화도 169
개골산皆骨山(금강산) 123, 445
개성開城 169, 498, 704, 803
개주盖州 806
개천价川 497
개풍군 28, 169
건주建州 52
경강京江 180, 750, 776
경기도 169, 524
경남 170
경산京山 171, 349
경상 528
경상도 642
경성 73, 119, 150, 153, 241, 246
경수涇水 359
경원慶源 51, 380

경주 142
경흥慶興 51
계림薊林 699
계림鷄林 410
계주薊州 60
고려 171, 198, 199, 402, 478, 517, 576, 769, 787, 808
고려국 133
고령사高嶺寺 410
고밀운古密雲 596
고부古阜 319
고산역高山驛 218
고산현高山縣 813
고성군高城郡 68, 329, 675
고양高陽 51
고원高原 454, 465, 507
고조선 126
고향산古香山 708, 709
곡성 380
곡천谷川 380
곤륜산崑崙山 309, 580
공동산 60
공주公州 40, 309, 556, 710
공홍도公洪道(충청도) 40, 748
과천果川 97, 196, 292, 740, 814
관북關北(함경도) 397
관산關山 399
관서關西(평안도) 178, 188, 197, 229, 333, 629, 631
광동廣東 716
광동성廣東省 47, 401
광주光州 142, 382, 385
광해군 255
교동도 441
구라파歐羅巴 214, 216
구리개(求里街) 410
구리개(銅街) 785
구리개(銅峴) 429
구점狗岾 68

838

구주九州 383
금강錦江 187, 386, 556
금강산金剛山 61, 68, 91, 133, 203, 204, 323, 349, 467, 675, 731
금릉金陵 301
금산錦山 309, 410, 473
금성錦城 387
금수산 149
금수촌錦水村 465, 466
금정金井 410
금천衿川 193, 674
금천구 193
기도箕都(평양) 332
기양岐陽 399
기전畿甸 399
길림성吉林省 80
김포金浦 55

남제南齊 405
남중南中(호남) 381
남해南海 110
내주萊州 717
노강老江 410, 506
노개산奴介山 327
노魯나라 227, 472, 506
노량露梁 263
노룡새盧龍塞 298
노루목(老奴項) 410
노하瀘河 369
녹두관鹿頭關 369

ㄴ

나주羅州 44, 104, 225, 410, 495, 609, 679, 683, 746
낙동 319
낙동강 58
낙봉駱峰(낙산) 185, 319, 590
낙산駱山 270, 271, 276
낙산동駱山洞 654
낙양洛陽 581, 583
낙양현洛陽縣 405
남경南京 150, 631
남만南蠻 38, 39, 447, 751
남번南蕃, 남번국南蕃國 69, 70
남부동南部洞 256
남부리南部里 519
남산南山 156, 179, 256, 474
남소문동南小門洞 474
남양南陽 459
남원南原 37, 38, 39, 40, 41, 64, 65, 73, 147, 379, 380, 607, 622, 624, 734
남전현南田縣 93

ㄷ

단산端山 400
단성丹城 61
단양丹陽 91, 92, 469
달계達溪 164
달천達川(충주 달래강) 55
담양 190
당唐나라 93, 253, 332, 351, 355, 366, 375, 391, 442, 602
당산唐山 298
당진 597
당파항唐陂巷 410
대마도 69, 70
대명大明 808
대방帶方 379, 380
대정大旌 778
덕원德源 402, 454
덕유산德裕山 208
덕천德川 336, 337
도산島山 76, 77
도장골(道藏谷) 525
독국毒國 216
돈황현敦煌縣 338
동녕위東寧衛 423
동대문 502
동돌궐東突厥 253

동래東萊 591
동월東越 89
동작銅雀 152
동정호洞庭湖 70, 344, 382
동주東州 263, 264
동한東漢 325
동호東湖 376, 377
두령斗嶺 628
두류산頭流山(지리산) 202, 445
두모頭毛 410
둔덕리屯德里 734
득녕得寧 651
등주登州 717

ㅁ

마포麻浦 42, 180
마하연摩訶衍 467
마한 91
망산邙山 405
망천輞川 93
맹곶(孟串) 597
명明나라 9, 15, 27, 38, 40, 52, 53, 65, 66, 67, 75, 77, 78, 79, 151, 280, 321, 322, 345, 347, 368, 409, 424, 442, 448, 449, 464, 501, 502, 505, 506, 519, 710, 714
명례동 284
명례방明禮坊 283
명천明川 769
명청明淸 298
목천木川 195, 196, 410
묘향산妙香山 189, 206, 323, 324, 337, 707
무계동武溪洞 95
무등산 211
무령현武靈縣 703
무순성撫順城 52
무장茂長 673
무제武帝 338
무창茂菖 709
무풍새無風塞 410

묵사동墨寺洞 166
문경聞慶, 문경현聞慶縣 212, 213
문천文川 454
문화文化 732
미수파彌秀坡 329
미시령 329
미실령 329
미조항彌助項 410
민뙤 땅 70
밀성密城(밀양) 119

ㅂ

박博 땅 245
반산盤山 573
반송방盤松坊 258
발포鉢浦 410
발해渤海 308
밤섬(栗島) 585
배암골(背巖洞) 410
배천(白川) 441
백두산 706, 769
백마강白馬江 410, 775
백산白山 401
백악산 246
백운산白雲山 68, 325
백자동栢子洞 269
백적白荻 410
백제 107
백제성白帝城 410
백해白海 576
벽사碧沙 410
벽제碧蹄 347
벽진군 171
변경汴京 722
보개산寶盖山 204
보구곶리 514
보령保寧 181, 748
보성寶城 66, 410, 651, 768
보성군寶城郡 754

보성현普城縣 399
보은현報恩縣 738
복건福建 70, 612, 716
봉산군鳳山郡 496
봉산鳳山 252, 650
봉성鳳城 170
봉지鳳池 410
부령富寧 51, 402
부산釜山 69, 70, 410
부안扶安 789
부여夫餘 309, 775
부여현夫餘縣 775
부평富平 228, 744
북경 175
북도北道(함경도) 454, 465, 706, 766
북망北邙 404
북면 329
북악산 94
북청北青 400
불야성不夜城 410
비로봉 467
비백산鼻白山 400

ㅅ

사직동社稷洞 179
사천泗川 78, 705
사천성 405
사탄동史呑洞 49
사탄촌史呑村 325
사평원沙平院 174
산서성山西省 401
산해관山海關 780
삼가三嘉 170
삼각산三角山 48, 50, 171, 371
삼기三岐 170
삼살三撒 400
삼수三水 224
삼수군三水郡 706
삼척 399, 592, 787, 788

삼청동三淸洞 156
삼협三峽 405
상림上林 86
상산商山 90
상주尙州 119
산해관山海關 780
새문(新門: 서대문) 663
새재(鳥嶺) 204, 212
서강西江 42, 510
서경西京(평양) 153, 154
서교西郊 105, 254, 366
서로西路(평안도) 74
서백西伯 417
서산西山 232, 524, 586
서역西域 216, 338
서울 15, 16, 22, 34, 42, 50, 58, 74, 80, 81, 82, 83, 94, 104, 105, 115, 116, 120, 129, 130, 135, 142, 146, 151, 178, 195, 202, 208, 222, 223, 240, 253, 255, 258, 263, 264, 268, 269, 272, 274, 275, 309, 325, 326, 328, 339, 340, 346, 373, 376, 381, 395, 399, 400, 425, 431, 443, 454, 459, 460, 461, 498, 501, 502, 524, 527, 528, 538, 556, 568, 575, 576, 585, 592, 597, 598, 599, 600, 603, 605, 621, 625, 631, 642, 651, 664, 674, 675, 678, 680, 682, 687, 690, 740, 770, 777, 782, 785, 786, 797
서원西原 187, 676
서호西湖 70, 585
서흥 도호부 335
석문동 354
석봉石峯강 370
석성石城 309, 410, 756
선산善山 204, 792
선연동嬋娟洞 333
설악산 168
섬서陝西 446, 715
섬서성陝西城 90, 93
성균관동成均館洞 490
성산城山 453
성주星州 119, 136, 171, 498, 705, 791
성천成川 74

소공주동小公主洞 261, 269
소농少農 410
소문산蘇門山 468
소백산 593
소사교素沙橋 74, 75
소사현素沙峴 74, 75
소상瀟湘 70
소요산逍遙山 337
소용동所用洞 270
소주蘇州 70
송강松岡 392, 449
송경松京(개성) 318
송宋나라 47, 105, 108, 284, 321, 355, 382, 392, 434, 497, 722, 808
송도松都 28, 29, 132, 134, 135, 182, 276, 436, 466, 467, , 472, 613, 769, 770
송산리松山里 518
송현松峴 269, 557
송화강松花江 80
수리령愁里嶺 410
수안遂安 372
수진방守眞坊 284
순안順安 188, 189, 235
순안현順安縣 782
순창淳昌 230, 612
순천順天 41, 652
순천부順天府 463
승덕承德 298
시왕백천동十王百川洞 203
식국息國 474
신辛나라 183
신라 107, 161, 442
신사동 174
신천信川 501, 732
신회현新會縣 47
심하 부락深河部落 52
쌍문리雙門里 429
쌍성雙城 400

ㅇ

아람산阿藍山 744
아산현牙山縣 237, 579
악양현岳陽縣 780
안골安骨 410
안동安東 498, 768
안령鞍嶺(안산) 590
안변安邊 68, 712
안산安山 630
안산案山 181
안악安岳 732
안음安陰 208
안음현 60
안의安義 791
안주安州 781
알목하斡木河 403
압록강鴨綠江 55, 522, 721
애산崖山 47
약수弱水 580
양관陽關 338
양梁나라 450
양양襄陽 178, 392, 587
양양부襄陽府 753
양자강楊子江 70, 113, 301
양잠두兩蠶頭 156
양주楊州 27, 36, 204, 232, 384, 518, 582
양주군 199
양주목 327
양천陽川 410
양화도楊花渡 640
양화진楊花津 42
어룡천魚龍川 410
어천魚川 217, 410
여산礪山 339, 498
여연閭延 709
여장리麗墻里 429
여주驪州 104, 260, 331
연경燕京 104, 116, 189, 190, 252, 515, 522, 573, 575, 584, 636, 671, 712, 716, 806
연기燕岐 410

연산連山 105, 308, 811
연산군 348
영광靈光 759
영남嶺南 95, 128, 204, 346, 760, 791
영남 우도右道 58
영동嶺東 592, 676
영嬴 땅 245
영변寧邊 188, 213, 217
영북領北 814
영산靈山 346, 402
영서嶺西 676
영안永安 631
영암靈岩 694
영유永柔 197, 439, 552
영주瀛洲 602
영평永平 523
영평부永平府 296, 298
영허산靈虛山 162, 297
영흥永興 400
예안禮安 762
오강吳江 450
오吳나라 246, 538, 581
오대산五臺山 61, 307
오만烏蠻 410
오문澳門(마카오) 215
오산鰲山 397
오수獒樹 410
오예포吾乂浦 608
옥전현玉田縣 401
온성穩城 51
온양溫陽 761
와우산臥牛山 105
완성完城(전주) 248
왕경王京 464
왕옥산王屋山 582
요광遼廣 80
요동遼東 27, 104, 162, 295, 297, 301, 423, 522, 575, 631, 699, 807
요양遼陽 372
요좌遼左 80, 446, 450
요천蓼川 622

용강龍崗 410
용담龍潭 760
용문산龍門山 373
용산龍山 174, 750
용성龍城 402
용안龍安 642
용인현 498
용주리湧珠里 399
용주湧珠 399
용진산湧眞山 746
우계역羽溪驛 788
우두계牛頭溪 523
우만雨灣 260
우봉牛峰 410
우암도牛岩島 587
운두성雲頭城 403
운중雲中 368
울릉도 194
울진 194
원元나라 47, 305, 418, 505
원주原州 260, 541, 738
월越 113
월곶면 514
월출산 211
위魏나라 227, 349, 418, 451, 538
위우委羽 707
유구국琉球國 175, 611
유사流沙 580
유점사 63
은나라 422
은율殷栗 749
은진恩津 192, 309, 756
음성陰城 240, 410
의주義州 142, 380, 437, 662, 714
의주 부윤義州府尹 254
이산현尼山縣 40
이천伊川 596
인도 199
인동 498
인사동 104
인제군 329

찾아보기 843

인제현麟蹄縣 735
인천仁川 441, 630
일본 17, 19, 39, 56, 64, 69, 78, 80, 81, 104, 216, 248, 352, 506, 619, 620, 634, 717
임진강 169, 514
임천臨川 392

ㅈ

자비령 335
자비산慈悲山 335
잠두봉蠶頭峰 42, 179, 750
장강 344
장단長湍 111
장생포 463
장성長城 729
장수산長壽山 276
장안長安 338, 538
장의동壯義洞 520, 603
장충동 474
장흥長興 761
재령군 184
재령載寧 183, 276
적갑산赤甲山 410
적벽赤壁 321, 505
적해赤海 576
전라도 58, 203, 258, 309, 528, 596, 694, 729, 745, 754
전의全義 125
전주全州 71, 73, 141, 142, 192, 202, 273, 274, 399, 498, 527, 552, 572
전한前漢 408
절강浙江 38, 39, 40, 41, 70, 291, 419
절도絶島 751
절두봉截頭峰 42
정동 255
정릉동貞陵洞 255, 269
정선旌善 495
정읍井邑 642
정의旌義 778

정鄭나라 183
정주 147
정평군定平郡 336
제齊나라 70, 246, 342, 343
제주 40, 179, 206, 225, 718
조강祖江 169, 514
조趙나라 164
조령鳥嶺 128, 164, 208, 331
조서곡鳥鼠谷 410
조선朝鮮 31, 32, 38, 39, 40, 51~53, 60, 64, 71, 75, 80, 83, 88, 91, 107, 110~112, 122, 126, 130, 135, 137, 141, 142, 151, 152, 155, 159, 167, 169, 170, 199, 207, 208, 213, 218, 235, 255, 266, 269, 272, 281, 284, 288, 293, 295, 300, 315, 326, 327, 332, 333, 343, 352, 357, 372, 389, 433, 438, 451, 462, 469, 474, 484, 502, 517, 535, 540, 553, 557, 569, 575, 576, 579, 585, 592, 595, 599, 602, 605~610, 617, 624, 629, 631, 636, 638, 670, 674, 679, 681~683, 690, 701, 716, 722, 728, 732, 734, 745, 747, 758, 766, 773, 781, 786, 790
종루鐘樓 186
종사관 435
종성鐘城 51
주周나라 183, 399, 422
죽도竹島 739
중국 13~15, 18, 19, 21, 34, 38, 39, 40~43, 53, 57, 60, 66, 67, 70, 71, 78~81, 85, 90, 105, 113, 114, 115, 122, 126, 133, 137, 139, 150, 151, 162, 175, 177, 188~190, 193, 215, 216, 221, 232, 280, 281, 290, 295~298, 300, 301~304, 306, 307, 310, 313, 316, 327, 328, 330, 338, 343, 345, 349, 354, 368, 369, 382, 383, 391, 398, 401, 405, 408~410, 417~420, 423, 437, 439, 442~447, 449, 450, 460, 478, 479, 483~485, 493, 502, 505, 506, 508, 514~516, 523, 538, 555, 562, 566, 569, 575, 576, 580, 581, 584, 591, 603, 606, 611~613, 621, 628, 635, 636, 638, 648, 649, 674, 688, 690, 694, 698, 699, 703~705, 707, 710, 713~717, 721, 722, 728, 769, 780, 782, 801, 806, 808, 810

중림中林 86
중화군中和郡 336
증산甑山 597
증산면甑山面 597
지리산 161, 213
직산稷山 73, 75
직조리織組里 655
진晉 468, 799
진강鎭江 80
진秦나라 130, 162, 325, 359, 383, 392, 401, 418, 474, 489, 508, 581, 707
진도珍島 317, 424, 581, 596
진도군珍島郡 425
진산珍山 410
진원珍原(진도) 85
진위振威 75
진잠鎭岑 309
진주晋州 36, 79, 80, 711

ㅊ

차령 고개 125
창성昌城 67
천관산天冠山 202, 751, 754
천등산天登山 752
천마산天磨山 171
천보산天寶山 199
천안天安 305
천원川原 400
천진天津 722
천축天竺 214
천후산天吼山 329
철령鐵嶺 706
철원鐵原 51, 263
청계산淸溪山 740, 814
청산靑山 410, 814
청암靑巖 410
청주 187
청파靑坡 282, 464, 603
청파리靑坡里 630

청평산淸平山 205, 737
청학봉靑鶴峯 161
초楚나라 70, 130, 266, 474, 749
초계草溪 410
초산草山 75
촉蜀나라 162, 538
최경창 369
추자도秋子島 40, 718
춘천春川 49, 205, 290, 326, 737
충남 330, 386
충주忠州 164, 570
충청도 40, 237, 309, 528, 597
충청북도 469
취적도吹笛島 469
치악산雉岳山 64
칠보산七寶山 769

ㅌ

태봉泰封 264
태산泰山 190, 194
태액지太液池 338
태원太原 401
태평로 151
태행산太行山 582
토번吐蕃 253
토산兎山 322, 410
토성면 329
통주通州 300, 302, 412
통천군 400

ㅍ

파양호鄱陽湖 505
파주坡州 245, 666, 695
판교板橋 780
패강浿江(대동강) 332, 572
평산平山 498
평안 149

평안남도 336, 597
평안도 334, 497, 531, 597, 782
평양平壤 72, 142, 148, 235, 327, 332, 333, 572
평해平海 799
풍덕豊德 169, 327
풍악산楓嶽山 364
풍안동豊安洞 751
풍양豊壤 289, 327
풍천豊川 576

ㅎ

하夏나라 85
하남河南 607
하남성河南省 405
하동 668
하림下林 86
하북성河北省 298, 401
학선정鶴仙亭 400
한강漢江 42, 73, 132, 136, 169, 196, 329, 346, 362, 514, 589, 674, 740
한계산寒溪山 164, 165
한漢나라 70, 89, 108, 162, 173, 183, 215, 216, 338, 342, 405, 408, 434, 435, 450, 461, 529, 581, 801
한남동 174, 474
한남산漢南山 333
한단邯鄲 164
한산도閑山島 237, 257
한성漢城 724
한양 73, 74, 75, 155, 261, 284, 654
한정동漢井洞 410
함경남도 336, 610
함경도 218, 334, 380, 399, 400, 730
함관령咸關嶺 400
함산咸山 400
함양 368
함열咸悅 642
함종咸從 597
함흥 142, 400

함흥부 400
합정동合井洞 42
합천군 170
항주杭州 70
해남海南 321
해랑도海浪島 647
해서海西(황해도) 647, 650, 749, 795
해주海州 352, 444, 500, 516
향로봉 162
향산香山(묘향산) 64, 493
현산峴山 392
현종玄宗 253
현풍玄風 58, 60
형남荊南 446
형산현 375
형양衡陽 707
혜주惠州 402
호胡 113
호광湖廣 297, 280, 505, 716
호남湖南 69, 82, 191, 204, 225, 267, 319, 379, 650, 716, 763, 775
호북湖北 766
호서湖西(충청도) 387, 597
호우湖右(충청북도) 366
홍복산洪福山 36, 384
홍산鴻山 410
홍성군 330
홍주洪州 40, 330, 641
홍천洪川 735
화악산 326
화장포火莊浦 328
황간黃澗 410
황고저黃姑渚 410
황석산성黃石山城 60
황우협養牛峽 410
황주黃州 335, 650
황초협黃草峽 410
황하 70, 313, 344
황해 335
황해도黃海道 229, 232, 441, 608, 650
회계會稽 799

846

회계곡會稽谷 760
회녕會寧 51
회령 83, 403
회양淮陽 399
회천면 199
회회 215
횡금산橫琴山 518
후한後漢 280, 393, 401, 435, 450
흉노 435
흑룡강黑龍江 66, 67, 80
흑산도 225
흑해黑海 576
흡곡면 400
흡곡현翕曲縣 764
흥양興陽(고흥) 66, 211, 282, 425, 524, 751, 796
흥양읍興陽邑 747
흥양현興陽縣 65
흥원군 400
홍주洪州 140
희천熙川 188, 197

# 기타 Index

## ㄱ

가선 대부嘉善大夫 64, 206, 217, 254, 282
가요축歌謠軸 333
가의 대부嘉義大夫 64
가자加資 207
가정嘉靖 132, 155, 179, 205, 216, 244, 469, 583, 585, 596, 615, 675, 679, 708, 728, 735
각건角巾 650
각단角端 300
각서角黍 449
간관諫官 455, 546
간장諫長(대사간) 430
감군 어사監軍御史 149
감동저感動菹 444
감동해感動醢 444
감사監司 58, 104, 273, 319, 558
감시관監試官 439
감찰監察 226, 681
감호관監護官 104
강경講經 550, 551
강변칠우江邊七友 208, 331
강원 감사江原監司 467, 495
개성 도사開城都事 268
개원開元 252
거구어巨口魚 504
거북선 79
건봉사乾鳳寺 68
건장궁健章宮 338
건주乾酒(소주) 460
격구擊毬 400
격문 58
결채結綵 613
경귀석警鬼石 260
경복궁景福宮 94, 151, 485
경상 병사慶尙兵使 58
경상 좌수사慶尙左水使 227
경아전 107

경운궁慶運宮 254, 269, 502
경차관敬差官 606
경회루 455
고과考課 409
고관考官 422, 537, 541
고문古文 91, 308, 343, 382
고승高僧 49, 63, 161, 188, 205, 372
고신告身 105
고장菰蔣 404
고전古篆 477
고황이수설膏肓二豎說 489
골북骨北 591
공북루拱北樓 386
공사供辭 202
공조 참판工曹參判 455
공초供招 208
공홍 감사 287
과두科斗 409, 476, 477
과문科文 536, 540
과장科場 191, 314, 686
관기官妓 36, 143, 188, 335
관반사館伴使 115, 116
관백關伯 56, 78
관상감觀象監 287, 605
관찰사觀察使 58, 125, 145, 379, 380, 608
광대 130, 132
광문관 박사廣文館博士 332
광주 목사光州牧使 381
광흥창廣興倉 105, 569
광희문光熙門 474
괴원槐院(승문원) 553
교관敎官 312
교리校理 196, 617
교면蕎麵(메밀국수) 498
교방敎坊 110, 381, 495
교생校生 188, 268

848

교서관校書館 56, 315, 535
교포絞布 796
교화황敎化皇(교황) 214
구결口訣 312
구두법句讀法 410
구사丘史 624
구정단九鼎丹 397
구졸丘卒 770
국상國喪 295, 783
군기시軍器寺 288, 705
군문軍門 442
군문경략軍門經略 649
군사마軍司馬 435
굴암사窟岩寺 643
굴젓 459
굿 220
권농勸農 734
귀신 136, 137, 186, 191, 198, 201, 231, 233, 243, 246, 251, 254, 255, 261, 268, 270~273, 277, 300, 354, 450, 471, 487
귀신 탈 132
규성奎星 704
규장각奎章閣 333
금도군사禁盜軍士 208
금리禁吏 631
금마金馬 옥당玉堂 173
금마문金馬門 173, 338
금부도사禁府都事 202, 670, 671
금성金星 508
금오禁吾 208
금화사禁火司 283
기녀 136, 139, 140, 141, 142, 144, 145, 151, 273
기리단伎利檀 214
기린각麒麟閣 581
기묘사화己卯士禍 193, 478, 600
기생 33, 107, 118, 136, 140, 141, 142, 146~150, 153~156, 249, 250, 266, 333, 369, 387, 495
기성문箕城門 333
기악妓樂 274, 576
기축옥사己丑獄事 114
긴맛 448

ㄴ

나군지羅君池 754
나부춘羅浮春 402
나토두羅土頭 495
낙당洛黨 591
낙성석落星石 703
난전亂廛 579
남원성南原城 64, 72, 73
남인南人 591
남청南廳 274
남행 대관南行臺諫 330
낭관郎官 295, 296, 482, 557, 560, 562, 698
내금위內禁衛 664
내사사인內史舍人 110
노룡새盧龍塞 298
노복奴僕 128, 531, 561, 647
노비 121, 123, 124, 278
녹미祿米 583
녹사錄事 107
녹패祿牌 105
농어 449
누철 등자鏤鐵鐙子 498
능단綾緞 659
능라綾羅 비단 70
능화지菱花紙 786

ㄷ

다식茶食 498
단오 449
단율短律 315
단의육잠丹六葴 351
달단韃靼 80
달로韃虜 80, 290
당랑螳螂 400
당상관堂上官 31, 71, 219, 285
당시唐詩 368, 372
당하관堂下官 219, 543
대각坮閣 455

대간大諫 111, 279, 554, 696
대간의大諫議(대사간) 429
대관臺官 99, 551, 681, 697
대광통교 616
대당사부大唐師傅 494
대동접大同接 540
대량피大琅 646
대마도주對馬島主 64
대보름날 512
대북大北 591
대사간大司諫 217, 546, 583
대사헌大司憲 99, 131, 549, 586, 632, 748, 789
대제학大提學 346, 350, 351, 542
대책對策 314, 544, 601
대천교大川橋 258
대하증帶下症 28
도가道家 38, 174, 177, 311, 397, 508
도교 190, 191, 209, 326
도깨비 200
도깨비불 272
도목정都目政 409
도박 529
도사 영위사都司迎慰使 437, 714
도사都事 32, 135, 745
도사道士 164, 437
도성암道成菴 279
도승지都承旨 545, 601, 638
도어사都御使 295
도원수都元帥 66, 330
도전복倒箭箙 473
도정都正 31
도주道主 38, 69
도체찰사都體察使 438
도형徒刑 517
도화마桃花馬 140
도훈도都訓導 610
도훈련사都訓鍊事 438
독서당讀書堂 377, 599
돈녕부敦寧府 31, 288
동갑계同甲契 803
동관왕묘東關王廟 501

동교東郊 398, 563, 565, 684
동궁東宮 74, 801
동당시東堂試 421
동부승지同副承旨 602
동소문東小門 270
동악대제東嶽大帝 190
동악묘東岳廟 190
동인東人 328
동재東齋 265
동정녀童貞女 215
동지同知 218, 295, 585, 745, 804
동지사同知事 218, 428, 443
동지중추부사同知中樞府事 167, 428
동평관東平館 104
동호東湖 독서당 599
두견杜鵑 721
둔전屯田 252
등왕각滕王閣 639

ㅁ

마시교馬市橋 253
마화상麻和尙 495
만권당萬卷堂 418
만력萬曆 36, 38, 42, 51, 56, 58, 61, 64~66, 68, 72,
    80, 119, 192, 215, 224, 236, 239, 253, 258, 266,
    316, 324, 327, 358, 371, 419, 447, 490, 494,
    504, 506, 516, 541, 542, 552, 585, 587, 597,
    673, 676, 677, 697, 703~705, 710, 712, 716,
    727, 750, 751, 753, 758, 761, 769, 779, 783,
    803, 806, 807, 813
만류장萬柳庄 296, 297, 302
만월대滿月臺 472
만주족滿洲族 569
만형蔓燕 414
만호萬戶 71, 608, 709
망이궁望夷宮 359
망주석望柱石 201
먹자(墨尺) 657
면신허참례免新許參禮 494

명경과明經科 99
명광전明光殿 398
명기 110, 138, 147, 152
명륜당 403
명장포命長浦 546
명첩命帖 605
모화관慕華館 613, 797
목란수木蘭樹 710
목우유마木牛流馬 312
몽기蒙倛 113
몽뢰정 362
묘당廟堂(의정부) 552
묘정석猫睛石 513
묘패두猫牌頭 795
무과 66, 222, 282
무군사撫軍司 598
무녀巫女 219, 274
무당 121, 201, 216, 217, 230, 264, 278, 300
무차대회無遮大會 50
무차회無遮會 205
묵사獸師 202
문과 64, 222
문묘文廟 152, 197, 403
문무루文武樓 485
문안사問安使 443
문학文學 330, 442, 589
문형文衡 353
미앙궁未央宮 338
민어民魚 450

ㅂ

바둑 527, 528, 529, 530
반궁泮宮(성균관) 30, 82, 495, 542
반송지盤松池 258
반의무斑衣舞 567
반자체半字體 408, 409
반제泮製 82
방립方笠 107
방어사防禦使 219, 235

방자帮子 352
방풍씨防風氏 713
배리陪吏 122, 557, 770
배어피裵魚皮 634
백산자白散子 498
백운대 371
백정 291, 430
백주白酒 350
백패白牌 547
밴댕이(蘇魚) 153, 630
뱅어 711
뱅어국(白魚羹) 766
벽제辟除 30, 98, 129, 131, 458
별시別試 222, 357, 540, 544
병마도사兵馬都使 218
병마절도사 243, 610
병마평사兵馬評事 218
병벽광洴澼絖 497
병사兵使(병마절도사) 144, 290
병조兵曹 283, 557, 592
병조 좌랑兵曹佐郞 30, 235, 553
병조 판서 51, 100, 131
보덕補德 501
보락당保樂堂 376
보현사普賢寺 64
복시覆試 222
복호復戶 124
봉사封事 414
봉상시奉常寺 272, 288
봉선사奉先寺 205
봉은사奉恩寺 205
봉장封章 414
봉표사奉表使 575
부관府官 144
부관참시剖棺斬屍 522
부교浮橋 73
부령 부사富寧府使 592
부벽루浮碧樓 149
부용당芙蓉堂 352
부원군府院君 287, 288, 668
부원수副元帥 66, 803

찾아보기 851

부윤府尹 142, 662
부정副正 288
부제학副提學 112, 279, 803
부처 63, 209, 358, 470, 516, 628, 665, 688, 771
북도北道 559, 643
북도 병사北道兵使 380, 732
북청문北淸門 156
불가佛家 59, 63, 174, 311
불경佛經 205, 215
불교佛敎 192, 209, 211, 214
불도佛道 188, 202, 207, 210, 278
불서佛書 203, 311, 652
불일암佛日庵 161


ㅅ

사가독서賜暇讀書 599
사간司諫 113, 222, 283, 546
사간원司諫院 113, 283, 330, 455, 546, 605
사관史官 142, 375, 535
사구 한림四句翰林 378
사마시司馬試 30, 281, 282, 477
사면絲麵(실국수) 498
사복시司僕寺 288, 289, 624, 692
사복정司僕正 289
사섬시司贍寺 681
사수선斜水船 41
사역원 605
사운四韻 307
사인舍人 110, 697
사인사舍人司 138, 598
사장射場 255, 271
사전祀典 29
사직제社稷祭 275
사청射廳 99, 474, 625
사헌부司憲府 99, 283, 330, 389, 455, 631, 657, 662
사화士禍 169, 556, 583
사화상沙和尙 495
산대山臺놀이 555

산영루山影樓 62
삼구 서당三句書堂 378
삼년상 34, 35, 42, 44
삼도三都 538
삼사三使 188, 315
삼성三省 673
삼척 부사三陟府使 592
상국相國 34, 50, 276, 314, 556, 558, 589, 669, 752, 787
상번上番 603
상산대上山臺 156
상서랑尙書郞 280
상의원尙衣院 485
상재上齋 495
상제上帝 185, 215, 488
상중喪中 673
상지관相地官 287
상태성上台星 783
상화지霜華紙 148
생사당生祠堂 76
생양관生陽館 336
생양역生陽驛 336
생원과 477, 495, 543
생원시 331
서리書吏 107, 603, 771
서반序班 424
서소문西小門 258
서압署押 156, 249, 535
서양갑徐羊甲의 옥사 331
서얼庶孼 66, 228, 518, 546, 579, 776
서역西域 730
서울내기 339
서인西人 328
서장관書狀官 300, 302, 515, 576
서총대瑞蔥臺 551
서평관西平館 104
석가釋家 174, 200, 209, 214, 216, 311, 714
석개石介 499
석보사石寶寺 68
선사 만호宣沙萬戶 252
선위사宣慰使 437, 443

852

선전관宣傳官 134, 494, 618
선전관청 494
선조의 능침 351
선천 군수宣川郡守 52, 66
선천 수령 232
설마雪馬 689
설면자雪綿子 64
설서說書 442
성균관成均館 191, 222, 247, 265, 424, 435, 471,
　　535, 540
성사星使 496, 531
성절사聖節使 716
성황당城隍堂 750
성황신城隍神 201, 272, 593
세류영細柳營 336
세자시강원世子侍講院 330, 442, 455, 502
소광통교小廣通橋 616
소릉昭陵 351
소북小北 591
소상小祥 35, 705
소어魚(밴댕이) 487
소요당逍遙堂 433
소요사 337
소쩍새(鼎小鳥) 721
속악俗樂 110, 463
손행자孫行者 494
송설체松雪體 479
송송정宋松亭 590
송천사松泉寺 708
송천정사松泉精舍 363
송화 현감松禾縣監 475
송흠주宋欽酒 499
수군 도독 65
수군 제독 79
수단水團 449
수륙무차회水陸無遮會 781
수리도감낭청修理都監郎廳 155
수망首望 557, 560
수사水使 72, 202, 227, 596, 654, 749
수성금화사修城禁火司 283
수시관首試官 541

수암사岫岩寺 806
수영水營 227, 748
수재秀才 296, 586, 666, 687
수찬修撰 603
숙천 부사肅川府使 206
순무어사巡撫御史 333, 609
순채蓴菜 449, 450
순천 군수順川郡守 589
숭례문崇禮門 136, 138, 614, 630
스님 61, 171, 172, 196, 197, 201, 202, 205, 370,
　　644, 666
습독관習讀官 605, 606
승가사僧伽寺 50, 87, 171
승군 64, 221, 324
승려 68, 87, 168, 170, 199, 200, 202, 203, 204,
　　311, 220, 475, 564, 708, 781, 782
승문원承文院 56, 315, 389, 535, 794
승여사乘輿司 54
승자筳資 206
승장僧將 63
승정원承政院 254, 269, 447, 553, 601
승지承旨 30, 44, 104, 165, 290, 477, 638, 665, 800
시詩 536
시강侍講 455
시강원侍講院 442
시관試官 451, 537, 540, 554, 610
시관소試官所 552
시권試卷 314, 337, 346, 385, 477, 542, 550
시안詩案 375
시어소時御所 254, 585
시예 종실試藝宗室 131
시詩의 성인聖人 317
시중대侍中臺 400
시참詩讖 320, 333
시해尸解 59, 162, 326
식년시式年試 357, 421, 573
신귀례新鬼禮 389
신래新來 153, 547
신명대神明臺 338
신무문神武門 94
신선神仙 59, 123, 133, 161, 163, 167, 168, 188,

326, 365, 468
신선술神仙術 58, 188, 192, 338
신역身役 685
심약審藥 608
심양왕瀋陽王 423
심왕瀋王 423
심원沁園 325
십만양병설 83
십신十神 494
쌍계사雙溪寺 161


ㅇ

아동포살수兒童砲殺手 438
아라난타사阿羅難陀寺 199
아미타불阿彌陀佛 628
아산 현감牙山縣監 181
아왕만수我王萬壽 423
아장亞長 283
악부樂府 354, 463, 809
악부가사樂府歌辭 354
악양루岳陽樓 70
악원樂院 110
악장 355
안변 부사安邊府使 219
안음 현감安陰縣監 60
안접사按接使 73
알성시謁聖試 54, 247, 539, 547, 696
양양 부사襄陽府使 328
양전量田 395
양한養漢 715
양한적養漢的 699
어람좌객禦覽坐客 114
어사御史 296, 721
어천찰방魚川察訪 336
언관言官 546, 547
언문 265, 524
여의女醫 490
여종 127, 142, 244, 245, 263, 282, 428, 432, 473, 499, 520

여진족 80, 83, 402
여항어餘項魚(열목어) 709
역관譯官 310, 502, 584, 628
역관 판사判事 671
역옥逆獄 202, 208, 598
연근당燕謹堂 788
연기燕器 768
연정蓮亭 395
연철총連錢驄 646
영경전永敬殿 291
영대靈臺 508
영릉零陵 674
영명루永明樓 149
영명사永明寺 149
영산서원靈山書院 123
영숭전永崇殿 332
영위사迎慰使 231, 437
영의정 54, 56, 428, 438, 542, 684
예문관藝文館 141, 333, 535
예방 승지禮房承旨 447
예부禮部 295, 296, 355
예부운禮部韻 355
예빈시禮賓寺 451
예상우의곡霓裳羽衣曲 382
예서隷書 62, 324, 409, 477
예조 정랑禮曹正郎 61, 351
예조 좌랑禮曹佐郎 152
예조 참의 61
예조 판서 55
옥당玉堂 414
옥문관玉門關 338
옥반玉盤 402
옥야 현감 31
옥하관玉河館 104, 575
옥황상제 297, 403, 783
완폭대翫瀑臺 161
왈자曰者 154
왕팔탕王八湯(자라탕) 453
왜구 27, 36, 37, 46, 68, 69, 81, 112, 123, 224, 325, 352, 442, 501, 506, 586
왜장倭將 37, 62, 63, 76, 440

854

요동장군遼東將軍 55
용천역龍泉驛 231
우승지右承旨 367, 447, 602
우의정右議政 207, 549
우정郵亭 143, 144, 145
우찬성右贊成 86, 207
운곡 서원雲谷書院 586
운천령雲川令 31
웅어 243
원각사圓覺寺 50
원왕부인願王婦人 209
원점圓點 30
원접사遠接使 188, 232, 347, 437, 444
원주 목사原州牧使 71
월정사月精寺 61
월출봉月出峰 675
유격遊擊 80
유두일流頭日 449
유사儒士 331, 343, 337, 688
유생儒生 119, 134, 152, 153, 225, 253, 280, 379, 424, 599
유수留守 472, 704
유식侑食 245
유점사楡岾寺 61, 68, 675
육례六禮 102
육북肉北 591
육조六祖 62, 63
육진六鎭 51, 452
은구어銀口魚(은어) 449, 622
은정자銀頂子 228
은침銀鍼 490
을과乙科 222
을사년의 사화 193
을사사화乙巳士禍 110, 193
음관蔭官 34, 276, 328, 330, 496, 558, 682, 791
응향각凝香閣 598, 697
의과醫科 486
의관醫官 457, 711
의금부義禁府 111, 208, 520, 625, 674
의망擬望 557
의서醫書 739, 487

의장義庄 587, 618
의전義田 587
의정議政 429, 790
의정대신議政大臣 438
의정부議政府 87, 107, 110
의정부 찬성 127
의주 목사義州牧使 55
이문학관吏文學官 714
이부吏部 105
이상貳相 86, 173, 567
이소二所 544
이조吏曹 283, 557, 592, 605
이조 판서吏曹判書 131
이탕개泥湯介의 난 83
익위사 사어翊衛司司禦 589
인각麟閣 410, 581
인수교仁壽橋 654
인정人定 785
일소一所 544
임진란 32, 38, 55, 60, 91, 178, 179, 324, 813
임진왜란 27, 37, 43, 46, 68, 69, 71, 112, 127, 235, 254, 257, 282, 289, 327, 352, 384, 440, 502, 621, 684


ㅈ

자미원紫微垣 783
자비사慈悲寺 335
자산사慈山寺 335
자하紫蝦 444
잠저潛邸 179, 617
잡과 64
장령掌令 632
장사진長蛇陣 54
장수 현감長水縣監 65
장악원掌樂院 110, 153, 156
장예원掌隸院 91
장형杖刑 517, 673, 703, 796
장흥고長興庫 137
재상 34, 777, 787, 790, 801, 809

찾아보기 855

저승 229, 230, 234, 264, 272, 275
저팔계猪八戒 494
적조암寂照菴 675
전관銓官 592
전동정轉動政 409
전두纏頭 500
전라 도사全羅都事 273
전라 방백 412
전라 좌수사全羅左水使 72
전령패傳令牌 623
전사관典祀官 28
전시殿試 82, 222, 223, 281, 536, 545
전의감典醫監 605, 608
전조銓曹 283, 557
전주 교방敎坊 273
절서 관찰사浙西觀察使 351
절충 장군折衝將軍 285
접대 도감接待都監 447
접반사接伴使 72, 232, 295, 412, 437, 464, 649
접위사接慰使 232, 437
정거停擧 535
정덕正德 552, 585, 785
정랑正郎 224, 314
정려문旌閭門 120, 124
정로위定虜衛 213
정릉동 행궁貞陵洞行宮 254
정문旌門 27, 295
정사공신定社功臣 632
정산 현감定山縣監 462
정선 군수旌善郡守 272
정승 33, 86, 388
정시庭試 357, 639
정언正言 226, 546
정원政院(승정원) 430
정인사正因寺 358
정자正字 315, 553, 564, 603, 627, 794
정주 목사定州牧使 147
정토사淨土寺 349
정평 도호부定平都護府 400
정표旌表 32
제독提督 66, 80, 442, 714

제독 교수提督敎授 694
제독장군提督將軍 73, 780
제라립濟羅笠 107
제마수회齊馬首會 566
제본題本 70, 73
제승정制勝亭 407
제주 목사濟州牧使 124, 408
제천정濟川亭 346
조룡대 775
조보朝報 614
조운선漕運船 506
조지서造紙署 569
조천사朝天使 189
조총 439
종루鐘樓 394, 616, 631, 797
종사관從事官 188, 235, 347, 437, 580
종실宗室 31, 231, 255, 367, 469, 519, 717
종정도從政圖 712
종친부宗親府 31, 288
좌리공신佐理功臣 632
좌명공신佐命功臣 632
좌수座首 738
좌윤左尹 568
좌찬성左贊成 86
주부主簿 379
주서注書 503, 553, 656
죽림칠우竹林七友 208, 331
죽사장竹肆庄 672
죽서루竹西樓 788
중 49, 61, 63, 120, 134, 171, 197, 199, 200, 202, 211, 212, 213, 246, 247, 272, 304, 322, 337, 345, 363, 385, 411, 445, 467
중관中官 52
중국 사신 221, 231, 295, 306, 307, 437, 444, 450, 484
중북中北 591
중사中使(내시) 51, 288, 567
중서中書(의정부) 582
중시과重試科 543
중양절 350
중원 169, 175, 327, 412, 447, 642

중추원中樞院 107
중태성中台星 783
중학中學 690, 697
증광시增廣試 421
지사地師 285, 286, 355
지제교知製教 638
지족암知足庵 171, 172
지중추知中樞 123
지평持平 99, 631
직제학直提學 93, 333, 334
진강鎭江 유격遊擊 55
진무사鎭撫使 781, 782
진봉색리進奉色吏 130
진사시進士試 537
진이보鎭夷堡 807
진풍정進豊呈 130, 131
질정관質正官 327, 636
집의執義 283, 632

ㅊ

차비문差備門 427
찬성贊成 313
찬인贊引 277
찰방察訪 788
참봉參奉 258, 332, 560, 605
참시관參試官 542
참의參議 339, 683
참관參判 216, 567, 711, 746
창기娼妓 118, 132, 146, 155, 221, 335, 613, 614, 714, 780
창덕궁 254
창우唱優 130, 132
창의문彰義門 95, 271
창화당敞華堂 566
채수債帥 596
채시관采詩官 375
책문策問 223, 422, 452, 536, 545, 637
천경踐更 528
천계天啓 43, 708, 769, 807

천고성天鼓星 57
천관天官 38
천문서天文書 195, 310
천보天寶 163, 164, 252
천수원天壽院 134
천순天順 396, 807
천자궁天字弓 66
천주天主 214, 215
천주교 42
철릭(帖裡) 219
첨정僉正 137, 310
첨지僉知 44, 728, 746
첨지중추부사僉知中樞府事 520
청송당聽松堂 246
청심원淸心元 554
청연포靑緣布 569
청요직淸要職 455
청평조淸平調 354
체찰사體察使 60
초서草書 409, 477, 478, 480, 481, 482, 775
촉석루矗石樓 37
총계당叢桂堂 760
총병總兵 38
총병관總兵官 311
총병군總兵軍 82
총섭관總攝官 324
추국推鞫 673
추분秋分 664
춘방 학사春坊學士 449
춘방春坊 501
충군充軍 758
충의위忠義衛 112
충청 감사 333
충청도 관찰사 386
충청도 방어사 236
취재取才 88
치우기蚩尤旗 179, 192, 195, 703
칠대문七大文 696

ㅌ

타루비墮淚碑 392
타루악佗樓樂 576
탕병회湯餠會 325
탕춘대蕩春臺 95, 156
태릉泰陵 194
태묘제 276
태묘太廟(종묘) 276
태복시太僕寺 690
태양수성太陽守星 310
태의太醫 486, 489, 575
태창太倉 105, 405, 506, 569
태평관太平館 74, 80, 151
태학사太學士(대제학) 232, 343, 608, 639
태학太學(성균관) 152, 426, 519, 557, 636
태형笞刑 180, 517
토화土花 448
통신사 56, 352
통정대부通政大夫 587
통제사統制使 41, 65, 79, 236, 257
통판通判 443, 449

ㅍ

파루罷漏 631, 661, 698, 786
판관判官 142, 272, 682, 723
판벽板壁 265
판사判事 220
팔각 율부八角律賦 389
팔각시八角詩 389
팔만대장경 705
팔분서八分書 409
팔조법금八條法禁 126
팔진미八珍味 404, 444
평난공신平難公臣 518
평안 감사 149
평안 도사平安都事 135
평안도 관찰사 251
평안도 절도사平安道節度使 216

평양 교방平壤敎坊 149
평양 부관府官 153
평양성 621
평정관平頂冠 107
평창 군수平昌郡守 71, 594
포백척布帛尺 731
포쇄 별감曝曬別監 141
포천 현감抱川縣監 180
표문表文 539, 561, 575, 576, 705
풍수 181, 287, 417, 638, 519, 639
필선弼善 330
필성畢星 344, 507

ㅎ

하도河圖 313, 592
하마연下馬宴 151
학관學官 190, 301, 324, 806
학귀 784
한계사寒溪寺 206
한림학사翰林學士 311, 799
한성 부윤漢城府尹 271
한성 우윤漢城右尹 567
함양 군수咸陽郡守 60
해동청海東青 755
해송자海松子 691
해인사 201, 705
해주 목사海州收使 352
행궁行宮 288, 372
행재소行在所 58, 178, 327, 413, 419, 442, 500
향교鄕校 606, 695
향로봉香爐峰 708
향리鄕吏 107, 695, 738
향림사香林寺 349
향시鄕試 465
헌관獻官 276
헌납獻納 224, 546
현왕조고高玄王祖考(오대 고조) 395
형방 승지刑房承旨 84
형조 참판刑曹參判 285

혜민서惠民署 608
혜성彗星 57, 195, 783
호랑이 31, 212, 213, 475, 523
호부戶部 105
호산춘壺山春 498
호성 공신扈聖功臣 282
홍려승鴻臚丞 296
홍려시鴻臚寺 296, 424
홍무洪武 807, 808
홍문관弘文館 56, 283, 315, 333, 389, 430, 553,
    585, 602, 617, 627
홍문관弘文館 교리校理 82
홍살문 145
홍제교弘濟橋 221
홍주 목사洪州牧使 173
홍주 판관判官 173
홍패紅牌 547
환관宦官 288, 310, 435
활인서活人署 696, 689
황릉묘黃陵廟 70
회동사역관會同四譯官 424
회령 관관會寧判官 397
회시會試 82, 153, 536, 541, 550
회암사檜巖寺 198, 199, 204
회원관懷遠館 104
회천정懷川正 118
효경전孝敬殿 434
후릉厚陵 28
훈도訓導 188, 346, 695
훈련도감訓鍊都監 438
훈련원訓鍊院 31, 255, 473, 605, 626
흉노족 403, 581
홍문관弘文館 455
홍인문興仁門 31, 630